国家社科基金重点项目
"中国—东盟旅游与贸易互动关系研究"（项目号：15AJY015）主要成果
结项等级：良好

中国—东盟旅游与贸易互动关系研究

程 成 周泽奇 李 雪 著
鲁建琪 刘雅馨 洪铠邦

中国社会科学出版社

图书在版编目（CIP）数据

中国—东盟旅游与贸易互动关系研究 / 程成等著 . —北京：中国社会科学出版社，2021.11
ISBN 978 - 7 - 5203 - 9341 - 6

Ⅰ.①中… Ⅱ.①程… Ⅲ.①旅游业—国际合作—经济合作—中国、东南亚国家联盟 ②国际合作—经贸合作—研究—中国、东南亚国家联盟 Ⅳ.①F592.3 ②F593.303 ③F125.533

中国版本图书馆 CIP 数据核字（2021）第 232669 号

出 版 人	赵剑英
责任编辑	周晓慧
责任校对	刘　念
责任印制	戴　宽

出　　版	中国社会科学出版社
社　　址	北京鼓楼西大街甲 158 号
邮　　编	100720
网　　址	http://www.csspw.cn
发 行 部	010 - 84083685
门 市 部	010 - 84029450
经　　销	新华书店及其他书店

印刷装订	三河弘翰印务有限公司
版　　次	2021 年 11 月第 1 版
印　　次	2021 年 11 月第 1 次印刷

开　　本	710×1000　1/16
印　　张	33.75
插　　页	2
字　　数	503 千字
定　　价	188.00 元

凡购买中国社会科学出版社图书，如有质量问题请与本社营销中心联系调换
电话：010 - 84083683
版权所有　侵权必究

前　言

20世纪90年代初，国际和亚太地区形势出现了新的转折，发展中国家区域经济合作浪潮兴起，中国与东南亚各国进入战略合作与发展经济的新阶段。1999年4月30日，以柬埔寨加入东盟为标志，东盟成为代表东南亚国家的区域经济合作组织。2002年11月4日，中国—东盟自由贸易区（China-ASEAN Free Trade Area，CAFTA）启动建设，到2010年1月1日全面建成，再到2015年11月22日签署CAFTA升级《议定书》并于2019年10月22日对所有协定成员国全面生效。作为一个区域一体化的经济合作形式，CAFTA制度安排涵盖面广、优惠度高、成效显著。"在贸易方面，中国连续10年成为东盟第一大贸易伙伴，东盟2019年成为中国第二大贸易伙伴，到2020年2月东盟成为中国第一大贸易伙伴。在旅游方面，中国—东盟已互为主要旅游目的地和客源市场"。

"旅游和贸易不只有经济功能，除此以外如交往功能、信息传播功能、文化交流功能、激发创新功能、关联溢出功能等均应受到关注。国与国之间以跨境旅游和贸易为主要形式的人员、货物往来，对于塑造友好民意、柔性解决争端、多极化发展有着重要的推动作用，是维护双边关系在特定范围内均衡博弈的关键要素。"当前，中国出境东盟的旅游人数远大于东盟入境中国的旅游人数，中国对东盟的出口贸易远大于中国对东盟的进口贸易，即中国流向东盟的人员与货物规模远远大于东盟流向中国的规模。中国与东盟在人口、经济规模和发展水平上差异很大，出入境旅游和进出口贸易对于各国具有不同的意义。从要素流动的视角来看，国际贸易与国际旅游作为国与国之间交流的主要形式，从不同的角度诠释了"要素流动"的行为。旅游可以看作不同国家（地区）间人员、服务的"贸易"流动，贸易则可以看作不同国家（地区）间产品、资金的"旅游"行为，以旅游（人员流）和贸易（货物流）为代表的中国—东盟区域要素流动方向和流量大小"不均衡"是我们亟须关注的问题。

然而，现有研究多是将旅游与贸易作为两个相对独立的范畴，关注一国、一国与另一国、多边国家之间的互动关系，缺乏将旅游与贸易置于多个国家组成的某个区域进行探讨的成果。"任何经济活动都不能离开一定的空间范围。在国际经济的研究中，如果我们忽视了经济活动的空间性，假定经济活动是在某一个'点'或'面'上进行的，那么也就不存在所谓的国家与国家之间的国际贸易、国际旅游的问题。"区域创新是多种资源、多种力量均衡配置的结果，在一定的地理边界内，从国家到区域，创新的实现需要各个国家的参与，需要多种方式共同配合。跨地理边界旅游与贸易集群的建立，均衡与网络化的区域创新体系，决定着区域创新能力的实现。通过区位优势和空间集聚，以合作、支持、共享激活要素资源的创新、扩散、积累，使空间配置最优化，从而实现要素均衡循环流动，区域内发展耦合协调，国家间政治经济稳定。

初次看到"旅游与贸易互动关系"这个研究课题的人，会按照传统理解将"旅游"看作服务贸易，并将其纳入国际贸易体系之中，作为国际贸易框架内的问题来看待和研究。所谓"旅游服务贸易"，是指一国或地区旅游从业人员运用可控制的旅游资源向其他国家或地区的旅游服务消费者提供旅游服务并获得报酬的活动。即服务贸易中的旅游更强调"报酬"属性，是"服务"的进出口（收入和支出）。具体而言：①旅游服务出口，表现为向入境旅游者或在国外以其他形式为旅游者提供各种旅游服务，并相应地获得旅游服务的出口收入。②旅游服务进口，表现为向本国出境旅游者或在国内消费由外国旅游经营者提供的旅游服务，以及进口旅游服务必需的配套设施、原材料等，而相应地发生的旅游服务的进口支出。不同于"旅游服务贸易"，"旅游与贸易互动关系"中的"旅游"强调的是"旅游流"，即"人员的空间流动"，这是旅游（特别是国际旅游）最本质的定义。"中国—东盟旅游与贸易互动关系"这一课题实际上是在研究"人员与货物的跨境空间流动是如何相互作用的"。

所以说，中国—东盟旅游与贸易互动是"人员"与"货物"在不同空间尺度上聚散交替、相互作用的过程。中国与东盟国家旅游资源与产品服务各异，且具有不可移动性，国际旅游需求的实现需要游客发挥主观能动性，选择符合其自身意愿的旅游线路与服务，并在目的地国和客源国之间实现跨境位移。与此同时，由于地理环境、经济基础、资源禀赋的客观差异而使得中国与东盟各国进出口贸易产品具有地方特色，并引发人的物质需求，最终推动"人员"与"货物"在中国—东盟区域流动。事实上，国际旅游与国际贸易发展不可能是固定不变的。下文，我们用"两个村落的故事"简单地阐述"旅游与贸易互动关系"在要素层面的机理，从"商务旅游"诞生的角度，帮助大家理解旅游与贸易究竟是如何互动的。在此之前，需要说明的是"旅游与贸易互动存在时间滞后效应"，即旅游流与贸易流在空间上的移动需要时间，旅游所带动的贸易增长并不会立即实现，贸易追随导致的规模扩张所吸引的旅游增长也不会即刻发生。

两个村落的故事

故事背景：最早，由于生产力落后并且生产要素差异较大，村落自身很难制造生产村民生活所需的所有物品。

阶段一：在这一背景下，A村落"先锋探险者"在外出活动过程（此时"人员的空间流动"——"旅游"这一行为已经发生）中发现B村落有A村落所需但不能生产的产品，而A村落也有B村落所需但不能生产的产品,"先锋探险者"从中发现了商机,并决定今后通过以物易物的方式换取所需产品。此时,"先锋探险者"的"旅游"行为被赋予目的,即"商务旅游",商务旅游者诞生。

阶段二:"先锋探险者"将随身携带的物品与B村落的村民交换,贸易行为也在"商务旅游"行为诞生后出现,我们称之为"旅游对贸易的带动效应"。

阶段三:"先锋探险者"成功换得所需的物品,这吸引了A村落其他村民的兴趣与关注,他们纷纷效仿"先锋探险者"前往B村落看个究竟,其中有的村民是抱着交换物品去的(商务旅游),有的则是去看看B村落是什么样的(休闲观光旅游),有的是找在B村落做生意的亲朋好友的(探亲访友旅游),两个村落的贸易规模追随旅游流的增长得到进一步扩张。我们称这一现象为"旅游增长的贸易追随效应"或"贸易对旅游的追随效应"。

阶段四:贸易规模的扩张又会促进更多的A村落村民前往B村落,从而带动两村之间旅游流的进一步增长,如此循环往复形成"旅游与贸易"互动。

由此可知,旅游与贸易发展态势具有明显的阶段性特征,其关系不是简单的线性关系,而是非线性关系。在旅游与贸易发展初期,要素储备较少,以旅游为代表的人员流动所需要的要素条件容易达到,主要体现为"旅游对贸易的带动效应"。随着要素储备的不断丰富,旅游与贸易发展步入中期阶段,贸易发展所需具备的要素得以补充,贸易规模逐步扩大,此阶段以"贸易对旅游的追随效应"为主。当要素储备日益丰富时,新国际旅游会带动新国际贸易,新国际贸易将进一步追随新国际旅游,旅游与贸易实现循环互动发展。"中国—东盟旅游与贸易互动关系"这一课题着眼于"商务旅游带动国际贸易"→"国际贸易追随旅游(商务)"→"国际贸易追随旅游(商务和非商务)"→"贸易与旅游循环互动"解释旅游与贸易的互动机理,发现中国与东盟旅游与贸易互动机制、效应和变化趋势,进而预见中国与东盟国家旅游与贸易互动进程中各方的偏好顺序、应对策略及博弈规则。

基于此，本课题组以"空间"作为研究平台，探究中国（省域）—东盟（国别）旅游与贸易区域流动的空间规律，思考得到中国（省域）布局"一核双极两带"，优化我国东、中、西部地区互联互通，以"长三角"和"粤滇桂琼"为双极，辐射带动中西部内陆省域与东盟国家旅游与贸易发展；中国—东盟（国别）区域布局"一轴两翼四圈"，以新加坡为据点，依托"国际陆海贸易新通道"形成哑铃效应，推动东盟"海—陆"两翼互动发展的有益启示。这有助于从省域和国别方面透视出旅游与贸易流动所具有的功能如何在中国与东盟国家往来中传递和演化，可以为旅游与贸易在中国—东盟区域创新发展提供理论指导，具有独到的学术价值。进而，有利于各国根据自身情况制定提升对外贸易水平、升级旅游产业以及促进旅游与贸易要素均衡流动的政策，有助于因时制宜、因地制宜地制定适合本地区对外贸易与国际旅游的发展政策。在宏观领域，可以发现阻碍中国—东盟旅游与贸易互动发展的潜在问题，在微观领域，可以为国内旅游企业开拓中国—东盟旅游市场，开发具有针对性的跨国旅游、文化旅游、商务旅游产品提供现实依据。

本书是国家社会科学基金重点项目"中国—东盟旅游与贸易互动关系研究"（项目批准号：15AJY015）的结项成果，是集体智慧的结晶。本课题组成员主体为青年教师和（博）硕士研究生，通过这个课题的实践，他们得到了很好的锻炼。其间，本课题组曾经多次前往柬埔寨、马来西亚、泰国等东盟国家进行实地访谈与调研，先后到访柬埔寨合作与和平研究院、柬埔寨旅游部、柬埔寨统计局、柬埔寨新闻部、柬埔寨商务部、柬埔寨国立管理大学、马来亚大学中国研究所、马来西亚战略与国际问题研究所、泰国清迈大学，与柬埔寨前副首相兼外长诺罗敦·西里武（Norodom Sirivudh）亲王、旅游部副部长 Try Chhiv 先生、新闻部副国务秘书 H. E. Huy Saravuth 阁下、商务部贸易促进局局长 H. E. Seang Thay 阁下、统计局副局长 Khin Song 先生、国立管理大学副校长 Seng Bunthoeun 先生等，就本课题所涉及的研究领域展开深入研讨。在调研过程中，青年学者们统筹、协调与合作，收集、记录与整理了大量的数据与资料，在实践中树立了追求卓越的信念，正确对待成长中的困难，不断走向成熟。"多情唯有是春草，年年新绿满芳洲。"学术生涯是一条平凡而又艰难、寂寞而又崎岖的道路，没有鲜花掌声，更多的是荆棘丛生。但学术又是每一个国家发展建设中不可缺少的，整个人类科学历史长河源远流长，包含着一代又一代学者薪火相传的辛勤劳绩。

本书章节分工

前　言　程成、周泽奇
第一章　程成、周泽奇
第二章　程成、周泽奇、李雪、洪铠邦
第三章　程成、鲁建琪、刘雅馨
第四章　程成、鲁建琪、刘雅馨
第五章　周泽奇
第六章　周泽奇
第七章　周泽奇
第八章　李雪
第九章　鲁建琪、周泽奇、刘雅馨、洪铠邦
第十章　程成、周泽奇、鲁建琪、刘雅馨、洪铠邦
后　记　程成

目　　录

第1章　绪论 …………………………………………………… (1)
 1.1　研究背景与意义 ………………………………………… (2)
  1.1.1　选题背景 ………………………………………… (2)
  1.1.2　问题的提出 ……………………………………… (7)
  1.1.3　研究意义与价值 ………………………………… (11)
 1.2　文献综述 ………………………………………………… (12)
  1.2.1　中国—东盟视角 ………………………………… (13)
  1.2.2　旅游与贸易视角 ………………………………… (14)
  1.2.3　空间地理视角 …………………………………… (19)
 1.3　课题研究方案 …………………………………………… (20)
  1.3.1　主要任务与安排 ………………………………… (20)
  1.3.2　研究架构与方法 ………………………………… (26)
  1.3.3　重点、难点与创新点 …………………………… (29)

第2章　旅游与贸易互动的理论基础 ………………………… (33)
 2.1　相关界定 ………………………………………………… (33)
  2.1.1　东盟及其成员国 ………………………………… (33)
  2.1.2　旅游与国际旅游 ………………………………… (35)
  2.1.3　贸易与国际贸易 ………………………………… (36)
 2.2　旅游与贸易互动机理 …………………………………… (36)

  2.2.1　互动理论 …………………………………………… (36)
  2.2.2　区域尺度 …………………………………………… (39)
  2.2.3　要素层面 …………………………………………… (41)
 2.3　旅游与贸易文献图谱分析 ………………………………… (44)
  2.3.1　发文时间、发文机构与源刊分布 ………………… (45)
  2.3.2　发文作者及合作网络 ……………………………… (56)
  2.3.3　关键词知识图谱分析 ……………………………… (61)
 2.4　本章小结 …………………………………………………… (68)

第3章　中国—东盟旅游与贸易区域考察 ……………………… (69)
 3.1　数据来源 …………………………………………………… (69)
 3.2　中国—东盟区域合作 ……………………………………… (72)
  3.2.1　CAFTA建设前（2002年以前） …………………… (72)
  3.2.2　CAFTA建设中（2003—2010年） ………………… (75)
  3.2.3　CAFTA建成后（2011年至今） …………………… (76)
 3.3　中国—东盟旅游与贸易发展 ……………………………… (77)
  3.3.1　东盟入境中国旅游 ………………………………… (77)
  3.3.2　中国出境东盟旅游 ………………………………… (82)
  3.3.3　中国从东盟进口贸易 ……………………………… (86)
  3.3.4　中国对东盟出口贸易 ……………………………… (90)
 3.4　本章小结 …………………………………………………… (95)

第4章　中国—东盟旅游与贸易关系辨识 ……………………… (96)
 4.1　中国—东盟出入境旅游 …………………………………… (97)
  4.1.1　出境旅游偏好 ……………………………………… (97)
  4.1.2　入境旅游结构 ……………………………………… (100)
  4.1.3　出入境旅游比 ……………………………………… (103)
 4.2　中国—东盟进出口贸易 …………………………………… (105)

  4.2.1 贸易依存度 ································· (105)
  4.2.2 贸易结合度 ································· (108)
  4.2.3 进出口贸易比 ······························· (110)
 4.3 中国—东盟旅游与贸易的推拉方程 ··················· (112)
  4.3.1 入境旅游—进口贸易 ························ (112)
  4.3.2 入境旅游—出口贸易 ························ (114)
  4.3.3 出境旅游—进口贸易 ························ (119)
  4.3.4 出境旅游—出口贸易 ························ (124)
 4.4 本章小结 ··· (132)

第5章 中国—东盟旅游与贸易空间分布 ··················· (135)
 5.1 研究时段与关系符号 ······························· (135)
 5.2 国别与省域空间分布 ······························· (137)
  5.2.1 U形：集聚于越、马、新、菲 ················ (137)
  5.2.2 C形：集聚于泰国湾沿岸国家 ················ (139)
  5.2.3 L形：集聚于新、马、泰、印 ················ (140)
  5.2.4 省域分布："东南强、西北弱" ··············· (145)
 5.3 国别与省域空间密度 ······························· (151)
  5.3.1 新高密度中心：越南 ························ (151)
  5.3.2 以泰国为核心，集聚于湄公河5国 ············ (154)
  5.3.3 "越南—马来西亚"两极化 ··················· (156)
  5.3.4 集聚于"长三角"和"珠三角"地区 ··········· (157)
 5.4 本章小结 ··· (164)

第6章 中国—东盟旅游与贸易空间聚散 ··················· (165)
 6.1 研究模型 ··· (165)
  6.1.1 重心模型 ··································· (165)
  6.1.2 标准差椭圆 ································· (166)

6.2 重心轨迹 …………………………………………… (167)
 6.2.1 东盟入境中国（省域）旅游 ………………… (167)
 6.2.2 中国出境东盟（国别）旅游 …………………… (176)
 6.2.3 中国（省域）从东盟（国别）进口贸易 ……… (181)
 6.2.4 中国（省域）对东盟（国别）出口贸易 ……… (189)
6.3 空间聚散演变 ……………………………………… (198)
 6.3.1 空间聚散过程 …………………………………… (198)
 6.3.2 空间聚散态势 …………………………………… (203)
 6.3.3 空间聚散机制 …………………………………… (206)
6.4 本章小结 …………………………………………… (208)

第7章 中国—东盟旅游与贸易空间分异 ……………… (210)
7.1 研究指数 …………………………………………… (210)
 7.1.1 空间错位指数 …………………………………… (210)
 7.1.2 空间错位贡献度 ………………………………… (211)
7.2 空间分异均值 ……………………………………… (211)
 7.2.1 均值国别分布 …………………………………… (211)
 7.2.2 均值省域分布 …………………………………… (217)
 7.2.3 均值模式划分 …………………………………… (220)
7.3 国别与省域分异 …………………………………… (227)
 7.3.1 F_1国别空间分异 ……………………………… (227)
 7.3.2 F_2国别空间分异 ……………………………… (231)
 7.3.3 F_3国别空间分异 ……………………………… (236)
 7.3.4 F_4国别空间分异 ……………………………… (240)
 7.3.5 F_5省域空间分异 ……………………………… (245)
 7.3.6 F_6省域空间分异 ……………………………… (251)
7.4 分异贡献度 ………………………………………… (257)
 7.4.1 F_1主要贡献国：越南、菲律宾、泰国和马来西亚 ………………………………………… (257)

7.4.2　F_2 主要贡献国：新加坡和菲律宾 ……………………… (258)
7.4.3　F_3 主要贡献国：越南、马来西亚和泰国 ……… (259)
7.4.4　F_4 主要贡献国：泰国 ……………………………… (260)
7.4.5　F_5 主要贡献省域："沪粤滇" ……………………… (260)
7.4.6　F_6 主要贡献省域："沪粤滇苏" ……………………… (261)
7.5　本章小结 ……………………………………………………… (262)

第8章　中国—东盟旅游与贸易空间耦合 …………………… (264)

8.1　耦合指标与路径 ……………………………………………… (264)
　　8.1.1　耦合协调度 …………………………………………… (264)
　　8.1.2　莫兰指数 ……………………………………………… (266)
　　8.1.3　LISA 马尔科夫链 …………………………………… (268)
　　8.1.4　空间耦合路径 ………………………………………… (269)
8.2　国别（省域）空间耦合 ……………………………………… (272)
　　8.2.1　F_1、F_2 耦合协调度 …………………………………… (274)
　　8.2.2　F_3、F_4 耦合协调度 …………………………………… (280)
　　8.2.3　F_5、F_6 耦合协调度 …………………………………… (286)
8.3　空间耦合效应 ………………………………………………… (295)
　　8.3.1　F_1、F_2 效应 …………………………………………… (295)
　　8.3.2　F_3、F_4 效应 …………………………………………… (302)
　　8.3.3　F_5、F_6 效应 …………………………………………… (311)
8.4　空间耦合跃迁 ………………………………………………… (319)
　　8.4.1　F_1、F_2 国别空间跃迁 ………………………………… (319)
　　8.4.2　F_3、F_4 国别空间跃迁 ………………………………… (322)
　　8.4.3　F_5、F_6 省域空间跃迁 ………………………………… (325)
　　8.4.4　F_1—F_6 空间跃迁规律 ………………………………… (329)
8.5　本章小结 ……………………………………………………… (333)

第9章 中国—东盟旅游与贸易要素互动 (335)

9.1 旅游与贸易互动的支撑要素 (335)
9.1.1 基础设施发展指标 (336)
9.1.2 中国—东盟基础设施水平 (340)
9.1.3 中国—东盟基础设施指数 (345)

9.2 旅游对贸易的带动效应 (350)
9.2.1 模型构建和变量说明 (350)
9.2.2 旅游对出口贸易的带动效应 (358)
9.2.3 旅游对进口贸易的带动效应 (362)
9.2.4 稳健性检验 (365)

9.3 贸易对旅游的追随效应 (370)
9.3.1 模型构建和变量说明 (370)
9.3.2 贸易对出境旅游的追随效应 (377)
9.3.3 贸易对入境旅游的追随效应 (381)
9.3.4 稳健性检验 (385)

9.4 国别差异 (390)
9.4.1 新加坡 (394)
9.4.2 马来西亚 (398)
9.4.3 泰国 (401)
9.4.4 印尼 (404)
9.4.5 越南 (408)
9.4.6 菲律宾 (411)
9.4.7 老挝 (414)

9.5 本章小结 (417)

第10章 互动评估与区域创新 (419)

10.1 中国—东盟旅游与贸易互动评估 (419)
10.1.1 空间基本规律 (419)

10.1.2　区域空间耦合 ……………………………………… (424)
　　10.1.3　要素互动效应 ……………………………………… (429)
10.2　中国省域:"一核双极两带" ………………………………… (430)
　　10.2.1　一核:重庆 …………………………………………… (430)
　　10.2.2　双极:"长三角"和"粤滇桂琼" …………………… (432)
　　10.2.3　两带:省域"十字联动" …………………………… (434)
10.3　东盟区域与国别:"一轴两翼四圈" ……………………… (439)
　　10.3.1　一轴:中国(广西)—新加坡 ……………………… (439)
　　10.3.2　两翼:湄公河5国与海洋东盟5国 ………………… (441)
　　10.3.3　"四圈"引领 ………………………………………… (442)
10.4　未来发展与政策建议 ……………………………………… (444)
　　10.4.1　区域发展战略 ……………………………………… (444)
　　10.4.2　省域(国别)策略 ………………………………… (448)
　　10.4.3　互动协调要点 ……………………………………… (455)

附录 I—X ………………………………………………………… (459)

参考文献 ………………………………………………………… (493)

后记 ……………………………………………………………… (519)

第 1 章　绪论

自中国—东盟自由贸易区（China-ASEAN Free Trade Area，CAFTA）于 2010 年 1 月 1 日全面建成以来，双边旅游与贸易增长迅速。中国与东盟在 1991—1996 年建立全面对话框架、1997—2002 年走向睦邻互信、2003 年确立面向和平与繁荣的战略伙伴关系的进程中，已签署多个合作协议、宣言及联合声明。① 为了进一步释放 CAFTA 红利，双方签

---

① 2002 年 11 月 4 日，签署《中国与东盟全面经济合作框架协议》，CAFTA 建设正式启动。同时还签署了《东盟旅游业协议》，该协议涉及旅游基础设施、运输服务、市场准入、旅游质量、安全保障等方面的内容，但建立东盟各国间互免签证的无国界旅游圈是该协议的最主要目标，是对《中国与东盟全面经济合作框架协议》的重要补充。2003 年 1 月 24 日，在第二届东盟与中日韩"10＋3"旅游部长会议上签署《"10＋3"振兴旅游业北京宣言》，主要针对 SARS 对东亚旅游业的不利影响，各国通过《北京宣言》达成了共同行动的基本框架，包括建立顺畅有效的信息交流机制，加强交流与协作，鼓励解除所有旅游障碍，简化签证手续，为旅游提供最大便利等。同时，第六届东盟旅游部长会议在金边召开，此次会议发表了《旅游安全宣言》，强调在提高旅游服务水平、统一东盟旅游行业标准等方面加强合作。2004 年 2 月 3 日，第七届东盟旅游部长会议在老挝万象举行，签订了《加强东盟旅游合作万象宣言》，强调通过技术援助、能力建设、人力资源开发、环境和文化遗产的投资与保护等的支持与合作，加快《东盟旅游业协议》的落实，争取在 2010 年实现东盟旅游业一体化。2004 年 11 月 29 日，签署 CAFTA《货物贸易协议》《中国—东盟争端解决机制协议》，CAFTA 进入实质性建设阶段。2005 年 1 月 24 日，第八届东盟旅游部长会议在马来西亚兰卡威岛举行，达成《兰卡威宣言》，主要针对印度洋地震和海啸对旅游业带来的冲击，提出加强合作，提供优质、高效的旅游设施，增强对旅游者的安全保障，加强信息交流，完善水陆空交通网络等对策。2007 年 1 月 14 日，在菲律宾宿务签署 CAFTA《服务贸易协议》，中国就包含旅游业在内的 5 个服务部门和 26 个分部门向东盟国家做出了新的市场开放承诺。随着该协议的实施，双方将逐步减少旅游项目的准入限制，扩大旅游服务部门的市场开放。这将为中国与东盟开展旅游服务提供制度性保障，有利于深化和加强双方旅游服务部门的合作。2010 年 10 月 29 日，在越南首都河内发表《中国和东盟领导人关于可持续发展的联合声明》。重申支持东盟在 2015 年建成包括政治安全共同体、经济共同体和社会文化共同体三大支柱在内的东盟共同体，进一步重申双方促进本地区和国际社会和平、安全、繁荣及可持续发展的共同愿望和责任，强调维持经济增长和促进贸易投资联系、社会发展、减贫和环境保护的重要性，以确保旅游等各项经济活动的可持续发展。2017 年 11 月 13 日，在菲律宾马尼拉发表《中国—东盟关于进一步深化基础设施互联互通合作的联合声明》《中国—东盟旅游合作联合声明》和《未来十年南海海岸和海洋环保宣言（2017—2027）》。2018 年 11 月 14 日，中国和东盟领导人在新加坡发表《中国—东盟战略伙伴关系 2030 年愿景》。

署的升级《议定书》① 于 2016 年 7 月 1 日率先对中国和越南生效,于 2019 年 10 月 22 日全面生效②,让优惠政策真正惠及所有协定成员国,中国与东盟关系前所未有地紧密起来。

1.1　研究背景与意义

1.1.1　选题背景

1.1.1.1　中国—东盟空间距离相近,已互为主要旅游目的地和客源市场

东盟国家位于亚洲东南部,同我国隔海相望,从北到南依次是菲律宾、马来西亚、文莱、印度尼西亚,从东到西同中国云南省和广西壮族自治区陆上接壤的依次是越南、老挝和缅甸。发源于中国青海省的澜沧江—湄公河,流经缅甸、老挝、泰国、柬埔寨、越南,海上航线连接着中国与越南、菲律宾、柬埔寨、泰国、马来西亚、文莱、新加坡、印尼、缅甸(见图 1-1)。未来,中老铁路、中泰铁路、中缅铁路将进一步拉近中国与东盟各国的空间距离(见表 1-1)。

表 1-1　　中国(北京)与东盟国家(首都)地理距离
Tab. 1-1　　The Geographical Distance between China (Beijing) and ASEAN (Capitals)

国家(首都)	地理距离(千米)	航空时间*(小时)
越南(河内)	2327	3.9
泰国(曼谷)	3297	5.0
菲律宾(马尼拉)	2851	5.1
柬埔寨(金边)	3351	5.5

---

① CAFTA 升级《议定书》全称为《中华人民共和国与东南亚国家联盟关于修订〈中国—东盟全面经济合作框架协议〉及项下部分协议的议定书》,2015 年 11 月 22 日在马来西亚吉隆坡签署。

② 中华人民共和国商务部:《中国—东盟自贸区升级〈议定书〉全面生效》,(2019-10-23)[2019-11-04] http://fta.mofcom.gov.cn/article/zhengwugk/201910/41659_1.html。

续表

国家（首都）	地理距离（千米）	航空时间（小时）
新加坡（新加坡）	4479	6.3
马来西亚（吉隆坡）	4347	6.5
缅甸（内比都）	3228	7.0
老挝（万象）	2778	7.2
印尼（雅加达）	5219	7.8
文莱（斯里巴加湾）	3899	8.0

* 航空时间是指从中国首都北京至东盟各国首都航班所需的最短时间。

资料来源：课题组经整理而得。

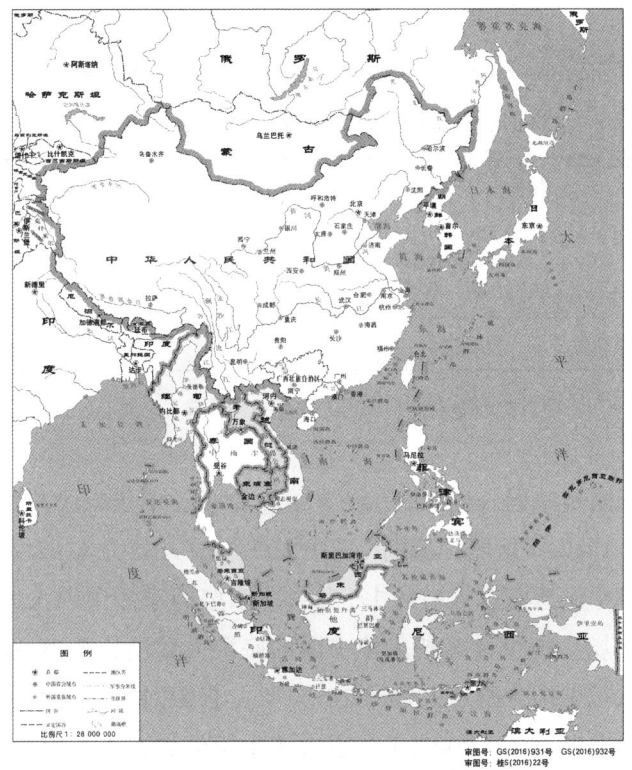

图1-1　中国与东盟10国地理位置

Fig. 1-1　The Geographical Location of China and ASEAN（10 Countries）

说明：中国与东盟10国地图从广西标准地图服务网站 http://www.gismap.com.cn/获取，审图号GS（2016）931号、GS（2016）932号和桂S（2016）22号。

东盟国家是中国出境旅游的主要目的地。东盟国家与中国地理邻近，文化相通，物价水平也较低，是中国公民出境旅游的重要目的地。ASEAN Stats Data Portal 数据显示，1995 年中国出境东盟国家的旅游人数为 81.78 万人次，占中国出境旅游总人数的 18.09%、东盟国家接待游客总人数的 2.76%；2012 年中国出境东盟国家的旅游人数达到 928.32 万人次，占中国出境旅游总人数的 11.16%、东盟国家接待游客总人数的 10.4%；2018 年中国出境东盟国家的旅游人数为 2911.76 万人次，占中国出境总人数的 19.45%、东盟国家接待游客总人数的 21.53%（见表 1-2）。

表 1-2　1995 年、2012 年、2018 年中国出境东盟国家的旅游人数

Tab. 1-2　　Chinese Visitors to ASEAN (1995, 2012, 2018)

指标	1995	2012	2018
中国出境东盟国家的旅游人数（万人次）	81.78	928.32	2911.76
占中国出境旅游总人数的比重（%）	18.09	11.16	19.45
占东盟国家接待游客总人数的比重（%）	2.76	10.40	21.53

资料来源：ASEAN Stats Data Portal、中国国家统计局。

东盟国家是中国入境旅游主要的客源市场。中华人民共和国公安部数据显示，1980 年东盟国家[①]入境中国的旅游人数为 6.62 万人次，占外国人入境中国旅游总人数的 12.52%，东盟国家是中国入境旅游的第三大客源市场。1989 年东盟入境中国的旅游人数增长至 30.05 万人次，占外国人入境中国旅游总人数的 20.57%，东盟国家跃升为中国入境旅游的第二大客源市场。2005 年东盟入境中国的旅游人数为 373.94 万人次，占外国人入境中国旅游总人数的 18.46%，东盟国家首次成为中国

---

① 囿于数据的可及性，1980 年东盟国家仅有菲律宾、印尼、新加坡、泰国和马来西亚计入统计。

入境旅游的第一大客源市场。此后,东盟入境中国旅游人数保持高速增长,至 2018 年增至 830.26 万人次,占外国人入境中国旅游总人数的 27.18%(见表 1-3)。

表 1-3　1980 年、1989 年、2005 年、2018 年东盟国家入境中国旅游人数
Tab. 1-3　ASEAN Visitor Arrivals (1980, 1989, 2005, 2018)

指标	1980	1989	2005	2018
东盟入境中国旅游人数(万人次)	6.62	30.05	373.94	830.26
占外国人入境中国旅游总人数的比重(%)	12.52	20.57	18.46	27.18

资料来源:中华人民共和国公安部。

1.1.1.2　CAFTA 升级《议定书》全面生效,中国与东盟国家贸易更趋活跃

数据显示,1980 年中国从东盟进口贸易额为 4.64 亿美元,占中国进口贸易总额的 2.32%;中国对东盟出口贸易额为 6.22 亿美元,占中国出口贸易总额的 3.44%。在 CAFTA 启动建设的 2002 年,中国从东盟进口贸易额为 311.97 亿美元,占中国进口贸易总额的 10.57%;中国对东盟出口贸易额为 235.84 亿美元,占中国出口贸易总额的 7.24%。在 CAFTA 正式建成的 2010 年,中国从东盟进口贸易额为 1547.01 亿美元,占中国进口贸易总额的 11.08%;中国对东盟出口贸易额为 1382.59 亿美元,占中国出口贸易总额的 8.76%。2018 年,中国从东盟进口贸易额为 2686.07 亿美元,占中国进口贸易总额的 12.58%;中国对东盟出口贸易额为 3189.97 亿美元,占中国出口贸易总额的 12.83%(见表 1-4)。总的来看,1980—2018 年中国与东盟贸易总额及其占中国对外贸易总额的比例一直保持平稳的增长。随着 2019 年 10 月 CAFTA 升级《议定书》全面生效,中国与东盟贸易往来越来越密切。

表1-4 1980年、2002年、2010年、2018年中国—东盟进出口贸易额

Tab. 1-4 The Import and Export Trade between China and ASEAN (1980, 2002, 2010, 2018)

指标	1980	2002	2010	2018
中国从东盟进口贸易额（亿美元）	4.64	311.97	1547.01	2686.07
占中国进口贸易总额的比重（%）	2.32	10.57	11.08	12.58
中国对东盟出口贸易额（亿美元）	6.22	235.84	1382.59	3189.97
占中国出口贸易总额的比重（%）	3.44	7.24	8.76	12.83

资料来源：国家统计局贸易外经统计司、中经网统计数据库。

1.1.1.3 全球服务贸易增速快于货物贸易，旅游是服务贸易的重要部分

世界银行数据显示，2014—2018年世界货物贸易与服务贸易出口额有增有减，年均增长率分别为1.02%、3.79%，服务贸易增速快于货物贸易。2015年全球货物贸易与服务贸易均呈现下降态势，但货物贸易下降幅度远大于服务贸易。2016年有所好转，但货物贸易仍处于下降状态，服务贸易出现正增长。2017年、2018年全球货物贸易与服务贸易均实现较大幅度增长，且货物贸易大于服务贸易增长幅度（见表1-5）。在全球服务贸易中，旅游项目是十分重要的类别之一。国际旅游伴随着世界服务贸易的发展而迅猛发展，旅游项目占全球服务贸易出口总额的比重也一直维持在26%以上（见表1-6）。

表1-5 **全球货物贸易与服务贸易出口增速对比**

Tab. 1-5 The Comparison of Growth Rate of Global Export Trade in Goods and Service

类别	增长率（%）					
	2014	2015	2016	2017	2018	2014—2018
货物贸易	0.54	-12.83	-3.07	10.76	9.71	1.02
服务贸易	6.42	-4.10	1.15	8.01	7.45	3.79

资料来源：世界银行。

表 1-6　　旅游项目在全球服务贸易出口总额中的占比

Tab. 1-6　　The Tourism Proportion of Global Export Trade in Service

项目	项目占出口总额的比重（%）				
	2014	2015	2016	2017	2018
服务贸易	100.00	100.00	100.00	100.00	100.00
交通	20.79	20.34	19.51	19.50	19.39
旅游	26.14	26.36	26.72	26.36	26.41
其他*	53.07	53.30	53.77	54.14	54.20

资料来源：世界银行。

＊其他，指其他商业服务，主要包括通信服务、建筑服务、保险、金融、计算机和信息服务、专有权利使用和特许、咨询、会计、法律、广告及文体娱乐服务等。

1.1.2　问题的提出

数据显示，国际旅游流高的国家，国际贸易流往往也很高，反之亦然。那么，两组数据之间趋势相同，是否意味着两者之间必然存在着互动关系。其实，国际贸易与国际旅游作为国际交流的主要形式，从不同角度诠释了"要素流动"的行为。国际旅游可以看作不同国家（地区）间人员、服务的"贸易"流动，国际贸易则可以看作不同国家（地区）间产品、资金的"旅行"交流。国外学者 Kulendran & Wilson 采用协整分析和格兰杰因果关系检验方法，分析了澳大利亚与美、英、日、新（西兰）四国旅游与贸易的互动关系。[1] Santana-Gallego 等人分析了 195 个国家的旅游与贸易数据，发现旅游能够促进国家之间贸易的增长。[2] Satheesh & Russell 运用 OPM 模型研究美国堪萨斯州的旅游状况，发现

---

[1] N. Kulendran, K. Wilson, "Is There a Relationship between International Trade and International Travel?," *Applied Economics*, 2000, 32 (8): 1001-1009.

[2] M. Santana-Gallego, F. J. Ledesma-Rodríguez, J. V. Pérez-Rodríguez, "International Trade and Tourism Flows: An Extension of the Gravity Model," *Economic Modelling*, 2016, 52 (15): 1026-1033.

国际旅游可以促进该州农产品国际贸易的发展。① 但是，这些研究从多维度分析国际旅游与国际贸易关系的普遍性，缺乏专门探讨中国与东盟各国旅游与贸易互动的特殊性研究。

1.1.2.1 中国—东盟旅游逆差

本书以"出入境旅游人数"衡量中国—东盟双边旅游发展规模，由于中国出境东盟的旅游数据始于1995年，"出入境旅游差"仅能够考察1995—2018年的情况（见图1-2），由于制图时间跨度长，数值差距大，为使图形展示更清晰，前三个时间段依据左侧纵坐标轴，后两个时间段依据右侧纵坐标轴，两侧纵坐标轴单位相同。

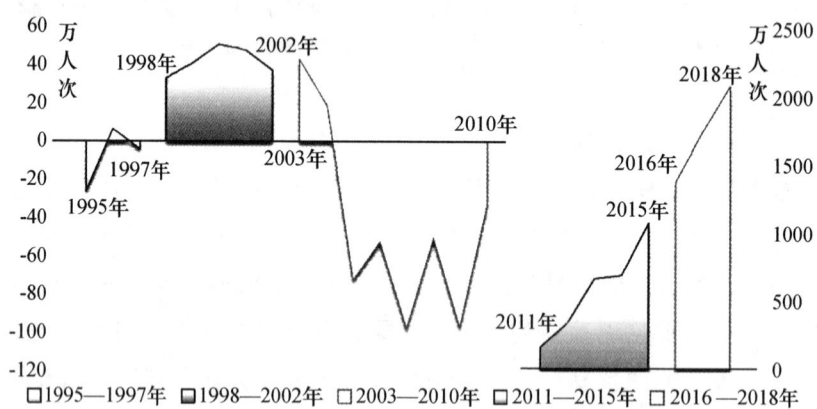

图1-2 1995—2018年中国—东盟出入境旅游人次差

Fig. 1-2 The Imbalance of Inbound and Outbound Tourism between China and ASEAN（1995-2018）

从国别来看，当前中国出境柬埔寨、老挝、泰国、文莱、缅甸、新加坡、印尼的旅游人数远大于这些东盟国家入境中国的旅游人数（见图1-3）。由于国际服务贸易是通过跨境交付（自一成员领土内向任何其他成员领土提供服务）、境外消费、商业存在（商法人或者商人）、自

---

① A. Satheesh, T. Russell, "Does Tourism Remote Cross-Border Trade," *American Journal of Agricultural Economics*, 2003, 85（3）: 569-579.

然人流动等形式跨越我国国境提供服务的贸易，以境外消费为重要形式的国际旅游主要体现为出入境旅游规模的变化，当前中国出境东盟的旅游人数远大于东盟入境中国的旅游人数，这表明中国对东盟国家旅游（服务贸易）逆差巨大。

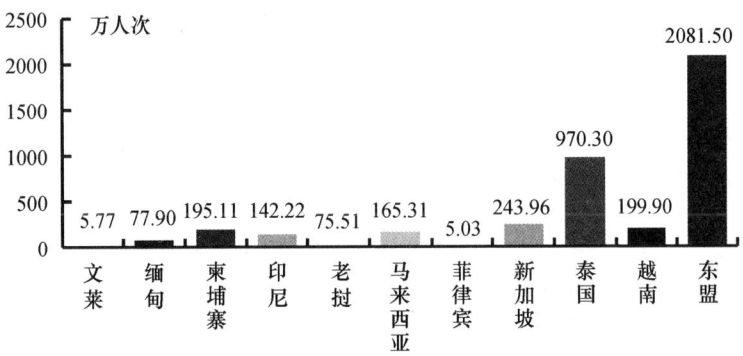

图 1-3 2018 年中国—东盟（国别）出入境旅游人次差

Fig. 1-3 The Imbalance of Inbound and Outbound Tourism between China and ASEAN by Country (2018)

1.1.2.2 中国—东盟贸易顺差

与旅游不同的是，贸易因为口径较统一，数据记录更全面，中国—东盟的贸易统计数据可追溯到 1980 年（见图 1-4）。从整体上看，中国—东盟贸易顺逆差波动大。1997 年以前顺逆差波动小、贸易往来均衡。1998—2011 年中国对东盟持续 14 年贸易逆差，2012 年转变为顺差以后，一直持续至今。

从国别来看，中国与东盟贸易往来国别差异大，与新加坡、马来西亚、泰国的贸易额巨大，但与文莱、老挝的贸易往来较少。2018 年中国对东盟贸易逆差国家有 3 个，分别是马来西亚、泰国和老挝（见图 1-5）。2018 年中国对东盟贸易顺差国家有 7 个，分别是文莱、柬埔寨、缅甸、菲律宾、新加坡、越南和印尼。由此可见，中国对文莱、柬埔寨、缅甸、菲律宾、新加坡、越南和印尼的出口贸易远大于中国从这些国家的进口贸易，中国—东盟贸易顺差幅度大。

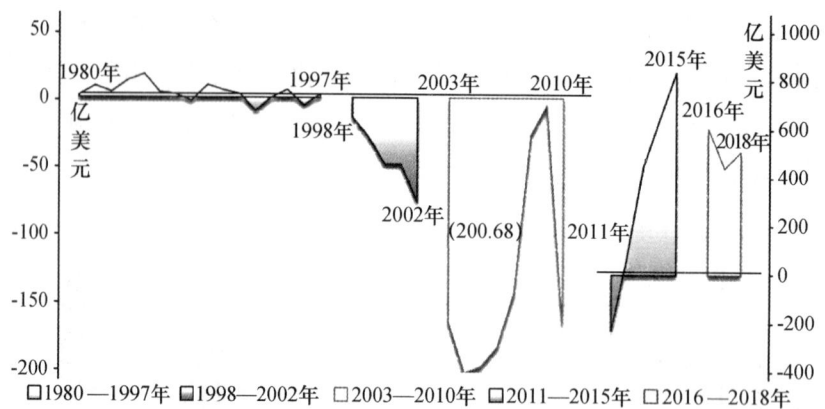

图 1-4 1980—2018 年中国—东盟"进出口贸易差"

Fig. 1-4 The Imbalance of Import and Export Trade between China and ASEAN (1980-2018)

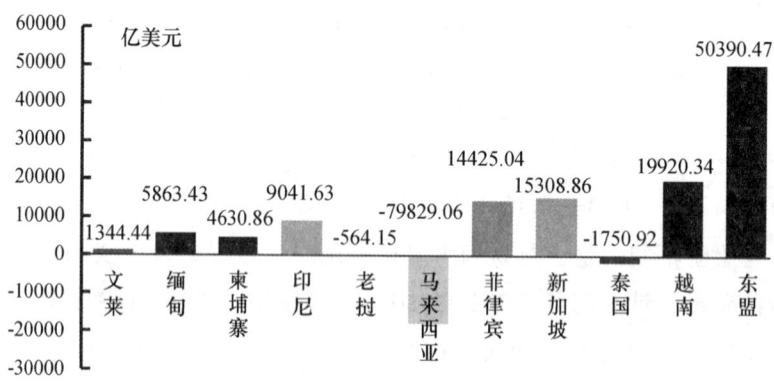

图 1-5 2018 年中国—东盟(国别)"进出口贸易差"

Fig. 1-5 The Imbalance of Import and Export Trade between China and ASEAN by Country (2018)

当前,中国出境东盟的旅游人数远大于东盟入境中国的旅游人数,中国对东盟的出口贸易远大于中国对东盟的进口贸易,即中国流向东盟的人员与货物规模远远大于东盟流向中国的规模。中国与东盟在人口、经济规模和发展水平上差异很大,出入境旅游和进出口贸易对于各国具有不同的意义。从要素流动视角看,国际贸易与国际旅游作为国与国之间交流的主要形式，从不同的角度诠释了"要素流动"的行为。旅游可以看作不同国家（地区）间人员、服务的"贸易"流动，贸易则可以看作不同国家（地区）间产品、资金的"旅游"行为，以旅游（人员流）和贸易（货物流）为代表的中国—东盟区域要素流动的方向和流量大小"不均衡"是我们亟须关注的问题。

1.1.3 研究意义与价值

事实上，国际旅游与国际贸易的互动关系不可能是固定不变的，而是具有阶段性的。本书拟从杂乱无章的现象和事实中，寻求把握中国与东盟各国旅游与贸易发展的必然联系和相对稳定的规律，发现中国与东盟旅游与贸易互动的机理、机制、规律、效应和变化趋势，进而预测中国与东盟国家旅游与贸易互动进程中各方的偏好顺序、应对策略及博弈规则，最终实现中国—东盟旅游与贸易区域协调与创新发展。

1.1.3.1 理论意义与学术价值

自20世纪90年代以来，旅游与贸易研究已经取得了较大发展，但总体来看，旅游与贸易关系的理论仍然停留在假设阶段，比如"马可·波罗"假设[1]、"兴趣与关注"假设[2]、三阶段假设[3]等，尚未形成被学界普遍认同的相应理论。国际上对于旅游与贸易关系的研究大多基于实证分析来检验两者的关系，忽视了二者互动的机理研究以及二者要素流动的空间关系。探究国际旅游与国际贸易互动机理以及中国（省域）—东盟（国别）区域流动的空间规律，能够为完善旅游与贸易关系的理论研究做出基础性贡献。

旅游和贸易具有经济功能，除此以外，其交往功能、信息传播功

---

[1] N. Kulendran, K. Wilson, "Is There a Relationship between International Trade and International Travel?," *Applied Economics*, 2000, 32 (8): 1001–1009.

[2] N. Kulendran, K. Wilson, "Is There a Relationship between International Trade and International Travel?," *Applied Economics*, 2000, 32 (8): 1001–1009.

[3] 孙根年、周露：《日韩东盟8国入境我国旅游与进出口贸易关系的研究》，《人文地理》2012年第6期。

能、文化交流功能、激发创新功能、关联溢出功能等均应受到关注。从空间视角探讨中国—东盟旅游与贸易互动关系,将有助于从国别和区域方面透视旅游和贸易流动所具有的这些功能如何在中国与东盟国家往来中传递和演化,可以为旅游与贸易要素在中国—东盟区域发展中的应用提供理论指导,具有独到的学术价值。

1.1.3.2 现实意义与应用价值

国与国之间紧密的经贸往来与民间交往,是维护双边关系长时间在特定范围内博弈的关键要素,以跨境旅游为主要形式的人员往来对塑造友好民意和柔性解决贸易争端具有重要意义,对于双边均衡博弈和多极化发展有着重要的推动作用。本书呈现出当下中国—东盟旅游与贸易往来的格局,测度其中存在的不均衡现象。在宏观领域可以发现阻碍中国—东盟旅游与贸易互动发展的潜在问题,在微观领域可以为国内旅游企业开拓中国—东盟旅游市场,开发具有针对性的跨国旅游产品、商务旅游产品、会展旅游产品提供现实依据。

正确认识中国—东盟国家旅游与贸易空间分异规律,有助于因时制宜、因地制宜地制定适合本地区对外贸易与国际旅游的发展政策,促进中国—东盟区域经济健康可持续发展。具体而言,本研究的应用价值主要有以下两个方面:一是从空间视角探究中国—东盟旅游与贸易空间分异规律,测度中国—东盟区域要素流动"不均衡"特征。二是辨识中国—东盟旅游与贸易空间表征,有利于各国根据自身情况制定提升对外贸易水平、升级旅游产业以及促进旅游与贸易要素均衡流动的政策。

1.2 文献综述

本书在对所涉及的研究领域的文献进行广泛阅读和理解的基础上,围绕核心问题和重点、难点,对相关学术观点和理论方法加以重新组织。在这个过程中,尽可能找出不同文献之间的内在关联及其分歧和文献共识,将众多的观点进行整合归纳,避免罗列堆砌。

1.2.1 中国—东盟视角

1.2.1.1 以旅游为单一主体

已有文献从政策层面提出了推动中国—东盟旅游一体化建设,发现中国—东盟基础设施与旅游协调发展水平的差异较大①,探究了中国—东盟国家间旅游流的分布和流动规律②,主张在促成用积极的政治、经贸事件推动中国—东盟区域旅游合作③的同时,需格外关注旅游安全问题。④

1.2.1.2 以贸易为单一主体

已有文献梳理了中国—东盟贸易结构和产品类型⑤,比较了双方的贸易产品结构及其变化⑥,分析了在"一带一路"倡议引领下双方贸易结构的演进趋势⑦,发现中国—东盟存在着贸易结构相似、相互竞争激烈、贸易化便利水平较低等问题⑧,要降低贸易依存度⑨;指出在CAFTA下中国的静态贸易转移效应远大于贸易创造效应⑩,通信基础设施建设对中国—东盟双边贸易的影响最大,其次为交通基础设施建设,而能

---

① 陈忠义:《互联互通视角下中国—东盟基础设施与国际旅游协调发展研究》,《河海大学学报》(哲学社会科学版)2017年第1期。
② 姚梦汝、陈焱明、周桢津、傅腾宇、李满春:《中国—东盟旅游流网络结构特征与重心轨迹演变》,《经济地理》2018年第7期。
③ 李馨:《中国—东盟自由贸易区旅游合作探析》,《经济纵横》2012年第4期。
④ 马超、张青磊:《"一带一路"与中国—东盟旅游安全合作——基于亚洲新安全观的视角》,《云南社会科学》2016年第4期。
⑤ 徐步:《中国—东盟合作:机制、成果与前景》,《亚太安全与海洋研究》2017年第3期。
⑥ 公峰涛:《中国—东盟贸易结构研究》,《南开经济研究》2003年第3期。
⑦ 王鹏飞:《"一带一路"引领下中国—东盟贸易结构演进及发展策略》,《商业经济研究》2019年第6期。
⑧ 张晓燕、孙乾坤:《"一带一路"建设背景下的中国与东盟地区的贸易往来》,《改革》2017年第9期。
⑨ 张建中:《后危机时代中国与东盟的外贸发展趋势及贸易政策选择》,《国际贸易问题》2011年第5期。
⑩ 陈汉林、涂艳:《中国—东盟自由贸易区下中国的静态贸易效应——基于引力模型的实证分析》,《国际贸易问题》2007年第5期。

源基础设施建设对双边贸易的影响并不明显①,从全球价值链分工角度看东盟国家贸易发展应重视创新能力建设,提高基础设施水平。②

1.2.1.3 由单一主体向更大范围延展

随着研究的深入,已有文献的研究对象逐渐由单一主体向更大范围延展,综合分析旅游与贸易可能存在的关系。Khan & Toh et al.、Hafiz & Fauzi、Chaisumpunsakul & Pholphirul 分别研究新加坡③、马来西亚④和泰国⑤旅游与贸易的相关关系,分析东盟国家入境中国的旅游及与中国的进出口贸易的动态均衡关系,基于中国和东盟六国旅游竞争力探讨旅游与贸易的互动关系。⑥

1.2.2 旅游与贸易视角

1.2.2.1 从理论假设来看

国际贸易与国际旅游作为国与国之间交流的主要形式,从不同的角度诠释了"要素流动"的行为。旅游可以看作不同国家(地区)间人员、服务的"贸易"流动,贸易则可以看作不同国家(地区)间产品、资金的"旅游"行为,两者在一定程度上存在着相互促进的关系,并通过人员和货物在区域内的合理配置和跨国流通,使不同国家和地区之

---

① 何敏、郭宏宇、竺彩华:《基础设施互联互通对中国东盟贸易的影响——基于引力模型和边界效应模型的研究》,《国际经济合作》2015 年第 9 期。

② 屠年松、朱光亚:《中国及东盟国家全球价值链分工地位的影响因素分析》,《昆明理工大学学报》(社会科学版)2019 年第 1 期。

③ H. Khan, R. S. Toh, L. Chua, "Tourism and Trade: Cointegration and Granger Causality Tests," *Journal of Travel Research*, 2005, 44 (2): 171 – 176.

④ M. H. Mohd Hafiz, M. H. Mohd Fauzi, M. R. Jamaluddin, "Bilateral Trade and Tourism Demand," *World Applied Sciences Journal*, 2010, 10: 110 – 114.

⑤ W. Chaisumpunsakul, P. Pholphirul, "Does International Trade Promote International Tourism Demand? Evidence from Thailand's Trading Partners," *Kasetsart Journal of Social Sciences*, 2018, 39 (3): 393 – 400.

⑥ 叶莉、陈修谦:《基于旅游竞争力评价的中国与东盟国家旅游贸易互动分析》,《经济地理》2013 年第 12 期。

间的联系更为紧密。①

Kulendran（2000）认为，国际旅游与国际贸易之间存在因果关系，提出"马可·波罗"假设、"兴趣与关注"假设、"机会假设"，并呼吁学界对全球双边与多边旅游和贸易关系给予更多关注。②赵多平、孙根年等在此基础上加入旅游动机假设、反馈循环假设，总结提炼出"国际旅游引发国际贸易，国际贸易提升兴趣关注，兴趣关注激发旅游动机，旅游动机推动国际旅游，新国际旅游引发新一轮国际贸易"③的结论。在这一逻辑脉络下，国际旅游与国际贸易互动过程与动力机制可总结为传导效应、因果积累、循环反馈和广告效应。"传导效应是指旅游者在旅游过程中与商贸有关的行为经过层层传递产生商贸结果的过程；因果积累是指国际旅游与国际贸易在动态互动过程中存在循环积累的因果关系；循环反馈是指旅游引发贸易、贸易促进旅游的循环过程；广告效应既包括旅游广告也包括产品及服务广告，旅游者的旅游经历及其购买的旅游纪念品、土特产或商品激发了周围亲朋好友的兴趣和关注，进而使其产生旅游动机。"④

孙根年等（2012）基于"容量限制"概念，进一步提出了旅游与贸易互动的三阶段演化模型：（1）低水平缓慢起始阶段。这一阶段旅游与贸易处于发展初期，水平相对较低且增长缓慢，以商务旅游为目的的国际旅游占比相对较高，表现为旅游引发贸易。（2）快速增长阶段。这一阶段国际旅游与国际贸易的加速增长促进了各国（地区）间的经贸往来，推动了旅游流和货物流等要素在区域中的流动，表现为贸易推动旅游。（3）容量限制阶段。随着经济发展水平的提高，人口出生率下降。GDP增长率超过人口自然增长率，在人口相对较少的前提下，由于受到旅游

---

① 薛莹：《对区域旅游合作研究中几个基本问题的认识》，《桂林旅游高等专科学校学报》2001年第2期。
② N. Kulendran, K. Wilson, "Is There a Relationship between International Trade and International Travel?," *Applied Economics*, 2000, 32 (8): 1001–1009.
③ 赵多平、孙根年、苏建军：《欧洲七国入境中国旅游与进出口贸易的关系——1985—2009年的协整分析和Granger因果关系检验》，《世界地理研究》2011年第4期。
④ 赵多平：《旅游与贸易的互动关系研究：验证、效应与机理》，科学出版社2015年版。

偏好和市场容量的限制，特定国家出入境旅游的增长逐渐减慢。国际贸易随着双边经济总量的增加继续增长。①

1.2.2.2 从研究对象来看

（1）多边国家（地区）

已有文献研究了多边国家（地区）的旅游与贸易关系，如地中海国家②、加纳利群岛③、日韩东盟8国④、中国与欧洲7国⑤、伊斯兰9国⑥、中国与亚洲9国⑦、中国与东盟国家⑧、中国与阿拉伯国家⑨。

（2）一国（地区）与另一国（地区）

已有文献研究了一国（地区）与另一国（地区）的旅游与贸易关系，如德国与西班牙⑩、中国与韩国⑪、中国与日本⑫、中国与澳大利亚⑬、中

---

① 孙根年、周露：《日韩东盟8国入境我国旅游与进出口贸易关系的研究》，《人文地理》2012年第6期。

② C. C. Ozcan, "International Trade and Tourism for Mediterranean Countries: A Panel Causality Analysis," *Theoretical & Applied Economics*, 2016, 23（1）: 203-212.

③ M. Santana-Gallego, F. J. Ledesma-Rodríguez, J. V. Pérez-Rodríguez, "International Trade and Tourism Flows: An Extension of the Gravity Model," *Economic Modelling*, 2016, 52（15）: 1026-1033.

④ 孙根年、周露：《日韩东盟8国入境我国旅游与进出口贸易关系的研究》，《人文地理》2012年第6期。

⑤ 赵多平、孙根年、苏建军：《欧洲七国入境中国旅游与进出口贸易的关系——1985—2009年的协整分析和Granger因果关系检验》，《世界地理研究》2011年第4期。

⑥ H. A. Khalid, A. I. Qudair, "The Causal Relationship between Tourism and International Trade in Some Islamic Countries," *Economics Studies*, 2004, 5（5）: 45-56.

⑦ 石张宇、周葆华、沈惊宏等：《亚洲九国入境中国旅游与进出口贸易互动关系研究》，《资源科学》2015年第9期。

⑧ 林轶、段艳：《东盟5国入境中国旅游与进出口货物贸易关系的研究》，《东南亚纵横》2017年第5期。

⑨ 赵多平、曹兰州、高楠：《阿拉伯国家至宁夏入境旅游和进出口贸易耦合关系》，《经济地理》2017年第12期。

⑩ L. A. Gil-Alana, C. Fischer, "International Travelling and Trade: Further Evidence for the Case of Spanish Wine Based on Fractional Vector Autoregressive Specifications," *Applied Economic*, 2010, 42（19）: 2417-2434.

⑪ 王洁洁、孙根年、马丽君等：《中韩出入境旅游对进出口贸易推动作用的实证分析》，《软科学》2010年第8期。

⑫ 马丽君、孙根年、王洁洁等：《15年来中日出入境旅游对双边贸易的影响》，《经济地理》2010年第4期。

⑬ 李芬英、陈瑛、刘二虎：《中国—澳大利亚旅游与贸易互动关系研究》，《资源开发与市场》2017年第6期。

国香港与内地①、中国和美国②、中国与俄罗斯③、中国内蒙古与蒙古国④、中国广西与越南⑤、中国满洲里市与俄罗斯⑥，等等。

（3）一国（地区）

已有文献研究了一国（地区）旅游与贸易关系，如中国⑦、中国云南⑧、新加坡⑨、马来西亚⑩、塞浦路斯⑪、印度⑫、美国堪萨斯州⑬、加

---

① 马红红、孙根年：《1980—2012年中国香港国际交通—旅游—贸易（3T）互动的统计分析》，《陕西师范大学学报》（自然科学版）2016年第3期。

② 张晓英：《中国出境旅游对国际贸易的带动效应及作用机制——以中美国际旅游为例》，《价格月刊》2018年第5期；郎如：《中美国际旅游与国际贸易相关性研究》，湘潭大学，硕士学位论文，2016；S. Aradhyula, R. Tronstad, "Does Tourism Promote Cross-Border Trade?," *American Journal of Agricultural Economics*, 2003, 85（3）：569－579.

③ 石张宇、徐虹、沈惊宏：《中俄双边旅游与进出口贸易互动关系的实证研究》，《人文地理》2015年第2期。

④ 孙根年、安景梅：《中国内蒙古与蒙古国出入境旅游与进出口贸易互动关系分析》，《干旱区资源与环境》2014年第8期。

⑤ 方世巧、马耀峰、李天顺：《中国边境省份的邻国入境旅游与进出口贸易关系实证分析——以广西—越南为例》，《广西社会科学》2012年第10期。

⑥ 赵多平、孙根年、马丽君等：《中国对俄口岸城市出入境旅游与进出口贸易互动关系的研究——1993—2009年满洲里市的实证分析》，《经济地理》2011年第10期。

⑦ 韩亚芬、孙根年：《中国主要客源地进出口贸易与入境旅游发展关系的研究》，《资源开发与市场》2011年第8期。

⑧ 刘晓佳、朱晓辉、张施伟：《云南省入境旅游与进出口贸易互动关系研究》，《云南农业大学学报》（社会科学）2018年第3期。

⑨ H. Khan, R. S. Toh, L. Chua, "Tourism and Trade: Cointegration and Granger Causality Tests," *Journal of Travel Research*, 2005, 44（2）：171－176.

⑩ N. Kadir, K. Jusoff, "The Cointegration and Causality Tests for Tourism and Trade in Malaysia," *International Journal of Economics & Finance*, 2010, 2（1）：126－135；M. H. Mohd Hafiz, M. H. Mohd Fauzi, M. R. Jamaluddin, "Bilateral Trade and Tourism Demand," *World Applied Sciences Journal*, 2010, 10：110－114.

⑪ S. Katircioglu, "Tourism, Trade and Growth: The Case of Cyprus," *Applied Economics*, 2009, 41（21）：2741－2750.

⑫ K. G. Suresh, A. K. Tiwari, "Does International Tourism Affect International Trade and Economic Growth? The Indian Experience," *Empirical Economics*, 2018, 54（3）：945－957；K. G. Suresh, A. K. Tiwari, G. S. Uddin, et al. "Tourism, Trade, and Economic Growth in India: A Frequency-Domain Analysis of Causality," *Anatolia-International Journal of Tourism and Hospitality Research*, 2017, 29（3）：319－325.

⑬ A. Satheesh, T. Russell, "Does Tourism Remote Cross-Border Trade," *American Journal of Agricultural Economics*, 2003, 85（3）：569－579.

拿大①、西班牙。②

1.2.2.3 从研究方法来看

(1) 相关性分析

早期的文献多聚焦于贸易依存度、出境旅游偏好及入境旅游比等基础性指标研究旅游与贸易的相关性③，并在此基础上运用推拉方程分析旅游与贸易的彼此响应程度④，也有学者运用灰色关联度模型与耦合度模型研究旅游与贸易的关联与相互影响程度。⑤

(2) Granger 因果分析

国内学者早期侧重于分析旅游与贸易之间的 Granger 因果关系与长期均衡关系⑥，发现旅游与贸易存在某种单向或双向 Granger 因果关系，即旅游或贸易的增长对另一方或彼此均有促进作用。Granger 因果分析一般需要比较强的理论先导或者两个变量互为最主要的影响因素，国际旅游和国际贸易之间并未构成这种强关系，因而其解释力有限。

(3) 综合分析方法

在 Granger 因果检验基础上，苏建军等 (2013)⑦，韩晶玉、李苗苗 (2017)⑧ 运用 VAR 模型与脉冲响应模型研究旅游与贸易的溢出效应与

---

① S. T. Easton, "Is Tourism Just Another Commodity? Links between Commodity Trade and Tourism," *Journal of Economic Integration*, 1998, 13 (3): 522–543.

② L. A. Gil-Alana, C. Fischer, "International Travelling and Trade: Further Evidence for the Case of Spanish Wine Based on Fractional Vector Autoregressive Specifications," *Applied Economic*, 2010, 42 (19): 2417–2434.

③ 杜美龄、孙根年：《30 年来国际"贸易—交通—旅游"(3T) 互动的统计分析》，《人文地理》2015 年第 2 期。

④ 马丽君、孙根年、王洁洁等：《15 年来中日出入境旅游对双边贸易的影响》，《经济地理》2010 年第 4 期。

⑤ 高楠、马耀峰、李天顺等：《1993—2010 年中国入境旅游与进口贸易耦合关系时空分异研究》，《经济地理》2012 年第 11 期。

⑥ 林龙飞、易可：《入境旅游与对外贸易动态关系研究》，《北京第二外国语学院学报》2014 年第 3 期。

⑦ 苏建军、徐璋勇、赵多平：《国际货物贸易与入境旅游的关系及其溢出效应》，《旅游学刊》2013 年第 5 期。

⑧ 韩晶玉、李苗苗：《国际货物贸易与入境旅游的关系及其溢出效应》，《现代商业》2017 年第 2 期。

长期推动作用,也有学者运用 OPM 模型①、引力模型②、小波模型③研究旅游与贸易的相互作用与影响机制。

1.2.3 空间地理视角

近年来,从空间地理视角研究旅游与贸易关系逐渐成为学者研究的重要切入点,主要运用如下几种方法:一是重心模型。主要研究旅游与贸易的重心耦合演变态势,利用空间重叠性模型与变动一致性模型,测算旅游重心与贸易重心的空间距离与变动方向,发现两者的聚散交替规律。④ 二是空间错位。侧重研究旅游与贸易的空间同步与错位特征,客观真实地反映了旅游与贸易的空间关系。⑤ 三是空间自相关。一般分为全局空间自相关与局部空间自相关,利用莫兰指数与 LISA 集聚图探索旅游与其他变量之间空间关系的地域分布特征与集聚模式。⑥ 四是空间

---

① A. Satheesh, T. Russell, "Does Tourism Remote Cross-Border Trade," *American Journal of Agricultural Economics*, 2003, 85 (3): 569 – 579.

② 柳剑平、陆凯:《中国入境旅游对货物出口的拉动效应——基于扩展贸易引力模型的实证研究》,《产业组织评论》2018 年第 2 期。M. Santana-Gallego, F. J. Ledesmav-Rodríguez, J. V. Pérez-Rodríguez, "International Trade and Tourism Flows: An Extension of The Gravity Model," *Economic Modelling*, 2016, 52 (15): 1026 – 1033. K. Keum, "Tourism Flows and Trade Theory: A Panel Data Analysis with the Gravity Model," *Annals of Regional Science*, 2010, 44 (3): 541 – 557.

③ M. Kumar, S. Prashar, R. K. Jana, et al., "Does International Tourism Spur International Trade and Output? Evidence from Wavelet Analysis," *Tourism Economics*, 2019, 25 (1): 22 – 33.

④ 包富华、陈瑛:《我国入境旅游与进出口贸易重心的时空耦合演变特征与驱动机制》,《旅游学刊》2019 年第 11 期。王富强:《中国赴东盟旅游流重心轨迹演变研究》,广西大学,硕士学位论文,2016 年。马丽君、郭留留、龙茂兴等:《1994 年以来中国入境旅游与对外贸易重心演变及其相关分析》,《经济地理》2015 年第 11 期。赵安周、白凯、卫海燕:《中国入境旅游重心演变与省域空间分异规律》,《陕西师范大学学报》(自然科学版) 2011 年第 4 期。

⑤ 宋建林:《中国—东盟旅游与贸易空间错位研究》,广西大学,硕士学位论文,2019 年。

⑥ T. D. La Mata, C. Llano, "Social Networks and Trade of Services: Modelling Interregional Flows with Spatial and Network Autocorrelation Effects," *Journal of Geographical Systems*, 2013, 15 (3): 319 – 367. T. D. La Mata, C. Llano, "Social Networks and Trade of Services: Modelling Interregional Flows with Spatial and Network Autocorrelation Effects," *Journal of Geographical Systems*, 2013, 15 (3): 319 – 367. Y. Chun, D. A. Griffith, "Modeling Network Autocorrelation in Space-Time Migration Flow Data: An Eigenvector Spatial Filtering Approach," *Annals of the Association of American Geographers*, 2011, 101 (3): 523 – 536. 王娟、刘赛:《中国与"海上丝绸之路"沿线国家入境旅游增长的投资追随效应》,《地域研究与开发》2019 年第 1 期。

跃迁。在 LISA 的基础上，将局部 Moran's I 散点图与马尔科夫链结合起来，进一步研究入境旅游坐标移动轨迹的动态演变以及不同局部集聚类型的转化态势[①]。

1.3 课题研究方案

1.3.1 主要任务与安排

2015 年 7 月，在本项目获准立项后，首先召开课题开题会，组织课题组成员学习和熟悉《国家社会科学基金管理办法（2013 年 5 月修订）》《国家社会科学基金项目资金管理办法（2016 年 9 月修订）》《〈国家社会科学基金项目资金管理办法〉具体执行有关事项问答》《财政部教科文司、全国哲学社会科学规划办公室有关负责人就〈国家社会科学基金项目资金管理办法〉有关问题答记者问》等重要文件。

1.3.1.1 整体方案与分工

2016 年 1 月至 2016 年 12 月，课题组成员查阅、略读、精读相关文献资料，完成部分数据的采集工作，设计相关的访谈提纲，明确本次研究的任务、分工和进度要求（见表 1-7）。针对课题研究过程中可能出现的困难进行充分讨论，听取课题组成员意见，探讨下一步的研究计划与安排。接着，讨论本项目的整体研究方案，构思研究内容、确定结构框架、初拟研究大纲，并对相关工作进行具体的分工和布置。

1.3.1.2 东盟国家实地调研

2017 年 1 月至 2017 年 12 月，课题组成员前往柬埔寨、马来西亚、泰国等东盟国家进行实地访谈与调研，对调研要求和经费使用规定等方面进行明确的说明与限制，对调研过程中的数据与资料记录、时间期限、协调与合作等均做了统一的说明和动员。其间，先后到访柬埔寨合

---

① 郭永锐、张捷、卢韶婧、吴荣华：《中国入境旅游经济空间格局的时空动态性》，《地理科学》2014 年第 11 期；张子昂、黄震方、曹芳东、王坤、陈晓艳：《浙江省县域入境旅游时空跃迁特征及驱动机制》，《地理研究》2016 年第 6 期。

作与和平研究院、柬埔寨旅游部、柬埔寨统计局、柬埔寨新闻部、柬埔寨商务部、柬埔寨国立管理大学、马来亚大学中国研究所、马来西亚战略与国际问题研究所、泰国清迈大学,与柬埔寨前副首相兼外长诺罗敦·西里武(Norodom Sirivudh)亲王、旅游部副部长 Try Chhiv 先生、新闻部副国务秘书 H. E. Huy Saravuth 阁下、商务部贸易促进局局长 H. E. Seang Thay 阁下、统计局副局长 Khin SONG 先生、国立管理大学副校长 Seng Bunthoeun 先生等,就"中国—柬埔寨旅游与贸易发展""澜湄合作""在柬埔寨推进'一带一路'建设"等议题展开深入研讨。

表1-7 研究任务与进度安排

Tab. 1-7 Research Tasks and Schedules

时间	主要研究任务
2015年7月	课题开题启动/国家社科基金重要文件学习
2016年1月至2016年12月	文献查阅、略读、精读/数据采集/设计相关的访谈提纲/明确任务、分工和进度要求/探讨下一步的研究计划与安排/充分讨论困难/构思研究内容/确定结构框架/初拟研究大纲/讨论整体研究方案/对相关工作进行具体的分工和布置
2017年1月至2017年12月	前往柬埔寨、马来西亚等东盟国家实地访谈与调研/对调研要求和经费使用的规定等方面进行明确的说明与限制/整理调查资料与数据/对调研过程中的数据与资料记录、时间期限、协调与合作问题等均做了统一的说明和动员/中国—东盟旅游与贸易区域合作历程/中国—东盟旅游与贸易发展/当前需要关注的问题
2018年1月至2019年6月	中国—东盟旅游与贸易关系辨识/出入境旅游/进出口贸易/推拉方程/核心章节:国别与省域空间分布/国别与省域空间密度/重心轨迹/空间聚散演变/空间分异均值/国别与省域分异/分异贡献度/旅游与贸易互动的支撑要素/旅游对贸易的带动效应/贸易对旅游的追随效应/国别差异/国别与省域空间耦合/空间耦合效应/空间耦合跃迁/逐一详尽研讨与撰写
2019年7月至2019年12月	整理归纳课题组成员在核心章节研讨推进会上的看法和意见/形成一些新的研究思路和想法/对2018年3月16日拟订的研究大纲加以进一步修订与补充/得出主要研究结论

续表

时间	主要研究任务
2020年1月至2020年6月	互动评估与区域创新/未来发展与政策建议/完成初稿/专家咨询/修改与补充（二稿）/召开小型学术研讨/完善与补充（定稿）/提交全国哲学社会科学规划办评审

资料来源：课题组经整理而得。

柬埔寨合作与和平研究院。2017年2月28日，课题组成员应邀到访柬埔寨合作与和平研究院（Cambodia Institute for Cooperation and Peace，CICP），柬埔寨前副首相兼外长和现任CICP院长诺罗敦·西里武（Norodom Sirivudh）亲王在其府邸与课题组成员座谈并表示，中柬两国政府之间关系友好，人员交流与商业贸易往来非常密切，未来双边的学术交流尤其是民与民之间的交流能够得到更大程度的提升。

柬埔寨旅游部。2017年3月1日上午，柬埔寨旅游部副部长Try Chhiv先生热情接待课题组成员，他表示，期待与中国旅游领域智库、专家学者共同探讨两国旅游资源规划、旅游市场需求、旅游产品开发等。接着，柬埔寨旅游部Chuob Ratana女士向课题组成员就柬埔寨的旅游景点、旅游接待设施及旅游战略计划做了相关介绍。双方就中柬旅游互动发展进行了深入讨论，柬方表示将从基于社区的旅游产业、生态旅游系统及人力资源开发三个方面推进中柬旅游合作。

柬埔寨统计局。2017年2月27日，课题组成员到访柬埔寨国家统计局。此次调研得到了柬埔寨国家统计局的高度重视，其部长及相关部门负责人抽出宝贵的时间亲自与课题组成员会面。统计局相关负责人介绍了统计局的基本职能及统计体系、经贸领域历年的统计数据和大数据等方面的情况。此次对统计局的访谈使课题组成员收获颇多，不仅全面了解了柬埔寨国民经济的发展成果，而且认识到统计数据已成为其重要的战略资源，在促进经济社会发展中的作用也日益增强。

柬埔寨新闻部。2017年3月2日，课题组成员到访柬埔寨新闻部，虽然正值事务最繁忙的月份，但柬埔寨新闻部依旧十分重视此次访谈，其部长亲自抽出时间与课题组成员见面。其后，双方就新媒体、信息发布、新闻采编在柬埔寨的传播分别表达了各自的观点。课题组成员发现，目前中国政府倡议的"一带一路"建设在柬埔寨的传播仍然十分有限，需加强我国政策在柬埔寨民间的传播。柬埔寨新闻部的官员表示，由于柬埔寨的经济发展较为落后，地区发展不平衡，电脑、电视、手机等多功能媒体在柬埔寨的普及率不高，通过媒体中介传播的范围极为有限，且贫困地区的人群较为喜欢阅读本国的新闻，因此柬埔寨人民对中国政府的政策了解不多。

柬埔寨商务部。2017年3月2日下午，课题组成员前往柬埔寨商务部调研，对其贸易促进局H. E. Seang Thay阁下及相关部门负责人进行了访谈。柬方表示，柬埔寨与中国的双边合作尤其是在经贸和人文交流领域的合作成果丰硕，商贸、投资、旅游交往不断扩大。在访谈中，柬方特别提到每年在中国广西南宁召开的"中国—东盟博览会、中国—东盟商务与投资峰会"，柬埔寨集中展示了木制品、珠宝和手工艺品、农产品、食品、纺织服装等与旅游与贸易相关的产品或服务。

柬埔寨国立管理大学。2017年2月28日下午，课题组成员与柬埔寨国立管理大学副校长Seng Bunthoeun先生及相关学者和青年教师座谈，着重了解柬埔寨近年来所采取的多项积极改革旅游业的措施，如推动通过旅游法、开辟与世界多国的直飞航线、促进旅游业界建立"柬埔寨旅游市场促销理事会"以规范和推广旅游事业。了解柬埔寨对外贸易发展的基本情况和主要特点，柬埔寨与贸易相关的法律法规与政策规定，柬埔寨对外贸易依存度等。重点研讨柬埔寨当今经济发展的态势，如宏观经济持续增长、旅游业强势增长、对外贸易下降明显等。

马来亚大学中国研究所。2017年9月13日，课题组成员到访马来亚大学中国研究所与马方学者就"一带一路"中马人文交流与经济合作、国际旅游与贸易、中马双边经济政治关系等主题展开访谈与交流，交换彼此的观点与意见。马方学者表示，中国与马来西亚旅游与贸易互动发展的形式要多样化，应增强不同渠道的联系，多层次地深化认知与合作，扩大所涵盖的内容，丰富其内在结构。

马来西亚战略与国际问题研究所。2017年9月14日，课题组成员前往马来西亚战略与国际问题研究所进行学术交流，双方就中国与马来西亚进一步增进政治互信、两国经贸与政治关系的未来发展等议题展开讨论并交换意见。马方学者表示，在中马两国的多领域合作中，旅游在推进两国民心相通中发挥着越来越重要的作用，同时也为中马双边贸易带来了无限的商机，能否正确认识和处理好两国间的跨文化差异及其冲突，是旅游与贸易互动发展的关键。

泰国清迈大学。2018年11月4—8日，课题组成员应泰国清迈大学邀请参加"第25届中日泰三方大学生国际论坛"，与来自泰国、日本、韩国、印尼等国的专家学者和学生一起交流，共同讨论东盟、亚洲以至世界范围的经济增长与可持续发展问题。了解他们从各自国家角度对旅游与贸易发展等领域的看法，获取最真实、最准确的东盟信息数据与资料，有效避免在研究课题时只从国内渠道发现和分析问题的弊端。同时，拓展了课题研究的视野与思路，不再拘泥于从时序层面分析中国与东盟各国的互动关系，而是从不同区域这一尺度把握旅游与贸易互动的空间规律，得出更为深入和深刻的研究成果。

泰国曼谷IUCN。2018年1月27—30日，赴泰国曼谷参加世界自然保护联盟（International Union for Conservation of Nature，IUCN）主办的"区域能力建设"学术研讨会。与来自印度、孟加拉国、不丹、巴基斯坦、越南、老挝、柬埔寨、泰国等国家的专家学者，通过信息共享、能力建设、地方示范等方式对其会员及合作伙伴已经完成或正在开展的项目进行介绍、交换意见，深化相互交流，为各国在重要的国际环境问题上与国际社会开展合作提供政策、法规等专业研讨与技术支持，充分发挥IUCN的全球性和区域性优势，开展各国共通课题的对话与协作。

1.3.1.3 修正与补充

2018年1月至2019年6月，是本课题研究的攻坚克难时期。首先，逐一梳理中国—东盟旅游与贸易总体状况、国别与省域特征、空间分布、空间密度、空间迁移、空间关联、空间错位、互动效应与国别规律，主要针对研究过程中所遇到的重点、难点特别是核心章节进行逐一详尽研讨并布置分工撰写要求。具体探讨情况如下：

其一，在旅游与贸易发展初期，要素储备较少，以旅游为代表的人员流动所需要的要素条件容易达到，主要体现为"旅游对贸易的带动效应"。随着要素储备的不断丰富，旅游与贸易发展步入中期阶段，贸易发展所需具备的要素得以补充，贸易规模逐步扩大，此阶段以"贸易对旅游的追随效应"为主。当旅游与贸易发展成熟，要素储备日益完善，旅游与贸易呈现出此起彼伏式的互动发展。

其二，目前国内大多数学者在研究旅游与贸易互动关系时，都选取时间序列数据进行时序分析，缺乏空间维度。课题组成员从空间视角考察其中所存在的空间关系，以"空间重心"为切入点，基于重心模型和标准差椭圆绘制中国—东盟旅游与贸易重心迁移轨迹和主体区域，分析旅游与贸易空间聚散演变过程和态势，探讨其形成的区位选择机制、基础设施响应机制、利益驱动机制，发现与揭示旅游与贸易之间的两个空间聚散规律与机制，在研究视角上是对已有研究的补充和完善。

其三，东盟包含10个国家，每个国家都有自己独特的区位优势和地理优势，在与中国开展旅游和贸易合作上也有各自的特点。跨地理边界旅游与贸易集群的建立，均衡与网络化的区域创新体系，决定着区域创新能力的实现。因此，对中国—东盟旅游与贸易进行区域创新研究是有必要的。

2019年7月至2019年12月，整理归纳课题组成员在核心章节研讨推进会上的看法和意见，形成一些新的研究思路和想法，进而对2018年3月16日初步拟订的研究大纲加以进一步修正与补充。2020年1月至2020年6月，根据所得出的研究结论给出拓展中国—东盟旅游与贸易区域与国别互动的现实对策建议，完成初稿。之后，进行专家咨询，深入剖析本课题的一些基本观点与研究结论，使课题论点、内容更为客观、务实。根据专家的意见和建议，进行第二次修改与补充。紧接着，进行相关的学术研讨，再根据参加研讨专家、学者所提出的问题，有针对性地进行第三次完善。最后，于 2020 年 6 月完成全稿。

1.3.2 研究架构与方法

1.3.2.1 研究内容与框架

本书的研究内容与架构如图 1-6 所示。首先，阐明课题来源、选题背景与意义、进展计划安排、重点难点与研究方法、数据来源与分析工具、主要建树与创新点。界定与本研究相关的东盟、旅游与国际旅游、贸易与国际贸易，阐明旅游需求与空间相互作用理论、要素流动与地域分异理论、区域发展的相互依赖理论，课题组成员提出并深入探析要素层面、区域尺度旅游与贸易互动机理。接着，从中国—东盟、旅游与贸易、空间地理三个视角综述国内外文献，对旅游与贸易相关文献进行文献图谱分析，并加以评述。

其次，梳理清楚中国—东盟区域合作历程，逐一考察东盟入境中国旅游、中国出境东盟旅游、中国从东盟进口贸易、中国对东盟出口贸易，提出当前中国—东盟旅游与贸易发展亟待关注的主要问题："中国—东盟旅游逆差""中国—东盟贸易顺差"。初步辨识中国与东盟各国的出境旅游偏好、入境旅游结构、出入境旅游比、贸易依存度、贸易结合度、进出口贸易比，构建出入境旅游与进出口贸易的推拉方程，为后续要素的空间流动与区域协调的互动研究奠定基础。

当前，中国出境东盟旅游人数远大于东盟入境中国旅游人数，中国对文莱、柬埔寨、缅甸、菲律宾、新加坡、越南和印尼出口贸易远大于中国从这些国家的进口贸易，即中国流向东盟的人员与货物规模远远大于从东盟流向中国的规模。从要素流动视角看，以旅游（人员流）和贸易（货物流）为代表的中国—东盟区域要素流动呈现出"不均衡"特征。课题组成员在已有研究的基础上，以"空间"作为研究平台，直观地探究中国—东盟旅游与贸易的国别和省域空间分布格局以及空间

第 1 章 绪论

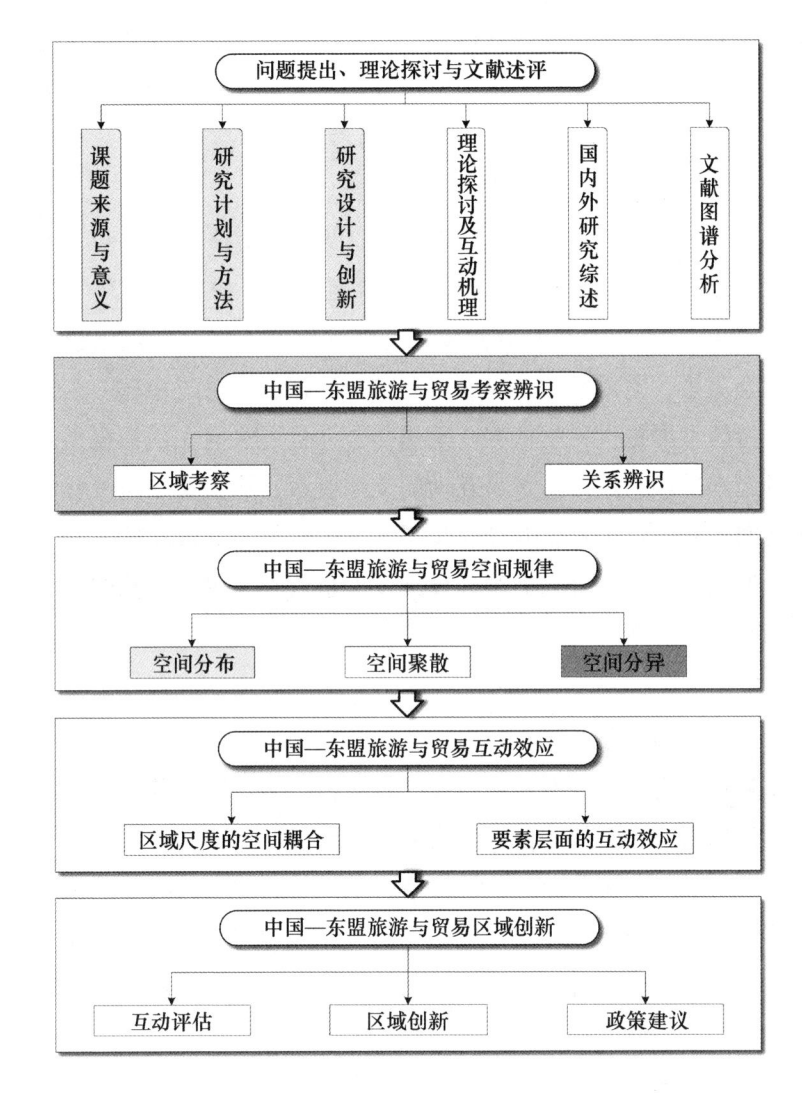

```
问题提出、理论探讨与文献述评
├── 课题来源与意义
├── 研究计划与方法
├── 研究设计与创新
├── 理论探讨及互动机理
├── 国内外研究综述
└── 文献图谱分析

中国—东盟旅游与贸易考察辨识
├── 区域考察
└── 关系辨识

中国—东盟旅游与贸易空间规律
├── 空间分布
├── 空间聚散
└── 空间分异

中国—东盟旅游与贸易互动效应
├── 区域尺度的空间耦合
└── 要素层面的互动效应

中国—东盟旅游与贸易区域创新
├── 互动评估
├── 区域创新
└── 政策建议
```

图 1-6　研究内容与框架

Fig. 1-6　Research Content and Framework

密度特征，以揭示中国—东盟旅游与贸易要素流动的基本空间规律。

以"空间重心"为切入点，基于重心模型和标准差椭圆，对中国—东盟旅游与贸易的重心迁移轨迹和主体区域进行考察，运用重心重叠性模型进一步分析其空间聚散过程及动态演变规律，并从利益驱动、基础设施响应和区位选择层面探讨中国—东盟旅游与贸易空间聚散关系的形成机制。进而运用空间错位指数测度从均值水平、模式划分和国别与省域分异层面把握中国—东盟旅游与贸易空间分异演变规律及分异贡献度，发现两者空间错位的国别与省域差异。

提出"区位条件→客观禀赋""基础设施→支撑要素"和"利益驱动→原生动力"的空间耦合路径，接着运用耦合协调度、莫兰指数和LISA马尔科夫链，从国别和省域尺度深入研究中国—东盟旅游与贸易空间耦合关系、空间耦合效应及空间耦合跃迁，为推进中国—东盟区域协调可持续发展提供科学依据。采用传统计量方法建立门槛模型，引入基础设施水平作为旅游与贸易互动的支撑要素，从要素层面解释旅游与贸易之间的非线性关系，并进一步揭示旅游对贸易的带动效应和贸易对旅游的追随效应，结合三类基础设施发展指数对旅游与贸易的互动效应进行国别差异分析。

1.3.2.2 主要研究方法

（1）文献查阅法

文献查阅法指通过整理和归纳已有的相关学术论文和书籍，形成事实科学认知的一种高效的信息收集方法。阅读、梳理和归纳大量与出入境旅游、中国—东盟旅游与贸易发展、旅游与贸易有关的学术论文，旅游经济学、旅游地理学、国际贸易等研究领域的理论书籍，以及《中国出境旅游发展年度报告》《中国旅游统计年鉴》和《东盟统计年鉴》等资料，作为本书研究的基础。

（2）数理模型分析法

数理模型分析法通过对推断的数据做出符合实际的解释，以便精确地把握客观事物的本质，从而形成对问题的科学判断和预见。本研究提出了"旅游对贸易的带动效应""贸易对旅游的追随效应"模型，同时使用了推拉方程、门槛效应等数理工具。

（3）数据可视化法

数据可视化法有利于更好地展示数据在空间上的表现特征，有较强的空间信息分析功能，采用 GIS 空间统计分析方法，既可以实现数据的可视化，又能基于空间视角，发现统计数据所表现出来的新规律，便于进行研究和分析。本研究利用 GIS 空间统计分析方法分析中国—东盟旅游与贸易的空间规律，并通过 ArcGIS① 自然断裂法进行展示。

（4）学科交叉分析法

中国—东盟旅游与贸易涉及国际关系、国际贸易、旅游管理、经济地理等众多学科理论，需要具有跨学科的视角和方法，研究中国—东盟旅游与贸易空间错位需要用到多个学科的理论方法，包括但不限于旅游地理学、经济地理学以及国际贸易等相关理论方法，因此本研究借鉴了经济学、管理学以及地理学中的一些研究方法。

1.3.3 重点、难点与创新点

随着我国成为东盟第一大贸易国和客源国，旅游与贸易研究得到了更多的关注。但与此同时，旅游与贸易研究也面临着新的思考和发展机遇，给旅游与贸易研究提出了新的命题和创新空间，本研究的重点、难点与创新点如下。

1.3.3.1 本研究的重点

第一，在现有的旅游与贸易研究中，定性与定量研究是两种主要的研究方法。定量研究多采用推拉方程、格兰杰因果检验、VAR 模型、VECM 模型以及脉冲响应等统计分析与计量经济学方法，定性研究则多采用学术评述、研究比较与分析总结等方法，但多种方法融合创新的研究成果相对较少，这也是未来研究需要突破的瓶颈问题。当前，随着研究的深入，计量方法研究的弊端以及对空间的忽视问题逐渐凸显，单纯

---

① ArcGIS 软件是一个全面的地理信息系统（Geographic Information System，GIS）应用平台，可用于创建、显示、集成与合成不同来源的具有丰富描述性信息的地理图。在 ArcGIS 基础上进行的专题地图的制作主要是将各种专题数据进行图形化处理，使其能够在地图上更加直接、形象地呈现出来，从而实现对数据的进一步有效区分和展示。利用 ArcGIS 软件制作的专题地图使用点的疏密来表示数值以及图形的变化，为用户提供了一个全面可伸缩的 GIS 平台，具有方便快捷的优势。

依靠计量与统计方法很难呈现出旅游与贸易的空间关系。因此，必须突破传统计量经济学与统计分析的时间视角而引入空间视角来考察旅游与贸易关系，寻求时间与空间相结合的多元化研究方法，将空间分析与计量研究方法相结合，以提升旅游与贸易研究的质量与效果。课题组成员在已有研究的基础上，以"空间"作为研究平台，探讨中国—东盟旅游与贸易的空间分布、空间密度、空间聚散和空间分异规律，这是本研究的重点之一。

第二，当前研究多是将旅游与贸易作为两个相对独立的范畴，关注一国、双边国家、多边国家之间的互动关系，缺乏将旅游与贸易置于由多个国家所组成的某个区域进行探讨的成果。区域创新是多种资源、多种力量均衡配置的结果，在一定的地理边界内，从国家到区域，创新的实现需要各个国家的参与，需要多种方式的共同配合。跨地理边界旅游与贸易集群的建立，均衡与网络化的区域创新体系，决定着区域创新能力的实现。因此，课题组成员在对中国—东盟旅游与贸易进行区域考察与关系辨识的基础上，提出优化区域尺度上的中国—东盟旅游与贸易耦合协调，以丰富旅游与贸易区域创新领域的研究，这是本研究的重点之二。

1.3.3.2 本研究的难点

国际上对于旅游与贸易的研究大多基于实证分析来检验两者的关系，缺乏有关旅游与贸易关系的基础理论。自20世纪90年代以来，我国关于旅游与贸易关系的研究已经取得了较大发展，但总体来看，对旅游与贸易关系相应的理论总结不足，亟须构建一个相对统一的认知和理论体系。尤其是目前关于旅游与贸易关系的理论比较缺乏，仍然停留在假设阶段，比如"马可·波罗"假设[1]、"兴趣与关注"假设[2]、旅游

---

[1] N. Kulendran, K. Wilson, "Is There a Relationship between International Trade and International Travel?," *Applied Economics*, 2000, 32 (8): 1001–1009.

[2] N. Kulendran, K. Wilson, "Is There a Relationship between International Trade and International Travel?," *Applied Economics*, 2000, 32 (8): 1001–1009.

动机假设①、反馈循环假设②等,尚未形成被学界普遍认同的相应理论,如何对其进行科学的梳理与总结,特别是关于旅游与贸易互动机理的探讨,是一个亟须解决的基础理论问题,这是本研究的难点。

1.3.3.3 本研究的创新点

其一,中国与东盟在人口、经济规模和发展水平上差异很大,出入境旅游和进出口贸易对于各国具有不同的意义。国际贸易与国际旅游作为国与国之间交流的主要形式,从不同的角度诠释了"要素流动"的行为。旅游可以看作不同国家(地区)间人员、服务的"贸易"流动,贸易则可以看作不同国家(地区)间产品、资金的"旅游"行为。本研究着眼于"商务旅游带动国际贸易"→"国际贸易追随旅游(商务)"→"国际贸易追随旅游(商务和非商务)"→"贸易与旅游循环互动"来解释旅游与贸易的互动机理,发现中国与东盟旅游与贸易互动机制、效应和变化趋势,进而预测中国与东盟国家旅游与贸易互动进程中各方的偏好顺序,这是本研究的创新点之一。

其二,中国—东盟旅游与贸易发展态势具有明显的阶段性特征,其关系不是简单的线性关系,而是非线性关系。在旅游与贸易发展初期,要素储备较少,以旅游为代表的人员流动所需要的要素条件容易达到,主要体现为"旅游对贸易的带动效应"。随着要素储备的不断丰富,旅游与贸易发展步入中期阶段,贸易发展所需具备的要素得以补充,贸易规模逐步扩大,此阶段以"贸易对旅游的追随效应"为主。当要素储备日益丰富,新国际旅游带动新国际贸易,新国际贸易进一步追随新国际旅游,旅游与贸易实现循环互动发展。本研究认为,交通基础设施为人员与货物流通提供物流支撑,通信基础设施为旅游与贸易信息对称传送提供通信支撑,能源基础设施为旅游与贸易活动提供物资支撑。中国

---

① 赵多平、孙根年、苏建军:《欧洲七国入境中国旅游与进出口贸易的关系——1985—2009 年的协整分析和 Granger 因果关系检验》,《世界地理研究》2011 年第 4 期。

② 赵多平、孙根年、苏建军:《欧洲七国入境中国旅游与进出口贸易的关系——1985—2009 年的协整分析和 Granger 因果关系检验》,《世界地理研究》2011 年第 4 期。

与东盟各国基础设施水平差距明显,我们着重研究不同层面交通、通信、能源要素所支撑的中国—东盟"旅游对贸易的带动效应""贸易对旅游的追随效应",并分析东盟各国的国别差异,弥补了现阶段对旅游与贸易互动作用效果研究单一化的不足,这是本研究的创新点之二。

其三,"任何经济活动都不能离开一定的空间范围。在国际经济的研究中,如果我们忽视了经济活动的空间性,假定经济活动是在某一个'点'或'面'上进行的,那么也就不存在所谓的国家与国家之间的国际贸易、国际旅游的问题。"在一定的地理边界内,从国家到区域,创新的实现需要各方的参与,需要多种方式共同配合,使空间配置最优化,从而达到要素的均衡循环流动,区域内发展耦合协调,国家间政治经济的稳定。在已有研究的基础上,课题组成员以"空间"作为研究平台,从空间视角把握中国—东盟旅游与贸易的空间分布格局、空间密度特征、空间聚散关系和空间分异规律,并思考得到中国(省域)布局"一核双极两带",优化我国东、中、西部地区互联互通,以"长三角"和"粤滇桂琼"为双极,辐射带动中西部内陆省域与东盟国家旅游与贸易发展。中国—东盟(国别)区域布局"一轴两翼四圈",以新加坡为据点,依托"国际陆海贸易新通道"形成哑铃效应,推动中国—东盟旅游与贸易"海—陆"两翼互动发展的有益启示,这是本研究的创新点之三。

第 2 章 旅游与贸易互动的理论基础

当前，对旅游与贸易的研究见诸许多方面，国内外学者从动力机制、耦合协调、旅游需求、区域差异等学科角度探讨旅游与贸易之间的关系与逻辑框架。为了较全面地把握相关研究进展，也为了更好地推进这项研究，首先要对已有的文献进行梳理。在对课题所涉及研究领域的文献进行广泛阅读和精确理解的基础上，综合分析、归纳整理和评判这一领域的主要学术观点、前人研究成果、争论焦点等内容，提炼当前相关研究的学术见解和最新进展（新水平、新动态、新技术等），并提出本课题组成员的看法和研究思路，这是前提性的认知与理论上的准备。

2.1 相关界定

2.1.1 东盟及其成员国

本研究中的东盟[①]是指 2012 年 11 月 4 日签署《中国与东盟全面经济合作框架协议》的 10 个成员国（见表 2-1），分别是文莱、柬埔寨、

[①] 东盟，全称为东南亚国家联盟（Association of Southeast Asian Nations，ASEAN），其前身是马来西亚、泰国和菲律宾于 1961 年 7 月 31 日在曼谷成立的"东南亚联盟"。1967 年 8 月 8 日，印尼、新加坡、马来西亚、菲律宾、泰国在曼谷发表了《东南亚国家联盟成立宣言》，正式宣告东盟成立，这 5 个国家被称为创始成员国。1984 年，文莱独立后加入东盟，至此东盟有 6 个成员国。后来东南亚 4 个国家又相继加入东盟，这 6 个国家又被称为老成员国。1995 年 7 月，东盟第 28 届外长会议正式接纳越南为东盟成员国，1997 年 7 月举行的第 30 届东盟外长会议接纳了缅甸和老挝，1999 年 4 月柬埔寨成为东盟第 10 个成员国。

表2-1 东盟及其成员国(2018年)
Tab. 2-1 ASEAN and Its Member States (2018)

国别(区域)		首都		成立(加入)时间	人口(百万人)	面积(万平方千米)	GDP(亿美元)
	名称	经度(°E)	纬度(°N)				
东盟					653.9	448.91	30048.7
国别 文莱	斯里巴加湾市	114.58	4.56	1967年8月8日	0.43	0.58	135.67
柬埔寨	金边	104.55	11.30	1984年1月7日	16.25	18.10	245.72
印尼	雅加达	106.48	-6.10	1999年4月30日	267.66	191.36	10422.4
老挝	万象	102.38	17.59	1967年8月8日	7.06	23.68	179.54
马来西亚	吉隆坡	101.43	3.09	1997年7月23日	31.53	33.03	3585.82
缅甸	内比都	96.13	19.44	1997年7月23日	53.71	67.66	761.68
菲律宾	马尼拉	120.59	14.35	1967年8月8日	106.65	30.00	3468.42
新加坡	新加坡	103.48	1.22	1967年8月8日	5.64	0.07	3732.17
泰国	曼谷	100.3	13.44	1967年8月8日	69.43	51.31	5065.14
越南	河内	105.51	21.02	1995年7月28日	95.54	33.12	2452.14

资料来源:课题组经整理而得。

印尼、老挝、马来西亚、缅甸、菲律宾、新加坡、泰国、越南,总面积约 448.91 万平方千米,人口 6.54 亿人,国内生产总值 30048.70 亿美元。①

2.1.2 旅游与国际旅游

1991 年,世界旅游组织(World Tourism Organization,UNWTO)界定"旅游是一个人旅行到另一个其惯常居住环境以外的地方并逗留不超过一定时间限度的活动,主要目的是在到访地从事某种不获得报酬的活动"。旅游由国际旅游和国内旅游两部分组成,本书研究的是国际旅游。

1963 年,联合国罗马会议定义国际旅游为"除为获得一个有报酬的职业以外,基于任何原因到不是常住国家去访问"。1976 年,联合国统计委员会正式界定国际旅游的范围:"①旅行目的为娱乐、医疗、宗教、探亲、会议、学习或过境;②逗留时间不到一年的外国商业或企业人员;③国际团体雇佣不超过一年的雇员或回国短暂停留的侨民;④中途停留的船只或飞机上的乘客。而以下四类不属于国际旅游行为:①为移民或者获得职业而进入其他国家;②外交人员或者军队人员;③避难者、流浪者或边境往来人员;④逗留时间超过 1 年。"②

由此可知,国际旅游需具备以下特征:离开居住国,前往其他国家;不是为了从访问国获得经济利益;时间不超过一年。国际旅游包括出境旅游和入境旅游,"前者指本国居民到他国的旅游行为,后者指外国居民到本国的旅游行为"。本书中的出入境旅游是指在旅游住宿设施里至少停留一夜的游客,不包括边境地区往来的边民。

---

① 世界银行:《世界发展指标数据库》,(2019 - 11 - 20)[2020 - 03 - 02], https://databank.worldbank.org/reports.aspx? source = world - development - indicators#。

② 转引自 R. Mill, A. Morrison, *The Tourism System*, Iowa: Kendall Hunt Publishing Company, 2009; C. Goeldner, B. Ritchie, *Tourism: Principles, Practices, Philosophies*, NJ: John Wiley, 2006; A. Morrison, *Hospitality and Travel Marketing*, NY: Delmar, 2010.

2.1.3 贸易与国际贸易

"广义上的贸易可以界定为社会经济活动中人们所从事的各种商品交换活动,这些交换活动都会发生交换客体所有权或使用权的有偿让渡和转移。狭义上的贸易是指各种商品交换活动、买卖活动的总和。"①

"国际贸易,即一个国家(地区)与另一个国家(地区)所进行的商品和劳务交换活动"②"是各国(地区)之间分工的表现,它反映了各国(地区)在经济上的相互依存关系"③。国际贸易按商品跨境移动方向可分为进口贸易与出口贸易。其中,进口贸易又称"输入贸易",是指将外国商品或者服务购买输入本国市场进行消费或者销售;出口贸易又称"输出贸易",是指本国生产或加工的商品和服务输往国外市场销售。④

本书中的国际贸易,指跨越国界的贸易活动,"主要关注货物贸易流态,因此将其界定为:以两地之间的贸易活动和行为产生某类型商品和货物在确定方向上的货物流为核心,以及由人员流、物流、信息流、商品流等伴生流共同组成的空间位移和流态束集"⑤。

2.2 旅游与贸易互动机理

2.2.1 互动理论

2.2.1.1 旅游需求与空间相互作用理论

旅游需求是指"旅游者离开居住地外出旅行时对旅游产品的

---

① S. Gilbert, International Trade, "Multi-Market Antitrust Economics," 2018.
② N. Goodwin, J. M. Harris, J. A. Nelson, et al., International Trade and Trade Policy, Principles of Economics in Context, 2019.
③ J. Hengstmengel, International Trade, "Divine Providence in Early Modern Economic Thought," 2019.
④ 于燕:《中国制造业进口贸易增长的溢出效应与竞争效应研究》,硕士学位论文,对外经济贸易大学,2015。
⑤ [美]赵多平:《旅游与贸易的互动关系研究:验证、效应与机理》,科学出版社2015年版。

需求①,又指在一定时期内,游客愿意并能够以一定货币支付能力购买旅游产品的数量"②。"旅游需求的指向性包括时间指向性和地域指向性。旅游需求的时间指向性是指旅游需求在时间上具有较强的季节性,旅游需求的地域指向性是指旅游需求在空间上具有较强的冷热性。相比于普通产品,旅游产品具有不可移动性。旅游产品与服务的供给难以逾越空间的限制,因而旅游需求的实现往往基于游客在不同地点之间的空间位移"③。

"地表上的任何一个国家(地区)都不可能孤立地存在。为了保障生产、生活的正常运行,国家(地区)之间总是不断地进行着人员、货物和信息的交换。在全球化背景下,世界各国经济联系日益密切,人员、货物与信息积极而频繁地跨境交流,这些跨境交流行为被称为空间相互作用。"④ 这一作用将空间上彼此独立的国家(地区)整合成具有一定结构和功能的区域整体。⑤ "旅游业是由涉及吃、住、行、游、购、娱等多要素的众多部门组成的"⑥,各构成要素、各协作部门之间不可避免地存在着空间上的相互作用。

2.2.1.2 要素流动与地域分异理论

不同国家(地区)要素禀赋各异,相比而言,禀赋优势要素价格偏低,相关商品生产成本较低,利润较高;反之,禀赋劣势要素价格偏高,相关商品生产成本相对较高,利润较低。一个区域的发展离不开要素在区域内部的流动。由于区域具有"非均质"特征,区域内各部分所拥有的要素禀赋差异较大。区域内要素通过有效流动促进区域经济发展,区域经济发展进一步推动区域内产业分工与贸易,加速要素流动。两者相互作用,

---

① [日]德村志成:《中国国际旅游发展战略研究》,中国旅游出版社2002年版。
② 罗明义:《旅游业的民生功能探讨》,《旅游学刊》2010年第7期。
③ 阮文奇、张舒宁、李勇泉等:《中国赴泰旅游需求时空分异及其影响因素》,《旅游学刊》2019年第5期。
④ P. Krugman, *Geography and Trade*, Leuven: Leuven University Press, 1991.
⑤ P. P. Combes, T. Mayer, J. F. Thisse, *Economic Geography: The Integration of Regions and Nations*, Princeton: Princeton University Press, 2008.
⑥ 保继刚、陈健昌:《旅游者的行为研究及其意义》,《地理研究》1988年第9期。

彼此影响。此外，由于区域不是封闭系统，各区域发展的不平衡性促使要素进行区际流动。要素禀赋区际差异越大，区际要素流动越活跃。①

地域分异是指在地带性因素和非地带性因素的作用下，地理环境整体及其组成部分按确定方向发生有规律的变化，在自然地理环境、人文地理环境以及经济地理环境等方面表现出差异性特征。地域分异理论被广泛应用于区域研究和区域合作战略研究上，可以解释旅游者空间位移的动因，即"旅游资源的差异性是促使旅游者空间流动的重要原因，差异性越大，越能产生旅游者的空间移动"②。区域分工是区域经济关系的基础，各区域根据自身条件、利益和发展原则，与其他区域进行分工合作，从而推动生产要素的区间流动和区域经济发展。

2.2.1.3 区域发展的相互依赖理论

传统的国际贸易理论聚焦于揭示国际贸易产生的原因、结构以及利益的分配问题。绝对成本理论③和比较成本理论④强调不同国家（地区）根据本国产品的绝对优势或比较优势积极参与国际分工与贸易并获取利益的必要性。H－O要素禀赋论认为，国家（地区）间要素禀赋的相对差异是国际贸易产生的决定性因素。⑤"产品生命周期理论认为，产品会经历引入、成长、成熟和衰退四个阶段"，从技术创新与传播角度动态地分析国际分工与贸易产生的基础。⑥新贸易理论从供需因素、技术差异等不同视角分析国际贸易产生的原因及其对贸易结构的影响。⑦

---

① 义旭东：《论区域要素流动》，博士学位论文，四川大学，2005年。
② 唐代剑：《旅游规划原理》，浙江大学出版社2005年版。
③ ［英］亚当·斯密：《国民财富的性质和原因的研究》，商务印书馆2011年版。
④ ［英］李嘉图：《政治经济学及赋税原理》，北京联合出版公司2013年版。
⑤ ［美］伊·菲·赫克歇尔、戈特哈德·贝蒂·俄林：《赫克歇尔—俄林贸易理论》，商务印书馆2018年版。
⑥ R. Vernon, "International Investment and International Trade in the Product Cycle," *International Executive*, 1966 (84): 16 – 16.
⑦ P. R. Krugman, M. Obstfeld, *International Economics: Theory and Policy: International Edition*, International Gossip: H. Hamilton, 2008.

Cooper 在其国际相互依赖理论中认为,由于各国生产技术、资源状况、劳动成本存在着差异,在国际贸易中各国(地区)应该根据自身优势进行专业化生产。该理论强调"分",而"分"必然导致区域间的"合","分"与"合"是相辅相成的。① 在经济全球化背景下,世界各国(地区)在发展经济时,必须借助区域之间的要素互补与协作,不可能割断相互之间的依赖关系而独立存在和发展。②

2.2.2 区域尺度

从区域尺度上看,旅游与贸易互动是"人员"与"货物"在"不同空间尺度上聚散交替、相互作用的过程",其互动机理如图 2-1 所示。区别于要素层面的互动,区域尺度的空间互动更强调从区域协调的视角探究旅游与贸易的空间流动。"旅游流"与"贸易流"是区域经济发展的基本"要素流",且彼此间在要素层面存在着互动关系,两者在区域间的相对均衡流动是区域经济协调发展的关键。然而,由于区域"非均衡"是常态,因此,当前以"旅游流"和"贸易流"为代表的要素流动趋势反映了中国—东盟区域要素流动的"不均衡"特征,这不利于区域经济的协调可持续发展。那么"旅游流"与"贸易流"的不均衡流动形成的原因是什么?这两个要素进行空间流动的内部和外部动力有哪些?这些是我们思考"旅游与贸易空间互动"的着眼点。下文将从四个方面加以论述。

区位条件是中国—东盟旅游与贸易区域互动的客观禀赋。区位条件是指国家(地区)自身具备的要素禀赋,包括自然资源、地理位置以及经济社会等。国家(地区)的区位条件具有客观性,自然资源丰富、地理位置优越、经济社会发展水平较高的区位优势国家(地区)经济发达、政策优势明显,具有更高的对外开放度、市场潜力和更为积极活

---

① R. N. Cooper, *The Economics of Interdependence*, John Wiley & Sons, Ltd., 1968.
② 薛莹:《对区域旅游合作研究中几个基本问题的认识》,《桂林旅游高等专科学校学报》2001 年第 2 期。

跃的"人员"和"货物"等要素流动，其旅游与贸易在区域中的互动发展相比区位劣势国家（地区）更加活跃。

基础设施是中国—东盟旅游与贸易区域互动的支撑要素。国际旅游与国际贸易在本质上是"人员流"和"货物流"的空间位移，同时伴生形成"资金流"和"信息流"。"人员流"与"货物流"实现空间位移需要以交通基础设施为媒介支撑。"资金流"与"信息流"实现畅通需要以金融、通信基础设施为媒介支撑。"人员流"和"货物流"实现生活、生产活动需要借助能源基础设施，完备的基础设施对旅游与贸易的良性互动起着支撑作用。

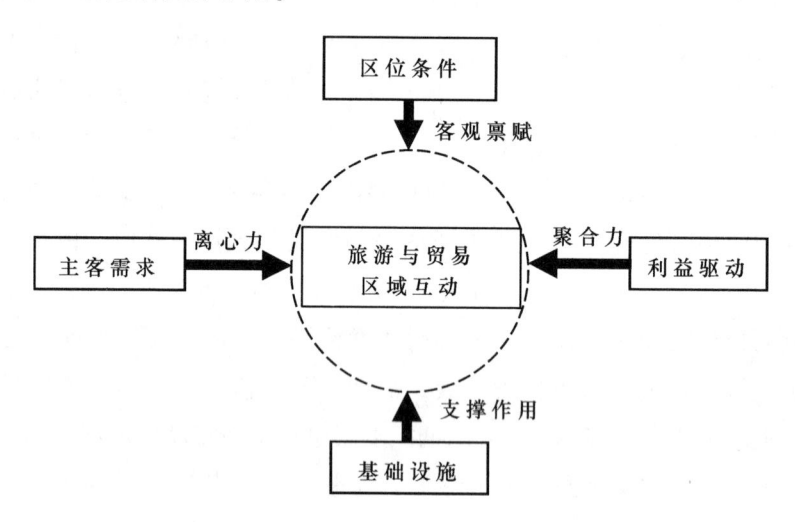

图 2-1 区域尺度旅游与贸易互动机理

Fig. 2-1 The Regional Interaction Mechanism between Tourism and Trade

利益驱动是中国—东盟旅游与贸易区域互动的聚合力。商务旅游是国际旅游的重要组成部分，与国际贸易特点相似，表现出显著的"逐利性"。国际贸易的目的是采购和销售商品从而获得利益，而商务旅游者通过实地调查、商务谈判和展会交流了解相关贸易信息、发现更多的贸易伙伴并获取利益。商务旅游与国际贸易的逐利性决定了两者的发展具有同步性，是中国—东盟旅游与贸易区域互动的聚合力。

主客需求是中国—东盟旅游与贸易区域互动的离心力。在中国—东盟旅游与贸易互动过程中，人在区域要素流动中发挥着至关重要的作用：既是国际旅游行为的活动主体，也是国际贸易发展的决定性因素（任何商务贸易的往来都离不开人与人之间的谈判与沟通）。国际旅游行为基于人的旅游需求，侧重于人的主观体验：中国与东盟10国旅游资源与产品服务各异，且具有不可移动性，国际旅游需求的实现需要游客发挥主观能动性，选择符合自身意愿的旅游线路与服务，并在目的地国和客源国之间跨境位移。国际贸易行为基于人的物质需求，受客观条件的约束：中国与东盟10国地理环境、经济基础、资源要素禀赋的客观差异使得各地区进出口贸易产品具有地方特色，并引发人的物质需求，最终推动货物与服务在中国—东盟区域间流动。由此可见，东盟10国居民关于旅游与物质需求的主客差异引发二者流向与流量的不同，是中国—东盟旅游与贸易区域互动的离心力。

2.2.3 要素层面

国际旅游与国际贸易作为要素流动的主要形式，通过人员和货物在区域内的合理配置和跨国流通，使不同国家和地区之间的联系更为紧密。国际旅游发展离不开两个基本条件，即旅游资源禀赋和基础设施支撑。旅游资源是指一切可以用于发展旅游业的自然资源和人文资源[①]，基础设施包括客源国与目的地之间交通便利，通信畅通，能源生产情况。反观达成国际贸易所需的要素：首先是资本和人力资源，资本和人力是制造产品所必需的两大要素，缺一不可；其次是生产能力和基础设施，生产能力保证产品得以顺利产出，交通基础设施保障产品得以顺利运输，通信基础设施保证产品信息对称，能源基础设施保障能源供应充足，促使生产活动顺利进行；最后是技术和价格竞争优势，技术是推动现代生产力发展的重要因素，价格竞争优势使得产品在市场上具备较强

---

① R. Mill, A. Morrison, *The Tourism System*, Iowa: Kendall Hunt Publishing Company, 2009.

的竞争力。可见，具有旅游资源禀赋的国家，因为旅游发展要素条件易达成，所以旅游发展优先于贸易，在起步期表现为旅游带动贸易发展。旅游资源匮乏的国家，因旅游、贸易发展要素均不完备，所以旅游与贸易发展均较缓慢。

随着贸易规模的不断扩张，社会经济水平不断提升，技术进步和产品价格竞争优势彰显，贸易保持着高速增长的态势。而此时，反观旅游业发展，旅游发展前期的强劲势头逐步放缓，因原有的要素不能满足现有旅游发展的需要，旅游合作在强调旅游资源、交通便利、通信畅通、能源充足的前提下，应同时考虑政治稳定、经济发展、个人消费能力、闲暇时间等因素，以追求文化交流、民心相通这种精神层面的和谐。在此背景下，持续发展的贸易合作在一定程度上提升了社会经济发展水平以及个人消费能力，与之相伴随的是劳动力市场的收入效应强于替代效应，民众有条件享有更多的娱乐，不愿增加劳动供给，闲暇时间增多且旅游消费动机增加，一系列新生动力促进了旅游业重新焕发出生机。此阶段，贸易与旅游均呈高速增长态势，且贸易增速高于旅游，贸易追随旅游业的发展。

基于上述理论分析，本书提出要素层面旅游与贸易互动机理如图2-2所示。当国际旅游产生的两个基本条件（旅游资源禀赋和基础设施支撑）具备时，以商务型旅游为主导的国际旅游应运而生，主要表现为会展活动、组团考察、外派工作等形式，其主要目的是寻求商机，由此引发了小规模、小范围的国际贸易活动，该阶段贸易规模较小、游客量较少，贸易与旅游均处于起步发展阶段。因商务旅游大多发展于建立友好外交关系的国家之间，这一阶段旅游与贸易的关系受国际政治关系的影响较大。前期主要表现为商务旅游带动国际贸易，先锋旅游者通过商务旅游带动国际贸易。

随着资本和人力资源的不断积累，生产能力和基础设施的逐步提升，技术和价格竞争优势的不断彰显，国际贸易规模不断扩大，呈现出高速发展趋势。国际贸易强化了国家间的经济联系，经济联系引发了居

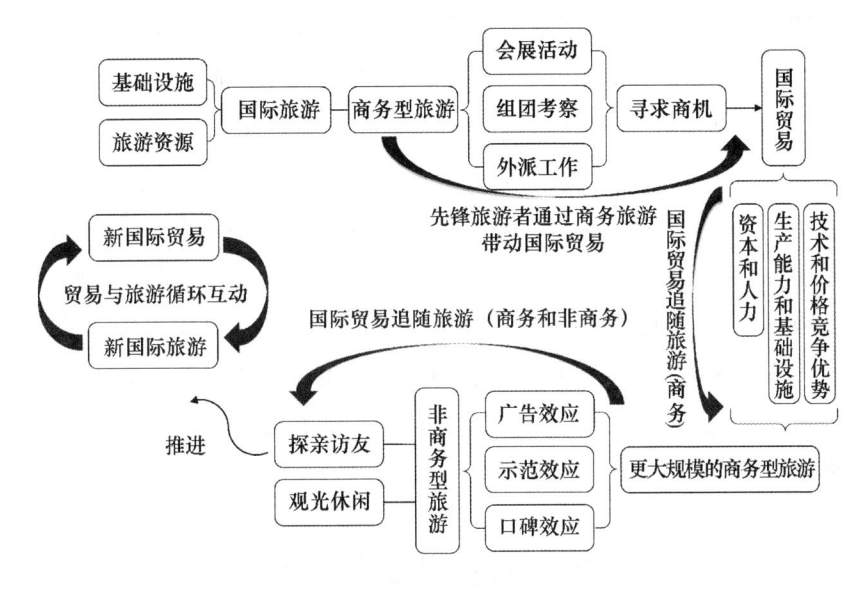

图 2-2 要素层面旅游与贸易互动机理

Fig. 2-2 The Factor Interaction Mechanism between Tourism and Trade

民的关注与兴趣，进一步诱发了探寻商机的兴趣与关注，带动了更大规模的商务型旅游往来。此阶段国际贸易追随更大规模的商务旅游，且随着商务旅游规模的扩大，国际贸易以更大规模、更高速度的趋势增长着，国际贸易发展形势向好，逐步向贸易追随旅游阶段过渡，表现为国际贸易追随旅游（商务）。

商务型旅游通过广告效应、示范效应、口碑效应吸引着更多的受众群体进行非商务型旅游，探亲访友、休闲观光型旅游涌现出来，商务型旅游与非商务型旅游协同发展。贸易规模进一步扩张，贸易与旅游保持着同步高速增长态势，大规模的国际贸易引发了大范围的探寻商机行动，进一步激发了非商务旅游动机，吸引了受众面更广的非商务旅游消费者进行国际旅游活动。此阶段主要通过三条路径展开：第一，商务旅游的"示范效应"，国际贸易所引发的大范围的商务旅游，激发了非商务旅游动机，吸引了大批非商务旅游者；第二，国际贸易的"广告效应"，引发了民众想要对原产地自然环境和社会经济状况一探究竟的想法，由此推动了非商务旅游；第三，先锋旅游者的"口碑效应"，在一定程度上影响了后期旅游者关于旅游目的地的选择，并且推动了更大范围的消费者进行旅游活动，表现为国际贸易追随旅游（商务和非商务）。

随着时间的积累，贸易与旅游的发展面临着新的态势，逐渐由高增速转变为平稳增长，呈现出循环往复型的平缓增长趋势，新国际旅游带动新国际贸易，新国际贸易进一步追随新国际旅游，循环往复，不断扩张。此阶段国际贸易增速放缓，国际旅游挖掘出新的增长动力，呈现出强势增长的国际旅游进一步推动着国际贸易的发展，表现为贸易与旅游循环互动的发展态势。

2.3　旅游与贸易文献图谱分析

旅游与贸易分属两个不同的范畴，两者之间的关系正日益成为国内外学者关注的交叉性研究课题。鉴于此，本书采用科学知识图谱分析方法，运用 Citespace 可视化文献分析工具，对发表在国内外主要核心刊物上有关旅游与贸易关系的研究文献进行梳理与归纳，探寻其发展脉络与规律，并绘制出旅游与贸易研究的知识图谱，从而更加直观、客观地把握这一领域国内外的研究热点与学术前沿，为深入探讨旅游与贸易的关系提供借鉴。

本节分析的文献分为中文和外文，为提高文献分析的质量，确保文献数据具有较高的完备性、解释性、真实性和可信性，中文文献来源于 1992—2019 年中国知网 CNKI（China National Knowledge Infrastructure）核心期刊和 CSSCI 期刊，外文文献来源于 1996—2020 年 Web of Science 数据库核心合集，对国内外旅游与贸易研究文献进行知识图谱结构分析。

在搜索中文文献时，"主题＝'旅游'并含'贸易'"为检索条件进行高级精确检索，不限定年份，共得到 1303 篇相关文献。在检索结果中剔除简讯、会议介绍等以及与研究主题不相关的文献，再进行去重和整理，最终得到 741 篇相关文献。在对英文文献进行搜索时，以"TS（主题）= tourism and trade""TS（主题）= travel and trade""TS（主题）= tour and trade"为检索条件进行高级精确检索，不限定年份，检索得到 3865 篇相关文献。在检索文献中将涉及会议介绍以及与研究主题不符的文献去除，并进行去重与整理，最终得到 1111 篇相关文献。由于 Web of Science 核心合集最早收集文献的年份是 1985 年，因此本书对旅游与贸易主题进行分析的英文文献是 1985 年及其后发表的。

中文文献包含标题、作者、机构、关键词、发表日期等信息，以 refworks 格式导出，英文文献包含标题、摘要、关键词、作者、机构、来源出版物、发表日期和引用参考文献等信息，以纯文本格式导出。检索时间最后更新为 2020 年 3 月 31 日，将所有文献信息导出，用 Citespace[①] 软件进行处理。

2.3.1 发文时间、发文机构与源刊分布

2.3.1.1 发文时间

旅游与贸易研究（中文文献）年度发表情况如图 2-3 所示，由于检索时间截止到 2020 年 3 月 31 日，中文核心期刊未检索到 2020 年发表的旅游与贸易相关的文献且 2020 年尚未结束，故中文文献分析年限截止到 2019 年。从发表年限来看，最早关于旅游与贸易研究的文献发表于 1992 年，并一直延续至今。自 1990 年代初以来，旅游服务贸易逐渐引起了国内学者的关注，主要的学术团体是旅游和服务

---

① Citespace 是一款操作简单、可视化清晰、应用广泛的可视化文献分析软件，"由美国德雷克塞尔大学信息科学与技术学院华人学者陈超美教授基于 Java 语言开发，该软件是在科学计量学、数据挖掘技术和信息可视化背景下发展起来的。Citespace 软件通过关键词共现、机构分布、作者合作等可视化功能，绘制某一领域的知识图谱，用于展示和分析该领域学科前沿的演进趋势和热点动向，是一种新的文献综述定量分析方法"，有助于帮助学者了解该领域的相关状况和研究前沿领域的演进历程，发现知识结构的隐含模式和规律，显示特定学科和领域在一定时期里的发展趋势与动向。

贸易领域的学者。由于他们的推动，对旅游与贸易的研究逐渐发展起来。1992—2003 年为第一阶段，对旅游与贸易的研究处于起步阶段。在这个阶段里，研究团体较少，研究领域较狭窄，发表的论文也较少。2004—2011 年为第二阶段，该阶段旅游服务贸易逐渐成为一个热点，关于各省域旅游服务贸易竞争力的研究纷纷涌现出来。随着旅游服务贸易研究的推进，部分学者已不满足于将旅游业作为服务贸易的一部分来研究旅游与贸易的关系，而是将目标转向研究旅游与贸易的相关性尤其是国际旅游与国际贸易的关系。从 2010 年开始，研究旅游与贸易关系的论文呈爆发式增长，到 2011 年达到顶峰。2012 年至今为第三阶段，自 2011 年达到峰值后，研究旅游与贸易的论文数量逐渐回落，但在数量上仍比第一阶段要多很多。

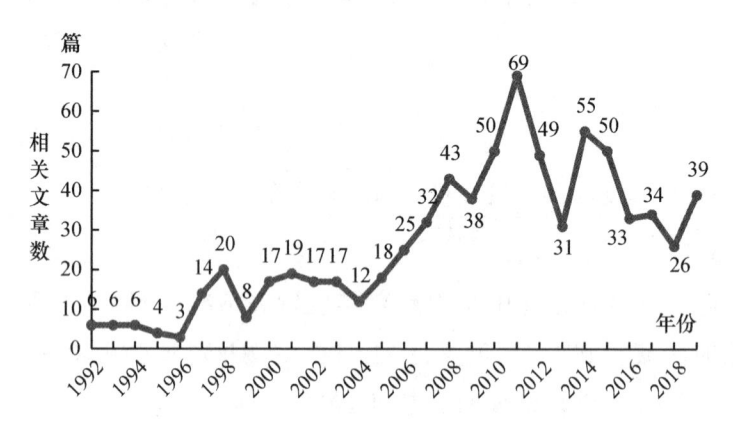

图 2-3　1992—2019 年旅游与贸易研究（中文文献）年度分布

Fig. 2-3　The Annual Distribution of Chinese Articles in Tourism and Trade（1992-2019）

旅游与贸易研究（外文文献）年度发表情况如图 2-4 所示，检索时间截止到 2020 年 3 月 31 日。从发表年度来看，检索到的最早发表的该主题文献的年份是 1996 年，此后关于该主题的研究一直持续着，直至今日。1996—2006 年为第一阶段，旅游与贸易的关系逐渐引起国际学者的关注，主要学术研究人员是旅游与国际贸易领域的学者，关于旅游与贸易的研究开始起步。2007—2010 年为第二阶段，该阶段研究群体增多，研究领域逐步拓展，发表的论文数量逐年增多，旅游与贸易研究快速发展，逐渐成为一个热点研究课题，2010 年达到一个小高峰。2011—2014 年为第三阶段，旅游与贸易研究领域在达到一定的热度后逐渐趋于平稳。2015—2019 年为第四阶段，旅游与贸易的研究在经历一个平稳期后，其热度进一步提升，研究领域进一步细化与深入。

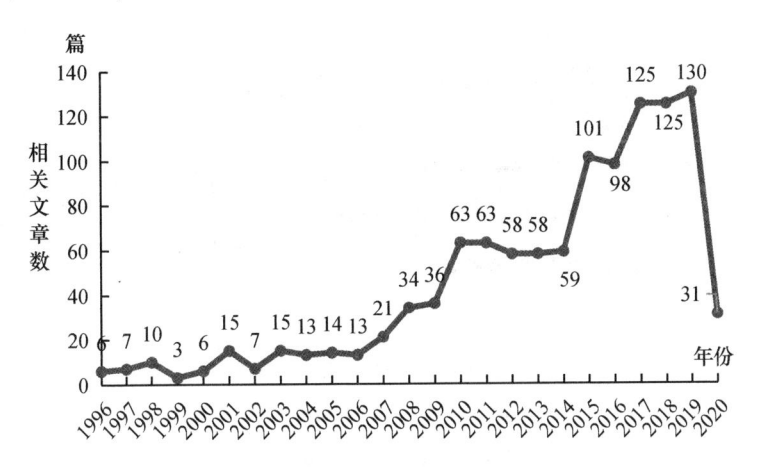

图 2 - 4　1996—2020 年旅游与贸易研究（外文文献）年度分布

Fig. 2 - 4　The Annual Distribution of Foreign Articles in Tourism and Trade（1996 - 2020）

2.3.1.2　发文机构

运用 Citespace 软件对 741 篇中文文献的发文机构进行分析，发现在旅游与贸易研究领域发文机构的分布情况（见图 2 - 5）和贡献率，为更直观、清晰地展现发文机构的情况，此处所采用的发文机构为第一作者所在机构。

从分析结果可以看出，旅游与贸易关系研究主要集中在高校，其次是智库等其他机构。发文机构出现频次最多的是陕西师范大学，发文量为 28 篇，该团队自 2010 年以来一直致力于研究中日、中韩、中国内地—香港、中俄、中欧、中国与东盟 8 国、中蒙、中阿（拉伯）等双边

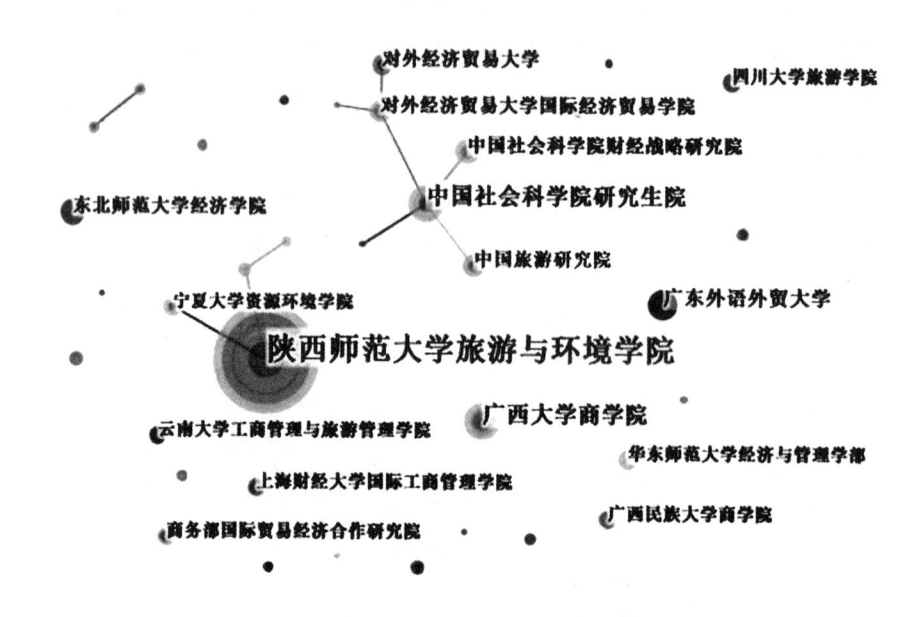

图 2-5　旅游与贸易研究国内机构合作网络

Fig. 2-5　The Cooperative Network of Domestic Institutions for Tourism and Trade Research

或多边国家（地区）的旅游与贸易互动关系，在这一领域产生了较大的影响。其次是中国社会科学院研究生院、广西大学商学院，发文量均为 10 篇，其中广西大学主要凭借广西壮族自治区毗邻东盟国家的地缘优势致力于中国（广西）—东盟旅游与贸易互动研究。再次是广东外语外贸大学，发文量为 8 篇。最后为中国社会科学院财经战略研究院、东北师范大学经济学院，发文量均为 7 篇。总体来看，共有 15 个机构发表了 5 篇以上的论文，论文数量占机构发表论文总数的 16.6%，这表明旅游与贸易研究机构相对较集中（见表 2-2）。

表 2-2　1992—2019 年关于旅游与贸易研究的国内重要机构

Tab. 2-2　Important Domestic Institutions for Tourism and Trade Research (1992-2019)

序号	频次	最早发文年份	研究机构	二级机构	所属地区	机构性质
1	28	2010	陕西师范大学	旅游与环境学院	陕西	高校
2	10	2008	中国社会科学院	研究生院	北京	智库
3	10	2011	广西大学	商学院	北京	高校
4	8	1998	广东外语外贸大学		广东	高校
5	7	2015	中国社会科学院	财经战略研究院	北京	智库
6	7	2009	东北师范大学	经济学院	吉林	高校
7	6	2012	对外经济贸易大学	国际经济贸易学院	北京	高校
8	6	1997	对外经济贸易大学		北京	高校
9	6	2012	中国旅游研究院		北京	智库
10	5	2009	广西民族大学	商学院	广西	高校
11	5	2011	宁夏大学	资源环境学院	宁夏	高校
12	5	2009	四川大学	旅游学院	四川	高校
13	5	2009	商务部	国际贸易经济合作研究院	北京	智库
14	5	2017	华东师范大学	经济与管理学部	上海	高校
15	5	2004	云南大学	工商管理与旅游管理学院	云南	高校
16	5	2011	上海财经大学	国际工商管理学院	上海	高校

资料来源：课题组经整理而得。

从二级机构来看，关于旅游与贸易的研究主要集中于各大高校的旅游学院、商学院、经济学院等，其次是中国社会科学院研究生院、中国旅游研究院等研究机构。从地理分布来看，从事旅游与贸易研究的机构主要分布在陕西、北京、广东、上海、宁夏、广西等地区，这表明对旅游与贸易的研究与关注度与各省域的地缘位置有一定的关系，靠近边境及旅游、贸易产业较发达的地区对旅游与贸易关系的研究往往较多。对主要机构发表的文献进行分析，发现不同机构之间存在一定的合作关系，如陕西师范大学旅游与环境学院—宁夏大学资源环境学院、中国社会科学院研究生院—中国旅游研究院、中国社会科学院研究生院—对外经济贸易大学国际经济贸易学院等。但总的来说，各高校与研究机构之间的合作强度并不大，机构合作网络主要受作者之间学术关系的影响，跨学科的机构合作几乎没有。

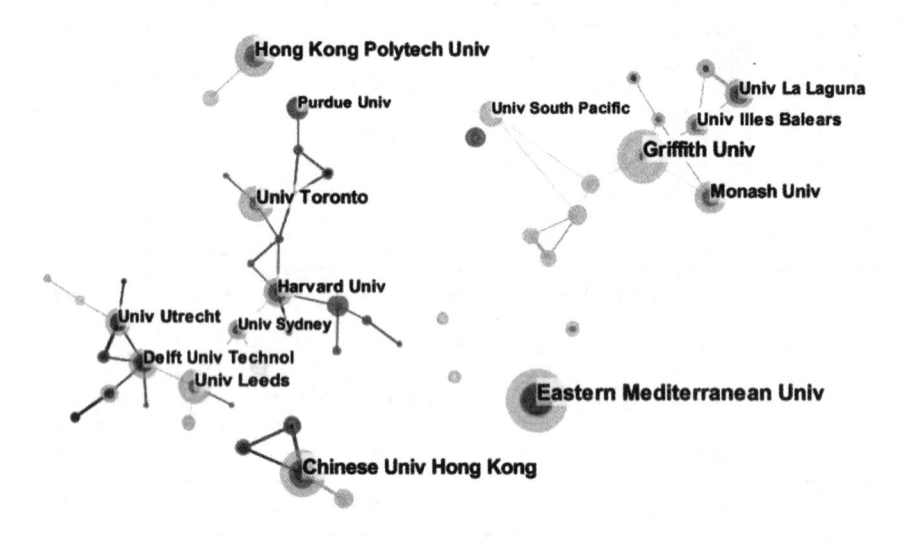

图 2-6　旅游与贸易研究国际机构合作网络

Fig. 2-6 The Cooperative Network of International Institutions for Tourism and Trade Research

同理，对英文文献信息进行类似分析，从分析结果（见图 2-6、表 2-3）来看，在国际上，关于旅游与贸易的研究仍主要集中于高校。发文量在 10 篇及以上的机构有东地中海大学、格里菲斯大学、香港中文大学、香港理工大学、多伦多大学、利兹大学、蒙纳士大学 7 所高校。这些机构发文量大体相当，但国家分布却很不均衡。发文量居前十位的机构中有 6 个位于欧美，分别是加拿大、英国、美国、西班牙和荷兰，有两所位于中国香港，1 所位于北塞浦路斯，1 所位于澳大利亚。在国际上，关于旅游与贸易研究的国家合作网络如图 2-7 所示，发文总量居前十位的国家如表 2-4 所示。由图 2-7 和表 2-4 可知，居前十位的国家中欧美国家占了 7 个，其中，美国以 265 篇遥遥领先于其他国家或地区，属于第一梯队。英国、中国为第二梯队，分别为 132 篇、108 篇；中国最早发文年限为 2006 年，属于后来赶超型。澳大利亚、西班牙、加拿大为第三梯队，其中澳大利亚为 94 篇，西班牙为 88 篇，加拿大为 66 篇。第四梯队为土耳其、荷兰、意大利、德国，其发文量在 40 篇左右。这反映出对旅游与贸易关系的研究主要还是分布于欧美发达国家，西方发达国家研究机构间合作较多，中国与巴基斯坦、马来西亚等研究机构之间的合作较多。

表 2-3　1996—2020 年关于旅游与贸易研究的国际重要机构

Tab. 2-3　Important International Institutions for Tourism and Trade Research (1996-2020)

序号	频次	最早发文年份	研究机构	所属国家/地区	机构性质
1	17	2009	Eastern Mediterranean University（东地中海大学）	北塞浦路斯	高校
2	15	2012	Griffith University（格里菲斯大学）	澳大利亚	高校
3	14	2006	The Chinese University of Hong Kong（香港中文大学）	中国香港	高校
4	13	2008	The Hong Kong Polytechnic University（香港理工大学）	中国香港	高校

续表

序号	频次	最早发文年份	研究机构	所属国家/地区	机构性质
5	10	2013	University of Toronto（多伦多大学）	加拿大	高校
6	10	2014	University of Leeds（利兹大学）	英国	高校
7	10	2012	Monash University（蒙纳士大学）	美国	高校
8	9	2009	University of La Laguna（拉古纳大学）	西班牙	高校
9	9	2010	Harvard University（哈佛大学）	美国	高校
10	9	2009	Technische Universiteit Delft（代尔夫特理工大学）	荷兰	高校

资料来源：课题组经整理而得。

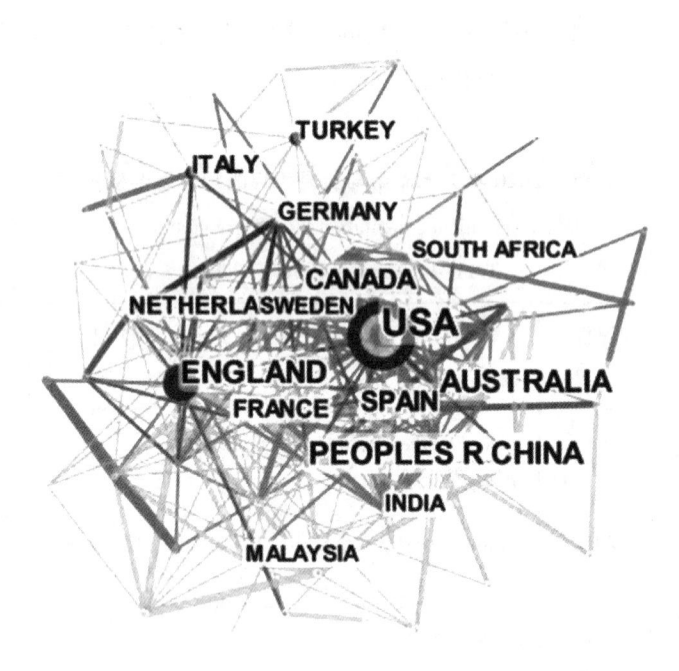

图 2-7 关于旅游与贸易研究国家合作网络

Fig. 2-7 The National Cooperative Network for Tourism and Trade Research

表 2-4   1996—2020 年旅游与贸易研究前十位国家

Tab. 2-4   Top 10 Countries in Tourism and Trade Research (1996-2020)

序号	篇数	中心性	最早发文年份	国家
1	265	0.33	1997	美国
2	132	0.41	1996	英国
3	108	0.09	2006	中国
4	94	0.11	2001	澳大利亚
5	88	0.08	2001	西班牙
6	66	0.08	2003	加拿大
7	46	0.14	2006	土耳其
8	43	0.03	2001	荷兰
9	40	0.15	2003	意大利
10	40	0.04	2001	德国

资料来源：课题组经整理而得。

2.3.1.3 源刊分布

源刊是研究领域的"阵地"，应用 Note Express 软件得出的统计结果（见图 2-8）表明，中文全部 741 篇文献共分布在 218 种核心期刊源刊上，其中，有 120 种期刊只刊载了 1 篇关于旅游与贸易的文章。刊载数量达到 10 篇及以上的源刊共 19 种，刊载数量排名前十的期刊如表 2-5 所示。从表 2-5 中可以看出，《旅游学刊》《中国商贸》《国际贸易》《价格月刊》《国际贸易问题》《国际经贸探索》《对外经贸实务》等期刊构成了旅游与贸易研究的主阵地，这说明旅游与贸易研究具有多角度和交叉性的特点，并日益呈现出复杂性和系统性。

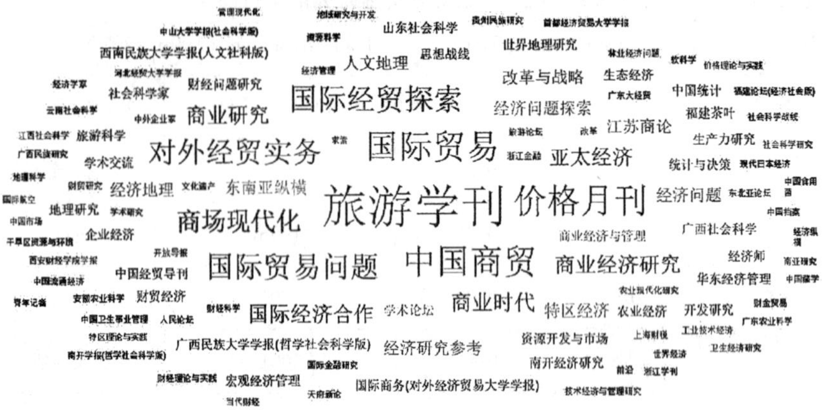

图 2-8　旅游与贸易研究的国内来源期刊词频云图

Fig. 2-8　The Word Frequency Cloud of Domestic Source Journals in Tourism and Trade

表 2-5　　　　　旅游与贸易研究载文量居前十位的国内期刊

Tab. 2-5　Top 10 Domestic Journals of Publishing Paper in Tourism and Trade

来源分布	篇数	百分比（%）	期刊分类
旅游学刊	40	5.40	双核
中国商贸	27	3.64	北大核心（2004，2008）
国际贸易	27	3.64	双核
价格月刊	25	3.37	北大核心
国际贸易问题	23	3.10	双核
国际经贸探索	22	2.97	双核
对外经贸实务	21	2.83	北大核心
商场现代化	18	2.43	北大核心（2000，2004）
亚太经济	16	2.16	双核
国际经济合作	14	1.89	双核
其他	508	68.56	
总共	181	100	

资料来源：课题组经整理而得。

将英文文献导入 Note Express 软件，分析结果（见图 2-9）表明，全部 1111 篇文献共分布在 601 种 SSCI 期刊源刊上，其中，有 452 种期刊只刊载了 1 篇关于旅游与贸易的文章。刊载数量达到 10 篇以上的源刊共 10 种（见表 2-6）。从图 2-9 和表 2-6 中可以看出，*Tourism Economics*、*Tourism Management*、*Current Issues in Tourism*、*Transportation Research Record*、*Journal of Sustainable Tourism* 等期刊是国际旅游与贸易研究的主阵地。可见，旅游与贸易研究主要分布于旅游类期刊上。

图 2-9 旅游与贸易研究的国际来源期刊词频云图

Fig. 2-9 The Word Frequency Cloud of International Source Journals in Tourism and Trade

表 2-6 旅游与贸易研究论文载文量居前十位的国际期刊

Tab. 2-6 Top 10 International Journals of Publishing Paper in Tourism and Trade

来源分布	篇数	百分比（%）	JCR 分区
Tourism Economics	61	5.49	Q3/Q4
Tourism Management	48	4.32	Q1
Current Issues in Tourism	24	2.16	Q1

续表

来源分布	篇数	百分比（%）	JCR 分区
Transportation Research Record	23	2.07	Q4
Journal of Sustainable Tourism	23	2.07	Q1/Q2
Annals of Tourism Research	20	1.80	Q1
Journal of Travel Research	17	1.53	Q1
International Journal of Tourism Research	16	1.44	Q2
Applied Economics	15	1.35	Q3
Transportation	11	0.99	Q1/Q2
Others	853	76.78	
Total	1111	100	

资料来源：课题组经整理而得。

2.3.2 发文作者及合作网络

对发文作者和合作网络进行分析，可以发现作者群体之间所存在的合作关系。运用 Citespace 软件对 741 篇中文文献进行分析处理，可以生成作者共引聚类知识图谱（见图 2-10）。将 1111 篇英文文献数据导入 Citespace 软件并生成作者共引聚类知识图谱（见图 2-11），其中图 2-10 和图 2-11 中节点的多少和大小代表核心作者群体共现频率的高低，线条的多少和粗细代表作者合作关系的强弱。

从中文文献合作网络的角度来看，对旅游与贸易的研究具有集中度低、分散性大的特点，已初步形成核心研究团队，但各团队之间因受学科差异的影响而联系较弱。由图 2-10 可以看出，中国的旅游与贸易研究已经初步形成了一个主要的研究团队,即形成了以孙根年、赵多平、王洁洁、马丽君、包富华和陈瑛等为核心的研究团队,并且研究团队内部成员间合作强度较大,但不同子研究团队之间仍相对孤立。

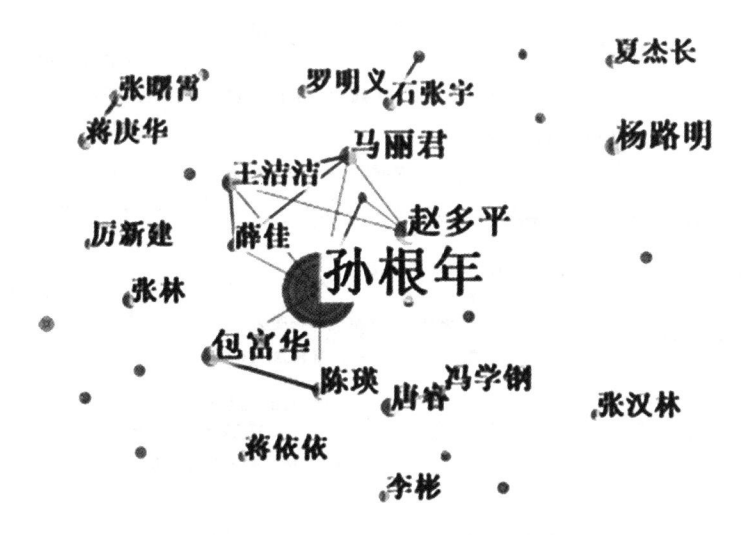

图 2 – 10 1992—2019 年关于旅游与贸易研究的国内高产作者合作网络

Fig. 2 – 10 The Mapping Knowledge Domains of Domestic Authors
in Tourism and Trade (1992 – 2019)

从英文文献合作网络的角度来看,旅游与贸易研究也表现出较小的集中性和较大的分散性。但由于学科和国家/地区的巨大差异,不同团队之间的联系强度相对较弱。从图 2 – 11 中可以看出,关于国际旅游与贸易的研究已经初步形成了几个主要的研究团队,即以 Maria Santana-Gallego、Jaume Rossello、Jorge V. Perezrodriguez 等为核心的研究团队,以 Chichur Chao、Jean-Pierre Laffargue 等为核心的研究团队,以 Valorie A. Crooks、Rory Johnston、Jerem Y Snyder 等为核心的研究团队等。在合作强度方面,不同研究团队内部成员间的合作强度较大,但不同研究团队之间仍相对独立,并且研究团队多以同一国家、同一高校的合作为主,跨国家的合作比较少。如 Maria Santana – Gallego、Jaume Rossello 等人的研究团队的成员均来自西班牙巴利阿里群岛大学，Valorie A. Crooks、Rory Johnston 等人的研究团队成员则均来自加拿大西蒙弗雷泽大学。

图 2-11　1996—2020 年关于旅游与贸易研究的国际高产作者合作网络

Fig. 2-11　The Mapping Knowledge Domains of International Authors in Tourism and Trade (1996-2020)

关于中文文献第一作者发表的论文数量的统计结果表明，发表 10 篇以上文献的作者只有 1 人，即孙根年发表了 24 篇文献，是旅游与贸易研究领域的重要学者。有 44 位学者发表了 3 篇及以上文献，占文献总数的 25%，他们是旅游与贸易研究的核心作者群体，为该研究领域奠定了学术基础。可以看出，在旅游与贸易研究领域，发文作者相对较集中，核心作者贡献率较大。此外，核心作者群近期主要关注的问题有：宁夏与阿拉伯国家旅游与贸易互动关系、中国与东盟旅游与贸易互动关系、中澳及中美旅游与贸易互动关系、中国旅游服务贸易国际竞争力研究等（见表 2-7）。

表 2-7 1992—2019 年旅游与贸易研究发文国内居前十位的作者及所在机构

Tab. 2-7 Top 10 Domestic Authors and Their Institutions for Tourism and Trade Research (1992-2019)

发文量（篇）	最早发文年份（年）	作者	发文机构
24	2008	孙根年	陕西师范大学旅游与环境学院
7	2011	赵多平	宁夏大学资源环境学院
6	2015	包富华	陕西师范大学旅游与环境学院
6	2010	马丽君	陕西师范大学旅游与环境学院
6	2004	杨路明	云南大学工商管理与旅游管理学院
5	2015	陈瑛	陕西师范大学旅游与环境学院
5	2010	王洁洁	陕西师范大学旅游与环境学院
5	2004	冯学钢	华东师范大学经济与管理学部
5	2017	唐睿	华东师范大学经济与管理学部
4	2009	蒋庚华	山西大学经济与管理学院

资料来源：课题组经整理而得。

对英文文献第一作者发文量的统计显示，发文量 10 篇及以上的作者有两人，分别为 Maria Santana-Gallego 发表 13 篇，Chichur Chao 发表 10 篇，这两位是旅游与贸易研究的重要学者。有 78 位学者发表 3 篇及以上文献，发文数量占总文献的 27.6%，他们是旅游与贸易研究的核心作者群体，为该研究领域奠定了学术基础。总体而言，在旅游与贸易研究领域，作者集中度较高，核心作者群体贡献较大（见表 2-8）。

表2-8　1996—2020年关于旅游与贸易研究国际上发文
居前十位的作者及所在机构

Tab. 2-8　Top 10 International Authors and Their Institutions
for Tourism and Trade Research（1996-2020）

发文量（篇）	最早发文年份（年）	作者	发文机构
13	2010	Maria Santana-Gallego	Universitat de les Illes Balears（西班牙巴利阿里群岛大学）
10	2006	Chichur Chao	Deakin University（澳大利亚迪肯大学）
7	2009	Salih Katircioglu	Eastern Mediterranean University（北塞浦路斯东地中海大学）
7	2017	Khalid Zaman	COMSATS University Islamabad（CUI）（巴基斯坦伊斯兰堡通信卫星大学）
6	2007	Stephane Hess	The University of Leeds（英国利兹大学）
6	2011	Valorie A Crooks	Simon Fraser University（加拿大西蒙·弗雷泽大学）
6	2009	Yusak O Susilo	KTH Royal Institute of Technology（瑞典皇家理工学院）
6	2017	Cem Isik	Anadolu University（土耳其阿纳多卢大学）
6	2006	Jean-Pierre Laffargue	Universite Pantheon-Sorbonne（法国巴黎第一大学）
5	2013	Jaume Rossello	Universitat de les Illes Balears（西班牙巴利阿里群岛大学）

资料来源：课题组经整理而得。

2.3.3 关键词知识图谱分析

2.3.3.1 关键词的共现图谱

关键词可以揭示文章内容的主要方向和核心观点，通过对旅游与贸易研究相关文献的共现频率分析，可以发现该领域在不同阶段的研究热点、未来的研究趋势等。运用 Citespace 软件分析 741 篇中文文献关键词的共现频率和中心度，并绘制出相关网络图谱。在 Citespace 软件设置中，时间选择从 1992 年至 2019 年，时间切片为 1 年，选择关键词为网络节点，以每个时间切片中前 50 个关键词作为高被引关键词，并生成旅游与贸易研究关键词共现图谱（见图 2-12）。其中，节点的大小代表频率的高低，连线的粗细代表联系的强弱，由词频统计结果可选出前 10 个重要关键词。如表 2-9 所示，出现频率较高的关键词是"旅游服

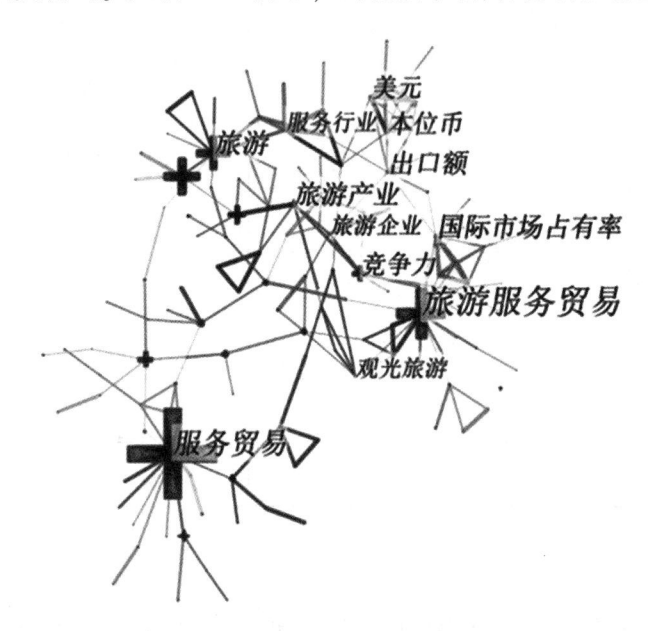

图 2-12 1992—2019 年国内关于旅游与贸易研究关键词共现网络图谱

Fig. 2-12 The Co-appearance Network of Domestic Keywords about Tourism and Trade (1992-2019)

务贸易、服务贸易、旅游"等。从高频关键词首次出现的年份来看,"入境旅游、进出口贸易、服务贸易结构、出境旅游、国际竞争力"之类的关键词首次出现的年份较晚,表明这些关键词是我国旅游与贸易研究领域近年来的热点问题。

表 2-9 1992—2019 年国内关于旅游与贸易研究前 10 个高频关键词

Tab. 2-9 Top 10 High-frequency Keywords in Domestic Tourism and Trade Research (1992-2019)

序号	频次	最早出现年份	关键词
1	166	1994	服务贸易
2	87	1997	旅游服务贸易
3	77	1992	旅游
4	73	2002	电子商务
5	51	1993	旅游业
6	37	2006	竞争力
7	30	2008	入境旅游
8	29	2005	国际竞争力
9	25	1993	旅游产业
10	18	2007	中国

资料来源:课题组经整理而得。

通过对高频关键词首次出现的年份和年度发文量进行综合分析,可以发现旅游与贸易研究大致可分为三个阶段:1992—2003 年为起步阶段,此阶段服务贸易、旅游服务贸易、边境旅游和旅游业等关键词出现频率较高,主要以旅游服务贸易的经济特征和服务贸易与旅游业的关系研究为主。2004—2011年为快速发展阶段，多学科开始介入该领域。在此阶段早期，学者们主要关注的还是旅游服务贸易及其国际竞争力，进行了各个省域旅游服务贸易竞争力及中国旅游服务贸易竞争力的国际比较。在此阶段中后期，国内一批学者尤其是旅游研究领域的学者逐渐重视旅游与贸易二者之间的关系。在此阶段一大批研究旅游与贸易关系、旅游与贸易互动的论文陆续发表在核心期刊上，表明旅游与贸易的关系逐渐成为一个研究热点，已成为很多学者关注的焦点问题。2012年至今为逐渐回落阶段，国内大批学者对旅游与贸易的关系在研究一段时间后，基于各个区域对该领域的研究也日臻完善，传统上单纯从时间与计量手段出发研究旅游与贸易的关系似乎已达到一个饱和点，关于旅游与贸易的研究于2011年达到顶峰，其后为逐渐回落期。学者们一方面不断拓展研究区域，另一方面在研究视角与方法上进行创新与发展。如高楠、马耀峰、李天顺、赵多平、林志慧等人于2012年在《经济地理》上发表的《1993—2010年中国入境旅游与进口贸易耦合关系时空分异研究》一文标志着旅游与贸易关系的研究从时间视角开始转向空间视角。该研究团队第一次突破传统计量经济学的时间视角而引入空间视角来考察旅游与贸易的关系。此后，基于空间视角来研究旅游与贸易的关系逐渐成为该领域的一个新的研究方向。

将1111篇英文文献数据导入Citespace软件，在Citespace软件设置中，时间跨度选择1996年至2020年，时间切片选择1年，选择关键词为网络节点，以每个时间切片中前50个关键词作为高被引关键词，并生成关键词共现图谱（见图2-13）。根据词频排名统计，提取出前10个重要关键词（见表2-10）。统计结果表明，诸如"trade、tourism、impact、economic growth、model"等关键词出现频次较多，从高频关键词首次出现的年份来看，"international tourism、demand、management、economic growth"等关键词首次出现的时间较晚，表明这些关键词是近年来国际旅游与贸易研究中的热门问题。

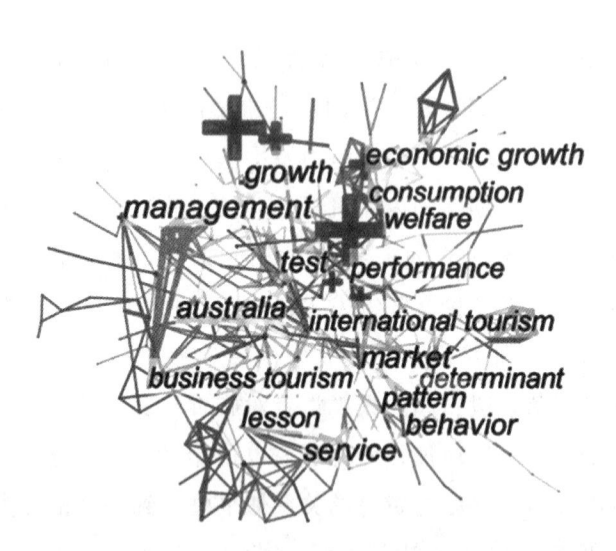

图 2 – 13　1996—2020 年关于国际旅游与贸易研究关键词共现网络图谱

Fig. 2 – 13　The Co-appearance Network of International Keywords about Tourism and Trade（1996 – 2020）

表 2 – 10　1996—2020 年关于国际旅游与贸易研究的前 10 个高频关键词

Tab. 2 – 10　Top 10 High-frequency Keywords in International Tourism and Trade Research（1996 – 2020）

序号	频次	最早年份	关键词
1	188	1998	trade
2	170	1996	tourism
3	106	2003	impact
4	83	2009	economic growth
5	78	1998	model
6	69	2009	demand
7	62	2007	international trade
8	44	2003	travel
9	41	2009	management
10	39	2010	international tourism

资料来源：课题组经整理而得。

2.3.3.2 关键词的发展路径

国内旅游与贸易研究经历了二十多年的发展，每年的研究热点均发生着变化（见图2-14）。其研究的关键词大致经历了旅游（1992）、旅游业（1993）、服务贸易（1994）、旅游服务贸易（1996）、旅游外汇收入（1997）、国际服务贸易（2000）、电子商务（2002）、国际竞争力（2005）、中国（2007）、入境旅游（2007）、贸易竞争力（2008）、旅游推动贸易（2010）、推拉模式（2010）、格兰杰因果检验（2010）、进出口贸易（2011）、服务贸易国际竞争力（2013）、回归分析（2015）、"一带一路"（2016）、阿拉伯国家（2017）、旅游经济（2019）等的演进过程，这些关键词的出现反映了旅游与贸易研究领域的热点动向和进展。对该领域研究文献中的关键词做进一步的梳理发现，服务贸易这一关键词的节点最大，是传统上旅游与贸易研究的主要方向。其次为旅游服务贸易、旅游业、国际竞争力等，近几年则比较关注"一带一路"、阿拉伯国家和旅游经济等。

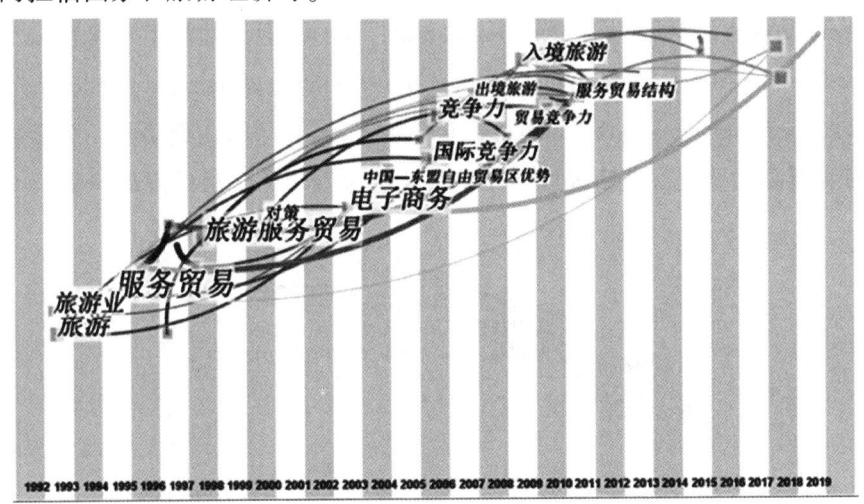

图2-14 关于旅游与贸易研究的国内热点关键词演进的时区知识图谱

Fig. 2-14 The Knowledge Map of Domestic Time Zone about Tourism and Trade Hotspots Evolution

在国际上，旅游与贸易研究也经历了十多年的发展，每年热点词语的变化如图2-15所示。其关键词大致经历了"tourism（1996）、trade（1998）、tourism demand（2003）、international trade（2007）、cointegration、time series、unit root（2009）、international tourism、china、hypothesis、gravity model、medical tourism（2010）、regression、tourism policy（2011）、trade balance、demand equation（2013）、granger causality、tourism-led growth hypothesis（2014）、business tourism、domestic tourism、international medical travel（2015）、sustainable development、destination competitiveness（2016）、rural tourism（2017）、tourism development、inbound tourism、trade openness（2018）、environmental Kuznets curve、unit root test（2019）、bilateral trade（2020）"等的演进过程，这些关键词反映了国际上旅游与贸易研究领域的热点动向和发展程度。对该领域研究文献的关键词做进一步的梳理可以发现，trade 和 tourism 关键词的节点最大，是国际上传统旅游与贸易研究的主要方向。其次为 impact、economic growth、demand、international trade、travel 等，近几年则比较关注 business tourism、international medical travel、inbound tourism、trade openness、environmental Kuznets curve 和 bilateral trade 等。由此可见，关于旅游与贸易的研究方法和地区趋于多样化，呈现出跨学科的发展趋势。

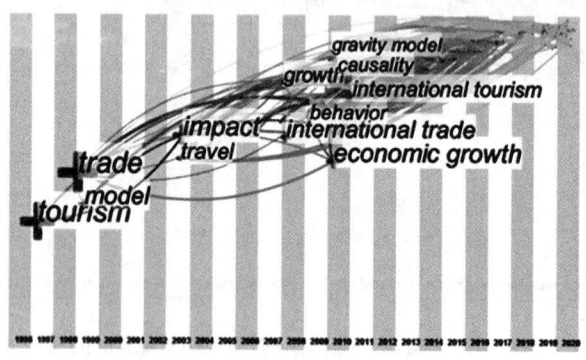

图 2 - 15 关于旅游与贸易研究的国际热点演进时区知识图谱

Fig. 2 - 15 The Knowledge Map of International Time Zone about Tourism and Trade Hotspots Evolution

综上所述，从发文时间来看，关于国内旅游与贸易研究文献的数量经历了缓慢起步、快速增长、逐渐回落三个阶段，从1992年起步，到2004年以后发文量明显增加，至2011年达到顶峰，之后逐渐回落。在国际上，关于旅游与贸易研究的文献数量经历了缓慢起步、快速增长、平稳期、稳步增长四个阶段：从1996年起步，到2007年发文量显著增加，经过几年的平稳过渡期，于2015年又开始稳步增长，此势头一直延续至今。

从发文作者来看，在国内，孙根年、赵多平、包富华、马丽君、杨路明、陈瑛等人是研究旅游与贸易领域的核心作者。在国际上，Maria Santana-Gallego、Chichur Chao、Salih Katircioglu、Khalid Zaman、Stephane Hess、Valorie A. Crooks等是研究旅游与贸易领域的核心作者。从合作网络来看，国内旅游与贸易研究的特点是集中度低、分散度大。由于团队之间在学科上存在着较大的差异，并且联系较弱，因此仍处于独立研究阶段。国际旅游与贸易研究也呈现出小集中、大分散的特征，各研究团队之间跨国家联系较少，国内合作联系较强，跨国家间合作仍然缺乏。

从发文机构来看，国内旅游与贸易研究的主要机构为高校，其次是研究所、旅游专科学校等机构。其中，陕西师范大学旅游与环境学院发表的文献最多，其次是中国社会科学院研究生院、广西大学商学院、广东外语外贸大学、中国社会科学院财经战略研究院、东北师范大学经济学院等。因此，从总体上看国内旅游与贸易研究发文机构相对较集中，但不同机构间合作较少，机构合作网络主要受作者间学术关系的影响。在国际上，旅游与贸易研究仍主要集中于高校，其次为研究所等智库。发文量最多的是Eastern Mediterranean University（东地中海大学），其次为Griffith University（格里菲斯大学）、University of Toronto（多伦多大学）、The University of Leeds（利兹大学）、Monash University（蒙纳士大学）、University of La Laguna（拉古纳大学）、Harvard University（哈佛大学）、Technische Universiteit Delft（代尔夫特理工大学）等。这些机构发文量大体相当，但国家分布却很不均衡，主要分布于欧美发达国家，西方发达国家研究机构间合作较多，中国与巴基斯坦、马来西亚研究机构间合作较多。

从源刊分布来看,《旅游学刊》《中国商贸》《国际贸易》《价格月刊》《国际贸易问题》《国际经贸探索》等期刊构成了国内旅游与贸易研究的主阵地,*Tourism Economics*、*Tourism Management*、*Current Issues in Tourism*、*Transportation Research Record*、*Journal of Sustainable Tourism*、*Annals of Tourism Research* 等期刊是国际旅游与贸易研究的主阵地。可见,旅游与贸易研究主要分布于旅游类、经济类、贸易类期刊上。

从关键词共现图谱来看,传统上国内旅游与贸易研究的高频关键词主要有"服务贸易""旅游服务贸易""旅游""电子商务""旅游业"等,近年来,国内旅游与贸易研究高频关键词主要有"回归分析""一带一路""阿拉伯国家""旅游经济"等。国际旅游与贸易研究传统的高频关键词主要有"trade""tourism""impact""economic growth""international trade""travel"等,近年来,国际旅游与贸易研究的高频关键词主要有"international medical travel""inbound tourism""trade openness""environmental Kuznets curve"和"bilateral trade"等。从总体上而言,国内外旅游与贸易研究在方法和区域上越来越趋于多样化,并趋于向多学科交叉方向发展。

2.4 本章小结

本章提出"区域尺度"和"要素层面"旅游与贸易互动机理。在区域尺度上着眼于"人员"与"货物"在不同空间尺度上聚散交替、相互作用的过程,在要素层面上着眼于"商务旅游带动国际贸易"→"国际贸易追随旅游(商务)"→"国际贸易追随旅游(商务和非商务)"→"贸易与旅游循环互动"。进而从中国—东盟视角、旅游与贸易视角、空间地理视角梳理 1992—2019 年中文核心期刊和 1996—2020 年 Web of Science 核心合集上关于旅游与贸易的研究文献,并进行知识图谱结构分析。

第 3 章 中国—东盟旅游与贸易区域考察

中国与东盟各国在政治制度、人口规模、地缘习惯等方面存在着相异性，这在很大程度上对区域市场产生了巨大的"分隔效应"，有碍于人员、货物和信息等要素在区域内的流通和合理配置。为了更好地推进中国和东盟国家的旅游与贸易要素互动与区域创新，有必要对各方的发展现状、存在问题、可能的原因和进一步的发展方向加以探讨与把握。

3.1 数据来源

本研究的相关数据主要来源于东盟秘书处、中华人民共和国公安部、国家统计局贸易外经统计司、中经网统计数据库、法国前瞻性研究和国际信息中心数据库、世界银行数据库、国家基础地理信息数据库、美国传统基金会、世界经济论坛、《中国旅游统计年鉴》以及我国各省（市、自治区）统计年鉴。

（1）ASEAN Stats Data Portal

1995—2018 年中国出境东盟的旅游数据来源于东盟秘书处 ASEAN-Stats Data Portal。其中，1998 年、2001 年和 2006 年中国出境印尼旅游数据缺失，课题组用插值法修正公式 $n_t = \dfrac{n_{t-1} + n_{t+1}}{2}$ 计算得出。2015 年中国出境缅甸旅游人数，经统计为2102677人次（包含边民）①，其他年份均不包含边民（统计口径不一致），课题组未予采用，而是采用了中华人民共和国驻缅甸联邦共和国大使馆经济商务参赞处公布的822878人次这一数据。②2016年中国出境缅甸的旅游人数，经统计为183886人次（异常值），课题组用插值法修正公式 $n_t = \dfrac{n_{t-1} + n_{t+1}}{2}$ 计算得出，为909897人次。

（2）中华人民共和国公安部

1980—2018年东盟入境中国旅游数据来源于中华人民共和国公安部。其中，1986—1991年印尼入境中国的旅游数据缺失，课题组用平均增长率修正公式 $n_{t+m} = n_t (1 + x\%)^m$ 计算得出。1983—1991年马来西亚入境中国的旅游数据缺失，课题组用平均增长率修正公式 $n_{t+m} = n_t (1 + x\%)^m$ 计算得出。1983年新加坡入境中国的旅游数据缺失，课题组用插值法修正公式 $n_t = \dfrac{n_{t-1} + n_{t+1}}{2}$ 计算得出。2017年缅甸、老挝和越南入境中国的旅游人数，经统计为9662152人次、235127人次、6546874人次（包含边民），其他年份均不包含边民（统计口径不一致），课题组未予采用，而是采用插值法修正公式 $n_t = n_{t-1} \times 2 - n_{t-2}$ 计算得出，分别为170927人次、42514人次、2698552人次。2018年文莱、缅甸、柬埔寨、老挝、越南入境中国的旅游数据缺失，课题组运用插值法修正公式 $n_t = 2 \times n_{t-1} - n_{t-2}$ 计算得出。

（3）国家统计局贸易外经统计司

1980—1997年中国与东盟进出口贸易数据来源于国家统计局贸易外经统计司。其中，1984年、1997年和1999年中国从文莱的进口数据

---

① 中华人民共和国驻缅甸联邦共和国大使馆经济商务参赞处：《2016年到缅甸旅游人数仅为290万人次》［EB/OL］，（2017 - 02 - 06）［2019 - 10 - 07］http：//mm. mofcom. gov. cn/article/ jmxw/201702/20170202510975. shtml。

② 中华人民共和国驻缅甸联邦共和国大使馆经济商务参赞处：《中国赴缅游客人数居第二》［EB/OL］，（2017 - 03 - 03）［2019 - 10 - 07］http：//mm. mofcom. gov. cn/article/jmxw/201703/20170302529650. shtml。

缺失，课题组用插值法修正公式 $n_t = \dfrac{n_{t-1} + n_{t+1}}{2}$ 计算得出。1986年中国从柬埔寨的进口数据缺失，课题组用插值法修正公式 $n_t = \dfrac{n_{t-1} + n_{t+1}}{2}$ 计算得出。1984年中国对柬埔寨的出口数据缺失，课题组用插值法修正公式 $n_t = \dfrac{n_{t-1} + n_{t+1}}{2}$ 计算得出。

（4）中经网统计数据库

1998—2018年中国与东盟进出口贸易数据来源于中经网统计数据库。

（5）省（市、自治区）统计年鉴

东盟4国（马来西亚、菲律宾、新加坡和泰国）入境中国31个省（市、自治区）的游客人数来源于1999—2018年《中国旅游统计年鉴》，中国21个省（市、自治区）①对东盟4国出口贸易额和中国20个省（市、自治区）②从东盟4国进口贸易额，其数据来源于1999—2019年中国各省（市、自治区）统计年鉴。

（6）CEPII数据库

东盟10国（首都）经纬度坐标数据来源于法国前瞻性研究和国际信息中心（Centre d'Études Prospectives et d'Informations Internationales，CEPII）数据库。

（7）世界银行数据库

东盟7国③基础设施指数测算的部分指标、人口规模、国内生产总值、官方汇率、通货膨胀率、劳动力与资本形成总额等数据来源于世界银行世界发展指标（World Development Indicators，WDI）数据库，世界

---

① 21个省（市、自治区）分别为：天津（津）、河北（冀）、山西（晋）、辽宁（辽）、黑龙江（黑）、上海（沪）、江苏（苏）、安徽（皖）、福建（闽）、江西（赣）、山东（鲁）、湖南（湘）、广东（粤）、广西（桂）、海南（琼）、重庆（渝）、云南（滇）、陕西（陕）、甘肃（陇）、青海（青）和新疆（新）。

② 同①，青海（青）数据缺失。

③ 东盟7国分别为：新加坡、马来西亚、泰国、印尼、越南、菲律宾、老挝。

治理指数来源于世界银行全球治理指标（World Governance Indicators, WGI）数据库。

（8）美国传统基金会

东盟7国的经济自由度指数来源于美国传统基金会公布的《全球经济自由度指数》。

（9）国家基础地理信息数据库

评判东盟7国是否与中国国界接壤，其来源为国家基础地理信息数据库。

（10）世界经济论坛

东盟7国公路质量指数、固定电话用户数、移动电话用户数、安全互联网服务器数，其来源为世界经济论坛公布的《全球竞争力报告》。

3.2 中国—东盟区域合作

中国—东盟旅游与贸易发展离不开中国—东盟区域合作，这从合作的关键时间节点上可窥一斑（见图3-1），尤其是1997年以来定期举行的中国—东盟（10+1）领导人会议（见图3-2）推动着各方政治互信不断加深。随着2002年CAFTA建设正式启动，中国—东盟旅游与贸易等领域飞速发展。本书以CAFTA进程为节点，将中国—东盟合作历程划分为CAFTA建设前（2002年以前）、CAFTA建设中（2003—2010年）和CAFTA建成后（2011年以后）三个阶段进行考察。

3.2.1 CAFTA建设前（2002年以前）

20世纪80年代末，随着世界政治局势和经济格局的发展变化，中国与东盟各国关系实现了全面改善。中国与老挝、印尼、越南的关系分别于1989年12月、1990年8月、1991年11月恢复正常化，结束了20多年的对立关系。新加坡、文莱也先后于1990年10月、1991年9月与中国正式建交，至此中国与东盟所有国家都建立或恢复了外交关系。20世

第3章　中国—东盟旅游与贸易区域考察

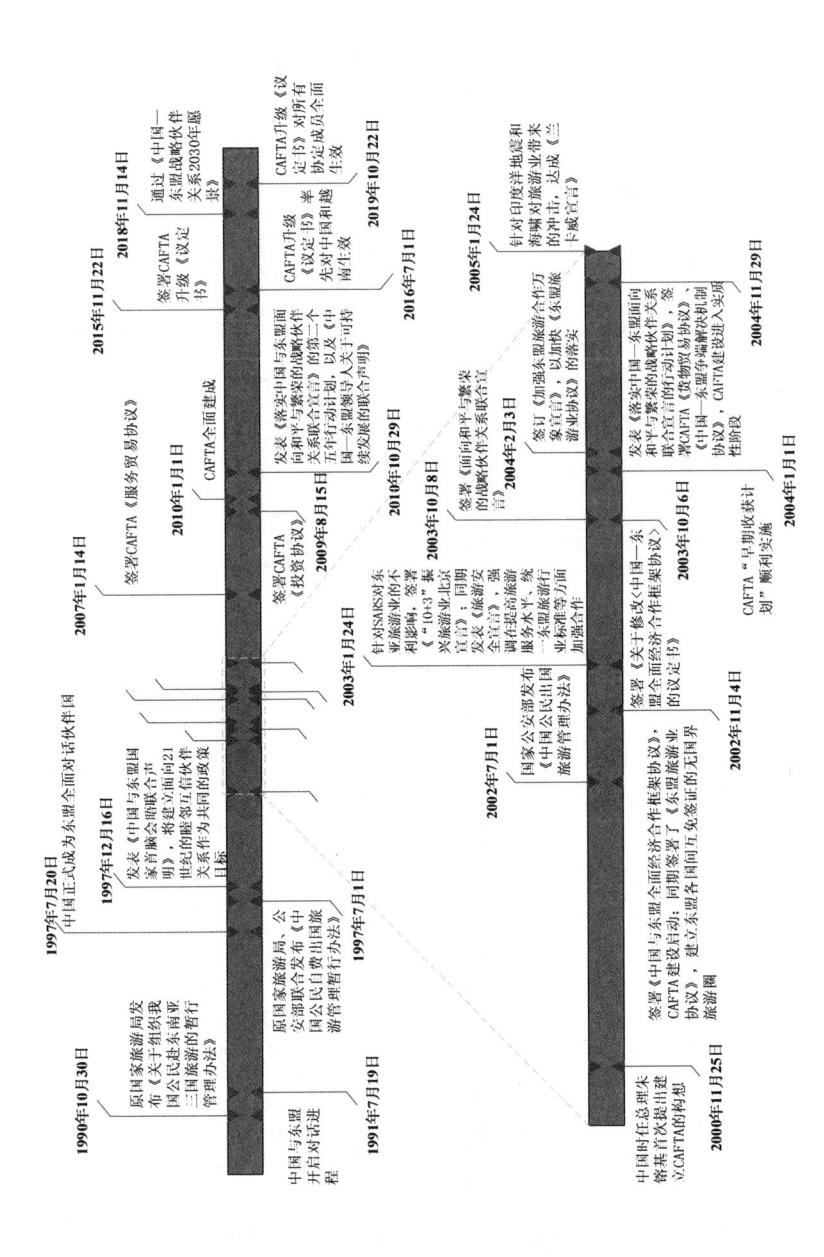

图3-1　中国—东盟区域合作（关键时间节点）

Fig. 3-1　The Key Time Nodes of China-ASEAN Regional Cooperation

中国—东盟旅游与贸易互动关系研究

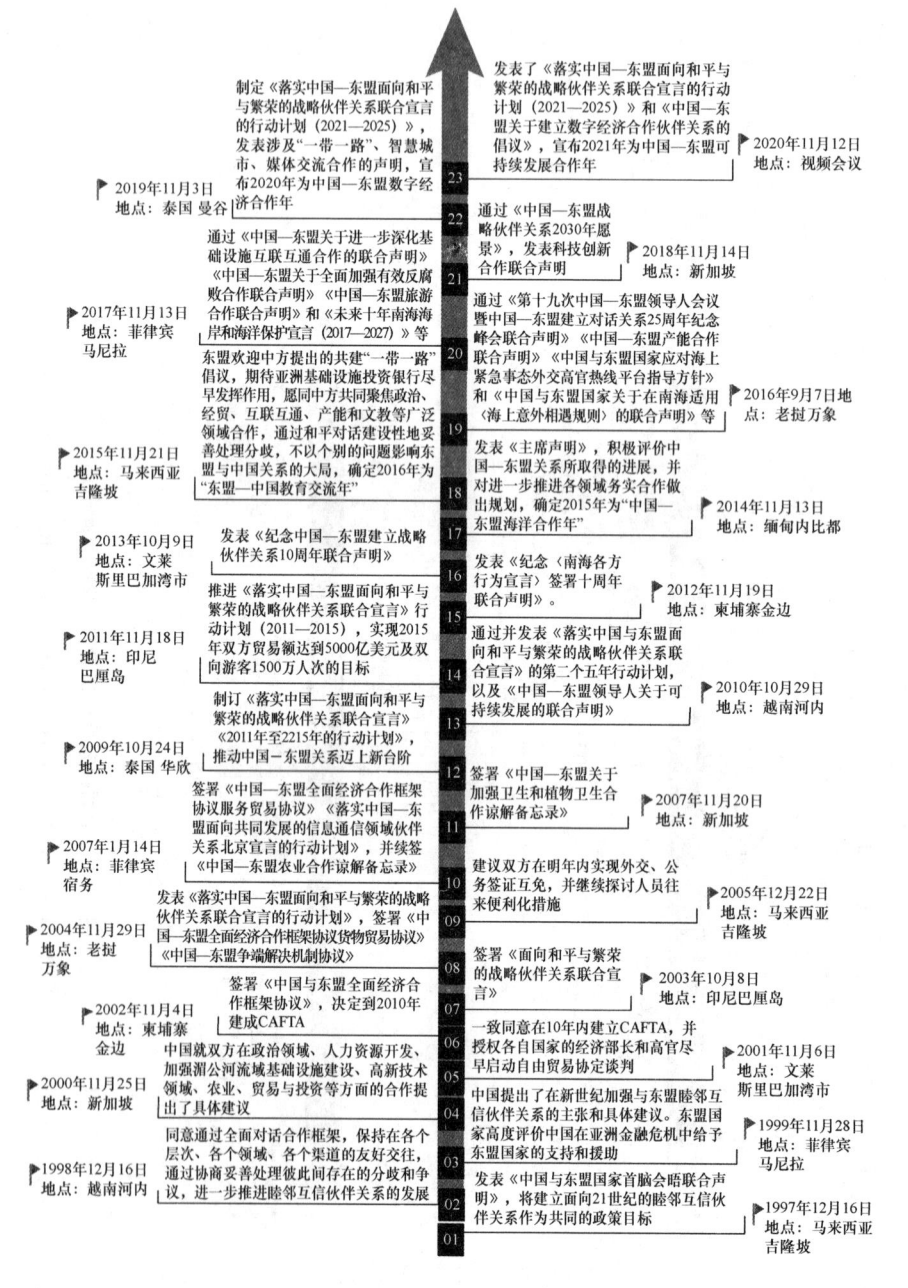

编号	日期与地点	主要内容
23	2020年11月12日 地点：视频会议	发表了《落实中国—东盟面向和平与繁荣的战略伙伴关系联合宣言的行动计划（2021—2025）》和《中国—东盟关于建立数字经济合作伙伴关系的倡议》，宣布2021年为中国—东盟可持续发展合作年
	2019年11月3日 地点：泰国 曼谷	制定《落实中国—东盟面向和平与繁荣的战略伙伴关系联合宣言的行动计划（2021—2025）》，发表涉及"一带一路"、智慧城市、媒体交流合作的声明，宣布2020年为中国—东盟数字经济合作年
22	2018年11月14日 地点：新加坡	通过《中国—东盟战略伙伴关系2030年愿景》，发表科技创新合作联合声明
21	2017年11月13日 地点：菲律宾 马尼拉	通过《中国—东盟关于进一步深化基础设施互联互通合作的联合声明》《中国—东盟关于全面加强有效反腐败合作联合声明》《中国—东盟旅游合作联合声明》和《未来十年南海岸和海洋保护宣言（2017—2027）》等
20	2016年9月7日 地点：老挝万象	通过《第十九次中国—东盟领导人会议暨中国—东盟建立对话关系25周年纪念峰会联合声明》《中国—东盟产能合作联合声明》《中国与东盟国家应对海上紧急事态外交高官热线平台指导方针》和《中国与东盟国家关于在南海适用〈海上意外相遇规则〉的联合声明》等
19	2015年11月21日 地点：马来西亚 吉隆坡	东盟欢迎中方提出的共建"一带一路"倡议，期待亚洲基础设施投资银行尽早发挥作用，愿同中方共同聚焦政治、经贸、互联互通、产能和人文等广泛领域合作，通过对话建设性地妥善处理分歧，不以个别的问题影响东盟与中国关系的大局，确定2016年为"东盟—中国教育交流年"
18	2014年11月13日 地点：缅甸内比都	发表《主席声明》，积极评价中国—东盟关系所取得的进展，并对进一步推进各领域务实合作做出规划，确定2015年为"中国—东盟海洋合作年"
17	2013年10月9日 地点：文莱 斯里巴加湾市	发表《纪念中国—东盟建立战略伙伴关系10周年联合声明》
16	2012年11月19日 地点：柬埔寨金边	发表《纪念〈南海各方行为宣言〉签署十周年联合声明》
15	2011年11月18日 地点：印尼巴厘岛	推进《落实中国—东盟面向和平与繁荣的战略伙伴关系联合宣言》行动计划（2011—2015），实现2015年双方贸易额达到5000亿美元及双向游客1500万人次的目标
14	2010年10月29日 地点：越南河内	通过并发表《落实中国与东盟面向和平与繁荣的战略伙伴关系联合宣言》的第二个五年行动计划，以及《中国—东盟领导人关于可持续发展的联合声明》
13	2009年10月24日 地点：泰国 华欣	制订《落实中国—东盟面向和平与繁荣的战略伙伴关系联合宣言》《2011年至2215年的行动计划》，推动中国—东盟关系迈上新台阶
12	2007年11月20日 地点：新加坡	签署《中国—东盟关于加强卫生和植物卫生合作谅解备忘录》
11	2007年1月14日 地点：菲律宾 宿务	签署《中国—东盟全面经济合作框架协议服务贸易协议》《落实中国—东盟面向共同发展的信息通信领域伙伴关系北京宣言的行动计划》，并续签《中国—东盟农业合作谅解备忘录》
10	2005年12月22日 地点：马来西亚 吉隆坡	建议双方在明年内实现外交、公务签证互免，并继续探讨人员往来便利化措施
09	2004年11月29日 地点：老挝万象	发表《落实中国—东盟面向和平与繁荣的战略伙伴关系联合宣言的行动计划》，签署《中国—东盟全面经济合作框架协议货物贸易协议》《中国—东盟争端解决机制协议》
08	2003年10月8日 地点：印尼巴厘岛	签署《面向和平与繁荣的战略伙伴关系联合宣言》
07	2002年11月4日 地点：柬埔寨 金边	签署《中国与东盟全面经济合作框架协议》，决定到2010年建成CAFTA
06	2001年11月6日 地点：文莱 斯里巴加湾市	一致同意在10年内建立CAFTA，并授权各自国家的经济部长和高官尽早启动自由贸易协定谈判
05	2000年11月25日 地点：新加坡	中国就双方在政治领域、人力资源开发、加强湄公河流域基础设施建设、高新技术领域、农业、贸易与投资等方面的合作提出了具体建议
04	1999年11月28日 地点：菲律宾 马尼拉	中国提出了在新世纪加强与东盟睦邻互信伙伴关系的主张和具体建议。东盟国家高度评价中国在亚洲金融危机中给予东盟国家的支持和援助
03	1998年12月16日 地点：越南河内	同意通过全面对话框架，保持在各个层次、各个领域、各个渠道的友好交往，通过协商妥善处理彼此间存在的分歧和争议，进一步推进睦邻互信伙伴关系的发展
02		发表《中国与东盟国家首脑会晤联合声明》，将建立面向21世纪的睦邻互信伙伴关系作为共同的政策目标
01	1997年12月16日 地点：马来西亚 吉隆坡	

图3-2 中国—东盟（10+1）领导人会议与成果

Fig. 3-2 The China-ASEAN (10+1) Summit and Outcomes

纪 90 年代以前，中国与东盟国家组织未建立任何正式关系，双方的联系主要是在中国与单个成员国之间展开。直到 1991 年 7 月，中国与东盟建立了对话伙伴关系，5 年后（1996 年 7 月）正式成为东盟全面对话伙伴国，并于 1997 年 12 月发表《中国与东盟国家首脑会晤联合声明》，明确建立面向 21 世纪的睦邻互信伙伴关系是各方共同的政策目标。

中国与东盟政治关系发展的良好势头推动了双方经贸合作的展开。尤其是 1997 年 7 月至 10 月由泰国开始爆发的东南亚金融危机，使得东盟国家经济受到重创，而中国政府本着负责的态度郑重承诺和坚持人民币不贬值赢得了东盟各国的信任。2001 年 11 月，在文莱举行的第五次中国—东盟（10+1）领导人会议上，各方一致同意在 10 年内建立 CAFTA。12 月中国正式加入世界贸易组织（World Trade Organization，WTO）。为更快、更好、务实地推动中国与东盟的经贸合作，2002 年 11 月启动 CAFTA 建设，通过建立优惠经贸安排寻求更大的区域经济发展空间，"使中国和东盟更好地分享区域经济一体化带来的利益。对东盟而言，将使东盟对外贸易迅速扩大，中国与东盟两大市场连成一体，大大拓宽了东盟的销售市场"[1]，中国经济的崛起正在创造一种新的地区经济格局。

3.2.2　CAFTA 建设中（2003—2010 年）

考虑到中国与东盟成员国的实际情况，所处的经济发展阶段、合作目标和承受能力各不相同，为了兼顾各方利益，CAFTA 关税减让的时间安排是逐渐推进的。如图 3-3 所示，2003 年 10 月 1 日，中泰率先将果蔬关税降至 0。2004 年 1 月 1 日，中国与东盟 10 国开始下调农产品关税，并于 2006 年取消全部农产品关税。2014 年 11 月签署 CAFTA《货物贸易协议》《中国—东盟争端解决机制协议》，CAFTA 货物贸易自由化进入实质性建设阶段，并逐步扩大到其他领域。2007 年 1 月签署 CAFTA《服务贸易协议》，2009 年 8 月签署 CAFTA《投资协议》，2010

---

[1] 广西社会科学院东南亚研究所课题组：《建立中国—东盟自由贸易区的影响》，《东南亚纵横》2003 年第 10 期。

年 1 月 1 日中国和东盟原 6 国（文莱、印尼、马来西亚、菲律宾、新加坡、泰国）全部产品（部分敏感产品除外）关税降至 0，而东盟 4 个新成员国（柬埔寨、老挝、缅甸和越南）则规定了 5 年的过渡期，在 2015 年前与中国建成自由贸易区，直到 2018 年，中国与东盟 10 国剩余的部分敏感产品的关税全部降至 0。

2003年7月1日
关税税率：
WTO最惠国关税税率
覆盖关税条目：
全部
参与的国家：
中国与东盟10国

2004年1月1日
关税税率：
农产品关税开始下调
覆盖关税条目：
农产品
参与的国家：
中国与东盟10国

2006年1月1日
关税税率：
对所有成员国都为0
覆盖关税条目：
农产品
参与的国家：
中国与东盟10国

2015年1月1日
关税税率：
关税降至0
覆盖关税条目：
全部产品（部分敏感产品除外）
参与的国家：
中国与东盟4个新成员国

2003年10月1日
关税税率：
中国与泰国果蔬关税降至0
覆盖关税条目：
中泰全部果蔬
参与的国家：
中国、泰国

2005年1月1日
关税税率：
对所有成员国开始削减关税
覆盖关税条目：
全部
参与的国家：
中国与东盟10国

2010年1月1日
关税税率：
关税降至0
覆盖关税条目：
全部产品（部分敏感产品除外）
参与的国家：
中国与原东盟6国

2018年1月1日
关税税率：
关税降至0
覆盖关税条目：
剩余的部分敏感产品
参与的国家：
中国与东盟10国

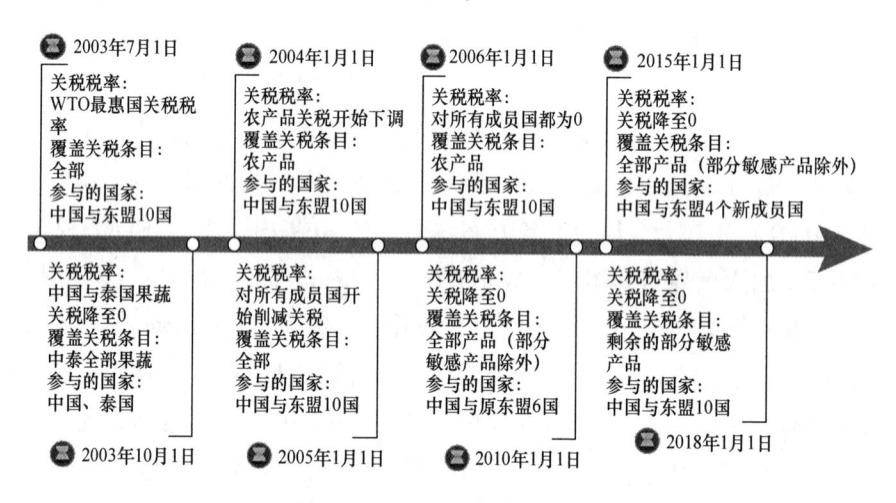

图 3 - 3 CAFTA 关税削减进程

Fig. 3 - 3 The Process of CAFTA Tariff Reduction

3.2.3 CAFTA 建成后（2011 年至今）

CAFTA 建成后，中国与东盟国家双边关系更加紧密。"2011 年 11 月在印尼举行的第十四次中国—东盟（10 + 1）领导人会议提出'推进《落实中国—东盟面向和平与繁荣的战略伙伴关系联合宣言》行动计划（2011—2015）'，实现 2015 年双方贸易额达到 5000 亿美元及双向游客 1500 万人次的目标。"① "2014 年 11 月在缅甸举行的第十七次中国—东盟（10 + 1）领导人会议发表《主席声明》，积极评价中国—东盟关系

---

① 中华人民共和国外交部：《第 14 次中国—东盟领导人会议联合声明》［EB/OL］，(2011 - 11 - 20) ［2020 - 03 - 02］ https://www.fmprc.gov.cn/web/gjhdq_676201/gjhdqzz_681964/lhg_682518/zywj_682530/t879098.shtml.

取得的进展，并对进一步推进各领域务实合作做出规划。"① 接着，2015年11月签署 CAFTA 升级《议定书》，于2016年7月1日率先对中国和越南生效。继而于2017年11月通过《中国—东盟关于进一步深化基础设施互联互通合作的联合声明》和《中国—东盟旅游合作联合声明》，2018年11月通过《中国—东盟战略伙伴关系2030年愿景》，2019年10月 CAFTA 升级《议定书》对所有东盟成员国生效，开启中国—东盟区域合作新历程。

3.3 中国—东盟旅游与贸易发展

3.3.1 东盟入境中国旅游

入境旅游是整个中国旅游业发展的开端，东盟国家在我国入境旅游市场上始终占据着重要地位。"1978年2月，第五届全国人大通过的《政府工作报告》明确提出'要大力发展旅游事业'，将原隶属于外交部的中国旅行游览事业管理局改为直属国务院，由服务于外交的行政管理机构转变为经济管理部门。1978年10月至1979年7月期间，邓小平同志关于尽快发展旅游业发表了5次专门讲话，肯定了旅游的经济功能，提出由事业型转向走产业化道路引资创汇"②，入境旅游自此真正发展起来。本书考察了中华人民共和国公安部发布的1980—2018年东盟入境中国旅游数据（见附录Ⅰ），其中1980—1994年文莱、缅甸、柬埔寨、老挝、越南数据缺失，1986—1991年印尼数据缺失，1983—1991年马来西亚数据缺失，1983年新加坡数据缺失，2017年缅甸、老挝和越南数据的统计口径不一致，2018年文莱、缅甸、柬埔寨、老挝、越南数据缺失，课题组分别运用相应的修正公

---

① 中华人民共和国外交部：《第十七次中国—东盟领导人会议主席声明》[EB/OL]，(2014-12-01) [2020-03-02] https://www.fmprc.gov.cn/web/gjhdq_676201/gjhdqzz_681964/lhg_682518/zywj_682530/t1215662.shtml.
② 曾博伟：《改革开放40年：中国旅游业发展导向的演变》[EB/OL]，(2018-10-09) [2020-04-12] http://www.ctnews.com.cn/art/2018/10/9/art_113_26255.html.

式计算得出。

3.3.1.1　上升期（1980—1990年）

东盟与我国地理位置毗邻、文化相通，聚集了大量华侨华人，存在华侨华人探亲红利，因此在我国放开入境旅游的早期，东盟入境中国的旅游市场发展较快。如图3-4所示，1980年外国人入境中国的旅游人数为52.91万人次，其中东盟游客6.62万人次，占比12.52%。1988年，外国人入境中国的旅游人数为184.22万人次，其中东盟游客29.61万人次，占比上升至16.07%。但受到1989年政治风波①的影响，外国人入境中国的旅游人数大幅下降，而东盟游客不仅没有受此影响反而大幅提升，在外国人入境中国的旅游市场上的占比从上一年的16.07%升至20.57%，1990年，东盟游客的占比仍维持在20.53%。

3.3.1.2　平稳期（1991—2006年）

1991年，1989年政治风波的影响减弱，外国人入境中国的旅游人数开始回升，达到271.01万人次，其中东盟游客46.41万人次，占比下降至17.13%。为了进一步开拓入境旅游市场，1992年原国家旅游局第一次向世界展示了我国的旅游形象，以"中国友好观光年"为主题举办全国旅游年。"1998年中央经济工作会议确定旅游业为国民经济三个新的增长点之一，1999年对外经济贸易部和原国家旅游局联合发布《中外合资旅行社试点暂行办法》，进一步开放旅行社市场"②，入境旅游市场在这一阶段获得了突飞猛进的发展。随着外国人入境中国旅游人数的大幅提高，东盟的探亲福利优势不再突出，东盟入境中国的旅游呈现出平稳发展态势，从1991到2006年，东盟游客在外国人入境中国的旅游市场上的占比仅提高了0.51%。

3.3.1.3　复苏期（2007—2018年）

2007年中国与东盟签署CAFTA《服务贸易协议》，外国人入境中国

---

① 中华人民共和国中央人民政府：《中华人民共和国大事记（1949年10月—2019年9月）》[EB/OL]，（2019-09-27）[2020-04-02] http://www.gov.cn/xinwen/2019-09-27/content_5434223.htm。

② 中国旅游大事记编辑部：《中国旅游大事记1995—2005》，中国旅游出版社2005年版。

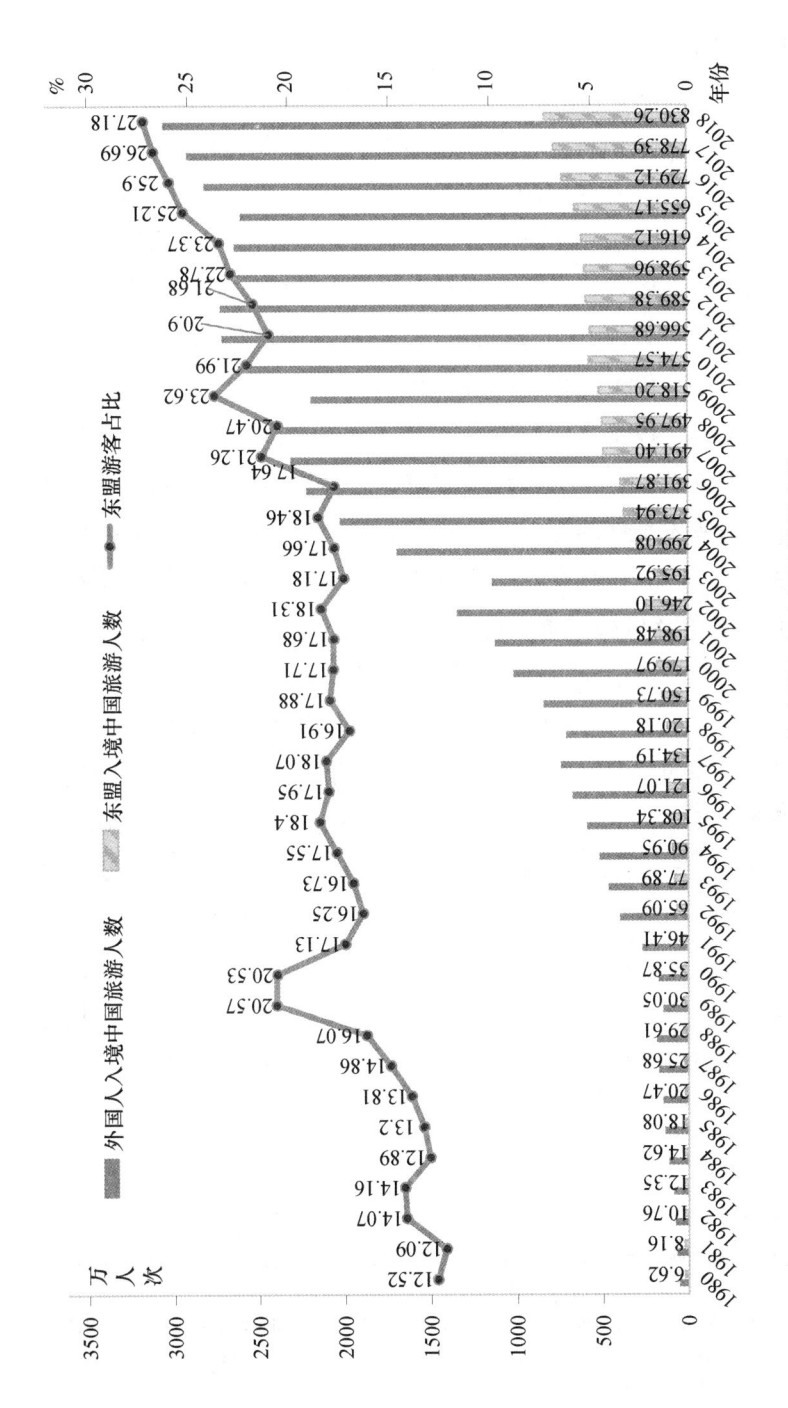

第 3 章 中国—东盟旅游与贸易区域考察

图 3-4 1980—2018 年东盟入境中国旅游及占比

Fig. 3-4 The Scale and Proportion of Annual ASEAN Visitor Arrivals (1980-2018)

旅游的人数达到了2310.97万人次，其中东盟游客491.40万人次，较上年增加了近100万人次，占比21.26%，这是1990年以来东盟旅游占比首次突破20%。此后，2007—2001年东盟旅游占比在波动中上升，始终保持在20%以上。2012年，我国在CAFTA《服务贸易协议》第二批减让承诺表中针对旅游业对东盟国家做出了具体承诺，进一步向东盟国家开放旅游市场，自此，东盟入境中国的旅游人数稳步增加。截至2018年，外国人入境中国旅游人数为3054.29万人次，其中东盟游客830.26万人次，占比27.18%，达到1980年以来的最高值。

值得关注的是，1998年、2003年、2011年东盟入境中国旅游人数出现了负增长（见图3-5），主要在于旅游业容易受到经济危机、自然灾害、国际争端等突发事件的影响，敏感性和脆弱性较高，但在短时间内可以快速恢复。其一，1997年7月东南亚金融危机导致东盟国家货币大幅贬值，引起旅游者出游需求下降，受此影响较大的印尼、马来西亚、泰国、菲律宾次年入境中国的旅游人数大幅减少，环比增长率均为负值，分别为-29%、-17%、-14%、-7%。其二，2003年SARS暴发，受疫情的影响，东盟入境中国的旅游人数较上一年下降20%。在疫情结束后，旅游业迅速反弹，下一年环比发展速度攀升至53%。其三，2011年东盟入境中国的旅游人数较上年下降了1%，降幅较小，主要是受到部分东盟国家某些特定事件的影响，如缅甸关停中资投资项目[①]、泰国发生洪水灾害[②]，等等。具体来看，"2010年缅甸大选以来，缅甸实行国内民主化改革和对外开放政策，国内舆论放开使得一些对中资机构项目的不实报道甚嚣尘上，缅甸新政府迫于国内舆论的压力，关停了中方投

---

① 《缅甸民主转型伤及中国投资》[N/OL]，环球网（2012-11-29）[2020-04-04] https：//world.huanqiu.com/article/9CaKrnJxWJn。
② 中华人民共和国驻泰王国大使馆经济商务处：《泰国中央银行称洪水为患 2011年GDP估剩1%》[EB/OL]，(2012-02-05) [2020-04-04] http://th.mofcom.gov.cn/article/jmxw/201202/20120207952422.shtml。

资的密松水电站和莱比塘铜矿等项目"①，中缅关系中的不确定因素对缅甸入境中国旅游造成了不小的影响，2011年缅甸入境中国的旅游人数较上年大幅减少61%。另外，2011年下半年泰国暴发了近半个世纪以来最严重的洪水灾害，经济发展遭受严重损失，旅游需求下降，因此泰国入境中国的旅游人数较上年下降了4.3%。

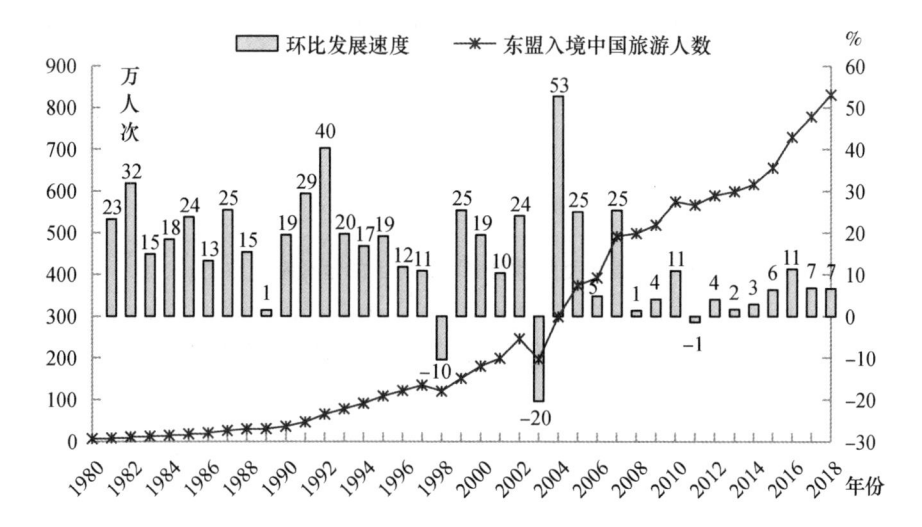

图 3-5　1980—2018年东盟入境中国旅游发展

Fig. 3-5　The Development of Annual ASEAN Visitor Arrivals (1980-2018)

从总体上看，1980—2018年东盟入境中国旅游呈上升态势。其中，2007年以前年均发展速度处于17%左右的较高水平，2008年金融危机之后，各国经济下行，旅游需求下降，旅游年均增长处于5%左右的较低水平。2015年，随着CAFTA升级《议定书》的签订及后续的生效，东盟入境中国旅游增速有了一定程度的回升，但相比增速强劲的中国出境东盟的旅游，仍有巨大的差距。

---

① 甄海生：《地缘政治视角下的中缅关系研究——以2010年缅甸大选后的中缅关系为例》，硕士学位论文，河北师范大学，2015年。

3.3.2 中国出境东盟旅游

东盟是中国最早开放为出境旅游目的地的国家。"1990年10月原国家旅游局发布《关于组织我国公民赴东南亚三国旅游的暂行管理办法》，率先开放中国公民赴新加坡（1988年）、泰国和马来西亚（1990年）出境旅游。1992年7月，又批准增加菲律宾为探亲旅游的目的地国家。"① 之后又相继批准越南、柬埔寨、缅甸、文莱（2000年）、印尼（2002年）、老挝（2005年），成为中国正式开展组团业务的出境旅游目的地国家（如表3-1所示）。

表3-1 中国正式开展组团业务的出境旅游目的地国家（东盟）

Tab. 3-1 The Destination (ASEAN) of Chinese Tourist with Official Group Business

国家	启动时间（年）	开展业务情况
泰国	1988	全面开展
新加坡	1990	
马来西亚	1990	
菲律宾	1992	
越南	2000	
柬埔寨	2000	
缅甸	2000	
文莱	2000	
印尼	2002	
老挝	2005	

资料来源：中华人民共和国文化和旅游部。

本书考察了东盟秘书处 ASEAN Stats Data Portal 公布的 1995—2018

---

① 夏建国、魏晓明：《中国公民出境旅游回顾与分析》，《广州大学学报》（社会科学版）2009年第12期。

年中国出境东盟旅游数据（见附录Ⅱ），其中1995年、1996年文莱数据缺失，1995年缅甸数据缺失，1998年、2001年和2006年印尼数据缺失，2015年、2016年缅甸数据异常，课题组用相应的修正公式计算得出这些数据。接着，选取1995年、2002年、2007年、2010年、2018年作为分析时间节点，这样做考虑的主要因素是：1995年、2018年是所获数据的起始和截止年份，2002年CAFTA正式启动，2007年签署CAFTA《服务贸易协定》，2010年CAFTA全面建成。

3.3.2.1 萌芽期（1995—2001年）

如图3-6所示，1995年，中国出境东盟的旅游人数为81.78万人次，占东盟接待游客总人数的2.76%（所考察时间段的最低值），但却占到中国出境旅游总人数的18.09%（所考察时间段的最高值），因为此时中国正式开展组团业务的出境旅游目的地国家很少，仅有泰国、新加坡、马来西亚、菲律宾4国，出境旅游市场尚未形成。

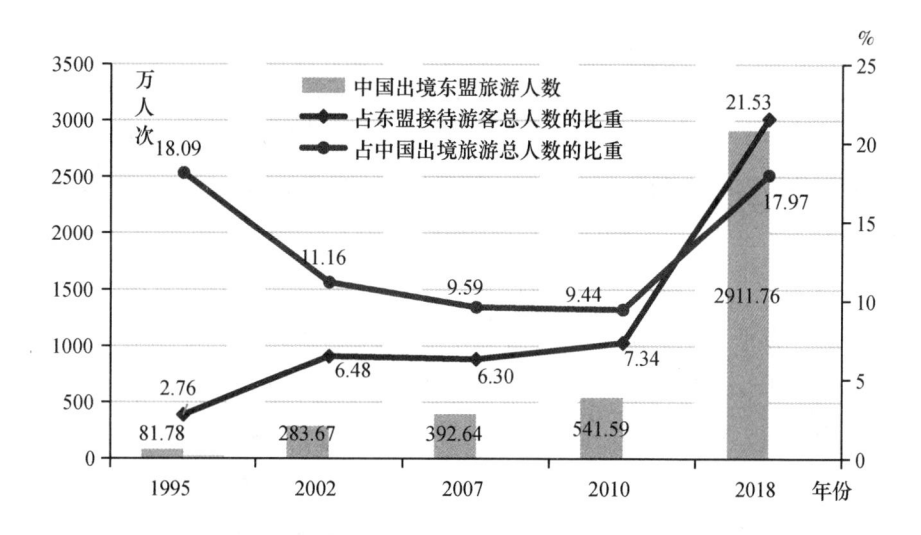

图3-6 1995—2018年中国出境东盟旅游及占比

Fig. 3-6 The Scale and Proportion of Annual Chinese Visitors to ASEAN (1995-2018)

3.3.2.2 形成期（2002—2009年）

"2002年7月1日，国家正式颁布并实施了《中国公民出国旅游管理办法》，取消了以往出国旅游的'配额管理'、'审核证明'等制度，不再明确规定'有计划、有组织、有控制'地发展出境旅游。"[①] 随着中国出境旅游市场的蓬勃发展，中国作为东盟客源国的地位逐渐上升，2002年中国出境东盟的旅游人数达到283.67万人次，占东盟接待游客总人数的6.48%，相比1995年提高了近4个百分点。同时，2002年中国开放的出国旅游目的地有19个，2007年更是达到91个[②]，中国游客出境旅游的选择更加多样化，东盟国家不再是中国游客出国旅游的唯一选择，因此，2002年、2007年中国出境东盟的旅游人数占中国出境旅游总人数的比重分别下降到11.16%和9.59%。2007年1月，中国—东盟签署CAFTA《服务贸易协议》，7月，第一批减让承诺表正式生效，8个东盟国家（老挝和缅甸除外）针对旅游服务贸易对中国做出了具体承诺，不同程度地向中国开放了旅游市场，到2010年CAFTA建成后，中国出境东盟旅游市场逐步回暖。数据显示，2018年，中国出境东盟的旅游人数为2911.76万人次，占中国出境旅游总人数的17.97%，占东盟接待游客总人数的21.53%，与CAFTA建成的2010年相比增长了5.4倍。

对比图3-5和图3-7可以看出，相比东盟入境中国旅游在2008年以后持续低迷的态势，中国出境东盟旅游在1995—2018年保持稳健增长。其中，1995—2009年中国出境东盟旅游人数年均增长12%，相对较为平缓，截至2009年底仍未突破500万人次，其中2003年、2005年、2009年出现了负增长。主要原因在于：①2003年受SARS的影响，中国出境东盟旅游人数大幅度下降，较上年下降了16%，疫情结束后

---

① 刘靖、卢伟：《中英国际航空客运市场分析》，《综合运输》2012年第9期。
② 中华人民共和国文化和旅游部：《已正式开展组团业务的出境旅游目的地国家（地区）》，（2020-02-05）[2020-03-07] http://zt.mct.gov.cn/cjyzl/gltl/201507/P020190814425121708267.jpg。

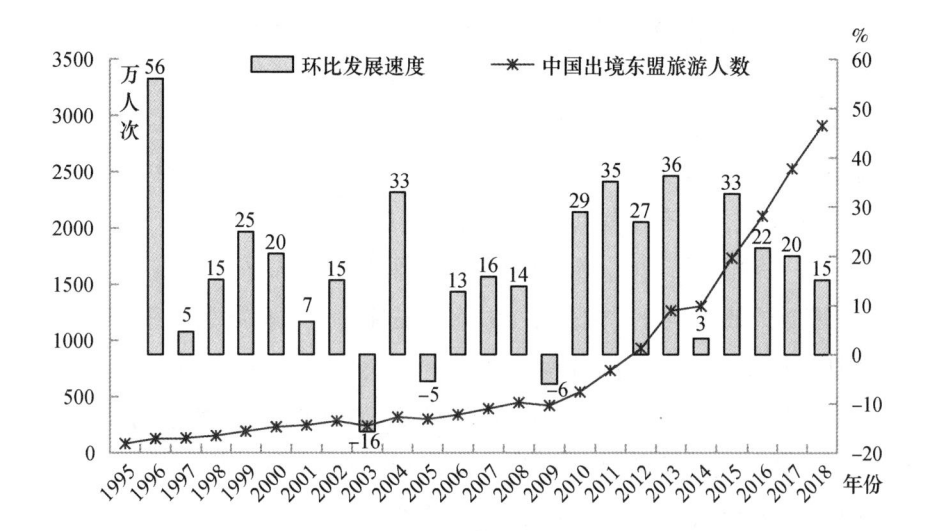

图 3-7 1995—2018 年中国出境东盟旅游发展情况

Fig. 3-7 The Development of Annual Chinese Visitors to ASEAN (1995—2018)

的 2004 年迅速恢复，环比增长 33%。②2005 年中国出境东盟旅游的人数相比上年下降了 5%，其中中国出境马来西亚的旅游降幅最大，高达 36%，这是由于 2005 年马来西亚发生了多起侮辱华人事件①，以及中国游客遭受不公平待遇事件②，游客的人身安全受到威胁。③2009 年部分东盟国家旅游安全性下降，如越南全国 63 个省市暴发禽流感疫情，文莱暴发洪水灾害，泰国"红衫军"进行大规模示威等，同时中国开放的出境旅游目的地国家增多，使得游客分流，造成 2009 年中国出境东盟的旅游人数有所下降。

3.3.2.3 增长期（2010—2018 年）

在 CAFTA 全面建成的 2010 年，中国出境东盟的旅游人数首次突破

---

① 中华人民共和国外交部：《外交部部长助理沈国放会见马来西亚内政部长阿兹米》，(2005-12-05) [2020-3-29] https://www.fmprc.gov.cn/web/wjbxw_673019/t224796.shtml。

② 《驻马来西亚使馆妥善处理中国游客遭受不公正待遇事件》，中国领事服务网 (2005-7-29) [2020-3-29] http://cs.mfa.gov.cn/gyls/lsgz/lqbb/t205452.shtml。

500万人次，到2018年已经接近3000万人次，2010—2018年的年均增长率高达23%。随着中国游客的日益增多，东盟各国先后出台签证便利政策（见附录X），其中印尼、马来西亚对中国游客同时实行免签和落地签政策，文莱、柬埔寨、老挝、菲律宾、泰国、越南对中国游客实行落地签政策，只有缅甸和新加坡需要办理签证。

值得关注的是，2014年中国出境东盟的旅游人数环比增长率仅为3%，远低于其他年份，主要是2014年先后发生了马航失联事件①、马来西亚沙巴州的多起外国游客被绑架事件②、菲律宾针对华人的暴力事件③等，再加上2013年10月中国开始实施《中华人民共和国旅游法》，加强对海外旅游的管理，禁止旅行社组织不合理的"零负团费"配套旅游团④，导致出境东盟旅游人数增速放缓。

3.3.3 中国从东盟进口贸易

中国与东盟国家毗邻，贸易往来自古就存在，早期边境民间往来居多，进口多以传统农作物和工业制成品为主，种类单一。自1978年中国实行对外开放政策后，中国与东盟国家的政治关系得到改善，经贸伙伴关系逐步发展，从早期以民间贸易为主转变为以直接贸易和政府贸易往来为主，贸易品类也逐渐增多，贸易额呈稳步上升趋势。课题组分析了国家统计局贸易外经统计司公布的1980—1997年和中经网统计数据库公布的1998—2018年中国从东盟的进口贸易数据（见附录Ⅲ），其中1984年、1997年、1999年文莱数据缺失，1986年柬埔寨数据缺失，

---

① 《部分旅游机构"封杀"马航 东南亚游迎来"倒春寒"》，人民网，（2014-4-3）[2020-3-28] http://travel.people.com.cn/n/2014/0403/c41570-24812508.html。

② 《失联和绑架事件让中国人视赴马来西亚旅游为畏途》，环球网，（2014-4-14）[2020-3-28] https://world.huanqiu.com/article/9CaKrnJEQTd。

③ 《中国旅游警告重创菲律宾旅游经济》，人民网，（2014-10-24）[2020-3-29] http://culture.people.com.cn/n/2014/1024/c172318-25903675.html。

④ 中华人民共和国文化和旅游部：《国家旅游局关于严格执行旅游法第三十五条有关规定的通知》，（2013-12-17）[2020-3-29] http://zwgk.mct.gov.cn/auto255/201506/t20150610_832259.html?keywords=。

课题组运用相应的修正公式取得数据并加以补充。

3.3.3.1 探索期（1980—1990年）

如图3-8所示，1980年中国从东盟进口贸易额为4.64亿美元，1990年增至30.70亿美元，增长了5.6倍。虽然贸易规模不大，但因为进口基数小，增长速度比较可观，年均达到26%，这一时期是中国从东盟进口贸易的探索阶段。其间有两个年份出现了负增长。其一，1983年西方国家因经济危机[①]而相继采取紧缩性经济措施，国际贸易环境严峻，中国从东盟进口贸易额大幅下降，出现42%的负增长。其二，受到1989年政治风波的影响，1990年中国从东盟进口贸易额出现18%的负增长。

3.3.3.2 起步期（1991—2001年）

这一阶段，中国为了进一步打开国际市场的大门，促进国内经济的快速发展，于1994年7月颁布实施的《中华人民共和国对外贸易法》，促使中国对外贸易的管理和经营走上了法制化轨道。1991年，中国从东盟的进口贸易额为39.44亿美元，2001年达到232.15亿美元，增长近6倍，仅1998年受东南亚金融危机的影响，贸易额增速跌至1%，但贸易额仍有所增加。1999年摆脱金融危机的影响，贸易额超过1997年的水平，达到149.58亿美元。2000年的增长势头尤为强劲，达到221.81亿美元，比上年增长48%，增幅高于中国进口贸易总额增幅12个百分点。2001年，中国正式成为WTO成员，中国在国际贸易中的地位不断提升。

3.3.3.3 发展期（2002—2010年）

东盟国家长期以来实行以出口为导向的经济发展战略，2002年CAFTA启动建设，中国从东盟进口的产品品种和数量迅速增加，极大地方便了东盟国家的产品进入庞大的中国市场。2003年，中国从东盟

---

① 柳长生、刘仲直、杜慧芳：《当前西方经济形势和对我国1983年对外贸易的看法》，《天津金融研究》1983年第3期。

图 3-8 1980—2018 年中国从东盟进口贸易发展情况

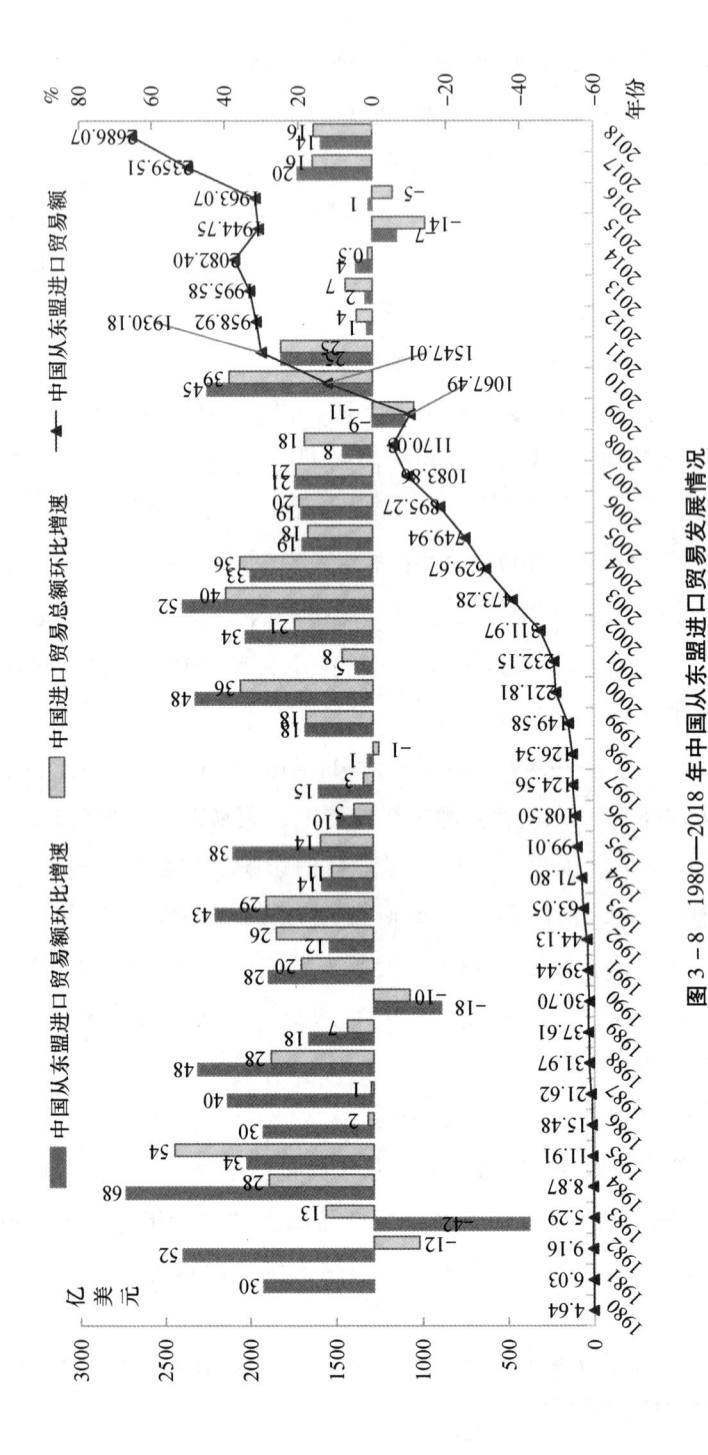

Fig. 3-8 The Development of China's Imports from ASEAN (1980-2018)

的进口贸易额为473.28亿美元，比上年增长52%。由于2007年底中国实行扩大内需的经济政策，加上受到2008年全球金融危机的影响，2009年，中国从东盟的进口贸易额出现了9%的负增长。2010年除部分敏感产品外，中国和东盟原6国全部产品的关税降至0，中国从东盟进口贸易额达到1547.01亿美元，增幅达45%。从长远来看，中国可以为东盟经济发展提供最好的市场空间，尽管这一阶段贸易规模还不大，但潜力巨大。

3.3.3.4　平缓期（2011—2018年）

2012年全球金融危机的深层次影响①继续显现，又出现了欧洲主权债务危机②，国际市场需求下滑，中国全球进口贸易速度变缓，2012年、2013年、2014年环比增速依次为4%、7%、0.5%。随着全球经济状况的持续低迷，进口需求下降，2015年、2016年连续两年出现了负增长。中国从东盟进口贸易受全球大环境的影响，2012—2014年增长变缓，2015年为负增长，但由于2015年推进CAFTA升级版建设，中国从东盟进口贸易在2016年并未继续下滑，而是出现1%的增长。自2017年开始，世界经济温和复苏，国内经济稳中向好，对外贸易又呈现出增长态势，中国从东盟的进口贸易得益于CAFTA升级版，增速高于中国进口贸易总额的增速。

从国别来看，2018年，中国从东盟进口贸易的主要国家是越南、新加坡、印尼、菲律宾、泰国、马来西亚，年均占比高达97%，缅甸、柬埔寨、老挝、文莱是低进口额国家（如图3-9所示）。由此可以看出，中国从东盟进口贸易的国别比例失衡，"重者恒重"③，显然，这与东盟各国经济发展差异和进口商品结构有关。其中，新加坡属发达国

---

①　《金融危机深层次影响不断显现》，人民网，（2013-5-1）[2020-5-8] http://theory.people.com.cn/n/2013/0501/c40531-21332117.html。
②　郭勇、潘玉：《欧洲主权债务危机及其对中国—东盟金融合作的启示》，《东南亚纵横》2010年第11期。
③　王鹏飞：《"一带一路"引领下中国—东盟贸易结构演进及发展策略》，《商业经济研究》2019年第6期。

家,而缅甸、老挝、柬埔寨属于不发达国家,不管是在贸易体量还是在市场开放度上其差距都相当大。从贸易结构来看,中国从东盟主要进口原油、塑料原料和天然橡胶,这些商品的主要原材料产地集中在印尼、马来西亚、泰国等国家,这也是造成国别差异的重要原因。

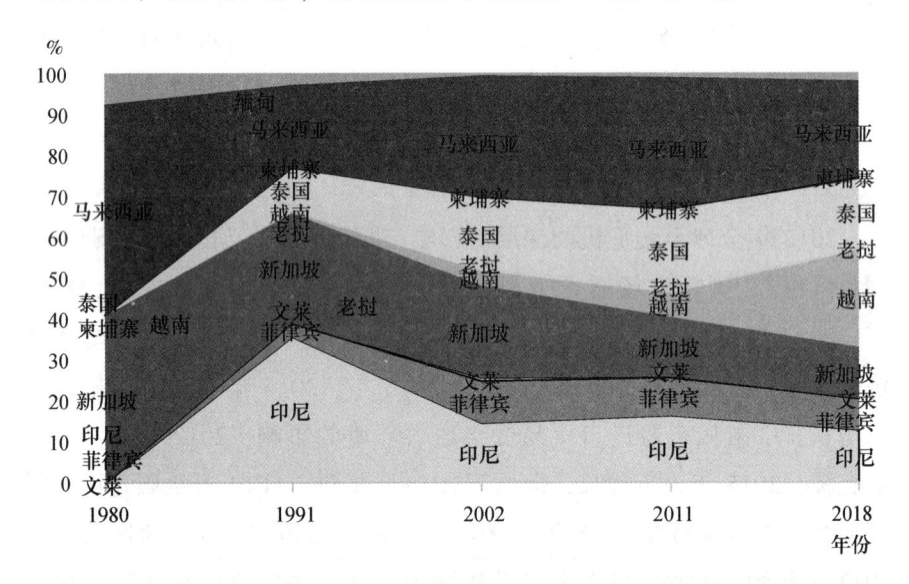

图 3-9 1980—2018 年中国从东盟(国别)进口贸易占比

Fig. 3-9 The Proportion of China's Imports from ASEAN by Country (1980-2018)

3.3.4 中国对东盟出口贸易

出口贸易是创造外汇和推动国家经济发展的重要内容。1979 年 8 月 13 日,中国国务院颁布的《关于大力发展对外贸易增加外汇收入若干问题的规定》指出,要扩大外贸权限,鼓励出口。20 世纪 90 年代以前,中国对东盟出口的主要是农副产品和轻纺产品。CAFTA 建设推动中国与东盟多元化贸易格局逐渐形成,随着关税减让和非关税壁垒的消除,区域内贸易往来大大增加,给中国企业带来极大的商业机会。课题组考察了中国国家统计局贸易外经统计司公布的 1980—1997 年和中经网统计数据库公布的 1998—2018 年中国对东盟出口贸易数据（见附录 IV），其中 1984 年柬埔寨数据缺失，课题组运用相应的修正公式取得数据并加以补充。

3.3.4.1 平稳期（1980—2001 年）

由于我们考察的起始年份（1980 年）仅有缅甸、新加坡和马来西亚三个国家的数据，1981 年则是除越南外东盟 9 个国家的数据（见图 3-10），所以计算得出 1981 年的增速高达 130%，显然，这一数值不具有现实解释力。接着，1982 年、1983 年中国对东盟出口贸易额连续两年出现负增长，主要是西方经济危机导致东盟各国为缓解经济压力而减少进口。为此，中国国际贸易协会采取了加大出口市场份额，改善危机处境的措施，1984 年增速显著提升至 79%。1986 年再次出现 33% 的负增长，主要是因为 1985 年菲律宾国内政治局势混乱[1]，新加坡经济出现衰退[2]，其国内进口锐减，进而表现为中国对东盟出口贸易额下滑。1990 年，中国与东盟开启对话进程，使出口贸易额出现小幅增长，1991—1995 年增速依次为 12%、5%、14%、34%、46%。与进口贸易相同，受 1997 年东南亚金融危机的影响，1998 年中国对东盟出口额贸易增速为负值。之后，泰国[3]、马来西亚[4]于 1999 年，印尼[5]、菲律宾[6]、

---

[1] 戴维·沃费尔、马宁：《1985 年：菲律宾政治决定性的一年》，《东南亚研究资料》1986 年第 1 期。

[2] 潘祖永：《浅析新加坡经济衰退的原因及其对策》，《世界经济研究》1986 年第 5 期。

[3] 《中华人民共和国和泰王国关于二十一世纪合作计划的联合声明》，中华人民共和国—条约数据库，（1999-02-05）[2020-06-18] http://treaty.mfa.gov.cn/Treaty/web/detail1.jsp?objid=1531876794599。

[4] 《中华人民共和国政府和马来西亚政府关于未来双边合作框架的联合声明》，中华人民共和国—条约数据库，（1999-05-21）[2020-06-18] http://treaty.mfa.gov.cn/Treaty/web/detail1.jsp?objid=1531876792810。

[5] 《中华人民共和国和印度尼西亚共和国关于未来双边合作方向的联合声明》，中华人民共和国—条约数据库，（2000-05-08）[2020-05-16] http://treaty.mfa.gov.cn/Treaty/web/detail1.jsp?objid=1531876807701。

[6] 《中华人民共和国和菲律宾共和国政府关于二十一世纪双边合作框架的联合声明》，中华人民共和国—条约数据库，（2000-05-16）[2020-05-16] http://treaty.mfa.gov.cn/Treaty/web/detail1.jsp?objid=1531876812150。

图 3-10 1980—2018 年中国对东盟出口贸易发展

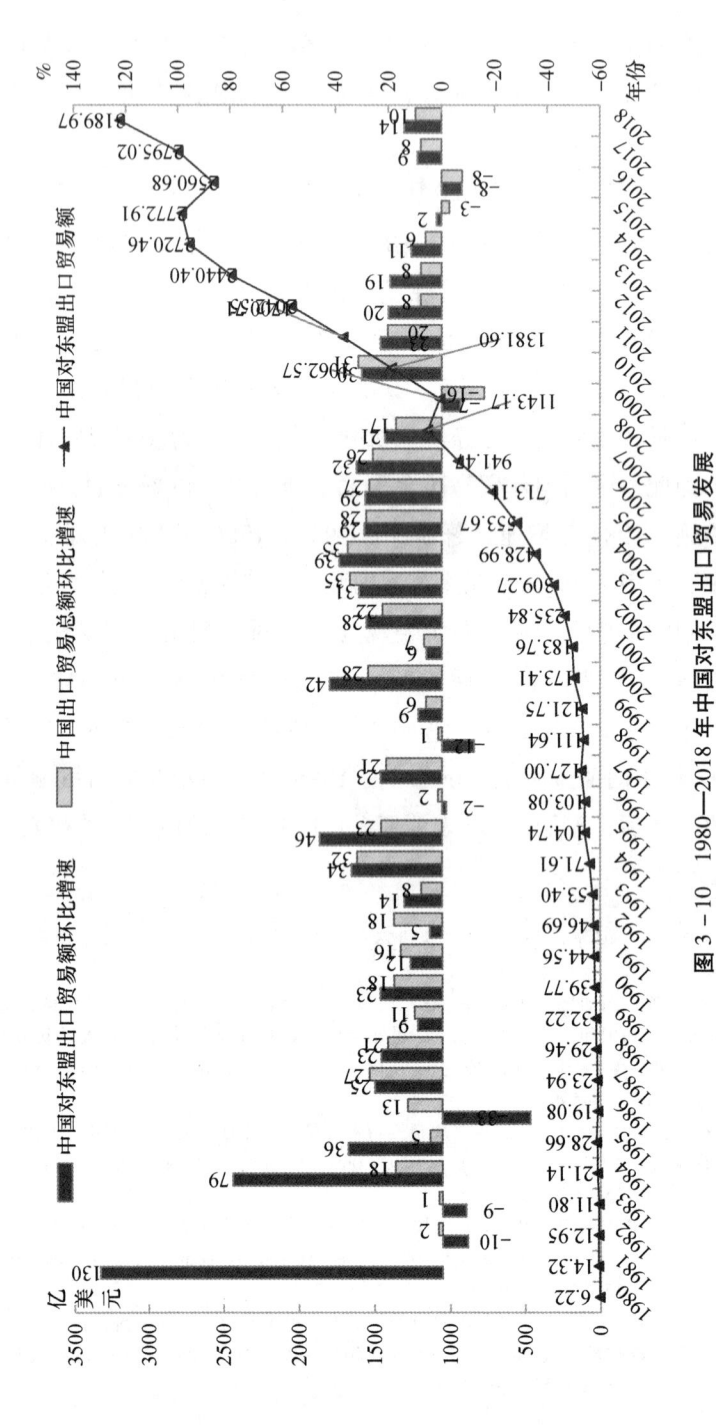

Fig. 3-10 The Development of China's Exports to ASEAN (1980–2018)

缅甸①、老挝②、柬埔寨③和越南④于2000年先后与中国签署关于21世纪双边合作的《联合声明》，促使中国对东盟出口贸易增速再次提升至42%。

3.3.4.2 发展期（2002—2010年）

2002年CAFTA建设启动，中国对东盟出口贸易发展迅速，贸易额突破200亿美元，紧接着2003年突破300亿美元。这一阶段中国对东盟出口贸易额年均增长133亿美元，年均增速为26%，除2009年因受全球金融危机影响而呈现出负增长外，其余年份均为正增长，尤其是2010年CAFTA全面建成，中国对东盟出口贸易额增速由-7%提高到了30%。

3.3.4.3 上升期（2011—2018年）

2011—2018年世界经济持续低迷，中国无论是在全球还是东盟出口市场上均表现出不景气、增长缓慢的态势。中国出口贸易总额增速除2011年为20%外，其余年份均不超过10%，甚至2015年、2016年还出现了负增长。但是，中国对东盟出口贸易额增速普遍高于中国出口贸易总额的增速，呈现出"先下降，后上升"的趋势，最高为2011年的23%，最低为2016年的-8%。令人欣慰的是，近两年的态势逐渐好转，尤其是2018年"构建中国—东盟创新共同体"论坛在广西南宁举办，推动了双方战略伙伴关系的进一步加深。

---

① 《中华人民共和国和缅甸联邦关于未来双边关系合作框架文件的联合声明》，中华人民共和国—条约数据库，（2000-06-06）[2020-05-16] http：/treaty. mfa. gov. cn/Treaty/web/detail1. jsp？objid=1531876812356。

② 《中华人民共和国和老挝人民民主共和国关于双边合作的联合声明》，中华人民共和国—条约数据库，（2000-11-12）[2020-05-16] http：//treaty. mfa. gov. cn/Treaty/web/detail1. jsp？objid=1531876807866。

③ 《中华人民共和国和柬埔寨王国关于双边合作框架的联合声明》，中华人民共和国—条约数据库，（2000-11-13）[2020-05-16] http：//treaty. mfa. gov. cn/Treaty/web/detail1. jsp？objid=1531876811735。

④ 《中华人民共和国和越南社会主义共和国关于新世纪全面合作的联合声明》，中华人民共和国—条约数据库，（2000-12-25）[2020-05-16] http：//treaty. mfa. gov. cn/Treaty/web/detail1. jsp？objid=1531876812849。

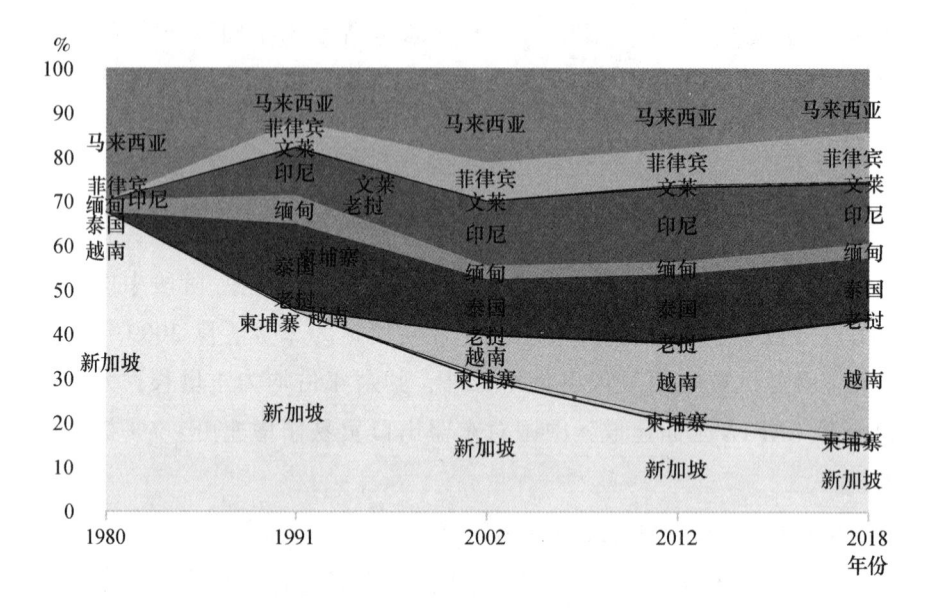

图 3-11　1980—2018 年中国对东盟（国别）出口贸易额占比

Fig. 3-11　The Proportion of China's Exports to ASEAN by Country (1980—2018)

从国别来看，中国对东盟出口贸易的主要国家是新加坡、越南、印尼、马来西亚、泰国和菲律宾。其中，中国对东盟国家出口比重最大的是新加坡，1990 年以前年均占比在 50% 以上，之后逐年下降，2002 年降至 30%，2011 年为 21%，2018 年为最低值 15%。越南与新加坡刚好相反，其国别占比呈上升态势，2011 年为 17%，居第三位，2013 年提升至 20%，超过新加坡居中国对东盟国家出口的首位，2018 年达到最高值 26%。相比新加坡、越南占比波动较大，印尼、马来西亚、泰国和菲律宾各自的国别占比变化较稳定，均保持在 10%—20%。出口贸易占比一直较低的国家是文莱、柬埔寨、老挝和缅甸，它们不仅占比较小，一般在 5% 以下，而且比重变化不大（如图 3-10 所示）。与进口贸易不同的是，中国对东盟出口贸易的国别差异相较进口表现得略显均衡。这是因为随着 CAFTA 建设的推进，2009 年中国已成为东盟第一大贸易伙伴国、东盟各国的主要进口国，中国商品在东盟各国的竞争力均较强；而中国从东盟进口产品的结构较稳定，进口来源国也相对集中，因此中国对东盟出口贸易的国别差异程度要略小于进口。

3.4 本章小结

中国—东盟贸易发展要早于双边旅游的开展，2002年CAFTA建设的启动促进中国—东盟旅游与贸易的快速发展。然而，在2010年CAFTA建成后，双边贸易并没有保持继续高速增长的势头，反而中国出境东盟的旅游人数开始迅速增长，同时东盟入境中国的旅游人数的增速却有所下降。进口贸易额增速的下降和中国出境东盟旅游人数的高速增长，反映出中国国内产业升级的推进和人民物质生活水平的不断提高推动了中国出境旅游人数的增长，也给中国从东盟进口产品的结构升级带来了压力。随着中国进口贸易增速的下降，中国对东盟也由贸易逆差转为贸易顺差。

第4章 中国—东盟旅游与贸易关系辨识*

　　自CAFTA建成以来,中国与东盟互为重要的旅游与贸易合作伙伴。在贸易方面,中国连续10年保持为东盟第一大贸易伙伴[①],2019年东盟成为中国第二大贸易伙伴[②],到2020年2月东盟成为中国第一大贸易伙伴。[③] 在旅游方面,中国—东盟互为重要旅游客源国和目的地。那么,中国—东盟旅游与贸易之间是否存在关系?为此,本章在不考虑其他控制变量、门槛变量等因素的情况下,仅仅独立地从统计数据的时间序列层面入手,初步辨识中国与东盟各国的出境旅游偏好、入境旅游结构、出入境旅游比、贸易依存度、贸易结合度、进出口贸易比,构建出入境旅游与进出口贸易的推拉方程,为后续要素的空间流动与区域协调的互动研究奠定基础。

---

* 本章部分内容发表于课题组成员的相关论文——《中国—东盟旅游与贸易互动关系研究》《东南亚金融危机后中泰旅游与贸易互动关系研究》《中马出入境旅游与进出口贸易关系辨析》中。

① 董小迪:《中国连续10年成东盟第一大贸易伙伴》,(2019-07-31)[2019-12-25] http://news.china.com.cn/txt/2019-07/31/content_75051127.htm。

② 中华人民共和国中央人民政府:《东盟成为中国第二大贸易伙伴释放哪些信号?》[EB/OL],(2019-10-10)[2019-12-25] http://www.gov.cn/xinwen/2019-10/10/content_5437918.htm。

③ 中华人民共和国中央人民政府:《东盟成中国第一大贸易伙伴》[EB/OL],(2020-03-23)[2020-03-27] http://www.gov.cn/xinwen/2020-03/23/content_5494368.htm。

4.1 中国—东盟出入境旅游

4.1.1 出境旅游偏好

中国出境东盟的旅游偏好是指中国出境东盟某国旅游人数占中国出境旅游总人数的比例,表明了中国游客选择东盟某国作为出境旅游目的地的倾向程度。从图 4-1 中可以看出,中国出境东盟 10 国的旅游偏好差异较大,出境泰国、越南、新加坡、马来西亚的旅游偏好明显高于其他东盟国家。对比 1995—2018 年中国出境东盟 10 国旅游偏好的趋势可以发现,中国出境越南、新加坡、马来西亚的旅游偏好总体上呈下降趋势,而中国出境印尼、柬埔寨、菲律宾、老挝、缅甸的旅游偏好总体上呈上升趋势,这说明中国出境东盟 10 国的旅游去向更加分散,旅游目的地的选择趋向多样化。

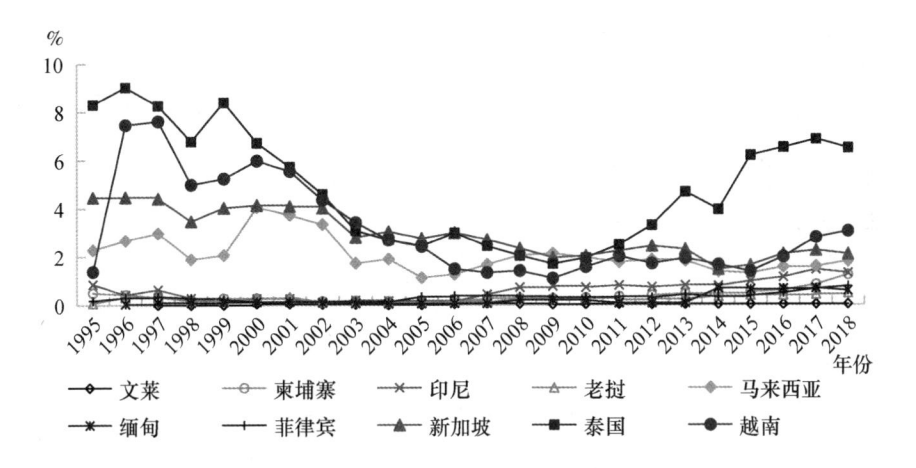

图 4-1 1995—2018 年中国出境东盟旅游偏好趋势对比

Fig. 4-1 The Travel Preference of Annual Chinese Visitors to ASEAN (1995-2018)

为了进一步分析中国出境东盟旅游偏好的国别差异,课题组根据 1995—2018 年中国出境东盟 10 国旅游偏好的平均值(见表 4-1),将东盟 10 国分为强偏好国家(平均值≥2%)、中偏好国家(0.3% <平

表 4 - 1　1995—2018 年中国出境东盟的旅游偏好及特征值

Tab. 4 - 1　The Travel Preference and Characteristics of Annual Chinese Visitors to ASEAN(1995 - 2018)

（%）

国别(区域)	年份	1995	1997	1999	2001	2003	2005	2007	2009	2011	2013	2015	2017	2018	特征值 平均值	最小值	最大值
东盟	*	18.09	25.05	20.79	20.32	11.83	9.69	9.59	8.82	10.41	12.89	13.54	17.72	17.98	14.89	8.82	25.21
国别	文莱	N/A**	0.008	0.011	0.052	0.035	0.014	0.069	0.033	0.047	0.041	0.029	0.037	0.040	0.036	0.008	0.069
	柬埔寨	0.51	0.33	0.29	0.26	0.19	0.19	0.29	0.27	0.35	0.47	0.54	0.85	1.25	0.39	0.16	1.25
	印尼	0.86	0.65	0.16	0.27	0.20	0.17	0.44	0.78	0.82	0.82	0.99	1.47	1.32	0.61	0.12	1.47
	老挝	0.09	0.33	0.22	0.34	0.11	0.13	0.13	0.27	0.22	0.25	0.40	0.45	0.50	0.25	0.09	0.50
	马来西亚	2.28	2.98	2.07	3.74	1.73	1.14	1.68	2.14	1.78	1.83	1.31	1.60	1.82	2.09	1.14	4.06
	缅甸	N/A	0.11	0.13	0.14	0.08	0.06	0.07	0.21	0.09	0.09	0.64	0.70	0.60	0.23	0.05	0.70
	菲律宾	0.19	0.36	0.23	0.16	0.16	0.35	0.39	0.33	0.35	0.43	0.38	0.68	0.78	0.33	0.14	0.78
	新加坡	4.47	4.42	4.04	4.10	2.81	2.77	2.72	1.97	2.25	2.31	1.65	2.26	2.11	2.94	1.48	4.48
	泰国	8.31	8.26	8.40	5.73	3.09	2.46	2.45	1.71	2.51	4.70	6.21	6.87	6.50	4.91	1.71	9.03
	越南	1.39	7.62	5.24	5.55	3.43	2.43	1.34	1.11	2.02	1.94	1.39	2.81	3.07	3.11	1.11	7.62

注：* 因"中国出境旅游偏好"计算值保留 2 位小数不能准确体现其变化，故保留 3 位小数。

** "N/A"表示本栏目不适用，原因为数据缺失。

资料来源：课题组经计算整理而得。

均值<2%）、弱偏好国家（平均值≤0.3%）。

4.1.1.1 强偏好国家：泰国、越南、新加坡和马来西亚

中国出境东盟"强偏好国家"主要有4个，分别是泰国、越南、新加坡、马来西亚。中国出境这4个国家的旅游偏好总体上呈下降趋势，其中泰国、越南经历下降后又有回升的迹象，但尚未恢复到原来的最高水平。泰国是中国出境旅游偏好平均值最高的东盟国家，达到了4.91%。1995—1999年中国出境泰国的旅游偏好处于较高水平，在8%左右，但1999年之后呈直线下降，处于3%以下的时间持续较长，到2009年的最低点时已跌破2%。自2010年以来，泰国通过采取放宽签证、签证费用减免等措施，积极吸引中国游客，目前中国出境泰国旅游偏好有了明显回升，2018年达到6.5%。1996年越南总理签署《关于在芒街口岸实施部分优惠政策的第675号决定》①，对进入芒街口岸的中国公民实行免签证政策，中越边境旅游迅速发展，中国出境越南的旅游人数大幅上升，中国出境越南的旅游偏好跃居东盟第二位。2000年之后出现了大幅下降，2009年达到最低点，2010年之后缓慢复苏。新加坡和马来西亚相比而言波动幅度较小，目前仍处于下降态势。

4.1.1.2 中偏好国家：印尼、柬埔寨和菲律宾

中国出境东盟"中偏好国家"主要有3个，分别是印尼、柬埔寨、菲律宾。近年来，中国出境这3个国家的旅游偏好总体上呈明显上升态势。其中，2018年中国出境柬埔寨和印尼的旅游偏好均已突破1%，分别达到了1.25%和1.32%；菲律宾也从1995年的0.19%上升到了2018年的0.78%。

4.1.1.3 弱偏好国家：老挝、缅甸和文莱

中国出境东盟"弱偏好国家"主要有3个，分别是老挝、缅甸、文莱。中国出境这3个国家的旅游偏好较低，平均值不足0.3%。其中，

---

① 华通：《越南关于外国人进出芒街口岸地区的规定》，《东南亚南亚信息》1996年第21期。

老挝和缅甸总体上处于上升态势，但上升幅度不明显，目前偏好水平仍比较低，2018 年中国出境老挝和缅甸的旅游偏好均不足 0.6%，分别为 0.5% 和 0.6%。由于国家面积小、旅游产品单一松散、旅游品牌宣传不足，中国出境文莱的旅游偏好一直比较低，1995—2018 年中国出境文莱的旅游偏好平均值仅为 0.036%，且波动很小。

4.1.2 入境旅游结构

课题组依据 2002—2018 年《中国旅游统计年鉴》及 2019 年《中国文化和旅游统计年鉴》所提供的 2001—2018 年入境外国游客（按国籍和目的分）统计数据，将印尼、马来西亚、菲律宾、新加坡、泰国入境中国游客划分为"会议/商务、观光休闲、探亲访友、服务员工"四类，以分析东盟入境中国的旅游结构及发展态势。

4.1.2.1 会议/商务旅游

从图 4-2 可以看出，新加坡和马来西亚入境中国游客"会议/商务"占比较高，年均占比分别为 19% 和 14.87%。其中，新加坡占比先降后升，2008 年下降到最低点，为 14.23%，此后逐渐回升，2018 年达到 22.8%。马来西亚占比先升再降后逐渐回升，2007 年达到峰值

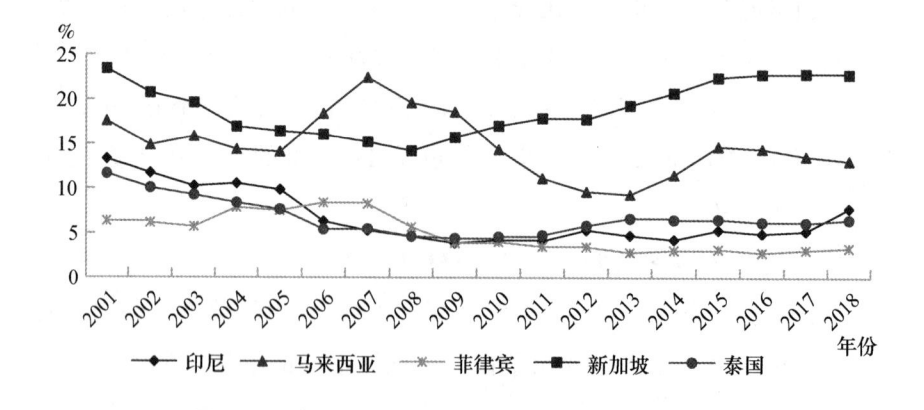

图 4-2 东盟 5 国入境中国游客"会议/商务"占比

Fig. 4-2 The "Meeting/Business" Proportion of Visitor Arrivals from 5 ASEAN Countries

22.45%，此后逐年下降，2013年落到最低点9.3%，之后逐渐回升到2018年的13.09%。印尼、菲律宾、泰国入境中国游客"会议/商务"占比相对较低，2001—2018年平均占比分别6.78%、4.97%、6.72%。泰国和印尼占比总体上呈下降趋势，2011年开始有所回升，但幅度较小。菲律宾占比先升后降，2001—2007年有小幅上升，2007年至今呈小幅下降趋势。"会议/商务"旅游以商务活动为目的，与经济合作密切相关，而新加坡和马来西亚一直是中国重要的东盟经济伙伴，因而"会议/商务"旅游的发展水平较高。

4.1.2.2 观光休闲旅游

从图4-3可以看出，东盟5国入境中国"观光休闲"旅游占比均较高，但近年来有下降趋势，这说明传统的"观光休闲"旅游所占比重逐渐下降，东盟游客入境中国旅游的目的更加多样化。其中，印尼、马来西亚、泰国发展态势相似，2001—2018年都经历了先升后降的过程，在2010年前后出现拐点，年均占比均超过了60%，分别为60.63%、63.98%、64.89%。新加坡年均占比为39.53%，2001—2006年处于平稳发展阶段，占比在50%左右，2006年开始逐年下降，到2018年降至26.81%。菲律宾年均占比为25.02%，发展趋势为先升

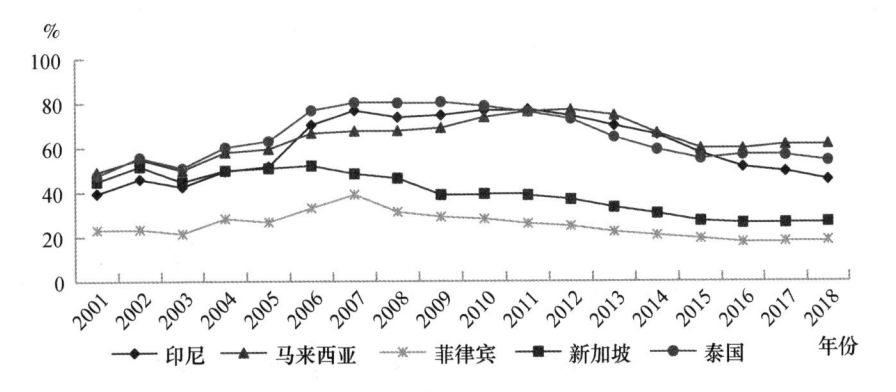

图4-3 东盟5国入境中国游客"观光休闲"占比

Fig. 4-3 The "Sightseeing and Leisure" Proportion of Visitor Arrivals from 5 ASEAN Countries

后降，2007年达到峰值38.95%，之后逐年下降，到2018年降至18.54%。

4.1.2.3 探亲访友旅游

从图4-4可以看出，东盟5国入境中国游客"探亲访友"所占比重一直较低，均处于8%以下。其中，新加坡入境中国游客"探亲访友"所占比重远高于其他东盟国家，年均达到4.74%。印尼、马来西亚、泰国年均占比较接近，分别是1.45%、1.34%、1.32%。菲律宾年均占比最低，仅为0.50%。东盟5国入境中国游客"探亲访友"旅游所占比重虽有不同，但发展态势大致相同。自2001年开始占比逐年下降，到2007年印尼、马来西亚、泰国、菲律宾已经降到0.1%左右，新加坡也由2001年的7.46%下降到2007年的2.74%。2007—2012年东盟5国入境中国旅游"探亲访友"占比经历了6年左右的低迷，印尼、马来西亚、菲律宾、泰国占比仅维持在0.1%左右，新加坡虽然相比这4国略高些，也一直在4%以下，占比并不高。2013年之后，东盟5国入境中国"探亲访友"旅游开始复苏，尤其是新加坡迅速回升，到2018年达到2001年以来的峰值8.32%，其他东盟4国虽然回升幅度不大，但均有不同程度的上升。

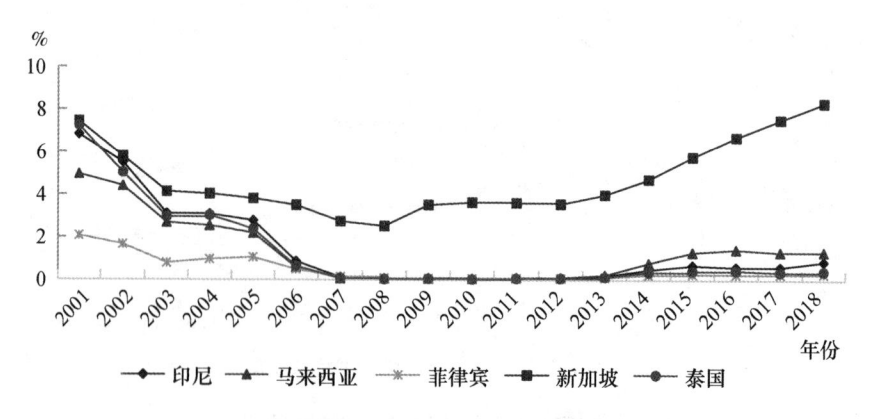

图4-4 东盟5国入境中国游客"探亲访友"占比

Fig. 4-4 The "Friends and Relatives" Proportion of Visitor Arrivals from 5 ASEAN Countries

4.1.2.4 服务员工旅游

从图 4-5 可以看出,作为世界上重要的劳务输出国之一,菲律宾入境中国旅游"服务员工"占比远远高于其他东盟国家,年均占比高达 58.62%。其中,印尼和泰国占比较高,年均占比都超过了 10%,分别为 19.69% 和 15.52%。新加坡和马来西亚占比较低,分别为 6.06% 和 7.55%,且发展平稳、波动不大。2003 年东盟 5 国入境中国旅游"服务员工"占比均有小幅上涨,主要是观光休闲、探亲访友游客受 SARS 疫情的影响而有所下降,因此"服务员工"游客所占比例有所上升。2012 年之后,菲律宾、印尼、泰国入境中国旅游"服务员工"占比均有不同程度的上升,这主要是由于 2012 年中国在 CAFTA《服务贸易协议》第二批减让承诺表中针对旅游业对东盟国家做出了具体承诺,进一步向东盟国家开放旅游市场,开放了饭店、餐馆和旅行社部门,并且饭店和餐馆的高层管理人员和专家可通过自然人流动在中国境内提供服务。

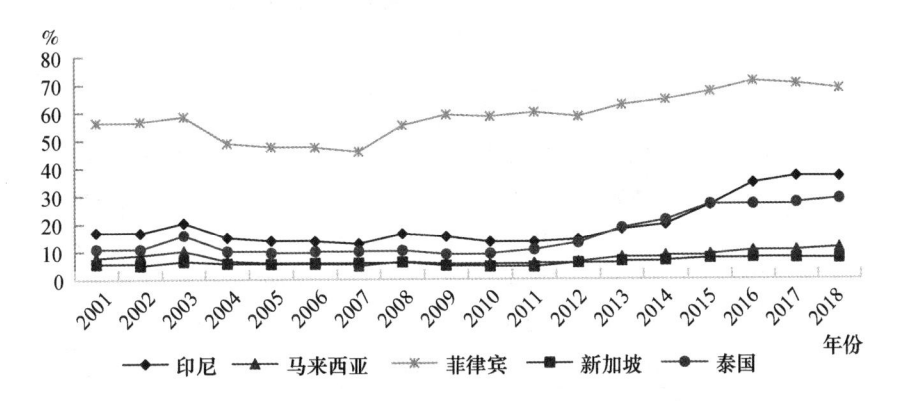

图 4-5 东盟 5 国入境中国游客"服务员工"占比

Fig. 4-5 The "Service Employees" Proportion of Visitor Arrivals from 5 ASEAN Countries

4.1.3 出入境旅游比

"出入境旅游比"是中国出境东盟旅游人数与东盟入境中国旅游人

数的比值。由于东盟 10 国人口规模、经济发展水平各异,课题组以此考察中国与东盟各国出入境旅游的相对差异。在式 4-1 中,比值大于 100% 表示中国出境东盟旅游人数大于东盟入境中国旅游人数,数值越大表示差异程度越大;比值小于 100% 表明中国出境东盟旅游人数小于东盟入境中国旅游人数,且数值越小表明差异程度亦越大;比值越接近 100% 表明中国出境东盟旅游人数与东盟入境中国旅游人数差异程度越小。

$$出入境旅游比 = \frac{出境旅游人数}{入境旅游人数} \times 100\% \qquad (4-1)$$

表 4-2　1998 年和 2018 年中国—东盟出入境旅游比

Tab. 4-2　The Ratio of Outbound and Inbound Tourism between China and ASEAN (1998 & 2018)

国别(区域)		中国出境东盟旅游(人次)		东盟入境中国旅游(人次)		出入境旅游比(%)	
		1998 年	2018 年	1998 年	2018 年	1998 年	2018 年
东盟		1536830	29117608	1201768	8302561	127.88	350.71
国别	文莱	707	65563	2196	7870	32.19	833.07
	柬埔寨	18035	2024443	4136	73334	436.05	2760.58
	印尼	24535	2139161	104602	712000	23.46	300.44
	老挝	15802	805833	1695	50703	932.27	1589.32
	马来西亚	159852	2944133	300119	1291000	53.26	228.05
	缅甸	8561	963190	33263	184204	25.74	522.89
	菲律宾	24252	1255258	256498	1205000	9.46	104.17
	新加坡	293282	3417604	316434	978000	92.68	349.45
	泰国	571061	10535955	144332	833000	395.66	1262.57
	越南	420743	4966468	38493	2967450	1093.04	167.36

资料来源:课题组经计算整理而得。

由表 4-2 可知,1998 和 2018 年中国—东盟出入境旅游比从

127.88%提升至350.71%,增长1.74倍,这说明中国出境东盟旅游与东盟入境中国旅游发展在初期相对平衡,但随着中国出境旅游的快速发展,这一平衡很快被打破。2018年中国—东盟出入境旅游比最高的是柬埔寨,达2760.58%;其次是老挝,达1589.32%;再次是泰国,达1262.57%。此外,文莱、缅甸均超过500%,分别是833.07%、522.89%;新加坡、印尼也都超过300%,分别是349.45%、300.44%。由此可知,中国出境柬埔寨、老挝、泰国、文莱、缅甸、新加坡、印尼旅游人数远大于这些东盟国家入境中国旅游人数。然而,越南表现出不同的趋势,1998—2018年中国—越南出入境旅游比从1093.04%下降至167.36%,表明越南入境中国旅游的快速发展使得其与中国出境越南旅游之间的差距不断缩小,并逐渐趋于平衡,差异程度相对较小。

4.2 中国—东盟进出口贸易

4.2.1 贸易依存度

贸易依存度是指中国对东盟某一贸易伙伴国的依赖程度。在式4-2中,D_{CA}为中国对东盟A国的贸易依存度,$TRADE_{CA}$为中国进出口东盟A国的贸易总额,$TRADE_C$为中国进出口贸易总额。D_{CA}数值越大,说明中国对东盟A国的依赖程度越高,反之亦然。

$$D_{CA} = \frac{TRADE_{CA}}{TRADE_C} \times 100\% \qquad (4-2)$$

从表4-3和图4-6可以看出,中国—东盟(10国)进出口贸易总额39年累计值从大到小依次是马来西亚>新加坡>泰国>越南>印尼>菲律宾>缅甸>柬埔寨>老挝>文莱,同期中国对东盟10国贸易依存度均值是,新加坡2.22%>马来西亚1.61%>泰国1.31%>印尼1.12%>越南0.93%>菲律宾0.77%>缅甸0.2%>柬埔寨0.04%>老挝0.03%>文莱0.02%。由此可见,与中国贸易伙伴关系越密切的国家,中国对其贸易依赖程度越高。考虑到中国对东盟10国贸易依存

表4-3 1980—2018年中国—东盟进出口贸易特征值
Tab. 4-3 The Characteristics of China-ASEAN Import and Export Trade (1980–2018)

年份 国别(区域)		中国—东盟(10国)进出口贸易总额①(亿美元)							特征值			
		1980	1990	2002	2005	2010	2011	2018	累计值②	年均值	倍数③	年均增长率(%)	年均依存度(%)
东盟		10.87	70.46	547.81	1303.61	2928.61	3630.89	5876.04	54686.95	1402.21	540.78	19.87	8.06
国别	文莱	N/A④	0.12	2.63	2.61	1031.94	13.11	18.39	157.62	4.15	456.44	32.43	0.02
	柬埔寨	N/A	0.03	2.76	5.63	1440.97	24.99	73.84	432.81	11.39	555.62	38.48	0.04
	印尼	N/A	11.82	79.35	167.87	427.50	605.55	773.41	7507.56	197.57	661.88	21.46	1.12
	老挝	N/A	0.16	0.64	1.29	10.85	13.01	34.72	246.39	6.48	384.94	23.0	0.03
	马来西亚	4.24	11.83	142.71	307	742.49	900.23	1058.81	11883.92	304.72	255.85	17.70	1.61
	缅甸	0.51	3.28	8.62	12.09	44.42	65.01	152.32	1302.23	33.39	296.17	19.96	0.20
	菲律宾	N/A	2.95	52.59	175.57	277.62	322.47	556.48	5482.33	144.27	150.60	18.0	0.77
	新加坡	6.11	28.25	140.31	331.47	570.76	637.10	827.64	10359.15	265.62	135.51	15.87	2.22
	泰国	N/A	11.94	85.57	218.11	529.37	647.34	875.08	8966.80	235.97	228.53	18.0	1.31
	越南	N/A	0.07	32.64	81.97	300.86	402.08	1478.33	8347.37	287.84	20447.17	58.83	0.93

说明：①年份选取考虑的是1980年和2018年为数据起止年份,1990年中国—东盟开启对话进程,2002年CAFTA建设正式启动,2005年东盟成为中国第四大贸易伙伴,2010年CAFTA全面建成,2011年东盟成为中国第三大贸易伙伴。
②囿于数据的可获性,有些国家部分年份的数据缺失,则该国的累计值不包括缺失年份的数据。
③倍数是某一国家目不适用,原因为数据缺失。
④"N/A"表示本栏目不适用,原因为数据缺失。
资料来源：课题组经计算整理而得。

度差异较大，课题组将东盟10国分为先强后弱型、先弱后强型、持平型、依赖不足型。

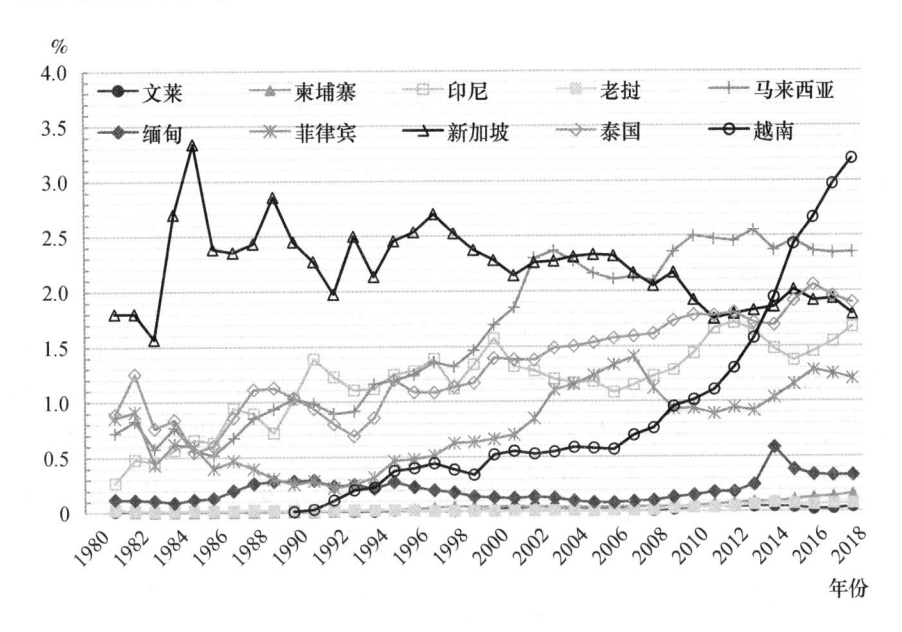

图 4－6　1980—2018 年中国对东盟贸易依存度

Fig. 4－6　The Dependence Degree of China's Trade on ASEAN (1980－2018)

（1）先强后弱型。新加坡是东盟10国中贸易依存度最高的，年均依存度大于2%，趋势线走势是先高后低，呈下降趋势，这表明中国—新加坡进出口贸易增长速度慢于中国进出口贸易增长的速度。

（2）先弱后强型。这一类型主要有3个国家，分别是马来西亚、越南和泰国，趋势线整体上呈上升态势，后期有部分年份超过2%。2002年中国对马来西亚的贸易依存度首次突破2%，达到2.3%；中国对泰国贸易依存度仅有一年超过2%，即2015年的2.1%；与马来西亚和泰国"上升幅度平稳"不同，中国对越南贸易依存度自1990年以来呈现出大幅上升态势，这表明中国—越南进出口贸易增长迅速，快于中国进出口贸易的增长。

（3）持平型。分别是印尼和菲律宾，中国对这两国的贸易依存度一直没有超过2%,也不低于0.1%,几乎保持着持平状态,这表明中国—印尼、中国—菲律宾进出口贸易增长与中国进出口贸易增长速度基本一致。

(4)依赖不足型。分别是文莱、柬埔寨、老挝和缅甸,中国对这4个东盟国家的贸易依存度最大不超过0.5%,说明中国对外贸易几乎不依赖这4国。

4.2.2 贸易结合度

贸易结合度被用来衡量两国在贸易方面的联系程度。在式4-3中,TI_{CA}为贸易结合度,E_{CA}为中国对东盟A国的出口额,E_C代表中国出口总额,(E_{CA}/E_C)表示中国对A国的出口占中国出口总额的比重,M_A为东盟A国的进口总额,M_w为世界进口总额。(M_A/M_w)表示A国的进口总额占世界进口总额的比重,它实际上代表A国的进口能力。

$$TI_{CA} = \frac{(E_{CA}/E_C)}{(M_A/M_w)} \qquad (4-3)$$

式4-3表明,与东盟A国的进口总额占世界进口总额的比率相比,中国对A国的出口额占中国出口总额的比重究竟有多大。如果$TI_{CA} \geq 1$,说明中国和东盟A国在贸易上存在着密切的关系;如果$TI_{CA} < 1$,则说明中国和东盟A国在贸易上关系较为疏远。

首先,沿纵向按国别进行梳理。总体上,贸易结合度在1以下的国家年份少,平均值最低的是泰国(1.21),最高的是缅甸(9.46),这说明中国与东盟各国贸易关系均比较紧密,中国出口贸易与东盟各国进口需求结构较吻合,且中国对东盟各国的出口优势明显。

从表4-4和图4-7可知,中国与东盟10国的贸易结合度差异大,与大多数国家的贸易结合度小于5,而中国与缅甸贸易结合度峰值是1991年的45.84,为了清晰地观察中国对东盟10国贸易结合度的大小,课题组将缅甸的单位设置为右侧纵轴,其余国家的单位设置为左侧纵轴。接着,沿横向按时间顺序进行梳理。新加坡、缅甸整体上呈下降趋势,泰国、越南是先下降后持平,虽然都是贸易结合度相对稳定的国家,但是泰国的结合度普遍偏低,而越南的结合度普遍偏高,马来西亚、菲律宾呈现出先下降后上升趋势,印尼呈持续增长状态,老挝、文莱、柬埔寨的结合度指标波动大,态势不清晰。从1990年开始东盟各国的贸易结合度趋于集中,一般处于0.5—3,该阶段是中国和东盟各国的磨合发展阶段,双方在逐步摸索适应对方的贸易结构和贸易需求。

表4-4　　1980—2018年中国—东盟(国别)贸易结合度

Tab. 4-4　The Integration Degree of China's Trade with ASEAN by Country (1980-2018)

国别(区域)	年份	1981	1986	1992	1996	2001	2005	2010	2015	2018	均值
东盟		1.76	2.09	1.11	0.99	1.28	1.33	1.43	1.89	1.84	1.51
国别	文莱	N/A	N/A	N/A	N/A	0.36	0.50	1.32	3.07	2.95	1.44
	柬埔寨	N/A	N/A	1.26	2.02	2.21	1.82	1.89	1.98	2.43	2.05
	印尼	0.29	0.79	0.77	1.10	1.84	1.73	1.70	1.78	1.82	1.32
	老挝	N/A	0.01	6.39	1.63	2.40	1.56	2.17	1.51	1.80	2.21
	马来西亚	1.42	1.29	0.77	0.64	1.04	1.30	1.48	2.10	1.96	1.25
	缅甸	3.55	4.05	17.8	9.54	5.63	8.19	8.32	4.91	5.22	9.46
	菲律宾	2.81	2.07	0.63	1.09	1.32	1.67	1.99	2.81	2.59	1.86
	新加坡	2.27	3.38	1.30	0.98	1.11	1.14	0.96	1.20	1.05	1.53
	泰国	2.27	1.25	1.08	0.67	0.96	0.98	1.10	1.43	1.43	1.21
	越南	N/A	N/A	N/A	2.87	2.78	2.15	2.76	2.99	2.81	2.65

说明:"N/A"表示本栏目不适用,原因为数据缺失。表中选取的年份所考虑的因素是:1981年为印尼、马来西亚、缅甸、菲律宾、新加坡和泰国指标的起始年份,1986年为老挝指标的起始年份,1992年为柬埔寨指标的起始年份,1996年为越南指标的起始年份,2001年为文莱指标的起始年份,之后年份为每接近5年做一次指标考察,其中2018年为所有国家指标的截止年份。

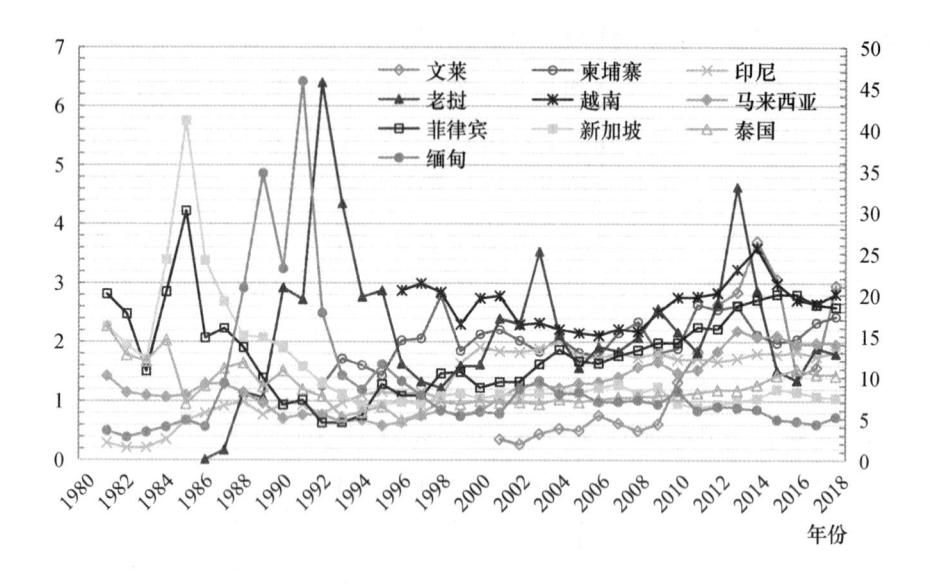

图 4-7 1980—2018 年中国对东盟贸易结合度

Fig. 4-7 The Integration Degree of China's Trade with ASEAN by Country (1980-2018)

4.2.3 进出口贸易比

进出口贸易比是中国对东盟出口贸易额和中国从东盟进口贸易额的比值。在式 4-4 中，比值大于 100% 且数值越大表示贸易顺差程度越大，比值小于 100% 且数值越小表示贸易逆差程度越大，比值越接近 100%，表示贸易差异程度越小，以此考察中国—东盟进出口贸易的相对差异程度。

$$\text{进出口贸易比} = \frac{\text{出口贸易额}}{\text{进口贸易额}} \times 100\% \quad (4-4)$$

如表 4-5 所示，1998 年和 2018 年中国—东盟进出口贸易比从 88.37% 增至 118.76%，增长 1/3 左右，这说明中国—东盟进出口贸易发展从贸易逆差转变为贸易顺差。2018 年中国—东盟进出口贸易比最大的国家是文莱，达 643.19%；其次是柬埔寨，达 436.38%；再次是缅甸，达225.17%。此外，菲律宾、新加坡、越南和印尼均大于100%，分别为169.99%、145.39%、131.15%和126.48%。由此可知，中国对文莱、柬埔寨、缅甸、菲律宾、新加坡、越南和印尼的出口贸易额远大于中国从这些国家的进口贸易额，贸易顺差程度较大。

表4-5 1998年和2018年中国—东盟进出口贸易比

Tab. 4-5 The Ratio of Import and Export Trade between China and ASEAN (1998 & 2018)

国别（区域）		中国对东盟出口贸易额（百万美元）		中国从东盟进口贸易额（百万美元）		进出口贸易比（%）	
		1998	2018	1998	2018	1998	2018
东盟		11164.05	318997.3	12633.97	268606.9	88.37	118.76
国别	文莱	9.14	1591.95	0.01	247.51	91400.00	643.19
	柬埔寨	113.69	6007.52	48.18	1376.66	235.97	436.38
	印尼	1170.17	43191.41	2460.86	34149.78	47.55	126.48
	老挝	17.83	1454.00	7.90	2018.15	225.70	72.05
	马来西亚	1596.39	45375.99	2673.85	63205.05	59.70	71.79
	缅甸	514.44	10547.77	62.05	4684.34	829.07	225.17
	菲律宾	1512.05	35036.64	514.37	20611.60	293.96	169.99
	新加坡	3943.94	49036.63	4235.4	33727.77	93.12	145.39
	泰国	1258.09	42878.72	2413.99	44629.64	52.12	96.08
	越南	1028.31	83876.69	217.36	63956.35	473.09	131.15

资料来源：课题组经计算整理而得。

4.3 中国—东盟旅游与贸易的推拉方程

推拉方程是对旅游与贸易时间序列的相关性分析①。为了对中国—东盟旅游与贸易的关系进行初步辨识,课题组将中国—东盟出入境旅游与进出口贸易划分为"入境旅游—进口贸易、入境旅游—出口贸易、出境旅游—进口贸易、出境旅游—出口贸易"四组关系,并绘制出四组关系的散点图,在对散点图进行充分观察的基础上,采用直线方程、幂函数方程、指数方程、二(多)次多项式、对数方程对四组关系进行拟合测试,选取可决系数 R^2 最大的方程,作为最终的推拉方程。

4.3.1 入境旅游—进口贸易

如表4-6所示,"入境旅游—进口贸易"这组关系的趋势化程度较高,中国与东盟可决系数 R^2 为0.9806,达到0.95以上,这说明从总体上而言中国—东盟"入境旅游—进口贸易"存在着较强的相关关系。从国别来看,柬埔寨、印尼、老挝、马来西亚、菲律宾、新加坡、泰国、越南8国的 R^2 均超过0.90,拟合度较高。文莱的 R^2 为0.7271,介于0.5—0.9;缅甸的 R^2 最低,为0.3798,位于0.5以下。这说明文莱和缅甸"入境旅游—进口贸易"趋势化程度较差,在散点图上点的分布规律不明显,拟合曲线不能较好地解释其走向,"入境旅游—进口贸易"相关关系不显著,因此在进行国别分析时舍去这两个国家。

---

① 马丽君、孙根年、王洁洁等:《15年来中日出入境旅游对双边贸易的影响》,《经济地理》2010年第4期;孙根年、周露:《日韩东盟8国入境我国旅游与进出口贸易关系的研究》,《人文地理》2012年第6期。

表 4-6　　　　　　　　　"入境旅游—进口贸易"推拉方程

Tab. 4-6　　　　The "Inbound Tourism-Import Trade" Push-Pull Equation

国别（区域）		推拉方程	R^2
东盟		$y = 0.0442x^{1.364}$	0.9806
国别	文莱	$y = 0.0001x^4 - 0.0274x^3 + 1.6508x^2 - 29.545x + 139.75$	0.7271
	柬埔寨	$y = 0.0025x^2 + 0.1645x - 5.0649$	0.9722
	印尼	$y = 0.0496x^{1.4943}$	0.9810
	老挝	$y = 5E - 07x^4 - 0.0006x^3 + 0.1795x^2 - 12.86x + 199.78$	0.9083
	马来西亚	$y = 0.0005x^2 - 1.251x + 1256.6$	0.9621
	缅甸	$y = 0.7309x^{0.9548}$	0.3798
	菲律宾	$y = 2E - 12x^4 - 1E - 07x^3 + 0.0014x^2 - 3.4724x + 1733.9$	0.9611
	新加坡	$y = -7E - 12x^4 + 2E - 07x^3 - 0.0009x^2 + 2.9455x - 691.36$	0.9417
	泰国	$y = -7E - 11x^4 + 1E - 06x^3 - 0.0039x^2 + 5.9437x - 1402.8$	0.9343
	越南	$y = 6E - 05x^2 + 0.1534x + 862.81$	0.9856

说明：x 为东盟（国别）入境中国的旅游人数（百人次），y 为中国从东盟（国别）进口贸易额（百万美元）。

资料来源：课题组经计算整理而得。

从图 4-8 中可以看出，中国—东盟"入境旅游—进口贸易"总体上表现为正向相关关系。随着东盟入境中国旅游人数的增长，中国从东盟进口贸易额的增长呈现出先慢后快的"J"形曲线。在图 4-9 所示的 8 个东盟国家中，柬埔寨、印尼、马来西亚、新加坡、越南 5 个国家表现为先慢后快的"J"形增长趋势，说明随着柬埔寨、印尼、马来西亚、新加坡、越南入境中国旅游人数的增长，中国从柬埔寨、印尼、马来西亚、新加坡、越南进口贸易额的增长呈现出先慢后快的发展态势。泰国和菲律宾表现为先慢再快后逐渐稳定的"S"形曲线，说明随着泰国和菲律宾入境中国旅游人数的增长，中国从泰国、菲律宾进口贸易额的增长呈现出先慢后快的态势，目前已经逐渐稳定。老挝呈现为两个连续的

"J"形曲线，说明随着老挝入境中国游客人数的增加，中国从老挝进口贸易额的增长经历了先慢再快后稳定的过程，之后又迎来了下一阶段的快速增长。综合图4-8和图4-9可以看出，中国—东盟（国别）入境旅游与进口贸易之间的相关关系较为复杂，"入境旅游—进口贸易"的增长速度具有明显的阶段性特征，经初步分析，中国—东盟（国别）入境旅游与进口贸易的发展经历了2—4个阶段的发展变化，并不是简单的线性关系，而是表现为非线性关系。

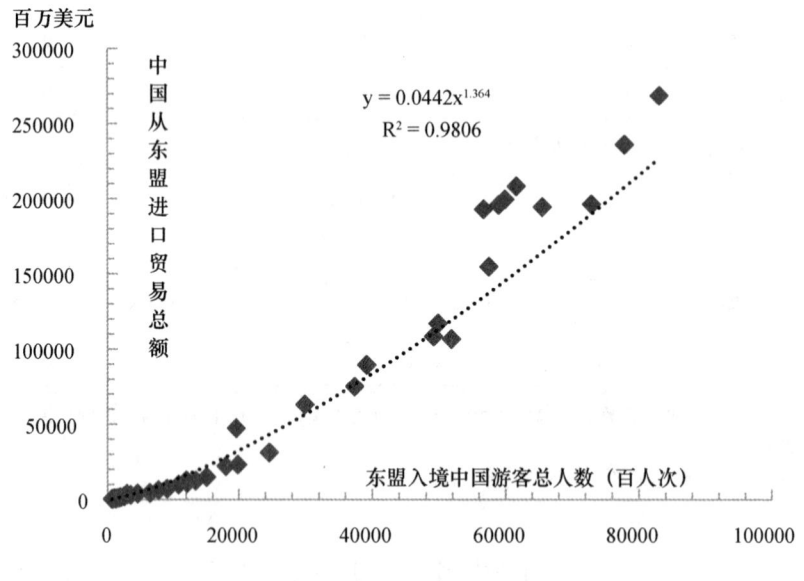

图4-8 中国—东盟"入境旅游—进口贸易"推拉方程

Fig. 4-8　The Push-Pull Equation of "Inbound Tourism-Import Trade" between China and ASEAN

4.3.2　入境旅游—出口贸易

如表4-7所示，"入境旅游—出口贸易"的关系趋势化程度较高，中国与东盟可决系数R^2为0.9668，已经达到0.95以上，这表明中国—东盟入境旅游与出口贸易之间存在着较强的相关关系。从国别来看，柬

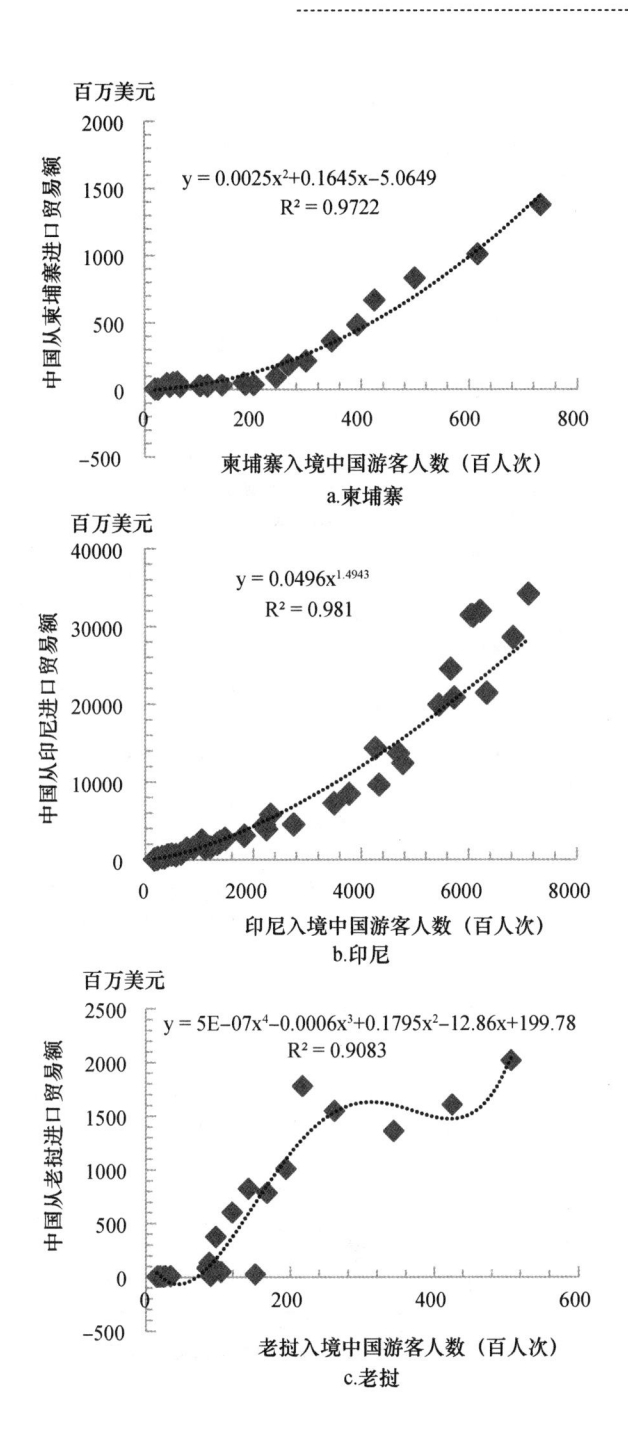

第4章　中国—东盟旅游与贸易关系辨识

a. 柬埔寨

$y = 0.0025x^2 + 0.1645x - 5.0649$
$R^2 = 0.9722$

纵轴：中国从柬埔寨进口贸易额（百万美元）
横轴：柬埔寨入境中国游客人数（百人次）

b. 印尼

$y = 0.0496x^{1.4943}$
$R^2 = 0.981$

纵轴：中国从印尼进口贸易额（百万美元）
横轴：印尼入境中国游客人数（百人次）

c. 老挝

$y = 5\text{E}{-}07x^4 - 0.0006x^3 + 0.1795x^2 - 12.86x + 199.78$
$R^2 = 0.9083$

纵轴：中国从老挝进口贸易额（百万美元）
横轴：老挝入境中国游客人数（百人次）

图 d. 马来西亚

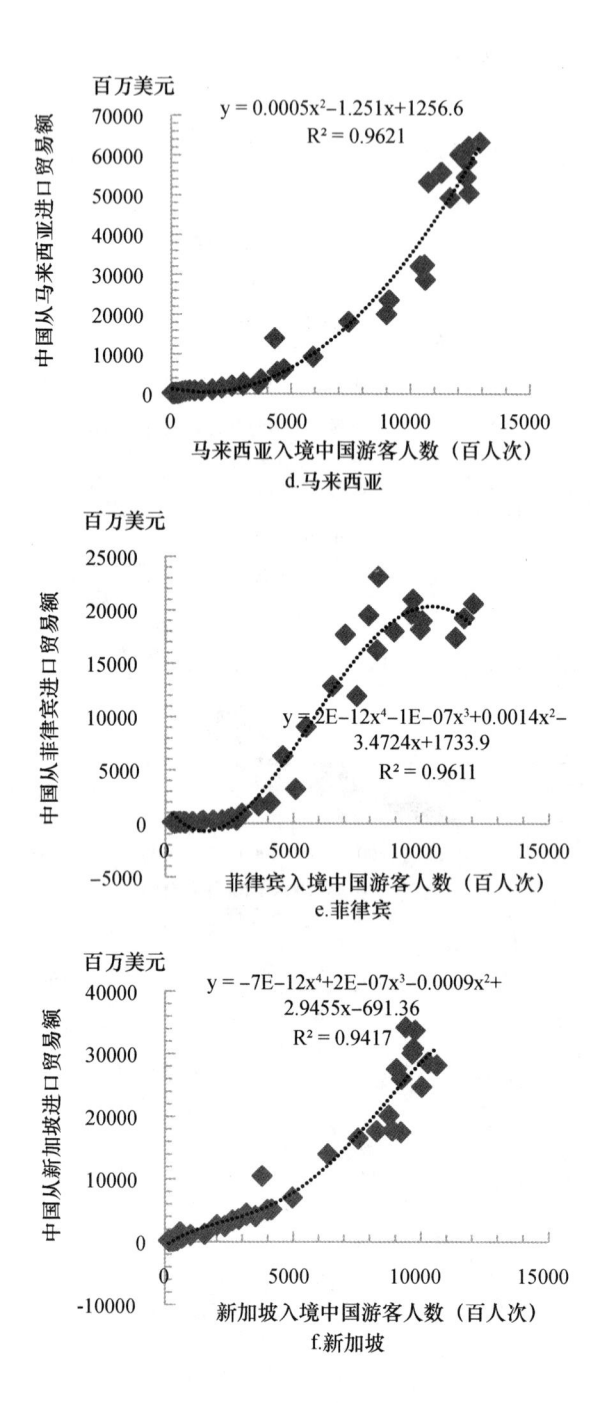

$y = 0.0005x^2 - 1.251x + 1256.6$
$R^2 = 0.9621$

纵轴：中国从马来西亚进口贸易额（百万美元）
横轴：马来西亚入境中国游客人数（百人次）

图 e. 菲律宾

$y = 2\text{E}{-}12x^4 - 1\text{E}{-}07x^3 + 0.0014x^2 - 3.4724x + 1733.9$
$R^2 = 0.9611$

纵轴：中国从菲律宾进口贸易额（百万美元）
横轴：菲律宾入境中国游客人数（百人次）

图 f. 新加坡

$y = -7\text{E}{-}12x^4 + 2\text{E}{-}07x^3 - 0.0009x^2 + 2.9455x - 691.36$
$R^2 = 0.9417$

纵轴：中国从新加坡进口贸易额（百万美元）
横轴：新加坡入境中国游客人数（百人次）

[图: 中国从泰国进口贸易额与泰国入境中国游客人数散点图]

$y = -7E-11x^4 + 1E-06x^3 - 0.0039x^2 + 5.9437x - 1402.8$

$R^2 = 0.9343$

g. 泰国

[图: 中国从越南进口贸易额与越南入境中国游客人数散点图]

$y = 6E-05x^2 + 0.1534x + 862.81$

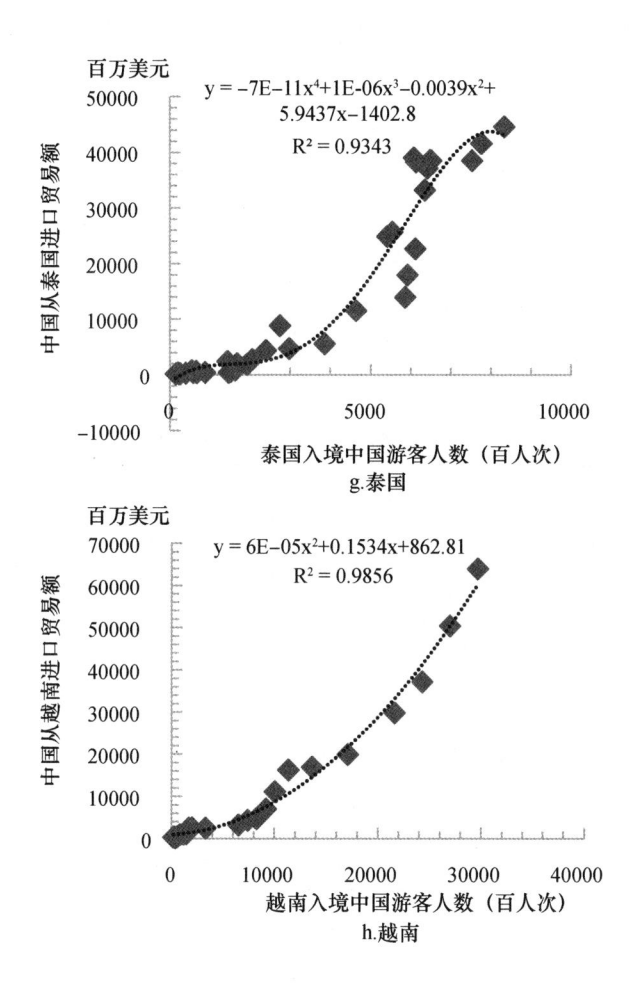

$R^2 = 0.9856$

h. 越南

图 4-9　中国—东盟（国别）"入境旅游—进口贸易"推拉方程
Fig. 4-9　The Push-Pull Equation of "Inbound Tourism-Import Trade" between China and ASEAN by Country

埔寨、印尼、马来西亚、菲律宾、新加坡、泰国、越南 7 国的 R^2 均超过 0.9，拟合度较高。文莱、老挝、缅甸的 R^2 均介于 0.5—0.9，分别为 0.7832、0.7453、0.6845，这说明文莱、缅甸和老挝"入境旅游—出口贸易"趋势化程度一般，在散点图上点的分布规律不明显，拟合曲线不能很好地解释其走向，入境旅游与出口贸易之间的相关关系不太显著，因此在国别分析时舍去这三个国家。

表4-7　　　　　　　"入境旅游—出口贸易"推拉方程

Tab. 4-7　　The "Inbound Tourism-Export Trade" Push-Pull Equation

国别（区域）		推拉方程	R^2
东盟		$y = -5E-14x^4 + 7E-09x^3 - 0.0003x^2 + 3.7913x - 5219.7$	0.9668
国别	文莱	$y = 4.2304e^{0.0578x}$	0.7832
	柬埔寨	$y = -2E-05x^3 + 0.0185x^2 + 4.1686x - 137.24$	0.9756
	印尼	$y = 0.002x^{1.8805}$	0.9841
	老挝	$y = -2E-05x^3 + 0.0069x^2 + 4.8927x - 114.25$	0.7453
	马来西亚	$y = 293.95e^{0.0004x}$	0.9579
	缅甸	$y = -2E-10x^4 + 3E-06x^3 - 0.0125x^2 + 22.313x - 5743.7$	0.6845
	菲律宾	$y = 214.51e^{0.0005x}$	0.9640
	新加坡	$y = 1043.1e^{0.0004x}$	0.9520
	泰国	$y = 285.46e^{0.0007x}$	0.9386
	越南	$y = -4E-09x^3 + 0.0002x^2 + 1.6196x + 39.196$	0.9741

说明：x为东盟（国别）入境中国旅游人数（百人次），y为中国对东盟（国别）出口贸易额（百万美元）。

资料来源：课题组经计算整理而得。

从图4-10可以看出，从整体上而言，中国—东盟"入境旅游—出口贸易"表现为正向相关关系。随着东盟入境中国游客人数的增加，中国对东盟出口贸易额的增长并不是线性增长，而是呈现出先慢再快后逐渐稳定的"S"形增长态势。在图4-11所示的7个东盟国家中，印尼、马来西亚、菲律宾、新加坡、泰国5个国家表现为先慢后快的"J"形曲线，说明随着印尼、马来西亚、菲律宾、新加坡、

$$y = -5E-14x^4 + 7E-09x^3 - 0.0003x^2 + 3.7913x - 5219.7$$
$$R^2 = 0.9668$$

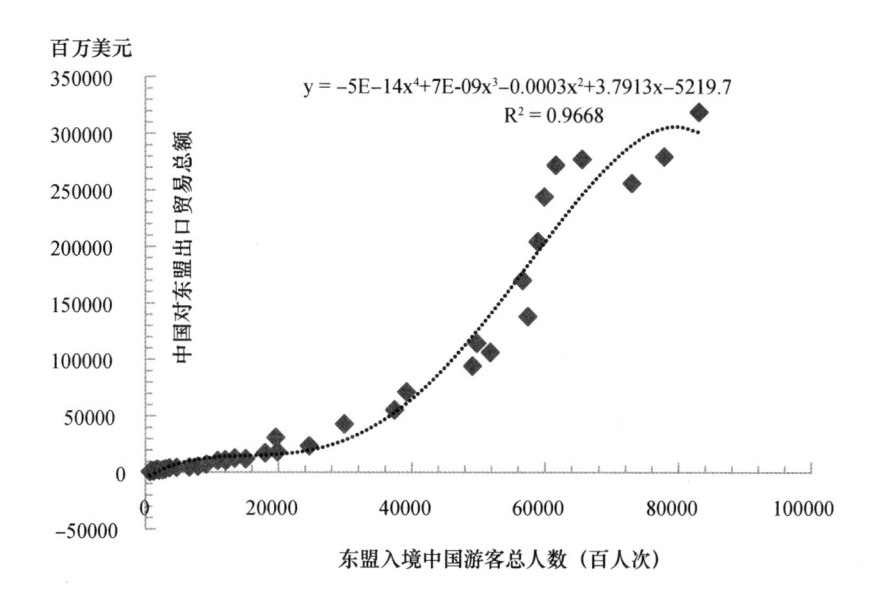

图 4-10　中国—东盟"入境旅游—出口贸易"推拉方程

Fig. 4-10　The Push-Pull Equation of "Inbound Tourism-Export Trade" between China and ASEAN

泰国入境中国旅游人数的增长，中国对印尼、马来西亚、菲律宾、新加坡、泰国出口贸易额的增长呈现出先慢后快的趋势。柬埔寨和越南表现为先慢再快后逐渐稳定的"S"形曲线，说明随着柬埔寨和越南入境中国旅游人数的增长，中国对柬埔寨、越南出口贸易额的增长经历了先慢再快后趋于稳定的过程。综合图 4-10 和图 4-11 可以看出，中国—东盟（国别）入境旅游与出口贸易之间的关系均属于非线性关系，经初步分析发现，其增速均经历了 2—3 个阶段的发展变化，相关关系较复杂。

4.3.3　出境旅游—进口贸易

如表 4-8 所示，在"出境旅游—进口贸易"这组关系中，趋势化程度较高，中国与东盟可决系数 R^2 为 0.9215，达到 0.90 以上，这说

百万美元

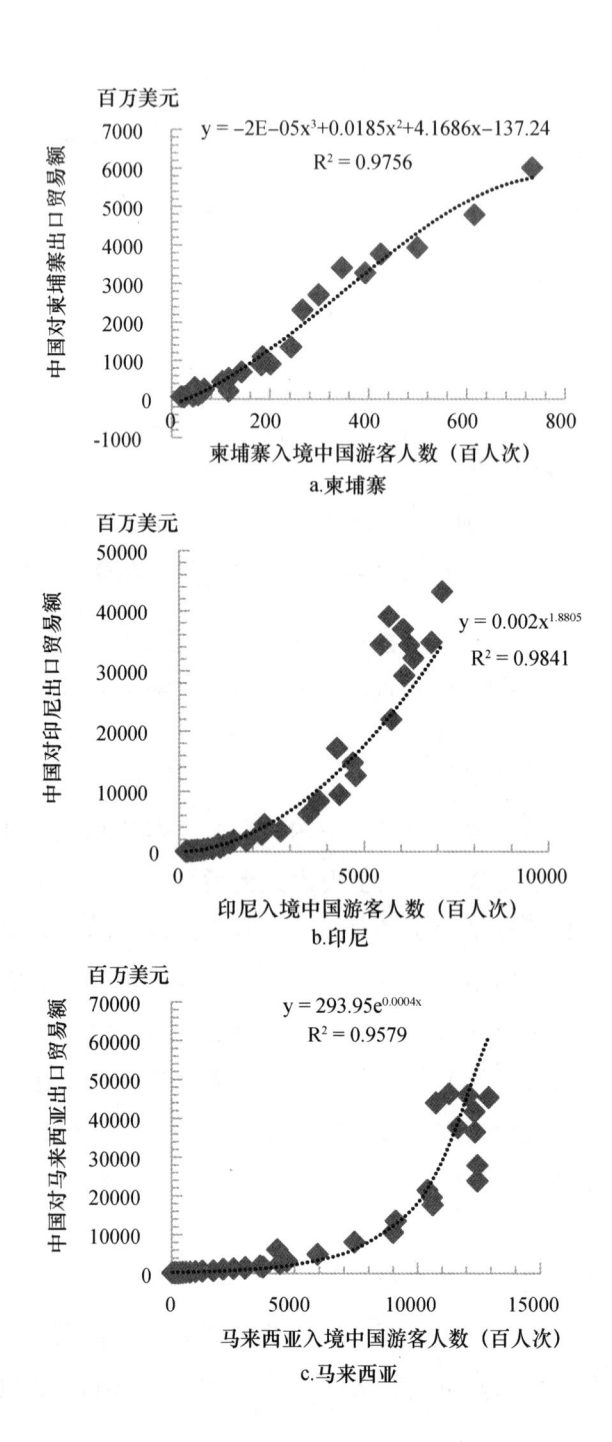

$y = -2E-05x^3 + 0.0185x^2 + 4.1686x - 137.24$
$R^2 = 0.9756$

中国对柬埔寨出口贸易额

柬埔寨入境中国游客人数（百人次）

a. 柬埔寨

百万美元

$y = 0.002x^{1.8805}$
$R^2 = 0.9841$

中国对印尼出口贸易额

印尼入境中国游客人数（百人次）

b. 印尼

百万美元

$y = 293.95e^{0.0004x}$
$R^2 = 0.9579$

中国对马来西亚出口贸易额

马来西亚入境中国游客人数（百人次）

c. 马来西亚

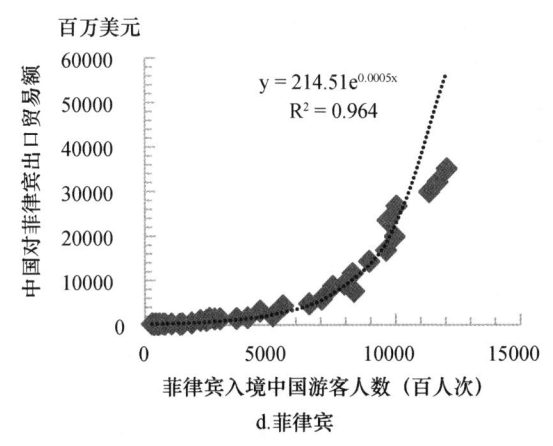

第4章 中国—东盟旅游与贸易关系辨识

d. 菲律宾

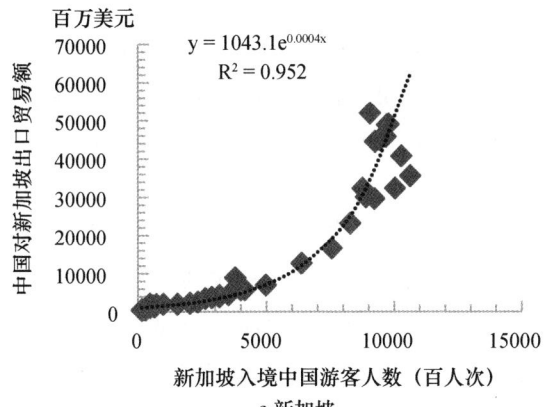

$y = 214.51e^{0.0005x}$
$R^2 = 0.964$

e. 新加坡

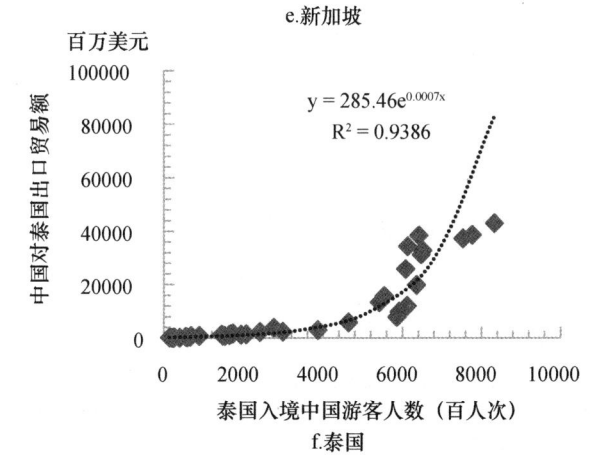

$y = 1043.1e^{0.0004x}$
$R^2 = 0.952$

f. 泰国

$y = 285.46e^{0.0007x}$
$R^2 = 0.9386$

$y = -4E-09x^3 + 0.0002x^2 + 1.6196x + 39.196$

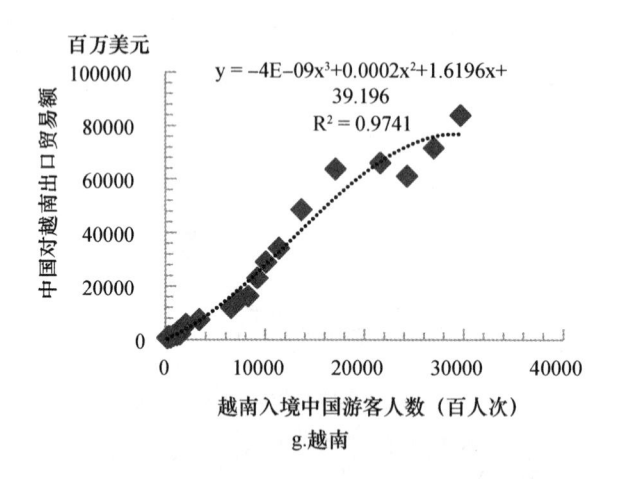

$R^2 = 0.9741$

g. 越南

图 4-11　中国—东盟（国别）"入境旅游—出口贸易"推拉方程

Fig. 4-11　The Push-Pull Equation of "Inbound Tourism-Export Trade" between China and ASEAN by Country

明从整体而言中国—东盟出境旅游与进口贸易之间的相关关系较强。从国别来看，柬埔寨、印尼、老挝、马来西亚、菲律宾、新加坡、泰国、越南 8 个国家的拟合度较高，R^2 均超过 0.9。文莱、缅甸的 R^2 介于 0.5—0.9，分别为 0.5608、0.8758，说明文莱、缅甸 "出境旅游—进口贸易" 趋势化程度一般，在散点图上的点较为散乱，拟合曲线不能较好地解释其走向，出境旅游与进口贸易之间的相关关系不显著，因此在国别分析时舍去这两个国家。

表 4-8　"出境旅游—进口贸易" 推拉方程

Tab. 4-8　The "Outbound Tourism-Import Trade" Push-Pull Equation

国别（区域）	推拉方程	R^2
东盟	$y = 81031\ln(x) - 761049$	0.9215

续表

国别（区域）		推拉方程	R^2
国别	文莱	$y = 0.0588x^{1.5136}$	0.5608
	柬埔寨	$y = -2E-06x^2 + 0.1039x - 26.429$	0.9822
	印尼	$y = 2E-08x^3 - 0.0007x^2 + 7.778x + 1669.9$	0.915
	老挝	$y = -3E-05x^2 + 0.4905x - 110.71$	0.9567
	马来西亚	$y = 1E-09x^3 - 0.0002x^2 + 6.1651x - 7802.9$	0.9079
	缅甸	$y = 2.7104x^{0.8502}$	0.8758
	菲律宾	$y = -2E-11x^4 + 5E-07x^3 - 0.0051x^2 + 18.47x - 1331.4$	0.9267
	新加坡	$y = 9E-10x^3 - 9E-05x^2 + 3.0473x - 4638.4$	0.9436
	泰国	$y = -7E-15x^4 + 2E-09x^3 - 0.0002x^2 + 5.7497x - 22124$	0.9005
	越南	$y = -6E-10x^3 + 4E-05x^2 + 0.6966x - 3035.4$	0.9675

说明：x 为中国出境东盟（国别）旅游人数（百人次），y 为中国从东盟（国别）进口贸易额（百万美元）。

资料来源：课题组经计算整理而得。

从图 4-12 可以看出，中国—东盟"出境旅游—进口贸易"总体上表现为正向相关关系。随着中国出境东盟旅游人数的增长，中国从东盟进口贸易额的增长呈现出先快后慢的反"J"形增长趋势。在图 4-13 所示的 8 个东盟国家中，柬埔寨、老挝、马来西亚、新加坡、越南 5 个国家均表现为先快后慢的反"J"形，说明随着中国出境柬埔寨、老挝、马来西亚、新加坡、越南旅游人数的增加，中国从柬埔寨、老挝、马来西亚、新加坡、越南进口贸易额的增长先快后慢。印尼、菲律宾、泰国 3 个国家表现为先快再慢后复苏的反"S"形，说明随着中国出境印尼、菲律宾、泰国旅游人数的增加，中国从印尼、菲律宾、泰国进口贸易的增长呈现出先快再慢后复苏的态势。综合图 4-12 和图 4-13 可以看出，中国出境东盟（国别）旅游人数与进口贸易呈非线性关系，增长速度呈现阶段性变化，经初步分析得出，这里国家均经历了 2—3 个阶段的发展过程，相关关系较复杂。

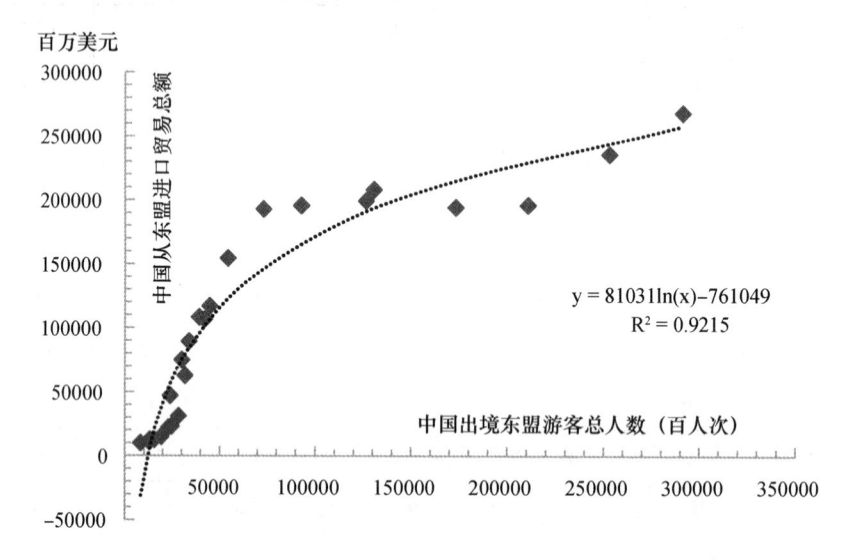

图 4-12 中国—东盟"出境旅游—进口贸易"推拉方程

Fig. 4-12 The Push-Pull Equation of "Outbound Tourism-Import Trade" between China and ASEAN

(图中方程：$y = 81031\ln(x) - 761049$，$R^2 = 0.9215$；纵轴：中国从东盟进口贸易总额（百万美元）；横轴：中国出境东盟游客总人数（百人次）)

4.3.4 出境旅游—出口贸易

如表 4-9 所示，在出境旅游—出口贸易这组关系中，趋势化程度较高，中国与东盟可决系数 R^2 为 0.9366，达到 0.90 以上，这说明从总体上而言，中国—东盟出境旅游与出口贸易相关程度较高。从国别来看，柬埔寨、印尼、马来西亚、菲律宾、新加坡、泰国、越南 7 个国家的 R^2 超过 0.9，拟合度均较高。文莱、老挝、缅甸的 R^2 介于 0.50—0.90，分别为 0.7787、0.8617、0.8761，这说明文莱、老挝和缅甸"出境旅游—出口贸易"趋势化程度一般，在散点图上的点较为散乱，拟合曲线不能很好地解释其走向，相关关系不显著，因此在国别分析时舍去这三个国家。

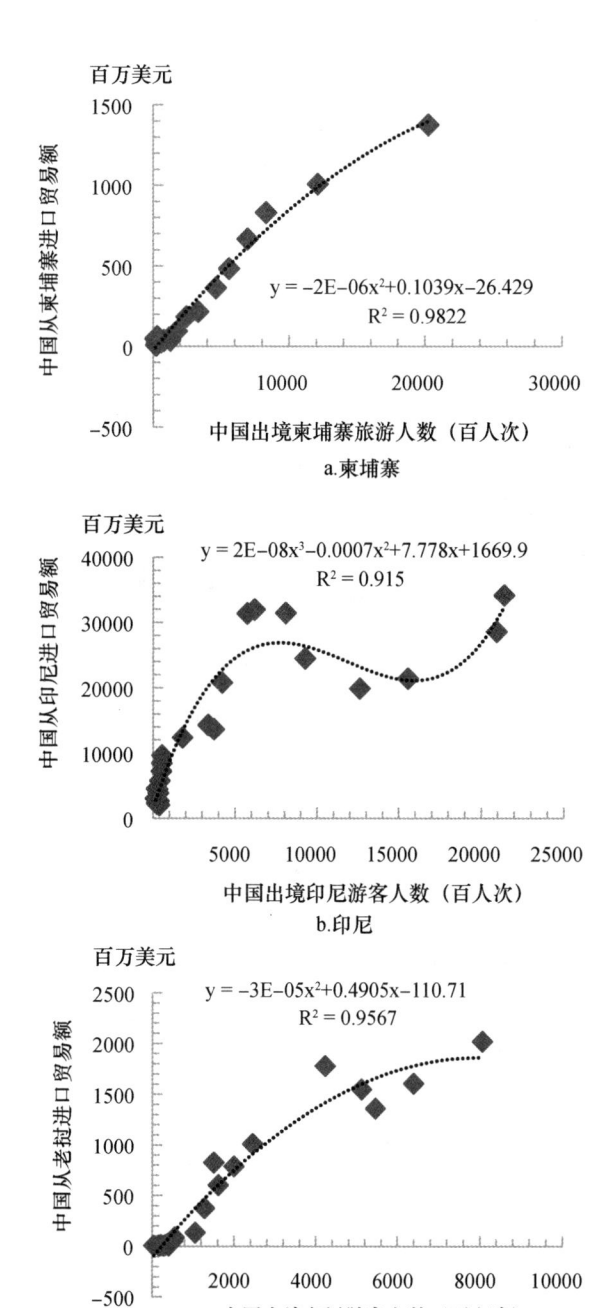

第4章 中国—东盟旅游与贸易关系辨识

a.柬埔寨

图中公式：$y = -2\text{E}-06x^2 + 0.1039x - 26.429$，$R^2 = 0.9822$

b.印尼

图中公式：$y = 2\text{E}-08x^3 - 0.0007x^2 + 7.778x + 1669.9$，$R^2 = 0.915$

c.老挝

图中公式：$y = -3\text{E}-05x^2 + 0.4905x - 110.71$，$R^2 = 0.9567$

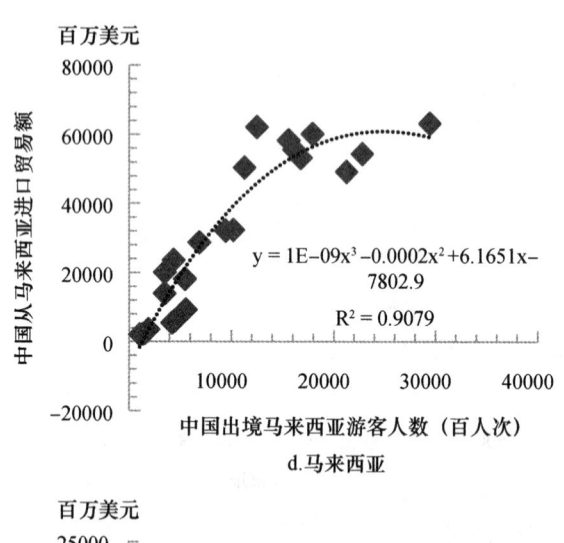

$y = 1E-09x^3 - 0.0002x^2 + 6.1651x - 7802.9$
$R^2 = 0.9079$

d.马来西亚

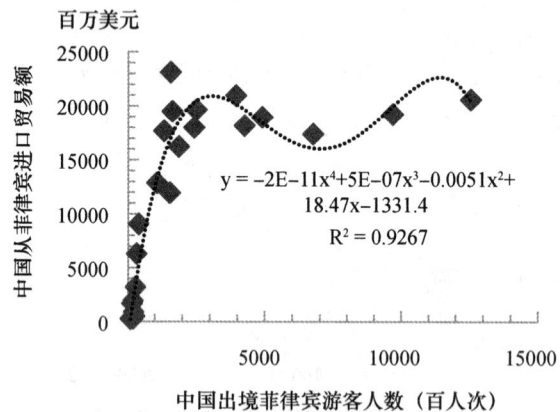

$y = -2E-11x^4 + 5E-07x^3 - 0.0051x^2 + 18.47x - 1331.4$
$R^2 = 0.9267$

e.菲律宾

$y = 9E-10x^3 - 9E-05x^2 + 3.0473x - 4638.4$
$R^2 = 0.9436$

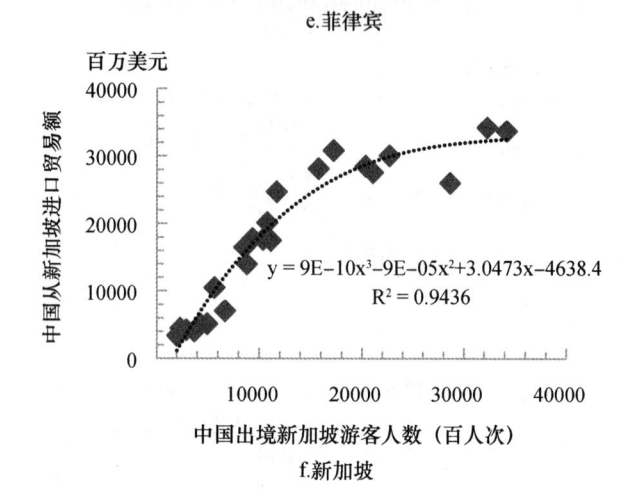

f.新加坡

第 4 章　中国—东盟旅游与贸易关系辨识

g. 泰国

$$y = -7E-15x^4 + 2E-09x^3 - 0.0002x^2 + 5.7497x - 22124$$
$$R^2 = 0.9005$$

h. 越南

$$y = -6E-10x^3 + 4E-05x^2 + 0.6966x - 3035.4$$
$$R^2 = 0.9675$$

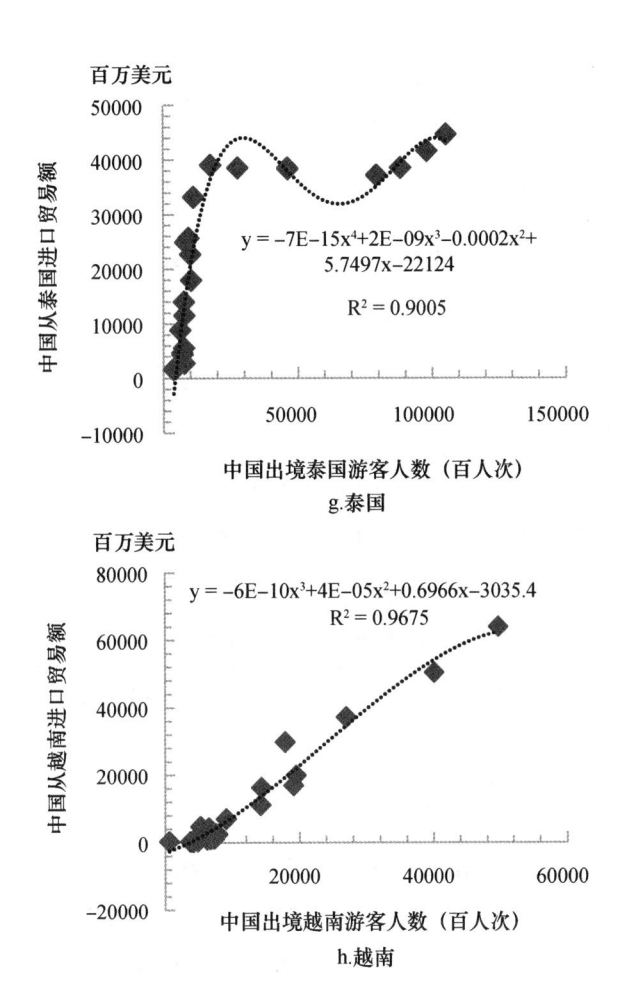

图 4-13　中国—东盟（国别）"出境旅游—进口贸易"推拉方程
Fig. 4-13　The Push-Pull Equation of "Outbound Tourism-Import Trade" between China and ASEAN by Country

表 4-9　"出境旅游—出口贸易"推拉方程
Tab. 4-9　The "Outbound Tourism-Export Trade" Push-Pull Equation

国别（区域）	推拉方程	R^2
东盟	$y = 103538\ln(x) - 994168$	0.9366

续表

国别（区域）		推拉方程	R^2
国别	文莱	$y = 19.667e^{0.0088x}$	0.7787
	柬埔寨	$y = -2E-05x^2 + 0.668x + 119.59$	0.972
	印尼	$y = 1E-08x^3 - 0.0006x^2 + 7.6671x + 776.52$	0.9576
	老挝	$y = 0.232x^{1.0169}$	0.8617
	马来西亚	$y = 6E-13x^4 - 4E-08x^3 + 0.0007x^2 - 1.8684x + 3805.7$	0.9514
	缅甸	$y = 4E-08x^3 - 0.0007x^2 + 4.8016x + 228.44$	0.8761
	菲律宾	$y = -0.0003x^2 + 6.3924x + 143.42$	0.9829
	新加坡	$y = -7E-05x^2 + 4.127x - 8943.8$	0.9293
	泰国	$y = 13424\ln(x) - 112155$	0.9331
	越南	$y = -3E-10x^3 - 2E-05x^2 + 3.8404x - 13958$	0.904

说明：x 为中国出境东盟（国别）旅游人数（百人次），y 为中国对东盟（国别）出口贸易额（百万美元）。

资料来源：课题组经计算整理而得。

从图 4-14 可以看出，中国—东盟"出境旅游—出口贸易"总体上表现为正向相关关系。随着中国出境东盟旅游人数的增长，中国对东盟出口贸易额的增长呈现出先快后慢的反"J"形增长态势。在图 4-15 所示的 7 个东盟国家中，柬埔寨、印尼、马来西亚、菲律宾、新加坡、泰国、越南均表现为先快后慢的反"J"形曲线，说明随着中国出境柬埔寨、印尼、马来西亚、菲律宾、新加坡、泰国、越南旅游人数的增长，中国对柬埔寨、印尼、马来西亚、菲律宾、新加坡、泰国、越南出口贸易额的增长均经历了先快后慢的过程。综合图 4-14 和图 4-15 可以看出，中国出境东盟（国别）旅游与出口贸易呈现出非线性关系，经初步分析得出这些国家均经历了两个阶段的发展变化，阶段性特征明显。

综上可知，中国—东盟"入境旅游—进口贸易、入境旅游—出口贸

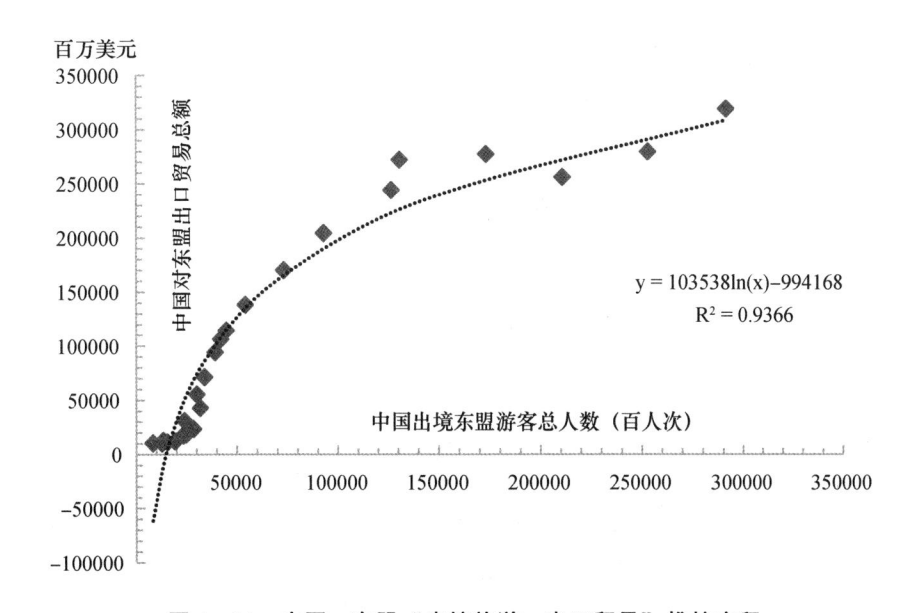

图 4-14　中国—东盟"出境旅游—出口贸易"推拉方程

Fig. 4-14　The Push-Pull Equation of "Outbound Tourism-Export Trade" between China and ASEAN

易、出境旅游—进口贸易、出境旅游—出口贸易"均具有较强的相关关系，总体上表现为正向相关。其中"入境旅游—进口贸易"的关系表现为先慢后快的"J"形曲线，"入境旅游—出口贸易"的关系呈现出先慢再快后逐渐稳定的"S"形曲线，"出境旅游—进口贸易"和"出境旅游—出口贸易"均表现为先快后慢的反"J"形曲线。这表明，中国—东盟旅游与贸易发展态势具有明显的阶段性特征，其关系不是简单的线性关系，而是非线性关系。对比"入境旅游—进出口贸易"与"出境旅游—进出口贸易"曲线可以发现，入境旅游与进出口贸易关系的同步趋势较强，而出境旅游的发展滞后于进出口贸易的发展，进出口贸易自 2003 年开始出现稳步增长，而中国出境东盟的旅游人数直到 2010 年才有了较快的增长。

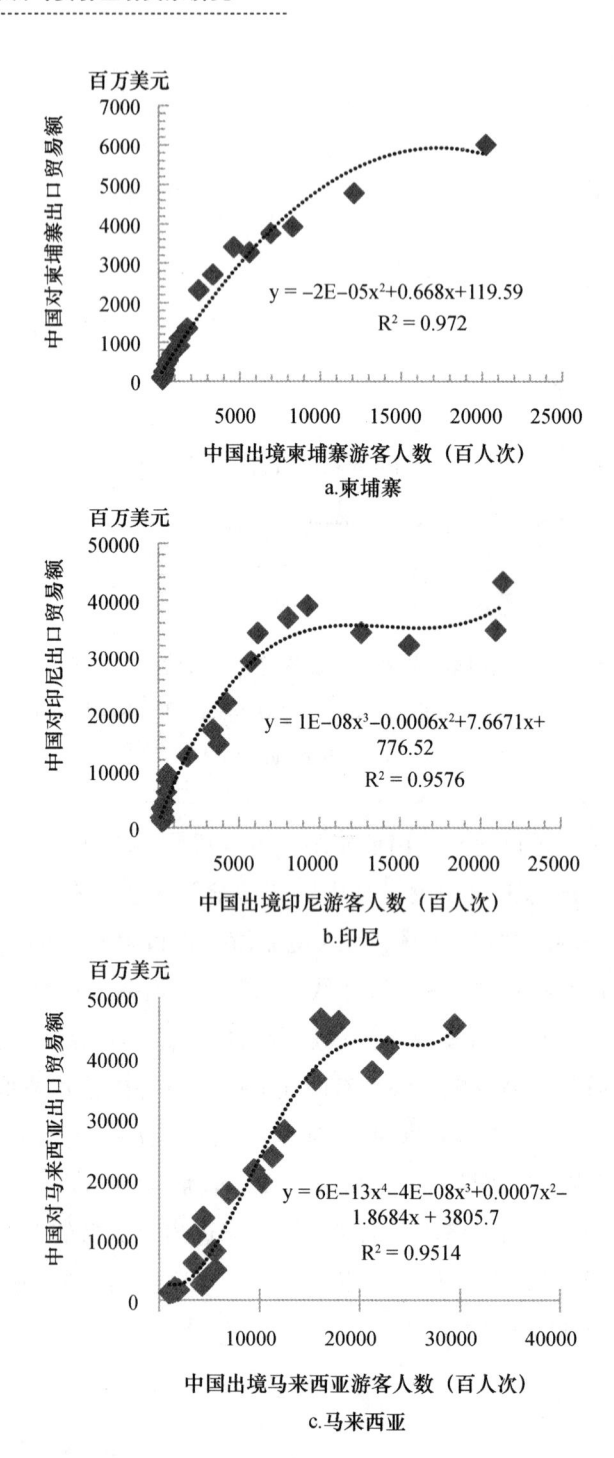

$y = -2E-05x^2 + 0.668x + 119.59$
$R^2 = 0.972$

a.柬埔寨

$y = 1E-08x^3 - 0.0006x^2 + 7.6671x + 776.52$
$R^2 = 0.9576$

b.印尼

$y = 6E-13x^4 - 4E-08x^3 + 0.0007x^2 - 1.8684x + 3805.7$
$R^2 = 0.9514$

c.马来西亚

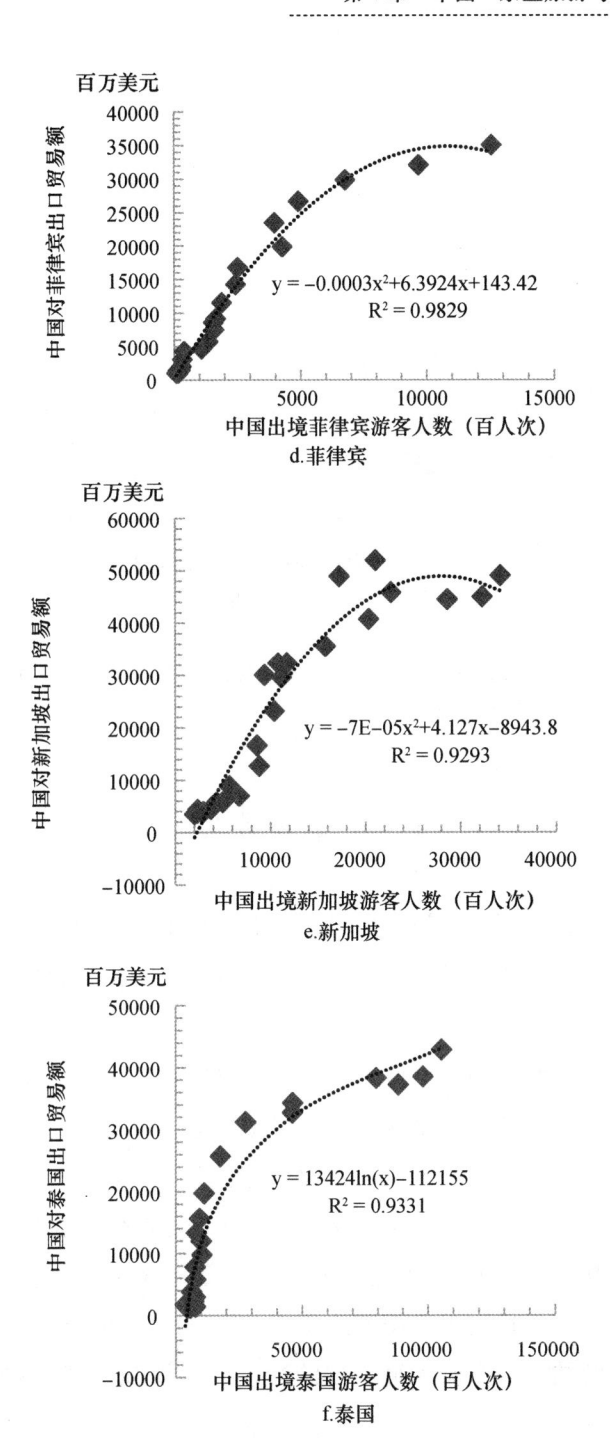

第4章 中国—东盟旅游与贸易关系辨识

d.菲律宾

$y = -0.0003x^2 + 6.3924x + 143.42$
$R^2 = 0.9829$

e.新加坡

$y = -7E-05x^2 + 4.127x - 8943.8$
$R^2 = 0.9293$

f.泰国

$y = 13424\ln(x) - 112155$
$R^2 = 0.9331$

$y = -3E-10x^3 - 2E-05x^2 + 3.8404x - 13958$
$R^2 = 0.904$

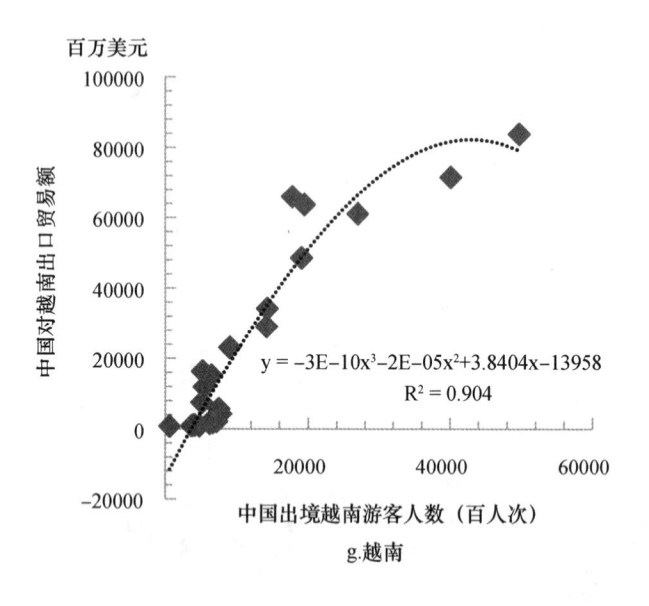

g. 越南

图 4-15　中国—东盟（国别）"出境旅游—出口贸易"推拉方程
Fig. 4-15　The Push-Pull Equation of "Outbound Tourism-Export Trade" between China and ASEAN by Country

4.4　本章小结

本章从统计数据的时间序列层面入手，初步辨识中国与东盟各国的出境旅游偏好、入境旅游结构、出入境旅游比、贸易依存度、贸易结合度、进出口贸易比，构建出入境旅游与进出口贸易的推拉方程。

出境旅游偏好。中国出境东盟"强偏好国家"主要有4个，分别是泰国、越南、新加坡、马来西亚，中国出境这4个国家的旅游偏好总体上呈下降趋势。中国出境东盟"中偏好国家"主要有3个，分别是印尼、柬埔寨、菲律宾，中国出境这3个国家的旅游偏好总体上呈明显上升态势。中国出境东盟"弱偏好国家"主要有3个，分别是老挝、缅甸、文莱，中国出境这3个国家的旅游偏好较低，平均值不足0.3%。

入境旅游结构。东盟入境中国的游客"会议/商务"旅游占比，新加坡和马来西亚较高，印尼、菲律宾、泰国相对较低。"观光休闲"旅游占比，新加坡、马来西亚、泰国、印尼、菲律宾均较高，但近年来有下降趋势，这说明传统的"观光休闲"旅游所占比重逐渐下降，东盟游客入境中国旅游的目的更加多样化。"探亲访友"旅游占比，新加坡入境中国的游客远高于其他东盟国家，年均达到4.74%。印尼、马来西亚、泰国年均占比较接近，分别是1.45%、1.34%、1.32%。菲律宾年均占比最低，仅为0.5%。"服务员工"旅游占比，菲律宾作为世界上重要的劳务输出国之一，远远高于其他东盟国家，年均占比高达58.62%。其中，印尼和泰国占比较高，分别为19.69%和15.52%。新加坡和马来西亚占比较低，分别为6.06%和7.55%，且发展平稳、波动不大。

出入境旅游比。中国出境东盟旅游与东盟入境中国旅游发展在初期相对平衡，但随着中国出境旅游的快速发展，这一平衡很快被打破。当前，中国出境柬埔寨、老挝、泰国、文莱、缅甸、新加坡、印尼旅游人数远大于这些东盟国家入境中国的旅游人数。但是，越南入境中国旅游的快速发展使得其与中国出境越南旅游之间的差距不断缩小，并逐渐趋于平衡，差异程度相对较小。

贸易依存度。1980—2018年中国对东盟10国的贸易依存度均值：新加坡2.22% > 马来西亚1.61% > 泰国1.31% > 印尼1.12% > 越南0.93% > 菲律宾0.77% > 缅甸0.2% > 柬埔寨0.04% > 老挝0.03% > 文莱0.02%，贸易依存度差异较大。

贸易结合度。从1990年开始，中国对东盟各国的贸易结合度趋于集中，一般介于0.5—3，这一阶段是中国和东盟各国的磨合发展阶段，双方在逐步摸索适应对方的贸易结构和贸易需求。1980—2018年新加坡、缅甸的贸易结合度整体上呈下降趋势，泰国、越南的贸易结合度是先下降后持平，虽然都是贸易结合度相对稳定的国家，但是泰国的贸易结合度普遍偏低，而越南的贸易结合度普遍偏高，马来西亚、菲律宾的贸易结合度是先下降后出现上升趋势，印尼的贸易结合度呈持续增长态势，老挝、文莱、柬埔寨的贸易结合度指标波动大，态势不清晰。

进出口贸易比。1998—2018年,中国—东盟进出口贸易比从88.37%增至118.76%,增长1/3左右,这说明中国—东盟进出口贸易发展从贸易逆差转变为贸易顺差。当前,中国对文莱、柬埔寨、缅甸、菲律宾、新加坡、越南和印尼出口贸易额远大于中国从这些国家的进口贸易额,贸易顺差程度较大。

从推拉方程来看,中国—东盟旅游与贸易发展态势具有明显的阶段性特征,其关系不是简单的线性关系,而是非线性关系。对比"入境旅游—进出口贸易"与"出境旅游—进出口贸易"可以发现,入境旅游与进出口贸易同步发展的趋势较强,而出境旅游的发展滞后于进出口贸易的发展,进出口贸易自2003年开始出现稳步增长,而中国出境东盟的旅游人数直到2010年才有了较快增长。

第 5 章　中国—东盟旅游与贸易空间分布[*]

由本书关注的主要问题可知，当前中国出境东盟的旅游人数远大于东盟入境中国的旅游人数，中国对文莱、柬埔寨、缅甸、菲律宾、新加坡、越南和印尼的出口贸易额远大于中国从这些国家的进口贸易额，即中国流向东盟的人员与货物的规模远远大于从东盟流向中国的规模。从要素流动视角看，以旅游（人员流）和贸易（货物流）为代表的中国—东盟区域要素流动呈现出"不均衡"特征。课题组在已有研究的基础上，以"空间"作为研究平台，直观地探究中国—东盟旅游与贸易的国别和省域空间分布格局以及空间密度特征。

5.1　研究时段与关系符号

研究时段的选择取决于研究目的。本书的第 5 章、6 章、7 章旨在正确认识与把握中国—东盟旅游与贸易的空间分布格局、空间密度特征、空间聚散关系和空间分异规律，促进旅游与贸易要素的均衡流动，实现中国—东盟区域协调发展。"1997 年 7 月 1 日，原国家旅游局与公安部联合发布《中国公民自费出国旅游管理暂行办法》。接着，同年 12 月 16 日中国—东盟首次领导人会议发表《中国与东盟国家首脑会晤联

---

[*] 本章部分内容已在课题组成员的论文《中国—东盟旅游流空间分异与优化策略》中发表。

合声明》，将建立面向21世纪的睦邻互信伙伴关系作为共同的政策目标"，自此中国—东盟旅游与贸易有了实质性的合作与发展。所以，课题组选择1998—2018年作为后续章节的研究时段。

同时，为了清晰、有效地把握中国—东盟旅游与贸易的国别和省域空间要素流动规律，课题组将六对互动关系分别以"F_1、F_2、F_3、F_4、F_5、F_6"来表示，具体含义如表5-1所示。囿于数据的可及性，以东盟4国①入境中国31个省（市、自治区）的游客人数测度1998—2017年东盟入境中国（省域）旅游情况，数据来源于1999—2018年的《中国旅游统计年鉴》。以中国21个省（市、自治区）②对东盟4国的出口贸易额和中国20个省（市、自治区）③从东盟4国的进口贸易额测度进出口（省域）贸易情况，数据来源于1999—2019年各省（市、自治区）统计年鉴。

表5-1 中国—东盟旅游与贸易互动关系符号与含义

Tab. 5-1 The Symbols and Meanings of China-ASEAN Tourism and Trade

符号	含义
F_1	东盟（国别）入境中国旅游和中国从东盟（国别）进口贸易
F_2	东盟（国别）入境中国旅游和中国对东盟（国别）出口贸易
F_3	中国出境东盟（国别）旅游和中国从东盟（国别）进口贸易
F_4	中国出境东盟（国别）旅游和中国对东盟（国别）出口贸易
F_5	东盟入境中国（省域）旅游和中国（省域）从东盟进口贸易
F_6	东盟入境中国（省域）旅游和中国（省域）对东盟出口贸易

资料来源：课题组经整理而得。

---

① 东盟4国分别为：马来西亚、菲律宾、新加坡和泰国。
② 21个省（市、自治区）分别为：天津（津）、河北（冀）、山西（晋）、辽宁（辽）、黑龙江（黑）、上海（沪）、江苏（苏）、安徽（皖）、福建（闽）、江西（赣）、山东（鲁）、湖南（湘）、广东（粤）、广西（桂）、海南（琼）、重庆（渝）、云南（滇）、陕西（陕）、甘肃（陇）、青海（青）和新疆（新）。
③ 同②，青海（青）数据缺失。

5.2 国别与省域空间分布

5.2.1 U形：集聚于越、马、新、菲

表5-2显示，东盟入境中国的旅游人数从1998年的120.18万人次增长至2018年的830.26万人次。1998年，东盟入境中国的旅游人数大于10万人次的国家有新加坡、马来西亚、菲律宾、泰国和印尼5国，共有112.20万人次，占东盟10国入境中国旅游人数的93.36%。其中，新加坡、马来西亚和菲律宾入境中国旅游人数分别为31.64万人次、30.01万人次和25.65万人次，占比分别为26.33%、24.97%和21.34%，是东盟入境中国旅游的主要客源国。此外，东盟其他国家入境中国的旅游人数均小于4万人次，其中缅甸、老挝和文莱均不足1万人次，分别为4136人次、2196人次和1695人次。2018年，东盟入境中国的旅游人数超过100万人次的国家有越南、马来西亚和菲律宾3国。其中，越南入境中国的旅游人数增幅显著，从3.85万人次（占比3.2%）增至296.75万人次（占比35.74%），是中国最大的东盟客源国。马来西亚、菲律宾和新加坡入境中国的旅游人数分别为129.10万人次、120.5万人次和97.8万人次，占比分别为15.55%、14.51%和11.78%，较1998年虽有下滑，但依然是中国重要的客源国。小于10万人次的国家有柬埔寨、老挝和文莱三国，分别为7.33万人次、5.07万人次和7870人次。由此可见，东盟入境中国旅游呈"U"形分布，集聚于新、马、菲、越，其中越南增幅显著（见图5-1）。

表5-2　1998年和2018年东盟主要客源国入境中国旅游人数
Tab. 5-2　Major ASEAN Visitor Arrivals (1998 & 2018)

国别（区域）	1998年		2018年	
	人数（人次）	占比（%）	人数（人次）	占比（%）
东盟10国	1201768	100.00	8302561	100.00

续表

国别（区域）		1998 年		2018 年	
		人数（人次）	占比（%）	人数（人次）	占比（%）
传统客源国		1121985	93.36	5019000	60.45
	新加坡	316434	26.33	978000	11.78
	马来西亚	300119	24.97	1291000	15.55
	菲律宾	256498	21.34	1205000	14.51
	泰国	144332	12.01	833000	10.03
	印尼	104602	8.70	712000	8.58
	越南	38493	3.20	2967450	35.74

资料来源：课题组经计算整理而得。

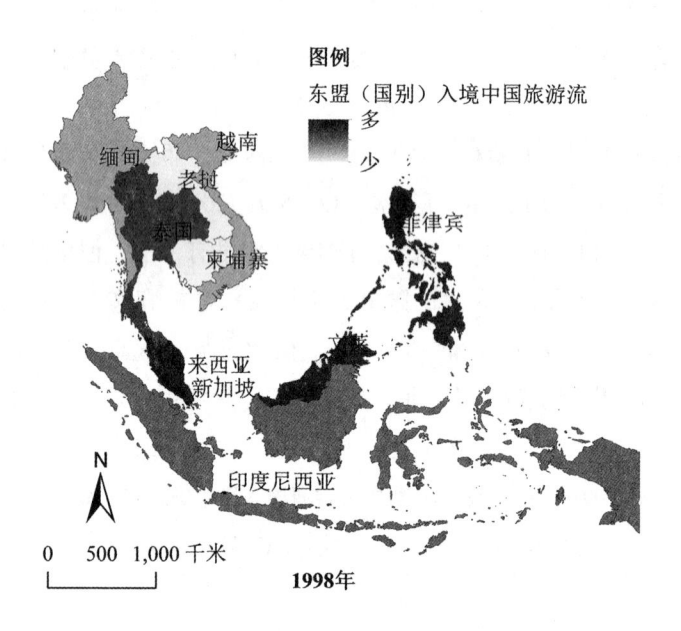

1998年

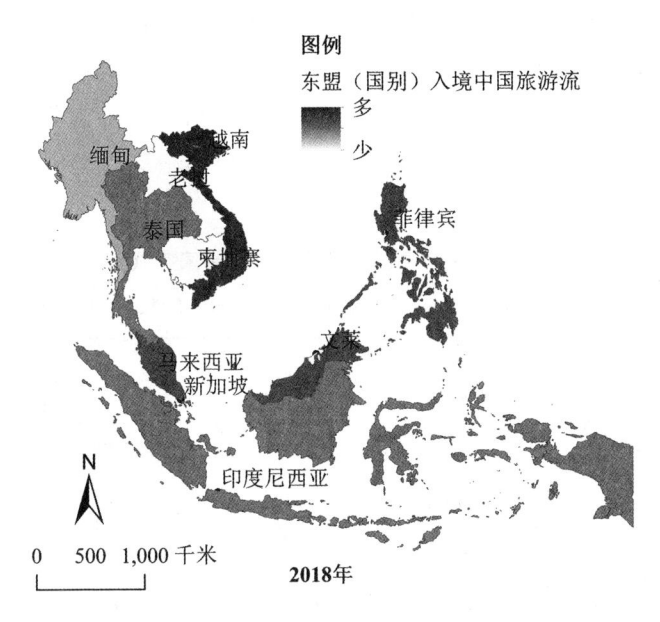

第5章 中国—东盟旅游与贸易空间分布

图 5-1　1998 年和 2018 年东盟（国别）入境中国旅游空间分布
Fig. 5-1　The Distribution of ASEAN Visitor Arrivals by Country (1998 & 2018)

说明：该图基于广西壮族自治区自然资源厅标准地图服务网站（http://www.gismap.com.cn/）下载的审图号为 GS（2016）931 号、GS（2016）932 号和桂 S（2016）22 号的标准地图制作，底图无修改。

5.2.2　C 形：集聚于泰国湾沿岸国家

表 5-3 显示，2018 年的中国出境泰国湾沿岸国家①的旅游人数从 1998 年的 116.97 万人次增长至 2018 年的 2047.1 万人次，占中国出境东盟旅游总人数的比例从 76.11% 下降至 70.3%。1998 年，中国出境东盟旅游人数超过 10 万人次的国家有泰国、越南、新加坡、马来西亚 4 国。其中，中国出境泰国的旅游人数达 57.11 万人次，流量最大。此外，中国出境东盟其他 6 国的旅游人数均小于 3 万人次。其中，缅甸和文莱的流量不足 1 万人次，分别为 8561 人次和 707 人次。2018 年，中国出境东盟的旅游人数超过 100 万人次的国家有泰国、越南、新加坡、

---

① 泰国湾沿岸国家包括泰国、越南、马来西亚、柬埔寨。

马来西亚、印尼、柬埔寨和菲律宾 7 国,其中位于北部中南半岛的泰国和越南分别为 1503.6 万人次和 496.65 万人次。小于 10 万人次的只有文莱,仅 6.56 万人次。由此可见,中国出境东盟旅游主要集聚于泰国湾沿岸国家,呈现北多南少的"C"形国别分布格局(见图 5-2)。

表 5-3　1998 年和 2018 年中国出境泰国湾沿岸国家旅游人数

Tab. 5-3　Chinese Visitors to Countries along the Gulf of Thailand (1998 & 2018)

国别(区域)		1998		2018	
		人数(人次)	占比(%)	人数(人次)	占比(%)
东盟 10 国		1536830	100.00	29117608	100.00
泰国湾沿岸国家		1169691	76.11	20470999	70.30
	泰国	571061	37.16	10535955	36.18
	越南	420743	27.38	4966468	17.06
	马来西亚	159852	10.40	2944133	10.11
	柬埔寨	18035	1.17	2024443	6.95
	新加坡	293282	19.08	3417604	11.74

资料来源:课题组经计算整理而得。

5.2.3　L 形:集聚于新、马、泰、印

表 5-4 显示,中国从东盟进口贸易额从 1998 年的 126.34 亿美元上升至 2018 年的 2686.07 亿美元,中国对东盟出口贸易额从 111.64 亿美元增至 3189.97 亿美元。1998 年,中国从东盟进口贸易额超过 20 亿美元的国家有新加坡、马来西亚、印尼、泰国 4 国,达 117.84 亿美元,占比为 93.27%。其中,中国从新加坡进口贸易额为 42.35 亿美元,占比为 33.52%,规模最大。此外,除中国从越南和菲律宾进口贸易额外,中国与其他东盟 4 国的进口贸易额均小于 1 亿美元。同期,中国对新、马、泰、印 4 国的出口贸易额为 79.68 亿美元,占比为 71.37%。其中,中国对新加坡的出口贸易额为 39.44 亿美元,占比 35.33%,规模最大。此外,中国对越南的出口贸易

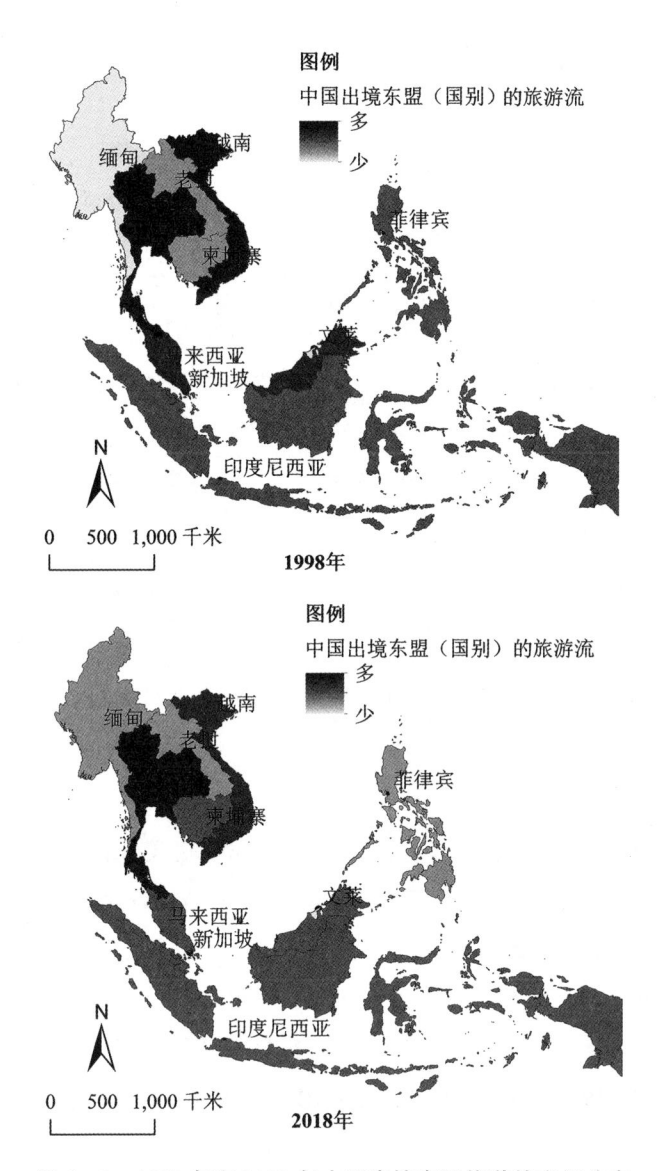

第5章 中国—东盟旅游与贸易空间分布

图 5-2　1998 年和 2018 年中国出境东盟旅游的空间分布

Fig. 5-2　The Distribution of Chinese Visitors to ASEAN（1998 & 2018）

说明：该图基于广西壮族自治区自然资源厅标准地图服务网站（http://www.gismap.com.cn/）下载的审图号为 GS（2016）931 号、GS（2016）932 号和桂 S（2016）22 号的标准地图制作，底图无修改。

额也超过10亿美元,为10.28亿美元,占比达9.21%。

表5-4　　　　　1998年和2018年中国—东盟进出口贸易额

Tab. 5-4　　China's Export and Imports from Main ASEAN (1998 & 2018)

国别(区域)		1998年				2018年			
		进口(亿美元)	占比(%)	出口(亿美元)	占比(%)	进口(亿美元)	占比(%)	出口(亿美元)	占比(%)
东盟10国		126.34	100	111.64	100	2686.07	100	3189.97	100
主要贸易伙伴		117.84	93.27	79.68	71.37	1757.13	65.42	1804.83	56.58
	新加坡	42.35	33.52	39.44	35.33	337.28	12.56	490.37	15.37
	马来西亚	26.74	21.16	15.96	14.30	632.05	23.53	453.76	14.22
	泰国	24.14	19.11	12.58	11.27	446.30	16.62	428.79	13.44
	印尼	24.61	19.48	11.70	10.48	341.50	12.71	431.91	13.54
	越南	2.17	1.72	10.28	9.21	639.56	23.81	838.77	26.29

资料来源:课题组经计算整理而得。

2018年,中国从东盟进口贸易额超过300亿美元的国家有新加坡、马来西亚、印尼、泰国、越南5国。其中,中国从越南进口贸易额增长迅速,从1998年的2.17亿美元(占比1.72%)升至2018年的639.56亿美元(占比23.81%),是东盟10国中最大的进口贸易国。除越南外,中国从新、马、泰、印的进口贸易额为1757.22亿美元,占比为65.42%,较1998年略有下降,但依然是中国最主要的进口贸易市场。同期,中国对新、马、泰、印的出口贸易额为1804.83亿美元,占比为56.58%,超过中国与东盟10国出口贸易总额的一半,依然是中国重要的出口贸易市场。值得注意的是,中国对越南的出口贸易额增幅显著,从1998年的10.28亿美元(占比9.21%)增至2018年的838.77亿美元(占比26.29%),是中国对东盟出口的最大贸易国。由此可见,中国—东盟双边贸易呈"L"形,集聚于新、马、泰、印4国,越南增幅

最显著 (见图 5-3 和图 5-4)。

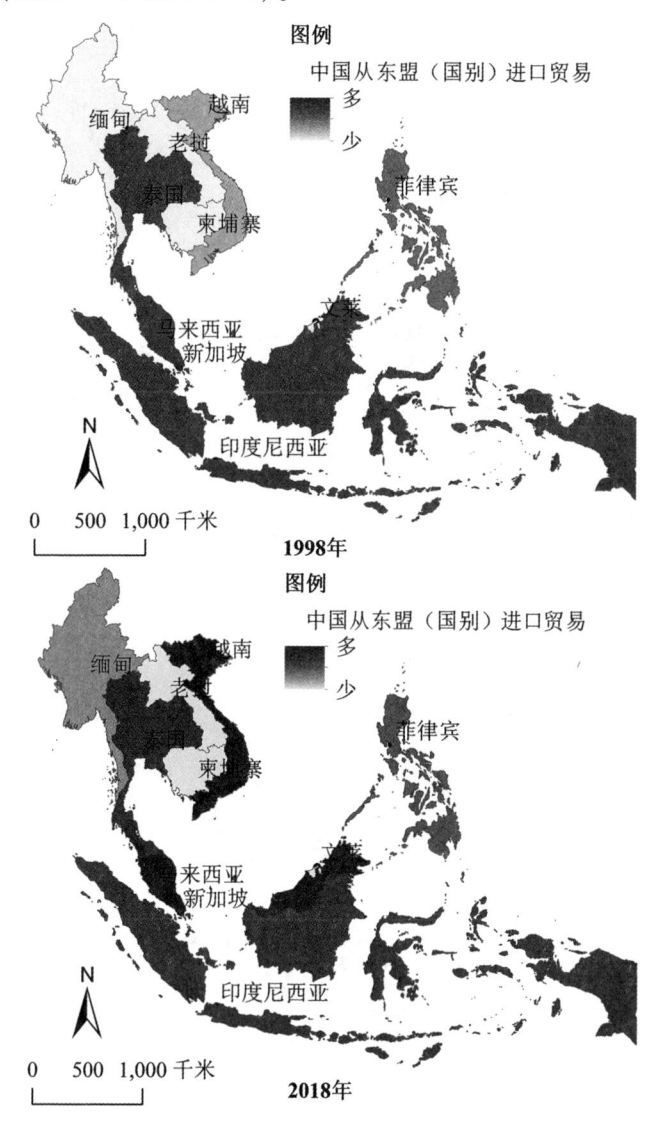

图 5-3　1998 年和 2018 年中国从东盟 (国别) 进口贸易空间分布
Fig. 5-3　The Distribution of China's Imports from ASEAN by Country (1998 & 2018)
说明: 该图基于广西壮族自治区自然资源厅标准地图服务网站 (http://www.gismap.com.cn/) 下载的审图号为 GS (2016) 931 号、GS (2016) 932 号和桂 S (2016) 22 号的标准地图制作, 底图无修改。

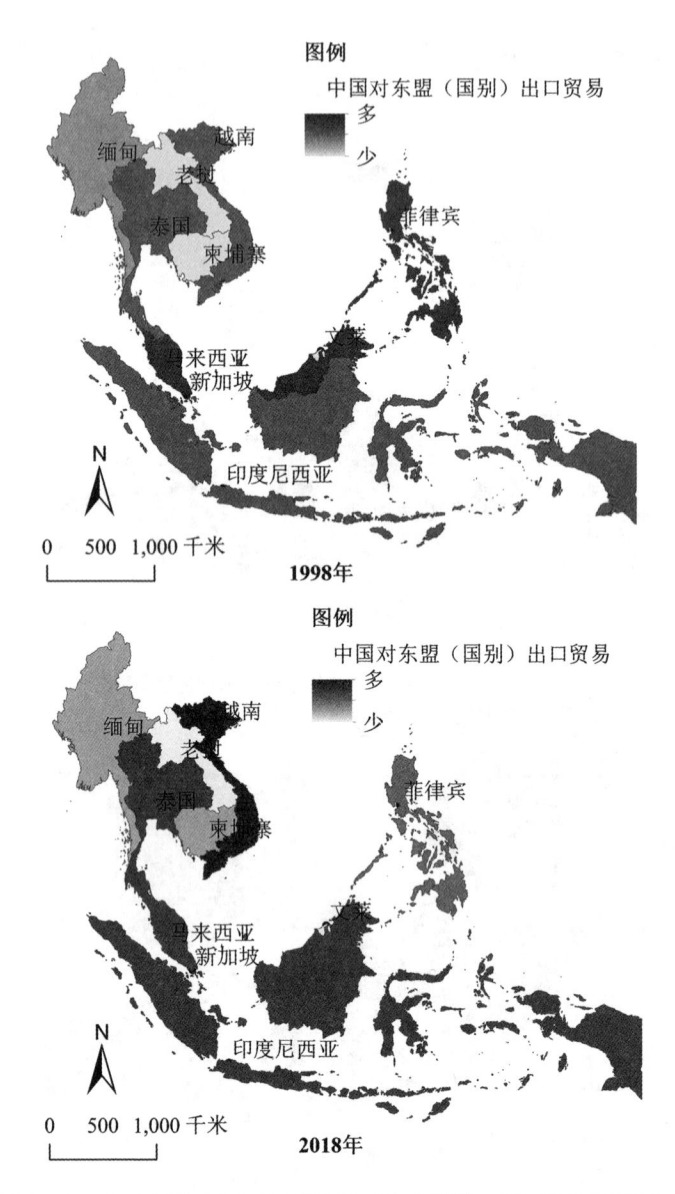

图 5-4　1998 年和 2018 年中国对东盟（国别）出口贸易空间分布

Fig. 5-4　The Distribution of China's Exports to ASEAN by Country (1998 & 2018)

说明：该图基于广西壮族自治区自然资源厅标准地图服务网站（http：//www. gismap. com. cn/）下载的审图号为 GS（2016）931 号、GS（2016）932 号和桂 S（2016）22 号的标准地图制作，底图无修改。

第5章 中国—东盟旅游与贸易空间分布

5.2.4 省域分布:"东南强、西北弱"

5.2.4.1 东盟入境中国(省域)旅游

"胡焕庸线"将中国划分为东南和西北两大区域,东盟入境中国(省域)旅游与"胡焕庸线"在空间分布上整体较为契合。图 5-5 显示,1998 年接待东盟游客超过 10 万人次的省域有 6 个(广东、北京、上海、云南、江苏、福建),均位于"胡焕庸线"东南一侧。而小于 1 万人次的省域有 12 个(山西、湖北、甘肃、黑龙江、新疆、吉林、重庆、江西、

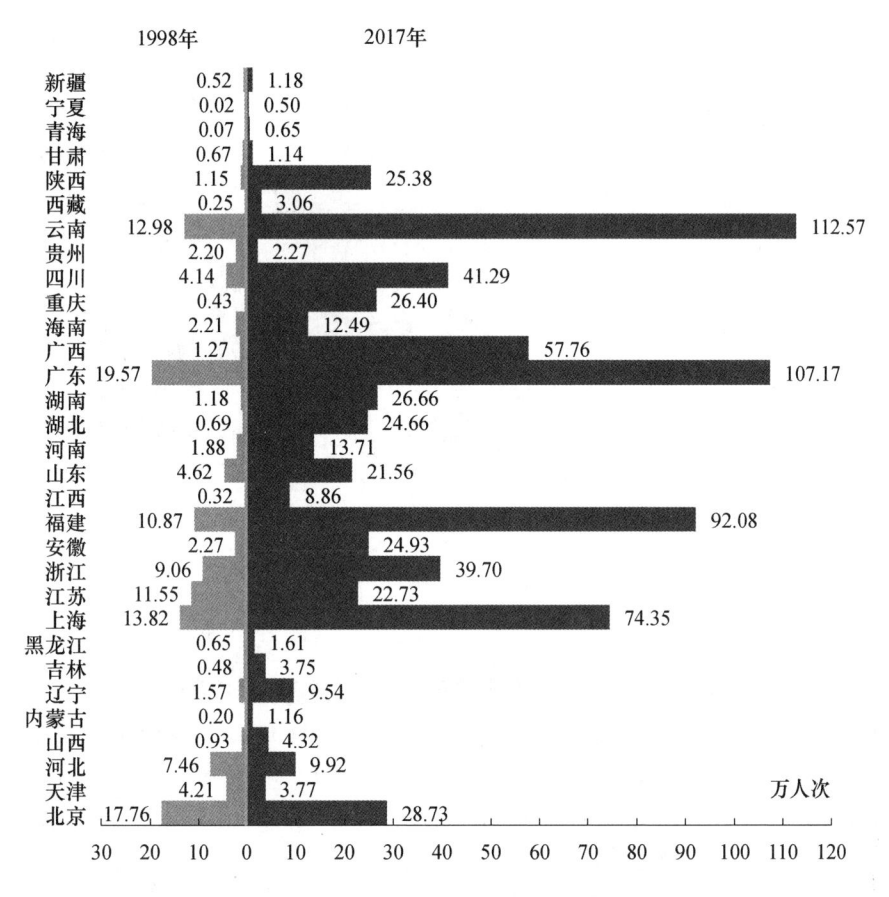

省域	1998年	2017年
新疆	0.52	1.18
宁夏	0.02	0.50
青海	0.07	0.65
甘肃	0.67	1.14
陕西	1.15	25.38
西藏	0.25	3.06
云南	12.98	112.57
贵州	2.20	2.27
四川	4.14	41.29
重庆	0.43	26.40
海南	2.21	12.49
广西	1.27	57.76
广东	19.57	107.17
湖南	1.18	26.66
湖北	0.69	24.66
河南	1.88	13.71
山东	4.62	21.56
江西	0.32	8.86
福建	10.87	92.08
安徽	2.27	24.93
浙江	9.06	39.70
江苏	11.55	22.73
上海	13.82	74.35
黑龙江	0.65	1.61
吉林	0.48	3.75
辽宁	1.57	9.54
内蒙古	0.20	1.16
山西	0.93	4.32
河北	7.46	9.92
天津	4.21	3.77
北京	17.76	28.73

(万人次)

图 5-5 1998 年和 2017 年中国(省域)接待东盟游客人数

Fig. 5-5 ASEAN Visitor Arrivals by Locality (1998 & 2017)

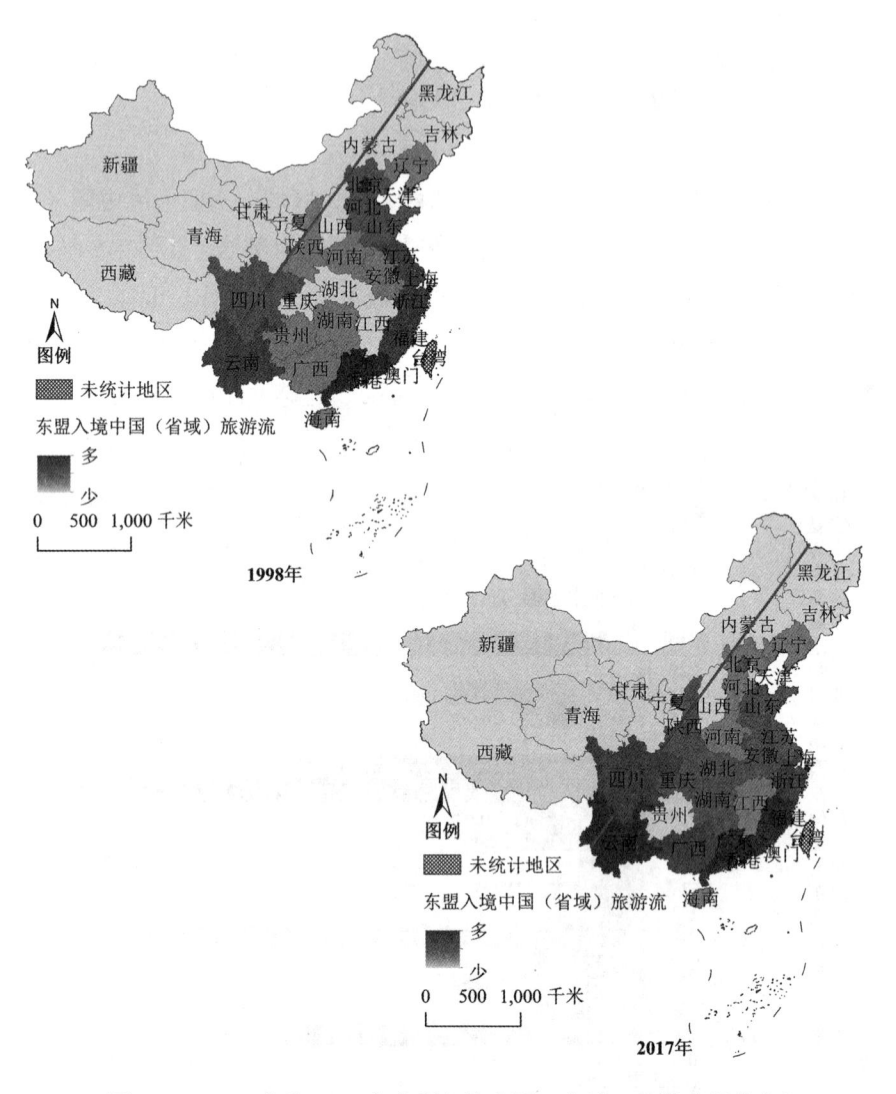

图 5-6　1998 年和 2017 年东盟入境中国（省域）旅游空间分布*

Fig. 5-6　The Distribution of ASEAN Visitor Arrivals by Locality（1998 & 2017）

说明：该图基于广西壮族自治区自然资源厅标准地图服务网站（http://www.gismap.com.cn/）下载的审图号为 GS（2016）931 号、GS（2016）932 号和桂 S（2016）22 号的标准地图制作，底图无修改。

西藏、内蒙古、青海、宁夏），"胡焕庸线"西北侧的 6 个省域均位列其中。其中，青海和宁夏接待东盟游客最少，不足1000人次，分别为740人次和162人次。2017年接待东盟游客超过100万人次的省域有2个（云南、广东），其中云南112.57万人次，居于第一位；广东107.17万人次，居于第二位。另外，超过10万人次的省域有15个（福建、上海、广西、四川、浙江、北京、湖南、重庆、陕西、安徽、湖北、江苏、山东、河南、海南），均位于"胡焕庸线"东南一侧。而小于1万人次的仍是位于"胡焕庸线"西北侧的青海和宁夏，分别为6501人次和5033人次。由此可见，东盟入境中国（省域）旅游以"胡焕庸线"为界，呈现出"东南强、西北弱"的省域分布（见图5-6）。

5.2.4.2 中国（省域）—东盟贸易

图5-7和图5-8显示，1998年中国从东盟进口贸易额超过10亿

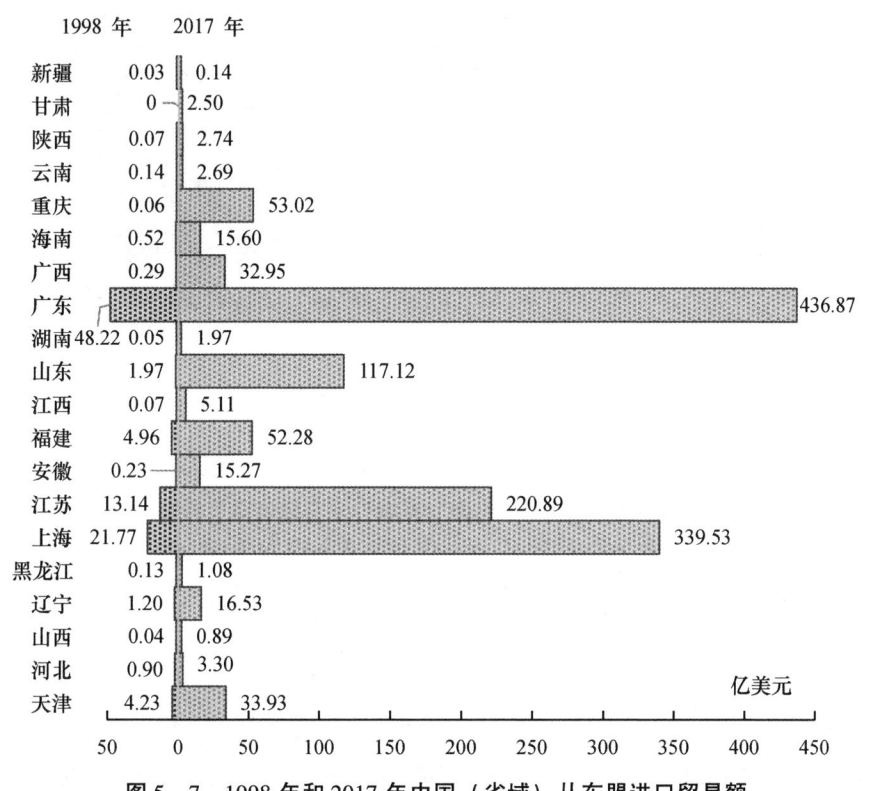

省域	1998年	2017年
新疆	0.03	0.14
甘肃	0	2.50
陕西	0.07	2.74
云南	0.14	2.69
重庆	0.06	53.02
海南	0.52	15.60
广西	0.29	32.95
广东	48.22	436.87
湖南	0.05	1.97
山东	1.97	117.12
江西	0.07	5.11
福建	4.96	52.28
安徽	0.23	15.27
江苏	13.14	220.89
上海	21.77	339.53
黑龙江	0.13	1.08
辽宁	1.20	16.53
山西	0.04	0.89
河北	0.90	3.30
天津	4.23	33.93

亿美元

图5-7　1998年和2017年中国（省域）从东盟进口贸易额

Fig. 5-7　China's Imports from ASEAN by Locality（1998 & 2017）

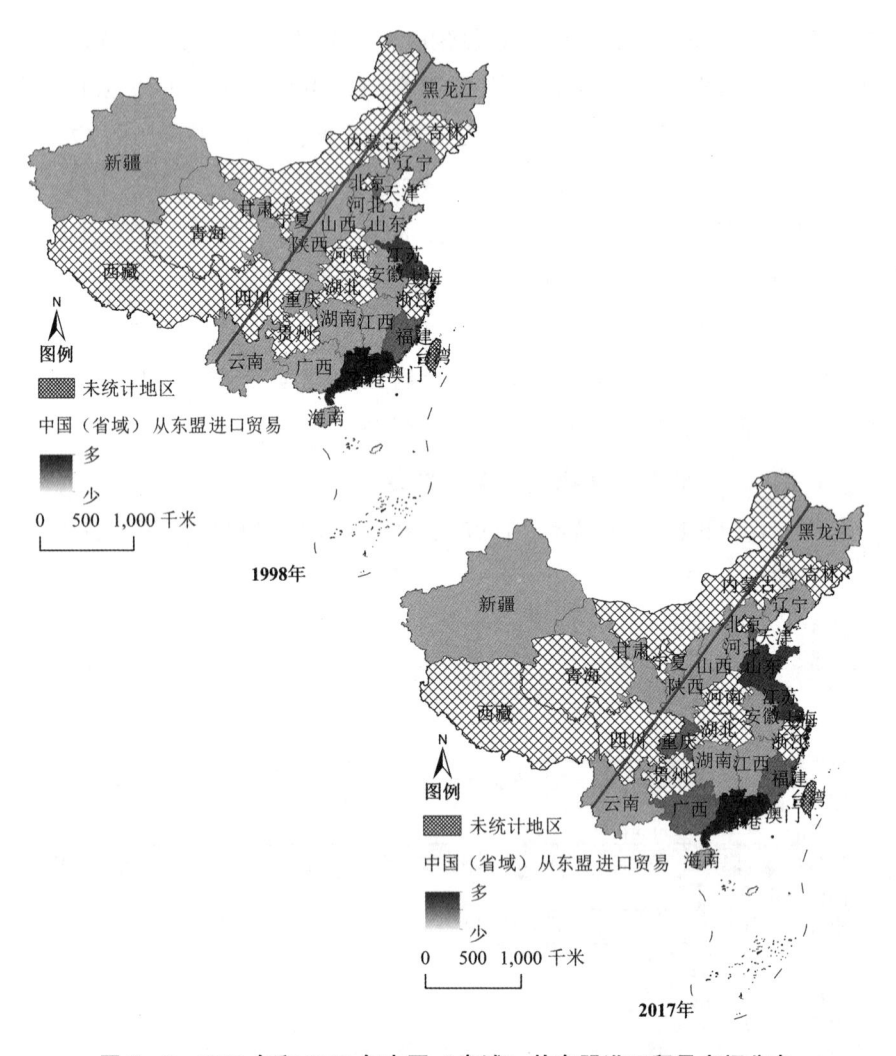

图 5-8　1998 年和 2017 年中国（省域）从东盟进口贸易空间分布
Fig. 5-8　The Distribution of China's Imports from ASEAN by Locality (1998 & 2017)

说明：该图基于广西壮族自治区自然资源厅标准地图服务网站（http://www.gismap.com.cn/）下载的审图号为 GS（2016）931 号、GS（2016）932 号和桂 S（2016）22 号的标准地图制作，底图无修改。

美元的省域有 3 个（广东、上海和江苏），分别为 48.22 亿美元、21.77 亿美元和 13.14 亿美元，均位于东部沿海地区。而小于 1 亿美元的省域有 13 个（河北、海南、广西、安徽、云南、黑龙江、陕西、江西、重庆、湖南、山西、新疆和甘肃），位于中西部地区的省域有 10 个，其中甘肃从东盟进口贸易额最少，仅 7 万美元。2017 年中国从东盟进口贸易额超过 100 亿美元的省域有 4 个，其中广东为 436.87 亿美元，位居第一，上海、江苏和山东分列其后，分别为 339.53 亿美元、220.89 亿美元和 117.12 亿美元。小于 10 亿美元的省域有 9 个（江西、河北、陕西、云南、甘肃、湖南、黑龙江、山西和新疆），位于中西部地区的省域有 7 个，其中山西和新疆从东盟进口贸易额很少，分别为 0.89 亿美元和 0.14 亿美元。由此可见，中国（省域）从东盟进口贸易额以"胡焕庸线"为界，呈现出"东南强，西北弱"的省域分布。

图 5-9 和图 5-10 显示，1998 年中国对东盟出口贸易额超过 10 亿美元的省域有两个（广东和上海），分别为 25.76 亿美元和 20.81 亿美元，均位于东部沿海地区。而小于 1 亿美元的省域有 13 个（山东、湖南、陕

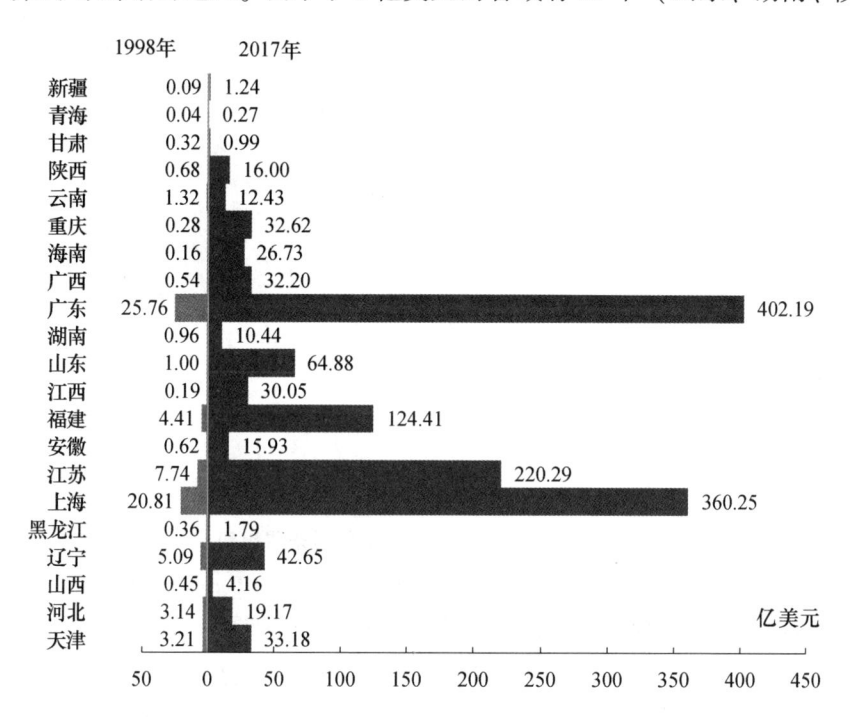

省域	1998年	2017年
新疆	0.09	1.24
青海	0.04	0.27
甘肃	0.32	0.99
陕西	0.68	16.00
云南	1.32	12.43
重庆	0.28	32.62
海南	0.16	26.73
广西	0.54	32.20
广东	25.76	402.19
湖南	0.96	10.44
山东	1.00	64.88
江西	0.19	30.05
福建	4.41	124.41
安徽	0.62	15.93
江苏	7.74	220.29
上海	20.81	360.25
黑龙江	0.36	1.79
辽宁	5.09	42.65
山西	0.45	4.16
河北	3.14	19.17
天津	3.21	33.18

亿美元

图 5-9 1998 年和 2017 年中国（省域）对东盟出口贸易

Fig. 5-9 China's Exports to ASEAN by Locality (1998 & 2017)

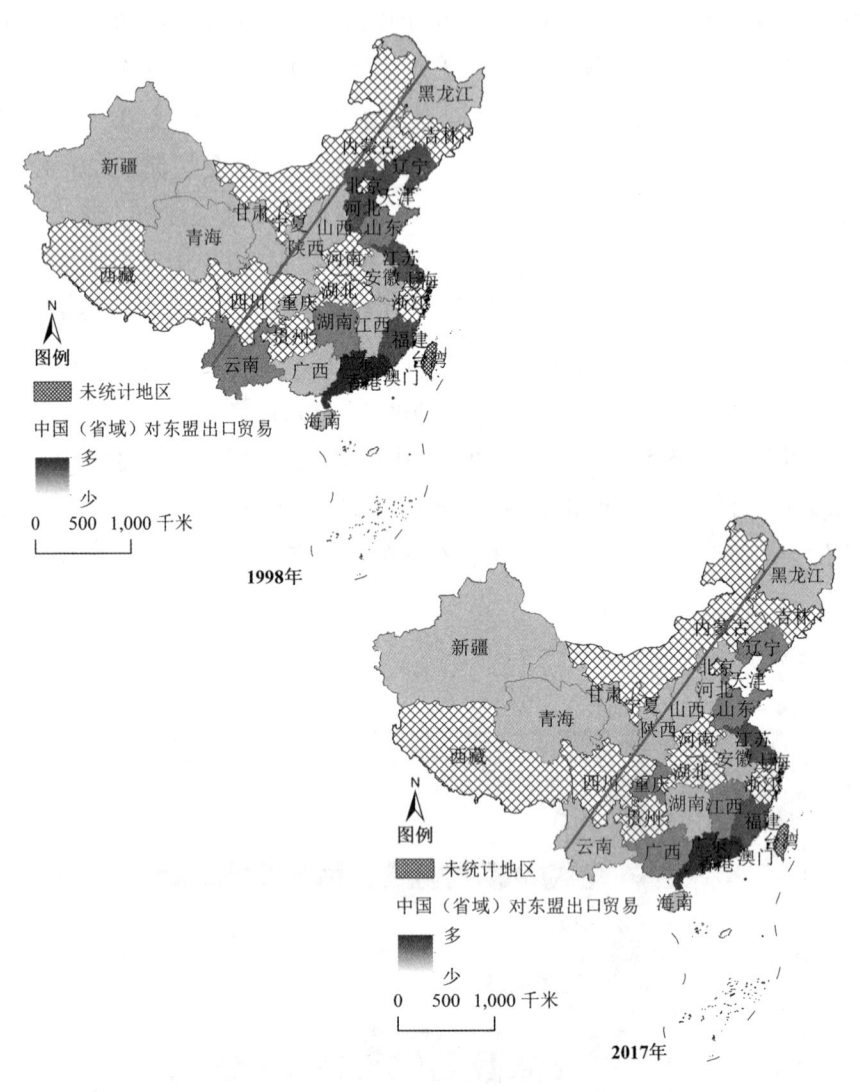

图 5-10　1998 年和 2017 年中国（省域）对东盟出口贸易空间分布

Fig. 5-10　The Distribution of China's Exports to ASEAN by Locality（1998 & 2017）

说明：该图基于广西壮族自治区自然资源厅标准地图服务网站（http：//www.gismap.com.cn/）下载的审图号为 GS（2016）931 号、GS（2016）932 号和桂 S（2016）22 号的标准地图制作，底图无修改。

西、安徽、广西、山西、黑龙江、甘肃、重庆、江西、海南、新疆和青海），位于中西部地区的省域有 10 个，其中新疆和青海对东盟出口贸易额很少，仅为 945 万美元和 392.86 万美元。2017 年中国对东盟出口贸易额超过 100 亿美元的省域有 4 个，其中广东以 402.19 亿美元位居第一，上海、江苏和福建紧随其后，分别为 360.25 亿美元、220.29 亿美元和 124.41 亿美元。小于 10 亿美元的省域有 5 个（山西、黑龙江、新疆、甘肃和青海），位于中西部地区的省域有 4 个，其中甘肃和青海对东盟出口贸易额很少，分别为 0.99 亿美元和 0.27 亿美元。由此可见，中国（省域）对东盟出口贸易以"胡焕庸线"为界，同样呈现出"东南强、西北弱"的省域分布态势。

5.3　国别与省域空间密度

对区域内点要素的分布计算每单位面积量值，生成等值线密度图，描述点要素的空间分布演变规律。其数学表达式为：

$$f(s) = \sum_{i=1}^{n} \frac{1}{d^2} k\left(\frac{s - s_i}{d}\right) \quad (5-1)$$

在式 5-1 中，$f(s)$ 是空间点要素 s 的核密度计算函数，$s - s_i$ 表示密度估值点 s 到点 s_i 的距离，d 表示距离衰减阈值，n 表示与 s 的距离 $\leq d$ 的点要素数量，k 表示空间权重函数。下面，运用式 5-1 计算得到 F_1—F_6 关系的函数值，利用 ArcGIS 绘制空间密度可视化图，直观地反映中国—东盟旅游与贸易的国别和省域空间密度特征。

5.3.1　新高密度中心：越南

表 5-5 和图 5-11 显示，1998 年东盟（国别）入境中国旅游密度较高区域主要位于海洋东盟 5 国。① 这 5 个国家入境中国的旅游人数占东盟

---

① 海洋东盟 5 国包括新加坡、马来西亚、菲律宾、印尼、文莱。

入境中国旅游总人数的 81.53%。新加坡和马来西亚的空间密度最高，占比分别为 26.33% 和 24.97%。同期，湄公河 5 国①入境中国的旅游人数占比为 18.47%，客源空间密度较低，与海洋东盟 5 国差距较大。2018 年，海洋东盟 5 国入境中国的旅游规模占比下降至 50.51%，湄公河 5 国入境中国的旅游规模占比升至 49.49%，接近海洋东盟 5 国空间密度水平。其中，越南空间密度增长迅速，其占比从 1998 年的 3.2% 升至 2018 年的 35.74%，是排名第二的马来西亚的两倍多，处于绝对核心地位。由此可见，1998—2018 年东盟（国别）入境中国旅游高密度区域逐渐从海洋东盟 5 国向湄公河 5 国转移，越南成为新的高密度中心。

表 5-5　1998 年和 2018 年东盟（国别）入境中国旅游人数

Tab. 5-5　ASEAN Visitor Arrivals by Country (1998 & 2018)

国别（区域）		1998 年		2018 年	
		人数（人次）	占比（%）	人数（人次）	占比（%）
东盟 10 国		1201768	100.00	8302561	100.00
湄公河 5 国		221919	18.47	4108691	49.49
	泰国	144332	12.01	833000	10.03
	越南	38493	3.20	2967450	35.74
	缅甸	33263	2.77	184204	2.22
	柬埔寨	4136	0.34	73334	0.88
	老挝	1695	0.14	50703	0.61
海洋东盟 5 国		979849	81.53	4193870	50.51
	新加坡	316434	26.33	978000	11.78
	马来西亚	300119	24.97	1291000	15.55
	菲律宾	256498	21.34	1205000	14.51
	印尼	104602	8.70	712000	8.58
	文莱	2196	0.18	7870	0.09

资料来源：课题组经计算整理而得。

---

① 湄公河 5 国包括泰国、越南、缅甸、柬埔寨、老挝。

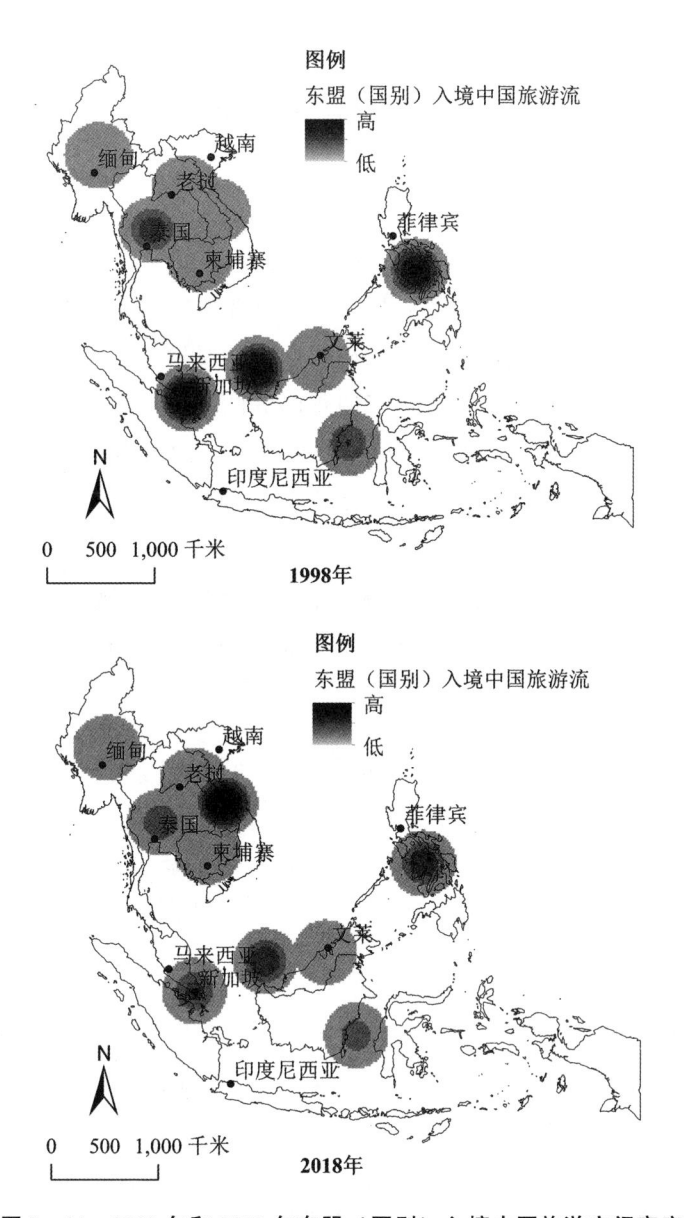

图 5-11 1998 年和 2018 年东盟（国别）入境中国旅游空间密度

Fig. 5-11 The Spatial Density of ASEAN Visitor Arrivals by Country (1998 & 2018)

说明：该图基于广西壮族自治区自然资源厅标准地图服务网站（http://www.gismap.com.cn/）下载的审图号为 GS（2016）931 号、GS（2016）932 号和桂 S（2016）22 号的标准地图制作，底图无修改。

5.3.2 以泰国为核心，集聚于湄公河 5 国

表 5 - 6 和图 5 - 12 显示，1998 年中国出境东盟（国别）旅游主要集聚于湄公河 5 国，湄公河 5 国接待中国游客人数占中国出境东盟旅游总人数的 67.29%。其中，泰国和越南的空间密度较高，占比分别为 37.16% 和 27.38%。2018 年，湄公河 5 国接待中国游客的规模占比下降至 66.27%，但仍然是中国出境东盟旅游的高密度区域。泰国的占比虽降至 36.18%，依然是排名第二的越南的两倍多，处于绝对的核心地位，而其他东盟国家的增幅相当有限。由此可见，中国出境东盟旅游的高密度区域以泰国为核心，集聚于湄公河 5 国。

表 5 - 6　　1998 年和 2018 年中国出境湄公河 5 国旅游人数

Tab. 5 - 6　　Chinese Visitors to 5 Mekong Countries（1998 & 2018）

国别（区域）		1998 年		2018 年	
		人数（人次）	占比（%）	人数（人次）	占比（%）
东盟 10 国		1536830	100.00	29117608	100.00
湄公河 5 国		1034202	67.29	19295889	66.27
	缅甸	8561	0.56	963190	3.31
	柬埔寨	18035	1.17	2024443	6.95
	老挝	15802	1.03	805833	2.77
	泰国	571061	37.16	10535955	36.18
	越南	420743	27.38	4966468	17.06

资料来源：课题组经计算整理而得。

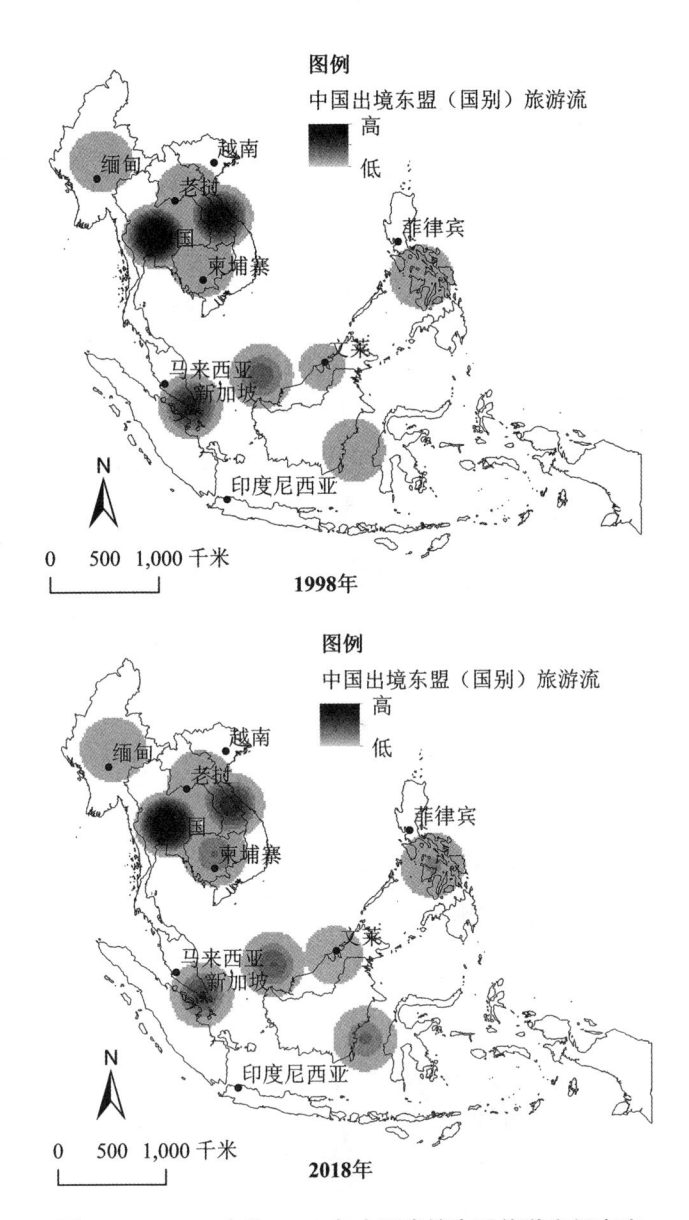

第 5 章　中国—东盟旅游与贸易空间分布

图 5-12　1998 年和 2018 年中国出境东盟旅游空间密度

Fig. 5-12　The Spatial Density of Chinese Visitors to ASEAN by Country (1998 & 2018)

说明：该图基于广西壮族自治区自然资源厅标准地图服务网站（http://www.gismap.com.cn/）下载的审图号为 GS（2016）931 号、GS（2016）932 号和桂 S（2016）22 号的标准地图制作，底图无修改。

5.3.3 "越南—马来西亚"两极化

由图 5-13 和图 5-14 可知，1998 年中国—东盟双边贸易高密度区域主要位于海洋东盟 5 国，其中新加坡和马来西亚空间密度较高，为第一梯队。印尼、泰国为第二梯队，菲律宾、越南等为第三梯队。2018 年中国—东盟双边贸易高密度地区从海洋东盟 5 国逐渐向北扩散。其中中国—越南双边贸易增长最快，1998—2018 年进口占比从 1.72% 增至 23.81%，出口占比从 9.21% 增至 26.29%。随着以越南为代表的湄公河 5 国的逐渐崛起，中国—东盟双边贸易高密度区域逐渐向北转移并形成"越南—马来西亚"两极化空间密度分布。

图例

中国从东盟（国别）进口贸易

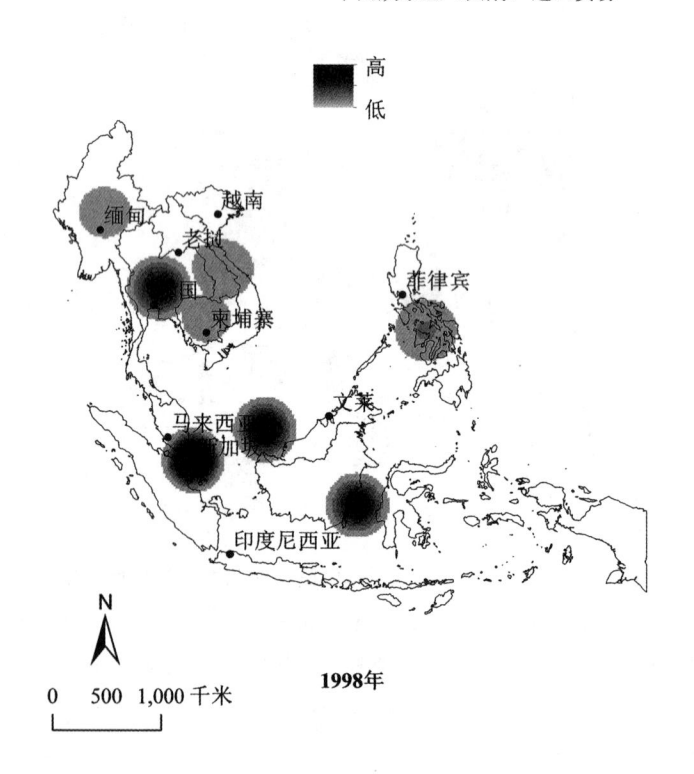

高
低

1998年

第 5 章　中国—东盟旅游与贸易空间分布

图例
中国从东盟（国别）进口贸易
高
低

2018年

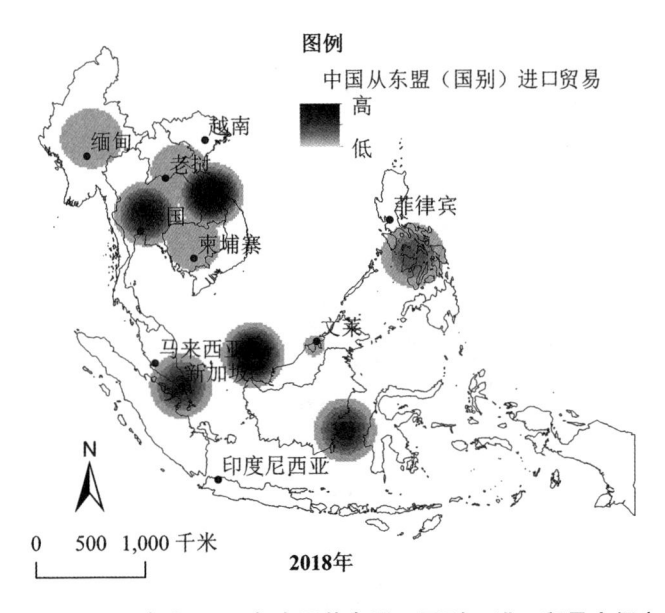

图 5-13　1998 年和 2018 年中国从东盟（国别）进口贸易空间密度

Fig. 5-13　The Spatial Density of China's Imports from ASEAN by Country (1998 & 2018)

说明：该图基于广西壮族自治区自然资源厅标准地图服务网站（http://www.gismap.com.cn/）下载的审图号为 GS（2016）931 号、GS（2016）932 号和桂 S（2016）22 号的标准地图制作，底图无修改。

5.3.4　集聚于"长三角"和"珠三角"地区

5.3.4.1　东盟入境中国（省域）旅游高密度区域

表 5-7 和图 5-15 显示，1998 年东盟入境中国（省域）旅游高密度区域位于"长三角"①"京津冀"和"粤滇桂"三大区域。这 10 个省域接待东盟游客 99.94 万人次，占比为 74.04%。其中，"长三角"地区最高，接待东盟游客的占比为 27.19%，"京津冀"地区为 21.80%，

---

①　长三角地区包括上海、江苏、浙江和安徽 4 个省域。

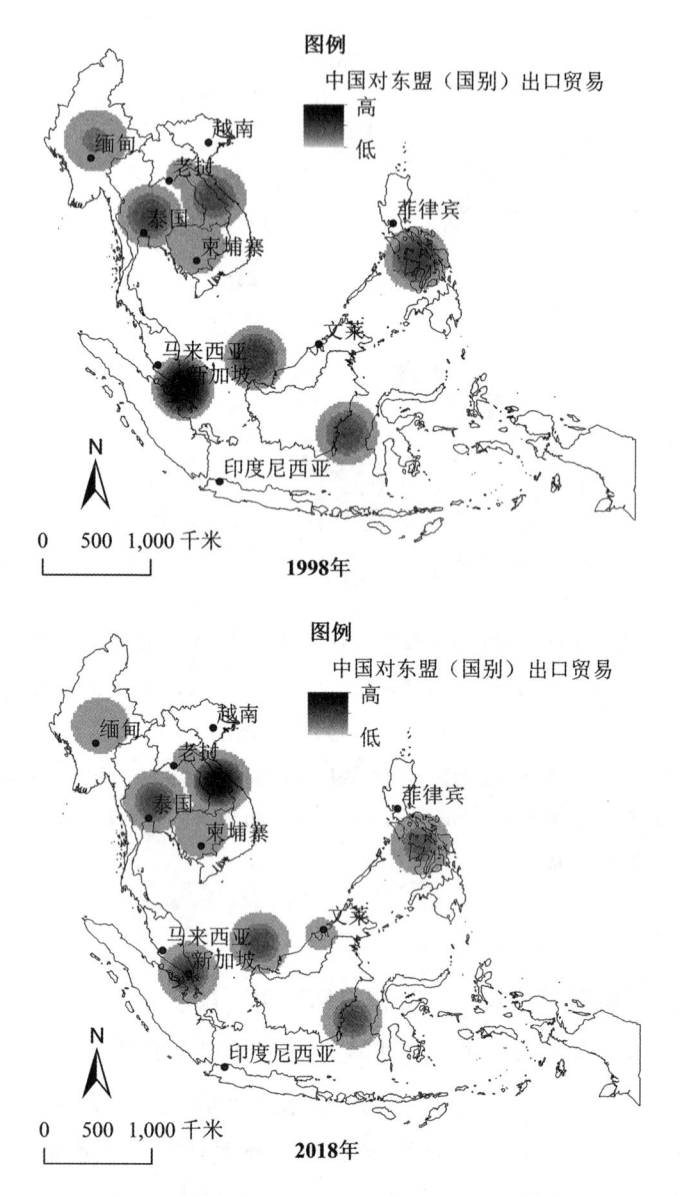

图 5-14 1998年和2018年中国对东盟（国别）出口贸易空间密度

Fig. 5-14 The Spatial Density of China's Exports to ASEAN by Country (1998 & 2018)

说明：该图基于广西壮族自治区自然资源厅标准地图服务网站（http://www.gismap.com.cn/）下载的审图号为 GS（2016）931号、GS（2016）932号和桂S（2016）22号的标准地图制作，底图无修改。

这两地区接待东盟游客的占比为48.99%。这表明接近一半的东盟游客会选择前往"长三角"和"京津冀"地区旅游。同年,"粤滇桂"地区占比为25.06%,与"长三角""京津冀"地区体量相当。

表5-7 1998年和2017年中国"三大地区"接待东盟游客人数
Tab. 5-7 ASEAN Visitor Arrivals by Three Regions (1998 & 2017)

地区		1998年		2017年	
		人数（人次）	占比（%）	人数（人次）	占比（%）
三大地区		999391	74.04	4816154	59.91
长三角		366986	27.19	1617076	20.12
	上海	115486	8.56	227266	2.83
	江苏	90636	6.72	396985	4.94
	浙江	138163	10.24	743535	9.25
	安徽	22701	1.68	249290	3.10
京津冀		294198	21.80	424135	5.28
	北京	177552	13.15	287285	3.57
	天津	42063	3.12	37682	0.47
	河北	74583	5.53	99168	1.23
粤滇桂		338207	25.06	2774943	34.52
	广东	195698	14.50	1071692	13.33
	广西	12720	0.94	577599	7.19
	云南	129789	9.62	1125652	14.00

资料来源:课题组经计算整理而得。

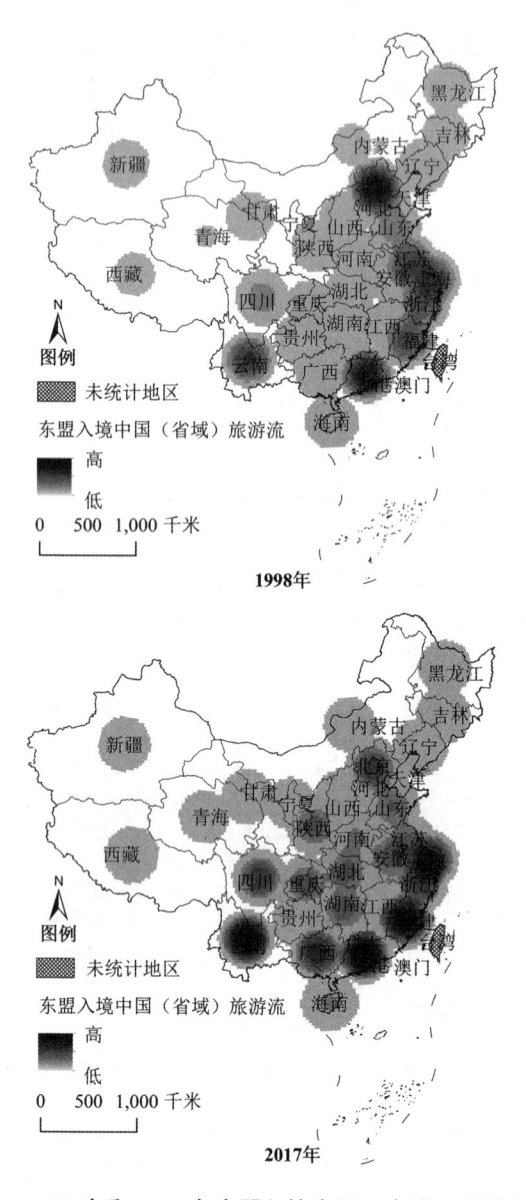

图 5 – 15　1998 年和 2017 年东盟入境中国（省域）旅游空间密度

Fig. 5 – 15　The Spatial Density of ASEAN Visitor Arrivals by Locality (1998 & 2017)

说明：该图基于广西壮族自治区自然资源厅标准地图服务网站（http://www.gismap.com.cn/）下载的审图号为 GS（2016）931 号、GS（2016）932 号和桂 S（2016）22 号的标准地图制作，底图无修改。

2017年，其他省域空间密度虽有所提高，但仍无法与"长三角""京津冀"和"粤滇桂"三大区域相比。"粤滇桂"地区接待东盟游客277.49万人次，占比为34.52%。其中，云南空间密度最高，接待东盟游客112.57万人次，占比为14%。同年，"长三角""京津冀"地区接待东盟游客占比分别为20.12%和5.28%，两者相加仅占东盟入境中国（省域）游客的1/4，与1998年相比降幅明显，这意味着"粤滇桂"地区接待东盟游客人数远高于"长三角""京津冀"地区。由此可见，东盟入境中国（省域）旅游高密度区域逐渐从"长三角""京津冀"向"粤滇桂"转移。

5.3.4.2　中国（省域）—东盟贸易高密度区域

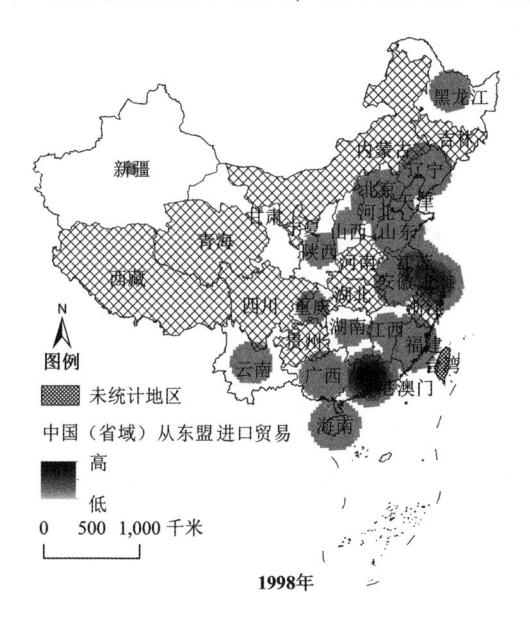

由图5-16可知，在1998年中国（省域）从东盟进口贸易高密度区域中，广东最高，居于第一梯队，为48.22亿美元，江苏、上海位列第二梯队，福建、天津、山东、辽宁为第三梯队。这些高密度省域均位于沿海地区且呈由南向北密度逐渐递减的变化趋势。2017年广东依然是空间密度最高的省份，从东盟进口贸易额达436.87亿美元。但重庆、广西等西南省域的空间密度逐步上升，从东盟的进口贸易额分别增长

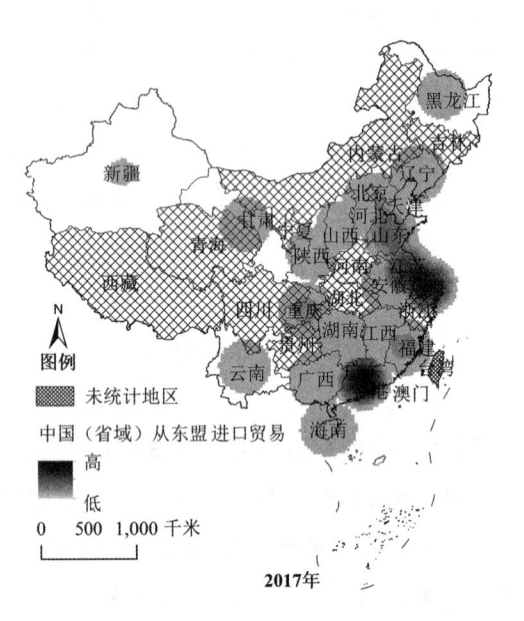

图 5-16　1998 年和 2017 年中国（省域）从东盟进口贸易空间密度

Fig. 5-16　The Spatial Density of China's Imports from ASEAN by Locality（1998 & 2017）

说明：该图基于广西壮族自治区自然资源厅标准地图服务网站（http://www.gismap.com.cn/）下载的审图号为 GS（2016）931 号、GS（2016）932 号和桂 S（2016）22 号的标准地图制作，底图无修改。

837 倍和 112 倍，远超全国平均的 14 倍。重庆超越福建，广西逼近天津，西南省域从东盟进口贸易的空间密度提升显著。

由图 5-17 可知，在 1998 年中国（省域）对东盟出口贸易高密度区域中，广东、上海居于第一梯队，江苏、辽宁、福建、天津、河北居于第二梯队，其他省域居于第三梯队。2017 年中国对东盟出口贸易高密度省域依然以东部沿海省域为主，但省域差距进一步缩小，内陆省域江西、湖南，西南省域重庆、广西、云南、海南等对东盟出口贸易额增长较快。与 1998 年相比，海南对东盟出口贸易额增长 167 倍，江西增长 158 倍，重庆增长 117 倍，广西增长 60 倍。

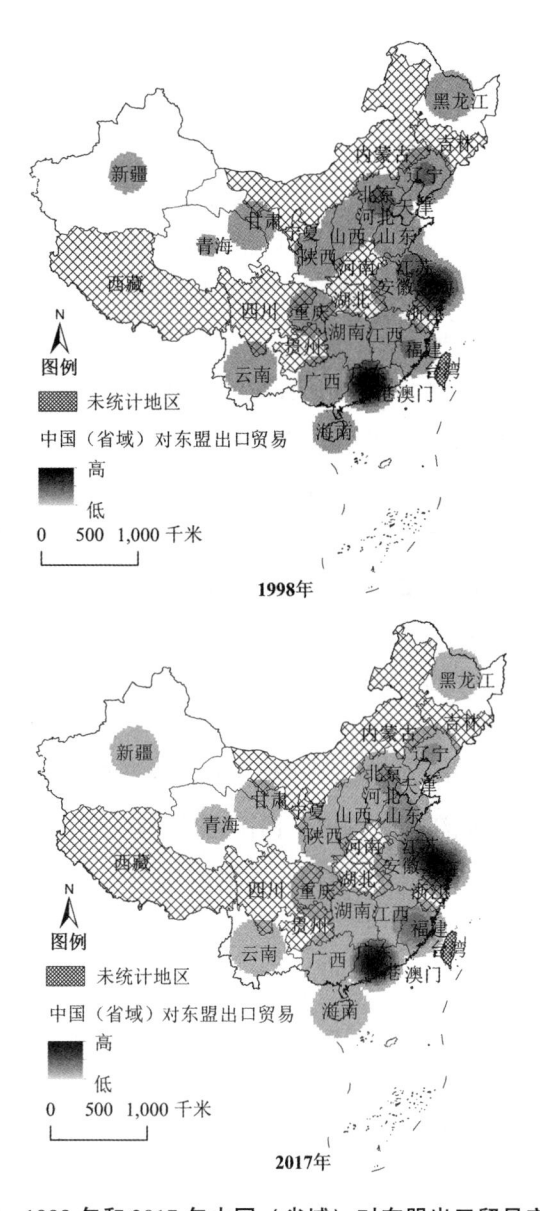

图 5-17　1998 年和 2017 年中国（省域）对东盟出口贸易空间密度

Fig. 5-17　The Spatial Density of China's Exports to ASEAN by Locality (1998 & 2017)

说明：该图基于广西壮族自治区自然资源厅标准地图服务网站（http://www.gismap.com.cn/）下载的审图号为 GS（2016）931 号、GS（2016）932 号和桂 S（2016）22 号的标准地图制作，底图无修改。

5.4 本章小结

在国别与省域空间分布上,东盟入境中国旅游呈"U"形分布,客源集聚于新、马、菲、越,其中越南增幅显著。中国出境东盟旅游地主要集聚于泰国湾沿岸国家,呈现出北多南少的"C"形国别分布格局。中国—东盟双边贸易呈"L"形分布,集聚于新、马、泰、印4国,越南增幅最显著。东盟入境中国(省域)旅游以"胡焕庸线"为界,呈现出"东南强、西北弱"的省域分布格局。

在国别与省域空间密度上,东盟(国别)入境中国的旅游高密度区域逐渐从海洋东盟5国向湄公河5国转移,越南成为新的高密度中心。中国出境东盟旅游高密度区域以泰国为核心,集聚于湄公河5国。随着以越南为代表的湄公河5国的逐渐崛起,中国—东盟双边贸易高密度区域逐渐向北转移并形成"越南—马来西亚"两极化空间密度分布。东盟入境中国(省域)旅游高密度区域逐渐从"长三角""京津冀"向"粤滇桂"转移。中国(省域)对东盟出口贸易高密度省域以东部沿海省域为主,内陆省域江西、湖南,西南省域重庆、广西、云南、海南等对东盟出口贸易额增长较快,省域差距进一步缩小。

第6章 中国—东盟旅游与贸易空间聚散[*]

上一章直观地反映出中国—东盟区域旅游与贸易两个要素自身的空间分布格局与空间密度特征,但无法发现与揭示出两个要素相互之间的空间聚散规律与机制。本章将以"空间重心"为切入点,基于重心模型和标准差椭圆绘制东盟入境中国(省域)旅游、中国出境东盟(国别)旅游、中国(省域)从东盟(国别)进口贸易、中国(省域)对东盟(国别)出口贸易的重心迁移轨迹和主体区域,分析旅游与贸易互动关系重心演变过程及其重心重叠性空间聚散态势,探讨其形成的区位选择机制、基础设施响应机制、利益驱动机制,以期更好地认识和把握中国—东盟旅游与贸易的空间聚散关系。

6.1 研究模型

6.1.1 重心模型

"重心"是物体承受作用力的点,该点四周作用力均衡。在空间分析中借用这一概念,通过地理重心的变化可判断要素的扩散和集聚特征。其数学表达式为:

---

[*] 本章部分内容已在课题组成员的论文《中国—东盟旅游流空间分异与优化策略》中发表。

$$Lon = \frac{\sum_{i=1}^{n} M_i Lon_i}{\sum_{i=1}^{n} M_i} \quad (6-1)$$

$$Lat = \frac{\sum_{i=1}^{n} M_i Lat_i}{\sum_{i=1}^{n} M_i} \quad (6-2)$$

在式 6-1 和 6-2 中，Lon、Lat 代表空间区域中某一要素重心的经度和纬度，Lon_i、Lat_i 代表第 i 个子级空间区域中该要素重心的经纬度；M_i 代表第 i 个子级空间区域中相关属性的数值。

重心重叠性，指两个要素重心的空间距离，反映变量间的聚散程度，数学表达式如下：

$$S = 6371.004 \times \arccos\begin{pmatrix} \sin y_m \times \sin y_n + \cos y_m \times \\ \cos y_n \times \cos(x_m - x_n) \end{pmatrix} \quad (6-3)$$

在式 6-3 中，S 表示不同要素重心的空间重叠性，S 值越大，表明要素重心的空间距离越远，重心重叠性越低；S 值越小，表明要素重心的空间距离越近，重心重叠性越高。(x_n, y_n) 和 (x_m, y_m) 分别表示两个要素重心所代表的弧度值。

6.1.2 标准差椭圆

以要素重心为中心，测算长短轴长度并绘制椭圆区域，反映要素在空间中的集聚程度和主导方向。椭圆长短轴的标准差数学表达式如下：

$$\sigma_x = \sqrt{\sum_{i=1}^{n} \frac{(\widetilde{x_i}\cos\theta - \widetilde{y_i}\sin\theta)^2}{n}} \quad (6-4)$$

$$\sigma_y = \sqrt{\sum_{i=1}^{n} \frac{(\widetilde{x_i}\sin\theta - \widetilde{y_i}\cos\theta)^2}{n}} \quad (6-5)$$

在式 6-4 和式 6-5 中，σ_x 和 σ_y 是长轴和短轴标准差距离，$\widetilde{x_i}$ 和 $\widetilde{y_i}$ 是第 i 个空间区域中心坐标与重心偏距，θ 代表在标准差距离之和最小时与纬度的夹角，n 是国家（地区）数量。

6.2 重心轨迹

6.2.1 东盟入境中国（省域）旅游

6.2.1.1 客源国重心呈现出"东南→西北"和"西北→东北"两个迁移轨迹

从图 6-1 可知，东盟（国别）入境中国旅游重心轨迹的空间迁移规律主要分为"东南→西北"和"西北→东北"两个阶段。表 6-1 显示，东盟（国别）入境中国的旅游重心于 2006—2007 年移动距离最大，向西北方向移动了 152.08 千米；2001—2002 年移动距离最小，仅向正北方向移动了 7.54 千米。

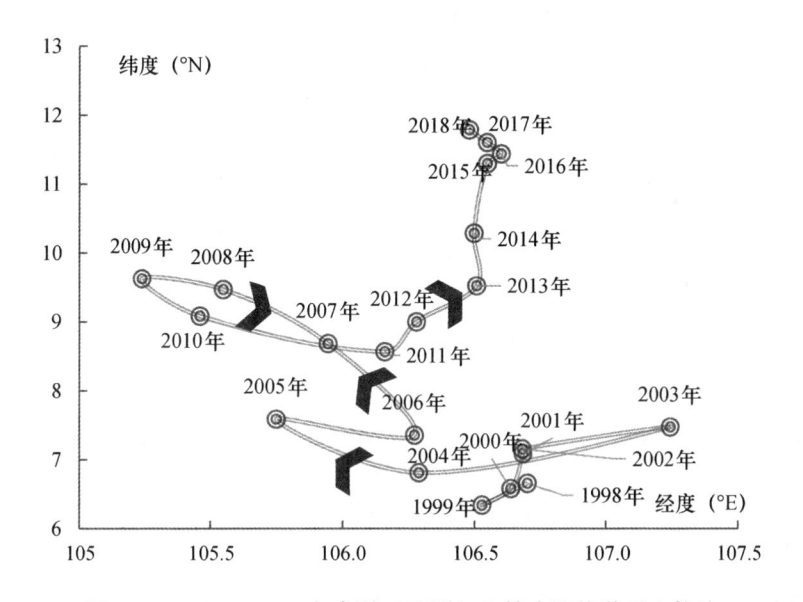

图 6-1　1998—2018 年东盟（国别）入境中国旅游重心轨迹

Fig. 6-1　The Gravity Center of ASEAN Visitor Arrivals by Country (1998 – 2018)

①1998—2009 年东盟（国别）入境中国旅游重心自东南向西北移

动,其原因主要是:湄公河 5 国入境中国游客人数逐渐增多,从 1998 年的 22.2 万人次、占比 18.47% 提升至 2009 年的 200.8 万人次、占比 38.75%。

②2010—2018 年东盟(国别)入境中国旅游重心自西北向东北移动,其原因主要是:湄公河 5 国入境中国旅游人数进一步增长,从 2010 年的 208.51 万人次、占比 36.29% 增至 2018 年的 410.87 万人次、占比 49.49%,接近东盟 10 国入境中国旅游总人数的一半。其中,越南入境中国旅游人数增长尤为迅速,从 2010 年的 92 万人次、占比 16.01% 增长至 2018 年的 296.75 万人次、占比 35.74%。而同期海洋东盟 5 国游客占比则从 63.71% 降至 50.51%,从而使东盟 10 国入境中国旅游重心呈现出"西北→东北"的迁移规律。

表 6-1　1998—2018 年东盟(国别)入境中国旅游重心经纬度

Tab. 6-1　The Gravity Center of ASEAN Visitor Arrivals by Country (1998-2018)

年份	经度(°E)	纬度(°N)	经度变化量	纬度变化量	移动距离(km)
1998	106.70	6.66	N/A	N/A	N/A
1999	106.53	6.34	-0.17	-0.32	40.08
2000	106.64	6.58	0.11	0.24	29.20
2001	106.68	7.09	0.04	0.51	56.44
2002	106.68	7.15	0.00	0.06	7.54
2003	107.24	7.47	0.56	0.32	71.56
2004	106.29	6.81	-0.95	-0.66	128.97
2005	105.75	7.59	-0.54	0.78	105.14
2006	106.27	7.35	0.52	-0.24	63.70
2007	105.95	8.68	-0.32	1.33	152.08
2008	105.55	9.47	-0.40	0.79	97.53
2009	105.24	9.63	-0.31	0.16	38.61

续表

年份	经度（°E）	纬度（°N）	经度变化量	纬度变化量	移动距离（km）
2010	105.46	9.08	0.22	-0.55	65.21
2011	106.16	8.56	0.70	-0.52	96.60
2012	106.28	9.00	0.12	0.44	50.02
2013	106.51	9.52	0.23	0.52	63.22
2014	106.50	10.28	-0.01	0.76	85.00
2015	106.55	11.29	0.05	1.01	112.20
2016	106.60	11.43	0.05	0.14	16.58
2017	106.55	11.60	-0.05	0.17	19.59
2018	106.48	11.79	-0.07	0.19	21.94

说明："N/A"表示本栏目不适用，因为变化量为本期水平与去年同期水平对比而得到的相对变化值。

资料来源：课题组经计算整理而得。

6.2.1.2 省域重心呈"鄂赣交界处集聚"和"东北→西南"迁移态势

从图6-2可以看出，东盟入境中国（省域）旅游重心的空间迁移分为"东北集聚"和"东北→西南迁移"两个阶段。表6-2显示，2002—2003年重心移动距离最大，向东北方向移动182.47千米；2005—2006年重心移动距离最小，仅向北移动9.78千米。

具体来看，1998—2010年东盟入境中国（省域）旅游重心集聚于东经113.92°—115.54°、北纬29.73°—31.13°，主要在湖北、江西一带徘徊振荡并逐渐向珠三角偏移。这说明1998—2010年中国经济相对发达的华东、华南地区对东盟游客的吸引力较强，这两个地区的合力作用使得东盟入境中国（省域）旅游重心在鄂赣交界处集聚。

2010年以后，东盟入境中国（省域）旅游重心呈现出由"东北"向"西南"快速移动的空间迁移轨迹，2014—2015年和2015—2016年

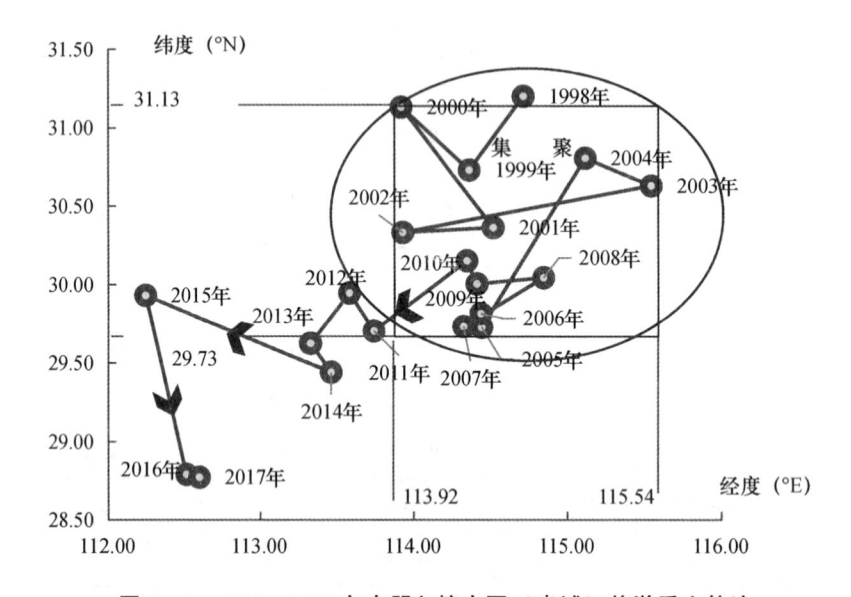

图 6-2 1998—2017 年东盟入境中国（省域）旅游重心轨迹

Fig. 6-2 The Gravity Center of ASEAN Visitor Arrivals by Locality (1998–2017)

移动距离最大，分别为 145.58 千米和 130.38 千米。这表明 CAFTA 建成后珠三角和西南地区对东盟游客的吸引力不断增强。

表 6-2 1998—2017 年东盟入境中国（省域）旅游重心经纬度

Tab. 6-2 The Gravity Center Coordinates of ASEAN Visitors Arrivals by Locality (1998–2017)

年份	经度（°E）	纬度（°N）	经度变化量	纬度变化量	移动距离（km）
1998	114.71	31.20	N/A	N/A	N/A
1999	114.36	30.73	-0.35	-0.47	64.96
2000	113.92	31.13	-0.44	0.4	66.43
2001	114.52	30.36	0.60	-0.77	108.30
2002	113.93	30.33	-0.59	-0.03	65.65
2003	115.54	30.63	1.61	0.3	182.47

续表

年份	经度（°E）	纬度（°N）	经度变化量	纬度变化量	移动距离（km）
2004	115.12	30.81	-0.42	0.18	51.47
2005	114.44	29.73	-0.68	-1.08	141.26
2006	114.44	29.82	0.00	0.09	9.78
2007	114.33	29.73	-0.11	-0.09	15.50
2008	114.84	30.04	0.51	0.31	67.04
2009	114.41	30.00	-0.43	-0.04	48.06
2010	114.35	30.15	-0.06	0.15	17.90
2011	113.74	29.70	-0.61	-0.45	83.80
2012	113.58	29.95	-0.16	0.25	32.26
2013	113.33	29.63	-0.25	-0.32	45.37
2014	113.46	29.44	0.13	-0.19	25.20
2015	112.24	29.93	-1.22	0.49	145.58
2016	112.52	28.79	0.28	-1.14	130.38
2017	112.60	28.77	0.08	-0.02	9.84

说明："N/A"表示本栏目不适用，因为变化量为本期水平与去年同期水平对比而得到的相对变化值。

资料来源：课题组经计算整理而得。

6.2.1.3 客源国主体从海洋东盟5国向湄公河5国转移

与重心移动轨迹相对应，东盟（国别）入境中国旅游的标准差椭圆也呈"东南→西北"和"西北→东北"的偏移态势（见图6-3）。表6-3显示，1998—2018年东盟（国别）入境中国旅游标准差椭圆的轴距变化显著，X轴与Y轴标准差分别在8.92和13.03以及8.38和11.45之间波动，主体范围保持稳定，这说明东盟10国入境中国旅游主体集中在泰国湾沿岸国家，且范围不断扩大。从旋转角度来看，1998—2018年从87.15°上升至134.69°，这表明东盟（国别）入境中国旅游主体从海洋东盟 5 国向湄公河 5 国转移。

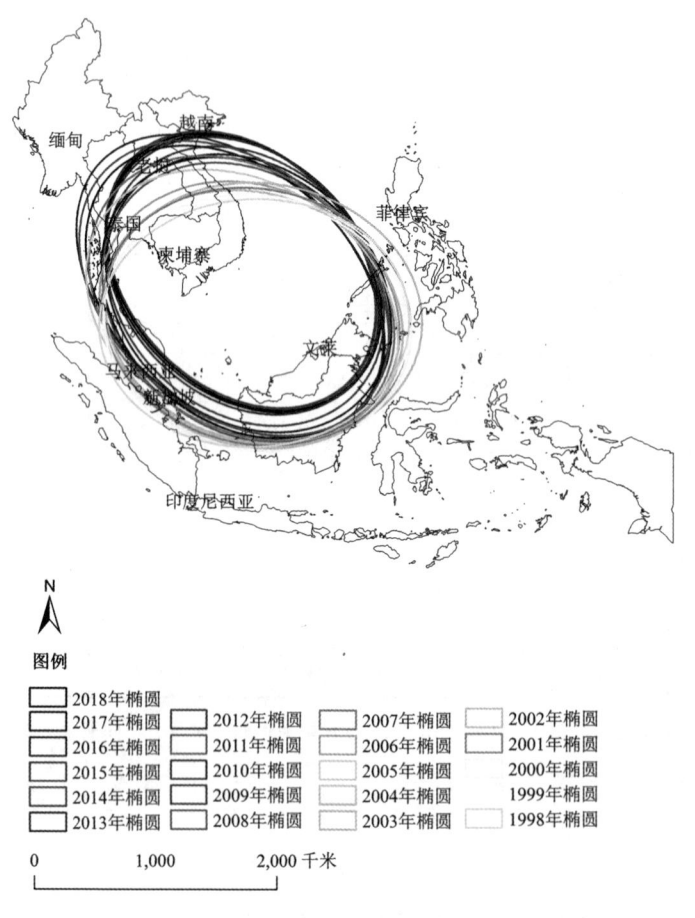

图 6-3　1998—2018 年东盟（国别）入境中国旅游标准差椭圆分布

Fig. 6-3　The Standard Deviational Ellipse of ASEAN Visitor Arrivals by Country (1998-2018)

说明：该图基于广西壮族自治区自然资源厅标准地图服务网站（http://www.gismap.com.cn/）下载的审图号为 GS（2016）931 号、GS（2016）932 号和桂 S（2016）22 号的标准地图制作，底图无修改。

表6-3 1998—2018年东盟（国别）入境中国旅游标准差椭圆参数

Tab. 6-3　The Standard Deviation Elliptic Parameters of ASEAN Visitor Arrivals by Country (1998-2018)

年份	X轴标准差	Y轴标准差	旋转角度
1998	8.92	11.45	87.15°
1999	11.34	9.06	97.86°
2000	11.38	9.14	99.36°
2001	11.47	9.17	101.33°
2002	11.47	9.13	101.62°
2003	11.75	9.30	99.34°
2004	11.27	9.09	106.59°
2005	12.18	9.13	119.18°
2006	11.33	9.21	111.21°
2007	12.15	9.19	124.42°
2008	12.75	9.00	128.30°
2009	13.03	8.77	131.46°
2010	12.53	8.81	131.41°
2011	11.40	9.16	127.78°
2012	11.54	9.13	127.70°
2013	11.30	9.10	128.07°
2014	11.21	8.98	132.10°
2015	11.23	8.72	133.24°
2016	11.35	8.62	132.45°
2017	11.36	8.49	133.91°
2018	11.34	8.38	134.69°

资料来源：课题组经计算整理而得。

表6-4　1998—2017年东盟入境中国（省域）旅游标准差椭圆参数

Tab. 6-4　The Standard Deviation Elliptic Parameters of
ASEAN Visitor Arrivals by Locality (1998-2017)

年份	X轴标准差	Y轴标准差	旋转角度
1998	7.30	10.60	46.77°
1999	7.17	10.74	50.52°
2000	7.37	11.23	55.57°
2001	7.38	11.01	57.23°
2002	7.47	10.64	61.51°
2003	6.50	10.14	58.26°
2004	6.99	10.74	51.72°
2005	6.72	10.09	58.57°
2006	6.85	10.04	58.05°
2007	6.82	10.20	59.52°
2008	6.37	10.41	51.56°
2009	6.61	10.69	51.82°
2010	6.54	10.58	54.98°
2011	6.54	10.72	57.85°
2012	6.64	10.83	59.56°
2013	7.08	10.85	55.45°
2014	6.83	10.60	57.83°
2015	6.38	11.09	63.63°
2016	6.48	10.65	64.39°
2017	6.46	10.40	65.71°

资料来源：课题组经计算整理而得。

6.2.1.4　省域主体逐渐趋南，呈"华东—西南"两极化

与重心移动轨迹相对应，东盟入境中国（省域）旅游主体区域也呈现从东北向西南偏移的迁移规律（见图6-4）。表6-4显示，1998—

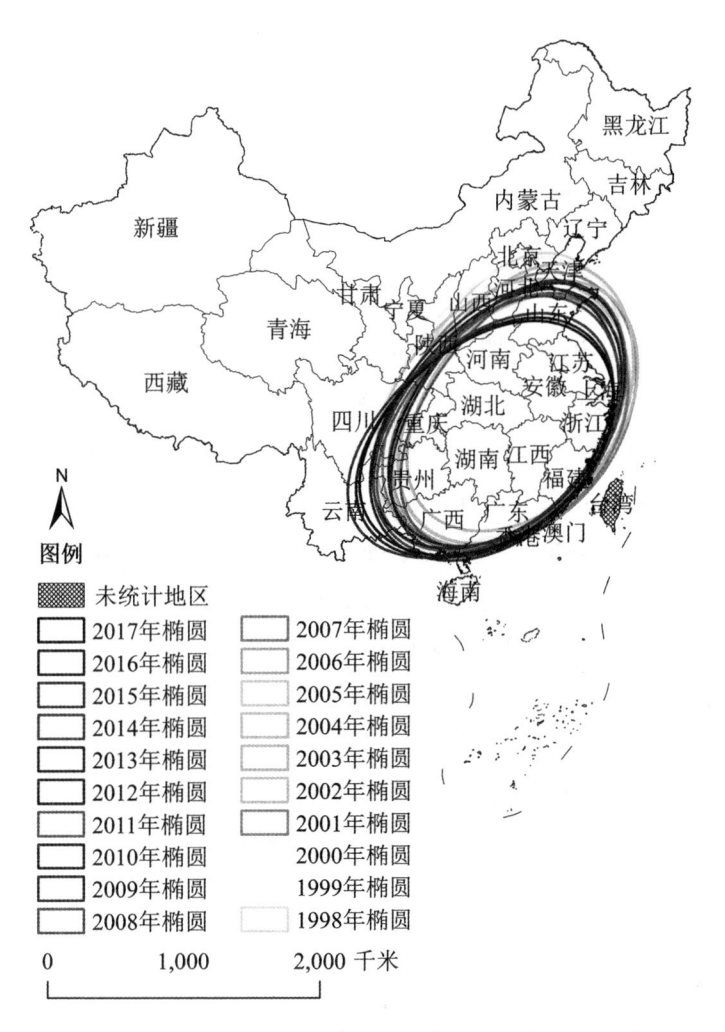

图 6-4 1998—2017 年东盟入境中国（省域）旅游标准差椭圆分布

Fig. 6-4 The Standard Deviational Ellipse of ASEAN Visitor Arrivals by Locality (1998-2017)

说明：该图基于广西壮族自治区自然资源厅标准地图服务网站（http://www.gismap.com.cn/）下载的审图号为 GS（2016）931 号、GS（2016）932 号和桂 S（2016）22 号的标准地图制作，底图无修改。

2017年东盟入境中国（省域）旅游标准差椭圆的轴距变化较小，Y轴标准差在10.04和11.23之间随机变化，X轴标准差在6.37和7.47之间呈波动递减趋势，这说明东盟入境中国（省域）旅游主体在南北方向上有了略微的缩小，而且集中于长江以南地区。从旋转角度来看，1998—2017年从46.77°上升至65.71°，这表明东盟入境中国（省域）旅游主体逐渐趋南，呈"华东—西南"两极化。

6.2.2 中国出境东盟（国别）旅游

6.2.2.1 重心呈现"西北→东南"和"东南→西北"两个迁移轨迹

从图6-5中可以看出，中国出境东盟（国别）旅游重心轨迹的空间迁移规律主要分为"西北→东南"和"东南→西北"两个阶段。表6-5显示，1999—2000年移动距离最大，向东南方向移动了136.79千米；2000—2001年移动距离最小，仅向东南方向移动了23.44千米。

①1998—2009年中国出境东盟（国别）旅游重心自西北向东南逐年迁移，原因主要是：在中国出境旅游发展初期，随着我国出境旅游政策的推行和完善①，在以往旅游惯性的影响下，越来越多的中国游客选择前往经济发展水平较高，经贸往来活跃的新加坡、马来西亚、泰国等东盟国家旅游。

②2010—2018年中国出境东盟（国别）旅游重心自东南向西北逐年迁移，原因主要在于：其一，随着2010年缅甸民主改革的推进，湄公河5国政局逐渐稳定，加之旅游成本较低且旅游资源独特，吸引了越来越多的中国游客。其二，2014年泰国对中国游客实行落地签政策，直接推动了中国出境泰国旅游的迅猛发展。1998—2014年中国出境泰国游客人数共计2434.27万人次，但2015—2018年仅4年便超越之前17年的总人数，达3709.82万人次，这是中国出境东盟（国别）旅游

---

① 1990年10月，原国家旅游局制定并发布《关于组织我国公民赴东南亚三国旅游的暂行办法》，1997年7月1日，原国家旅游局与公安部联合发布《中国公民自费出国旅游管理暂行办法》。

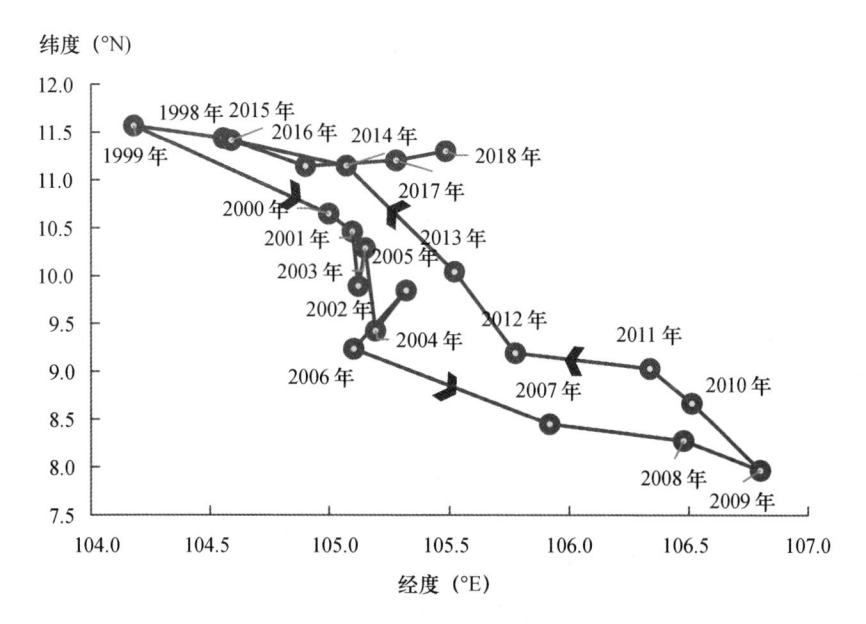

重心在 2010 年之后向西北迁移的最关键原因。

图 6-5　1998—2018 年中国出境东盟（国别）旅游重心轨迹

Fig. 6-5　The Gravity Center of Chinese Visitors to ASEAN by Country (1998-2018)

表 6-5　1998—2018 年中国出境东盟（国别）旅游重心经纬度

Tab. 6-5　The Gravity Center Coordinates of Chinese Visitors to ASEAN by Country (1998-2018)

年份	经度（°E）	纬度（°N）	经度变化量	纬度变化量	移动距离（km）
1998	104.55	11.44	N/A	N/A	N/A
1999	104.18	11.57	-0.37	0.13	44.22
2000	105.00	10.65	0.82	-0.92	136.79
2001	105.10	10.46	0.10	-0.19	23.44
2002	105.12	9.89	0.02	-0.57	63.44
2003	105.15	10.29	0.03	0.40	44.31
2004	105.19	9.42	0.04	-0.87	96.14

续表

年份	经度（°E）	纬度（°N）	经度变化量	纬度变化量	移动距离（km）
2005	105.32	9.84	0.13	0.42	48.69
2006	105.10	9.23	-0.22	-0.61	71.84
2007	105.92	8.45	0.82	-0.78	125.78
2008	106.48	8.28	0.56	-0.17	65.19
2009	106.80	7.97	0.32	-0.31	49.58
2010	106.51	8.67	-0.29	0.70	84.20
2011	106.34	9.03	-0.17	0.36	44.56
2012	105.77	9.19	-0.57	0.16	65.10
2013	105.52	10.04	-0.25	0.85	98.60
2014	105.07	11.15	-0.45	1.11	132.64
2015	104.59	11.41	-0.48	0.26	61.18
2016	104.90	11.14	0.31	-0.27	45.88
2017	105.28	11.20	0.38	0.06	42.38
2018	105.48	11.30	0.20	0.10	24.86

说明："N/A"表示本栏目不适用，因为变化量为本期水平与去年同期水平对比而得到的相对变化值。

资料来源：课题组经计算整理而得。

6.2.2.2 主体逐渐趋北，呈"泰国—马来西亚"两极化

与重心移动轨迹相对应，中国出境东盟（国别）旅游的标准差椭圆也逐步向"西北→东南"和"东南→西北"偏移（见图6-6）。表6-6显示，1998—2018年中国出境东盟10国旅游标准差椭圆的轴距变化显著，X轴与Y轴标准差分别在9.20和11.65以及4.76和6.81之间波动，呈递增趋势，这说明中国出境东盟（国别）旅游主体集中在泰国湾沿岸国家，且范围不断扩大。从旋转角度来看，1998—2018年从163.47°下降至141.57°，这表明中国出境东盟（国别）旅游主体逐渐趋北，呈"泰国—马来西亚"两极化。

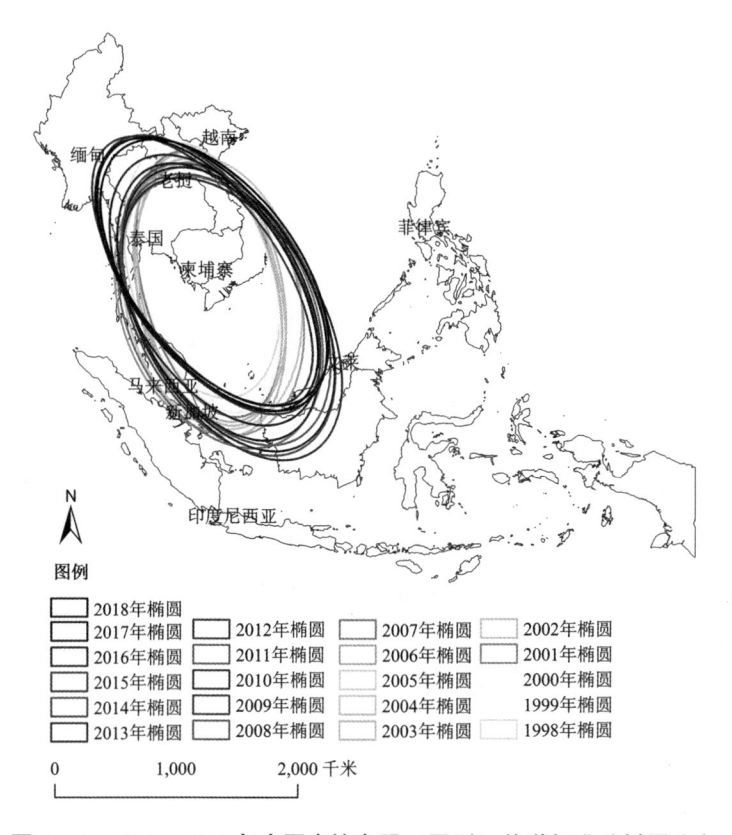

第6章 中国—东盟旅游与贸易空间聚散

图 6-6　1998—2018 年中国出境东盟（国别）旅游标准差椭圆分布

Fig. 6-6　The Standard Deviational Ellipse of Chinese Visitors to ASEAN by Country (1998-2018)

说明：该图基于广西壮族自治区自然资源厅标准地图服务网站（http://www.gismap.com.cn/）下载的审图号为 GS（2016）931 号、GS（2016）932 号和桂 S（2016）22 号的标准地图制作，底图无修改。

表 6-6　1998—2018 年中国出境东盟（国别）旅游标准差椭圆参数

Tab. 6-6　The Standard Deviation Elliptic Parameters of Chinese Visitors to ASEAN by Country (1998-2018)

年份	X 轴标准差	Y 轴标准差	旋转角度
1998	9.42	5.34	163.47°

续表

年份	X轴标准差	Y轴标准差	旋转角度
1999	9.20	4.91	165.67°
2000	9.72	4.76	163.41°
2001	9.82	4.87	164.37°
2002	9.80	4.96	166.45°
2003	9.90	5.30	166.87°
2004	10.00	5.24	167.38°
2005	9.94	6.45	168.00°
2006	9.93	6.64	162.44°
2007	10.33	6.81	154.57°
2008	11.05	6.61	150.01°
2009	11.26	6.50	147.90°
2010	11.16	6.46	150.34°
2011	11.00	6.45	151.29°
2012	10.86	6.10	151.23°
2013	10.84	6.16	147.57°
2014	11.65	5.73	144.25°
2015	11.44	5.42	142.65°
2016	11.45	5.76	143.33°
2017	11.55	6.01	142.14°
2018	11.21	6.10	141.57°

说明:"N/A"表示本栏目不适用,因为变化量为本期水平与去年同期水平对比而得到的相对变化值。

资料来源:课题组经计算整理而得。

6.2.3 中国（省域）从东盟（国别）进口贸易

6.2.3.1 国别重心呈现出"西南→东北"和"西部集聚→西北"迁移态势

如图6-7所示，中国从东盟（国别）进口贸易的重心呈现出"西南→东北"和"西部集聚→西北"的空间迁移态势。表6-7显示，中国从东盟（国别）进口贸易重心的最大移动幅度出现在2013—2014年，向西北方向移动了186.46千米；最小移动幅度出现在2016—2017年，仅向东南方向移动了10.36千米。具体而言，1998—2007年中国从东盟（国别）进口贸易重心轨迹在空间上自西南向东北逐年迁移，主要原因是：在此期间，中国从马来西亚、菲律宾、印尼进口贸易额占中国从东盟进口贸易总额的比重高，位于东盟东部、东北部的马来西亚、印尼、菲律宾3国形成了向东北方向的合力。2008—2018年中国从东盟10国进口贸易的重心轨迹在空间上向西部、西北部逐年迁移，主要原因是：在此期间，中国从泰国、越南的进口贸易占中国从东盟进口贸易

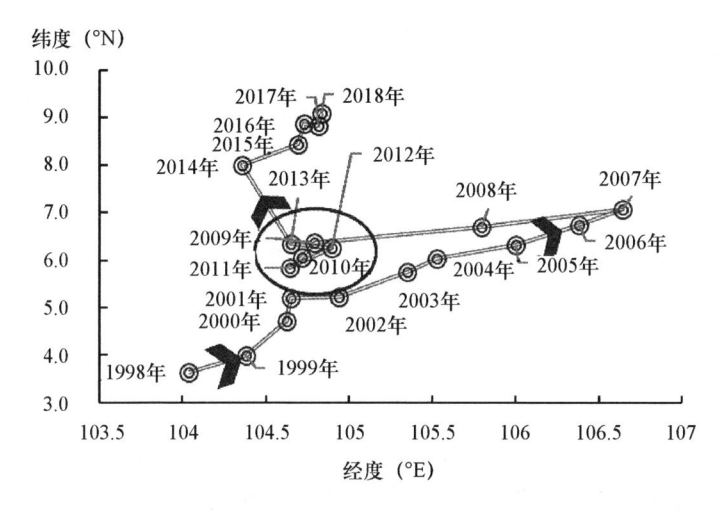

图 6 - 7　1998—2018 年中国从东盟（国别）进口贸易重心轨迹

Fig. 6 - 7　The Gravity Center of China's Imports from ASEAN by Country (1998 - 2018)

总额的比重迅速上升，位于东盟西北部的泰国、越南形成了向西北方向的合力。这说明中国从东盟（国别）进口贸易的主要区域已经从海洋东盟 5 国向湄公河 5 国转移。

表 6 – 7 1998—2018 年中国从东盟（国别）进口贸易重心经纬度

Tab. 6 – 7 The Gravity Center Coordinates of China's Imports from ASEAN by Country（1998 – 2018）

年份	经度（°E）	纬度（°N）	经度变化量	纬度变化量	移动距离（km）
1998	104.04	3.64	N/A	N/A	N/A
1999	104.38	3.99	0.34	0.35	55.08
2000	104.62	4.71	0.24	0.72	84.36
2001	104.65	5.20	0.03	0.49	53.89
2002	104.93	5.21	0.28	0.01	31.57
2003	105.35	5.74	0.42	0.53	75.01
2004	105.52	6.04	0.17	0.30	38.10
2005	106.00	6.32	0.48	0.28	61.31
2006	106.38	6.73	0.38	0.41	62.11
2007	106.64	7.06	0.26	0.33	45.85
2008	105.79	6.70	－0.85	－0.36	101.51
2009	104.79	6.36	－1.00	－0.34	116.90
2010	104.72	6.06	－0.07	－0.30	34.27
2011	104.64	5.83	－0.08	－0.23	26.77
2012	104.89	6.26	0.25	0.43	55.09
2013	104.65	6.34	－0.24	0.08	28.08
2014	104.35	7.99	－0.30	1.65	186.46
2015	104.69	8.44	0.34	0.45	61.95
2016	104.73	8.86	0.04	0.42	47.17
2017	104.82	8.83	0.09	－0.03	10.36
2018	104.83	9.08	0.01	0.25	27.35

说明："N/A"表示本栏目不适用，因为变化量为本期水平与去年同期水平对比而得出的相对变化值。

资料来源：课题组经计算整理而得。

6.2.3.2 省域重心呈现出"西南→东北→西南"的迁移态势

如图 6-8 所示,中国(省域)从东盟进口贸易重心呈现为"西南→东北→西南"的空间迁移态势。表 6-8 显示,重心最大移动幅度出现在 2009—2010 年,向东北方向移动了 108.71 千米;最小移动幅度出现在 1999—2000 年,仅向东南方向移动了 5.06 千米。总体而言,1998—2017 年,中国(省域)从东盟进口贸易重心主要在江西北部以及赣皖边界徘徊。1998—2010 年,中国(省域)从东盟进口贸易重心向东北方向转移,这说明 1998—2010 年华东地区对东盟国家产品的需求较大。其中 2007—2009 年重心轨迹向西南方向回迁,主要原因在于受到 2008 年全球金融危机的影响,华东地区从东盟进口贸易增速出现了负增长;而华南地区由于毗邻东盟国家,从东盟进口产品增速放缓但仍为正增长,因此形成了向西南方向的拉力。2011—2016 年,中国(省域)从东盟进口贸易重心逐渐向西南方向偏移,这说明随着 CAFTA 的建成,华南、西南地区凭借其与东盟国家相邻的区位优势,其经济联

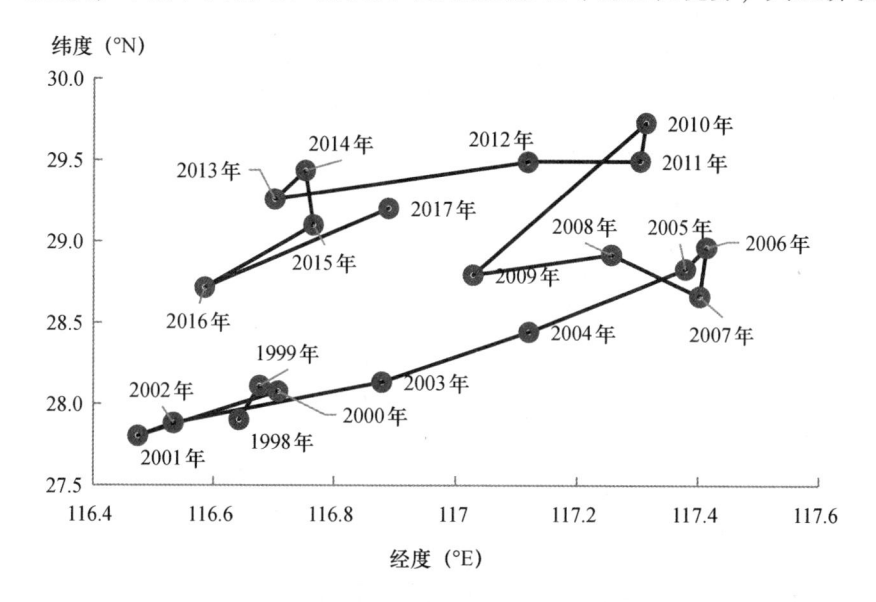

图 6-8 1998—2017 年中国(省域)从东盟进口贸易的重心轨迹

Fig. 6-8 The Gravity Center of China's Imports from ASEAN by Locality (1998-2017)

系进一步加强,双边贸易迅速增长。2017年中国(省域)从东盟进口贸易的重心向东北方向偏移,这说明东盟产品对华东地区的吸引力较强。由此可见,2010年以后中国(省域)从东盟进口贸易的重心在南北方向上缓慢移动,这表明华东地区对东盟地区的产品仍然有较高的需求,来自华东地区的拉力消解了部分来自华南、西南地区的拉力。

表6-8 1998—2017年中国(省域)从东盟进口贸易重心的经纬度

Tab. 6-8 The Gravity Center Coordinates of China's Imports from ASEAN by Locality (1998-2017)

年份	经度(°E)	纬度(°N)	经度变化量	纬度变化量	移动距离(km)
1998	116.64	27.90	N/A	N/A	N/A
1999	116.68	28.11	0.04	0.21	23.41
2000	116.71	28.08	0.03	-0.03	5.06
2001	116.47	27.80	-0.24	-0.28	39.81
2002	116.53	27.88	0.06	0.08	10.95
2003	116.88	28.14	0.35	0.26	47.47
2004	117.12	28.44	0.24	0.30	43.47
2005	117.38	28.83	0.26	0.39	51.74
2006	117.41	28.96	0.03	0.13	15.36
2007	117.40	28.66	-0.01	-0.30	33.51
2008	117.26	28.92	-0.14	0.26	32.75
2009	117.03	28.79	-0.23	-0.13	28.88
2010	117.31	29.73	0.28	0.94	108.71
2011	117.30	29.49	-0.01	-0.24	26.29
2012	117.12	29.49	-0.18	0.00	20.60
2013	116.70	29.26	-0.42	-0.23	52.93
2014	116.75	29.44	0.05	0.18	20.39
2015	116.77	29.10	0.02	-0.34	37.27
2016	116.58	28.72	-0.19	-0.38	47.11
2017	116.89	29.20	0.31	0.48	63.74

说明:"N/A"表示本栏目不适用,因为变化量为本期水平与去年同期水平对比而得到的相对变化值。

资料来源:课题组经计算整理而得。

6.2.3.3 国别主体从马来群岛向中南半岛转移

如图 6-9 所示,1998—2018 年中国从东盟(国别)进口贸易主体范围有两个变化:1998—2007 年向东北方向扩张;2007—2018 年向西北方向扩张。表 6-9 显示,1998—2018 年 X 轴标准差在 10.63 和 13.39 之间整体波动上升,Y 轴标准差在 6.64 和 8.77 之间先上升后下降,XY 轴波动幅度差别不大。从旋转角度看,1998—2006 年从

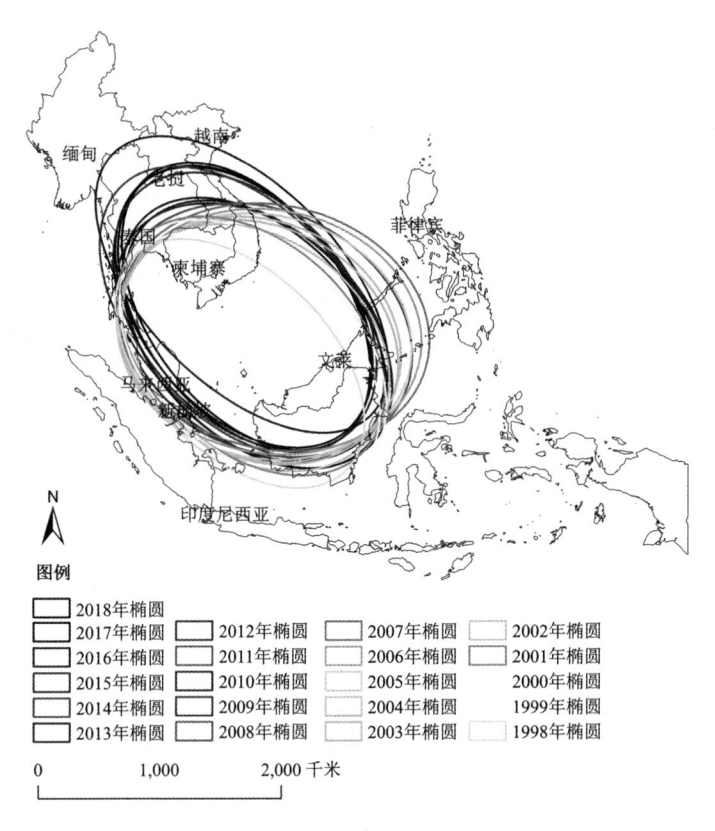

图 6-9 1998—2018 年中国从东盟(国别)进口贸易标准差椭圆分布

Fig. 6-9 The Standard Deviational Ellipse of China's Imports from ASEAN by Country (1998-2018)

说明:该图基于广西壮族自治区自然资源厅标准地图服务网站(http://www.gismap.com.cn/)下载的审图号为 GS(2016)931 号、GS(2016)932 号和桂 S(2016)22 号的标准地图制作,底图无修改。

133.38°下降至 99.59°，2007—2018 年从 102.32°上升至 142.77°，这说明中国从东盟 10 国进口贸易的主体范围先按逆时针向东北方向偏移，再按顺时针向西南方向回移，表明中国从东盟 10 国进口贸易的主要区域已经从海洋东盟 5 国向湄公河 5 国转移。

表 6-9 1998—2018 年中国从东盟（国别）进口贸易标准差椭圆参数

Tab. 6-9 The Standard Deviation Elliptic Parameters of China's Imports from ASEAN by Country (1998-2018)

年份	X 轴标准差	Y 轴标准差	旋转角度
1998	11.00	6.64	133.38°
1999	11.22	7.06	131.61°
2000	11.46	7.37	132.11°
2001	11.22	7.55	131.12°
2002	10.64	7.95	124.31°
2003	10.63	8.38	114.25°
2004	10.65	8.55	110.83°
2005	10.97	8.74	102.91°
2006	11.30	8.76	99.59°
2007	11.55	8.77	102.32°
2008	11.36	8.62	114.02°
2009	11.27	7.85	127.68°
2010	13.39	7.19	134.30°
2011	13.39	7.19	134.30°
2012	11.50	7.62	133.07°
2013	11.63	7.46	134.72°
2014	12.72	7.69	135.08°
2015	11.62	7.72	137.07°
2016	11.67	7.50	139.27°
2017	11.73	7.47	141.66°
2018	11.81	7.21	142.77°

资料来源：课题组经计算整理而得。

第6章 中国—东盟旅游与贸易空间聚散

6.2.3.4 省域主体呈"东北→西南"扩张态势

如图 6-10 所示，1998—2017 年中国（省域）从东盟进口贸易标

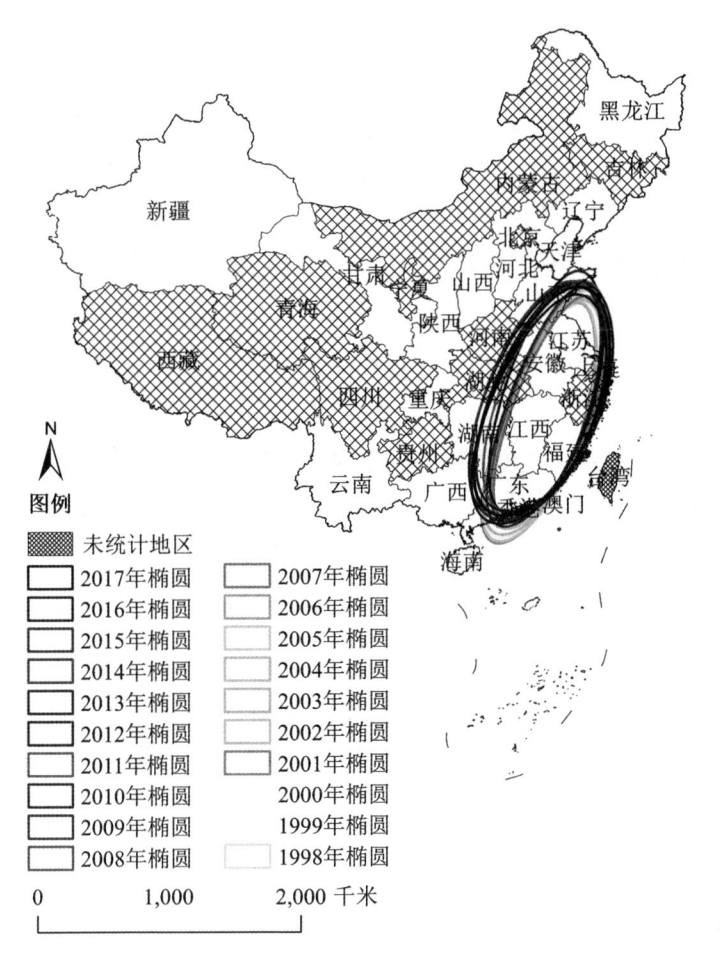

图 6-10　1998—2017 年中国（省域）从东盟进口贸易标准差椭圆分布

Fig. 6-10　The Standard Deviational Ellipse of China's Imports from ASEAN by Locality (1998-2017)

说明：该图基于广西壮族自治区自然资源厅标准地图服务网站（http://www.gismap.com.cn/）下载的审图号为 GS（2016）931 号、GS（2016）932 号和桂 S（2016）22 号的标准地图制作，底图无修改。

准差椭圆的主体范围呈现"东北→西南"扩张态势。表6-10显示，1998—2017年中国（省域）从东盟进口贸易标准差椭圆的轴距整体变化较小，X轴标准差在2.92和4.32之间整体向上波动，Y轴标准差在8.25和8.8之间随机波动。相比较而言，X轴变化幅度明显大于Y轴，中国（省域）从东盟进口贸易的主体区域在"东北→西南"方向上变化较小，在"西北→东南"方向上呈扩散发展。从旋转角度看，1998—2017年旋转角度先下降后上升，这说明中国（省域）从东盟进口贸易的主体区域先按逆时针向东北地区偏移后再按顺时针向西南地区偏移，这与重心轨迹的变化趋势一致。总体而言，1998—2017年中国（省域）从东盟进口贸易的主体范围正逐渐向中国西部内陆省域扩展。

表6-10 1998—2017年中国（省域）从东盟进口贸易标准差椭圆参数

Tab. 6-10 The Standard Deviation Elliptic Parameters of China's Imports from ASEAN by Locality（1998-2017）

年份	X轴标准差	Y轴标准差	旋转角度
1998	2.96	8.61	32.08°
1999	3.12	8.80	30.68°
2000	3.02	8.79	31.50°
2001	2.92	8.78	31.11°
2002	2.98	8.73	31.14°
2003	3.09	8.64	33.12°
2004	3.17	8.55	33.40°
2005	3.08	8.46	32.69°
2006	3.00	8.50	32.13°
2007	2.92	8.25	32.78°
2008	3.00	8.56	31.82°
2009	3.01	8.70	31.86°

续表

年份	X轴标准差	Y轴标准差	旋转角度
2010	3.40	8.73	30.05°
2011	3.73	8.48	34.00°
2012	4.13	8.46	36.05°
2013	4.28	8.71	35.41°
2014	4.32	8.52	34.37°
2015	3.90	8.62	34.12°
2016	3.86	8.52	35.99°
2017	3.96	8.52	36.31°

资料来源：课题组经计算整理而得。

6.2.4 中国（省域）对东盟（国别）出口贸易

6.2.4.1 国别重心呈现出由"西南集聚"向"东北集聚"的态势

如图6-11所示，中国对东盟（国别）出口贸易的重心轨迹呈现出由"西南集聚"→"东北集聚"的态势。表6-11显示，中国对东盟（国别）出口贸易重心移动最大距离出现在1998—1999年，向西南方向移动了136.99千米；移动最小距离出现在2017—2018年，仅向西移动了4.01千米。

具体而言，1998—2000年中国对东盟（国别）出口贸易重心向西移动，2001—2013年在东盟西南部方向上呈集聚状分布，其主要原因是自CAFTA建设以来，中国与较发达的东盟国家的经贸联系比较密切，中国对新加坡、马来西亚、印尼出口贸易占中国对东盟出口贸易总额的比重较高，形成了向西南方向的合力。2014—2018年中国对东盟（国别）出口贸易的重心在空间上自西南向东北逐年迁移，并于2016—2018年在东北方向上集聚，其主要原因是：随着CAFTA的建设和发展，中国与东盟一些欠发达国家的贸易联系逐渐加深，越南、泰国等位

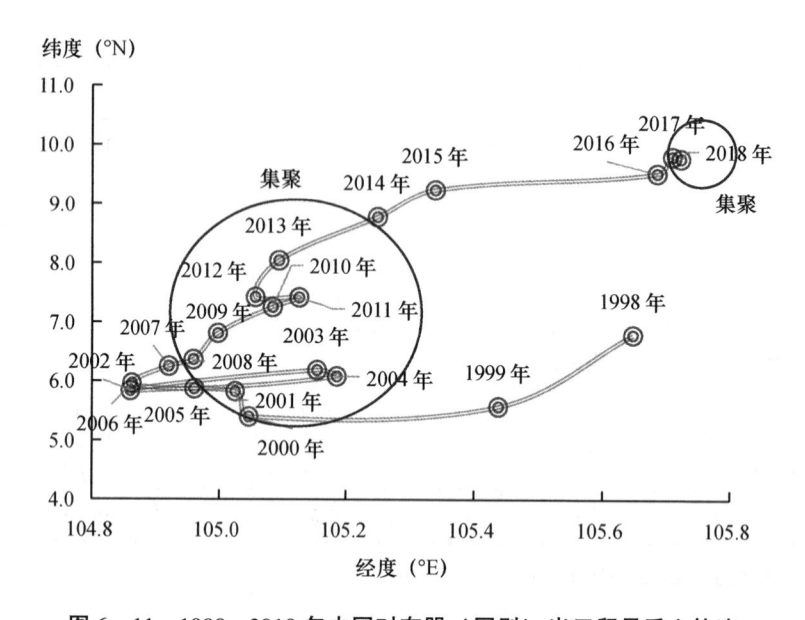

图 6-11　1998—2018 年中国对东盟（国别）出口贸易重心轨迹

Fig. 6-11　The Gravity Center of China's Exports to ASEAN by Country (1998-2018)

于东盟北部地区国家的经济增速较快，逐渐成为中国对东盟出口的主要对象国。

表 6-11　1998—2018 年中国对东盟（国别）出口贸易重心的经纬度

Tab. 6-11　The Gravity Center of China's Exports to ASEAN by Country (1998-2018)

年份	经度（°E）	纬度（°N）	经度变化量	纬度变化量	移动距离（km）
1998	105.65	6.79	N/A	N/A	N/A
1999	105.44	5.57	-0.21	-1.22	136.99
2000	105.05	5.40	-0.39	-0.17	47.40
2001	105.03	5.82	-0.02	0.42	47.44
2002	104.86	5.83	-0.17	0.01	18.36
2003	105.15	6.19	0.29	0.36	50.79

续表

年份	经度 (°E)	纬度 (°N)	经度变化量	纬度变化量	移动距离 (km)
2004	105.19	6.08	0.04	-0.11	12.04
2005	104.96	5.87	-0.23	-0.21	34.20
2006	104.86	5.96	-0.10	0.09	14.78
2007	104.92	6.25	0.06	0.29	32.82
2008	104.96	6.36	0.04	0.11	13.21
2009	105.00	6.81	0.04	0.45	50.02
2010	105.08	7.25	0.08	0.44	50.40
2011	105.13	7.42	0.05	0.17	18.67
2012	105.06	7.42	-0.07	0.00	7.48
2013	105.09	8.04	0.03	0.62	69.06
2014	105.25	8.78	0.16	0.74	83.73
2015	105.34	9.24	0.09	0.46	52.23
2016	105.68	9.52	0.34	0.28	49.28
2017	105.71	9.81	0.03	0.29	31.70
2018	105.72	9.77	0.01	-0.04	4.01

说明:"N/A"表示本栏目不适用,因为变化量为本期水平与上一年同期水平对比而得到的相对变化值。

6.2.4.2 省域重心呈"西南→东北→西南"迁移态势

如图 6-12 所示,2009—2010 年除外,中国(省域)对东盟出口贸易重心整体上呈现为"西南→东北→西南"的空间迁移态势。表 6-12 显示,中国(省域)对东盟出口贸易重心的最大移动幅度出现在 2008—2009 年,向西南方向移动了 92.7 千米;最小移动幅度出现在 1999—2000 年,仅向北移动了 1.56 千米。整体而言,1998—2017 年,中国(省域)对东盟出口贸易重心主要在安徽南部以及赣皖边界徘徊。其中,1998—2005 年从西南向东北方向转移,主要原因是东北、华北、华东地区经济基础较好,出口贸易发展早。2005 年 7 月开始实施 CAF-

TA货物贸易协议,双方的7000余种商品开始全面降税,华南、西南地区利用地缘优势,与东盟的出口贸易增速加快,因此2006—2017年中国(省域)对东盟出口贸易重心向西南方向转移。2008年全球金融危机之后,华东、华北、东北地区出口贸易恢复较快,因此中国(省域)对东盟出口贸易重心在2009—2010年出现了向东北方向的短暂回移。随着2010年CAFTA的全面建成,中国(省域)对东盟出口贸易重心朝西南方向稳步移动。

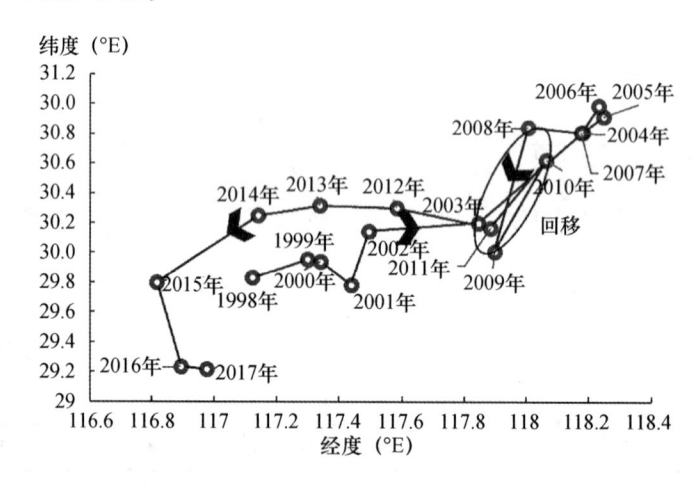

图6-12 1998—2017年中国(省域)对东盟出口贸易重心轨迹

Fig. 6-12 The Gravity Center of China's Exports to ASEAN by Locality (1998-2017)

表6-12 1998—2017年中国(省域)对东盟出口贸易重心经纬度

Tab. 6-12 The Gravity Center Coordinates of China's Exports to ASEAN by Locality (1998-2017)

年份	经度(°E)	纬度(°N)	经度变化量	纬度变化量	移动距离(km)
1998	117.12	29.83	N/A	N/A	N/A
1999	117.30	29.95	0.18	0.12	13.71
2000	117.34	29.94	0.04	-0.01	1.56
2001	117.44	29.78	0.10	-0.16	17.48

续表

年份	经度（°E）	纬度（°N）	经度变化量	纬度变化量	移动距离（km）
2002	117.49	30.15	0.05	0.37	40.33
2003	117.84	30.20	0.35	0.05	6.25
2004	118.18	30.81	0.34	0.61	67.59
2005	118.25	30.92	0.07	0.11	11.72
2006	118.23	30.99	-0.02	0.07	8.09
2007	118.18	30.81	-0.05	-0.18	20.08
2008	118.00	30.84	-0.18	0.03	4.02
2009	117.90	30.01	-0.10	-0.83	92.70
2010	118.06	30.62	0.16	0.61	67.82
2011	117.88	30.17	-0.18	-0.45	50.37
2012	117.58	30.30	-0.30	0.13	14.78
2013	117.34	30.32	-0.24	0.02	1.90
2014	117.14	30.25	-0.20	-0.07	7.57
2015	116.81	29.80	-0.33	-0.45	49.73
2016	116.89	29.24	0.08	-0.56	62.79
2017	116.98	29.22	0.09	-0.02	2.31

说明："N/A"表示本栏目不适用，因为变化量为本期水平与上一年同期水平对比而得出的相对变化值。

资料来源：课题组经计算整理而得。

6.2.4.3 国别主体呈"西北—东南"内缩→"向北迁移"

如图6-13所示，1998—2018年中国对东盟（国别）出口贸易标准差椭圆主体范围变化先沿"西北—东南"方向内缩，接着整体向北移动。表6-13显示，1998—2018年X轴标准差在10.75和12.24之间波动上升，Y轴标准差整体呈下降趋势，由9.57下降到了8.14；长短轴波动幅度差别不大。从旋转角度看，1998—2018年从122.17°上升到139.14°，主体范围按顺时针向东北方向偏移，呈"泰国—印尼"两

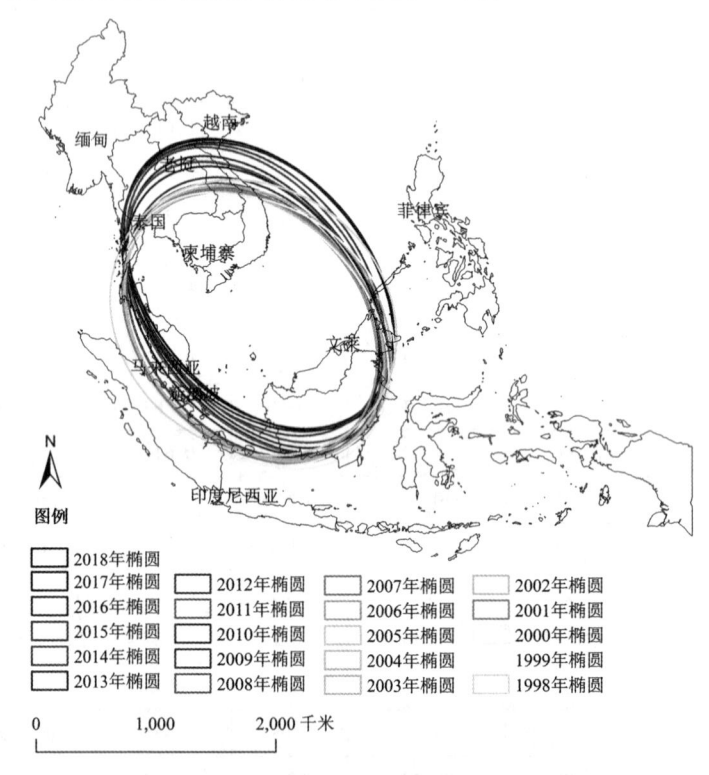

极化，这与重心迁移轨迹分析的结果基本一致。

图 6－13　1998—2018 年中国对东盟（国别）出口贸易标准差椭圆分布
Fig. 6－13　The Standard Deviational Ellipse of China's Exports to ASEAN by Country (1998－2018)

说明：该图基于广西壮族自治区自然资源厅标准地图服务网站（http://www.gismap.com.cn/）下载的审图号为 GS（2016）931 号、GS（2016）932 号和桂 S（2016）22 号的标准地图制作，底图无修改。

表 6－13　1998—2018 年中国对东盟（国别）出口贸易标准差椭圆参数
Tab. 6－13　The Standard Deviation Elliptic Parameters of China's Exports to ASEAN by Country (1998－2018)

年份	X 轴标准差	Y 轴标准差	旋转角度
1998	11.16	9.57	122.17°
1999	11.12	9.11	125.69°

续表

年份	X轴标准差	Y轴标准差	旋转角度
2000	11.49	8.39	135.15°
2001	11.24	8.44	135.88°
2002	11.18	8.28	135.75°
2003	11.24	8.59	134.37°
2004	11.24	8.59	134.37°
2005	11.04	8.29	136.37°
2006	10.75	8.32	138.20°
2007	10.84	8.32	140.58°
2008	11.21	8.18	140.04°
2009	11.20	8.26	142.26°
2010	11.87	8.07	140.88°
2011	12.24	7.91	140.18°
2012	12.19	7.80	140.22°
2013	12.07	7.76	141.99°
2014	12.15	7.86	142.50°
2015	11.95	8.14	141.30°
2016	12.01	8.43	137.73°
2017	12.01	8.30	138.43°
2018	12.20	8.14	139.14°

资料来源：课题组经计算整理而得。

6.2.4.4 省域主体呈"内部收缩"→"西北—东南"扩张

如图6-14所示，1998—2017年中国（省域）对东盟出口贸易主体范围有两个变化：1998—2011年先向内部收缩，2012—2017年再沿"西北—东南"方向扩张。

表6-14显示，1998—2017年X轴标准差在3.81和5.87之间先下降后上升，Y轴标准差在8.26和9.63之间整体波动下降，XY轴波

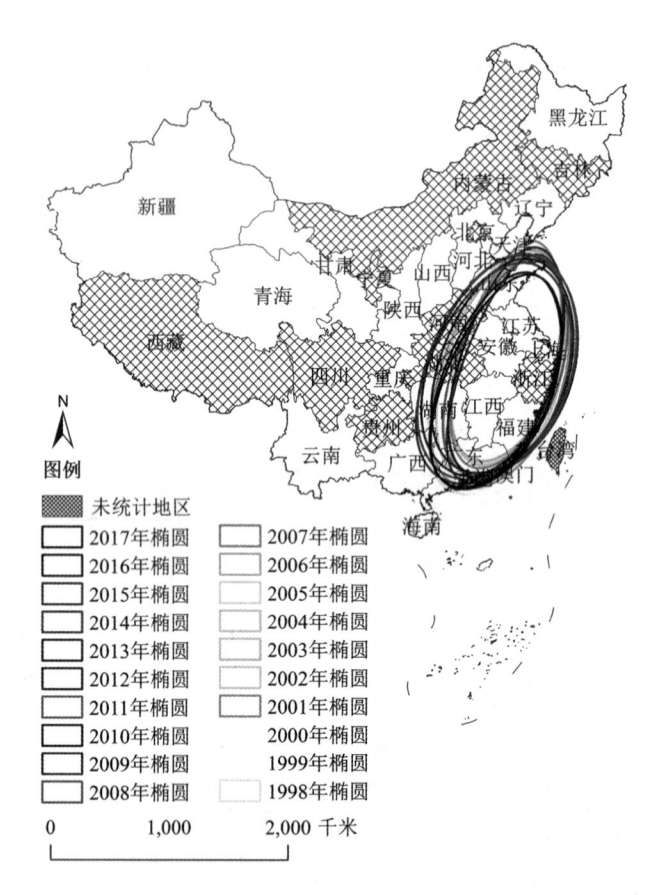

图 6 – 14 1998—2017 年中国（省域）对东盟出口贸易标准差椭圆分布

Fig. 6 – 14 The Standard Deviational Ellipse of China's Exports to ASEAN by Locality（1998—2017）

说明：该图基于广西壮族自治区自然资源厅标准地图服务网站（http：//www. gismap. com. cn/）下载的审图号为 GS（2016）931 号、GS（2016）932 号和桂 S（2016）22 号的标准地图制作，底图无修改。

动幅度差别不大。从旋转角度看，1998—2017 年总体上先下降后上升，即中国（省域）对东盟出口贸易的主体范围先按逆时针向东北方向偏移，再按顺时针向西南方向回移。

表6-14 1998—2017年中国（省域）对东盟出口贸易标准差椭圆参数

Tab. 6-14 The Standard Deviation Elliptic Parameters of China's Exports to ASEAN by Locality (1998-2017)

年份	X轴标准差	Y轴标准差	旋转角度
1998	4.95	9.63	32.14°
1999	5.43	9.62	32.24°
2000	5.59	9.25	32.89°
2001	5.08	9.16	32.94°
2002	4.88	8.88	30.33°
2003	4.41	8.54	32.37°
2004	4.25	8.31	29.67°
2005	4.24	8.30	30.45°
2006	4.22	8.26	31.33°
2007	4.03	8.64	30.75°
2008	3.97	9.08	29.61°
2009	3.81	9.10	32.12°
2010	4.04	8.93	31.33°
2011	4.39	8.59	34.13°
2012	5.35	8.50	36.46°
2013	5.87	8.89	39.44°
2014	5.85	9.14	39.96°
2015	5.58	9.01	40.01°
2016	4.55	8.72	34.71°
2017	4.36	8.69	36.47°

资料来源：课题组经计算整理而得。

6.3 空间聚散演变

6.3.1 空间聚散过程

将1998—2018年中国—东盟旅游与贸易重心坐标数据代入式4-3，测算得出各年度重心重叠性，相关符号与含义如表6-15所示。

表6-15　　中国—东盟旅游与贸易重心重叠性符号与含义

Tab. 6-15　　The Symbols and Meanings of the Coupling of the Gravity Centers of Tourism and Trade between China and ASEAN

符号	含义
S_1	F_1 重心重叠性
S_2	F_2 重心重叠性
S_3	F_3 重心重叠性
S_4	F_4 重心重叠性
S_5	F_5 重心重叠性
S_6	F_6 重心重叠性

资料来源：课题组经整理而得。

6.3.1.1 F_1 和 F_2 重心聚散过程

如表6-16所示，1998—2018年 S_1 从447.04千米降至350.85千米，其均值为305.8千米；S_2 从117.4千米升至238.69千米，其均值为227.14千米。从整体上看，$S_1 > S_2$ 且 S_1 呈减弱态势，S_2 呈增强态势。这表明东盟（国别）入境中国旅游与中国从东盟（国别）进口贸易的重心重叠性低于中国对东盟（国别）出口贸易，但双方差距正逐渐减小。

具体而言，S_1 在1998年为447.04千米，随后开始持续下降，至2006年递减至69.9千米，此后开始急剧上升，于2009年增至366.28

千米，2010—2012 年在 343 千米左右小幅波动，2013 年又增至 408.61 千米，随后波动递减至 2018 年的 350.85 千米。

表 6 - 16　　　　　　　　F_1 和 F_2 重心重叠性
Tab. 6 - 16　　　　　　The Overlapping of Gravity of F_1 & F_2

年份	S_1 (km)	S_2 (km)
1998	447.04	117.40
1999	353.02	147.72
2000	304.68	219.54
2001	307.78	230.81
2002	290.06	249.14
2003	284.27	271.38
2004	120.54	146.43
2005	143.32	209.81
2006	69.90	219.84
2007	196.19	293.32
2008	308.48	351.35
2009	366.28	314.26
2010	345.67	207.40
2011	346.81	171.00
2012	340.57	221.03
2013	408.61	226.17
2014	347.14	216.38
2015	377.22	263.90
2016	352.09	234.84
2017	361.29	219.51
2018	350.85	238.69

资料来源：课题组经计算整理而得。

S_2 在 1998 年为 117.4 千米,随后开始持续上升,至 2003 年递增至 271.38 千米,2004 年急剧下降至 146.43 千米,2005—2008 年从 209.81 千米波动上升至 351.35 千米,此后大幅下降至 2011 年的 171 千米,2012—2015 年从 221.03 千米波动上升至 263.9 千米,2016—2017 年分别降至 234.84 千米和 219.51 千米,2018 年又回升至 238.69 千米。

6.3.1.2 F_3 和 F_4 重心聚散过程

如表 6-17 所示,S_3 从 935.22 千米降至 272.99 千米,其均值为 465.54 千米;S_4 从 638.74 千米降至 285.54 千米,其均值为 405.19 千米。这表明中国出境东盟(国别)旅游与双边贸易重心重叠性逐渐增强,其中初期 S_3 大于 S_4,近年来二者趋于一致。

具体而言,S_3 在 1998 年为 935.22 千米,随后开始持续下降,至 2009 年递减至 197.66 千米,从 2010 年起开始持续上升,从 310.11 千米增至 2013 年的 418 千米,2015 年后又开始缓慢下降,于 2018 年降至 272.99 千米。

S_4 在 1998 年为 638.74 千米,1999 年升至 766.27 千米,随后开始持续下降,于 2009 年递减至 179.64 千米,2010—2014 年持续回升,从 215.94 千米增至 340.64 千米,随后又开始持续递减,至 2018 年降至 285.54 千米。

表 6-17　　　　　　　　F_3 和 F_4 重心重叠性

Tab. 6-17　　　　　The Overlapping of Gravity of F_3 & F_4

年份	S_3（km)	S_4（km)
1998	935.22	638.74
1999	905.74	766.27
2000	743.93	683.01
2001	673.61	618.21

续表

年份	S_3 (km)	S_4 (km)
2002	616.39	547.81
2003	621.97	568.64
2004	497.48	476.49
2005	519.04	527.98
2006	425.19	406.11
2007	353.32	277.99
2008	281.24	245.69
2009	197.66	179.64
2010	310.11	215.94
2011	378.93	237.60
2012	352.31	256.35
2013	418.00	277.47
2014	354.90	340.64
2015	345.57	340.46
2016	284.90	327.49
2017	287.87	291.02
2018	272.99	285.54

资料来源：课题组经计算整理而得。

6.3.1.3 F_5和F_6重心聚散过程

如表6-18所示，1998—2017年，S_5从409.74千米降至356.88千米，其均值为318.89千米；S_6从266.75千米增至381.71千米，其均值为326.71千米。这表明东盟入境中国（省域）旅游与双边贸易重心之间重叠性较为接近。

具体而言，S_5在1998年为409.74千米，于1999—2008年经历了波动式下降，从356.12千米缩短至245.27千米。在2009年略升至

267.13 千米后,2010 年又回落至 251.08 千米,随后开始上升,2012 年增至 304.75 千米,2013—2014 年连续递减至 271.38 千米,在 2015 年大幅增至 386.96 千米后又于 2016 年降至 338.72 千米,2017 年小幅回升至 356.88 千米。

S_6 在 1998 年为 266.75 千米,1999 年、2000 年分别升至 275.47 千米和 336.47 千米,随后小幅回落,2001 年降至 268.09 千米。在 2002 年升至 309.48 千米之后,2003 年大幅降至近 20 年来的最低点 202.61 千米,随后开始大幅上升,2005 年增至 357.09 千米。2006—2007 年变动较小,维持在 350.93 千米和 355.57 千米。在 2008 年降至 282.73 千米后开始持续上升,2011 年升至 369.94 千米,2012 年小幅回落至 358.99 千米,2013 年小幅回升至 369.45 千米,2014 年又降至 335.63 千米,2015 年大幅上升至 416.59 千米,随后开始下降,2016 年和 2017 年分别降至 384.73 千米和 381.71 千米。

表 6 - 18　　　　　　　　F_5 和 F_6 重心重叠性

Tab. 6 - 18　　　　　The Overlapping of Gravity of F_5 & F_6

年份	S_5 (km)	S_6 (km)
1998	409.74	266.75
1999	356.12	275.47
2000	420.05	336.47
2001	337.12	268.09
2002	359.33	309.48
2003	306.70	202.61
2004	318.51	270.18
2005	278.95	357.09
2006	277.68	350.93

续表

年份	S_5 (km)	S_6 (km)
2007	301.96	355.57
2008	245.27	282.73
2009	267.13	312.85
2010	251.08	328.83
2011	302.94	369.94
2012	304.75	358.99
2013	286.49	369.45
2014	271.38	335.63
2015	386.96	416.59
2016	338.72	384.73
2017	356.88	381.71

资料来源：课题组经计算整理而得。

6.3.2 空间聚散态势

中国—东盟旅游与贸易重心聚散关系演变形态各异，但观察其演变过程可见，F_1 和 F_2 重心、F_3 和 F_4 重心、F_5 和 F_6 重心的聚散演变过程均具有一定的阶段性。

6.3.2.1 S_1 和 S_2："V"形和"M"形

图 6-15 是 F_1 和 F_2 重心重叠性折线图，从历史演变和趋势而言，S_1 呈"V"形，其演变经历"波动下降→快速爬升→保持稳定"三个阶段。1998—2006 年为波动下降阶段，S_1 的持续下降表现出集聚态势；2007—2009 年是快速爬升阶段，表现出高速扩散态势；2010—2018 年为保持稳定阶段，这一期间，S_1 在 350 千米左右徘徊。

S_2 呈"M"形，其演变经历"波动上升→急剧下降→缓慢上升"三个阶段。1998—2008 年为波动上升阶段，这一阶段 S_2 波动幅度较大，于 2003 年和 2008 年出现两个波峰，2008 年为最高值，达 351.35 千米。

图 6-15　F_1 和 F_2 重心重叠性折线图

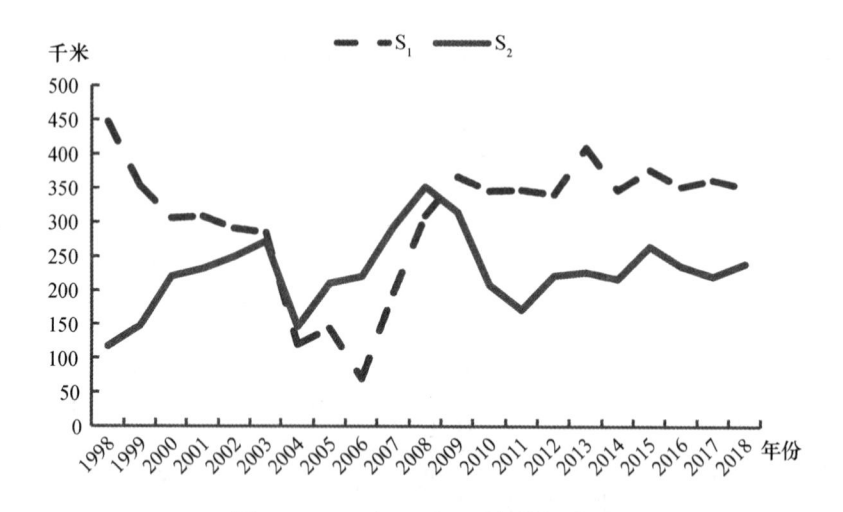

Fig. 6-15　The Line Chart of Overlapping of Gravity of F_1 & F_2

2009—2011 年为急剧下降阶段，说明这一期间 S_2 呈快速集聚态势。2012—2018 年为缓慢上升阶段，S_2 从 221.03 千米缓慢升至 238.69 千米。

6.3.2.2　S_3 和 S_4："V" 形

图 6-16 是 F_3 和 F_4 重心重叠性折线图，从 S_3 和 S_4 时序演变和趋势而言，S_3 和 S_4 整体表现为持续"波动下降"的演变过程，这表明中国出境东盟旅游与双边贸易国别重心在聚散交替过程中趋向集聚，呈"V"形演变态势。其中 S_3 和 S_4 均在 2009 年出现波动转折点。具体而言：

S_3 经历了"快速下降→缓慢爬升→缓慢下降"三个阶段。1998—2009 年是其快速下降阶段，S_3 的不断下降表明集聚速度较快；2010—2013 年是其缓慢爬升的阶段，S_3 的缓慢增长表明分散速度较慢；2014—2018 年是其缓慢下降的阶段，表明 S_3 依然处于相对集聚的状态。整体而言，1998—2018 年 S_3 呈"V"形演变态势，且重叠性持续增强，并于近两年来保持稳定。

第6章 中国—东盟旅游与贸易空间聚散

图 6 – 16　F_3 和 F_4 重心重叠性折线图

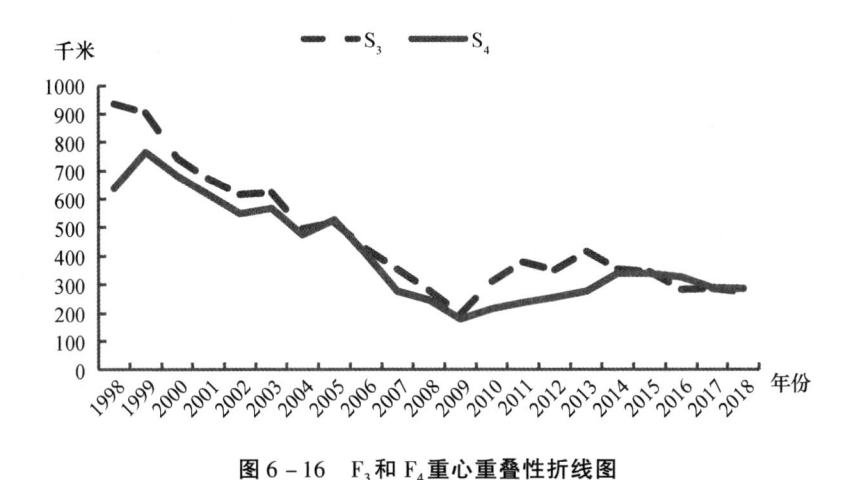

Fig. 6 – 16　The Line Chart of Overlapping of Gravity of F_3 & F_4

S_4 经历了"快速下降→缓慢回升→缓慢下降"三个阶段。1998—2009 年是其快速下降阶段,这一阶段 S_4 与 S_3 重叠性水平较为接近,S_4 不断下降的过程表明集聚速度较快;2010—2014 年是其缓慢回升阶段,表明 S_4 在此期趋于分散;2015—2018 年是其缓慢下降阶段,表明 S_4 正处于相对集聚的状态。总之,1998—2018 年 S_4 集聚状态持续增强,相比 S_3,其增强过程波动性较弱,并于近 5 年来保持稳定。

6.3.2.3　S_5 和 S_6:"犬牙交替"形

图 6 – 17 是 F_5 和 F_6 重叠性折线图,从时序演变和趋势而言,S_5 和 S_6 表现为"波动下降→波动上升"的演变过程,这表明东盟入境中国(省域)旅游与双边贸易重心在聚散交替过程中均呈现出"先聚后散"的演变特征,近年来重心分散趋势明显。其中 S_5 由"聚"转"散"的转折年份为 2008 年,S_6 由"聚"转"散"的转折年份为 2003 年。具体而言:

S_5 经历了"波动下降→保持平稳→波动上升"三个阶段。1999—2008 年 S_5 呈波动下降,处于集聚状态;2009—2010 年 S_5 波动变化不大,处于稳定状态;2011—2017 年 S_5 波动上升,增长速度较快,呈快

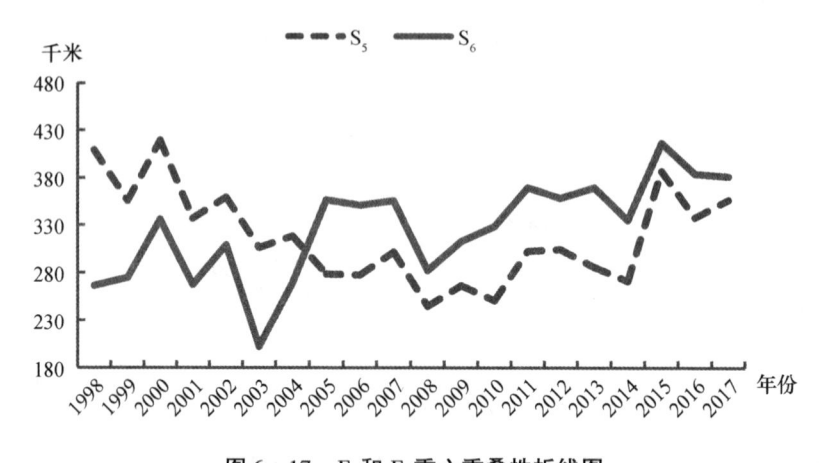

图 6-17　F_5 和 F_6 重心重叠性折线图

Fig. 6-17　The Line Chart of Overlapping of Gravity of F_5 & F_6

速分散状态。总之，1998—2017 年 S_5 呈"犬牙交替"的聚散演变状态，近年来呈现不断分离、耦合性不断减弱的演变趋势。

S_6 经历了"波动下降→急剧上升→波动上升"三个阶段。1999—2003 年 S_6 波动下降，处于集聚状态；2004—2007 年 S_6 快速上升，并于 2006—2007 年保持稳定，处于快速减弱的状态；2008—2017 年 S_6 波动上升，分散速度较快，耦合性不断减弱。总之，1998—2017 年 S_6 呈"犬牙交替"的演变状态，仅经历短时间的集聚状态，从 2004 年起便呈现出不断分离的演变趋势。

6.3.3　空间聚散机制

中国—东盟旅游与贸易空间要素互动受到本身及外部环境的影响，在重心聚散关系中呈交替变化，主要受到区位选择机制、基础设施响应机制和利益驱动机制的影响。

6.3.3.1　区位选择机制

地区差异是中国—东盟旅游与贸易空间分异的根本原因。地区差异既会影响中国—东盟双边贸易的积极性和经济收益，也会直接影响相关旅游资源开发与服务质量以及客源国居民对旅游目的地的选择。东盟10国根据地理环境可以划分为海洋东盟5国（文莱、马来西亚、新加坡、菲律宾和印尼）与湄公河5国（越南、泰国、缅甸、老挝、柬埔寨）。中国—东盟双边贸易大多集聚在海洋东盟5国，而中国—东盟双边旅游大多集聚在湄公河5国。这除了与国际旅游和国际贸易需求有关外，也与东盟10国地区间发展的差异性和不平衡性相关：海洋东盟5国位于太平洋与印度洋的交界处，优良港口众多，海洋运输极其便利，自古以来就重视对外贸易的发展，其经济基础、区位条件以及交通通信基础设施相比于背靠亚欧大陆的湄公河5国均具有优势。因此，中国—海洋东盟5国双边贸易发展快于双边旅游。湄公河5国地处湄公河流域，毗邻中国大陆，消费水平相对较低，中国游客赴湄公河5国旅游的时间与经济成本更小。在湄公河5国整体经济发展水平相对落后且国际贸易竞争力不足的背景下，其旅游产业更具有比较优势，因此中国—湄公河5国双边旅游发展快于双边贸易，尤其是泰国最为显著。

6.3.3.2　基础设施响应机制

基础设施水平是中国—东盟旅游与贸易空间分异的外部因素。先进、便利的交通和通信基础设施能够提升一国（地区）贸易便利化水平，降低外贸企业物流与贸易成本，提高中国—东盟双边贸易效率与积极性。旅游业发展也与基础设施水平紧密相关，交通和通信基础设施是连接各地区的桥梁，酒店和餐饮基础设施是旅游承载能力的重要表现。基础设施水平对国际旅游和国际贸易影响的时效性差异巨大。国际贸易具有时间滞后性，完成一笔贸易订单需要经历市场考察、商务谈判、报价协商、签订合同、付款、包装运输等多重手续，时间与贸易运输成本相对较大。国际旅游对基础设施水平的响应比国际贸易更大，其原因在于国际旅游的移动自由度更高，出游半径不断扩大。在中国—东盟旅游与贸易发展初期，以商务旅游为主要特征的国际旅游与国际贸易联系紧密，两者在目的地选择上具有相似性，即更倾向于前往经济发展较好的地区，如中国东部沿海省域以及新加坡、马来西亚等东盟国家。自

2009年以来，航空运输业的快速发展提升了中国居民前往东盟旅游的出行效率，并且极大地扩大了出游半径；而互联网通信技术的进步也让中国游客有更多的渠道了解旅游产品及信息。国际旅游移动与信息便利性的提升使得中国—东盟双边旅游的位移速度和效率快于双边贸易。

6.3.3.3 利益驱动机制

逐利性是中国—东盟旅游与贸易空间分异的内驱动力。在旅游与贸易发展初期，国际旅游和国际贸易的特点相似，表现出显著的"逐利性"。国际贸易的目的是采购和销售商品从而获得利益，而国际旅游在发展初期，商务旅游的比例较高，1998年在外国入境中国的旅游人数中，商务旅游者占比为41.8%，观光度假旅游者占比为37.6%，探亲访友旅游者占比为5.6%。占比较高的商务旅游者通过实地调查、商务谈判和展会交流来了解相关贸易信息、发现更多的贸易伙伴并获取利益。因此在非商务旅游占比相对较小的前提下，国际旅游的逐利性与国际贸易的经济外向性决定了国际旅游与国际贸易发展具有同步性，是二者重心耦合的聚合力量。

随着时间的推移，商务旅游所带来的重复性审美已经不能满足中国与东盟国家居民日益增长的多元化旅游需求，中国—东盟双边旅游的逐利性不断减弱。以休闲观光、探亲访友为目的的非商务旅游活动越来越多，这体现为国际旅游半径越来越大，且更倾向于旅游政策宽松的国家，如大量中国游客选择泰国作为出境旅游目的地。而中国—东盟双边贸易的逐利性并不会随着时间的推移而减少，并更倾向于选择在贸易机会丰富的经济发达国家开展贸易业务，因而中国—东盟旅游与贸易因逐利性变化而产生的空间流向差异形成了空间分异。

6.4 本章小结

中国—东盟旅游与贸易重心聚散关系的演变形态各异，其聚散演变过程均具有一定的阶段性：

东盟入境中国（省域）旅游。客源国重心呈现出"东南→西北"和"西北→东北"两个迁移轨迹，省域重心呈现出"鄂赣交界处集聚"和"东北→西南"迁移态势，客源国主体从海洋东盟5国向湄公河5国转移，省域主体逐渐趋南，呈"华东—西南"两极化。

中国出境东盟（国别）旅游。重心呈现出"西北→东南"和"东南→西北"两个迁移轨迹，主体逐渐趋北，呈"泰国—马来西亚"两极化。

中国（省域）从东盟（国别）进口贸易。国别重心呈现出"西南→东北"和"西部集聚→西北"的迁移态势，省域重心呈现出"西南→东北→西南"的迁移态势，国别主体从马来群岛向中南半岛转移，省域主体呈"东北→西南"扩张态势。

中国（省域）对东盟（国别）出口贸易。国别重心呈现出由"西南集聚"向"东北集聚"迁移的态势，省域重心呈"西南→东北→西南"迁移态势，国别主体呈"西北—东南"内缩→"向北迁移"的态势，省域主体呈"内部收缩"→"西北—东南"扩张的态势。

中国—东盟旅游与贸易空间要素互动受到其本身及外部环境的影响，在重心聚散关系中呈交替变化，主要受到区位选择机制、基础设施响应机制和利益驱动机制的影响。其中，地区差异是中国—东盟旅游与贸易空间分异的根本原因，基础设施水平是中国—东盟旅游与贸易空间分异的外部支撑因素，逐利性是中国—东盟旅游与贸易空间分异的内驱动力。

第7章 中国—东盟旅游与贸易空间分异[*]

上一章"中国—东盟旅游与贸易空间聚散"的研究表明,东盟入境中国旅游与双边贸易重心重叠性不断减弱,而中国出境东盟旅游与双边贸易重心重叠性不断增强。为此,本章以空间错位指数和空间错位贡献度这两个指标进一步测度中国与东盟10国旅游与贸易互动关系的空间分异水平,逐一分析F_1、F_2、F_3、F_4、F_5、F_6空间分异均值,东盟入境中国旅游、中国出境东盟旅游、中国从东盟进口贸易、中国对东盟出口贸易的主导国别或省域、空间分异国别或省域分布及其主要贡献度,以有效衔接后续关于中国—东盟区域要素流动与协调发展的研究。

7.1 研究指数

7.1.1 空间错位指数

空间错位指数被用于表示不同要素在空间上所呈现的不协调状态,其数学表达式如下:

$$SMI = \left(\frac{Tourist_i}{Tourist} - \frac{Trade_i}{Trade}\right) \times 100 \qquad (7-1)$$

在式7-1中,SMI为空间错位指数。$Trade$为中国从东盟进口贸易总

---

[*] 本章部分内容已在课题组成员的论文《东盟旅桂"客流量—景区—酒店"空间错位及演变》中发表。

额或中国对东盟出口贸易总额，$Trade_i$ 为中国从东盟某国进口贸易额或中国对东盟某国出口贸易额，$Tourist$ 为东盟入境中国旅游总人数或中国出境东盟旅游总人数，$Tourist_i$ 为东盟某国入境中国旅游人数或中国出境东盟某国旅游人数。SMI 绝对值越小，说明某一国别（省域）旅游占比与贸易占比的差异越小，即该国别（省域）旅游与贸易空间分异水平越小；SMI 绝对值越大，说明某一国别（省域）旅游占比与贸易占比的差异越大，即该国别（省域）旅游与贸易空间分异水平越高。SMI 为正值，表明旅游与贸易呈正向空间分异，即旅游在空间分异上占据主导；SMI 为负值，表明旅游与贸易呈负向空间分异，即贸易在空间分异上占据主导。

7.1.2 空间错位贡献度

空间错位贡献度，表示某一地区空间错位程度对于区域整体的贡献水平。空间错位贡献度越大，表明该地区空间分异水平对于全局区域的影响越大。其数学表达式如下：

$$G_i = \frac{|SMI_i|}{\sum_{i=1}^{n}|SMI_i|} \quad (7-2)$$

在式 7-2 中，G_i 表示各地区空间错位贡献度，SMI_i 表示各地区空间错位指数。

7.2 空间分异均值

7.2.1 均值国别分布

根据表 7-1，运用 ArcGIS 10.6 工具软件，利用自然断裂法按空间分异三大类型绘制"1998—2018 年 F_1 空间分异均值分布"（见图 7-1）、"1998—2018 年 F_2 空间分异均值分布"（见图 7-2）、"1998—2018 年 F_3 空间分异均值分布"（见图 7-3）、"1998—2018 年 F_4 空间分异均值分布"（见图 7-4），以把握中国—东盟旅游与贸易国别空间分异均值的分布规律。

表 7-1　1998—2018 年中国—东盟旅游与贸易（国别）空间分异均值

Tab. 7-1　The Mean Spatial Mismatch of China-ASEAN Tourism and Trade by Country (1998-2018)

国别	空间分异均值			
	F_1	F_2	F_3	F_4
文莱	0.16	0.17	0.22	0.21
柬埔寨	0.29	0.68	2.68	1.71
印尼	3.86	4.29	9.19	9.68
老挝	0.18	0.12	1.62	1.59
马来西亚	6.47	4.02	12.20	3.75
缅甸	3.21	2.30	0.81	1.61
菲律宾	6.97	8.08	8.43	6.67
新加坡	1.92	7.60	5.13	5.54
泰国	7.22	2.50	11.72	17.35
越南	8.43	4.15	14.05	9.87

资料来源：课题组经计算整理而得。

从空间分异均值来看，除缅甸的 F_1 和 F_2 大于 F_3 和 F_4、马来西亚和菲律宾的 F_1 和 F_2 大于 F_4 以及新加坡的 F_2 大于 F_3 和 F_4 外，其他国家的 F_3 和 F_4 均大于 F_1 和 F_2。由此可知，整体而言，1998—2018 年中国出境东盟（国别）旅游与双边贸易空间分异程度大于东盟（国别）入境中国旅游与双边贸易空间分异程度，即中国出境东盟（国别）旅游与双边贸易的失配性更强。

7.2.1.1　F_1 高度空间分异国家呈"U"形分布

表 7-1 和图 7-1 显示，1998—2018 年 F_1 空间分异均值处于高度空间分异的国家有越南、泰国、菲律宾和马来西亚 4 国，分别为 8.43、7.22、6.97 和 6.47。处于中度空间分异的国家有印尼、缅甸和新加坡 3 国。此外，东盟其他 3 国的 F_1 空间分异均值属于低度空间分异，文

莱、柬埔寨和老挝的 F_1 空间分异均值分别为 0.16、0.29 和 0.18，空间分异程度相对较低。由此可见，F_1 空间分异均值处于高度分异的地区呈"U"形国别分布。

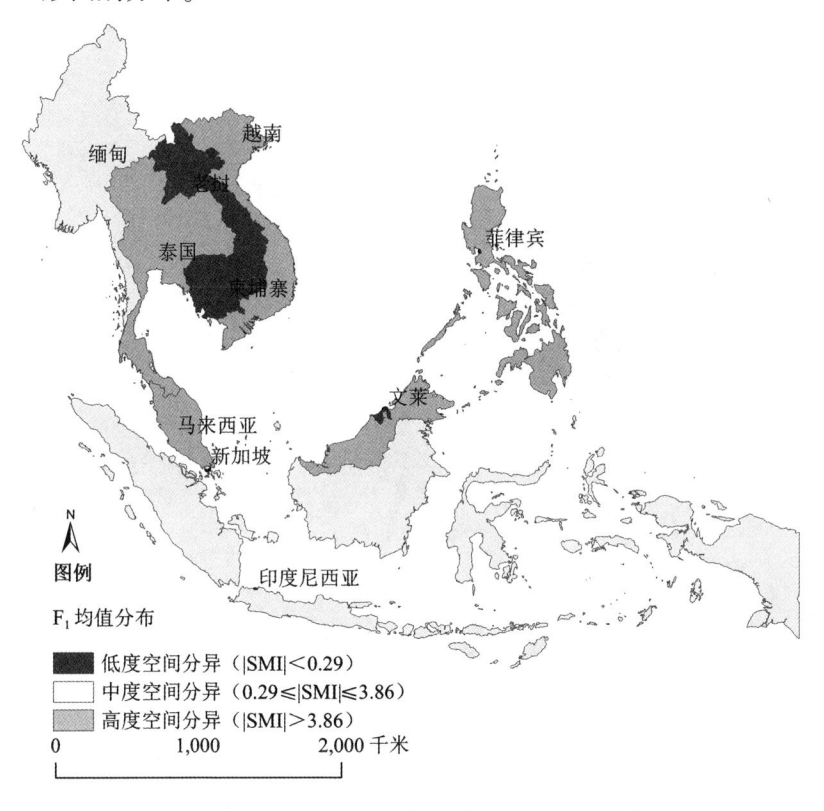

图 7-1 1998—2018 年 F_1 空间分异均值分布

Fig. 7-1 The Distribution of Mean Spatial Mismatch of F_1 (1998-2018)

说明：该图基于广西壮族自治区自然资源厅标准地图服务网站（http://www.gismap.com.cn/）下载的审图号为 GS（2016）931 号、GS（2016）932 号和桂 S（2016）22 号的标准地图制作，底图无修改。

7.2.1.2 F_2 空间分异均值核心国家：菲律宾与新加坡

表 7-1 和图 7-2 显示，1998—2018 年 F_2 处于高度空间分异的国家仅有菲律宾和新加坡两国，分别为 8.08 和 7.6。处于中度空间分异

的国家有印尼、马来西亚、越南、泰国和缅甸 5 国,分别为 4.29、4.02、4.15、2.5 和 2.3。此外,文莱、柬埔寨和老挝的 F_2 空间分异均值分别为 0.17、0.68 和 0.12,空间分异程度相对较低。由此可见,菲律宾与新加坡是 F_2 空间分异均值的主要空间分异国家。

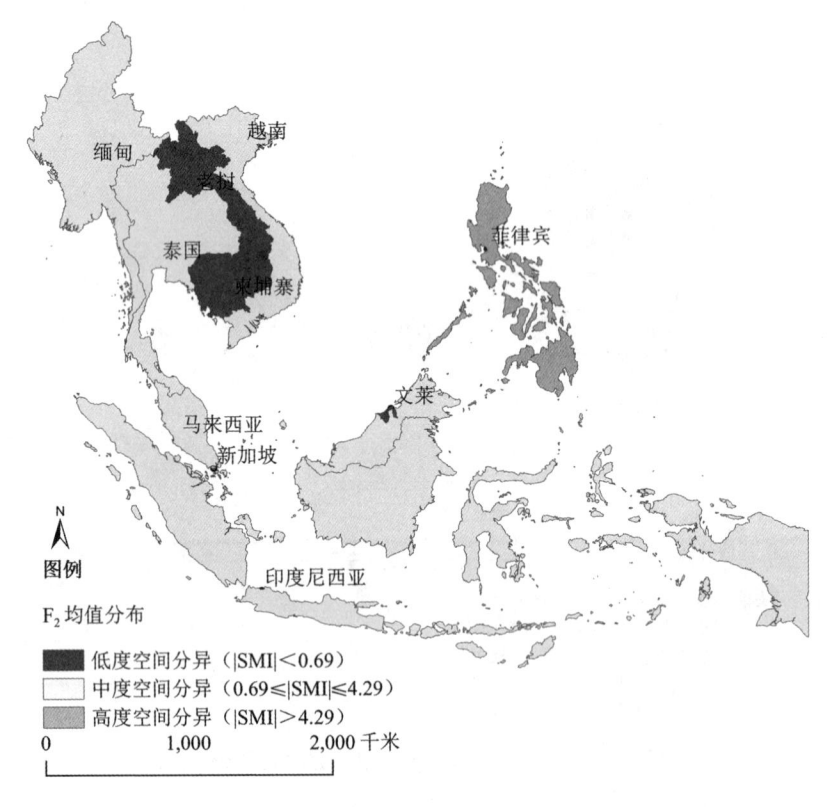

图 7-2 1998—2018 年 F_2 空间分异均值分布

Fig. 7-2 The Distribution of Mean Spatial Mismatch of F_2 (1998-2018)

说明:该图基于广西壮族自治区自然资源厅标准地图服务网站(http://www.gismap.com.cn/)下载的审图号为 GS (2016) 931 号、GS (2016) 932 号和桂 S (2016) 22 号的标准地图制作,底图无修改。

7.2.1.3 F_3 高度空间分异国家呈"C"形分布

表 7-1 和图 7-3 显示,1998—2018 年 F_3 空间分异均值处于高度

空间分异的国家有越南、马来西亚和泰国3国，分别为14.05、12.2和11.72，均为泰国湾沿岸国家。此外，F_3处于中度空间分异的国家有印尼、菲律宾和新加坡3国，分别为9.19、8.43和5.13。此外，东盟其他4国F_3空间分异均值都处于低度空间分异。由此可见，F_3空间分异均值主要分异地区集中于泰国湾沿岸国家，呈现"C"形国别分布。

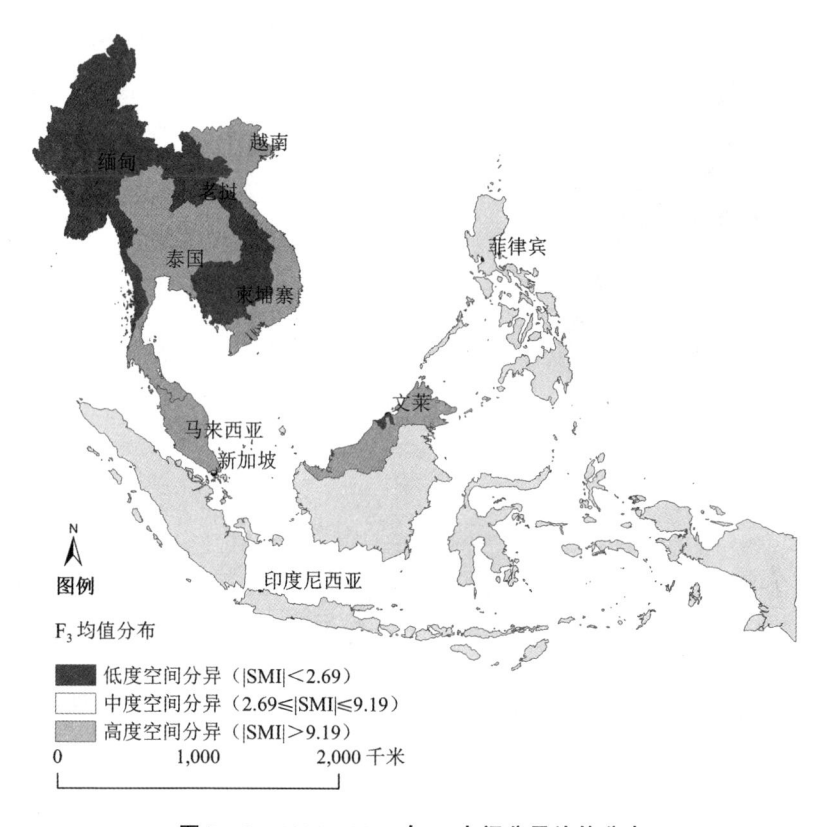

图 7-3 1998—2018 年 F_3 空间分异均值分布

Fig. 7-3 The Distribution of Mean Spatial Mismatch of F_3 (1998-2018)

说明：该图基于广西壮族自治区自然资源厅标准地图服务网站（http://www.gismap.com.cn/）下载的审图号为 GS（2016）931 号、GS（2016）932 号和桂 S（2016）22 号的标准地图制作，底图无修改。

7.2.1.4 F_4空间分异均值核心国家：泰国

表 7-1 和图 7-4 显示，1998—2018 年泰国的 F_4 空间分异均值远高于其他东盟 9 国，为 17.35。越南和印尼分别为 9.87 和 9.68，均处于高度空间分异。新加坡、马来西亚和菲律宾，处于中度空间分异，分别为 5.54、3.75 和 6.67。此外，其他东盟 4 国 F_4 空间分异均值处于低度空间分异，其中文莱 F_1 不足 1，仅为 0.21。由此可见，F_4 空间分异均

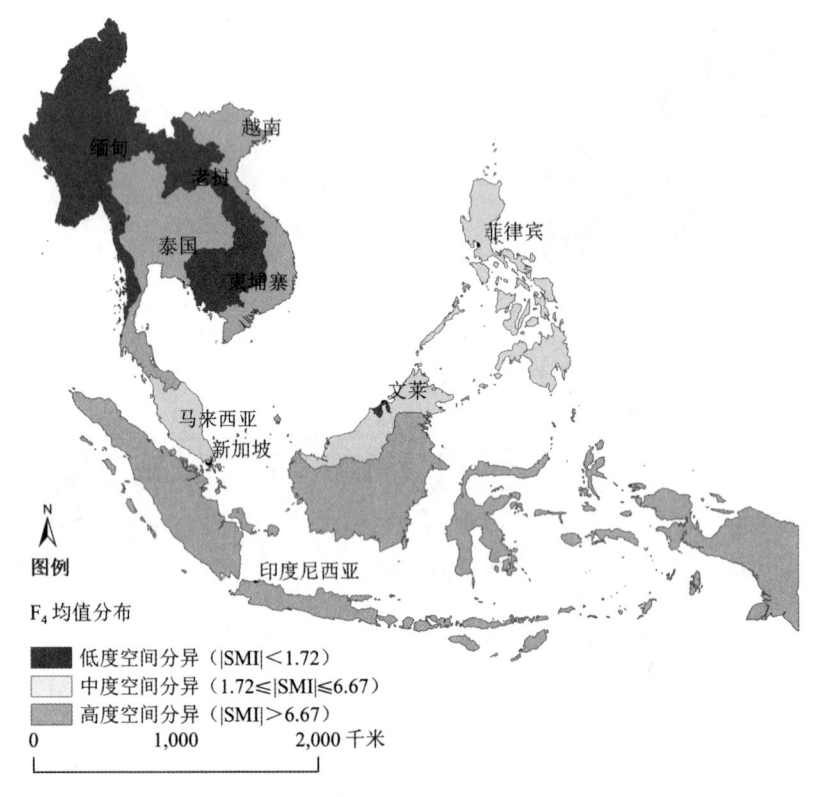

图 7-4　1998—2018 年 F_4 空间分异均值分布

Fig. 7-4　The Distribution of Mean Spatial Mismatch of F_4 (1998-2018)

说明：该图基于广西壮族自治区自然资源厅标准地图服务网站（http://www.gismap.com.cn/）下载的审图号为 GS（2016）931 号、GS（2016）932 号和桂 S（2016）22 号的标准地图制作，底图无修改。

值主要分异地区集聚于泰国、越南和印尼3国，其中泰国是F_4空间分异均值的核心国家。

7.2.2 均值省域分布

根据表7-2，运用ArcGIS 10.6工具软件，利用自然断裂法按空间分异三大类型绘制"1998—2017年F_5空间分异均值分布"（见图7-5）、"1998—2017年F_6空间分异均值分布"（见图7-6），以更清晰地把握F_5和F_6空间分异均值的分布规律。

从空间分异均值来看，$F_5 > F_6$的省域有12个（河北、山西、福建、安徽、山东、湖南、广东、重庆、云南、山西、甘肃和新疆），$F_5 < F_6$的省域有6个（天津、辽宁、黑龙江、上海、江苏和江西），$F_5 = F_6$的省域有两个（广西和海南）。

7.2.2.1 F_5空间分异均值核心地区："粤滇桂苏沪"

表7-2和图7-5显示，1998—2017年F_5空间分异均值处于高度空间分异的省域仅有广东，为25.88。处于中度空间分异的省域有4个，即上海、云南、江苏、广西，分别为13.75、10.41、6.86和4.17。此外，其他16省域的F_5空间分异均值均处于低度空间分异，其中黑龙江、甘肃与新疆等东北、西北地区省域的F_5空间分异均值不足0.5，空间分异水平相对较低。由此可见，"粤滇桂苏沪"是F_5空间分异均值的核心地区。

表7-2 1998—2017年东盟入境中国旅游与双边贸易（省域）空间分异均值

Tab. 7-2 The Mean Spatial Mismatch of ASEAN Visitor Arrivals and Trade by Locality (1998-2017)

省域	F_5空间分异均值	F_6空间分异均值
天津	2.59	2.99
河北	2.19	1.21

续表

省域	F_5 空间分异均值	F_6 空间分异均值
山西	0.69	0.46
辽宁	0.57	3.13
黑龙江	0.18	0.33
上海	13.75	16.73
江苏	6.86	8.19
安徽	1.69	1.21
福建	2.93	2.31
江西	0.49	0.58
山东	3.46	2.13
湖南	1.33	0.93
广东	25.88	11.56
广西	4.17	4.17
海南	1.06	1.06
重庆	0.85	0.64
云南	10.41	9.75
陕西	1.20	0.97
甘肃	0.32	0.25
青海	N/A	0.05
新疆	0.29	0.17

说明:"N/A"表示本栏目不适用,因为青海从东盟4国进口贸易数据缺失。

资料来源:课题组经计算整理而得。

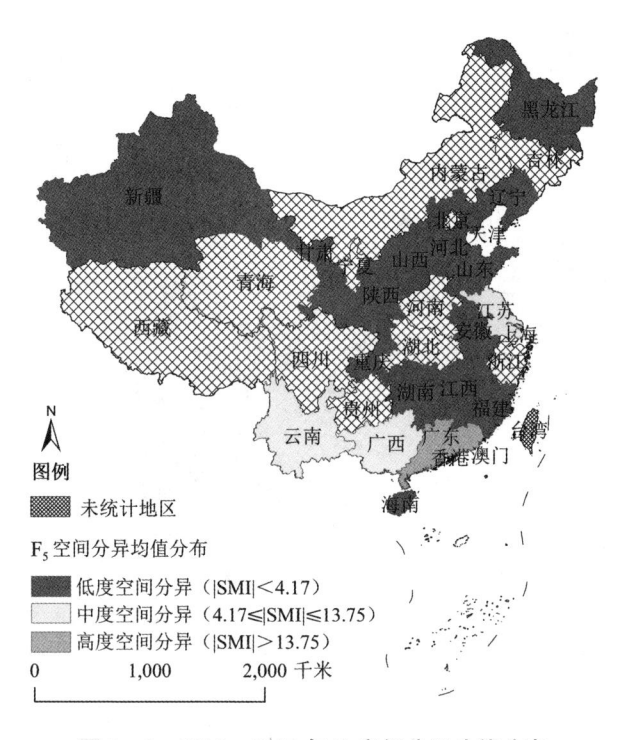

图 7-5 1998—2017 年 F_5 空间分异均值分布

Fig. 7-5 The Distribution of Mean Spatial Mismatch of F_5 (1998-2017)

说明：该图基于广西壮族自治区自然资源厅标准地图服务网站（http://www.gismap.com.cn/）下载的审图号为 GS（2016）931 号、GS（2016）932 号和桂 S（2016）22 号的标准地图制作，底图无修改。

7.2.2.2 F_6 空间分异均值核心地区：云南与沿海省域

表 7-2 和图 7-6 显示，1998—2017 年 F_6 空间分异均值处于高度空间分异的省域有 4 个（上海、广东、云南和江苏），分别为 16.73、11.56、9.75 和 8.19。处于中度空间分异的省域有 5 个（广西、辽宁、天津、福建和山东），分别为 4.17、3.13、2.99、2.31、2.13。此外，其他 12 个省域的 F_6 空间分异均值均处于低度空间分异，其中黑龙江、甘肃、青海和新疆的 F_6 空间分异均值不足 0.5，空间分异水平相对较低。由此可见，F_6 空间分异均值主要空间分异地区集聚于云南与沿海省域。

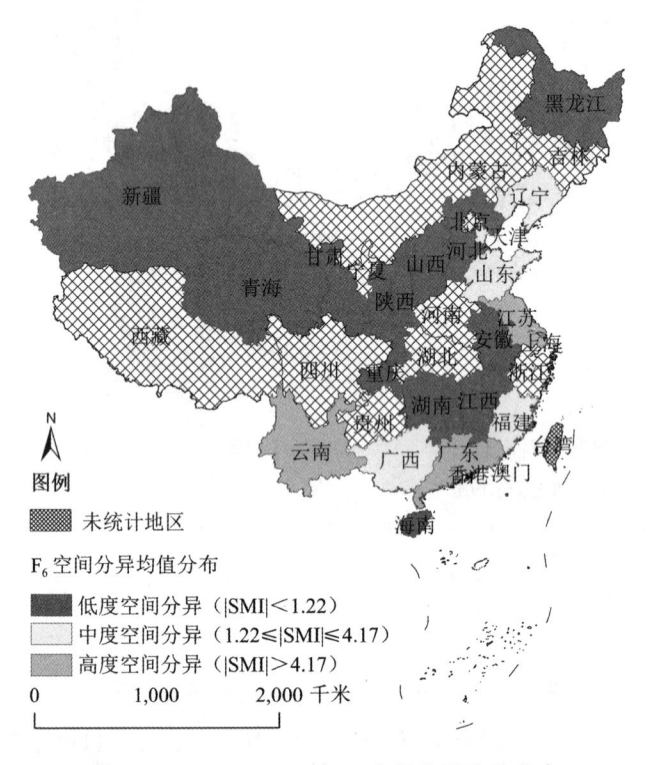

图 7-6　1998—2017 年 F_6 空间分异均值分布

Fig. 7-6　The Distribution of Mean Spatial Mismatch of F_6 (1998—2017)

说明：该图基于广西壮族自治区自然资源厅标准地图服务网站（http://www.gismap.com.cn/）下载的审图号为 GS（2016）931 号、GS（2016）932 号和桂 S（2016）22 号的标准地图制作，底图无修改。

7.2.3　均值模式划分

如表 7-3 所示，根据空间分异均值水平将中国—东盟旅游与贸易空间分异均值划分为九大模式，绘制 1998—2018 年 F_1 和 F_2 空间分异均值模式、1998—2018 年 F_3 和 F_4 空间分异均值模式和 1998—2017 年 F_5 和 F_6 空间分异均值模式，以发现中国—东盟旅游与贸易空间分异均值模式的国别与省域差异。

第 7 章 中国—东盟旅游与贸易空间分异

表 7 – 3　　中国—东盟旅游与贸易空间分异均值模式

Tab. 7 – 3　　The Model of the Mean Spatial Mismatch of China-ASEAN Tourism and Trade

		F_2、F_4、F_6		
		低度空间分异（L）	中度空间分异（M）	高度空间分异（H）
F_1、F_3、F_5	低度空间分异（L）	L – L	L – M	L – H
	中度空间分异（M）	M – L	M – M	M – H
	高度空间分异（H）	H – L	H – M	H – H

资料来源：课题组经整理而得。

7.2.3.1　F_1 和 F_2 空间分异均值模式

图 7 – 7 显示，F_1 和 F_2 空间分异均值模式国别差异较大，可划分为"$F_1 < F_2$""$F_1 = F_2$"和"$F_1 > F_2$"3 类。

（1）$F_1 < F_2$：新加坡

"$F_1 < F_2$"空间分异均值模式在东盟 10 国中仅有新加坡表现为"M—H"模式，即新加坡入境中国旅游与进口贸易处于中度空间分异，而出口贸易处于高度空间分异，表明新加坡入境中国旅游与双边贸易整体空间分异程度较高，入境旅游与出口贸易空间分异程度大于入境旅游与进口贸易。

（2）$F_1 = F_2$：菲律宾、缅甸、印尼、文莱、柬埔寨和老挝

在东盟 10 国中"$F_1 = F_2$"空间分异均值模式表现为"H—H""M—M"和"L—L"3 种模式。

①菲律宾表现为"H—H"模式，即菲律宾入境中国旅游与双边贸易呈高度空间分异，表明菲律宾入境中国旅游与双边贸易整体空间分异程度极高，入境旅游与出口贸易空间分异地位和入境旅游与进口贸易地位相似。

②缅甸和印尼表现为"M—M"模式，即缅甸和印尼入境中国旅游

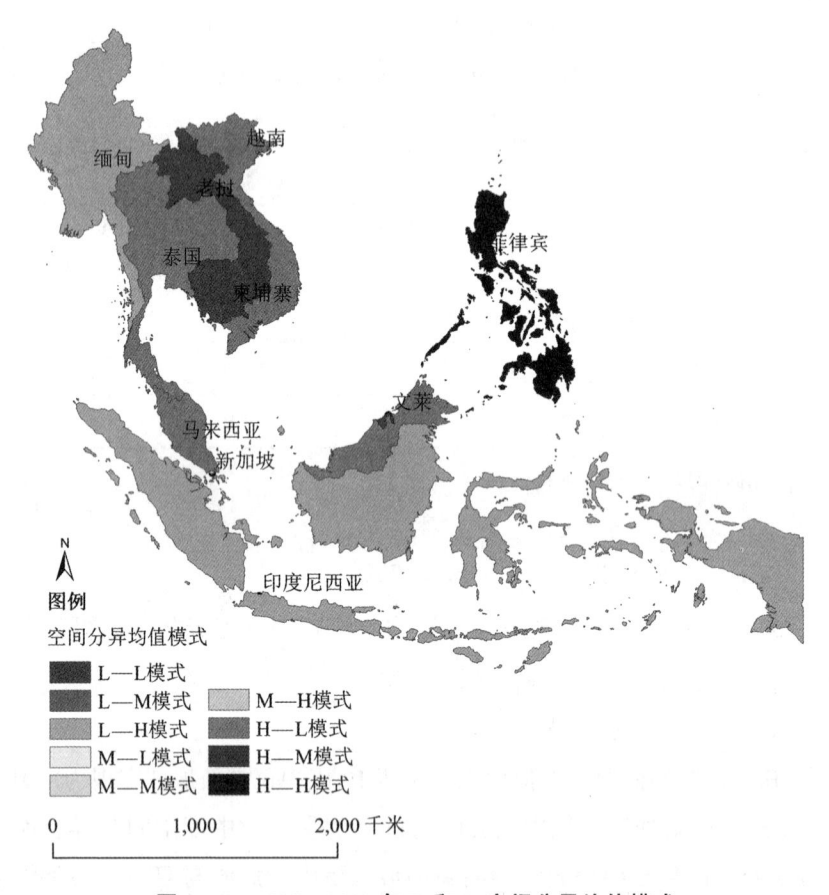

图 7-7 1998—2018 年 F_1 和 F_2 空间分异均值模式

Fig. 7-7 The Models of Mean Spatial Mismatch of F_1 & F_2 (1998-2018)

说明：该图基于广西壮族自治区自然资源厅标准地图服务网站（http://www.gismap.com.cn/）下载的审图号为 GS（2016）931 号、GS（2016）932 号和桂 S（2016）22 号的标准地图制作，底图无修改。

与双边贸易呈中度空间分异，表明缅甸和印尼入境中国旅游与双边贸易整体空间分异水平高，入境旅游与进口贸易空间分异地位和入境旅游与出口贸易地位相似。

③文莱、柬埔寨和老挝表现为"L—L"模式，即 3 国入境中国旅游与双边贸易呈低度空间分异，表明 3 国入境中国旅游与双边贸易整体

空间分异程度低。

(3) $F_1 > F_2$：马来西亚、泰国和越南

"$F_1 > F_2$"空间分异均值模式在东盟10国中主要表现为"H—M"模式，包含马来西亚、泰国和越南，即这3国入境中国旅游与进口贸易呈高度空间分异，与出口贸易呈中度空间分异，表明这3国入境中国旅游与双边贸易整体空间分异程度较高，入境旅游与进口贸易空间分异地位高于入境旅游与出口贸易的地位。

7.2.3.2　F_3 和 F_4 空间分异均值模式

图7-8显示，F_3 和 F_4 空间分异均值国别差异显著，可划分为"$F_3 < F_4$""$F_3 = F_4$"和"$F_3 > F_4$"3类。

(1) $F_3 < F_4$：印尼

"$F_3 < F_4$"空间分异均值模式仅有印尼表现为"M—H"模式，即中国出境印尼旅游与进口贸易呈中度空间分异，与出口贸易呈高度空间分异，表明中国出境印尼旅游与双边贸易整体空间分异程度较高，出境旅游与出口贸易空间分异地位高于出境旅游与进口贸易地位。

(2) $F_3 = F_4$：泰国、越南、菲律宾、新加坡、老挝、文莱、缅甸、柬埔寨

"$F_3 = F_4$"表现为"H—H""M—M"和"L—L"3种模式。

①泰国和越南表现为"H—H"模式，即中国出境泰国和越南旅游与双边贸易呈高度空间分异，表明中国出境泰国和越南旅游与双边贸易整体空间分异程度极高，出境旅游与进口贸易空间分异地位和出境旅游与出口贸易地位相似。

②菲律宾和新加坡表现为"M—M"模式，即中国出境菲律宾和新加坡旅游与双边贸易呈中度空间分异，表明中国出境菲律宾和新加坡旅游与双边贸易整体空间分异程度高，出境旅游与进口贸易空间分异地位和出境旅游与出口贸易地位相似。

③老挝、文莱、缅甸、柬埔寨表现为"L—L"模式，即中国出境这4国旅游与双边贸易处于低度空间分异，表明整体空间分异程度低。

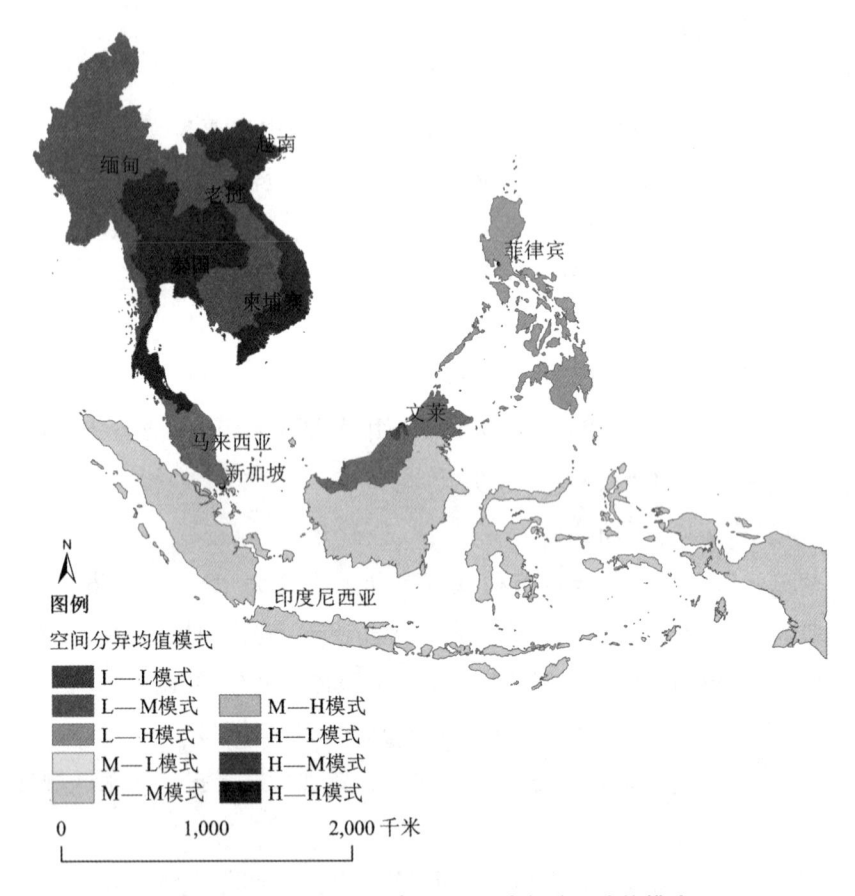

图 7-8　1998—2018 年 F_3 和 F_4 空间分异均值模式

Fig. 7-8　The Models of Mean Spatial Mismatch of F_3 & F_4 (1998-2018)

说明：该图基于广西壮族自治区自然资源厅标准地图服务网站（http://www.gismap.com.cn/）下载的审图号为 GS（2016）931 号、GS（2016）932 号和桂 S（2016）22 号的标准地图制作，底图无修改。

(3) $F_3 > F_4$：马来西亚

"$F_3 > F_4$"空间分异均值模式仅有马来西亚表现为"H—M"模式，即中国出境马来西亚旅游与进口贸易呈高度空间分异，与出口贸易呈中度空间分异，表明中国出境马来西亚旅游与双边贸易整体空间分异程度较高，出境旅游与进口贸易空间分异地位高于出境旅游与出口贸易地位。

7.2.3.3 F_5 和 F_6 空间分异均值模式

图 7-9 显示，F_5 和 F_6 空间分异均值模式省域差异较大，可划分为 "$F_5 < F_6$" 和 "$F_5 = F_6$" 两类。

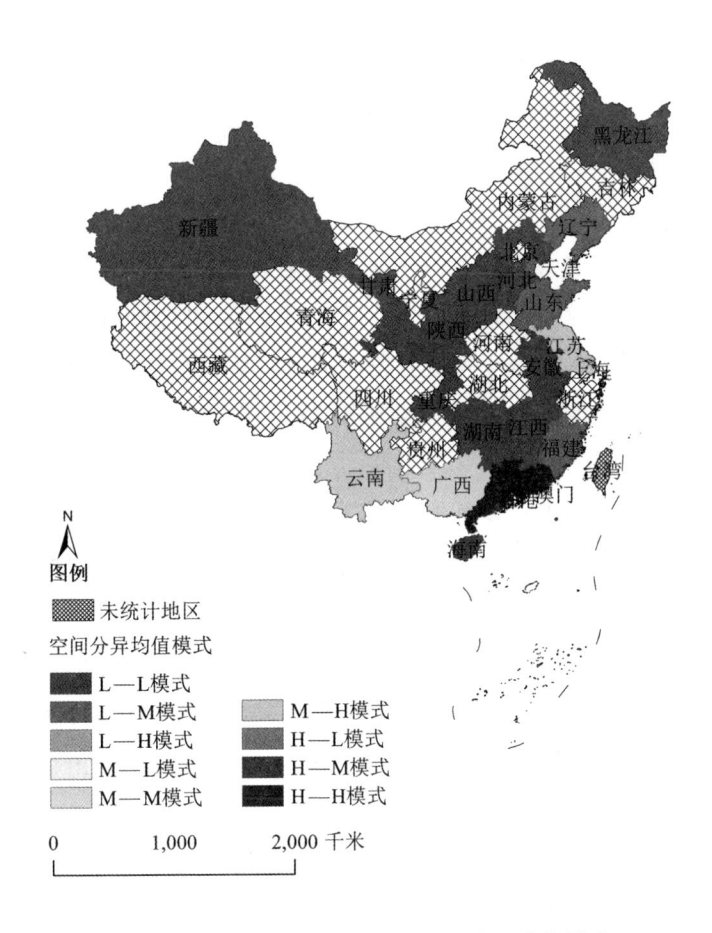

图 7-9　1998—2017 年 F_5 和 F_6 空间分异均值模式

Fig. 7-9　The Models of Mean Spatial Mismatch of F_5 & F_6 (1998-2017)

说明：该图基于广西壮族自治区自然资源厅标准地图服务网站（http://www.gismap.com.cn/）下载的审图号为 GS（2016）931 号、GS（2016）932 号和桂 S（2016）22 号的标准地图制作，底图无修改。

(1) $F_5 < F_6$："沪苏滇津辽闽鲁"

"$F_5 < F_6$"空间分异均值模式在中国（省域）表现为"M—H"和"L—M"两种模式。

①上海、江苏和云南 3 省域表现为"M—H"模式，即东盟入境这 3 省域旅游和这 3 省域从东盟进口贸易呈中度空间分异，和这 3 省域对东盟出口贸易呈高度空间分异，表明东盟入境这 3 省域旅游与双边贸易空间分异程度较高，入境旅游与出口贸易空间分异地位高于入境旅游与进口贸易地位。

②天津、辽宁、福建和山东 4 省域表现为"L—M"模式，即东盟入境这 4 省域旅游与进口贸易呈低度空间分异，与出口贸易呈中度空间分异，表明东盟入境这 4 省域旅游与进口贸易空间分异程度低，与出口贸易空间分异程度高，入境旅游与出口贸易空间分异地位高于入境旅游与进口贸易地位。

(2) $F_5 = F_6$：粤桂及其他 11 省域

"$F_5 = F_6$"空间分异均值模式在中国（省域）中表现为"H—H""M—M"和"L—L"3 种模式。

①广东省表现为"H—H"模式，即东盟入境广东旅游与双边贸易呈高度空间分异，表明东盟入境广东旅游与双边贸易整体空间分异程度极高，入境旅游与进口贸易空间分异地位和入境旅游与出口贸易地位相似。

②广西表现为"M—M"模式，即东盟入境广西旅游与双边贸易呈中度空间分异，表明东盟入境广西旅游与双边贸易整体空间分异程度高，入境旅游与进口贸易空间分异地位和入境旅游与出口贸易地位相似。

③其他 11 省域（新、黑、陇、陕、渝、晋、冀、湘、赣、皖、琼）表现为"L—L"模式，即东盟入境 11 省域旅游与双边贸易呈低度空间分异，表明东盟入境中国这 11 省域旅游与双边贸易整体空间分异程度低。

7.3 国别与省域分异

7.3.1 F_1 国别空间分异

7.3.1.1 中国进口贸易主导国别：泰国、印尼和马来西亚

表7-4显示，泰国、印尼和马来西亚负向空间分异显著，表明中国进口贸易在这3国空间分异中处于主导地位。

(1) 泰国

泰国入境中国旅游和中国从泰国进口贸易空间错位指数呈"上升→下降→上升"的波动趋势，其中泰国从1998年的-7.1上升至2002年的最高点-2.25，随后下降至2009年的最低点-12.87，2010年回升并于2018年增至-6.58，表明中国从泰国进口贸易在空间分异中处于极高的主导地位。

(2) 印尼

印尼入境中国旅游和中国从印尼进口贸易空间错位指数呈"波动上升"趋势。其中，印尼从1998年的最低点-10.77上升至2018年的-4.14，表明中国从印尼进口贸易在空间分异中的主导地位呈减弱趋势。

(3) 马来西亚

马来西亚入境中国旅游和中国从马来西亚进口贸易的空间错位指数呈"波动下降"趋势，从1998年的3.81下降至2018年的-7.98，表明中国从马来西亚进口贸易在空间分异中的主导地位不断增强。

7.3.1.2 入境中国旅游主导国别：缅甸、菲律宾和越南

表7-4显示，缅甸、菲律宾和越南正向空间分异显著，表明这3国入境中国旅游在空间分异中处于主导地位。

(1) 缅甸

缅甸入境中国旅游和中国从缅甸进口的贸易空间错位指数呈"急剧上升→急剧下降"趋势，从1998年的2.28上升至2009年的11.12，

随后急剧下降至 2018 年的 0.47，说明缅甸入境中国旅游和中国从缅甸进口贸易空间分异以入境旅游主导为主，其中，2005—2012 年缅甸入境中国旅游在空间分异中表现出极强的主导地位。主要原因在于 2005—2012 年缅甸入境中国旅游与前后年份相比规模差异大①，在中国从缅甸进口贸易增速较低的背景下，缅甸入境中国旅游人数占东盟入境中国旅游总人数的比例远高于中国从缅甸进口贸易额占中国从东盟进口贸易总额的比例。

（2）菲律宾

菲律宾入境中国旅游和中国从菲律宾进口贸易的空间错位指数呈"波动下降→上升"趋势，从 1998 年的最高点 17.27 下降至 2007 年的最低点 -4.38，随后上升至 2018 年的 6.84，表明除 2006—2008 年外，菲律宾入境中国旅游在空间分异中的主导地位经历前 10 年的减弱后，近十年来不断增长，主导地位高且稳固。

（3）越南

越南入境中国旅游和中国从越南进口贸易的空间错位指数呈"波动上升"趋势，从 1998 年的 1.48 上升至 2018 年的 11.93，其中 2014 年达到最高值，为 18.19。这表明越南入境中国旅游在空间分异中的主导作用显著，近 5 年来虽然有所下降，但仍是东盟 10 国中最高的。

表 7-4　　　　　　　　1998—2018 年 F_1 空间分异水平

Tab. 7-4　　The Spatial Mismatch Indexes of F_1 (1998-2018)

年份	文莱	缅甸	柬埔寨	印尼	老挝	马来西亚	菲律宾	新加坡	泰国	越南
1998	0.18	2.28	-0.04	-10.77	0.08	3.81	17.27	-7.19	-7.10	1.48
1999	-0.08	1.53	-0.02	-8.26	0.07	0.63	13.72	-3.77	-4.89	1.07

① 2004 年缅甸入境中国旅游人数仅为 5.43 万人次，2005 年急剧增长至 23.29 万人次，并于 2009 年增长至最高点 6077 万人次，随后于 2013 年急剧降至 13.47 万人次。

续表

年份	文莱	缅甸	柬埔寨	印尼	老挝	马来西亚	菲律宾	新加坡	泰国	越南
2000	-0.15	1.70	0.07	-7.59	0.11	-0.20	12.66	-0.62	-6.36	0.38
2001	-0.47	1.42	0.43	-5.45	0.07	-3.11	12.18	-1.18	-5.27	1.38
2002	-0.59	1.37	0.19	-3.29	0.08	-5.73	10.35	-2.39	-2.25	2.25
2003	-0.50	1.91	0.18	-0.31	0.15	-7.60	10.04	-2.86	-4.59	3.58
2004	-0.22	1.49	0.29	0.24	0.28	-4.06	3.98	-0.93	-2.81	1.73
2005	-0.13	5.86	0.27	-1.15	0.37	-2.73	0.33	-1.81	-2.98	1.97
2006	-0.09	1.93	0.32	0.32	0.21	-3.10	-1.77	1.39	-4.96	5.74
2007	-0.08	6.17	0.32	-1.73	0.09	-4.87	-4.38	2.60	-8.46	10.33
2008	0.08	9.67	0.34	-3.68	0.06	-6.54	-0.70	0.35	-10.80	11.23
2009	-0.12	11.12	0.35	-3.75	-0.16	-9.86	3.26	0.49	-12.87	11.54
2010	-0.25	7.96	0.36	-3.46	-0.18	-10.94	3.93	1.48	-10.40	11.50
2011	-0.13	2.50	0.37	-5.49	-0.18	-10.22	6.46	4.18	-9.50	12.00
2012	-0.03	2.83	0.40	-5.76	-0.12	-8.80	6.29	2.87	-8.69	11.01
2013	0.10	0.82	0.40	-5.64	-0.18	-10.00	7.53	1.07	-8.42	14.33
2014	0.06	-5.34	0.41	-2.56	-0.50	-8.39	5.63	0.96	-8.46	18.19
2015	0.06	-0.60	0.31	-1.91	-0.40	-10.98	5.57	-0.36	-9.32	17.64
2016	-0.01	0.07	0.26	-2.22	-0.22	-9.11	6.71	-0.57	-9.29	14.39
2017	-0.05	0.28	0.35	-3.34	-0.13	-7.22	6.86	-2.42	-7.65	13.32
2018	0.003	0.47	0.37	-4.14	-0.14	-7.98	6.84	-0.78	-6.58	11.93

资料来源：课题组经计算整理而得。

7.3.1.3 交替主导国别：新加坡

表7-4显示，新加坡入境中国旅游和中国从新加坡进口贸易的空间分异表现出较为明显的交替变化。1998—2005年中国从新加坡进口贸易在空间分异中处于主导地位，但主导趋势不断减弱，空间错位指数从-7.19升至-1.81，2006—2014年新加坡入境中国旅游在空间分异中处于主导地位，表现为先增强后减弱，空间错位指数从2006年的1.39增至2011年的4.18，随后降至2014年的0.96。2015—2018年空间分异主导地位又转变为中国从新加坡进口贸易。

此外，其他东盟3国（文莱、柬埔寨和老挝）呈现出水平较低的正向或负向空间分异，绝大部分年份的空间错位指数绝对值低于1.0，表明这3国入境中国旅游和中国从这3国进口贸易空间分异程度相对较低。

7.3.1.4 2018年F_1空间分异国别分布

图7-10显示，F_1高度空间分异（|SMI|>7.98）国家仅有越南，为正向空间分异，空间错位指数为11.93，说明在正向空间分异国家中，越南入境中国旅游在空间分异中的主导地位最高。

中度空间分异（0.78≤|SMI|≤7.98）国家包括印尼、新加坡、马来西亚、泰国、菲律宾。其中，印、新、马、泰为负向空间分异，空间错位指数分别为-4.14、-0.78、-7.98和-6.58，说明中国从印、新、马、泰进口贸易在空间分异中处于主导地位。菲律宾为正向空间分异，空间错位指数为6.84，表明菲律宾入境中国旅游在空间分异中处于主导地位。

低度空间分异（|SMI|<0.78）国家包括文莱、缅甸、老挝和柬埔寨，其中老挝为负向空间分异，指数为-0.14。文莱、缅甸、柬埔寨为正向空间分异，指数分别为0.003、0.47和0.37。这4国空间错位指数绝对值均低于1.0，说明这4国入境中国旅游和中国从这4国进口贸易的空间分异性较低，发展程度较为一致。

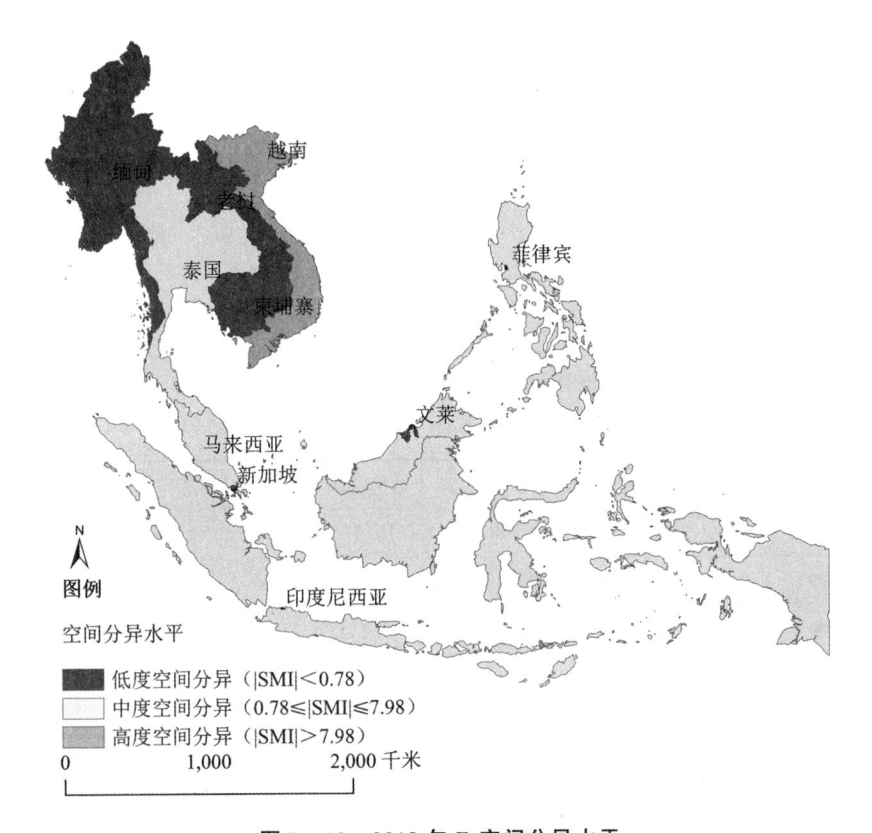

图 7-10　2018 年 F_1 空间分异水平

Fig. 7-10　The Spatial Mismatch Index of F_1 (2018)

说明：该图基于广西壮族自治区自然资源厅标准地图服务网站（http://www.gismap.com.cn/）下载的审图号为 GS (2016) 931 号、GS (2016) 932 号和桂 S (2016) 22 号的标准地图制作，底图无修改。

7.3.2　F_2 国别空间分异

7.3.2.1　中国出口贸易主导国别：新加坡和印尼

表 7-5 显示，新加坡和印尼负向空间分异显著，表明中国对新加坡和印尼出口贸易在空间分异中处于主导地位。

①新加坡入境中国旅游和中国对新加坡出口贸易空间错位指数在 1998—2009 年在 -10 左右徘徊，这一期间中国对新加坡出口贸易表现

出较强的空间分异主导地位，随后空间错位指数急剧上升至 2018 年的 -3.59，中国对新加坡出口贸易在空间分异中的主导地位急剧减弱。

②印尼入境中国旅游和中国对印尼出口贸易空间错位指数呈"波动下降→上升"趋势。其中，印尼从 1998 年的最高点 -1.78 降低至 2008 年的最低点 -6.48，随后逐步上升至 2018 年的 -4.96，表明中国对印尼出口贸易在空间分异中的主导地位先增强后减弱。

表 7-5　　　　　　　1998—2018 年 F_2 空间分异水平

Tab. 7-5　　The Spatial Mismatch Indexes of F_2 (1998-2018)

年份	文莱	缅甸	柬埔寨	印尼	老挝	马来西亚	菲律宾	新加坡	泰国	越南
1998	0.10	-1.84	-0.67	-1.78	-0.02	10.67	7.80	-9.00	0.74	-6.01
1999	0.06	-1.13	-0.51	-2.48	-0.05	10.99	8.46	-13.60	1.91	-3.65
2000	0.05	-0.60	-0.61	-5.40	-0.06	9.71	11.77	-11.03	0.46	-4.30
2001	0.08	-0.71	-0.54	-4.14	-0.19	6.08	11.75	-10.60	2.32	-4.05
2002	0.10	-1.27	-0.80	-3.37	-0.12	2.98	12.01	-9.41	3.16	-3.28
2003	0.05	-0.68	-0.72	-2.66	-0.14	2.10	13.36	-9.36	1.68	-3.63
2004	0.07	-0.37	-0.71	-2.89	0.06	5.96	8.42	-8.28	2.00	-4.25
2005	0.05	4.54	-0.66	-4.98	0.22	4.90	9.02	-9.83	1.56	-4.82
2006	0.01	0.52	-0.62	-2.20	0.03	4.25	9.92	-11.39	1.41	-1.95
2007	0.03	4.72	-0.57	-3.68	-0.02	2.82	8.99	-12.70	-0.27	0.68
2008	0.04	8.49	-0.59	-6.48	-0.06	2.13	7.98	-10.67	-2.55	1.70
2009	0.01	9.61	-0.47	-4.80	-0.17	1.96	6.37	-11.12	-2.05	0.65
2010	-0.09	6.07	-0.55	-5.91	-0.14	4.44	6.06	-5.94	-3.23	-0.71
2011	-0.27	0.54	-0.89	-6.44	-0.03	5.58	7.40	-2.16	-4.38	0.66
2012	-0.45	0.72	-0.82	-6.23	-0.17	3.08	8.13	-2.51	-4.29	2.55
2013	-0.55	-0.76	-0.82	-5.03	-0.38	1.32	8.50	-2.64	-2.53	2.89
2014	-0.49	-1.29	-0.57	-5.16	-0.32	1.29	7.08	-2.21	-2.65	4.32

续表

年份	文莱	缅甸	柬埔寨	印尼	老挝	马来西亚	菲律宾	新加坡	泰国	越南
2015	-0.40	-1.28	-0.71	-4.07	-0.04	0.55	5.71	-4.91	-4.02	9.17
2016	-0.10	-1.04	-0.85	-3.85	0.09	1.27	3.91	-4.70	-4.19	9.46
2017	-0.13	-1.01	-0.92	-3.66	0.04	0.92	3.54	-4.02	-3.81	9.05
2018	-0.40	-1.09	-1.00	-4.96	0.15	1.31	3.53	-3.59	-3.41	9.45

资料来源：课题组经计算整理而得。

7.3.2.2 入境中国旅游主导国别：马来西亚和菲律宾

表7-5显示，马来西亚和菲律宾正向空间分异显著，表明马来西亚和菲律宾入境中国旅游在空间分异中处于主导地位。

①马来西亚入境中国旅游和中国对马来西亚出口贸易空间错位指数呈现出"波动下降"趋势，从1998年的10.67下降至2018年的1.31，表明马来西亚入境中国旅游在空间分异中的主导地位持续减弱，使得近五年来马来西亚入境中国旅游和中国对马来西亚出口贸易空间分异程度低，两者发展较为协调。

②菲律宾入境中国旅游和中国对菲律宾出口贸易空间错位指数呈现出"波动上升→下降"趋势，从1998年的7.8升至2003年的最高点13.36，随后逐渐降至2018年的3.53，表明菲律宾入境中国旅游在空间分异中的主导地位先增强后减弱。

7.3.2.3 交替主导国别：泰国、越南和缅甸

表7-5显示，泰国、越南和缅甸入境中国旅游和中国对泰国、越南、缅甸出口贸易的空间分异表现出较为明显的交替变化。

（1）泰国

1998—2006年泰国入境中国旅游和中国对泰国出口贸易处于正向空间分异状态，泰国入境中国旅游在空间分异中处于主导地位，空间错位指数先增后减，从1998年的0.74升至2002年的3.16，随后降至2006年的1.41；2007—2018年中国对泰国出口贸易处于空间分异主导

地位，空间错位指数波动下降，从 2007 年的 -0.27 降至 2018 年的 -3.41。

(2) 越南

与泰国相反，1998—2006 年越南入境中国旅游和中国对越南出口贸易处于负向空间分异状态，中国对越南出口贸易在空间分异中处于主导地位，空间错位指数呈波动下降，从 1998 年的 -6.01 升至 2006 年的 -1.95。2007—2018 年越南入境中国旅游处于空间分异主导地位，空间错位指数呈波动上升，从 2007 年的 0.68 升至 2018 年的 9.45，表现出极强的主导水平。

(3) 缅甸

2005—2012 年缅甸入境中国旅游和中国对缅甸出口贸易呈正向空间分异，其他年份呈负向空间分异，即缅甸入境中国旅游于 2005—2012 年处于空间分异主导地位，其他年份中国对缅甸出口贸易处于空间分异主导地位。

此外，其他东盟 3 国（文莱、柬埔寨和老挝）呈现出较低的正向或负向空间分异水平，绝大部分年份空间错位指数的绝对值低于 1.0，表明这 3 国的空间分异程度低，入境旅游与出口贸易均呈低水平发展。

7.3.2.4 2018 年 F_2 空间分异国别分布

图 7-11 显示，F_2 高度空间分异（$|SMI|>4.96$）的国家仅有越南，为正向空间分异，空间错位指数为 9.45，说明 2018 年越南入境中国旅游在空间分异中处于主导地位。

中度空间分异（$1.32 \leqslant |SMI| \leqslant 4.96$）的国家包括菲律宾、泰国、印尼和新加坡。其中泰国、印度、新加坡为负向空间分异，指数分别为 -3.41、-4.96 和 -3.59，说明中国对这 3 国出口贸易在空间分异中处于主导地位。菲律宾为正向空间分异，指数为 3.53，说明菲律宾入境中国旅游在空间分异中处于主导地位。

低度空间分异（$|SMI|<1.32$）的国家包括马来西亚、文莱、缅甸、老挝和柬埔寨，其中文莱、缅甸和柬埔寨为负向空间分异，指数分

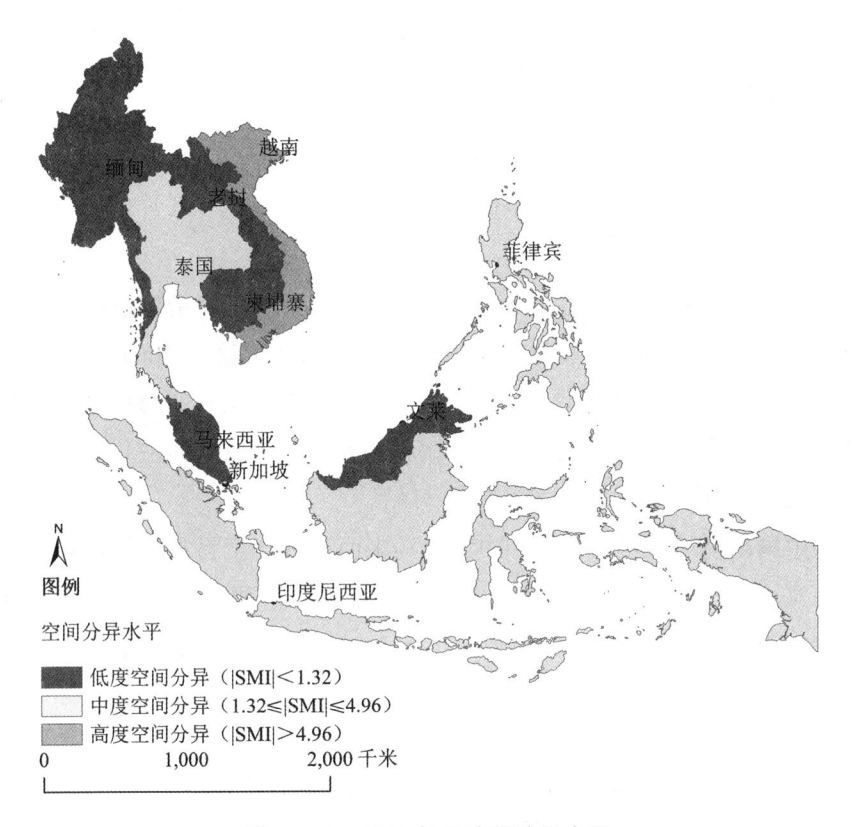

图 7-11　2018 年 F_2 空间分异水平

Fig. 7-11　The Spatial Mismatch Index of F_2 (2018)

说明：该图基于广西壮族自治区自然资源厅标准地图服务网站（http://www.gismap.com.cn/）下载的审图号为 GS（2016）931 号、GS（2016）932 号和桂 S（2016）22 号的标准地图制作，底图无修改。

别为 -0.4、-1.09 和 -1。马来西亚和老挝为正向空间分异，指数分别为 1.31 和 0.15。其中文莱、缅甸、老挝和柬埔寨为发展水平较低的弱空间分异，马来西亚为发展水平较高的弱空间分异。

7.3.3 F_3国别空间分异

7.3.3.1 中国进口贸易主导国别：菲律宾、马来西亚和印尼

表7-6显示，菲律宾、马来西亚和印尼负向空间分异显著，表明中国从这3国进口贸易处于空间分异主导地位。

（1）菲律宾

中国出境菲律宾旅游和中国从菲律宾进口贸易空间错位指数呈"波动下降→上升"趋势，指数从1998年的-2.49下降至2007年的最低点-17.32，随后上升至2018年的-3.35，表明中国从菲律宾进口贸易在空间分异中的主导地位先增强后减弱，并表现出较高的主导水平。

（2）马来西亚

中国出境马来西亚旅游和中国从马来西亚进口贸易空间错位指数整体在（-17，-10）之间变化，表明中国从马来西亚进口贸易在空间分异中表现出极强的主导地位。

表7-6 1998—2018年F_3空间分异水平

Tab. 7-6 The Spatial Mismatch Indexes of F_3 (1998-2018)

年份	文莱	缅甸	柬埔寨	印尼	老挝	马来西亚	菲律宾	新加坡	泰国	越南
1998	0.05	0.07	0.79	-17.88	0.97	-10.76	-2.49	-14.44	18.05	25.66
1999	-0.15	-0.05	1.02	-19.63	0.99	-14.16	-4.96	-7.73	21.82	22.85
2000	-0.01	0.06	1.05	-18.62	1.19	-6.32	-6.93	-4.03	10.70	22.90
2001	-0.38	0.10	1.15	-15.44	1.62	-8.34	-7.61	-1.92	7.88	22.94
2002	-0.54	0.19	0.90	-13.75	0.73	-10.14	-9.33	1.03	8.95	21.96
2003	-0.36	0.29	1.56	-10.44	0.86	-14.90	-11.99	1.60	7.46	25.90
2004	-0.26	0.23	1.41	-9.86	1.02	-11.57	-13.74	5.44	6.19	20.53
2005	-0.13	0.29	1.93	-9.49	1.27	-15.08	-13.59	6.51	6.68	21.62
2006	0.35	0.45	2.34	-9.11	1.43	-13.37	-15.80	10.86	10.42	12.45

续表

年份	文莱	缅甸	柬埔寨	印尼	老挝	马来西亚	菲律宾	新加坡	泰国	越南
2007	0.49	0.40	2.97	-6.83	1.32	-8.92	-17.32	12.20	4.64	11.04
2008	0.54	1.63	2.87	-4.70	2.25	-6.33	-13.01	6.88	-0.97	10.83
2009	0.11	1.82	3.02	-3.93	2.70	-6.02	-7.50	5.62	-3.92	8.11
2010	0.02	1.47	3.22	-5.66	2.60	-11.74	-7.02	5.64	-0.74	12.20
2011	0.16	-0.02	3.28	-8.39	1.63	-15.10	-6.00	6.98	3.84	13.61
2012	0.11	0.10	3.49	-9.65	1.75	-12.97	-7.33	7.34	10.06	7.10
2013	0.27	-0.72	3.48	-9.36	1.43	-15.98	-5.74	2.88	17.13	6.62
2014	0.21	-1.29	4.06	-4.66	2.38	-14.37	-7.05	-1.62	17.00	5.35
2015	0.16	1.95	3.67	-2.95	2.16	-17.71	-6.92	-2.02	26.71	-5.06
2016	0.08	2.23	3.52	-3.52	1.90	-15.01	-5.65	0.34	22.25	-6.13
2017	0.06	2.02	4.36	-3.83	1.85	-14.04	-4.32	-1.75	21.16	-5.50
2018	0.13	1.56	6.44	-5.37	2.02	-13.42	-3.35	-0.82	19.57	-6.75

资料来源：课题组经计算整理而得。

(3) 印尼

中国出境印尼旅游和中国从印尼进口贸易空间错位指数呈"波动上升"趋势，指数从1998年的-17.88上升至2018年的-5.37，表明中国从印尼进口贸易在空间分异中的主导地位不断减弱。主要原因在于中国出境印尼旅游增长快于中国从印尼进口贸易，2014—2018年中国出境印尼旅游从92.68万人次增至213.92万人次，增幅达130.82%。同期，中国从印尼进口贸易从244.85亿美元升至341.50亿美元，增幅达39.47%，远小于中国出境印尼旅游的增幅。

7.3.3.2 中国出境旅游主导国别：老挝和柬埔寨

表7-6显示，老挝和柬埔寨正向空间分异显著，表明中国出境这两国旅游处于空间分异主导地位。

(1) 老挝

中国出境老挝旅游和中国从老挝进口贸易的空间错位指数基本上稳定在1.0—2.0，表明中国出境老挝旅游在空间分异上呈现出较低且波动小的主导地位。

(2) 柬埔寨

中国出境柬埔寨旅游和中国从柬埔寨进口贸易的空间错位指数呈"波动上升"趋势，指数从1998年的最低点0.79上升至2018年的最高点6.44，表明中国出境柬埔寨旅游在空间分异中的主导地位不断增强。

7.3.3.3 交替主导国别：泰国、越南、新加坡

表7-6显示，中国出境泰国、越南和新加坡旅游和中国从这3国进口贸易的空间分异表现出明显的交替变化。

(1) 泰国

中国出境泰国旅游和中国从泰国进口贸易空间错位指数呈"波动下降→急剧上升"趋势。1998—2010年波动下降，1998—2007年为正向空间分异，中国出境泰国旅游在空间分异的主导地位显著下降，2008—2010年为负向空间分异，中国从泰国进口贸易于2009年呈现出较高的空间分异主导地位。2011—2018年急剧上升，中国出境泰国旅游和中国从泰国进口贸易处于正向空间分异，从2011年的3.84上升至2015年的最高点26.71，近3年虽有所回落，但依然保持在20左右的水平，表明在2011年之后中国出境泰国旅游在空间分异中处于极高的主导地位。

(2) 越南

中国出境越南旅游和中国从越南进口贸易空间错位指数呈"波动下降"趋势，1998—2014年处于正向空间分异，指数从25.66下降至5.35，表明中国出境越南旅游在空间分异中的主导地位降幅显著。2015—2018年中国出境越南旅游和中国从越南进口贸易处于负向空间分异，空间错位指数从-5.06降至-6.75，表明近4年来中国从越南进口贸易发展快于中国出境越南旅游，表现出极强的空间分异主导水平。

(3) 新加坡

1998—2001年中国出境新加坡旅游和中国从新加坡进口贸易呈负向空间分异，空间错位指数从-14.44大幅升至-1.92，表明中国出境新加坡旅游的空间分异主导地位下降显著。2002—2013年中国出境新加坡旅游和中国从新加坡进口贸易处于正向空间分异，空间错位指数呈"波动上升→下降"趋势，从2002年的1.03上升至2007年的最高点12.2，随后降至2013年的2.88，表明在此期间中国出境新加坡旅游在空间分异中的主导地位先增强后减弱。除2016年外，2014—2018年中国出境新加坡旅游和中国从新加坡进口贸易处于负向空间分异，主导地位从中国出境新加坡旅游转变为中国从新加坡进口贸易。

此外，文莱和缅甸呈现出水平较低的正向或负向空间分异，绝大部分年份的空间错位指数绝对值低于1.0，表明文莱和缅甸空间分异程度相对较低。

7.3.3.4　2018年F_3空间分异国别分布

图7-12显示，F_3高度空间分异（|SMI|＞6.75）的国家包括马来西亚和泰国，其中泰国为正向空间分异，指数为19.57，说明2018年中国出境泰国旅游在空间分异中处于极高的主导地位。马来西亚为负向空间分异，指数为-13.42，表明2018年中国从马来西亚进口贸易在空间分异中处于极高的主导地位。

中度空间分异（3.36≤|SMI|≤6.75）的国家包括越南、柬埔寨和印尼。其中越南和印尼为负向空间分异，指数分别为-6.75和-5.37，说明中国从越南和印尼进口贸易在空间分异中处于主导地位。柬埔寨为正向空间分异，指数为6.44，说明中国出境柬埔寨旅游在空间分异中处于主导地位。

低度空间分异（|SMI|＜3.36）包括菲律宾、缅甸、老挝、文莱和新加坡，其中菲律宾和新加坡为负向空间分异，指数分别为-3.35、-0.82，说明中国从菲律宾和新加坡进口贸易在空间分异中处于主导地位。文莱、缅甸和老挝为正向空间分异，指数分别为

0.13、1.56 和 2.02，说明中国出境文莱、缅甸和老挝旅游在空间分异中处于主导地位。文莱和新加坡的空间分异绝对值均小于1，其中文莱表现为发展水平较低的弱空间分异，新加坡表现为发展水平较高的弱空间分异。

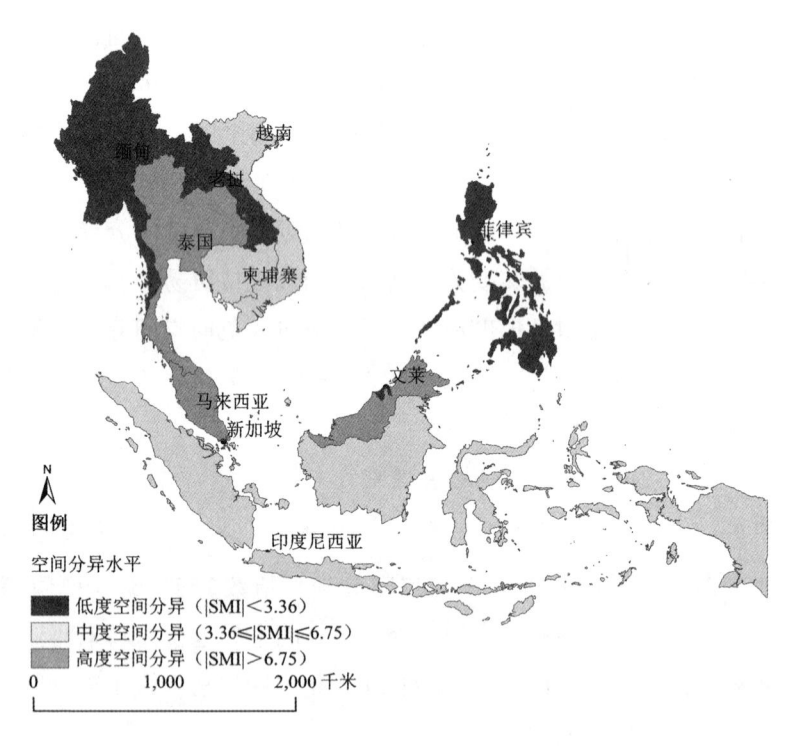

图 7-12 2018 年 F_3 空间分异水平

Fig. 7-12 The Spatial Mismatch Index of F_3 (2018)

说明：该图基于广西壮族自治区自然资源厅标准地图服务网站（http://www.gismap.com.cn/）下载的审图号为 GS（2016）931 号、GS（2016）932 号和桂 S（2016）22 号的标准地图制作，底图无修改。

7.3.4 F_4 国别空间分异

7.3.4.1 中国出口贸易主导国别：菲律宾、新加坡和印尼

表 7-7 显示，菲律宾、新加坡和印尼负向空间分异显著，表明中国对这 3 国出口贸易处于空间分异主导地位。

（1）菲律宾

中国出境菲律宾旅游和中国对菲律宾出口贸易空间错位指数呈"波动上升→波动下降"趋势，指数从1998年的最低点-11.97上升至2007年的最高点-3.95，随后下降至2018年的-6.67，表明中国对菲律宾出口贸易在空间分异中的主导地位先减弱后增强，并且表现出极高的主导水平。

（2）新加坡和印尼

中国出境新加坡和印尼旅游和中国对新加坡、印尼出口贸易空间错位指数呈"波动上升"趋势，分别从1998年的-16.24和-8.89升至2018年的-3.63和-6.19，表明中国对新加坡和印尼出口贸易在空间分异中的主导地位逐渐减弱。

表7-7　　　　　　　1998—2018年F_4空间分异水平

Tab. 7-7　　The Spatial Mismatch Indexes of F_4（1998-2018）

年份	文莱	缅甸	柬埔寨	印尼	老挝	马来西亚	菲律宾	新加坡	泰国	越南
1998	-0.04	-4.05	0.16	-8.89	0.87	-3.90	-11.97	-16.24	25.89	18.17
1999	-0.01	-2.71	0.54	-13.85	0.87	-3.81	-10.22	-17.56	28.62	18.12
2000	0.19	-2.24	0.38	-16.43	1.02	3.60	-7.81	-14.44	17.51	18.23
2001	0.16	-2.03	0.18	-14.13	1.35	0.86	-8.04	-11.34	15.47	17.51
2002	0.15	-2.45	-0.09	-13.83	0.54	-1.43	-7.68	-5.99	14.36	16.43
2003	0.19	-2.29	0.66	-12.78	0.57	-5.20	-8.66	-4.90	13.74	18.69
2004	0.03	-1.63	0.40	-12.99	0.80	-1.55	-8.71	-1.91	11.00	14.54
2005	0.05	-1.04	1.00	-13.33	1.12	-7.45	-4.89	-1.51	11.22	14.83
2006	0.45	-0.96	1.40	-11.64	1.25	-6.02	-4.11	-1.92	16.79	4.76
2007	0.60	-1.05	2.08	-8.78	1.21	-1.23	-3.95	-3.09	12.83	1.39
2008	0.50	0.45	1.94	-7.50	2.13	2.34	-4.33	-4.14	7.28	1.31
2009	0.24	0.30	2.20	-4.98	2.70	5.79	-4.40	-5.99	6.91	-2.78

续表

年份	文莱	缅甸	柬埔寨	印尼	老挝	马来西亚	菲律宾	新加坡	泰国	越南
2010	0.19	-0.42	2.30	-8.11	2.64	3.64	-4.89	-1.79	6.43	-0.001
2011	0.01	-1.99	2.02	-9.33	1.78	0.70	-5.06	0.65	8.96	2.26
2012	-0.32	-2.02	2.27	-10.13	1.70	-1.09	-5.49	1.96	14.47	-1.36
2013	-0.38	-2.29	2.26	-8.75	1.23	-4.66	-4.77	-0.84	23.03	-4.83
2014	-0.34	2.75	3.09	-7.26	2.56	-4.68	-5.60	-4.79	22.80	-8.52
2015	-0.29	1.27	2.65	-5.10	2.51	-6.18	-6.78	-6.57	32.01	-13.52
2016	-0.01	1.12	2.41	-5.16	2.20	-4.62	-8.45	-3.79	27.35	-11.06
2017	-0.02	0.74	3.08	-4.16	2.02	-5.90	-7.64	-3.34	25.00	-9.77
2018	-0.27	0.001	5.07	-6.19	2.30	-4.11	-6.67	-3.63	22.74	-9.24

资料来源：课题组经计算整理而得。

7.3.4.2 中国出境旅游主导国别：泰国、柬埔寨和老挝

表7-7显示，泰国、柬埔寨和老挝正向空间分异显著，表明中国出境这3国旅游处于空间分异主导地位。

（1）泰国

中国出境泰国旅游和中国对泰国出口贸易空间错位指数呈"波动下降→上升"趋势，指数从1998年的25.89降至2010年的最低点6.43，随后持续上升至2015年的最高点32.01，2016—2018年虽有所下降，但依然大于20，表明中国出境泰国旅游在空间分异中的主导地位虽经历了较大幅度的波动，但依然呈现出很强的主导水平，中国出境泰国旅游发展远快于中国对泰国出口贸易。

（2）柬埔寨

中国出境柬埔寨旅游和中国对柬埔寨出口贸易空间错位指数呈"波

动上升"趋势,指数从 1998 年 0.16 上升至 2018 年最高点 5.07,表明中国出境柬埔寨旅游在空间分异中的主导地位不断增强。

(3) 老挝

中国出境老挝旅游和中国对老挝出口贸易空间错位指数基本在 2 上下波动,表明中国出境老挝旅游在空间分异中呈现出相对较低且变化波动较小的主导地位。

7.3.4.3 交替主导国别:马来西亚、越南和缅甸

表 7-7 显示,中国出境马来西亚、越南和缅甸旅游和中国对这 3 国出口贸易的空间分异表现出明显的交替变化。

(1) 马来西亚

2000—2001 年和 2008—2011 年中国出境马来西亚旅游和中国对马来西亚出口贸易表现为正向空间分异,表明在此期间中国出境马来西亚旅游在空间分异中处于主导地位。1998—1999 年、2002—2007 年和 2012—2018 年中国出境马来西亚旅游和中国对马来西亚出口贸易表现为负向空间分异,表明在此期间中国对马来西亚出口贸易在空间分异中处于主导地位。从整体上讲,1998—2018 年中国对马来西亚出口贸易相比中国出境马来西亚旅游有着更强的主导地位。

(2) 越南

中国出境越南旅游和中国对越南出口贸易的空间错位指数呈"波动下降"趋势,以 2009 年为界,1998—2008 年中国出境越南旅游和中国对越南出口贸易处于正向空间分异,指数从 18.17 下降至 1.31,表明中国出境越南旅游在空间分异中的主导地位降幅显著。2009—2018 年中国出境越南旅游和中国对越南出口贸易处于负向空间分异,其间空间错位指数从 -2.78 降至 -9.24,表明中国对越南出口贸易发展快于中国出境越南旅游,表现出最强的空间分异主导地位。

(3) 缅甸

1998—2007 年和 2010—2013 年中国出境缅甸旅游和中国对缅甸出口贸易呈负向空间分异,空间错位指数在 -2 左右徘徊波动,说明在此

期间中国对缅甸出口贸易在空间分异中表现出相对较低的主导地位。2008—2009 年和 2014—2018 年中国出境缅甸旅游和中国对缅甸出口贸易为正向空间分异,近五年来空间错位指数呈"持续下降"趋势,2018 年仅为 0.001,表明中国出境缅甸旅游在空间分异中的主导地位逐步降低,2018 年中国出境缅甸旅游和中国对缅甸出口贸易表现出发展水平较低的弱空间分异。

此外,文莱呈现出水平较低的正向或负向空间分异,绝大部分年份的空间错位指数绝对值低于 1,表明中国出境文莱旅游占中国出境东盟旅游总人数的比重和中国对文莱出口贸易占中国对东盟出口贸易总额的比重相对一致,呈现出发展水平较低的弱空间分异。

7.3.4.4　2018 年 F_4 空间分异国别分布

图 7-13 显示,F_4 高度空间分异（|SMI|＞9.24）的国家仅有泰国,为正向空间分异,空间错位指数为 22.74,说明 2018 年中国出境泰国旅游在空间分异中处于最高的主导地位,其占中国出境东盟旅游总人数的比重远高于中国对泰国出口贸易额占中国对东盟出口贸易总额的比重。

中度空间分异（2.31≤|SMI|≤9.24）的国家包括越南、柬埔寨、印尼、新加坡、马来西亚和菲律宾。其中越南、印尼、新加坡、马来西亚和菲律宾为负向空间分异,指数分别为 -9.24、-6.19、-3.63、-4.11 和 -6.67,说明中国对越南、印尼、新加坡、马来西亚和菲律宾出口贸易在空间分异中处于主导地位。柬埔寨为正向空间分异,指数为 5.07,说明中国出境柬埔寨旅游在空间分异中处于主导地位。

低度空间分异（|SMI|＜2.31）的国家包括缅甸、老挝和文莱,其中文莱为负向空间分异,空间错位指数为 -0.27,缅甸和老挝为正向空间分异,指数分别为 0.001 和 2.3。由此可见,中国出境老挝旅游在空间分异中的主导地位相对较低,文莱、缅甸表现为发展水平较低的弱空间分异。

图例

空间分异水平

■ 低度空间分异（|SMI|<2.31）
□ 中度空间分异（2.31≤|SMI|≤9.24）
▨ 高度空间分异（|SMI|>9.24）

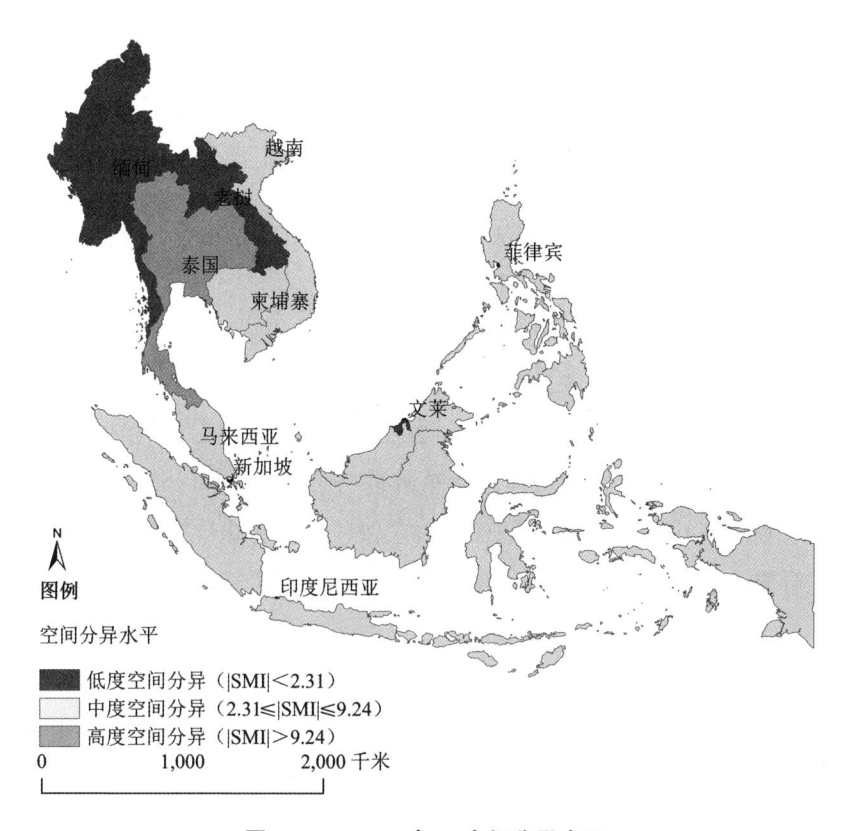

0   1,000   2,000 千米

图 7-13 2018 年 F_4 空间分异水平

Fig. 7-13 The Spatial Mismatch Index of F_4 (2018)

说明：该图基于广西壮族自治区自然资源厅标准地图服务网站（http://www.gismap.com.cn/）下载的审图号为 GS（2016）931 号、GS（2016）932 号和桂 S（2016）22 号的标准地图制作，底图无修改。

7.3.5 F_5 省域空间分异

7.3.5.1 进口贸易主导省域："津沪苏鲁粤"

表 7-8 显示，天津、上海、江苏、山东和广东负向空间分异显著，表明在东盟入境这 5 省域旅游和这 5 省域从东盟进口贸易空间分异演变过程中，"这 5 省域从东盟进口贸易额占中国从东盟进口贸易总额的比重"高于"东盟入境这 5 省域旅游人数占东盟入境中国旅游

总人数的比重",即"津沪苏鲁粤"从东盟进口贸易在空间分异中占据主导地位。

(1) 广东

东盟入境广东旅游和广东从东盟进口贸易的空间错位指数呈"波动上升"趋势。1998—2017 年从 -34.16 上升至 -18.92,呈现出与东盟进口贸易占据主导地位的空间分异态势。

(2) 江苏、山东

东盟入境江苏或山东旅游和江苏或山东从东盟进口贸易的空间错位指数呈"波动下降"趋势。1998—2017 年分别从 -4.85 和 1.41 下降至 -13.48 和 -5.97,表明江苏从东盟进口贸易在空间分异中的主导地位增长显著,山东空间分异呈现出由东盟入境旅游主导向从东盟进口贸易主导转变,且从东盟进口贸易的主导地位不断上升的趋势。

(3) 上海、天津

东盟入境上海与天津旅游和上海、天津从东盟进口贸易空间错位指数变化波动较弱,分别在 -15 和 -2 左右波动,表明在过去 20 年里上海、天津从东盟进口贸易在空间分异中占据主导地位,且变化较小。

7.3.5.2　入境旅游主导省域:"滇桂闽陕湘冀皖"

表 7 -8 显示,云南、广西、福建、陕西、湖南、河北、安徽正向空间分异显著,表明在东盟入境这 7 省域旅游和这 7 省域从东盟进口贸易空间分异演变过程中,"东盟入境这 7 省域旅游人数占东盟入境中国旅游总人数的比重"高于"这 7 省域从东盟进口贸易额占中国从东盟进口贸易总额的比重",即东盟入境"滇桂闽陕湘冀皖"旅游在空间分异中占据主导地位。

(1) 云南

东盟入境云南旅游和云南从东盟进口贸易空间错位指数呈"波动下降→上升"趋势,从 1998 年的 9.47 降至 2004 年的最低点 5.78,随后升至 2015 年的最高点 16.36,近两年在 14 左右徘徊,呈现出东盟入境旅游占据主导地位的空间分异态势。

第 7 章 中国—东盟旅游与贸易空间分异

表 7-8　1998—2017 年 F_5 空间分异水平
Tab. 7-8　The Spatial Mismatch Indexes of F_5 (1998-2017)

年份	天津	河北	山西	辽宁	黑龙江	上海	江苏	安徽	福建	江西	山东	湖南	广东	广西	海南	重庆	云南	陕西	甘肃	新疆
1998	-1.20	4.61	0.64	-0.06	0.36	-11.97	-4.85	1.45	3.00	0.17	1.41	0.82	-34.69	0.64	1.11	0.25	9.47	0.78	0.50	0.35
1999	-4.48	3.83	0.43	-0.68	0.32	-13.33	-1.65	1.63	4.32	0.17	-0.04	1.27	-34.03	0.78	0.97	0.25	11.58	0.69	0.38	0.26
2000	-4.06	5.06	0.52	-0.55	0.14	-13.35	-0.62	1.85	0.86	0.32	-0.25	1.28	-36.65	1.29	1.08	0.45	13.49	0.74	0.93	0.54
2001	-3.36	-1.01	0.41	-0.80	0.15	-6.04	2.77	1.60	-0.53	0.28	-1.08	0.23	-34.49	1.56	1.70	0.19	11.46	-0.02	0.60	0.84
2002	-2.39	1.57	0.68	-0.24	0.04	-11.90	-1.97	1.76	2.29	0.41	-1.33	0.53	-35.24	1.51	1.26	0.29	10.02	1.21	1.01	0.46
2003	-1.09	2.00	0.34	0.07	0.13	-10.36	1.48	1.60	3.75	0.17	-0.76	0.10	-36.93	2.77	0.82	0.54	8.45	0.68	0.26	0.12
2004	-2.55	3.23	0.70	-0.24	0.74	-17.42	-2.32	1.85	3.34	0.34	-0.57	0.12	-29.67	4.94	0.77	0.96	5.78	1.42	0.54	0.24
2005	-4.28	2.80	0.18	-0.10	0.00	-17.93	-5.00	0.88	2.59	0.38	-1.23	0.85	-24.15	6.02	1.28	0.65	7.65	0.92	0.55	0.17
2006	-4.33	2.92	0.73	0.32	0.05	-17.96	-6.25	0.84	3.01	0.44	-1.66	0.75	-22.16	5.49	1.08	0.96	6.72	0.75	0.51	0.21
2007	-2.76	2.55	0.73	0.53	0.08	-16.58	-5.19	0.99	-3.11	0.63	-2.01	1.14	-19.30	4.30	0.80	1.29	7.77	0.82	0.54	0.19
2008	0.18	2.11	0.76	1.12	0.16	-14.61	-6.65	1.29	2.51	0.83	-4.16	1.38	-25.46	4.69	1.31	0.94	9.64	0.68	0.12	0.19
2009	1.10	1.81	0.86	0.90	0.07	-11.40	-10.79	1.48	1.68	0.92	-3.75	1.08	-26.44	5.16	1.54	1.04	10.47	0.66	0.09	0.27
2010	1.38	1.58	0.82	0.79	-0.23	-10.69	-8.81	1.61	1.17	0.56	-11.58	2.26	-20.55	4.24	1.10	2.39	10.39	1.02	0.05	0.25
2011	-2.41	1.68	1.23	1.09	0.14	-17.13	-10.16	1.84	3.18	0.65	-6.13	2.42	-20.80	5.47	1.47	1.47	11.34	1.45	-0.01	0.22
2012	-2.93	1.74	1.95	1.13	0.17	-19.17	-7.16	2.27	2.68	0.56	-5.47	1.45	-20.94	5.41	1.39	-0.37	11.36	1.59	-0.01	0.34
2013	-3.51	1.38	0.96	1.64	0.31	-13.39	-10.74	2.75	1.25	0.63	-4.87	1.67	-15.60	5.98	0.70	-1.98	9.00	1.42	0.11	0.51

· 247 ·

续表

年份	天津	河北	山西	辽宁	黑龙江	上海	江苏	安徽	福建	江西	山东	湖南	广东	广西	海南	重庆	云南	陕西	甘肃	新疆
2014	-3.42	1.04	0.47	1.08	0.25	-11.37	-11.99	1.79	2.30	0.62	-5.80	2.06	-16.07	5.58	1.30	-1.81	8.89	2.34	-0.05	0.27
2015	-2.39	0.90	0.50	0.11	0.03	-11.74	-12.67	2.27	2.23	0.55	-6.41	1.47	-21.02	7.39	-0.40	0.09	16.36	1.42	0.01	0.22
2016	-1.93	1.10	0.43	-0.01	0.08	-12.84	-12.62	2.09	7.13	0.50	-4.67	2.49	-24.44	5.48	0.75	-0.50	14.52	2.45	0.02	0.11
2017	-2.03	0.99	0.47	-0.03	0.12	-15.82	-13.48	1.97	7.58	0.72	-5.97	3.17	-18.92	4.75	0.40	-0.63	13.80	2.95	-0.04	0.14

资料来源:课题组经计算整理而得。

(2) 福建、陕西和湖南

东盟入境福建、陕西、湖南3省域旅游和这3省域从东盟进口贸易空间错位指数呈现出"波动上升"趋势，1998—2017年分别从3、0.78和0.82上升至7.58、2.95和3.17，表明在过去20年里东盟入境福建、陕西和湖南旅游在空间分异中的主导地位不断上升，尤其是福建增长显著。

(3) 广西、安徽

东盟入境广西、安徽旅游和广西、安徽从东盟进口贸易空间错位指数变化波动较弱，分别在5和2左右波动，表明东盟入境广西、安徽旅游在空间分异中占据主导地位，且变化较小。

(4) 河北

东盟入境河北旅游和河北从东盟进口贸易空间错位指数呈"波动下降"趋势，1998—2017年从4.61下降至0.99，表明东盟入境河北旅游在空间分异中的主导地位降幅显著，近4年来空间分异程度较低。

此外，其他8省域呈现出水平较低的正向或负向空间分异，绝大部分年份的空间错位指数绝对值低于1，表明东盟入境这8省域旅游和8省域从东盟进口贸易空间分异程度相对较低。

7.3.5.3　2017年F_5省域分布

图7-14显示，F_5高度空间分异（｜SMI｜>7.59）省域包括广东、上海、江苏和云南。其中广东、上海和江苏为负向空间分异，指数分别为-18.92、-15.82和-13.48，说明2017年广东、上海和江苏从东盟进口贸易在空间分异中占据主导地位。广东主导地位最高，上海和江苏位居其后。云南为正向空间分异，指数为13.8，表明东盟入境云南旅游在空间分异中处于主导地位，在正向空间分异省域中，云南主导地位最高。

中度空间分异（2.04≤｜SMI｜≤7.59）的省域包括陕西、山东、湖南、福建和广西。其中福建、广西、湖南和陕西为正向空间分异，指数分别为7.58、4.75、3.17和2.95，表明东盟入境各省域旅游在空间分异中占据主导地位。山东为负向空间分异，指数为 -5.79，说明山东从东盟进口贸易在空间分异中占据主导地位。

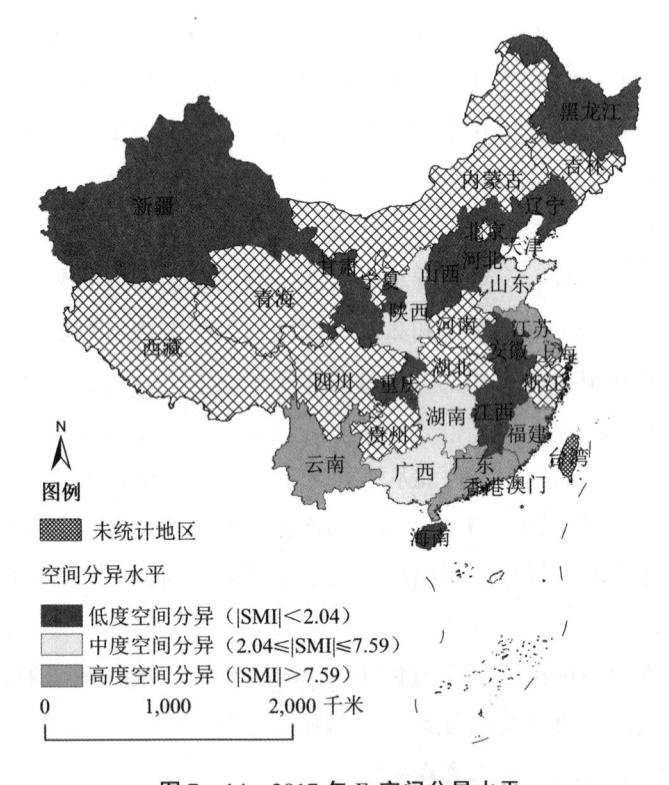

图 7-14 2017 年 F_5 空间分异水平

Fig. 7-14 The Spatial Mismatch Index of F_5 (2017)

说明：该图基于广西壮族自治区自然资源厅标准地图服务网站（http://www.gismap.com.cn/）下载的审图号为 GS（2016）931 号、GS（2016）932 号和桂 S（2016）22 号的标准地图制作，底图无修改。

低度空间分异（|SMI|<2.04）省域包括天津、河北、山西、辽宁、黑龙江、安徽、江西、海南、重庆、甘肃和新疆。其中，天津、辽宁、重庆和甘肃为负向空间分异，指数分别为 -2.03、-0.03、-0.63 和 -0.04。河北、山西、黑龙江、安徽、江西、海南和新疆为正向空间分异，指数分别为 0.99、0.47、0.12、1.97、0.72、0.4 和 0.14。由

此可见，天津从东盟进口贸易和东盟入境安徽旅游在空间分异中占据的主导地位较低，而其他9省域空间错位指数的绝对值低于1，表明东盟入境9省域旅游和9省域从东盟进口贸易空间分异很弱，发展程度接近。

7.3.6 F_6省域空间分异

7.3.6.1 出口贸易主导省域："津辽沪苏鲁粤"

表7-9显示，天津、辽宁、上海、江苏、山东和广东负向空间分异显著，表明在东盟入境这6省域旅游和这6省域对东盟出口贸易空间分异演变过程中，"这6省域对东盟出口贸易占中国对东盟出口贸易总额比重"高于"东盟入境这6省域旅游占东盟入境中国旅游总人数的比重"，即"津辽沪苏鲁粤"对东盟出口贸易在空间分异中占据主导地位。

(1) 广东

东盟入境广东旅游和广东对东盟出口贸易空间错位指数呈"波动上升→下降"趋势，从1998年的最低值-18.87上升至2013年的-2.8，随后又降至2017年的-14.37，广东对东盟出口贸易在省域空间分异中占据主导地位。

(2) 上海、天津和山东

东盟入境上海、天津和山东3省域旅游与这3省域对东盟出口贸易的空间错位指数呈"波动下降→上升"趋势，上海从1998年的-16.72下降至2004年的最低点-22.01，又缓慢波动上升至2017年的-15.56。天津从1998年的-1.04下降至2006年的最低点-6.62，随后波动上升至2017年的-1.82，其中2009—2010年为正向空间分异，分别为1.05和1.9。山东从1998年的2.13下降至2010年的最低点-8.01，再上升至2017年的-1.79。以上变化表明，上海对东盟出口贸易在省域空间分异中具有主导地位。天津对东盟出口贸易在2009—2010年短暂失去主导地位。东盟入境山东旅游和山东对东盟出口贸易空间分异主导权从入境旅游转向出口贸易，转折点为 2002 年，主要原因在于 2001 年中国入世后，出口贸易增长迅猛，山东对东盟 4 国出口贸易额从 2001 年的 1.06 亿美元增长至 2002 年的 7.79 亿美元，增幅为 634.91%。

（3）辽宁

东盟入境辽宁旅游和辽宁对东盟出口贸易的空间错位指数呈"波动上升"趋势，从 1998 年的最低值 -5.44 上升至 2017 年的 -1.75，表明辽宁对东盟出口贸易在省域空间分异中的主导地位不断减弱。

（4）江苏

东盟入境江苏旅游和江苏从东盟进口贸易的空间错位指数呈"波动下降"趋势，1998—2017 年从 -1.48 波动下降至 -12.35，表明江苏对东盟出口贸易在省域空间分异中的主导地位不断增强。

7.3.6.2　入境旅游主导省域："滇桂陕湘皖"

表 7-9 显示，云南、广西、陕西、湖南、安徽正向空间分异显著，表明在东盟入境这 5 省域旅游与这 5 省域对东盟出口贸易空间分异演变过程中，"东盟入境这 5 省域旅游人数占东盟入境中国旅游总人数的比重"高于"这 5 省域对东盟出口贸易额占中国对东盟出口贸易总额的比重"，即东盟入境"滇桂陕湘皖"旅游在空间分异中占据主导地位。

（1）云南

东盟入境云南旅游和云南对东盟出口贸易空间错位指数呈"波动下降→上升"趋势，从 1998 年的 7.91 下降至 2004 年的最低点 5.21，随后升至 2015 年的最高点 14.57，近两年在 13.5 左右徘徊，即东盟入境云南旅游在省域空间分异中占据主导地位。

（2）广西

东盟入境广西旅游和广西对东盟出口贸易空间错位指数呈"波动上升→持续下降"趋势，从 1998 年的最低点 0.24 上升至 2015 年的 8.36，随后持续下降至 2017 年的 4.97，表明东盟入境广西旅游在省域空间分异中的主导地位不断增强，近两年虽有所减弱，但依然保持着较

第7章 中国—东盟旅游与贸易空间分异

表7-9 1998—2017年 F_6 空间分异水平

Tab. 7-9 The Spatial Mismatch of F_6 (1998-2017)

年份	天津	河北	山西	辽宁	黑龙江	上海	江苏	安徽	福建	江西	山东	湖南	广东	广西	海南	重庆	云南	陕西	甘肃	青海	新疆
1998	-1.04	1.45	0.10	-5.44	0.01	-16.72	-1.48	0.88	2.34	-0.01	2.13	-0.37	-18.87	0.24	1.43	-0.04	7.91	-0.03	0.08	0.00	0.26
1999	-3.37	1.55	-0.03	-5.92	-0.30	-18.97	-0.10	1.15	3.19	-0.29	1.61	0.38	-17.93	0.46	0.94	-0.04	10.91	-0.48	0.18	-0.02	-0.19
2000	-3.73	3.16	-0.04	-4.55	-0.25	-18.31	-1.11	1.45	-1.73	0.07	1.05	0.57	-19.05	1.07	1.11	0.16	12.96	-0.33	0.64	0.08	-0.01
2001	-3.30	-2.33	-0.36	-5.02	0.05	-14.46	0.95	1.13	-2.17	0.07	1.32	-0.44	-14.35	1.34	1.63	-0.09	10.81	-0.47	-0.24	-0.15	0.77
2002	-3.48	0.01	0.22	-3.21	0.04	-19.13	-4.40	1.39	1.62	-0.25	-2.33	0.17	-13.92	1.21	1.24	-0.10	9.54	0.84	0.26	0.14	0.35
2003	-2.74	1.45	0.01	-1.95	0.11	-15.68	-4.41	1.31	3.13	-0.11	-1.75	-0.16	-16.56	2.52	0.62	0.23	7.84	0.25	0.02	-0.01	0.04
2004	-5.89	2.44	0.36	-2.84	0.69	-22.01	-7.39	1.58	2.79	0.08	-1.98	-0.08	-8.46	4.65	0.72	0.72	5.21	0.96	0.46	-0.05	0.26
2005	-5.47	2.10	-0.12	-3.78	-0.10	-19.03	-11.52	0.52	1.71	0.12	-2.49	0.63	-5.96	5.79	1.27	0.52	7.07	0.54	0.40	0.01	0.08
2006	-6.62	2.10	0.60	-2.33	-0.16	-19.04	-13.91	0.41	2.08	0.14	-1.49	0.45	-3.62	5.32	1.07	0.78	5.72	0.44	0.41	0.03	0.16
2007	-5.24	1.75	0.59	-3.75	-0.15	-18.39	-12.62	0.68	1.21	0.32	-1.42	0.90	-4.40	4.13	0.47	1.16	7.07	0.56	0.44	0.04	0.11
2008	-1.30	1.00	0.65	-3.44	-0.79	-11.75	-14.04	0.77	0.49	0.29	-2.11	1.10	-10.21	4.47	1.48	0.91	9.06	0.35	0.03	0.02	0.10
2009	1.05	1.14	0.77	-3.55	-0.41	-17.54	-9.71	0.83	-1.46	0.27	-0.53	0.82	-13.38	4.90	1.54	1.07	10.09	0.67	0.04	0.06	0.16
2010	1.90	0.69	0.72	-2.47	-0.95	-16.60	-7.43	1.08	-2.26	-0.36	-8.01	2.00	-9.29	4.20	0.82	2.30	10.01	1.27	0.02	0.06	0.15
2011	-2.27	0.75	1.12	-1.26	-0.49	-20.44	-9.08	1.22	-1.49	-0.51	-2.67	1.99	-11.31	5.37	1.45	1.64	11.33	1.65	0.00	0.06	0.03
2012	-2.39	0.61	1.64	-1.51	-0.51	-18.28	-8.33	0.92	-3.91	-1.05	-1.78	0.70	-10.14	5.63	1.37	0.29	11.60	1.47	-0.21	0.04	-0.11

续表

年份	天津	河北	山西	辽宁	黑龙江	上海	江苏	安徽	福建	江西	山东	湖南	广东	广西	海南	重庆	云南	陕西	甘肃	青海	新疆
2013	-1.93	0.29	0.68	-2.02	-0.41	-14.41	-11.87	1.67	-5.22	-1.96	-1.71	1.15	-2.80	6.24	1.09	-0.01	8.62	1.40	-0.48	0.05	-0.09
2014	-2.03	-0.56	0.31	-2.52	-0.61	-13.66	-11.12	1.57	-1.90	-1.75	-1.68	0.96	-5.53	5.66	1.03	-0.23	7.97	2.29	-0.37	0.05	-0.29
2015	-2.25	-0.48	0.39	-2.93	-0.42	-12.02	-10.94	1.93	-2.50	-1.65	-2.20	1.15	-12.87	8.36	0.61	-0.43	14.57	1.20	-0.44	0.04	-0.12
2016	-1.94	-0.34	0.21	-2.31	-0.05	-12.58	-11.08	1.81	2.14	-1.39	-2.47	1.90	-18.17	6.91	0.98	0.96	13.60	2.16	-0.17	0.04	0.04
2017	-1.82	-0.09	0.25	-1.75	0.08	-15.56	-12.35	2.00	2.89	-0.97	-1.79	2.60	-14.37	4.97	-0.29	1.04	13.15	2.06	0.07	0.06	0.06

资料来源：课题组经计算整理而得。

高的水平。

(3) 安徽、湖南和陕西

东盟入境安徽、湖南和陕西3省域旅游与这3省域对东盟出口贸易的空间错位指数呈"缓慢上升"趋势，分别从1998年的0.88、-0.37和-0.03缓慢上升至2017年的2、2.6和2.06，说明东盟入境这3省域旅游的主导地位虽然逐步提升，但水平相对较低，其中湖南和陕西在省域空间分异中由出口贸易主导转变为入境旅游主导。

7.3.6.3 交替主导省域：福建

表7-9显示，东盟入境福建旅游和福建对东盟出口贸易的空间分异主导地位交替变化明显，1998—2008年东盟入境福建旅游在省域空间分异中占主导地位，2009—2015年福建对东盟出口贸易处于主导地位，2016—2017年转变为东盟入境福建旅游处于主导地位。其主要原因在于2009年福建对东盟出口贸易的快速发展，贸易额从44.65亿美元上升至124.22亿美元，增幅达178.21%，同期，东盟入境福建旅游仅从23.80万人次增长至36.50万人次，即福建对东盟出口贸易发展快于东盟入境福建旅游，使得空间分异由入境旅游主导向出口贸易主导转变。2016—2017年福建对东盟出口贸易发展滞缓，分别为123.50亿美元和124.41亿美元。同期，东盟入境福建旅游人数分别为75.67万人次和92.08万人次，较2015年增长107.3%和152.26%，福建对东盟出口贸易的停滞和东盟入境福建旅游的快速发展导致空间分异由出口贸易主导向入境旅游主导转变。

此外，其他9省域呈现出水平较低的正向或负向空间分异，绝大部分年份的空间错位指数绝对值低于1，表明东盟入境这9省域旅游和这9省域对东盟出口贸易空间分异程度相对较低。

7.3.6.4 2017年F_6省域分布

图7-15显示，2017年F_6高度空间分异（|SMI|>4.97）省域包括广东、上海、江苏和云南。其中广东、上海和江苏为负向空间分异，指数分别为-14.37、-15.56和-12.35，表明对东盟出口贸易处于主

导地位。在负向空间分异省域中，上海对东盟出口贸易主导地位最高，广东和江苏紧随其后。云南为正向空间分异，指数为 13.15，表明东盟入境云南旅游占据主导地位。

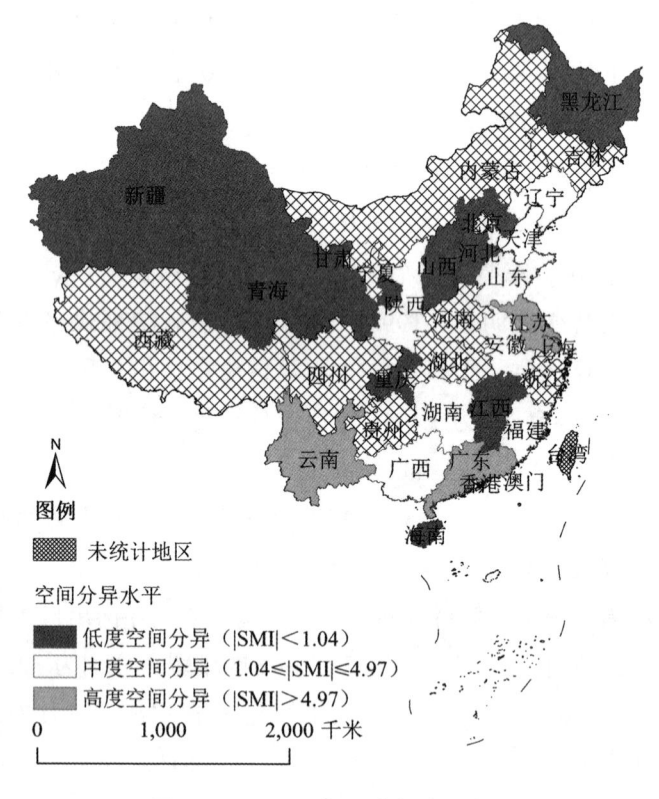

图 7-15　2017 年 F_6 空间分异水平

Fig. 7-15　The Spatial Mismatch Index of F_6 (2017)

说明：该图基于广西壮族自治区自然资源厅标准地图服务网站（http://www.gismap.com.cn/）下载的审图号为 GS（2016）931 号、GS（2016）932 号和桂 S（2016）22 号的标准地图制作，底图无修改。

中度空间分异（1.04≤|SMI|≤4.79）的省域包括陕西、山东、辽宁、安徽、湖南、福建、广西和天津。其中福建、广西、湖南、陕西和安徽为正向空间分异，指数分别为 2.89、4.97、2.6、2.06 和 2，表明东盟入境闽、桂、湘、陕、皖旅游处于主导地位。辽宁、山东和天津

为负向空间分异，指数分别为 -1.75、-1.79 和 -1.82，说明辽宁、山东和天津对东盟出口贸易处于主导地位。

低度空间分异（|SMI| < 1.04）的省域包括河北、山西、黑龙江、江西、海南、重庆、甘肃、青海和新疆。其中，山西、黑龙江、重庆、甘肃、青海和新疆为正向空间分异，指数分别为 0.25、0.08、1.04、0.07、0.06 和 0.06。河北、江西、海南为负向空间分异，指数分别为 -0.09、-0.97、-0.29。由此可见，除东盟入境重庆旅游和重庆对东盟出口贸易呈现出较明显的空间分异外，其他 8 省域空间错位指数绝对值低于 1，表明东盟入境这 8 个省域旅游和这 8 个省域从东盟进口贸易空间分异较弱，二者发展水平较为接近。

7.4 分异贡献度

根据式 7-2 分别计算 1998—2018 年中国—东盟旅游与贸易空间分异的各年度国别与省域贡献率，绘制"1998—2018 年 F_1 空间分异平均贡献度"（见图 7-16）、"1998—2018 年 F_2 空间分异平均贡献度"（见图 7-17）、"1998—2018 年 F_3 空间分异平均贡献度"（见图 7-18）、"1998—2018 年 F_4 空间分异平均贡献度"（见图 7-19）、"1998—2017 年 F_5 空间分异平均贡献度"（见图 7-20）、"1998—2017 年 F_6 空间分异平均贡献度"（见图 7-21）。

7.4.1 F_1 主要贡献国：越南、菲律宾、泰国和马来西亚

如图 7-16 所示，在 F_1 空间分异中，平均贡献率超过 10% 的国家有 4 个。其中，越南的空间分异贡献度最高，为 20.22%，其次是菲律宾、泰国和马来西亚，分别为 19.09%、18.46% 和 16.51%。印尼、缅甸和新加坡位居第二梯队，这 3 国的平均贡献率在 5%—10%，分别为 9.77%、8.74% 和 5.3%。文莱、柬埔寨和老挝的空间分异平均贡献率均不足 1%，对东盟整体空间分异的贡献度最低。

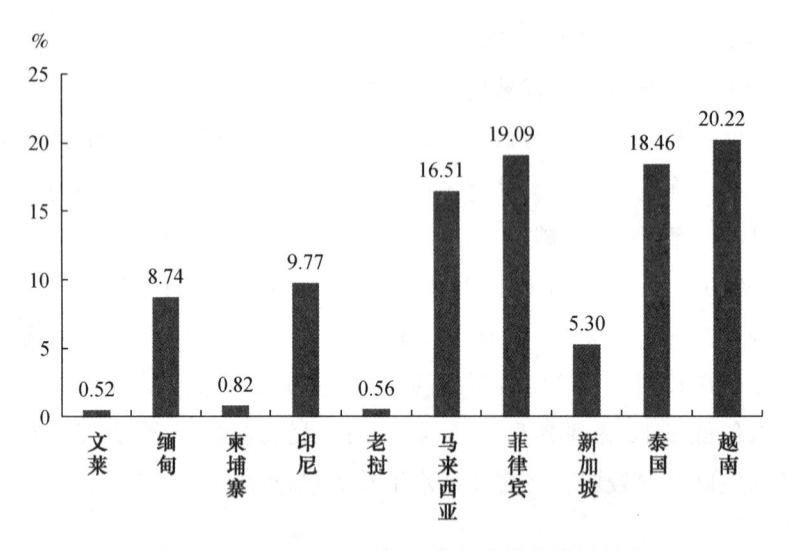

图 7-16　1998—2018 年 F_1 空间分异平均贡献度

Fig. 7-16　The Average Contributions of F_1 (1998-2018)

7.4.2　F_2 主要贡献国：新加坡和菲律宾

如图 7-17 所示，在 F_2 空间分异中，平均贡献率超过 20% 的国家

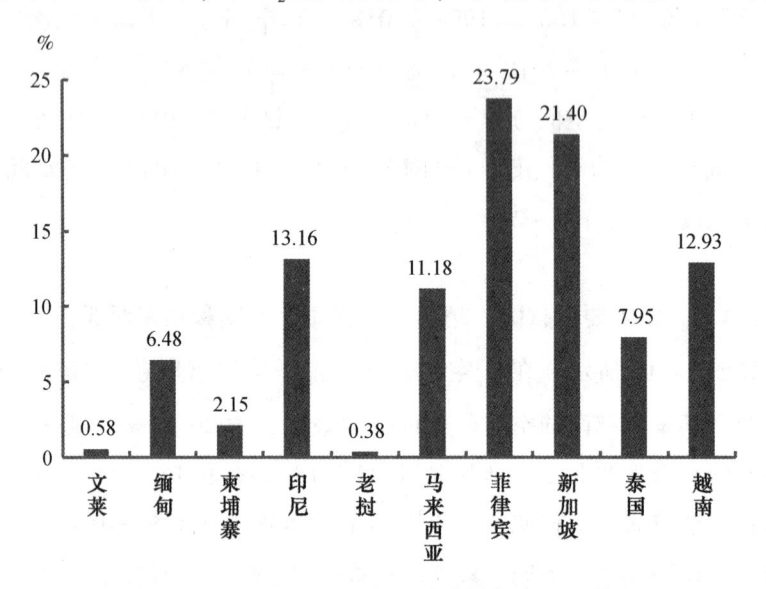

图 7-17　1998—2018 年 F_2 空间分异平均贡献度

Fig. 7-17　The Average Contributions of F_2 (1998-2018)

有两个（菲律宾、新加坡）。其中，菲律宾的空间分异贡献度最高，为23.79%，其次是新加坡，为21.4%。印尼、越南和马来西亚紧随其后，位居第二梯队，这3国平均贡献率大于10%，分别为13.16%、12.93%和11.18%。此外，在东盟其他低贡献度国家中，泰国、缅甸和柬埔寨平均空间分异贡献度分别为7.95%、6.48%和2.15%。文莱、老挝的空间分异平均贡献率均不足1%，对东盟整体空间分异的贡献度最低。

7.4.3　F_3主要贡献国：越南、马来西亚和泰国

如图7-18所示，在F_3空间分异中，平均贡献率超过20%的国家仅有越南，为20.65%，超过全部贡献的1/5。马来西亚、泰国、印尼和菲律宾位居第二梯队，这4国平均空间分异贡献率均大于10%，分别为18.77%、17.49%、13.38%和13.12%。新加坡位于第三梯队，其平均空间分异贡献度在5%—10%，为7.74%。此外，柬埔寨、老挝、缅甸和文莱对东盟整体空间分异的贡献度最低，均不足5%，其中文莱更是低于1%，仅为0.34%。

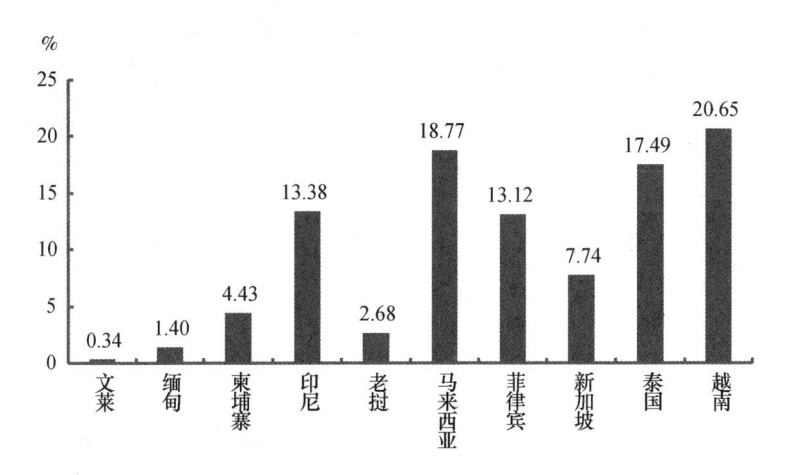

图7-18　1998—2018年F_3空间分异平均贡献度

Fig. 7-18　The Average Contributions of F_3 (1998-2018)

7.4.4 F_4 主要贡献国：泰国

如图 7-19 所示，在 F_4 空间分异中，平均贡献率超过 20% 的国家仅有泰国，为 29.6%，接近全部贡献的 1/3。印尼、越南和菲律宾位居第二梯队，这 3 国平均空间分异贡献率大于 10%，分别为 17.98%、15.08% 和 11.79%。新加坡和马来西亚位于第三梯队，其平均空间分异贡献度在 5%—10%，为 8.68% 和 6.83%。此外，柬埔寨、老挝、缅甸和文莱对东盟整体空间分异的贡献度最低，均不足 5%，其中文莱仅为 0.46%。

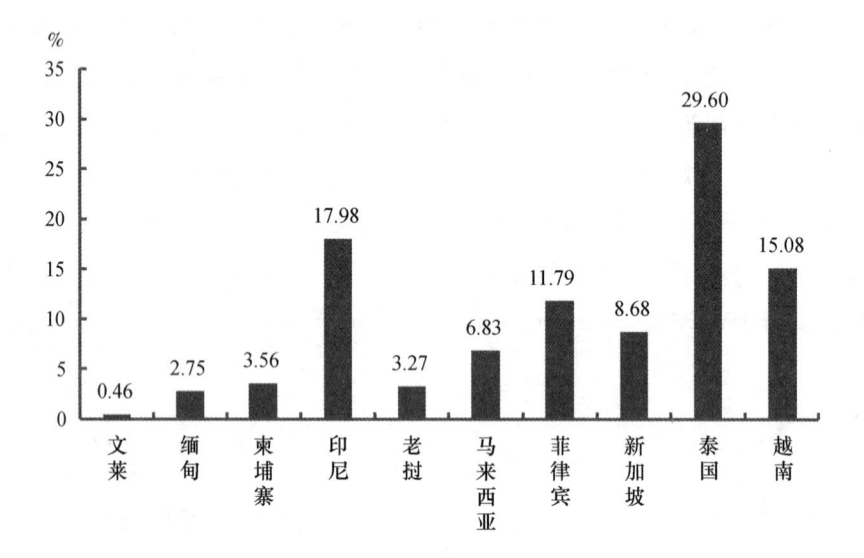

图 7-19　1998—2018 年 F_4 空间分异平均贡献度

Fig. 7-19　The Average Contributions of F_4 (1998-2018)

7.4.5 F_5 主要贡献省域："沪粤滇"

如图 7-20 所示，在 F_5 空间分异中，平均贡献率超过 10% 的省（市）有 3 个（广东、上海和云南）。其中，广东的空间分异贡献度最高，为 32.46%，接近全部贡献的 1/3，独占第一梯队。其次是上海和云南，分别为 17% 和 12.77%，位居第二梯队。江苏位居第三梯队，平均贡献率为

8.27%。山西、辽宁、黑龙江、江西、甘肃和新疆的空间分异平均贡献率均不足1%，对中国20个省域整体空间分异的贡献度最低。

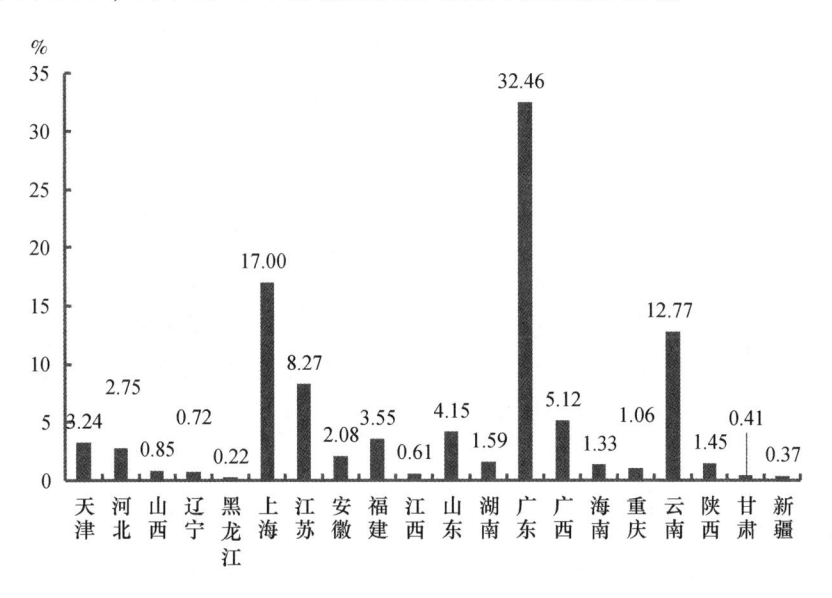

图 7-20　1998—2017 年 F_5 空间分异平均贡献度

Fig. 7-20　The Average Contributions of F_5 (1998-2017)

7.4.6　F_6 主要贡献省域："沪粤滇苏"

如图 7-21 所示，在 F_6 空间分异中，平均贡献率超过10%的省域有4个（上海、广东、云南和江苏）。其中，上海的空间分异贡献度最高，为24.48%，接近全部贡献的四分之一。其次是广东、云南和江苏，分别为16.83%、14.07%和11.82%。山西、黑龙江、江西、海南、甘肃、青海和新疆平均贡献率均不足1%，对中国21个省域整体空间分异的贡献度最低。

综上可知，F_1 空间分异主要贡献国为越南、菲律宾、泰国和马来西亚，F_2 空间分异主要贡献国为新加坡和菲律宾，F_3 空间分异主要贡献国为越南、马来西亚和泰国，F_4 空间分异主要贡献国为泰国，F_5 空间分异主要贡献省域为"沪粤滇"，F_6 空间分异主要贡献省域为"沪粤滇苏"。

%

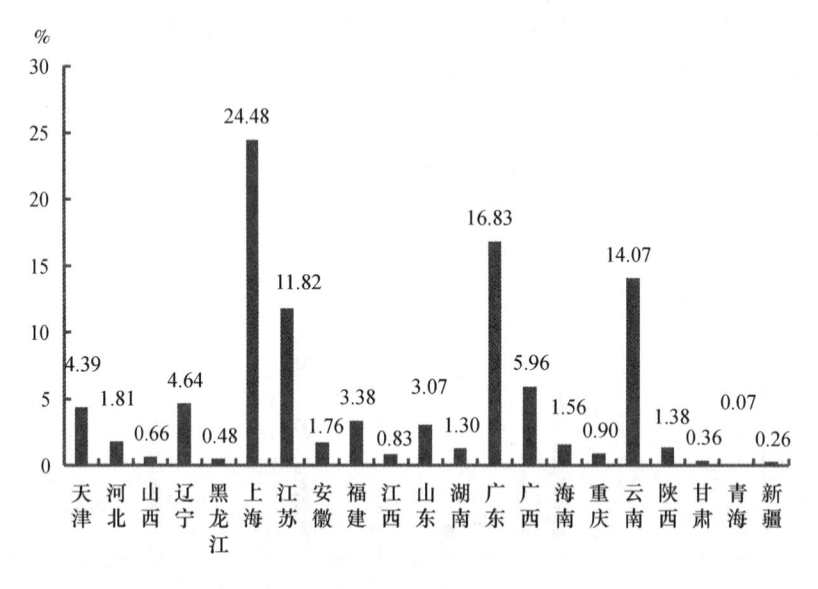

30

25   24.48

20

15   16.83
             11.82   14.07

10

5 4.39   4.64   3.38 3.07   5.96
      1.81   0.66 0.48 1.76 0.83 1.30   1.56 0.90 1.38 0.07
                                                              0.36 0.26
0
   天 河 山 辽 黑 上 江 安 福 江 山 湖 广 广 海 重 云 陕 甘 青 新
   津 北 西 宁 龙 海 苏 徽 建 西 东 南 东 西 南 庆 南 西 肃 海 疆
              江

图 7-21　1998—2017 年 F_6 空间分异平均贡献度

Fig. 7-21　The Average Contributions of F_6 (1998-2017)

7.5　本章小结

本章运用空间错位指数和空间错位贡献度测度中国与东盟 10 国旅游与贸易互动的空间分异格局与水平，探究各要素主导国别或省域及其主要贡献度：

F_1 国别空间分异。中国从东盟进口贸易主导国家为泰国、印尼和马来西亚，东盟入境中国旅游主导国家为缅甸、菲律宾和越南，交替主导国家为新加坡，空间分异主要贡献国家为越南、菲律宾、泰国和马来西亚。整体而言，F_1 高度空间分异均值地区呈"U"形国别分布，集中于越南、泰国、菲律宾和马来西亚。

F_2 国别空间分异。中国出口贸易主导国家为新加坡和印尼，入境中国旅游主导国家为马来西亚和菲律宾，交替主导国家为泰国、越南和缅甸，空间分异主要贡献国家为新加坡和菲律宾。整体而言，F_2空间分异均值核心国家为菲律宾和新加坡。

F_3国别空间分异。中国进口贸易主导国家为菲律宾、马来西亚和印尼，中国出境旅游主导国家为老挝和柬埔寨，交替主导国家为泰国、越南、新加坡，空间分异主要贡献国家为越南、马来西亚和泰国。整体而言，F_3高度空间分异均值国家集中于泰国湾沿岸，呈现"C"形国别分布。

F_4国别空间分异。中国出口贸易主导国家为菲律宾、新加坡和印尼，中国出境旅游主导国家为泰国、老挝和柬埔寨，交替主导国家为马来西亚、越南和缅甸，空间分异主要贡献国家为泰国。整体而言，F_4空间分异均值核心国家为泰国。

F_5省域空间分异。中国从东盟进口贸易主导省域为"津沪苏鲁粤"，东盟入境中国旅游主导省域为"滇桂闽陕湘冀皖"，空间分异主要贡献省域为"沪粤滇"。整体而言，F_5空间分异均值核心地区为"粤滇桂苏沪"。

F_6省域空间分异。出口贸易主导省域为"津辽沪苏鲁粤"，入境旅游主导省域为"滇桂陕湘皖"，交替主导省域为福建，空间分异主要贡献省域为"沪粤滇苏"。整体而言，F_6空间分异均值主要空间分异地区为云南和沿海省域。

综上可知，国别与省域空间分异反映出在不同空间尺度上中国—东盟旅游与贸易的互动作用不尽相同。由于区位条件是要素互动的客观禀赋，中国—东盟区域旅游与贸易更愿意在经济发展水平较高的地区之间流动，"长三角"和"粤滇桂"地区是长江经济带和西部陆海新通道的重要对外门户，拥有上海、广州、深圳、南京、杭州、昆明、桂林等众多经济发展水平较高或是旅游资源丰富的城市，这两个地区与东盟国家旅游与贸易互动发展程度较中国内陆其他省域更为活跃。并且，"长三角"和"粤滇桂"地区较为发达和完善的交通、金融、通信以及能源等基础设施为中国—东盟旅游与贸易良性互动发展起到支撑作用。

第8章 中国—东盟旅游与贸易空间耦合

从区域尺度看,中国—东盟旅游与贸易互动是"人员"与"货物"在不同空间尺度上聚散交替、相互作用的过程。本章在此基础上,结合2.2.1节区域尺度"旅游与贸易互动机理",以"区位条件→客观禀赋""基础设施→支撑要素"和"利益驱动→原生动力"为路径,运用耦合协调度、莫兰指数、LISA马尔科夫链,从国别和省域两个方面深入研究中国—东盟旅游与贸易在不同区域尺度的耦合关系、空间效应及空间跃迁规律,为后续章节研究"旅游与贸易区域创新发展"做准备。

8.1 耦合指标与路径

8.1.1 耦合协调度

由于国际旅游与国际贸易量纲不同,为便于数据比较分析,需对各要素做无量纲化处理,公式如下:

$$U_1 = \frac{Toursim - \text{Min}(Tourism)}{\text{Max}(Tourism) - \text{Min}(Tourism)} \times 0.99 + 0.01 \quad (8-1)$$

$$U_2 = \frac{Trade - \text{Min}(Trade)}{\text{Max}(Trade) - \text{Min}(Trade)} \times 0.99 + 0.01 \quad (8-2)$$

在式8-1和式8-2中,U_1和U_2为旅游与贸易的极差标准化数据,$\text{Max}(Tourism)$和$\text{Min}(Tourism)$分别为国际旅游的最大值和最小值,

Max(*Trade*)和 Min(*Trade*)分别为国际贸易的最大值和最小值。

8.1.1.1 耦合度

耦合度,原是物理学的概念,指两个或两个以上的实体相互依赖于对方的一个量度,现在社会科学领域多用于研究两系统之间的互动影响与相互依赖程度关系。

$$C = 2\sqrt{\frac{U_1 U_2}{(U_1 + U_2)^2}} \quad (8-3)$$

在式 8-3 中,C 为耦合度,U_1 和 U_2 为经极差标准化处理后的旅游与贸易,以此计算中国—东盟区域旅游与贸易整体相互作用与影响程度的耦合度。

8.1.1.2 综合协调指数

耦合度仅反映中国—东盟区域旅游与贸易的相关程度,不能反映两者空间耦合协调水平的高低,因此定义综合协调指数 T,以衡量旅游与贸易发展水平对中国—东盟区域协调度的贡献值:

$$T = aU_1 + bU_2 \quad (8-4)$$

在式 8-4 中,T 的值域区间为 [0, 1]。$a + b = 1$,其中 a 和 b 为待定系数,反映旅游与贸易对中国—东盟区域协调发展的重要程度,本书认为旅游与贸易的重要性相当,$a = b = 0.5$。

8.1.1.3 耦合协调度

由于中国—东盟区域旅游与贸易的自身发展水平不同,在计算过程中可能会出现发展水平较低但耦合度较高的情况,为客观反映旅游与贸易在中国与东盟各国发展过程中的空间耦合发展水平,在耦合度和综合协调指数的基础上,构建耦合协调度如下:

$$D = \sqrt{C \times T} \quad (8-5)$$

$$D_t = \frac{1}{t}\sum_{k=1}^{t} D_k \quad (8-6)$$

在式 8-5 中,D 为耦合协调度,反映旅游与贸易之间的良性协调发展程度,值域区间为 [0, 1]。D_t 为 t 年度序列内中国—东盟区域旅游与贸易耦合协调度,评价标准如表 8 - 1 所示。

表 8 - 1 耦合协调度区间与程度
Tab. 8 - 1　The Interval and Degree of Coupling Coordination Degree

区间	程度
$0 \leqslant D < 0.1$	极度失调
$0.1 \leqslant D < 0.2$	严重失调
$0.2 \leqslant D < 0.3$	中度失调
$0.3 \leqslant D < 0.4$	轻度失调
$0.4 \leqslant D < 0.5$	边缘协调
$0.5 \leqslant D < 0.6$	初级协调
$0.6 \leqslant D < 0.7$	轻度协调
$0.7 \leqslant D < 0.8$	中度协调
$0.8 \leqslant D < 0.9$	良好协调
$0.9 \leqslant D \leqslant 1.0$	高度协调

资料来源:课题组经整理而得。

8.1.2　莫兰指数

8.1.2.1　全局莫兰指数

全局莫兰指数(Globe Moran's Index,简称 I_{globe}),通过创建空间权重判定变量全局空间自相关关系的强弱,以反映观测量之间的空间集聚程度,其数学表达为:

$$I_{globe} = \frac{\sum_{i}^{n}\sum_{j \neq i}^{n} W_{ij}(X_i - \bar{X})(X_j - \bar{X})}{S^2 \sum_{i}^{n}\sum_{j \neq i}^{n} W_{ij}} \quad (8-7)$$

在式 8 - 7 中,$S^2 = \frac{1}{n}\sum_{i=1}^{n}(X_i - \bar{X})^2$,$n$ 代表区域个数,X_i 代表第 i

个地区的观测量，$\bar{X}$ 代表观测量的均值，W_{ij} 为空间权重矩阵（地区 i 和 j 相邻时，其取值为 1，否则为 0）。

I_{globe} 取值范围为 $(-1, 1)$，大于 0 表示正相关，越接近 1，表示不同地区的观测量在空间上的相似性越强；小于 0 表示负相关，越接近 -1，表示不同地区的观测量在空间上的差异性越强；等于 0，则表示不同地区的观测量在空间上不相关。空间自相关与空间格局存在着一一对应的关系，正空间自相关对应于集聚格局，负空间自相关对应于离散格局，当观测量不存在空间自相关关系时，则表示呈随机分布。

I_{globe} 是针对整个研究区域概括出的统计量，是各子区域与相邻区域空间自相关程度与水平的一种整体度量。但各子区域之间完全一致的情况很少见，常存在不同水平与性质的空间自相关，即空间异质性。显然，各局部区域的空间自相关分析法并不适用于空间异质性的检测。为了进一步测度空间的异质性，说明局部尺度上观测量的空间自相关水平，还需要测算空间关联局域指标的显著性水平，采用 Moran 散点图、局部莫兰指数来分析每个区域与周边地区间的空间差异程度。

8.1.2.2 局部莫兰指数

局部莫兰指数（Anselin Local Moran's Index，简称 I_{local}）是通过局部空间自相关分析识别各区域单元所存在的空间依赖关系，其数学表达式为：

$$I_{local} = \frac{(X_i - \bar{X}) \sum_{j=1}^{n} W_{ij}(X_j - \bar{X})}{\frac{1}{n} \sum_{i}^{n} (X_i - \bar{X})} \qquad (8-8)$$

在式 8-8 中，各指标的含义同式 8-7，I_{local} 为正值且较大时，表示区域单元与邻近单元的观测属性之间存在较强的正空间自相关，即观测量之间呈局部空间聚集状；当 I_{local} 为负值且较小时，表示区域单元与邻近单元的观测属性之间存在较强的负空间自相关，说明区域单元的观测量与邻近单元相比更高或更低。

局部空间自相关能反映局部空间的变化,进一步揭示各地区与周边邻近地区的关联程度和空间差异情况。通常有 4 种集聚模式:

①高—高(HH):表示本区域与相邻区域的属性值都较高。

②低—低(LL):表示本区域与相邻区域的属性值都较低,这两种情况表示观测量之间的空间差异程度较小,具有较强的同质性。

③高—低(HL):表示本区域较高而相邻区域较低。

④低—高(LH):表示本区域较低而其相邻区域较高,这两种情况表示观测量之间的空间差异程度较大,具有较强的异质性。

8.1.3 LISA 马尔科夫链

LISA 马尔科夫链是指在 LISA 基础上,根据 Moran 散点图,将散点图中各空间单元在特定时间间隔内移动路径的长度、方向、集散等属性嵌入传统马尔科夫链中,以刻画在不同局部类型间演化的趋势。利用 GeoDa 工具得出 1998—2018 年中国(省域)—东盟(国别)F_1—F_6 耦合协调度在 Moran 散点图中位置坐标的变动情况,并绘制 LISA 坐标轨迹移动图。箭头长短和方向分别代表坐标移动的距离和方向。在 LISA 坐标轨迹移动图中,0°—90°方向即第一象限表明区域与其邻域出现正向协同增长趋势,即旅游与贸易空间耦合体出现高速协同增长特征;180°—270°方向即第三象限表明区域与其邻域出现负向协同增长趋势,即旅游与贸易空间耦合体现出协同低速增长特征。以上两种情况均呈现出区域及其邻域的空间整合动态性特征。此外,90°—180°和 270°—360°方向即第二象限和第四象限表明区域与其邻域旅游与贸易空间耦合呈现反向增长趋势。

除了 4 种基本的空间转移形态(HH,HL,LL,LH)外,还包括其他 16 种空间跃迁,将其进一步划分为Ⅰ型、Ⅱ型、Ⅲ型和Ⅳ型(见表 8 – 2)。"其中,Ⅰ型表示国别或省域自身发生跃迁,邻域保持不变,具体包括:$HH_t \to LH_{t+1}$、$LH_t \to HH_{t+1}$、$HL_t \to LL_{t+1}$、$LL_t \to HL_{t+1}$。Ⅱ型表示邻域发生跃迁,国别或省域自身保持不变,具体包括:$HH_t \to HL_{t+1}$、

第 8 章　中国—东盟旅游与贸易空间耦合

$LH_t \rightarrow LL_{t+1}$、$HL_t \rightarrow HH_{t+1}$、$LL_t \rightarrow LH_{t+1}$。Ⅲ型表示国别或省域自身及其邻域均发生跃迁，具体包括：$HH_t \rightarrow LL_{t+1}$、$LL_t \rightarrow HH_{t+1}$、$LH_t \rightarrow HL_{t+1}$、$HL_t \rightarrow LH_{t+1}$。Ⅳ型表示国别或省域自身与其邻域均保持不变，未发生跃迁，具体包括：$HH_t \rightarrow HH_{t+1}$、$HL_t \rightarrow HL_{t+1}$、$LL_t \rightarrow LL_{t+1}$、$LH_t \rightarrow LH_{t+1}$。前两类表示跃迁方向相反，后两类表示跃迁方向一致。"

表 8-2　　　　　　　　　　空间跃迁类型

Tab. 8-2　　　　　　　　Spatial Transition Types

类型	跃迁形式	具体内容
Ⅰ型	自身跃迁—邻域不变	$HH_t \rightarrow LH_{t+1}$、$LH_t \rightarrow HH_{t+1}$、$HL_t \rightarrow LL_{t+1}$、$LL_t \rightarrow HL_{t+1}$
Ⅱ型	自身不变—邻域跃迁	$HH_t \rightarrow HL_{t+1}$、$LH_t \rightarrow LL_{t+1}$、$HL_t \rightarrow HH_{t+1}$、$LL_t \rightarrow LH_{t+1}$
Ⅲ型	自身跃迁—邻域跃迁	$HH_t \rightarrow LL_{t+1}$、$LL_t \rightarrow HH_{t+1}$、$LH_t \rightarrow HL_{t+1}$、$HL_t \rightarrow LH_{t+1}$
Ⅳ型	自身稳定—邻域稳定	$HH_t \rightarrow HH_{t+1}$、$HL_t \rightarrow HL_{t+1}$、$LL_t \rightarrow LL_{t+1}$、$LH_t \rightarrow LH_{t+1}$

资料来源：课题组经整理而得。

根据以上 4 种空间跃迁类型，可以计算局部 Moran's I 的空间离散度，如式 8-9 所示：

$$S_t = \frac{F_{iv,t}}{n} \quad (8-9)$$

在式 8-9 中：$F_{iv,t}$ 为 t 时间区域内Ⅳ型发生跃迁的区域数量，n 为所有区域的数量。

8.1.4　空间耦合路径

中国—东盟区域旅游与贸易空间耦合是多种因素共同作用的结果。如图 8-1 所示，"区位条件→客观禀赋""基础设施→支撑要素""利益驱动→原生动力"作为旅游与贸易空间耦合路径，并非孤立存在，而是相互作用，彼此影响的。

8.1.4.1　区位条件→客观禀赋

区位条件是指一国（地区）自身具备的要素禀赋，包括自然资源、地理位置以及经济社会等。区位条件具有客观性，国家（地区）间的区位条件差异会影响旅游与贸易空间的耦合发展。自然资源丰富、地理位置优越、经济社会发展水平较高的区位优势国家（地区）经济发达、政策优势明显，具有更高的对外开放度、市场潜力和更为积极活跃的"人"和"货物"等要素流动，其旅游与贸易在区域中的互动发展相比区位劣势国家（地区）更易趋向协调，区位条件是旅游与贸易空间耦合的客观禀赋。

区位条件强化基础设施建设，基础设施弱化区位条件的制约。区位条件受一国（地区）所处的地理位置的影响，良好的区位条件为经济要素跨地区配置提供有利的交通条件，因此在其他条件相同的情况下，基础设施建设往往更青睐于区位条件较好的地区，不仅因为良好的区位条件可以降低基础设施建设成本，而且可以最大化基础设施建设成效。基础设施建设的成果反过来又进一步提升当地的区位条件，形成正向循环。而对于受区位条件制约的国家（地区），通过基础设施建设可以有效改善区位条件，弱化区位条件制约的影响，而且基础设施建设具有"乘数效应"，不仅可以完善当地基础设施水平，而且可以有效拉动社会总需求和国民收入，促进经济增长。因此，区位条件良好的国家（地区）易青睐发展基础设施建设，基础设施建设又会促进区位条件的提升，形成"正反馈"；对于受区位条件制约的国家（地区），通过基础设施建设可以促进跨地区经济要素的流通，有效提升本地区区位条件，并促进经济增长，从而最小化区位条件制约的不利影响。

8.1.4.2 基础设施→支撑要素

基础设施是旅游与贸易空间耦合的支撑因素。国际旅游与国际贸易本质上是"人员流"和"货物流"的空间位移，同时伴生形成"资金流"和"信息流"。"旅游流"与"货物流"实现空间位移需要以交通基础设施为媒介支撑。"资金流"与"信息流"实现畅通需要以金融、通信基础设施为媒介支撑。成熟、高质量的基础设施为旅游与贸易互动发展起到支撑作用，能够提高国家（地区）间旅游与贸易产业交流合

第8章 中国—东盟旅游与贸易空间耦合

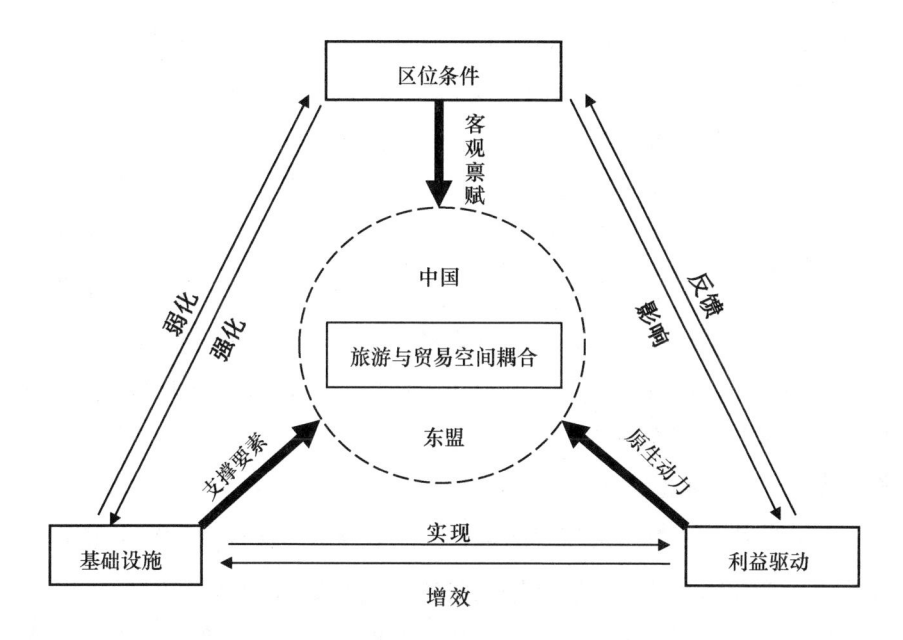

图 8-1 旅游与贸易空间耦合路径图

Fig. 8-1 The Mechanism of Tourism and Trade Spatial Coupling

作的效率与耦合发展水平。

基础设施实现利益驱动,利益驱动提升基础设施效率。基础设施既是要素流动的先导条件,也是其载体,并且基础设施通过载体功能实现利益驱动,基础设施的完善程度与要素流量的大小紧密相关。在旅游方面,交通基础设施越发达,人员流动越便利,金融基础设施越健全,资金流动就越迅速;交通便利和城市建设的完善从精神层面上满足游客对旅游目的地的需求,不论是观光旅游还是商务旅游,花销低廉和体验感好均是首选,这使得游客大量涌入,获得旅游收入。在贸易方面,运输基础设施越发达,货物流动的成本越低廉,通信基础设施越完善,信息流量就越大;运输基础设施的完善大大降低了物流成本,这在物质层面上满足了企业的要求,物流成本小可以减少货物成本,增加货物利润,因此更多的企业会在此进行交易往来,促进了经济增长。不论是作为中转站还是终点站,这些特质都极大地吸引着人员和企业,同时,从资金和信息的快速回笼中可以获得巨大的商机，从而达到利益的实现。不论从哪个角度看，一旦有利可图，要素流动必然会加快，流量必然会加大，基础设施建设逐渐趋于饱和状态，就会发生限流状况，此时基础设施效率变低，利益增长受到阻碍；利益驱动使得人员和企业均不满足于现状，为使利益最大化，他们要求从各个方面提升基础设施效率。在交通运输方面，提高客运和货运频次，或增设直达交通类型，或翻修轨道，进行人流和物流扩容；在城市建设方面，如增加宾馆数量、扩充景点容量等；在金融通信方面，则应提升资金和信息流转的便捷度和速度，从而提升基础设施效率。

8.1.4.3 利益驱动→原生动力

利益驱动是旅游与贸易空间耦合的原生动力。国际旅游所涉及的行业广泛，产业带动能力强，能够促进本地区以及周边区域的经济增长。国际贸易通过资源配置、产业分工和资本积累等对经济产生着直接的拉动作用。国际旅游与国际贸易均以经济增长为目的，在利益驱动下必然会选择趋向空间耦合协调发展，实现国家（地区）乃至区域利益最大化。"人"作为国际旅游与国际贸易的核心主体，具有主观逐利性，相关国家（地区）政府和企业必然会主动营造积极友善的政治环境，制定相关产业政策并提出一系列措施推动旅游与贸易的空间耦合协调，实现区域经济可持续发展。

区位条件影响利益选择，利益驱动是区位条件的反馈。区位条件差异会影响产业布局，不同的区位条件适合不同类型的产业发展，通过要素流动影响区域产业的利益选择；在利益驱动下，同类型产业在具有区位优势的地区集聚，逐渐形成一系列相关的配套产业，使得区位优势更加突出。

8.2 国别（省域）空间耦合

运用式 8-1 至式 8-6，计算 CAFTA 建设前（1998—2002 年）、

CAFTA 建设中（2003—2010 年）和 CAFTA 建成后（2011—2018 年）三个时间序列的 F_1 耦合协调度（$D_{Nt入-进}$）、F_2 耦合协调度（$D_{Nt入-出}$）、F_3 耦合协调度（$D_{Nt出-进}$）、F_4 耦合协调度（$D_{Nt出-出}$）、F_5 耦合协调度（$D_{PNt入-进}$）和 F_6 耦合协调度（$D_{PNt入-出}$），绘制中国—东盟旅游与贸易耦合协调度表 8-3、表 8-4 和表 8-5 及其均值、极差和标准差柱状图 8-2、图 8-5 和图 8-8。囿于数据的可得性，以下涉及 F_5 耦合协调度的图表展示了 20 个省域的数据，涉及 F_6 耦合协调度的图表展示了 21 个省域的数据。

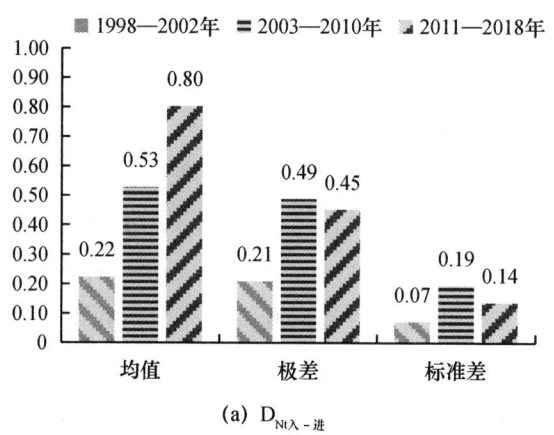

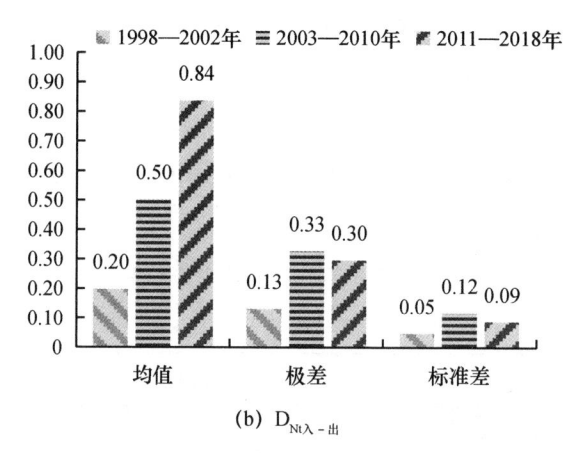

(a) $D_{Nt入-进}$

(b) $D_{Nt入-出}$

图 8-2 F_1 与 F_2 耦合协调度时序变化特征

Fig. 8-2 The Characteristics of Coupling Coordination Degree of F_1 & F_2

8.2.1 F_1、F_2耦合协调度

耦合协调度均值可以反映 F_1 与 F_2 空间耦合发展的综合水平。如图 8-1 所示，$D_{Nt入-进}$ 均值从 0.22 增至 0.53 和 0.8；$D_{Nt入-出}$ 均值从 0.2 增至 0.5 和 0.84。整体而言，1998 年以来 F_1 与 F_2 耦合协调度均值呈上升态势，彼此存在耦合互动关系，空间耦合发展水平趋好。具体至各阶段，在 CAFTA 建设前（1998—2002 年）和 CAFTA 建设中（2003—2010 年）两个阶段内，$D_{Nt入-进}$ 均值大于 $D_{Nt入-出}$ 均值，表明 F_1 空间耦合发展水平优于 F_2。在 CAFTA 建成后（2011—2018 年），$D_{Nt入-进}$ 均值小于 $D_{Nt入-出}$ 均值，表明 F_2 空间耦合发展水平优于进口贸易。

耦合协调度极差值和标准差可以反映 F_1 与 F_2 空间耦合发展的绝对差异与离散水平。$D_{Nt入-进}$ 极差值从 0.21 增至 0.49，然后减至 0.45；$D_{Nt入-出}$ 极差值从 0.13 增至 0.33，然后减至 0.3。$D_{Nt入-进}$ 标准差从 0.07 增至 0.19，然后减至 0.14；$D_{Nt入-出}$ 标准差从 0.05 增至 0.12，然后减至 0.09。$D_{Nt入-进}$ 和 $D_{Nt入-出}$ 极差值和标准差均经历了先增后降的波动变化，且各阶段中 $D_{Nt入-出}$ 极差值和标准差均小于 $D_{Nt入-进}$，说明 F_2 和 F_1 空间耦合水平的绝对差异和离散水平呈现出先扩大后缩小态势，并且 F_2 空间耦合水平相比 F_1 更为集中，国别差异较小。

为进一步考察耦合协调度的空间分异特征，利用 ArcGIS 10.6 工具软件，依据耦合协调程度进行空间可视化分析，探究耦合协调度的国别差异特征，绘制 F_1 空间耦合地域结构图 8-3、F_2 空间耦合地域结构图 8-4。

表 8-3　　　　　1998—2018 年 F_1 与 F_2 耦合协调度

Tab. 8-3　The Coupling Coordination Degree of F_1 & F_2 (1998-2018)

国别	1998—2002 年		2003—2010 年		2011—2018 年	
	$D_{Nt入-进}$	$D_{Nt入-出}$	$D_{Nt入-进}$	$D_{Nt入-出}$	$D_{Nt入-进}$	$D_{Nt入-出}$
文莱	0.329	0.186	0.679	0.437	0.733	0.844

续表

国别	1998—2002 年		2003—2010 年		2011—2018 年	
	$D_{Nt入-进}$	$D_{Nt入-出}$	$D_{Nt入-进}$	$D_{Nt入-出}$	$D_{Nt入-进}$	$D_{Nt入-出}$
柬埔寨	0.170	0.166	0.237	0.365	0.696	0.769
印尼	0.280	0.269	0.611	0.593	0.907	0.912
老挝	0.120	0.139	0.308	0.3626*	0.764	0.761
马来西亚	0.277	0.248	0.698	0.647	0.949	0.941
缅甸	0.123	0.138	0.323	0.452	0.497	0.644
菲律宾	0.271	0.198	0.725	0.520	0.908	0.865
新加坡	0.244	0.243	0.711	0.689	0.930	0.931
泰国	0.275	0.245	0.683	0.592	0.913	0.895
越南	0.143	0.142	0.304	0.3622*	0.727	0.804

* 2003—2010 年老挝与越南耦合协调度，计算值保留 3 位小数不能准确体现其变化，故保留 4 位小数。

资料来源：课题组经计算整理而得。

在 1998—2002 年 CAFTA 建设前（见图 8-3a、图 8-4a），东盟 10 国的 $D_{Nt入-进}$ 均小于 0.4，$D_{Nt入-出}$ 均小于 0.3，均呈失调状态。在 $D_{Nt入-进}$ 方面，严重失调国家有 4 个（老挝、缅甸、越南和柬埔寨），其中老挝的耦合协调度最低，为 0.12，缅甸、越南和柬埔寨依次为 0.123、0.143 和 0.17；中度失调国家有 5 个（新加坡、菲律宾、泰国、马来西亚和印尼），耦合协调度分别为 0.244、0.271、0.275、0.277 和 0.28；轻度失调国家仅有文莱，耦合协调度最高，为 0.329。在 $D_{Nt入-出}$ 方面，严重失调国家有 6 个（缅甸、老挝、越南、柬埔寨、文莱和菲律宾），其中缅甸耦合协调度最低，为 0.138，老挝、越南、柬埔寨、文莱和菲律宾依次为 0.139、0.142、0.166、0.186 和 0.198；中度失调国家有 4 个（新加坡、泰国、马来西亚和印尼），印尼耦合协调度最高，为 0.269，接下来依次为马来西亚、泰国和新加坡，分别为 0.248、0.245

和 0.243。

在 2003—2010 年 CAFTA 建设中（见图 8-3b、图 8-4b），东盟 10 国的 $D_{Nt入-进}$ 位于 0.2—0.8，$D_{Nt入-出}$ 位于 0.3—0.7，呈"失调→协调"过渡态势。在 $D_{Nt入-进}$ 方面，中度失调国家仅有柬埔寨，耦合协调度最低，为 0.237。轻度失调国家有 3 个（越南、老挝和缅甸），耦合协调度分别为 0.304、0.308 和 0.323；轻度协调国家有 4 个（印尼、文莱、泰国和马来西亚），耦合协调度分别为 0.611、0.679、0.683 和 0.698；良好协调国家有 2 个（新加坡和菲律宾），菲律宾耦合协调度最高，为 0.725，新加坡紧随其后，为 0.711。在 $D_{Nt入-出}$ 方面，轻度失调国家有 3 个（老挝、越南和柬埔寨），老挝耦合协调度最低，为 0.3626，越南和柬埔寨依次为 0.3622 和 0.365；边缘协调国家有 2 个（文莱和缅甸），耦合协调度分别为 0.437 和 0.452；初级协调国家有 3 个（菲律宾、泰国和印尼），耦合协调度分别为 0.52、0.592 和 0.593；轻度协调国家有 2 个（马来西亚和新加坡），新加坡耦合协调度最高，为 0.689，其次是马来西亚 0.647。

2011—2018 年 CAFTA 建成后（见图 8-3c、图 8-4c），东盟 10 国的 $D_{Nt入-进}$ 位于 0.4—1.0，$D_{Nt入-出}$ 位于 0.6—1.0，呈趋好态势。在 $D_{Nt入-进}$ 方面，边缘协调国家仅有缅甸，耦合协调度最低，为 0.497；轻度协调国家仅有柬埔寨，耦合协调度为 0.696；良好协调国家有 3 个（越南、文莱和老挝），耦合协调度分别为 0.727、0.733 和 0.764；高度协调国家有 5 个（印尼、菲律宾、泰国、新加坡和马来西亚），其中马来西亚耦合协调度最高，为 0.949，其次为新加坡 0.93，泰国、菲律宾和印尼依次为 0.913、0.908 和 0.907。在 $D_{Nt入-出}$ 方面，轻度协调国家仅有缅甸，耦合协调度最低，为 0.644；中度协调国家有 2 个（老挝和柬埔寨），耦合协调度分别为 0.761 和 0.769；良好协调国家有 4 个（越南、文莱、菲律宾和泰国），耦合协调度分别为 0.804、0.844、0.865 和 0.895；高度协调国家有 3 个（印尼、新加坡和马来西亚），其中马来西亚耦合协调度最高，为 0.941，其次为新加坡 0.931 和印

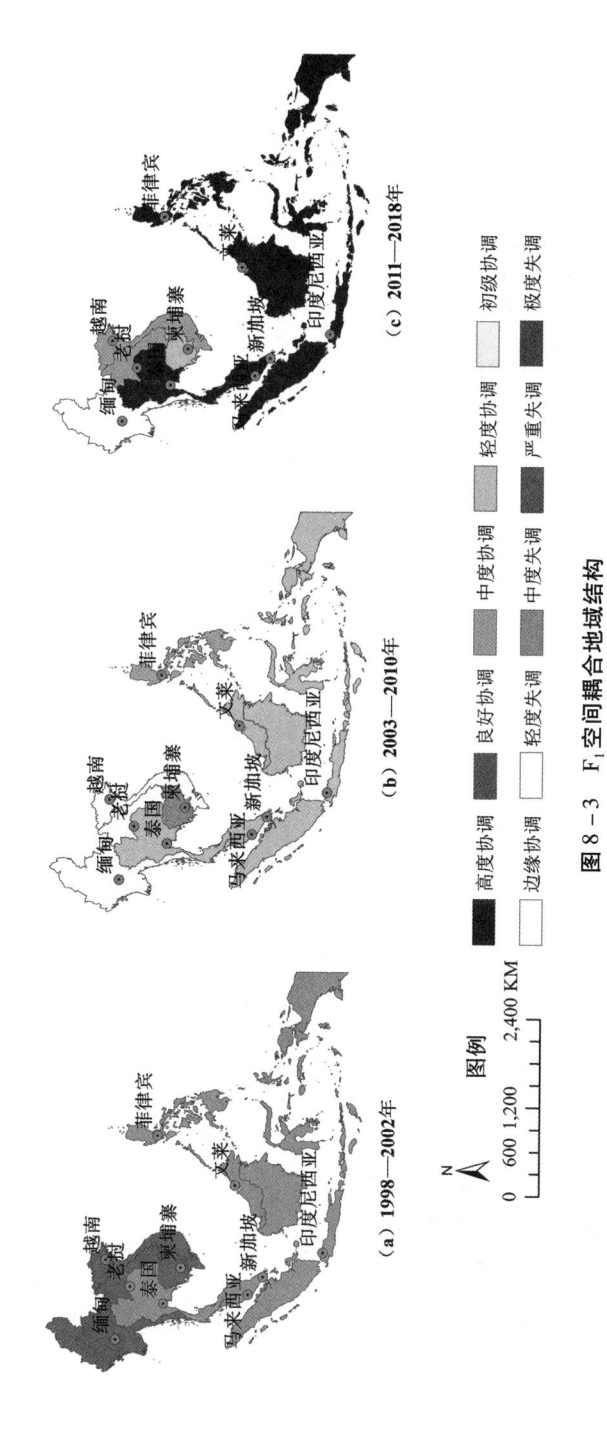

第8章 中国—东盟旅游与贸易空间耦合

图 8-3 F₁ 空间耦合地域结构

Fig. 8-3 The Regional Structure of Spatial Coupling Degree of F₁

说明:该图基于广西壮族自治区自然资源厅标准地图服务网站(http://www.gismap.com.cn/)下载的南图号为 GS(2016)931 号、GS(2016)932 号和桂 S(2016)22 号的标准地图制作,底图无修改。

图 8-4 F_2 空间耦合地域结构

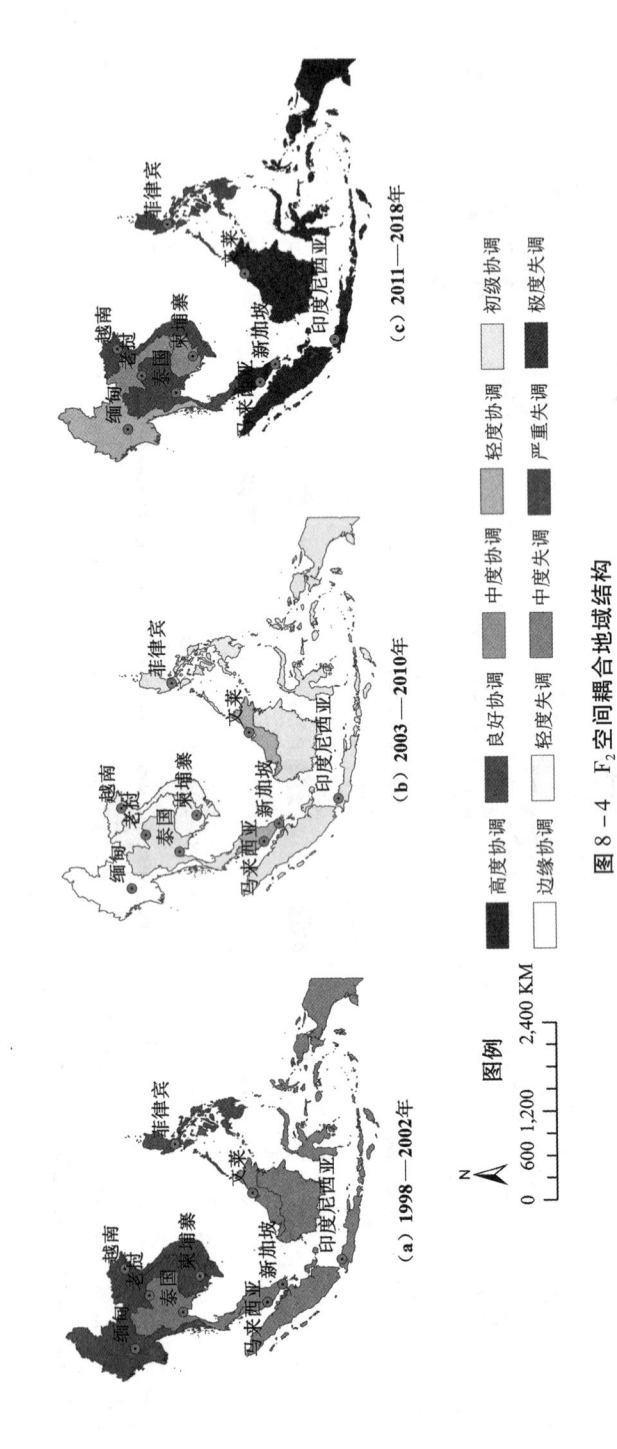

Fig. 8-4 The Regional Structure of Spatial Coupling Degree of F_2

说明:该图基于广西壮族自治区自然资源厅标准地图服务网站(http://www.gismap.com.cn/)下载的审图号为 GS(2016)931 号、GS(2016)932 号和桂 S(2016)22 号的标准地图制作,底图无修改。

尼 0.912。

纵观 F_1 与 F_2 空间耦合水平时空变化特征，可以发现：（1）在整体上，东盟 10 国空间耦合水平国别差异较大，呈现出显著的区位选择特征，高耦合水平国家集中于海洋东盟 5 国，低耦合水平国家集中于湄公河 5 国。主要原因在于区位条件的影响：海洋东盟 5 国位于太平洋与印度洋的交界处，具有马来西亚巴生港、新加坡港、印尼勿拉湾、菲律宾马尼拉港等优良港口，海洋运输极其便利，经济外向性显著，区位优势明显，因而海洋东盟 5 国入境中国旅游与进出口贸易发展更为活跃和协调。

（2）东盟 10 国空间耦合水平逐步由失调转向协调。自 1997 年 12 月 16 日《中国与东盟国家首脑会晤联合声明》确定面向 21 世纪的睦邻互信伙伴关系是各方共同的政策目标以来，中国—东盟区域旅游与贸易合作步入快车道。中国与东盟于 2002 年签署《中国与东盟全面经济合作框架协议》，决定在 2010 年建成 CAFTA，于 2004 年签署《中国—东盟全面经济合作框架协议货物贸易协议》，于 2007 年签署《中国—东盟全面经济合作框架协议服务贸易协议》，于 2015 年签署 CAFTA 升级《议定书》，于 2017 年签署《中国—东盟旅游合作联合声明》。相关协议的制定、签署与落实逐步完善中国—东盟旅游与贸易区域合作规则。其中，CAFTA 作为发展中国家间最大的自由贸易区，将中国与东盟两大市场连为一体，拓宽彼此旅游与贸易市场，为中国和东盟更好地分享区域经济一体化带来了利好，并推动东盟入境中国旅游与进出口贸易空间耦合发展水平由失调提升至协调。

（3）CAFTA 建成后，F_2 空间耦合水平整体优于 F_1。在中国对外开放政策的促进下，中国利用 FDI 规模不断扩大，大部分跨国公司将资金、技术与原材料资源结合，大力发展出口加工贸易，推动了中国出口贸易规模的几何级增长。中国虽然是国际贸易大国，但进出口贸易发展极不平衡，国际贸易顺差巨大，出口贸易的发展明显快于进口贸易。数据显示，1998—2011 年中国对东盟持续 14 年贸易逆差，2012 年转变为贸易顺差以后，一直持续至今。这一期间，入境商务旅游作为 FDI 主要人员流动形式也呈现出迅速增长趋势。相比于进口贸易，F_2 的联系更为紧密，空间耦合水平相对更高。

8.2.2 F_3、F_4 耦合协调度

耦合协调度均值可以反映 F_3 与 F_4 空间耦合发展的综合水平。如图 8-5 所示，$D_{Nt出-进}$ 均值从 0.18 增至 0.37 和 0.74；$D_{Nt出-出}$ 均值从 0.16

■ 1998—2002年　▬ 2003—2010年　▨ 2011—2018年

(a) $D_{Nt出-进}$

■ 1998—2002年　▬ 2003—2010年　▨ 2011—2018年

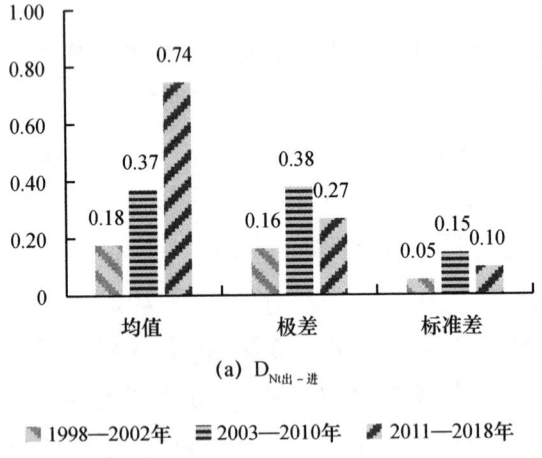

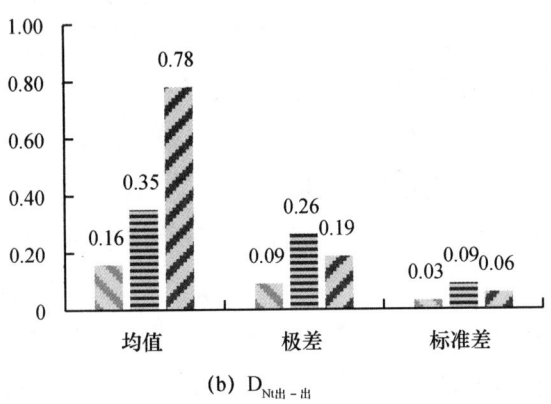

(b) $D_{Nt出-出}$

图 8-5　F_3 与 F_4 耦合协调度时序变化特征

Fig. 8-5　The Characteristics of Coupling Coordination Degree of F_3 & F_4

增至 0.35 和 0.78。整体而言，1998 年以来，F_3 与 F_4 耦合协调度均值呈上升态势，彼此存在耦合互动关系，耦合发展水平趋好。具体至各阶段，在 CAFTA 建设前（1998—2002 年）和 CAFTA 建设中（2003—2010 年）两个阶段内，$D_{Nt出-进}$ 均值大于 $D_{Nt出-出}$ 均值，表明 F_3 空间耦合发展水平优于 F_4，但差异不大。在 CAFTA 建成后（2011—2018 年），$D_{Nt出-进}$ 均值小于 $D_{Nt出-出}$ 均值，表明 F_4 空间耦合发展水平优于 F_3。

表 8-4　　　　　　　　1998—2018 年 F_3 与 F_4 耦合协调度

Tab. 8-4　　The Coupling Coordination Degree of F_3 & F_4 (1998-2018)

国别	1998—2002 年		2003—2010 年		2011—2018 年	
	$D_{Nt出-进}$	$D_{Nt出-出}$	$D_{Nt出-进}$	$D_{Nt出-出}$	$D_{Nt出-进}$	$D_{Nt出-出}$
文莱	0.282	0.160	0.538	0.349	0.689	0.796
柬埔寨	0.134	0.129	0.177	0.271	0.619	0.680
印尼	0.155	0.150	0.379	0.368	0.807	0.814
老挝	0.121	0.141	0.259	0.299	0.759	0.755
马来西亚	0.238	0.214	0.518	0.479	0.861	0.855
缅甸	0.119	0.133	0.196	0.274	0.600	0.759
菲律宾	0.164	0.124	0.480	0.345	0.765	0.735
新加坡	0.211	0.210	0.553	0.534	0.866	0.866
泰国	0.172	0.155	0.353	0.307	0.819	0.805
越南	0.163	0.162	0.243	0.286	0.663	0.731

资料来源：课题组经计算整理而得。

耦合协调度极差值和标准差可以反映 F_3 与 F_4 空间耦合发展的绝对差异与离散水平。$D_{Nt出-进}$ 极差值从 0.16 增至 0.38，然后减至 0.27；$D_{Nt出-出}$ 极差值从 0.09 增至 0.26，然后减至 0.19。$D_{Nt出-进}$ 标准差从 0.05 增至 0.15，然后减至 0.1；$D_{Nt出-出}$ 标准差从 0.03 增至 0.09，然后减至 0.06。$D_{Nt出-进}$ 和 $D_{Nt出-出}$ 极差值和标准差均经历先增后降的波动变化，且各阶段中 $D_{Nt出-出}$ 极差值和标准差均小于 $D_{Nt出-进}$，说明 F_4 和 F_3 空间耦合水平的绝对差异和离散水平呈现出先扩大后缩小态势，并且 F_4 空间耦合水平相比 F_3 更为集中，国别差异较小。

为进一步考察耦合协调度的空间分异特征，利用 ArcGIS 工具软件，依据耦合协调程度进行空间可视化分析，探究耦合协调度的国别差异特征，绘制 F_3 空间耦合地域结构图 8-6、F_4 空间耦合地域结构图 8-7。

在 1998—2002 年 CAFTA 建设前（见图 8-6a、图 8-7a），东盟 10 国的 $D_{Nt出-进}$ 和 $D_{Nt出-出}$ 均小于 0.3，呈现出失调状态。在 $D_{Nt出-进}$ 方面，严重失调国家有 7 个（老挝、缅甸、菲律宾、泰国、印尼、越南和柬埔寨），其中缅甸的耦合协调度最低，为 0.119，老挝、菲律宾、泰国、印尼、越南和柬埔寨依次为 0.121、0.164、0.172、0.155、0.163 和 0.134；中度失调国家有 3 个（新加坡、马来西亚和文莱），其中文莱耦合协调度最高，为 0.282，新加坡、马来西亚耦合协调度分别为 0.211、0.238。在 $D_{Nt出-出}$ 方面，严重失调国家有 8 个（缅甸、老挝、越南、泰国、柬埔寨、印尼、文莱和菲律宾），其中菲律宾耦合协调度最低，为 0.124，缅甸、老挝、越南、柬埔寨、印尼、文莱和泰国依次为 0.133、0.141、0.162、0.129、0.15、0.16 和 0.155；中度失调国家有 2 个（新加坡、马来西亚），其中马来西亚耦合协调度最高，为 0.214，新加坡为 0.21。

在 2003—2010 年 CAFTA 建设中（见图 8-6b、图 8-7b），东盟 10 国的 $D_{Nt出-进}$ 位于 0.1—0.6，$D_{Nt出-出}$ 位于 0.2—0.6，呈"失调→协调"过渡态势。在 $D_{Nt出-进}$ 方面，严重失调国家有 2 个（缅甸、柬埔寨），耦合协调度分别为 0.196、0.177；中度失调国家有 2 个（越南、老挝），耦合协调度分别为 0.243、0.259；轻度失调国家有 2 个（印尼、泰国），耦合协调度分别为 0.379、0.353；边缘协调国家仅有菲律宾，耦合协调度为 0.48；初级协调国家有 3 个（文莱、新加坡和马来西亚），耦合协调度分别为 0.538、0.553 和 0.518。在 $D_{Nt出-出}$ 方面，中度失调

图 8-6 F_3 空间耦合地域结构

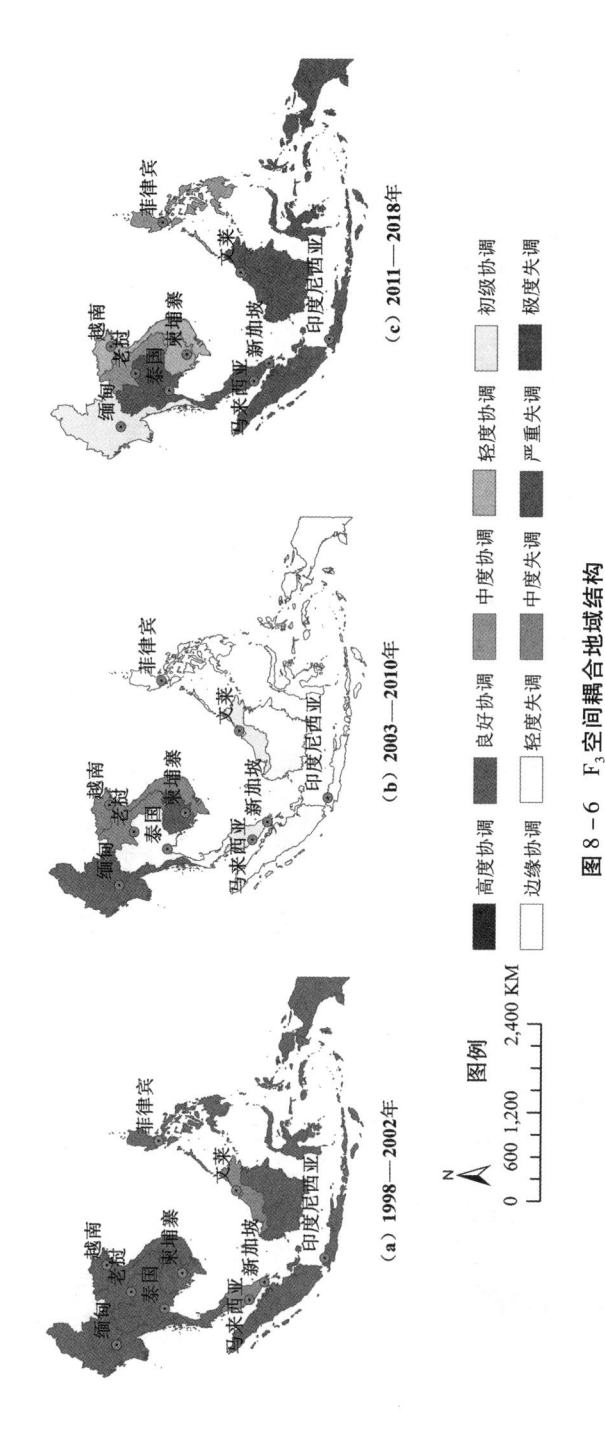

Fig. 8-6 The Regional structure of Spatial Coupling Degree of F_3

说明：该图基于广西壮族自治区自然资源厅标准地图服务网站（http://www.gismap.com.cn/）下载的审图号为 GS(2016)931 号、GS(2016)932 号和桂 S(2016)22 号的标准地图制作，底图无修改。

图 8-7 F₄ 空间耦合地域结构

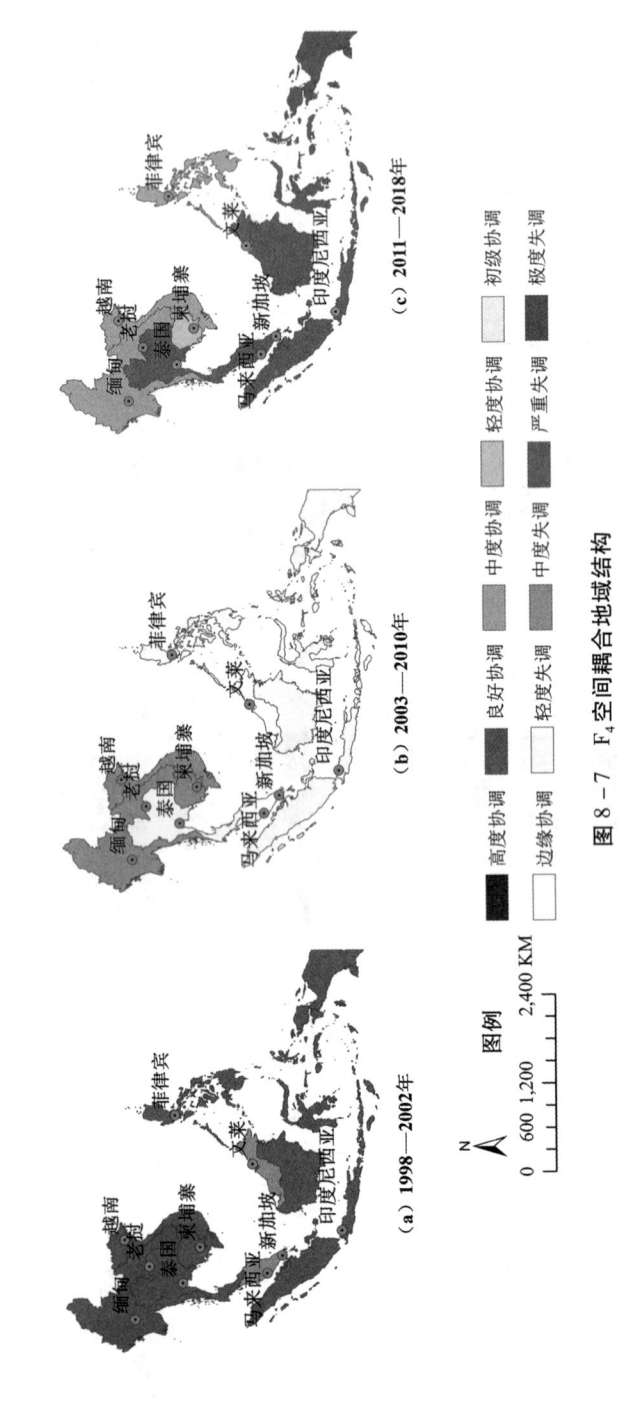

Fig. 8-7 The Regional structure of Spatial Coupling Degree of F₄

说明：该图基于广西壮族自治区自然资源厅标准地图服务网站（http://www.gismap.com.cn/）下载的审图号为 GS(2016)931 号、GS(2016)932 号和桂 S(2016)22 号的标准地图制作，底图无修改。

国家有 4 个（缅甸、老挝、越南和柬埔寨），柬埔寨耦合协调度最低，为 0.271，缅甸、越南和老挝依次为 0.274、0.286 和 0.299；轻度失调国家有 4 个（文莱、印尼、菲律宾和泰国），耦合协调度分别为 0.349、0.368、0.345 和 0.307；边缘协调国家仅有马来西亚，耦合协调度为 0.479；初级协调国家仅有新加坡，耦合协调度最高，为 0.534。

在 2011—2018 年 CAFTA 建成后（见图 8-6c、图 8-7c），东盟 10 国的 $D_{Nt出-进}$ 位于 0.6—0.9，$D_{Nt出-出}$ 位于 0.6—0.9，呈协调趋好态势。在 $D_{Nt出-进}$ 方面，轻度协调国家有 4 个（柬埔寨、缅甸、文莱和越南），缅甸耦合协调度最低，为 0.6，柬埔寨、文莱和越南依次为 0.619、0.689 和 0.663；中度协调国家有 2 个（老挝、菲律宾），耦合协调度分别为 0.759、0.765；良好协调国家有 4 个（印尼、泰国、新加坡和马来西亚），其中新加坡耦合协调度最高，为 0.866，印尼、泰国和马来西亚分别为 0.807、0.819 和 0.861。在 $D_{Nt出-出}$ 方面，轻度协调国家仅有柬埔寨，耦合协调度最低，为 0.68；中度协调国家有 5 个（文莱、缅甸、老挝、菲律宾和越南），耦合协调度分别为 0.796、0.759、0.755、0.735 和 0.731；良好协调国家有 4 个（印尼、马来西亚、新加坡和泰国），其中新加坡耦合协调度最高，为 0.866，印尼、马来西亚和泰国分别为 0.814、0.855 和 0.805。

纵观 F_3 与 F_4 空间耦合水平时空变化特征，可以发现：（1）在整体上，东盟 10 国空间耦合水平国别差异较大，高耦合水平国家主要集中于马来西亚、新加坡、印尼、文莱等海洋东盟国家，低耦合水平国家集中于柬埔寨、老挝、缅甸、越南等中南半岛东盟国家。这主要是受到历史与区位条件的影响：东盟海洋国家发展较早，经济相对较发达，且邻海的优势便于国际贸易往来，旅游资源也更丰富，促使其旅游与贸易发展相对更好，因而中国出境东盟海洋国家旅游与进出口贸易发展更为活跃和协调。

（2）东盟 10 国空间耦合水平逐步由失调提升至协调。1998—2002 年东盟 10 国空间耦合水平普遍较低，呈中度失调，自 2002 年中国与东盟签署《中国与东盟全面经济合作框架协议》并决定在 2010 年建成 CAFTA 以来,东盟 10 国空间耦合水平逐渐由失调转为边缘、初级协调状态。从 2010 年开始,东盟 10 国空间耦合水平显著提升,相继转为边缘、初级、轻度、中度、良好协调状态,这表明 CAFTA 推动中国出境东盟旅游与进出口贸易空间耦合发展水平由失调至协调的转变。

(3) CAFTA 建成后,F_3 与 F_4 空间耦合水平差异进一步缩小。随着 CAFTA 在 2010 年建成,中国自 2010 年 1 月 1 日起对东盟 93% 的产品征收零关税,对越南、老挝、柬埔寨、缅甸四国的绝大多数产品征收零关税,中国与东盟进出口贸易在广度与深度上均进一步拓展,中国与东盟的贸易地位也因此不断上升,双方互为重要的贸易伙伴。与此同时,随着中国经济实力的稳步增强,中国出境东盟旅游市场迎来了蓬勃发展,F_3 与 F_4 空间耦合水平进一步协调,随着中国与东盟经贸往来的持续加深,双方进出口贸易发展更为充分均衡,F_3 与 F_4 空间耦合水平也呈逐渐缩小趋势。

8.2.3 F_5、F_6 耦合协调度

耦合协调度均值反映了 F_5 和 F_6 空间耦合发展的综合水平。如图 8-8 所示,$D_{Pt入-进}$ 均值从 0.2 增至 0.48 和 0.76;$D_{Pt入-出}$ 均值从 0.2 增至 0.46 和 0.76。整体而言,1998 年以来,F_5 和 F_6 耦合协调度呈上升态势,两者间存在耦合互动关系,且空间耦合发展水平趋好。具体至各阶段,在 CAFTA 建设中 (2003—2010 年),$D_{Pt入-进}$ 均值大于 $D_{Pt入-出}$ 均值,表明在 CAFTA 建设过程中 F_5 空间耦合发展水平一度优于 F_6。在 CAFTA 建设前 (1998—2002 年) 和 CAFTA 建成后 (2011—2017 年) 两个阶段中,$D_{Pt入-进}$ 和 $D_{Pt入-出}$ 均值分别为 0.2 和 0.76,这说明 CAFTA 建设前后 F_5 和 F_6 空间耦合发展水平接近,发展较为均衡。

耦合协调度极差值和标准差可以反映 F_5 和 F_6 空间耦合发展的绝对差异与离散水平。$D_{Pt入-进}$ 极差值从 0.32 增至 0.43 和 0.44,$D_{Pt入-出}$ 极差值从 0.25 增至 0.45,$D_{Pt入-进}$ 和 $D_{Pt入-出}$ 极差值均经历先快速后缓慢增长

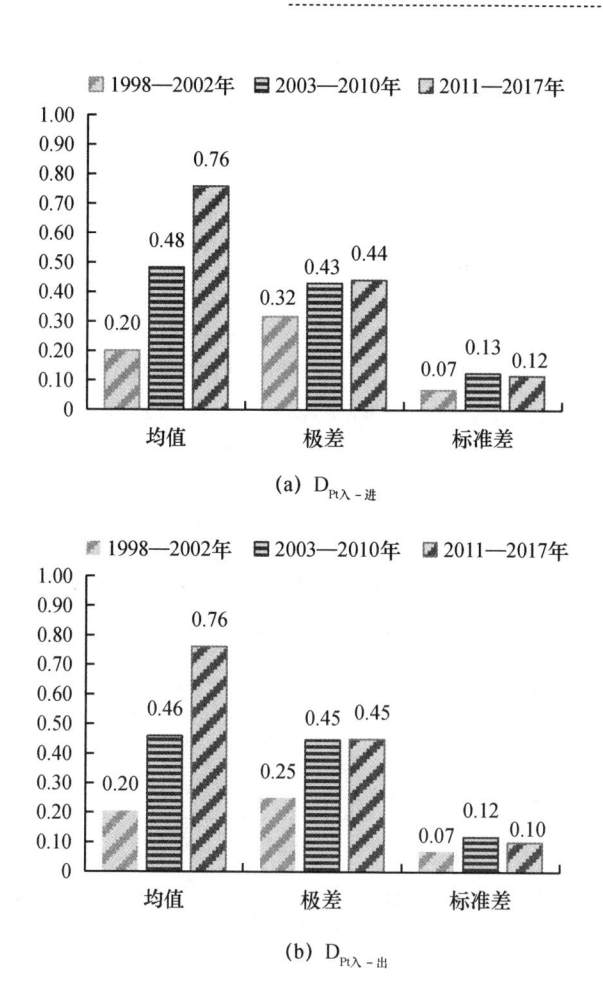

图 8-8 　F_5 和 F_6 耦合协调度时序变化特征

Fig. 8-8 　The Characteristics of Coupling Coordination Degree of F_5 & F_6

甚至停滞的过程,说明由于某些省域率先发展,导致东盟入境中国旅游与进出口贸易耦合协调度的省域间绝对差异先迅速扩大;随着其他省域逐步发展起来,后续绝对差异逐渐保持稳定水平。与此同时,$D_{Pt入-进}$标准差从 0.07 增至 0.13,然后减至 0.12;$D_{Pt入-出}$标准差从 0.07 增至 0.12,后下降至 0.1。$D_{Pt入-进}$标准差和 $D_{Pt入-出}$标准差均经历先增后降的波动变化,这说明 F_5 和 F_6 空间耦合发展的集散程度均呈现出先扩大后缩小态势，省域空间耦合水平趋向均衡发展。在 CAFTA 建设前（1998—2002 年），$D_{Pt入-进}$ 标准差与 $D_{Pt入-出}$ 标准差均为 0.07，而在 CAFTA 建设中（2003—2010 年）和 CAFTA 建成后（2011—2017 年），$D_{Pt入-进}$ 标准差均略大于 $D_{Pt入-出}$ 标准差，表明 F_6 耦合协调度的集中程度高于 F_5，省域间差异更小，发展更均衡。

表 8 – 5　　　　　　　　1998—2017 年 F_5 和 F_6 耦合协调度

Tab. 8 – 5　The Coupling Coordination Degree of F_5 & F_6 (1998 – 2017)

省域	1998—2002 年		2003—2010 年		2011—2017 年	
	$D_{PNt入-进}$	$D_{PNt入-出}$	$D_{PNt入-进}$	$D_{PNt入-出}$	$D_{PNt入-进}$	$D_{PNt入-出}$
天津	0.192	0.186	0.551	0.594	0.570	0.586
河北	0.432	0.366	0.589	0.553	0.841	0.840
山西	0.156	0.184	0.451	0.406	0.658	0.697
辽宁	0.205	0.173	0.551	0.544	0.847	0.834
黑龙江	0.229	0.209	0.578	0.553	0.530	0.715
上海	0.223	0.221	0.690	0.660	0.933	0.940
江苏	0.209	0.217	0.708	0.735	0.716	0.737
安徽	0.158	0.150	0.378	0.395	0.848	0.872
福建	0.201	0.191	0.504	0.436	0.729	0.798
江西	0.138	0.144	0.414	0.379	0.799	0.840
山东	0.179	0.172	0.528	0.554	0.835	0.841
湖南	0.190	0.158	0.393	0.308	0.775	0.729
广东	0.234	0.196	0.697	0.570	0.956	0.889
广西	0.128	0.130	0.338	0.375	0.785	0.729
海南	0.184	0.181	0.402	0.382	0.722	0.658
重庆	0.115	0.120	0.278	0.287	0.855	0.816

续表

省域	1998—2002 年		2003—2010 年		2011—2017 年	
	$D_{PNt入-进}$	$D_{PNt入-出}$	$D_{PNt入-进}$	$D_{PNt入-出}$	$D_{PNt入-进}$	$D_{PNt入-出}$
云南	0.152	0.151	0.357	0.393	0.750	0.768
陕西	0.165	0.181	0.374	0.369	0.795	0.761
甘肃	0.241	0.334	0.349	0.355	0.515	0.492
新疆	0.297	0.253	0.533	0.347	0.722	0.710
青海	N/A	0.369	N/A	0.456	N/A	0.749

说明："N/A"表示本栏目不适用，原因为青海从东盟进口贸易数据缺失。

资料来源：课题组经计算整理而得。

为进一步考察耦合协调度的空间分异特征，利用 ArcGIS 工具软件，依据耦合协调程度进行空间可视化分析，绘制 F_5 空间耦合地域结构图 8-9、F_6 空间耦合地域结构图 8-10。从 CAFTA 建设前（1998—2002 年）、CAFTA 建设中（2003—2010 年）、CAFTA 建成后（2011—2018 年）三个阶段来探究耦合协调度的省域差异特征。

在 1998—2002 年 CAFTA 建设前（见图 8-9a、图 8-10a），其中 20 个省域的 $D_{Pt入-进}$ 均小于 0.5，除河北处于边缘协调状态之外，其他 19 个省域均呈失调状态；21 个省域的 $D_{Pt入-出}$ 均小于 0.4，均处于失调状态。在 $D_{Pt入-进}$ 方面，严重失调省域有 11 个（重庆、广西、江西、云南、山西、安徽、陕西、山东、海南、湖南、天津），其中重庆、广西、江西 3 省耦合协调度较低，处于 0.15 以下，分别为 0.115、0.128、0.138；中度失调省域有 8 个（福建、辽宁、江苏、上海、黑龙江、广东、甘肃、新疆），其中有 7 个省域耦合协调度处于 0.25 以下，仅新疆的耦合协调度高于 0.25，为 0.297。处于协调状态省域只有河北，且处于边缘协调状态，耦合协调度为 0.432。在 $D_{Pt入-出}$ 方面，严重失调省域有 14 个（重庆、广西、江西、安徽、云南、湖南、山东、辽宁、陕西、海南、山西、天津、福建、广东），其中重庆、广西、江西 3 省耦合协

(a) 1998—2002年　(b) 2003—2010年　(c) 2011—2017年

图例
未统计地区　初级协调
高度协调　中度协调　极度失衡
良好协调　轻度失衡
轻度协调　严重失衡
边缘协调　中度失衡

图 8-9　F_5 空间耦合地域结构

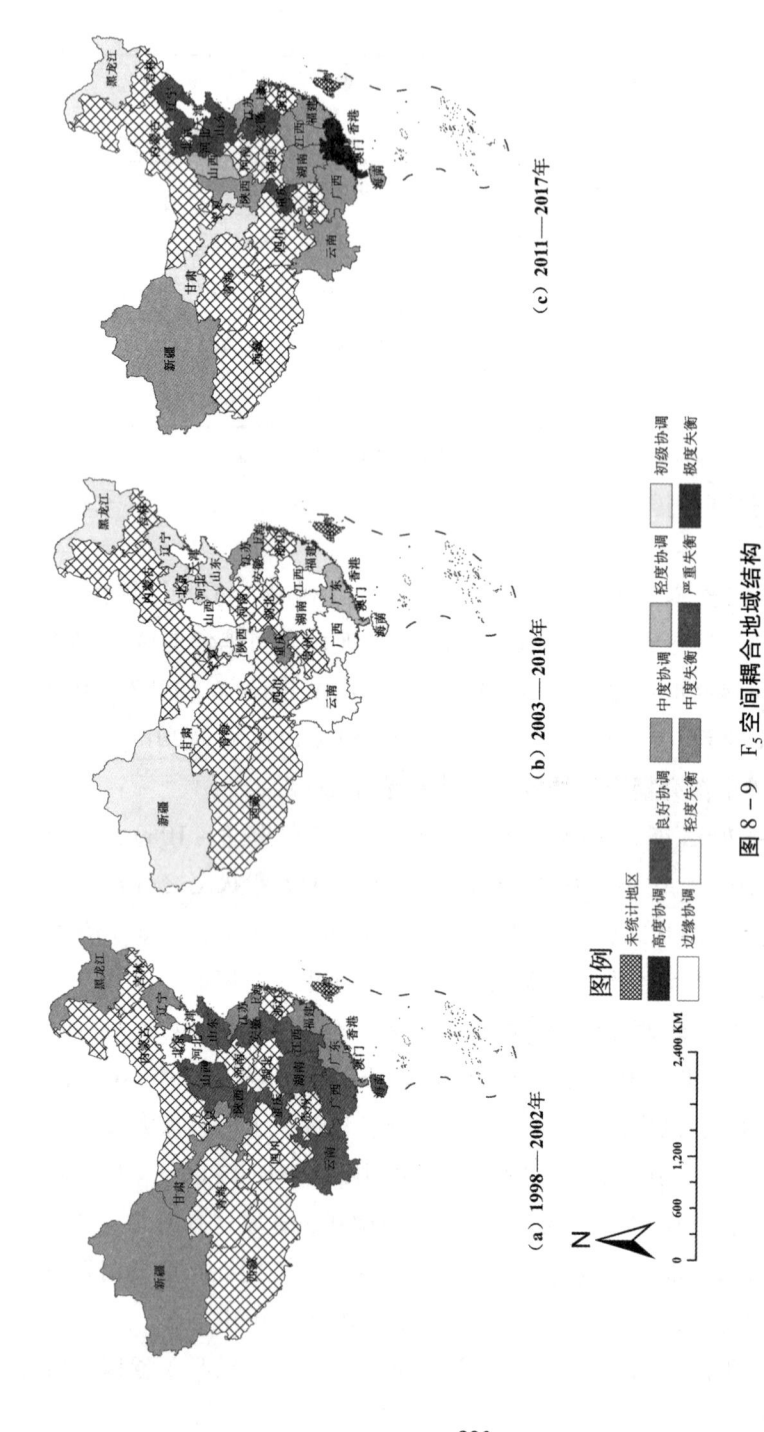

Fig. 8-9　The Regional Structure of Spatial Coupling Degree of F_5

说明：该图基于广西壮族自治区自然资源厅标准地图服务网站（http://www.gismap.com.cn/）下载的审图号为 GS(2016)931 号、GS(2016)932 号和桂 S(2016)22 号的标准地图制作，底图无修改。

图 8-10 F$_6$ 空间耦合地域结构

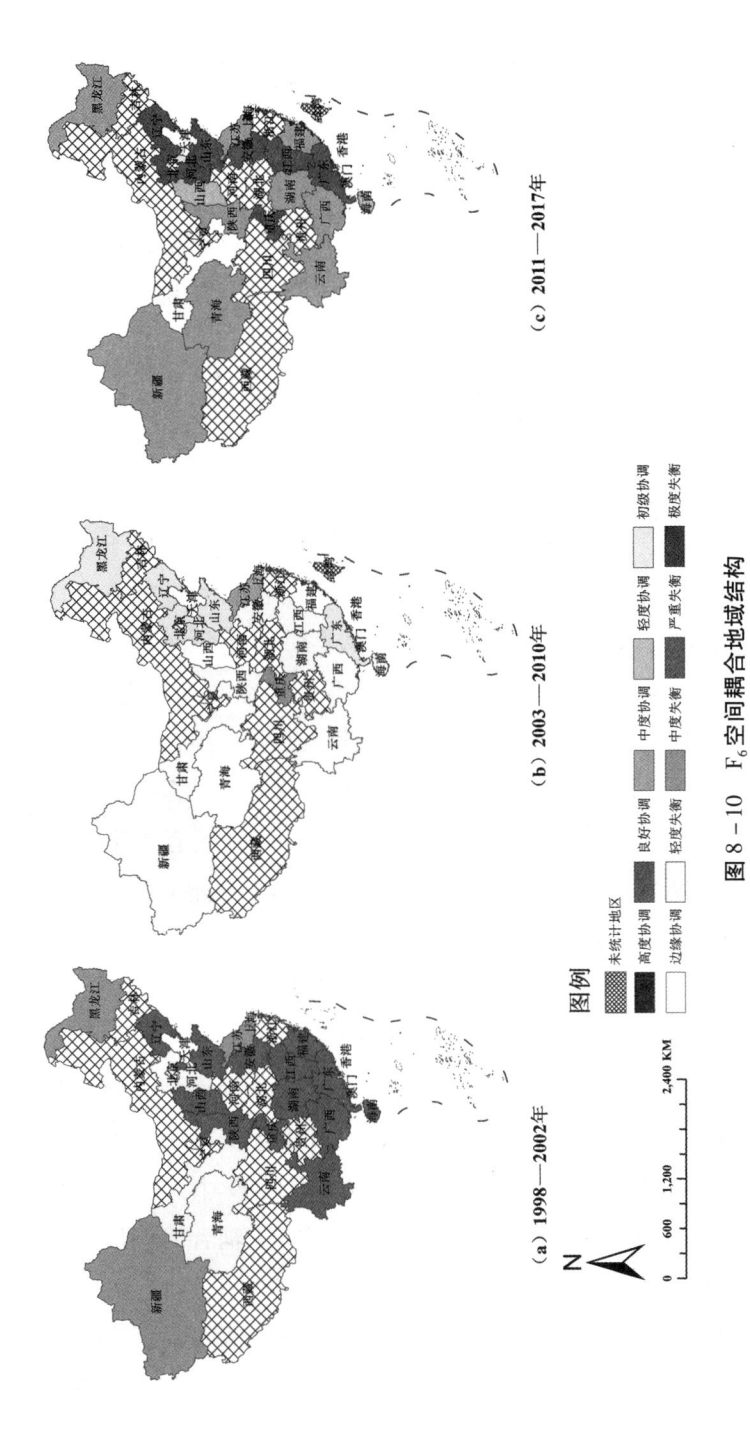

Fig. 8-10 The Regional Structure of Spatial Coupling Degree of F$_6$

说明：该图基于广西壮族自治区自然资源厅标准地图服务网站（http://www.gismap.com.cn/）下载的审图号为 GS(2016)931 号、GS(2016)932 号和桂 S(2016)22 号的标准地图制作，底图无修改。

调度较低,处于 0.15 以下,分别为 0.12、0.13、0.144;福建、广东耦合协调度较高,处于 0.19 以上,分别为 0.191、0.196。中度失调省域有 4 个(黑龙江、江苏、上海、新疆),其中仅新疆达到 0.25 以上,为 0.253;黑龙江、江苏、上海均在 0.25 以下,分别是 0.209、0.217、0.221。轻度失调省域有 3 个(甘肃、河北、青海),耦合协调度最低的是甘肃,为 0.334;河北和青海均在 0.35 以上,分别是 0.366 和 0.369。

在 2003—2010 年 CAFTA 建设中(见图 8 - 9b、图 8 - 10b),其中 20 个省域的 $D_{Pt入-进}$ 和 21 个省域的 $D_{Pt入-出}$ 均位于 0.2—0.7,处于"失调→协调"的过渡状态。在 $D_{Pt入-进}$ 方面,处于失调状态的省域有 7 个(重庆、广西、甘肃、云南、陕西、安徽、湖南),其中重庆属于中度失调,耦合协调度最低,为 0.278;处于轻度失调状态的省域有 6 个(广西、甘肃、云南、陕西、安徽、湖南),耦合协调度分别为 0.338、0.349、0.357、0.374、0.378、0.393。处于协调状态的省域有 13 个(海南、江西、山西、福建、山东、新疆、天津、辽宁、黑龙江、河北、上海、广东、江苏),其中边缘协调省份有 3 个(海南、江西、山西),耦合协调度分别为 0.402、0.414、0.451;初级协调省域有 7 个(福建、山东、新疆、天津、辽宁、黑龙江、河北),其中福建、山东、新疆耦合协调度处于 0.55 以下,天津、辽宁、黑龙江、河北耦合协调度处于 0.55 以上;轻度协调省域有 2 个(上海、广东),耦合协调度分别为 0.69、0.697;良好协调省域有 1 个(江苏),耦合协调度为 0.708。在 $D_{Pt入-出}$ 方面,处于失调状态省域有 10 个(重庆、湖南、新疆、甘肃、陕西、广西、江西、海南、云南、安徽),其中重庆处于中度失调状态,耦合协调度最低,为 0.287;轻度失调省域有 9 个(湖南、新疆、甘肃、陕西、广西、江西、海南、云南、安徽),耦合协调度分别为 0.308、0.347、0.355、0.369、0.375、0.379、0.382、0.393、0.395。处于协调状态的省域有 11 个(山西、福建、青海、辽宁、河北、黑龙江、山东、广东、天津、上海、江苏),其中边缘协调省域有

3 个（山西、福建、青海），耦合协调度分别为 0.406、0.436、0.456；初级协调省域有 6 个（辽宁、河北、黑龙江、山东、广东、天津），其中 5 个省域耦合协调度在 0.55 以上，仅辽宁耦合协调度在 0.55 以下，为 0.544；轻度协调省域有 1 个（上海），耦合协调度为 0.66；良好协调省域有 1 个（江苏），耦合协调度为 0.735。

在 2011—2017 年 CAFTA 建成后（见图 8-9c、图 8-10c），其中 20 个省域的 $D_{Pt入-进}$ 处于 0.5—1.0，21 个省域的 $D_{Pt入-出}$ 处于 0.4—1.0，呈空间耦合趋好态势。在 $D_{Pt入-进}$ 方面，初级协调省域有 3 个（甘肃、黑龙江、天津），耦合协调度分别为 0.515、0.53、0.57；轻度协调省域有 1 个（山西），耦合协调度为 0.658；中度协调省域有 9 个（江苏、新疆、海南、福建、云南、湖南、广西、陕西、江西），其中江苏、新疆、海南、福建 4 省域耦合协调度在 0.75 以下，云南、湖南、广西、陕西、江西 5 省域耦合协调度在 0.75 以上，其中江苏耦合协调度最低，为 0.716，江西耦合协调度最高，为 0.799；良好协调省域有 5 个（山东、河北、辽宁、安徽、重庆），除重庆耦合协调度为 0.855，高于 0.85 外，其他 4 省域均低于 0.85；高度协调省域有 2 个（广东、上海），耦合协调度分别为 0.956、0.933。在 $D_{Pt入-出}$ 方面，边缘协调省域有 1 个（甘肃），耦合协调度为 0.492。初级协调省域有 1 个（天津），耦合协调度为 0.586。轻度协调省域有 2 个（海南和山西），耦合协调度分别为 0.658、0.697。中度协调省域有 9 个（新疆、黑龙江、广西、湖南、江苏、青海、陕西、云南、福建），其中陕西、云南、福建 3 省耦合协调度高于 0.75，分别为 0.761、0.768、0.798；其他 6 省域均低于 0.75，新疆耦合协调度最低，为 0.71。良好协调省域有 7 个（重庆、辽宁、江西、河北、山东、安徽、广东），其中安徽、广东两省域耦合协调度高于 0.85 以上，分别为 0.872、0.889；其他 5 省域均低于 0.85，重庆耦合协调度最低，为 0.816。高度协调省域有 1 个（上海），耦合协调度为 0.94。

根据 F_5 和 F_6 空间耦合水平时空变化特征可以看出：（1）中国（省

域）空间耦合水平逐步由失调转向协调，且空间耦合水平趋好。在发展初期，由于入境旅游或贸易先行，因此出现了省域空间耦合水平失调的现象。随着 CAFTA 的落实建设，F_5 和 F_6 逐渐协调发展，空间耦合水平开始由失调转向协调。在 CAFTA 建成后，中国—东盟旅游与贸易区域合作规则进一步完善，F_5 和 F_6 空间耦合水平提高，全国绝大多数省域空间耦合发展已经达到了较高的水平。

（2）从 F_5 耦合发展来看，在 CAFTA 建设前（1998—2002 年），我国中部及西南省域耦合协调度较低，且全国无发展特别突出的地区。在 CAFTA 建设中（2003—2010 年），重庆、甘肃、河北发展缓慢，江苏、广东、上海耦合协调度及发展速度明显高于其他省域，主要是凭借良好的区位条件，拥有优良的海港（江苏连云港、上海港、广东深圳港及广州港）、运输便利，是东盟进口货物的主要集散地，且经济发展水平高、基础设施完善，是东盟游客入境旅游的热点目的地；在 CAFTA 建成后（2011—2017 年），广东、上海仍是耦合协调度十分高的省域，另外重庆、广西、安徽发展迅速，其中重庆和安徽凭借优良的内河港口（重庆港、安徽马鞍山港），承接来自上海的东盟货物，入境旅游与进口贸易发展迅速，更趋向协调，而广西作为面向东盟的门户，与东盟旅游与贸易活动日益密切。在此阶段，天津、江苏发展缓慢，江苏已不再是发展突出省域，黑龙江甚至出现了发展倒退，成为唯一一个出现耦合度下降的省域。

（3）从 F_6 耦合发展来看，在 CAFTA 建设前（1998—2002 年），中国中部及南部省域耦合协调度较低，且整体上无发展突出地区。在 CAFTA 建设中（2003—2010 年），上海、江苏、天津耦合协调度高于其他省域，主要是依靠良好的区位条件和基础设施，作为向东盟出口货物的主要集散地和东盟游客入境旅游的热门目的地，入境旅游与出口贸易活跃，但此阶段新疆、甘肃、青海等内陆省域发展缓慢。在 CAFTA 建成后（2011—2017 年），重庆、江西、安徽发展迅速，作为长江流域重要的出货港口（重庆港、江西九江港、安徽马鞍山港），将出口东盟的货物运达上海港,上海成为耦合协调度最高的省域且远高于其他省域。但此阶段甘肃、黑龙江、江苏发展缓慢,天津甚至出现了倒退,成为唯一一个出现耦合度下降的省域。

8.3 空间耦合效应

8.3.1 F_1、F_2效应

8.3.1.1 F_1、F_2全局空间效应

运用 GeoDa 软件对 F_1 与 F_2 耦合协调度的空间关联效应进行全局单变量空间自相关检验,计算 CAFTA 建设前(1998—2002 年)、CAFTA 建设中(2003—2010 年)和 CAFTA 建成后(2011—2018 年)三个时间序列的 F_1 全局莫兰指数($I_{globe Nt入-进}$)和 F_2 全局莫兰指数($I_{globe Nt入-出}$),检验结果见表 8-6。在此基础上绘制 F_1 空间耦合 Moran 散点图 8-11、F_2 空间耦合 Moran 散点图 8-12。

表 8-6   1998—2018 年 F_1 与 F_2 空间耦合 I_{globe}

Tab. 8-6   The I_{globe} of Spatial Coupling of F_1 & F_2 (1998-2018)

参数	1998—2002 年		2003—2010 年		2011—2018 年	
	$I_{globe Nt入-进}$	$I_{globe Nt入-出}$	$I_{globe Nt入-进}$	$I_{globe Nt入-出}$	$I_{globe Nt入-进}$	$I_{globe Nt入-出}$
p 值	0.016**	0.068*	0.038**	0.057*	0.294	0.052*
Z 值	2.554	1.513	2.091	1.671	0.562	1.775
I_{globe} 值	0.529	0.259	0.412	0.273	0.007	0.274

说明:*、** 分别表示10%、5%的显著性水平。

资料来源:课题组经计算整理而得。

由表 8-6 的全局自相关检验结果可知,在 CAFTA 建设前(1998—2002 年)和 CAFTA 建设中(2003—2010 年),$I_{globe Nt入-进}$ 在 5% 水平下

显著为正，从 0.529 降至 0.412，表明这两个阶段 F_1 空间耦合水平空间正相关，仅有小于 5% 的可能性是随机分布的，出现空间集聚的可能性大于随机分布的可能性。随着时间的推移，该空间集聚程度有所减弱。在 CAFTA 建设后（2011—2018 年），$I_{globe\ Nt入-进}$ 减至 0.007，且 p 值为 0.294，未通过 10% 的显著性检验，表明该阶段 F_1 空间耦合水平呈现显著的随机分布特征，空间关联效应弱。整体而言，F_1 空间耦合集聚水平表现出弱化态势。

(a) 1998—2002年

(b) 2003—2010年

(c) 2011—2018年

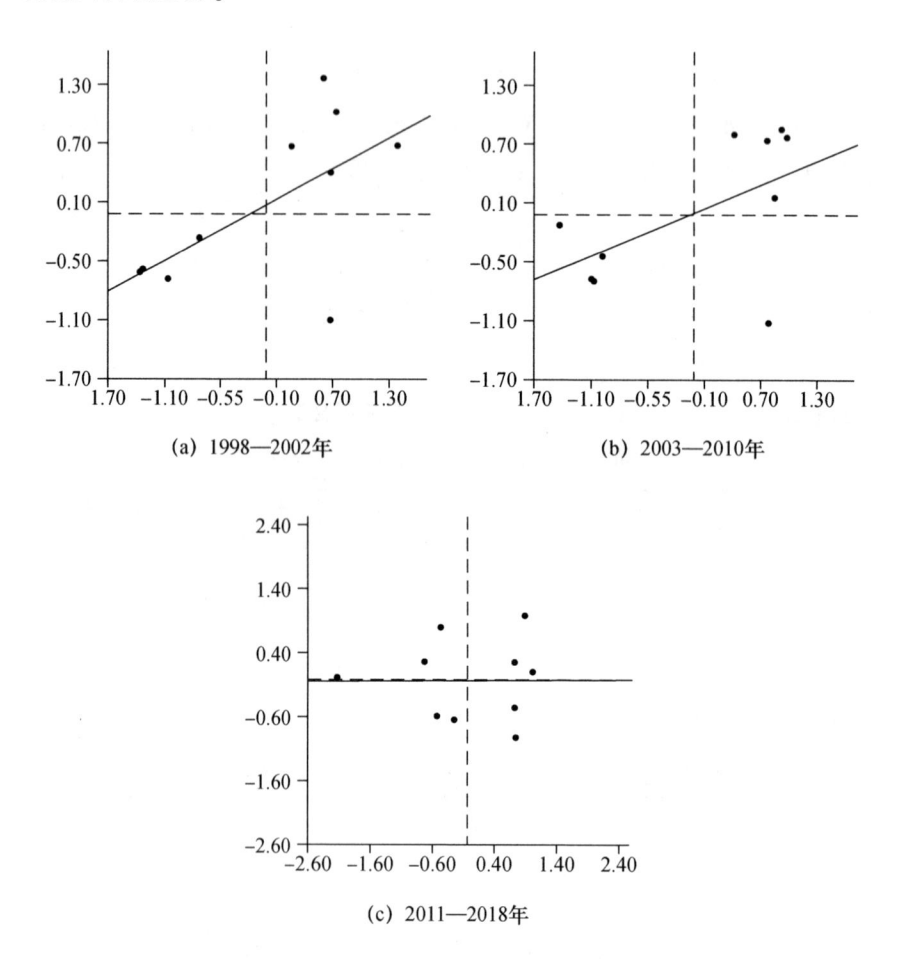

图 8-11　F_1 空间耦合 Moran 散点图

Fig. 8-11　The Global Spatial Autocorrelation of Spatial Coupling of F_1

第 8 章 中国—东盟旅游与贸易空间耦合

由图 8-11 可知，在 CAFTA 建设前（1998—2002 年）和 CAFTA 建设中（2003—2010 年），F_1 空间耦合 Moran 散点图处于第 I 象限和第 III 象限的散点数量之和均占总数的 90%，表现出同质集聚的正相关关系。在 CAFTA 建成后（2011—2018 年），Moran 散点图所有散点随机分布于四个象限之中，仅有 50% 的散点分布于第 I 象限和第 III 象限。这一结果与 $I_{globeNt入-进}$ 的正负性一致。

与 $I_{globeNt入-进}$ 不同，在 CAFTA 建设前（1998—2002 年）、CAFTA 建设中（2003—2010 年）和 CAFTA 建成后（2011—2018 年），$I_{globeNt入-出}$ 从 0.259 增至 0.273 和 0.274，均在 10% 水平下显著为正，表明 1998—2018 年 F_2 空间耦合水平空间正相关，仅有小于 10% 的可能性是随机分布的，出现空间集聚的可能性大于随机分布的可能性。整体而言，F_2 空间耦合集聚水平表现出增强态势。

由图 8-12 可知，在 CAFTA 建设前（1998—2002 年）、CAFTA 建设中（2003—2010 年）和 CAFTA 建成后（2011—2018 年），F_2 空间耦合 Moran 散点图处于第 I 象限和第 III 象限的散点数量之和分别占总数的 80%、70% 和 80%，表现出同质集聚的正相关关系。这一结果与 $I_{globeNt入-出}$ 的正负性一致。

1998—2018 年 F_1 空间耦合集聚水平表现出弱化态势，F_2 空间耦合集聚水平表现为增强态势，两者呈现相反的全局空间效应。主要原因在于：(1) 1998—2011 年中国对东盟贸易持续 14 年表现为逆差，其中 2011 年贸易逆差高达 229.47 亿美元。在此期间，制造业领域的国际垂直专业化分工是中国—东盟贸易逆差的主要原因，在"欧美—中国—东盟"分工背景下，东盟国家成为中国进口原材料、半成品以及零部件以开展加工贸易的重要来源，中国对东盟贸易更注重资源禀赋的选择。因此，相比 F_2，这一时期 F_1 空间耦合水平呈现出更强的资源导向空间集聚状态。

(2) 在 CAFTA 建成后中国对东盟贸易由逆差转变为顺差，从 2012 年的 83.63 亿美元增至 2015 年峰值的 828.16 亿美元，2018 年仍高达

(a) 1998—2002年

(b) 2003—2010年

(c) 2011—2018年

图 8-12　F_2 空间耦合 Moran 散点图

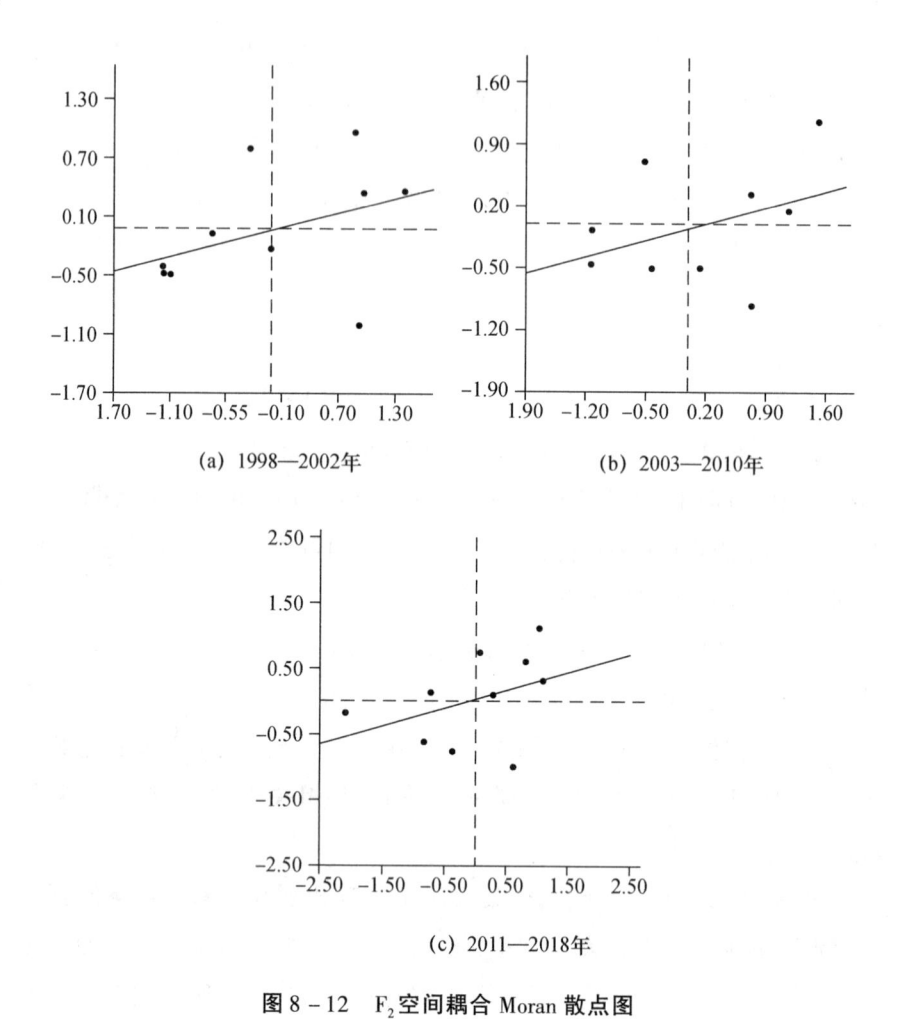

Fig. 8-12　The Global Spatial Autocorrelation of Spatial Coupling of F_2

503.90 亿美元。在后全球金融危机时代，欧美国家经济正处于缓慢复苏阶段，CAFTA 的建成极大地促进了东盟经济发展，推动中国与东盟贸易的繁荣。东盟经济发展扩大了对中国机械设备、日用消费品等产品的需求。在中国经济发展、产业升级以及供给侧改革等影响下，中国对东盟贸易更注重出口市场的选择。因此，相比 F_1，这一时期 F_2 空间耦合呈现出更强的市场导向空间集聚状态，空间集聚水平表现为增强态势。

8.3.1.2 F_1、F_2 局部空间效应

全局空间自相关分析只能解释 F_1 与 F_2 空间耦合水平的总体关联特征及其变化，不能揭示局部空间的关联性演变特征。为进一步探索 F_1 与 F_2 空间耦合水平的局部空间单元的分布差异，即空间耦合水平是否存在显著的高值或者低值集聚，利用 GeoDa 软件绘制 CAFTA 建设前（1998—2002 年）、CAFTA 建设中（2003—2010 年）和 CAFTA 建成后（2011—2018 年）F_1 耦合协调度 LISA 集聚图 8-13 和 F_2 耦合协调度 LISA 集聚图 8-14。

由图 8-13 可以看出，在 CAFTA 建设前（1998—2002 年），F_1 空间耦合水平呈现"高—高"集聚模式的国家有文莱、印尼、马来西亚和新加坡，是东盟 10 国中空间耦合水平具有溢出效益的关联国家。这 4 个国家位于太平洋与印度洋交界的马来群岛，优良港口众多，海洋运输极其便利，经济外向性显著，经济发展水平相对较好，旅游与贸易发展水平相对较高，尤其是新加坡依托马六甲海峡，积极建设新加坡港，使其成为海上十字路口，转口贸易发达，是波斯湾石油资源以及其他大量贸易货物运抵中国的必经之路。为满足中国的货物进口与融资需求，金融、服务产业发达的新加坡相关企业与机构会频繁地派遣商务人员入境中国开展业务，人员跨境流动密切，有效带动了马来西亚、文莱和印尼等周边国家入境中国旅游与进口贸易的空间耦合发展。同时，周边国家的空间耦合发展也对新加坡产生了反馈作用，进一步促进了新加坡入境中国旅游与进口贸易空间耦合发展。

F_1 空间耦合水平呈现"高—低"集聚模式的国家仅有泰国，表明泰国入境中国旅游与进口贸易空间耦合水平较高，而邻近的老挝和越南，其空间耦合水平相对较低。泰国与中国地缘相近，气候温热，在农产品出口上具有优势。其水稻、橡胶、玉米、木薯等农产品产量居世界前列，是粮食主要出口国之一。同时，泰国是东南亚地区钾资源最丰富的国家，而中国农业发展需要消耗大量的钾肥，且中国钾盐资源稀缺，需从泰国进口大量钾肥等化工产品。塑料橡胶、机电产品和植物产品是中

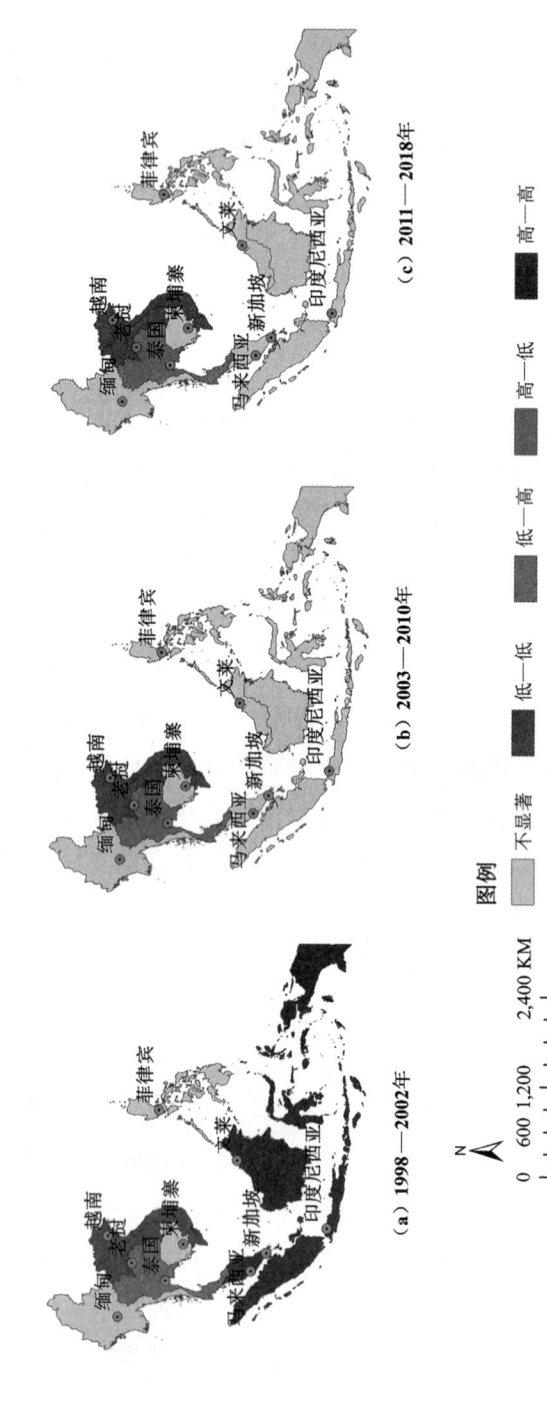

图 8-13 F_1 耦合协调度 LISA 聚类

Fig. 8-13 The LISA Clust Map of the Coupling Coordination Degree of F_1

说明:该图基于广西壮族自治区自然资源厅标准地图服务网站(http://www.gismap.com.cn/)下载的审图号为 GS(2016)931 号、GS(2016)932 号和桂 S(2016)22 号的标准地图制作,底图无修改。

第8章 中国—东盟旅游与贸易空间耦合

图 8-14 F_2 耦合协调度 LISA 聚类

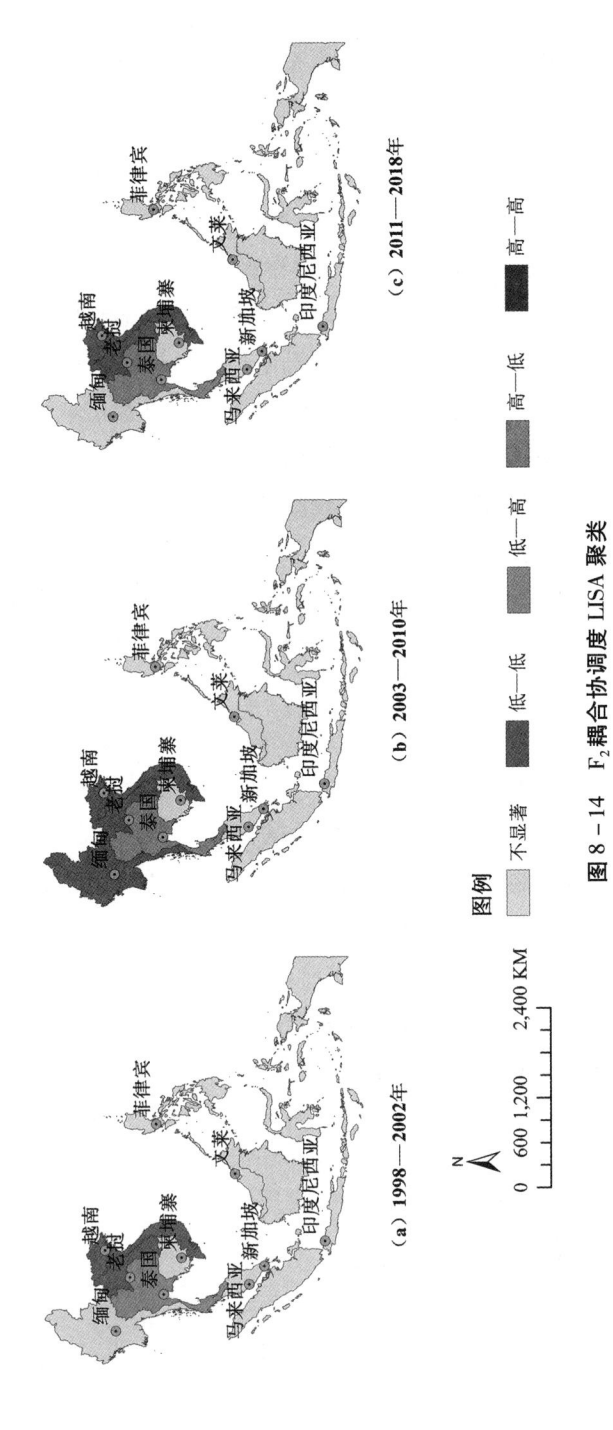

Fig. 8-14 The LISA Clust Map of the Coupling Coordination Degree of F_2

说明：该图基于广西壮族自治区自然资源厅标准地图服务网站（http://www.gismap.com.cn/）下载的审图号为 GS(2016)931 号、GS(2016)932 号和桂 S(2016)22 号的标准地图制作，底图无修改。

国进口泰国贸易的前三大类重要商品。随着中泰贸易往来的日益深入，相关商旅活动推动了文化交流和泰国入境中国旅游规模的增长，使得泰国入境中国旅游与进口贸易空间耦合水平较高，相比周边国家，老挝空间差异程度加大，呈现出异质性空间集聚特征。

由图8-14可以看出，1998—2018年泰国入境中国旅游与出口贸易空间耦合水平同样表现出"高—低"集聚模式，表明泰国入境中国旅游与出口贸易空间耦合水平较高，而邻近的老挝和越南空间耦合水平相对较低。由于中国的价格优势，中低端机电产品是中国对泰国出口贸易的重要产品，并且泰国在贱金属及制品、化工产品以及塑料橡胶、纺织品及原料、运输设备等产品上，对中国也有旺盛的需求。如家具、玩具、陶瓷、玻璃、纺织品及原料等占比较高的劳动密集型产品，中国相对其他国家具有比较优势，也是中国对泰国出口贸易的重要组成部分。随着中泰贸易往来的日益深入，相关商旅活动推动了文化交流和泰国入境中国旅游规模的增长，使得泰国入境中国旅游与出口贸易空间耦合水平较高，相比周边国家（老挝、越南）空间差异程度加大，呈现出异质性空间集聚特征。

F_1和F_2耦合局部空间效应均呈现"低—低"集聚模式的国家为老挝和越南。主要原因在于：（1）老挝是内陆国家，无出海口，严峻的客观区位条件极大地限制了老挝发展国际旅游与国际贸易，较难接收到周边国家耦合发展的空间溢出效益。（2）越南入境中国旅游与进出口贸易发展不平衡，中国对越南进出口贸易增速远快于越南入境中国旅游，形成高强度的低空间耦合水平。且越南国土狭长，东临南中国海，西接柬埔寨和老挝，这两国入境中国旅游与进出口贸易发展水平较低，耦合协调度较弱，越南入境中国旅游与进出口贸易空间耦合水平受周边国家空间辐射有限，呈现出"低—低"集聚模式。

8.3.2 F_3、F_4效应

8.3.2.1 F_3、F_4全局空间效应

运用空间自相关方法，利用GeoDa软件对F_3与F_4耦合协调度的空

间关联效应进行全局单变量空间自相关检验，计算 CAFTA 建设前（1998—2002 年）、CAFTA 建设中（2003—2010 年）和 CAFTA 建成后（2011—2018 年）F_3 全局莫兰指数（$I_{globe Nt出-进}$）和 F_4 全局莫兰指数（$I_{globe Nt出-出}$），检验结果见表 8-7。在此基础上绘制 F_3 空间耦合 Moran 散点图 8-15、F_4 空间耦合 Moran 散点图 8-16。

表 8-7　　　　　　1998—2018 年 F_3 与 F_4 空间耦合 I_{globe}

Tab. 8-7　　　The I_{globe} of Spatial Coupling of F_3 & F_4 (1998-2018)

参数	1998—2002 年		2003—2010 年		2011—2018 年	
	$I_{globeNt出-进}$	$I_{globeNt出-出}$	$I_{globeNt出-进}$	$I_{globeNt出-出}$	$I_{globeNt出-进}$	$I_{globeNt出-出}$
p 值	0.103	0.054*	0.009***	0.002***	0.245	0.052*
Z 值	1.377	1.932	2.963	3.399	0.632	1.775
I_{globe} 值	0.200	0.328	0.626	0.610	0.043	0.301

说明：*、* *、* * *分别表示 10%、5%、1% 的显著性水平。

资料来源：课题组经计算整理而得。

由表 8-7 可知，在 CAFTA 建设前（1998—2002 年），$I_{globe Nt出-进}$ 为正，但不显著，未通过 10% 的显著性水平检验，表明这个阶段 F_3 空间耦合水平具有一定的随机分布特征，空间关联效应较弱。随着时间的推移，该空间集聚程度有所增强。在 CAFTA 建设中（2003—2010 年），$I_{globe Nt出-进}$ 增至 0.626，且 p 值为 0.009，通过 1% 显著性水平，表明该阶段 F_3 空间耦合水平呈现出显著的集聚分布特征，空间关联效应较强。在 CAFTA 建成后（2011—2018 年），$I_{globe Nt出-进}$ 减至 0.043，且 p 值为 0.245，未通过 10% 的显著性水平检验，表明该阶段 F_3 空间耦合水平呈现出显著的随机分布特征，空间关联效应较弱。整体而言，F_3 空间耦合集聚水平表现出由弱变强再变弱的态势。

(a) 1998—2002年

(b) 2003—2010年

(c) 2011—2018年

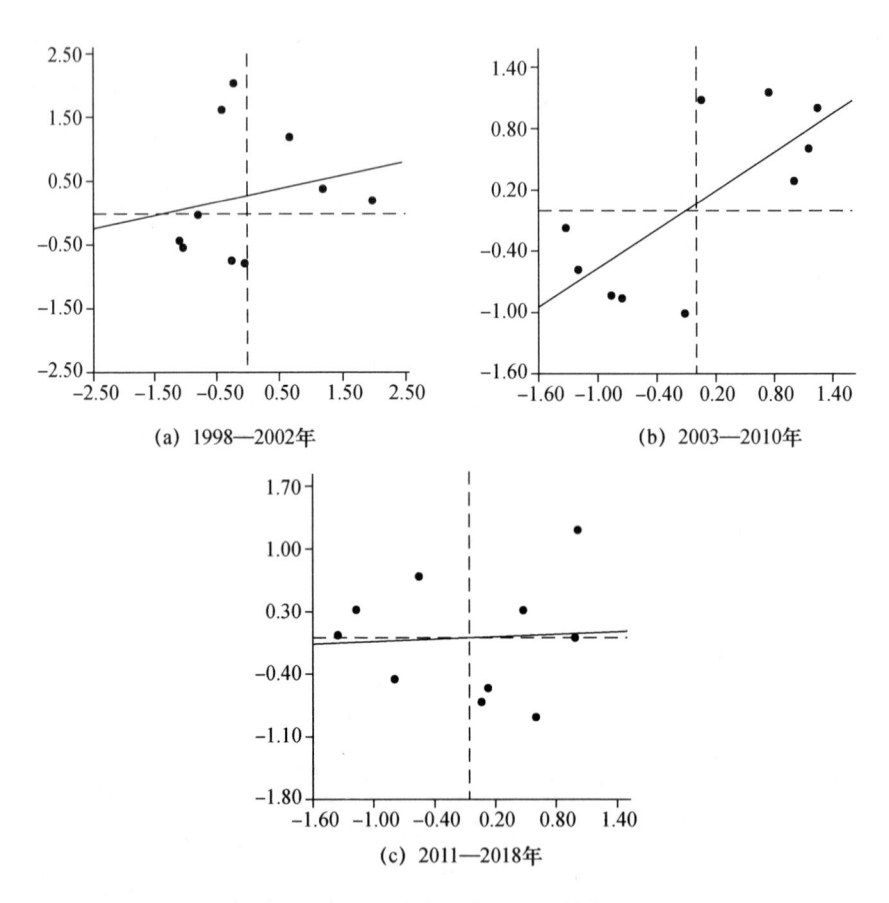

图 8 - 15　F_3 空间耦合 Moran 散点图

Fig. 8 - 15　The Global Spatial Autocorrelation of Spatial Coupling of F_3

由图 8 - 15 可知，在 CAFTA 建设前（1998—2002 年），F_3 空间耦合 Moran 散点图中处于第 I 象限和第 III 象限的散点数量之和占总数的 80%，在 CAFTA 建设中（2003—2010 年），F_3 空间耦合 Moran 散点图中处于第 I 象限和第 III 象限的散点数量之和占总数的 100%，表现出同质集聚的正相关关系。在 CAFTA 建成后（2011—2018 年），Moran 散点图所有散点随机分布于四个象限之中，仅有 40% 的散点分布于第 I 象限和第 III 象限。这一结果与 $I_{globeNt出-进}$ 指数的正负性一致。

与 $I_{globe\ Nt出-进}$ 不同，在 CAFTA 建设前（1998—2002 年）、CAFTA 建设中（2003—2010 年）和 CAFTA 建成后（2011—2018 年），$I_{globe\ Nt出-出}$ 先从 0.328 增至 0.61 再降至 0.301，且均在 10% 水平下显著为正，表明 1998—2018 年 F_4 耦合发展水平具有空间正相关性，仅有小于 10% 的可能性是随机分布的，出现空间集聚的可能性大于随机分布的可能性。整体而言，F_4 空间耦合集聚水平表现出先增强再减弱的态势。

(a) 1998—2002年

(a) 1998—2002年

(c) 2011—2018年

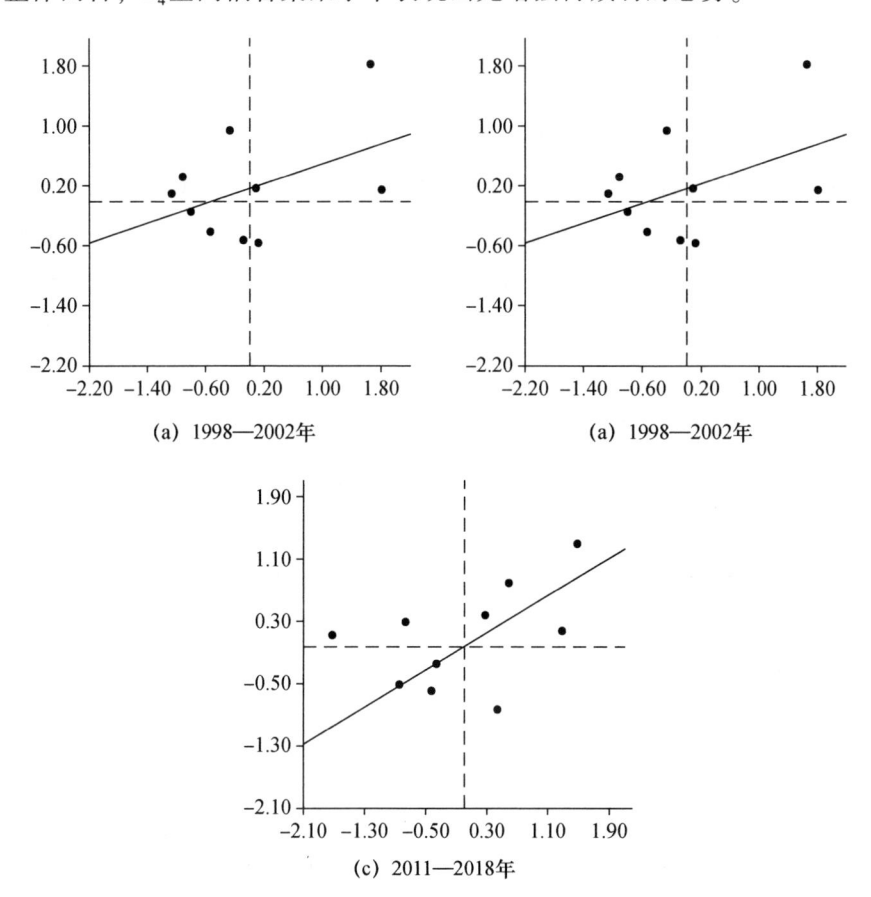

图 8-16　F_4 空间耦合 Moran 散点图

Fig. 8-16　The Global Spatial Autocorrelation of Spatial Coupling of F_4

由图 8-16 可知，在 CAFTA 建设前（1998—2002 年）、CAFTA 建

设中（2003—2010年）和CAFTA建成后（2011—2018年），F_4空间耦合Moran散点图中处于第I象限和第III象限的散点数量之和分别占总数的60%、90%和70%，表现出同质集聚的正相关关系。这一结果与$I_{globeNt出-出}$的正负性一致。

1998—2018年F_3和F_4均表现为先增强再减弱的空间集聚态势，进一步对比发现，F_4空间耦合集聚水平强于F_3。主要原因在于：（1）在CAFTA建设中（2003—2010年），得益于2002年颁布的《中国公民出国旅游管理办法》，中国出境东盟旅游快速发展，东盟各国旅游资源禀赋使得中国游客出境旅游目的地选择差异明显。2003年，中国出境新、马、泰、越4国旅游的人数占东盟中国游客的比例超过96%，2010年降至80%，"新、马、泰"是中国出境旅游的传统国家，而越南则因与我国广西接壤，也成为中国游客出境旅游国家选择的重要目的地，表现为F_3和F_4的空间集聚态势增强。在CAFTA建成后（2011—2018年），我国开放出境旅游目的地国家新增27个，截止到2019年7月31日，中国正式开展组团业务的出境旅游目的地国家和地区共131个，可选择目的地的增多、国民经济水平的提高和交通基础设施的完善，使得中国出境旅游向全球分散，则F_3和F_4的空间集聚态势逐渐减弱。

（2）中国对东盟出口贸易总体上强于进口贸易，1998—2018年中国对东盟进出口年均贸易额分别为1218亿美元和1313亿美元，且东盟各国出口商品类别相似，主要为加工制品、矿产品和农产品等，各国出口存在贸易竞争关系，再加上中国从东盟部分国家进口贸易有政策扶持的目的，使F_3的空间集聚效应偏弱，而中国对东盟出口贸易为市场导向，新加坡、马来西亚、泰国、印尼和越南市场需求较大，文莱、柬埔寨和老挝需求较小，这些差异造成了F_4空间耦合集聚水平强于F_3。

8.3.2.2　F_3、F_4局部空间效应

全局空间自相关分析只能解释F_3与F_4空间耦合水平的总体关联特征及其变化，不能揭示局部空间的关联性演变特征。为进一步探索F_3与F_4空间耦合水平的局部空间单元的分布差异，即是否存在显著的高值或者

低值集聚,利用 GeoDa 软件绘制 CAFTA 建设前(1998—2002 年)、CAFTA 建设中(2003—2010 年)和 CAFTA 建成后(2011—2018 年)的 F_3 耦合协调度 LISA 集聚图 8-17 和 F_4 耦合协调度 LISA 集聚图 8-18。

由图 8-17 可以看出,在 CAFTA 建设前(1998—2002 年),F_3 空间耦合水平呈"低—高"集聚模式的国家有印尼、菲律宾,表明印尼与菲律宾邻近国家(马来西亚、新加坡)旅游与进口贸易空间耦合水平较高,印尼和菲律宾处于旅游与进口贸易空间耦合水平高值区周边,虽然马来西亚、新加坡表现得并不显著,但与印尼、菲律宾的耦合协调度还存在明显差异。印尼、菲律宾均是典型的东盟海洋国家,其区位优势有利于国际贸易的开展,但印尼是距离中国最远的东盟国家,且受历史因素的影响,中国出境印尼旅游的人数相比于其人口规模、国土面积是较少的,这也导致中国出境印尼旅游与进口贸易耦合水平显著低于邻近的马来西亚、新加坡,而菲律宾虽然距离中国并不太远,但中国出境菲律宾旅游的意愿并不太强烈,中国出境菲律宾旅游的人数相比于其人口规模也是较少的。因此,中国出境印尼、菲律宾旅游与贸易之间的不协调与印尼、菲律宾和周边邻近国家在中国出境旅游市场上的显著差距导致其旅游与进口贸易空间耦合水平呈现出"低—高"集聚模式,且受历史原因和旅游惯性的影响,也较难受到邻近的马来西亚、新加坡的辐射。随着中国—东盟关系的进一步发展,中国与东盟国家双边关系以合作为主,中国出境东盟旅游市场逐渐受到东盟国家的关注,中国出境东盟旅游更加趋于多元化,在此背景下,印尼、菲律宾与邻近国家的差距也不断缩小,中国出境印尼、菲律宾旅游与进口贸易耦合水平与邻近国家相比虽仍有差距但正逐渐减小,因此在 CAFTA 建设中(2003—2010 年)和 CAFTA 建成后(2011—2018 年)印尼、菲律宾旅游与进口贸易空间耦合水平逐渐摆脱"低—高"集聚模式,与邻近国家一同呈现出不显著态势。

F_3 空间耦合水平呈"低—低"集聚模式的国家,有 CAFTA 建设前(1998—2002 年)有越南、老挝、泰国,在 CAFTA 建设中(2003—

图 8-17 F$_3$ 耦合协调度 LISA 聚类

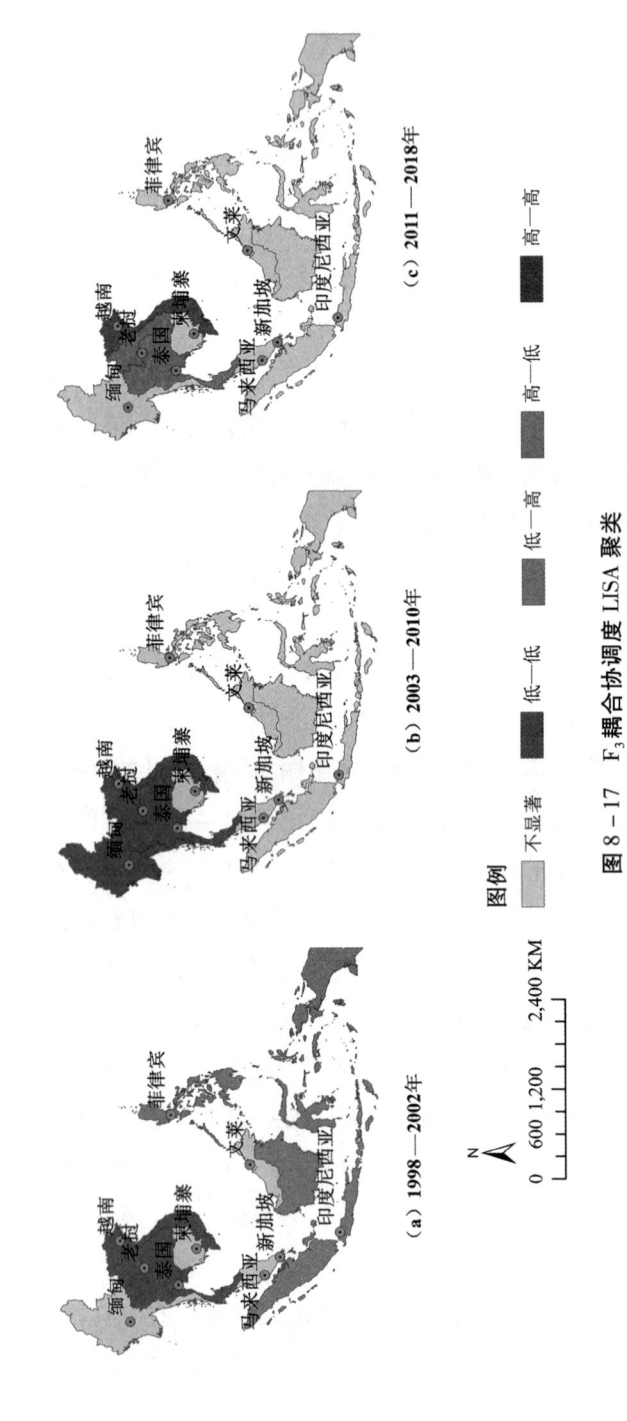

Fig. 8-17 The LISA Clust Map of the Coupling Coordination Degree of F$_3$

(a) 1998—2002 年　(b) 2003—2010 年　(c) 2011—2018 年

图例：不显著、低—低、低—高、高—低、高—高

说明：该图基于广西壮族自治区自然资源厅标准地图服务网站（http://www.gismap.com.cn/）下载的审图号为 GS(2016)931 号、GS(2016)932 号和桂 S(2016)22 号的标准地图制作，底图无修改。

第 8 章　中国—东盟旅游与贸易空间耦合

(a) 1998—2002年　(b) 2003—2010年　(c) 2011—2018年

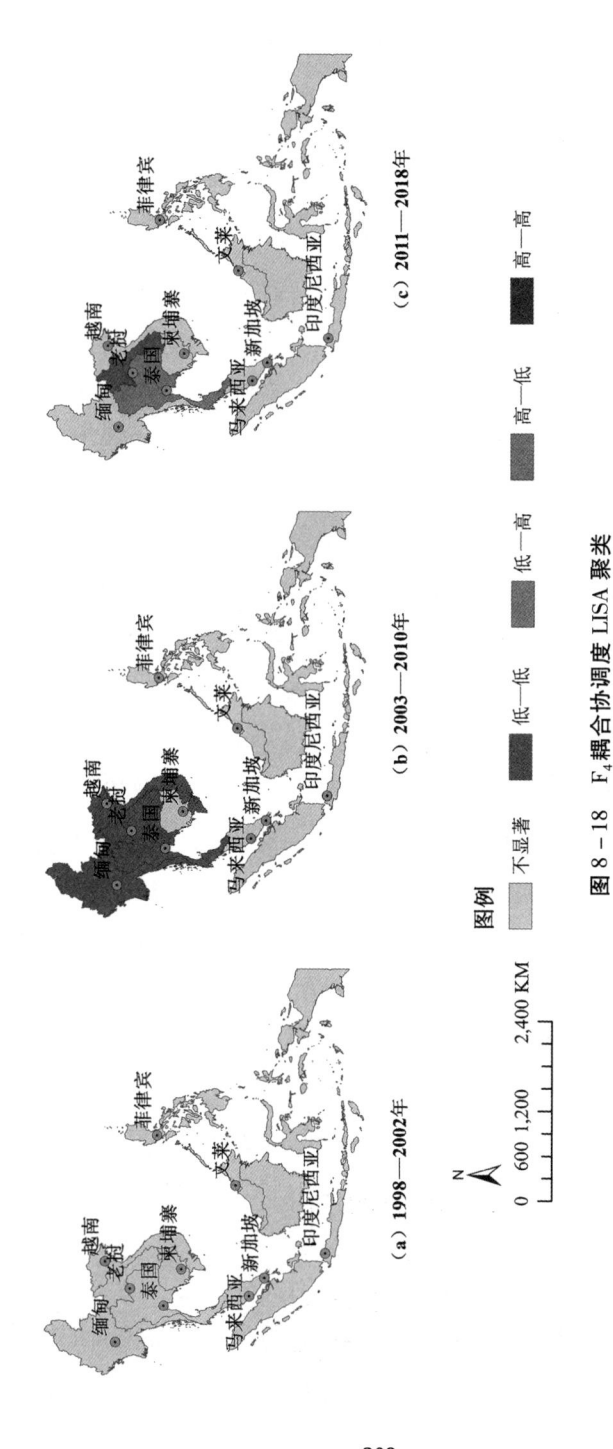

图例：不显著　低—低　低—高　高—低　高—高

图 8-18　F_4 耦合协调度 LISA 聚类

Fig. 8-18　The LISA Clust Map of the Coupling Coordination Degree of F_4

说明：该图基于广西壮族自治区自然资源厅标准地图服务网站（http://www.gismap.com.cn/）下载的审图号为 GS(2016)931 号、GS(2016)932 号和桂 S(2016)22 号的标准地图制作，底图无修改。

2010年)有越南、老挝、泰国、缅甸,在CAFTA建成后(2011—2018年)仅有越南。这些国家均位于中南半岛上,在地理上与中国距离更近,且部分国家与中国直接相邻,这些国家大部分经济发展较滞后,且旅游基础设施薄弱,旅游开发欠缺,这制约了其与中国的旅游和贸易发展,形成"低—低"集聚模式。随着2011年泰国超越新加坡,成为中国出境旅游人数最多的东盟国家之后,它与新加坡的差距仍在持续不断地增大。与此同时,泰国与中国进出口贸易发展良好,泰国在CAFTA建成后(2011—2018年)成为"高—低"集聚模式国家,而与泰国仅一江之隔的老挝受泰国空间溢出效应的影响显著,于2008年全线贯通的昆曼国际公路将中、老、泰三国紧紧地联系在一起,成为中南半岛国际旅游新通道,并有效地将泰国旅游市场辐射至老挝,使老挝也呈现为"高—低"集聚模式。随着越南经济的蓬勃发展,它与中国进出口贸易不断增加,并于2016年成为中国在东盟的第一大贸易伙伴国,但与此同时,中国出境越南旅游发展相对较慢,与越南进口贸易的空间耦合水平仍较低,并呈现出"低—低"集聚模式。

由图8-18可以看出,在CAFTA建设前(1998—2002年),东盟10国的F_4空间耦合水平均呈不显著状态,在CAFTA建设中(2003—2010年),呈"低—低"集聚模式的国家有越南、老挝、泰国、缅甸,这表明中国对这4个地理上紧邻国家出境旅游与出口贸易耦合发展水平存在一定的空间溢出效应,使其均呈现为"低—低"集聚模式,这可能与这4国在该阶段处于经济快速发展,但发展相对不充分并且地理上紧邻有关。在CAFTA建成后(2011—2018年),呈"高—低"集聚模式的国家仅有泰国,呈"低—低"集聚模式的国家仅有老挝。泰国经济与旅游市场的蓬勃发展促使中国出境泰国旅游与出口贸易空间耦合水平与其周边国家拉开了很大差距,呈现出"高—低"集聚模式,而中国对老挝出口贸易相比从老挝进口贸易相对疲软,这可能受老挝国家经济发展程度的制约,因此中国出境泰国旅游与出口贸易较高的耦合发展水平在空间上对老挝的辐射有限,使老挝仍为"低—低"集聚模式。

8.3.3 F_5、F_6 效应

8.3.3.1 F_5、F_6 全局空间效应

运用 GeoDa 软件对 F_5 和 F_6 耦合协调度的空间关联效应进行全局单变量空间自相关检验，计算在 CAFTA 建设前（1998—2002 年）、CAFTA 建设中（2003—2010 年）和 CAFTA 建成后（2011—2018 年）F_5 全局莫兰指数（$I_{globe Pt 入-进}$）和 F_6 全局莫兰指数（$I_{globe Pt 入-出}$），检验结果见表 8-8。在此基础上绘制 F_5 空间耦合 Moran 散点图 8-19、F_6 空间耦合 Moran 散点图 8-20。

表 8-8　　　　1998—2017 年 F_5 和 F_6 空间耦合 I_{globe}

Tab. 8-8　　The I_{globe} of Spatial Coupling of F_5 & F_6 (1998-2017)

参数	1998—2002 年		2003—2010 年		2011—2017 年	
	$I_{globePt 入-进}$	$I_{globePt 入-出}$	$I_{globePt 入-进}$	$I_{globePt 入-出}$	$I_{globePt 入-进}$	$I_{globePt 入-出}$
p 值	0.038*	0.006***	0.062*	0.012**	0.105	0.278
Z 值	1.799	3.439	1.604	2.480	1.213	0.458
I 值	0.081	0.332	0.078	0.240	0.044	0.005

说明：*、**、***分别表示 10%、5%、1% 的显著性水平。
资料来源：课题组经计算整理而得。

从表 8-8 空间全局自相关检验结果可以看出，在 CAFTA 建设前（1998—2002 年）和 CAFTA 建设中（2003—2010 年），$I_{globe Pt 入-进}$ 均为正，且分别在 5% 和 10% 水平下通过检验，表明在这两个阶段 F_5 耦合发展水平具有空间正向关联关系，仅分别有小于 5% 和 10% 的可能性是随机分布，出现空间集聚的可能性远大于随机分布的可能性，$I_{globe Pt 入-进}$ 从 0.081 下降到 0.078，表明空间正向关联程度有所下降。在 CAFTA 建成后（2011—2018 年），$I_{globe Pt 入-进}$ 减至 0.044，p 值为 0.105，未通过

10%的显著性水平检验,说明在此阶段F_5耦合发展水平所呈现的正向空间关联程度继续下降,但该结果具有较高的随机性。整体而言,F_5耦合发展水平具有正向空间关联关系,但关联程度逐渐下降。

(a) 1998—2002年

(b) 2003—2010年

(c) 2011—2018年

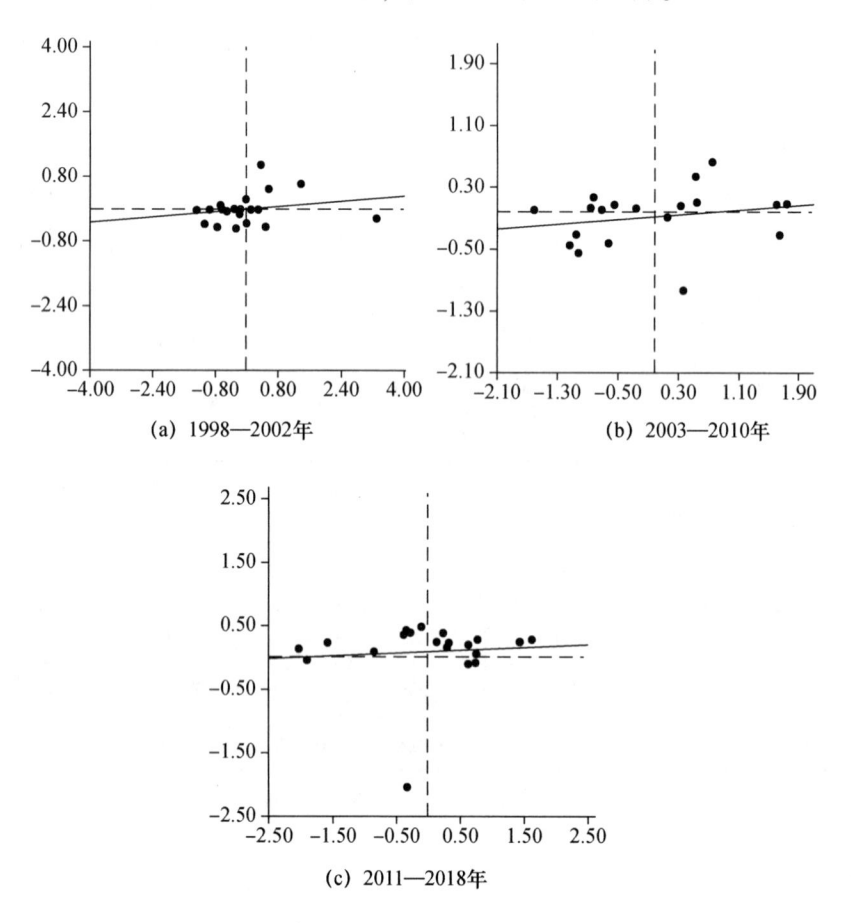

图 8-19 F_5 空间耦合 Moran 散点图

Fig. 8-19 The Global Spatial Autocorrelation of Spatial Coupling of F_5

从图 8-19 可以看出,在 CAFTA 建设前(1998—2002 年)和 CAFTA 建设中(2003—2010 年),F_5 空间耦合 Moran 散点图处于第 I 象限和第 III 象限的散点数量之和分别占总数的 75% 和 55%,表现出同质集聚的正相关关系,这一结果与 $I_{globe Pt入-进}$ 指数的正负性一致。在 CAFTA 建成后(2011—2018 年),Moran 散点图主要分布在第 I 象限和第 II 象限,由于该分布随机性较高,所以参考意义不大。

(a) 1998—2002年

(b) 2003—2010年

(c) 2011—2017年

图 8 - 20　F_6 空间耦合 Moran 散点图

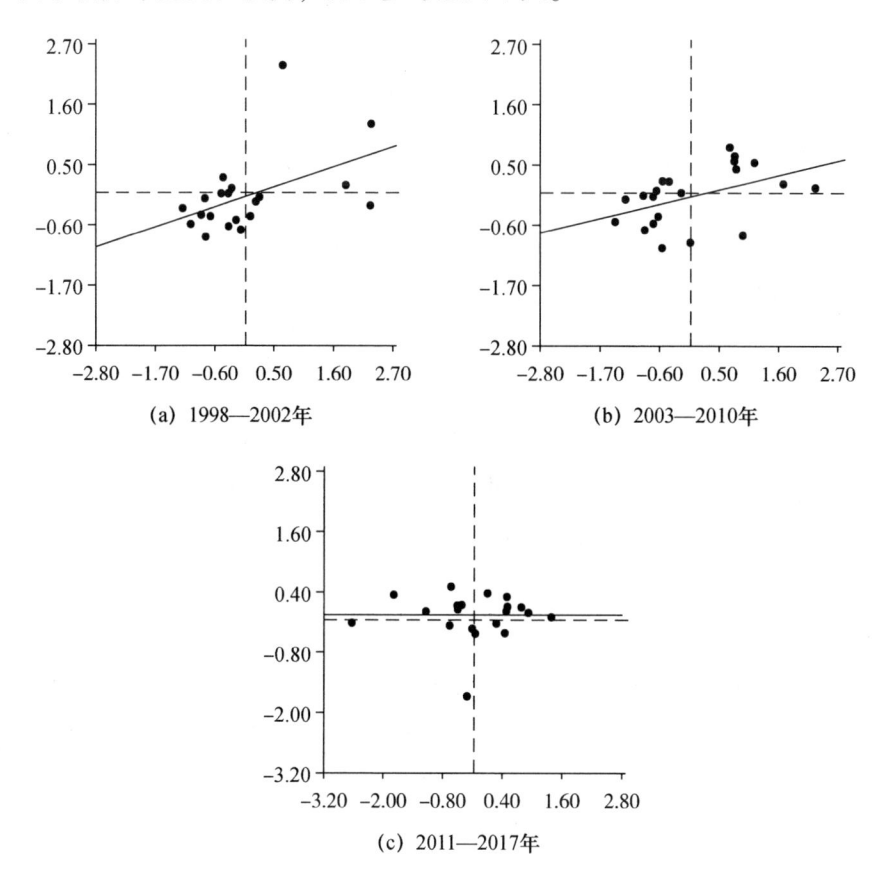

Fig. 8 - 20　The Global Spatial Autocorrelation of Spatial Coupling of F_6

与 $I_{globe Pt人-进}$ 类似,在 CAFTA 建设前(1998—2002 年)、CAFTA 建设中(2003—2010 年),$I_{globe Pt人-出}$ 均为正,且分别在 1% 和 5% 水平下通过检验,这说明在这两个阶段 F_6 耦合发展水平具有空间正向关联关系,仅分别有小于 1% 和 5% 的可能性是随机分布,出现空间集聚的可能性远大于随机分布的可能性;$I_{globe Pt人-出}$ 从 0.332 下降到 0.24,表明空间正向关联程度有所下降。在 CAFTA 建成后(2011—2018 年),

$I_{globePt入-出}$ 减至 0.005，p 值为 0.278，未通过 10% 的显著性水平检验，说明在此阶段 F_6 耦合发展水平所呈现的正向空间关联程度继续下降，但该结果具有较高的随机性。整体而言，F_6 耦合发展水平具有正向空间关联关系，但关联程度逐渐下降。耦合发展水平的正向空间关联程度高于进口贸易。

由图 8-20 可知，在 CAFTA 建设前（1998—2002 年）、CAFTA 建设中（2003—2010 年），F_6 空间耦合 Moran 散点图中处于第 I 象限和第 III 象限的散点数量之和分别占总数的 67%、76%，表现出同质集聚的正相关关系，这一结果与 $I_{globePt入-出}$ 指数的正负性一致。在 CAFTA 建成后（2011—2018 年），Moran 散点图也主要分布在第 I 象限和第 III 象限，占总数的 52%，但该分布随机性较高，所以参考意义不大。

1998—2017 年，F_5 和 F_6 空间耦合集聚水平均表现为逐渐减弱的正向空间关联关系，且 F_6 耦合发展的空间关联程度高于 F_5。主要原因在于：（1）在中国与东盟旅游与贸易发展早期，地理位置是决定是否与东盟国家开展旅游与贸易活动的重要因素。随着中国经济开放程度的进一步提高和 CAFTA 建设的推进，与东盟国家进行贸易往来的省域范围扩大，市场导向在进出口贸易中所发挥的作用越来越大，东盟游客入境旅游的选择也更加多样化。再加之交通基础设施的改善，使得地理位置的影响进一步减弱。入境旅游与进出口贸易省域分布出现扩散趋势，因此 F_5 和 F_6 耦合发展水平的空间依赖性逐渐减弱。

（2）相比进口贸易，区域间产业集群对出口贸易的促进作用更强。通过建设产业集群，打造区域间出口贸易产业链，可以实现产品专业化分工，节约成本；企业之间的竞争又可以促进创新，增强出口产品的竞争力。目前依托长江这一黄金水道以及区域内良好的制造业基础，我国已经逐渐形成了贯穿整个长江经济带的产业集群，区域内电子信息产业、家电产业、纺织服装产业在对东盟出口贸易中均具有较强的竞争力。可以看出，相比进口贸易，出口贸易更容易产生空间溢出效应，因此 F_6 耦合发展水平的空间依赖性更强。

8.3.3.2 F_5、F_6局部空间效应

全局空间自相关分析只能解释 F_5 和 F_6 空间耦合水平的总体关联特征及其变化，不能揭示局部空间的关联性演变特征。为进一步探索 F_5 和 F_6 耦合发展水平的局部空间单元的分布差异，即空间耦合水平是否存在显著的高值或者低值集聚，利用 GeoDa 软件绘制 CAFTA 建设前（1998—2002 年）、CAFTA 建设中（2003—2010 年）和 CAFTA 建成后（2011—2018 年）的 F_5 耦合协调度 LISA 集聚图 8-21 和 F_6 耦合协调度 LISA 集聚图 8-22。

从图 8-21a 及图 8-22a 可以看出，在 CAFTA 建设前（1998—2002 年），F_5 空间耦合水平呈"高—高"集聚模式的省域仅有黑龙江，F_6 空间耦合水平呈"高—高"集聚模式的省域仅有青海。该阶段"高—高"集聚模式主要分布在经济发展水平较低的内陆省域或者距离东盟较远的边境省域，这主要是由于在此阶段这些省域入境东盟旅游和进出口贸易发展水平均较低，因而空间耦合水平较高，并出现空间集聚现象。由图 8-21a 还可以看出，在 CAFTA 建设前（1998—2002 年），广东属于 F_5 空间耦合水平呈"高—低"集聚模式的省域，主要是由于广东作为我国率先进行经济开放的省域，在 CAFTA 建设前充当着我国从东盟进口货物的重要口岸功能，因此从东盟进口贸易发展水平较高，入境旅游与进口贸易耦合协调度高于周边省域。从图 8-22a 中还可以看出，在 CAFTA 建设前（1998—2002 年），我国南部省域（云南、广西、广东、湖南、江西、福建）在 F_6 空间耦合水平上均属于"低—低"集聚模式，主要是由于 CAFTA 建设前中国与东盟贸易处于逆差状态，中国对东盟出口贸易发展水平低，东盟作为我国进口市场的重要性远高于出口市场，因此入境旅游与出口贸易空间耦合水平较低，并出现空间集聚现象。

从图 8-21b 及图 8-22b 中可以看出，在 CAFTA 建设中（2003—2010 年），F_5 空间耦合水平呈"高—高"集聚模式的省域仅有辽宁，F_6 空间耦合水平呈"高—高"集聚模式的省域有辽宁、山东、河北、天

图 8−21 F_5 耦合协调度 LISA 聚类

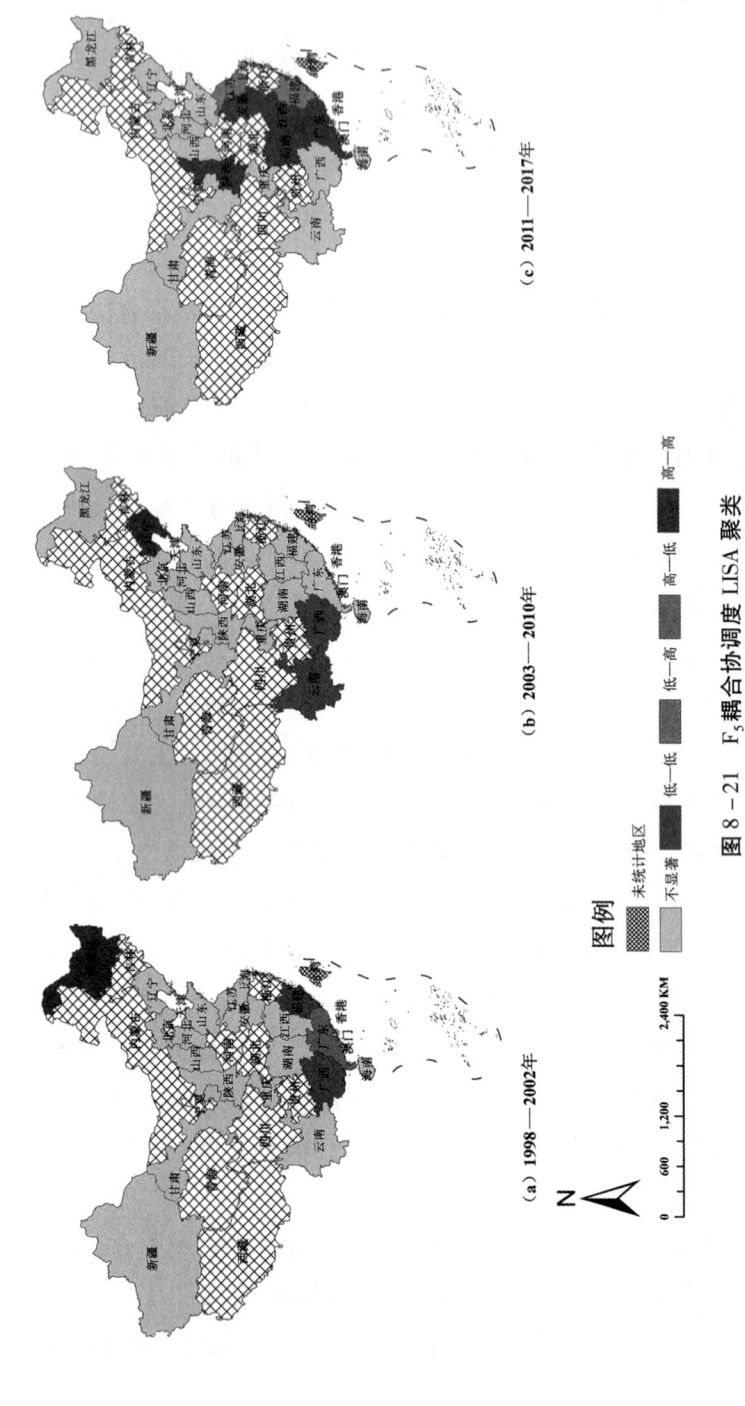

Fig. 8−21 The LISA Clust Map of the Coupling Coordination Degree of F_5

说明：该图基于广西壮族自治区自然资源厅标准地图服务网站（http://www.gismap.com.cn/）下载的审图号为 GS(2016)931 号、GS(2016)932 号和桂 S(2016)22 号的标准地图制作，底图无修改。

图 8-22 F_6 耦合协调度 LISA 聚类

Fig. 8-22 The LISA Clust Map of the Coupling Coordination Degree of F_6

说明：该图基于广西壮族自治区自然资源厅标准地图服务网站（http://www.gismap.com.cn/）下载的审图号为 GS(2016)931 号、GS(2016)932 号和桂 S(2016)22 号的标准地图制作，底图无修改。

津，这些省域均属于环渤海地区，拥有优良的海港（辽宁大连港、山东青岛港、河北唐山港、天津港等），进出口贸易发展水平较高，入境旅游与进出口贸易耦合协调度较高，区域间相互带动作用较强，出现了空间溢出现象。从图 8-22b 中还可以看出，在 CAFTA 建设中（2003—2010 年），F_6 空间耦合水平呈"高—低"集聚模式的省域仅有广东，表明随着 CAFTA 建设的进行，中国对东盟出口贸易开始发展起来，作为中国经济最活跃的省域，广东凭借其距离东盟近且海运便利的区位优势，成为中国对东盟出口贸易发展的前沿地区，入境旅游与出口贸易耦合协调度高于周边省域。

从图 8-21c 和图 8-22c 中可以看出，在 CAFTA 建成后（2011—2017 年），F_5 空间耦合水平呈"高—高"集聚模式的省域有广东、安徽、江西、湖南、陕西，F_6 空间耦合水平呈"高—高"集聚模式的省域有安徽、江西、福建，主要是随着 CAFTA 的建成，中国对东盟进出口贸易迅速发展，目前除最先发展的广东外，已经形成了多个与东盟进出口贸易热点省域，入境旅游与进出口贸易耦合协调度高，省域间正向关联作用强。尤其是长江经济带省域（安徽、江西、湖南），利用其内河港口优势，货物经由上海港进出东盟，对东盟进出口贸易均获得了快速发展。如陕西、福建等省域利用本地产业优势，与东盟国家在资源配置、产业结构等方面形成互补。其中，陕西是我国重要的半导体基地，集成电路产业发展水平高，与新加坡等东盟国家同为世界半导体产业链的组成部分，因此机电产品是陕西从东盟进口贸易的重要部分，再加之陕西需要从东盟地区进口大量煤等能源产品，因此陕西从东盟进口贸易发展水平高，

入境旅游与进口贸易空间耦合水平呈"高—高"集聚模式。福建作为我国著名的侨乡，旅外华侨华人有数百万人生活在东盟各国，福建地处东南沿海，拥有厦门港、福州港等海港，海运便利，福建的纺织服装等产品在东盟国家有较强的竞争力，对东盟出口贸易快速发展，入境旅游与出口贸易空间耦合水平呈"高—高"集聚模式。从图 8-21c 和图

8-22c 中还可以看出,在 CAFTA 建成后(2011—2017 年),江苏和福建在 F_5 空间耦合水平方面属于"低—高"模式,天津在 F_6 空间耦合水平方面属于"低—高"模式。主要是由于福建对东盟进出口贸易由逆差转为顺差,且顺差值逐渐扩大,从东盟进口贸易额相对较低,而入境福建旅游的东盟游客数近年来快速增长,因而入境旅游与进口贸易耦合协调度低于周边省域。而江苏和天津则是由于 2010 年之后入境东盟游客有大幅下降,导致入境旅游与进出口贸易耦合协调度落后于周边地区。青海在 F_6 空间耦合水平方面属于"低—低"模式,主要是由于内陆省域交通不便导致出口贸易发展受限,F_6 耦合发展水平低。

8.4 空间耦合跃迁

通过对中国—东盟旅游与贸易耦合协调全局及局部空间效应的研究,得出中国—东盟旅游与贸易耦合发展水平存在空间关联效应,并揭示了中国—东盟旅游与贸易耦合发展的空间集聚模式。下面,采用 LISA 马尔科夫链,将局部 Moran's I 散点图与马尔科夫链结合起来,进一步研究中国—东盟旅游与贸易耦合发展局部集聚类型的转化态势,以期为中国—东盟区域发展优化提供科学依据。

8.4.1 F_1、F_2 国别空间跃迁

8.4.1.1 正向协同:新加坡、柬埔寨

(1) F_1:新加坡

由图 8-23 可以看出,东盟(国别)入境中国旅游和中国从东盟(国别)进口贸易空间耦合的 LISA 时间路径迁移方向呈现出协同增长的国家只有新加坡,且为正向协同增长,仅占东盟区域的 10%,这说明 F_1 耦合协调度空间演变的正向整合性很低。新加坡的 F_1 空间耦合空间集聚类型呈现出 HL→HH 的状态,说明新加坡的 F_1 空间耦合从极化向高水平均衡演化。

(2) F_2：柬埔寨、新加坡

由图 8-24 可以看出，东盟（国别）入境中国旅游与中国对东盟（国别）出口贸易空间耦合的 LISA 时间路径迁移方向呈现出协同增长的国家只有新加坡、柬埔寨，且均为正向协同增长，占东盟区域的 20%，这说明 F_2 耦合协调度空间演变的整合性较低。新加坡、柬埔寨的 F_2 空间耦合集聚类型均呈现出 LL→HH 的状态，说明新加坡、柬埔寨的 F_2 空间耦合从低水平均衡向高水平均衡演化。

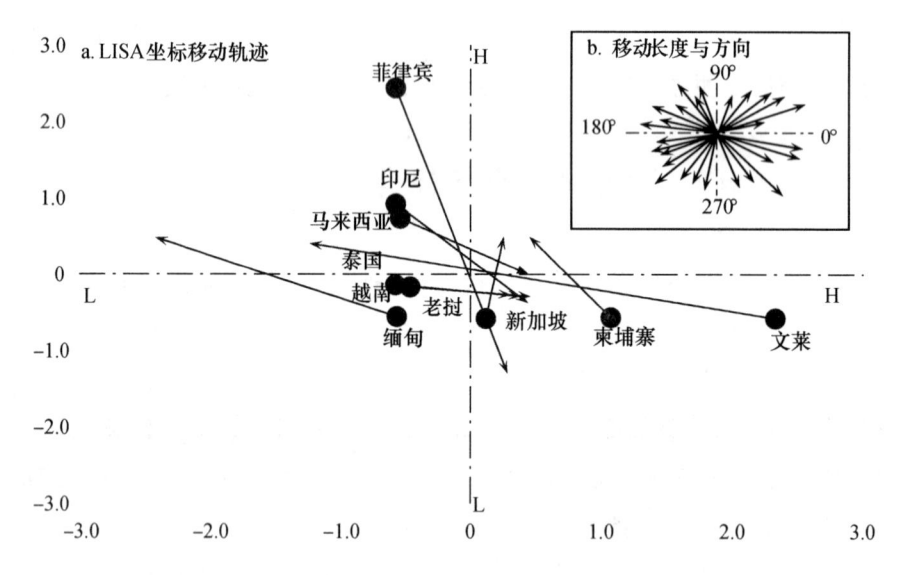

图 8-23 入境旅游与进口贸易（国别）LISA 坐标移动特征

Fig. 8-23 The LISA Coordinate Movement Characteristics of Inbound Tourism and Import Trade (Country)

8.4.1.2 反向增长：菲律宾、柬埔寨、老挝、马来西亚、缅甸、泰国、文莱、印尼、越南

(1) F_1：菲律宾、柬埔寨、老挝、马来西亚、缅甸、泰国、文莱、印尼、越南

由图 8-23 可以看出，除新加坡外，其他东盟 9 国即菲律宾、柬埔寨、老挝、马来西亚、缅甸、泰国、文莱、印尼、越南的 F_1 空间耦合 LI-

SA 时间路径迁移方向均呈现出反向增长特征,这说明 F_1 空间耦合的空间依赖性较低,东盟 10 国还未形成协同增长的趋势。菲律宾的 F_1 空间耦合集聚类型呈现出 LH→HL 的状态,说明菲律宾的 F_1 空间耦合一直保持着极化状态;柬埔寨的 F_1 空间耦合集聚类型呈现出 HL→HH 的状态,说明柬埔寨的 F_1 空间耦合从极化向高水平均衡演化;老挝、越南、泰国的 F_1 空间耦合集聚类型呈现出 LL→HL 的状态,缅甸的 F_1 空间耦合集聚类型呈现出 LL→LH 的状态,说明老挝、越南、泰国、缅甸的 F_1 空间耦合从低水平均衡向极化演变;马来西亚、印尼的 F_1 空间耦合、空间集聚类型呈现出 LH→HL 的状态,文莱的 F_1 空间耦合集聚类型呈现出 HL→LH 的状态,说明马来西亚、印尼、文莱的 F_1 空间耦合一直保持着极化状态。

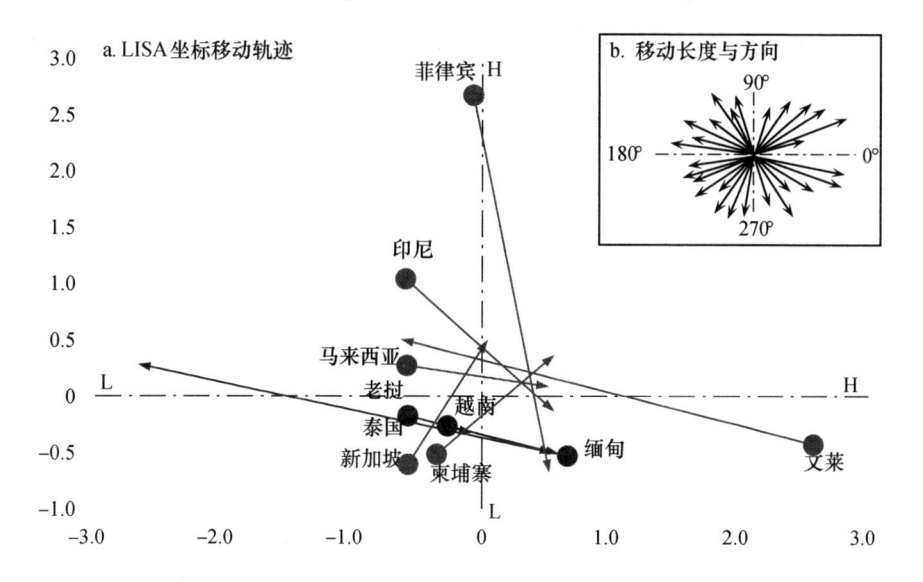

图 8 - 24 入境旅游与出口贸易(国别)LISA 坐标移动特征

Fig. 8 - 24 The LISA Coordinate Movement Characteristics of Inbound Tourism and Export Trade (Country)

(2)F_2:菲律宾、老挝、马来西亚、缅甸、泰国、文莱、印尼、越南

由图 8 - 24 可以看出,除柬埔寨、新加坡外,其他东盟 8 国即菲律

宾、老挝、马来西亚、缅甸、泰国、文莱、印尼、越南的 F_2 空间耦合 LISA 时间路径迁移方向均呈现出反向增长特征，这说明与 F_1 相似，F_2 空间耦合的空间依赖性也较低，东盟 10 国未形成协同增长的趋势。菲律宾、印尼的 F_2 空间耦合集聚类型呈现出 LH→HL 的状态，说明菲律宾、印尼的 F_1 空间耦合一直保持着极化状态；老挝的 F_2 空间耦合集聚类型呈现出 LL→LL 的状态，说明老挝的 F_2 空间耦合一直保持着低水平均衡状态；马来西亚的 F_2 空间耦合集聚类型呈现出 LH→HH 的状态，说明马来西亚 F_2 空间耦合从极化向高水平均衡状态演化；缅甸、文莱的 F_2 空间耦合集聚类型呈现出 HL→LH 的状态，说明缅甸、文莱的 F_2 空间耦合一直保持着极化状态；泰国、越南的 F_2 空间耦合集聚类型呈现出 LL→HL 的状态，说明泰国、越南的 F_2 空间耦合从低水平均衡向极化演变。

8.4.2　F_3、F_4 国别空间跃迁

8.4.2.1　正向协同：柬埔寨、马来西亚、新加坡、印尼

（1）F_3：印尼

由图 8-25 可以看出，中国出境东盟（国别）旅游和中国从东盟（国别）进口贸易空间耦合的 LISA 时间路径迁移方向呈现出协同增长的国家只有印尼，且为正向协同增长，仅占东盟区域的 10%，这说明 F_3 耦合协调度空间演变的正向整合性很低。印尼的 F_3 空间耦合集聚类型呈现出 HL→HL 的状态，说明印尼的 F_3 空间耦合持续保持着极化现象。

（2）F_4：柬埔寨、马来西亚、新加坡、印尼

由图 8-26 可以看出，中国出境东盟（国别）旅游和中国对东盟（国别）出口贸易空间耦合的 LISA 时间路径迁移方向为正向协同增长的国家有柬埔寨、马来西亚、新加坡、印尼，呈现出协同高速增长特征。正向协同增长的国家占东盟区域的 40%，这说明 F_4 空间耦合度空间演变的正向整合性高。柬埔寨的 F_4 空间耦合集聚类型呈现出 LL→HL 的状态，说明柬埔寨的 F_4 空间耦合从低水平均衡向极化演变；新加坡、马来西亚的 F_4 空间耦合集聚类型呈现出 LL→HH 的状态，说明新加坡、

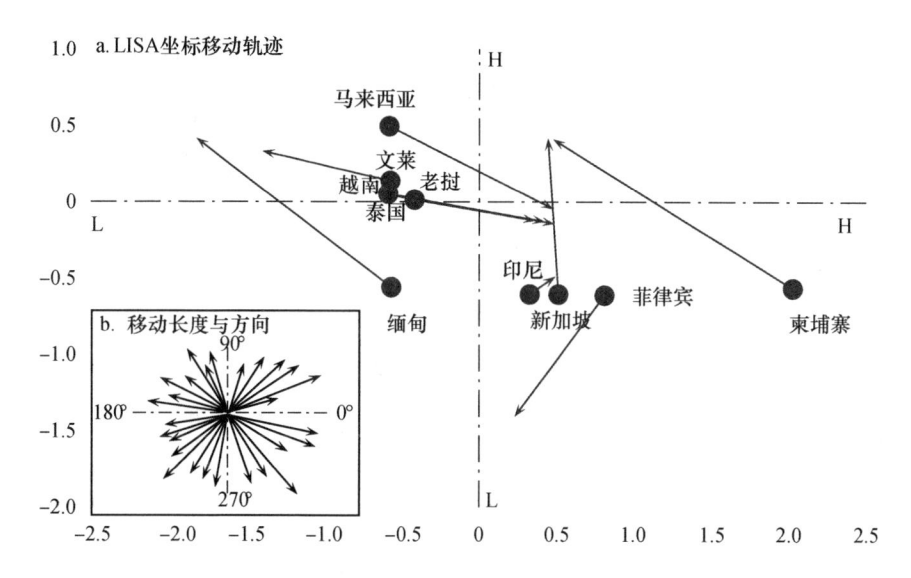

图 8-25 出境旅游与进口贸易（国别）LISA 坐标移动特征

Fig. 8-25 The LISA Coordinate Movement Characteristics of Outbound Tourism and Import Trade (Country)

马来西亚的 F_4 空间耦合从低水平均衡向高水平均衡演化；印尼的 F_4 空间耦合集聚类型呈现出 HL→HL 的现象，说明印尼的 F_4 空间耦合保持着极化状态。

8.4.2.2 负向协同：菲律宾、文莱

（1）F_3：菲律宾

由图 8-25 可以看出，F_3 空间耦合的 LISA 时间路径迁移方向为负向协同增长的国家仅有菲律宾，说明中国出境菲律宾旅游和中国从菲律宾进口贸易空间耦合呈现出协同低速增长特征，加上正向协同增长情况，协同增长国家仅占东盟区域的 20%，这说明 F_3 耦合协调度空间演变的整体整合性较低。菲律宾的 F_3 空间耦合集聚类型呈现出 HL→HL 的状态，说明菲律宾的 F_3 空间耦合持续保持着极化现象。

（2）F_4：菲律宾、文莱

由图 8-26 可以看出，F_4 空间耦合的 LISA 时间路径迁移方向为负向

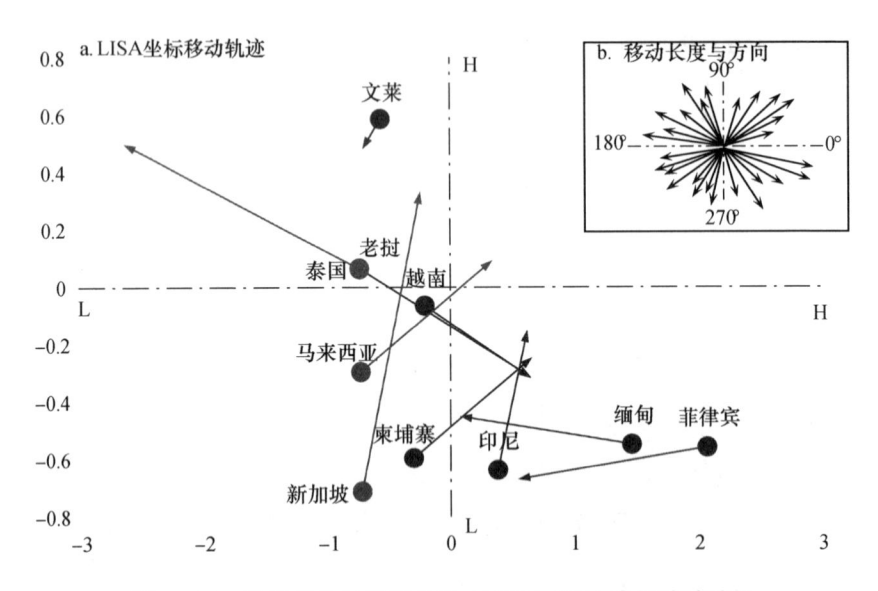

图 8 - 26　出境旅游与出口贸易（国别）LISA 坐标移动特征

Fig. 8 - 26　The LISA Coordinate Movement Characteristics of Outbound Tourism and Export Trade (Country)

协同增长的国家有菲律宾、文莱，说明中国出境菲律宾旅游和中国从菲律宾进口贸易、中国出境文莱旅游及中国从文莱进口贸易呈现出协同低速增长特征，加上正向协同增长情况，协同增长国家占东盟区域的 60%，这说明 F_4 耦合协调度空间演变的整体整合性较高。菲律宾的 F_4 空间耦合集聚类型呈现出 HL→HL 的状态，文莱的 F_4 空间耦合集聚类型呈现出 LH→LH 的状态，说明菲律宾、文莱的 F_4 空间耦合均持续保持着极化现象。

8.4.2.3　反向增长：柬埔寨、老挝、马来西亚、缅甸、泰国、文莱、新加坡、越南

（1）F_3：柬埔寨、老挝、马来西亚、缅甸、泰国、文莱、新加坡、越南

由图 8 - 25 可以看出，除印尼、菲律宾外，其他东盟 8 国即柬埔寨、老挝、马来西亚、缅甸、泰国、文莱、新加坡、越南的 F_3 空间耦合 LISA 时间路径迁移方向均呈现出反向增长特征，这说明 F_3 耦合发

展的空间依赖性较低，东盟10国还未形成协同增长的趋势。柬埔寨的F_3空间耦合集聚类型呈现出LH→HH的状态，说明柬埔寨的F_3空间耦合从极化向高水平均衡演化；老挝、马来西亚、泰国、越南的F_3空间耦合集聚类型呈现出LH→HL的状态，文莱的F_3空间耦合集聚类型呈现出LH→LH的状态，说明老挝、马来西亚、泰国、越南、文莱的F_3空间耦合发展水平一直保持着极化状态；缅甸的F_3空间耦合集聚类型呈现出LL→LH的状态，说明缅甸的F_3空间耦合从低水平均衡向极化演变。

(2) F_4：老挝、缅甸、泰国、越南

由图8-26可以看出，老挝、缅甸、泰国、越南的F_4空间耦合LISA时间路径迁移方向呈现出反向增长特征，占东盟区域的40%，这说明F_1耦合发展的空间依赖性较高，东盟10国已经大体形成协同增长的趋势。老挝的F_4空间耦合集聚类型呈现出LH→LH的状态，缅甸的F_4空间耦合集聚类型呈现出HL→HL的状态，泰国的F_4空间耦合集聚类型呈现出LH→HL的状态，说明老挝、缅甸、泰国的F_4空间耦合一直保持着极化状态；越南的F_4空间耦合集聚类型呈现出LL→HL的状态，说明越南的F_4空间耦合从低水平均衡向极化演变。

8.4.3 F_5、F_6省域空间跃迁

8.4.3.1 正向协同：滇、赣、桂、沪、晋、鲁、闽、琼、皖、湘、渝、粤

(1) F_5：滇、赣、桂、沪、晋、鲁、闽、琼、湘、渝、粤

由图8-27可以看出，东盟入境中国（省域）旅游和中国（省域）从东盟进口贸易空间耦合的LISA时间路径迁移方向为正向协同增长的省域有海南、广西、广东、福建、湖南、江西、重庆、安徽、山东、上海，呈现出协同高速增长特征，正向协同增长的省域占所研究省域的50%，这说明F_5耦合协调度空间演变的正向整合性较高。海南、广西、湖南的F_5空间耦合集聚类型呈现出LL→HH的状态，说明海南、广西、

湖南的 F_5 空间耦合从低水平均衡向高水平均衡演化;广东、福建的 F_5 空间耦合集聚类型呈现出 HL→HH 的状态,江西、重庆、安徽的 F_5 空间耦合集聚类型呈现出 LH→HH 的状态,说明广东、福建、江西、重庆、安徽的 F_5 空间耦合从极化向高水平均衡状态演变;山东、上海的 F_5 空间耦合集聚类型呈现出 HH→HH 的状态,说明山东、上海的 F_5 空间耦合一直保持着高水平均衡状态。

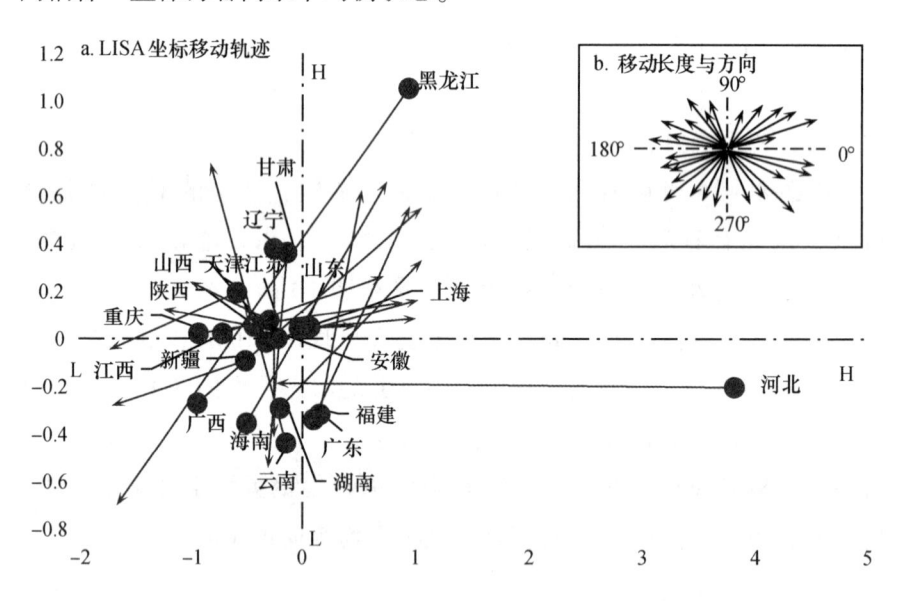

图 8-27 入境旅游与进口贸易(省域)LISA 坐标移动特征

Fig. 8-27 The LISA Coordinate Movement Characteristics of Inbound Tourism and Import Trade (Province)

(2) F_6:滇、赣、桂、沪、晋、鲁、闽、琼、皖、湘、渝、粤

由图 8-28 可以看出,东盟入境中国(省域)旅游和中国(省域)对东盟出口贸易空间耦合的 LISA 时间路径迁移方向为正向协同增长的省域有云南、江西、广西、上海、山西、山东、福建、海南、湖南、重庆、广东,呈现出协同高速增长特征,正向协同增长的省域占所研究省域的 52.38%,这说明 F_6 耦合协调度空间演变的正向整合性较高。云南、江西、广西、山西、山东、海南、湖南、重庆的 F_6 空间耦合集聚类

型呈现出 LL→HH 的状态,说明云南、江西、广西、山西、山东、海南、湖南、重庆的 F_6 空间耦合从低水平均衡向高水平均衡演化;上海、福建、广东的 F_6 空间耦合集聚类型呈现出 HL→HH 的状态,说明上海、福建、广东的 F_6 空间耦合从极化向高水平均衡状态演变。

8.4.3.2　负向协同:甘肃、新疆、天津、青海

(1) F_5:甘肃、新疆、天津

图 8-27 可以看出,F_5 空间耦合的 LISA 时间路径迁移方向为负向协同增长的省域有甘肃、新疆、天津,说明东盟入境甘肃、新疆、天津旅游和甘肃、新疆、天津从东盟进口贸易呈现出协同低速增长特征,加上正向协同增长情况,协同增长省域占比为 50%,这说明 F_5 耦合协调度空间演变的整体整合性较高。甘肃、天津的 F_5 空间耦合集聚类型呈现出 LH→LL 的状态,说明甘肃、天津的 F_5 空间耦合从极化向低水平均衡演化;新疆的 F_5 空间耦合集聚类型呈现出 LL→LL 的状态,说明新疆的 F_5 空间耦合一直保持着低水平均衡状态。

(2) F_6:天津、青海、新疆

由图 8-28 可以看出,F_6 空间耦合的 LISA 时间路径迁移方向为负向协同增长的省域有天津、青海、新疆,说明东盟入境青海、天津、新疆旅游和天津、青海、新疆对东盟出口贸易呈现出协同低速增长特征,加上正向协同增长的情况,协同增长省域占比为 47.62%,这说明 F_6 耦合协调度空间演变的整体整合性较高。天津的 F_6 空间耦合集聚类型呈现出 HL→HL 的状态,说明天津的 F_6 空间耦合一直保持着极化状态;青海、新疆的 F_6 空间耦合集聚类型呈现出 HH→LL 的状态,说明青海、新疆的 F_6 空间耦合从高水平均衡下降到低水平均衡。

8.4.3.3　反向增长:滇、甘、黑、冀、晋、辽、陕、苏、皖

(1) F_5:滇、黑、冀、晋、辽、陕、苏

由图 8-27 可以看出,云南、黑龙江、河北、山西、辽宁、陕西、江苏 F_5 空间耦合 LISA 时间路径迁移方向均呈现出反向增长特征,占所研究省域范围的 35%,这说明 F_5 耦合发展的空间依赖性较高,中国省

域已经形成协同增长的趋势。云南的 F_5 空间耦合集聚类型呈现出 LL→LH 的状态，说明云南的 F_5 空间耦合从低水平均衡向极化演变；黑龙江的 F_5 空间耦合集聚类型呈现出 HH→LL 的状态，说明黑龙江的 F_5 空间耦合从高水平均衡下降到低水平均衡；河北的 F_5 空间耦合集聚类型呈现出 HL→LL 的状态，说明河北的 F_5 空间耦合从极化向低水平均衡演变；山西、陕西、江苏的 F_5 空间耦合集聚类型呈现出 LH→LH 的状态，说明山西、陕西、江苏的 F_5 空间耦合一直保持着极化状态；辽宁的 F_5 空间耦合集聚类型呈现出 LH→LL 的状态，说明辽宁的 F_5 空间耦合从极化向低水平均衡演变。

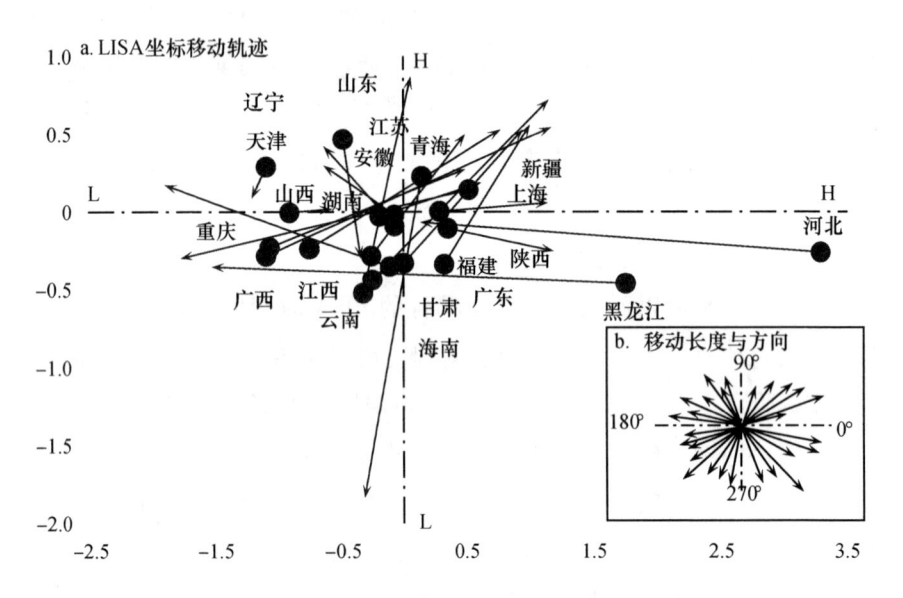

图 8-28　入境旅游与出口贸易（国别）LISA 坐标移动特征

Fig. 8-28　The LISA Coordinate Movement Characteristics of Inbound Tourism and Export Trade (Province)

（2）F_6：甘、黑、冀、辽、陕、苏、皖

由图 8-28 可以看出，甘肃、黑龙江、河北、辽宁、陕西、江苏、安徽 F_6 空间耦合 LISA 时间路径迁移方向均呈现出反向增长特征，占所

研究省域范围的33.33%，这说明F_6耦合发展的空间依赖性较高，中国省域已经形成协同增长的趋势。甘肃、江苏、安徽的F_6空间耦合集聚类型呈现出LL→LH的状态，说明甘肃、江苏、安徽的F_6空间耦合从低水平均衡向极化演变；黑龙江的F_6空间耦合集聚类型呈现出HL→LL的状态，说明黑龙江的F_6空间耦合从极化向低水平均衡演变；河北、陕西的F_6空间耦合集聚类型呈现出HL→HL的状态，说明河北、陕西的F_6空间耦合一直保持着极化状态。

8.4.4 F_1—F_6空间跃迁规律

8.4.4.1 F_1：Ⅰ+Ⅱ>Ⅲ，Ⅳ=0

通过计算可得，东盟（国别）入境中国旅游和中国从东盟（国别）进口贸易空间耦合时空跃迁的S_t值为0，即1998—2018年F_1空间耦合发生跃迁的概率为100%，这说明F_1耦合发展空间集聚不存在路径锁定效应，东盟10国均出现了空间跃迁情况。从表8-9中可以看出，Ⅰ型跃迁比例为40%；Ⅱ型跃迁比例为50%；Ⅲ型跃迁比例为10%。加总可得，东盟10国仅自身发生跃迁或者仅邻域国家发生跃迁的比例为90%，自身与邻域国家均跃迁的比例为10%。这说明从F_1空间耦合来看，东盟10国受邻域国家溢出的影响小，自身因素对其空间耦合影响大。

表8-9 　　　F_1空间耦合的LISA马尔科夫链转移概率矩阵

Tab. 8-9 　　　The Transition Probability Matrix of Spatial Coupling LISA Markov Chain of F_1

ti/ti+1	HHt+1	HLt+1	LHt+1	LLt+1
HHt	Ⅳ (0.000)	Ⅱ (0.000)	Ⅰ (0.000)	Ⅲ (0.000)
HLt	Ⅱ (0.667)	Ⅳ (0.000)	Ⅲ (0.333)	Ⅰ (0.000)
LHt	Ⅰ (0.333)	Ⅲ (0.000)	Ⅳ (0.000)	Ⅱ (0.667)
LLt	Ⅲ (0.000)	Ⅰ (0.750)	Ⅱ (0.250)	Ⅳ (0.000)

8.4.4.2　F_2：Ⅰ+Ⅱ<Ⅲ，Ⅳ=0

通过计算可得，东盟（国别）入境中国旅游对东盟（国别）出口贸易空间耦合时空跃迁的 S_t 值为0，即1998—2018年 F_2 空间耦合发生跃迁的概率为100%，这说明与 F_1 相似，F_2 耦合发展空间集聚性也不存在路径锁定效应，东盟10国均出现了空间跃迁情况。从表8-10中可以看出，其中Ⅰ型跃迁比例为40%；Ⅱ型跃迁比例为0；Ⅲ型跃迁比例为60%。加总可得，东盟10国自身与邻域国家跃迁比例均为60%，高于仅自身发生跃迁与仅邻域国家发生跃迁比例的总和。这说明从 F_2 空间耦合来看，东盟10国受邻域国家溢出的影响较大，自身因素对其空间耦合影响不大。

表8-10　　　F_2 空间耦合的 LISA 马尔科夫链转移概率矩阵
Tab. 8-10　　　The Transition Probability Matrix of Spatial Coupling LISA Markov Chain of F_2

ti/ti+1	HHt+1	HLt+1	LHt+1	LLt+1
HHt	Ⅳ (0.000)	Ⅱ (0.000)	Ⅰ (0.000)	Ⅲ (0.000)
HLt	Ⅱ (0.000)	Ⅳ (0.000)	Ⅲ (1.000)	Ⅰ (0.000)
LHt	Ⅰ (0.333)	Ⅲ (0.667)	Ⅳ (0.000)	Ⅱ (0.000)
LLt	Ⅲ (0.400)	Ⅰ (0.600)	Ⅱ (0.000)	Ⅳ (0.000)

8.4.4.3　F_3：Ⅰ+Ⅱ<Ⅲ，Ⅳ>0

通过计算可得，中国出境东盟（国别）旅游和中国从东盟（国别）进口贸易空间耦合时空跃迁的 S_t 值为30%，即1998—2018年 F_3 空间耦合未发生跃迁的概率为30%，这说明 F_3 耦合发展空间集聚性存在路径锁定效应，但其路径锁定程度较低。从表8-11中可以看出，Ⅰ型跃迁比例为0；Ⅱ型跃迁比例为30%；Ⅲ型跃迁比例为40%。加总可得，东盟10国自身与邻域国家跃迁比例均为40%，高于仅自身发生跃迁与仅邻域国家发生跃迁比例的总和。这说明从 F_3 空间耦合来看，东盟10国受邻域国家溢出的影响较大，自身因素对其空间耦合的影响不大。

表 8 – 11　　F_3 空间耦合的 LISA 马尔科夫链转移概率矩阵

Tab. 8 – 11　　The Transition Probability Matrix of Spatial Coupling LISA Markov Chain of F_3

ti/ti + 1	HHt + 1	HLt + 1	LHt + 1	LLt + 1
HHt	IV (0.000)	II (0.000)	I (0.000)	III (0.000)
HLt	II (0.500)	IV (0.500)	III (0.000)	I (0.000)
LHt	I (0.000)	III (0.800)	IV (0.200)	II (0.000)
LLt	III (0.000)	I (0.000)	II (1.000)	IV (0.000)

8.4.4.4　F_4：Ⅰ + Ⅱ > Ⅲ，Ⅳ > 0

通过计算可得，中国出境东盟（国别）旅游和中国对东盟（国别）出口贸易空间耦合时空跃迁的 S_t 值为 50%，即 1998—2018 年 F_4 空间耦合未发生跃迁的概率为 50%，这说明 F_4 耦合发展空间集聚性存在路径锁定效应，且其路径锁定程度较高。从表 8 – 12 中可以看出，Ⅰ 型跃迁比例为 20%；Ⅱ 型跃迁比例为 10%；Ⅲ 型跃迁比例为 20%。加总可得，仅自身发生跃迁与仅邻域国家发生跃迁的比例总和为 30%，大于东盟 10 国自身与邻域国家均跃迁的比例。这说明从 F_4 空间耦合来看，东盟 10 国受邻域国家溢出的影响较小，自身因素对其空间耦合的影响略大。

表 8 – 12　　F_4 空间耦合的 LISA 马尔科夫链转移概率矩阵

Tab. 8 – 12　　The Transition Probability Matrix of Spatial Coupling LISA Markov Chain of F_4

ti/ti + 1	HHt + 1	HLt + 1	LHt + 1	LLt + 1
HHt	IV (0.000)	II (0.000)	I (0.000)	III (0.000)
HLt	II (0.000)	IV (1.000)	III (0.000)	I (0.000)

续表

ti/ti + 1	HHt + 1	HLt + 1	LHt + 1	LLt + 1
LHt	Ⅰ (0.000)	Ⅲ (0.333)	Ⅳ (0.667)	Ⅱ (0.000)
LLt	Ⅲ (0.250)	Ⅰ (0.500)	Ⅱ (0.250)	Ⅳ (0.000)

8.4.4.5　F_5：Ⅰ+Ⅱ>Ⅲ，Ⅳ>0

通过计算可得，东盟入境中国（省域）旅游和中国（省域）从东盟进口贸易空间耦合时空跃迁的 S_t 值为30%，即1998—2017年 F_5 空间耦合发生跃迁的概率为30%，这说明 F_5 耦合发展空间集聚性存在路径锁定效应，但其路径锁定程度较低。从表8-13中可以看出，Ⅰ型跃迁比例为20%；Ⅱ型跃迁比例为30%；Ⅲ型跃迁比例为20%。加总可得，中国省域仅自身发生跃迁与仅邻近省域发生跃迁的比例总和为50%，大于自身与邻近省域均跃迁的比例。这说明从 F_5 空间耦合来看，中国省域受邻近省域溢出的影响较大，自身因素对其空间耦合的影响不大。

表8-13　F_5 空间耦合的 LISA 马尔科夫链转移概率矩阵

Tab. 8-13　The Transition Probability Matrix of Spatial Coupling LISA Markov Chain of F_5

ti/ti + 1	HHt + 1	HLt + 1	LHt + 1	LLt + 1
HHt	Ⅳ (0.667)	Ⅱ (0.000)	Ⅰ (0.000)	Ⅲ (0.333)
HLt	Ⅱ (0.667)	Ⅳ (0.000)	Ⅲ (0.000)	Ⅰ (0.333)
LHt	Ⅰ (0.333)	Ⅲ (0.000)	Ⅳ (0.333)	Ⅱ (0.333)
LLt	Ⅲ (0.600)	Ⅰ (0.000)	Ⅱ (0.200)	Ⅳ (0.200)

8.4.4.6　F_6：Ⅰ+Ⅱ<Ⅲ，Ⅳ>0

通过计算可得，东盟入境中国（省域）旅游和中国（省域）对东盟出口贸易空间耦合时空跃迁的 S_t 值为19.05%，即1998—2017年 F_6

空间耦合未发生跃迁的概率为 19.05%，F_6 耦合发展空间集聚性存在路径锁定效应，但其路径锁定性不强。从表 8-14 中可以看出，Ⅰ 型跃迁比例为 5%；Ⅱ 型跃迁比例为 33.33%；Ⅲ 型跃迁比例为 42.86%。从跃迁类型比例可以看出，中国省域自身与邻近省域均跃迁的比例为 42.86%，高于仅自身发生跃迁与仅邻近省域发生跃迁的比例总和。这说明从 F_6 空间耦合来看，中国省域受邻近省域溢出的影响较大，自身因素对其空间耦合的影响不大。

表 8-14　　F_6 空间耦合的 LISA 马尔科夫链转移概率矩阵
Tab. 8-14　　The Transition Probability Matrix of
Spatial Coupling LISA Markov Chain of F_6

ti/ti+1	HHt+1	HLt+1	LHt+1	LLt+1
HHt	Ⅳ (0.000)	Ⅱ (0.000)	Ⅰ (0.000)	Ⅲ (1.000)
HLt	Ⅱ (0.500)	Ⅳ (0.333)	Ⅲ (0.000)	Ⅰ (0.167)
LHt	Ⅰ (0.000)	Ⅲ (0.000)	Ⅳ (0.500)	Ⅱ (0.500)
LLt	Ⅲ (0.636)	Ⅰ (0.000)	Ⅱ (0.273)	Ⅳ (0.091)

8.5　本章小结

本章从国别和省域两个方面，深入探究中国—东盟旅游与贸易在不同区域尺度上的空间耦合关系及其效应：中国—东盟旅游与贸易空间耦合的省域核心是广东、上海，国别核心是新加坡、泰国，耦合水平越高，对周边的辐射带动作用就越强。中国—东盟旅游与贸易高耦合国别集中于海洋东盟 5 国，形成除菲律宾之外的"高—高"集聚区，表现为旅游比贸易发展相对滞后。中国—东盟旅游与贸易低耦合国别集中于湄公河 5 国，形成除泰国外的"低—低"集聚区，表现为旅游发展较好，贸易推进不足。目前，中国—东盟旅游与贸易高耦合省域主要分布在重庆、安徽、江西、湖南等长江经济带沿岸，体现为内河港口带动型的"高—高"集聚模式，与东盟的旅游、贸易的关系越来越密切。中国—东盟旅游与贸易空间耦合正向协同增长主要集中在我国南部省域（海南、广西、广东、福建、湖南、重庆、云南等），西北省域（甘肃、新疆、青海等）呈现出反向的低速协同增长，与东盟的旅游、贸易关系有待持续发展。

第 9 章　中国—东盟旅游与贸易要素互动[*]

由本书4.3节"中国—东盟旅游与贸易的推拉方程"可知，中国—东盟旅游与贸易发展态势具有明显的阶段性特征，其关系不是简单的线性关系，而是非线性关系。结合2.2节要素层面"旅游与贸易互动机理"可知，在旅游与贸易发展初期，要素储备较少，以旅游为代表的人员流动所需要的要素条件容易达到，主要体现为"旅游对贸易的带动效应"。随着要素储备的不断丰富，旅游与贸易发展步入中期阶段，贸易发展所需的要素得以补充，贸易规模逐步扩大，此阶段以"贸易对旅游的追随效应"为主。当要素储备日益完善，新国际旅游带动新国际贸易，新国际贸易进一步追随新国际旅游，旅游与贸易实现循环互动发展。本章引入基础设施水平作为旅游与贸易互动的支撑要素，建立门槛模型分析旅游与贸易之间的非线性关系，从要素层面揭示旅游与贸易的互动效应。

9.1　旅游与贸易互动的支撑要素

本书2.2节"旅游与贸易互动机理"认为，基础设施在旅游与贸易

---

* 本章部分内容已发表于课题组成员的论文《贸易对旅游的门槛效应和国别差异》（中国人民大学复印报刊资料全文转载）、《入境旅游对国际贸易的门槛效应和国别差异》和《三次产业、生产要素与柬埔寨经济增长》中。

发展过程中均起到有力的支撑作用，其中在旅游对贸易的带动效应中，开展基础设施建设为旅游带动贸易发展奠定了基础，后续基础设施水平的提升，贸易发展的条件进一步完备，贸易追随旅游的效应由此产生，因此基础设施在旅游与贸易互动发展历程中起着支撑作用。具体体现为"旅游流"与"货物流"实现空间位移需要借助交通基础设施，"资金流"与"信息流"实现通信畅通需要借助通信基础设施，"货物流"与"人员流"实现生活、生产活动需要借助能源基础设施，完备的基础设施对旅游与贸易的良性互动起着支撑作用。

9.1.1 基础设施发展指标

本章以基础设施为支撑要素，对其进行定量处理，根据世界银行（1994）的定义，交通基础设施水平主要考虑铁路、航空、港口、公路的建设状况，通信基础设施水平主要考虑电话线路、通信基站的普及程度，能源基础设施水平主要考虑电力、水资源的生产供应情况。因交通便利是人员、货物流动的首要条件，通信畅通可以有效解决信息不对称问题，有利于智慧型旅游的发展，能源生产直接促进区域贸易合作，带动人员往来，故分别从交通、通信、能源三个层面来考量基础设施水平。另外，因数据的可及性，此处仅对中国、东盟7国[①]进行考察。

9.1.1.1 交通基础设施水平（q_1）

从铁路、航空、港口、公路四个层面衡量交通基础设施水平，当铁路网密度、航空客运量、货柜码头吞吐量、公路质量指数均较高时，则表明该国内通外联程度较高，交通基础设施水平较高。

（1）铁路网密度（C_1）

该指标是铁路总里程（千米）与区域面积（万平方千米）的比值，衡量一国铁路运输条件和铁路覆盖程度。该值越大，表示铁路运输条件佳、覆盖率高，铁路设施建设越完善。孙根年（2000）以铁路网密度

[①] 东盟7国分别为新加坡、马来西亚、泰国、印尼、越南、菲律宾、老挝。

衡量货物运输和人员流动的便利程度。① 本章选取 2003—2018 年中国、东盟 7 国铁路总里程、国土面积数据，数据来源于中经网统计数据库、世界银行数据库。

（2）航空客运量（C_2）

该指标用以衡量航空客运运载量，因航空运输的货运优势不及铁路、公路、水路运输，主要用于客运。该值越大，表示航空运载量越大，航空设施配备较完善。刘宏鲲等（2009）发现旅游业与航空客运量的相关程度最高。② 本章选取 2003—2018 年中国、东盟 7 国航空客运量，数据来源于世界银行数据库。

（3）货柜码头吞吐量（C_3）

该指标用以衡量在港口运输吞吐容量限制下，所能装载货柜的最大容量。该值越大，说明港口货物运载量越大，港口设施建设越完善。张支南等（2019）以货柜码头吞吐量衡量港口运输规模。③ 本章选取 2003—2018 年中国、东盟 7 国货柜码头吞吐量，数据来源于世界银行数据库。

（4）公路质量指数（C_4）

该指标用以衡量公路质量水平，高速、一级公路质量较高，二级公路质量居中，三、四级公路质量较低，指标的数值范围为 1—7，其中 1 表示最低，7 表示最高，公路质量指数越高，公路设施建设就越完善。田晖等（2020）认为，公路质量的提升有利于推动货物运输和人员往来。④ 本章选取 2003—2018 年中国、东盟 7 国公路质量指数，数据来源于世界经济论坛发布的《全球竞争力报告》。

---

① 孙根年：《国家铁路网密度与人口密度、人均 GNP 关系的统计分析》，《陕西师范大学学报》（自然科学版）2000 年第 4 期。

② 刘宏鲲、张效莉、曹岚等：《中国城市航空网络航线连接机制分析》，《中国科学》2009 年第 7 期。

③ 张支南、巫俊：《贸易伙伴国交通基础设施建设与中国对外贸易发展——基于中国与亚投行 56 个意向创始成员国的实证分析》，《经济学报》2019 年第 3 期。

④ 田晖、王静：《"一带一路"国家交通基础设施质量与我国机械制造业出口研究——基于随机效应模型的实证分析》，《工业技术经济》2020 年第 2 期。

9.1.1.2 通信基础设施水平（q_2）

从有线通信、无线通信、互联网通信三个层面衡量通信基础设施水平，固定电话用户数、移动电话用户数、安全互联网服务器数越多，反映了对外输出信息越有效，信息成本越低，通信基础设施水平越高，有利于境内贸易优势、旅游资源相关信息的对外输出。

（1）固定电话用户数（C_5）

该指标用以衡量有线通信的普及与发展程度，用每百人拥有的固定电话数表示。该值越大，表明有线通信越普及。邓寿鹏（1994）以固定电话用户数衡量某一区域的通信水平。① 本章选取2003—2018年中国、东盟7国固定电话用户数，数据来源于世界经济论坛发布的《全球竞争力报告》。

（2）移动电话用户数（C_6）

该指标用以衡量无线通信的普及与发展程度，用每百人所拥有的移动电话数表示。该值越大，表示无线通信越普及，信息成本越低，信息传播越便利。吴辉航等（2018）以移动电话用户数衡量无线通信水平。② 本章选取2003—2018年中国、东盟7国移动电话用户数，数据来源于世界经济论坛发布的《全球竞争力报告》。

（3）安全互联网服务器数（C_7）

该指标用以衡量互联网通信的发展水平，用每百万人所拥有的安全互联网服务器数表示。该值越大，表示互联网通信网络越密集，网络通信越畅通。雷凯等（2020）以安全互联网服务器数衡量网络通信水平。③ 本章选取2003—2018年中国、东盟7国安全互联网服务器数，数据来源于世界经济论坛发布的《全球竞争力报告》。

---

① 邓寿鹏：《中国交通/通信产业发展走向与国际经济技术合作》，《管理世界》1994年第6期。

② 吴辉航、白玉：《"南南合作式"国际援助的有效性研究——兼论通信基础设施对受援国经济增长的影响》，《湖南科技大学学报》（社会科学版）2018年第3期。

③ 雷凯、黄硕康、方俊杰等：《智能生态网络：知识驱动的未来价值互联网基础设施》，《应用科学学报》2020年第1期。

9.1.1.3 能源基础设施水平（q_3）

从人均耗电量、矿产能源发电率、水的生产率三个要素层面衡量能源基础设施水平，数值越大，表明能源生产能力越强，能源基础设施配备越完善，生产、生活所需的能源就越充足。

（1）人均耗电量（C_8）

该指标用以衡量某一区域居民或游客电力使用情况，数值越大，表示可供使用的电力越多，电力供应较充足，可保障生产与生活用电。牛海树（2005）以人均耗电量、能源发电量衡量电力发展水平。[①] 本章选取 2003—2018 年中国、东盟 7 国人均耗电量，数据来源于世界银行数据库、老挝民主共和国统计局。

（2）矿产能源发电率（C_9）

该指标用以衡量某一区域矿产能源发电情况，间接反映了电力生产与供应情况，数值越大，矿产资源开发与生产效率就越高，电力供应相对充足，能源加工、生产设施水平较高。王锋正等（2015）以矿产能源发电率衡量电力发展水平。[②] 本章选取 2003—2018 年中国、东盟 7 国矿产能源发电率，数据来源于世界银行数据库、老挝民主共和国统计局。

（3）水的生产率（C_{10}）

该指标用以衡量水资源生产情况，数值越高，表明水资源生产效率越高，能有效保障生活、生产需求，水资源设施建设水平较高。万咸涛（2005）以水的生产率衡量水资源供应情况。[③] 本章选取 2003—2018 年中国、东盟 7 国水的生产率，数据来源于世界银行数据库、老挝民主共和国统计局。

[①] 牛海树、金凤君、刘毅：《中国电力基础设施水平与经济发展关系研究》，《华北电力技术》2005 年第 4 期。

[②] 王锋正、郭晓川：《能源矿产开发、环境规制与西部地区经济增长研究》，《资源与产业》2015 年第 3 期。

[③] 万咸涛：《浅析国内外水资源质量状况》，《水利发展研究》2005 年第 12 期。

9.1.2 中国—东盟基础设施水平

根据世界经济论坛发布的《2019年全球竞争力报告4.0》[①]，东盟国家的基础设施平均分数为68.5分[②]，略高于全球平均值65.5分，区域内基础设施水平差距较大。如表9-1所示，新加坡的基础设施得分为95.4分，居世界第一位；马来西亚、中国的基础设施得分处于中等偏上水平，仍有待优化提升；泰国、印尼的基础设施得分略高于世界平均水平，处于中等水平，远低于发达国家，尚需完善；越南、老挝、菲律宾基础设施得分处于中等偏下水平，低于世界平均水平，有待逐步落实与完善。提升本国基础设施水平，改善旅游、贸易环境，降低成本损失，有利于旅游与贸易活动。

表9-1　　　　2018年中国与东盟7国基础设施得分与排名

Tab. 9-1　　　The Infrastructure Score and Ranking of China and 7 ASEAN Countries (2018)

国别	新加坡	马来西亚	中国	泰国	印尼	越南	老挝	菲律宾
得分	95.4	78.0	77.9	67.8	67.7	65.4	59.2	57.8
排名	1	35	36	71	72	77	93	96

说明：基础设施排名共141个国家。

资料来源：世界经济论坛发布的《2019年全球竞争力报告4.0》。

9.1.2.1 交通基础设施国别差异明显

根据《2019年全球竞争力报告4.0》交通基础设施得分和排名进行分析（如表9-2所示）。就公路而言，首先，新加坡、马来西亚、泰国

[①] 世界经济论坛：《2019年全球竞争力报告4.0》[R/OL], (2019-10-09) [2020-01-06] https://www.weforum.org/reports/global-competitiveness-report-2019。

[②] 《全球竞争力报告》自2018年开始，打分范围变更为1—100分，2017年及之前的打分范围均为1—7分，分值越大，表明基础设施水平越高。

的公路等级较高，公路网络覆盖率大；其次，印尼的公路建设处于中间区位，受征地情况的影响，公路覆盖率较低，而菲律宾、老挝、越南的公路质量和覆盖率处于低位，公路亟须扩容与升级。

就铁路而言，新加坡、马来西亚、印尼的铁路建设相对完善，排名靠前；而越南、泰国、菲律宾、老挝因地理、资金、气候、技术诸多因素的限制，铁路覆盖率较低，排名靠后。由此可见，东盟7国的陆上交通水平国别差异较大，并且与中国毗邻的中南半岛五国，受陆上交通水平的限制，同中国陆上联通仍相对不足。

表9-2 2018年中国与东盟7国交通基础设施得分与排名

Tab. 9-2 The Transport Infrastructure Score and Ranking of China and 7 ASEAN Countries (2018)

得分（排名）	新加坡	马来西亚	中国	印尼	泰国	越南	菲律宾	老挝
公路	90.9(1)	72.4(19)	59.7(45)	52.6(60)	56.6(55)	40.1(103)	44.8(88)	44.3(89)
铁路	80.1(5)	67.6(13)	59(24)	61.1(19)	30.3(75)	43.3(54)	23.0(88)	N/A(N/A)
航空	95.5(1)	74.8(25)	60.7(66)	65.2(56)	67.3(48)	49.7(103)	52.3(96)	49.3(104)
港口	90.8(1)	70.0(19)	58.6(52)	55.8(61)	51.4(73)	47.3(83)	44.7(88)	34.1(115)
总体	91.7(1)	66.4(29)	68.9(24)	56.1(55)	56.8(53)	52.2(66)	41.5(102)	45.3(87)

说明：①交通基础设施排名共141个国家。

②"N/A"表示本栏目不适用，原因为老挝数据缺失。

资料来源：世界经济论坛发布的《2019年全球竞争力报告4.0》。

就航空而言，仍存在较为明显的国别差异。新加坡、马来西亚、泰国、印尼的航空业较为发达，机场数量较多，国际航线较广，客运量较大，其中新加坡更是亚太地区的航空运输枢纽；而菲律宾、老挝、越南航空业面临航班数量有限，飞机机龄长、机型少，航线选择性少，通航频率低等问题，航空发展有待提升。其中，菲律宾、老挝、越南与中国航空联通性较低，体现为通航城市有限，航班频率较低。

就港口而言，除老挝外的东盟6国均表现良好，因老挝是内陆国，海洋运输不可行，内河险滩多，水运发展困难，港口建设意义不甚明显。新加坡、马来西亚、印尼借助临海优势，大力发展港口建设，但印尼的港口吞吐量有限，大型船只的容载受限，港口有待扩容；越南、泰国港口排名相对靠后，有待提升。因海洋运输具有成本与体量优势，中国—东盟贸易主要采取此种形式，中国以上海、广东、广西、海南为门户，积极同东盟国家开展海上贸易，但现阶段的港口建设、服务水平、港口节点布局、航运网络仍有待进一步优化。

结合交通基础设施与中国—东盟贸易总额、游客总量现状进行分析，交通基础设施水平较高的国家，如新加坡、马来西亚、泰国、印尼与中国的贸易总额、游客总量均较大。

9.1.2.2 通信基础设施建设潜力充足

如表9-3所示，东盟7国的通信基础设施得分相对较低，即使是基础设施综合排名第一的新加坡，其通信基础设施得分也只有87.1分，位列全球第五。马来西亚、越南排名相对靠前，主要得益于光纤产业的发展；泰国、印尼的排名处于中等区间，泰国的互联网服务器数量尚未能满足市场的需求，印尼的移动电话用户数、互联网服务器数量尚有待提升，这两国均有较大的进步空间；菲律宾、老挝的排名靠后，在电话通信、互联网络方面有待提升。

表 9 – 3　　2018 年中国与东盟 7 国通信基础设施得分与排名

Tab. 9 – 3　　The Communications Infrastructure Score and Ranking of China and 7 ASEAN Countries (2018)

	新加坡	马来西亚	中国	印尼	泰国	越南	菲律宾	老挝
移动电话用户（每百人）	145.7（16）	134.5（31）	115.0（78）	119.8（64）	180.2（5）	147.2（14）	110.1（84）	51.9（134）
固定电话用户（每百人）	145.7（6）	116.7（19）	95.4（36）	87.2（52）	104.7（26）	71.9（76）	68.4（79）	42.0（111）
互联网服务器（每百人）	22.3（8）	4.6（44）	23.9（6）	1.5（63）	2.4（51）	9.9（26）	N/A（N/A）	0.4（82）
总体	87.1（5）	71.6（33）	78.5（18）	55.4（72）	60.1（62）	69（41）	49.7（88）	44.2（102）

说明：①通信基础设施排名共 141 个国家。

②"N/A"表示本栏目不适用，原因为菲律宾数据缺失。

资料来源：世界经济论坛发布的《2019 年全球竞争力报告 4.0》。

尽管东盟国家在通信畅通方面面临着重重困难，但仍具有充足的市场潜力。在现阶段，中国与东盟国家实现了国际漫游通话，网络通信连接，大湄公河次区域"信息高速公路"初步建成，连接欧亚区域的"数字丝绸之路"初现成效，中国—东盟信息港建设步步推进，中国与东盟的移动互联网、物联网等正在筹备建设中，"互联网+"产业形式正在积极创新中，中国与东盟间通信互联互通潜力十足。

结合通信基础设施与上文的中国—东盟贸易总额、游客总量现状进行分析，通信基础设施水平较高的国家，如新加坡、马来西亚、越南、泰国与中国的贸易总额、游客总量均较大。

9.1.2.3 能源基础设施亟须跨境合作

如表9-4所示,东盟7国能源通达的差距缩小,但整体发展仍显不足,新加坡在全球141个国家中位列第五,马来西亚位列第五十一,其余5国越南、印尼、泰国、菲律宾、老挝得分差距不大,排名靠后,位于中等偏下区间。其中,越南、马来西亚、老挝、印尼、菲律宾的电力生产能力较低,石油、煤炭的开采、加工、生产能力和设备较难支撑国内的用电需求,同时东盟7国的水资源质量普遍有待提升。

表9-4 2018年中国与东盟7国能源基础设施得分与排名

Tab. 9-4 The Energy Infrastructure Score and Ranking of China and 7 ASEAN Countries (2018)

	新加坡	马来西亚	中国	印尼	泰国	越南	菲律宾	老挝
电力覆盖率	100 (2)	98.2 (87)	100 (2)	94.8 (95)	100 (2)	98.8 (84)	88.3 (103)	94.2 (96)
电力供应	100 (2)	97 (38)	99 (18)	94.7 (54)	98.1 (31)	93.5 (62)	94.7 (53)	N/A (N/A)
水资源质量	100 (25)	89.8 (63)	83.6 (74)	65.5 (98)	48.3 (107)	67 (95)	52 (105)	47.3 (108)
水资源供应	96.8 (7)	73.8 (49)	64.9 (68)	62.5 (74)	69.2 (60)	59.2 (81)	61.5 (77)	56.1 (93)
总体	99.2 (5)	89.7 (51)	86.9 (65)	79.4 (89)	78.9 (90)	79.6 (87)	74.1 (96)	73.2 (97)

说明:①通信基础设施排名共141个国家。

②"N/A"表示本栏目不适用,原因为老挝数据缺失。

资料来源:世界经济论坛发布的《2019年全球竞争力报告4.0》。

因中国人口众多,能源主要用于满足内需,同东盟的能源进出口贸易相对较少,但中国为东盟国家提供了资金和技术支持用以建造能源站、油气管道等,缓解了东盟部分国家电力不足的窘境。可见,在作为生活、生产的必备要素电力、水资源上,东盟应积极同中国开展能源合作,提升能源开采、加工、生产能力,开展跨境电力输送,优化水资源加工处理能力,保障水资源质量。结合能源基础设施与中国—东盟贸易总额、游客总量现状进行分析,能源基础设施水平较高的国家,如新加坡、马来西亚与中国的贸易总额、游客总量均较大。

9.1.3 中国—东盟基础设施指数

选取中国、东盟7国为样本,以铁路网密度(C_1)、航空客运量(C_2)、货柜码头吞吐量(C_3)、公路质量指数(C_4)、固定电话用户数(C_5)、移动电话用户数(C_6)、安全互联网服务器数(C_7)、人均耗电量(C_8)、矿产能源发电率(C_9)、水的生产率(C_{10})为测试变量,根据相关性大小将变量分组,将多个实测变量转换为几组不相关的综合指数,将各测试变量进行降维处理,构建中国—东盟基础设施指数,作为中国—东盟旅游与贸易互动效应研究的支撑要素。

9.1.3.1 KMO检验及标准化处理

通过KMO检验统计量比较变量间简单相关系数和偏相关系数孰强孰弱,当KMO统计值 > 0.5时,表明变量间简单相关系数平方和 > 偏相关系数平方和,此时变量间相关性较强,适合进行因子分析。将各测试变量代入式9-1进行计算,得出KMO统计值为0.6573,可知适合对各变量进行因子分析。

$$KMO = \frac{\sum\sum_{i \neq j} r_{ij}^2}{\sum\sum_{i \neq j} r_{ij}^2 + \sum\sum_{i \neq j} r_{ij*1,2\cdots k}^2} \quad (9-1)$$

为避免量纲和数量级的影响,采用Z-score法对测试变量进行标准化处理,将原测试变量转化为均值为0、方差为1的标准变量,令:$Z = \frac{C - \bar{C}}{S}$,其中C为原变量,$\bar{C}$为原变量的均值,$S$为标准差,得出标准化变量$Z_1$、$Z_2 \cdots Z_{10}$。

9.1.3.2 提取特征因子

由表 9 – 5 可提取出三大特征值，分别为 5.3008、2.1452、1.1297，累计贡献率达 85.76%，表明这三大主因子提供了原始 10 个变量所表达的绝大部分信息，因此将提取的三个主因子记为 q_1、q_2、q_3。

表 9 – 5　　　　　　特征值与方差贡献率

Tab. 9 – 5　　　Eigenvalue and Variance Contribution Rate

变量	初始解对变量的描述			提取主因子后对变量的描述		
	特征值	方差贡献率（%）	累计（%）	特征值	方差贡献率（%）	累计（%）
q_1	5.3008	53.01	53.01	5.3008	53.01	53.01
q_2	2.1452	21.45	74.46	2.1452	21.45	74.46
q_3	1.1297	11.30	85.76	1.1297	11.30	85.76
q_4	0.7899	7.90	93.66			
q_5	0.3147	3.15	96.80			
q_6	0.1804	1.80	98.61			
q_7	0.0754	0.75	99.36			
q_8	0.0326	0.33	99.69			
q_9	0.0230	0.23	99.92			
q_{10}	0.0084	0.08	100			

资料来源：课题组经计算整理而得。

9.1.3.3 因子载荷矩阵

对三个主因子建立载荷矩阵，并进行旋转，结果如表 9 – 6 所示。

表9-6 旋转后的因子载荷矩阵

Tab. 9-6　Factor Load Matrix after Rotation

变量	q_1 交通因子	q_2 通信因子	q_3 能源因子
Z_1	0.8612	-0.3126	0.1671
Z_2	0.9633	-0.4826	0.0321
Z_3	0.9057	0.0497	0.0651
Z_4	0.8422	0.0448	0.0587
Z_5	-0.1165	0.6384	-0.2632
Z_6	-0.1300	0.9021	-0.1563
Z_7	-0.1910	0.8975	0.2021
Z_8	0.0074	0.0154	0.7693
Z_9	0.1103	0.2250	0.8832
Z_{10}	0.0540	0.0920	0.8569

说明：计算值保留四位小数。

资料来源：课题组经计算整理而得。

主因子q_1在Z_1、Z_2、Z_3、Z_4上载荷较大，反映了公路、铁路、航空、港口的发展情况，体现了该区域的交通基础设施水平，是衡量一个区域基础设施水平的主要因子，其方差贡献率为53.01%，被称为"交通因子"。

主因子q_2在Z_5、Z_6、Z_7上占有较大比例，反映了固定电话、移动电话、互联网的普及程度，体现了该区域通信基础设施水平，其方差贡献率为21.45%，被称为"通信因子"。

主因子q_3主要载荷体现在Z_8、Z_9、Z_{10}上，这个因子主要反映了水电资源的供应情况，体现了该区域的能源基础设施水平，其方差贡献率为11.3%，被称为"能源因子"。

其中，q_1 因子的方差贡献率最大，反映了交通基础设施水平，q_2 因子体现了通信基础设施水平，q_3 因子体现了能源基础设施水平，且这三个主因子的累计方差贡献率为 85.76%，因此可认为交通、通信、能源因子可以反映基础设施水平。

9.1.3.4 计算因子得分

运用回归法得出基础设施的因子得分系数矩阵，如表 9-7 所示。用 q_1、q_2、q_3 分别表示交通、通信、能源因子，则各因子得分为：

$$q_1 = 0.2612 \times Zscore(C_1) + 0.4633 \times Zscore(C_2) + 0.3057 \times Zscore(C_3) \\ + 0.2422 \times Zscore(C_4) - 0.0165 \times Zscre(C_5) - 0.0022 \times \\ Zscore(C_6) - 0.1910 \times Zscore(C_7) + 0.0711 \times Zscore(C_8) + 0.0103 \\ \times Zscore(C_9) + 0.0170 \times Zscore(C_{10})$$

$$q_2 = 0.0490 \times Zscore(C_1) - 0.0130 \times Zscore(C_2) - 0.1250 \times Zscore(C_3) + \\ 0.0700 \times Zscore(C_4) + 0.2140 \times Zscore(C_5) + 0.4385 \times Zscore(C_6) + \\ 0.3575 \times Zscore(C_7) + 0.0154 \times Zscore(C_8) + 0.0530 \times Zscore(C_9) \\ + 0.0076 \times Zscore(C_{10})$$

$$q_3 = -0.0200 \times Zscore(C_1) - 0.0130 \times Zscore(C_2) + 0.0018 \times Zscore(C_3) + \\ 0.0114 \times Zscore(C_4) - 0.0060 \times Zscore(C_5) - 0.0110 \times Zscore(C_6) + \\ 0.0380 \times Zscore(C_7) + 0.2588 \times Zscore(C_8) + 0.5267 \times Zscore(C_9) + \\ 0.2969 \times Zscore(C_{10})$$

$$q = \frac{(0.5301 \times q_1 + 0.2145 \times q_2 + 0.1130 \times q_3)}{0.8576} \quad (9-2)$$

表 9-7　　　　　　　　因子得分系数矩阵

Tab. 9-7　　　　　　　Factor Score Coefficient Matrix

变量	q_1	q_2	q_3
Z_1	0.2612	0.0490	-0.0200
Z_2	0.4633	-0.0130	-0.0130

续表

变量	q_1	q_2	q_3
Z_3	0.3057	-0.1250	0.0018
Z_4	0.2422	0.0700	0.0114
Z_5	-0.0165	0.2140	-0.0060
Z_6	-0.0022	0.4385	-0.0110
Z_7	-0.1910	0.3575	0.0380
Z_8	0.0711	0.0154	0.2588
Z_9	0.0103	0.0530	0.5267
Z_{10}	0.0170	0.0076	0.2969

说明：计算值保留四位小数。

资料来源：课题组经计算整理而得。

以各个因子的方差贡献率作为权重计算基础设施指数，如式9-2所示，计算得到中国、东盟7国基础设施的各因子得分、综合得分，并进行排序（如表9-8所示）。从综合得分来看，大致可分为三个梯度：新加坡、马来西亚、中国的基础设施指数处于中等偏上区间；泰国和印尼的基础设施指数处于中等区间，尚待优化；越南、菲律宾、老挝的基础设施处于中等偏下区间，基础设施在某些方面存在短板，亟须提升。

表9-8 　　　　　　　　2018年各因子得分及排名

Tab. 9-8 　　　　　　2018 Score and Ranking by Factor

国别	Lnq_1	排名	Lnq_2	排名	Lnq_3	排名	Lnq	排名
新加坡	16.1573	1	15.2480	1	12.7974	1	15.4872	1
马来西亚	15.8290	3	14.8065	3	10.8970	2	14.9234	2
中国	15.8401	2	14.8144	2	10.6891	3	14.9169	3
泰国	15.3350	4	14.2100	5	10.4084	6	14.4045	4
印尼	15.2738	5	13.9053	6	10.4101	5	14.2907	5

续表

国别	Lnq_1	排名	Lnq_2	排名	Lnq_3	排名	Lnq	排名
越南	14.4857	6	14.6671	4	10.4413	4	13.9981	6
菲律宾	10.7371	8	10.2830	7	10.8510	7	10.6385	7
老挝	10.9386	7	7.6802	8	10.8484	8	10.1117	8

说明：计算值保留四位小数。

资料来源：课题组经计算整理而得。

9.2 旅游对贸易的带动效应

本书2.2节"旅游与贸易互动机理"指出，旅游与贸易最初互动的原动力是国际旅游，先锋旅游者通过商务旅游带动国际贸易，人员流动带动货物流通，即对国与国而言，先有国际旅游行为，再有国际贸易行为，旅游的兴起在一定程度上带动了贸易的产生，并且旅游与贸易活动的有效开展需具备基础设施支撑。但从经济学边际递减角度来看，基础设施水平并非越高越好，当基础设施超过一定水平后，旅游对贸易的作用效果可能会减弱，存在最优作用区间。因此推测在基础设施层面，旅游对贸易的带动作用呈非线性变化。为此，本节研究中国—东盟旅游对贸易的带动效应，选取基础设施指数为门槛变量，同时考虑经济、汇率、外商直接投资等贸易作用要素，定量研究在不同门槛区间旅游对贸易的作用效果，以有针对性地投资发展某区域某类基础设施，优化旅游对贸易的作用效果。

9.2.1 模型构建和变量说明

9.2.1.1 模型构建

考察中国—东盟旅游对贸易的带动效应，构建模型式9-3。其中，y_c表示旅游客流量，分别以$y_{e,at}$表示中国对东盟a国出口贸易额，$y_{i,at}$表示中国从东盟 a 国进口贸易额,$x_{o,at}$ 表示中国出境东盟 a 国游客量,$x_{i,at}$ 表示东盟 a 国入境中国的游客量,X_t 表示影响国际贸易的控制变量,β_0、β_1、θ 是待估计参数,ε_t 为误差项。

$$\text{Ln} y_t = \beta_0 + \beta_1 \text{Ln} x_t + \theta \text{Ln} X_t + \varepsilon_t \qquad (9-3)$$

由于旅游对贸易的带动效应并非简单的线性关系,存在门槛值,特构建门槛模型。因在 Hansen(1999)构建的模型中[①],对内生性问题未多做考虑,后续 Caner & Hansen(2004)[②],Kremer et al.(2013)[③] 的研究考虑了内生性问题,对模型进行了改善,提出了带有内生解释变量和外生门槛变量的面板门槛模型。本章主要采用此模型,以基础设施指数为外生门槛变量,进口贸易额、出口贸易额分别为被解释变量,出境游客量、入境游客量分别为解释变量,从基础设施支撑要素层面考察旅游对贸易的带动效应。

将式 9-3 设定为基础的单门槛模型式 9-4,q_{at} 为门槛变量,代表东盟 a 国的基础设施指数;$I(\ )$ 为分段函数:当 $q_{at} \leq \gamma$ 时,$I(q_{at} \leq \gamma) = 1$,$I(q_{at} > \gamma) = 0$;当 $q_{at} > \gamma$ 时,$I(q_{at} > \gamma) = 1$,$I(q_{at} \leq \gamma) = 0$;$\gamma$ 为某一未知门槛值;ε_t 为随机扰动项。

$$\text{Ln} y_t = u + \beta_1 \text{Ln} x_t I(q_{at} \leq \gamma) + \beta_2 \text{Ln} x_t I(q_{at} > \gamma) + \theta \text{Ln} X_t + \varepsilon_t$$
$$(9-4)$$

基于单门槛模型,进一步构建多门槛模型式 9-5,并进行显著性和真实性检验。

$$\begin{aligned}\text{Ln} y_t = & u + \beta_1 \text{Ln} x_t I(q_{at} \leq \gamma_1) + \beta_2 \text{Ln} x_t I(\gamma_1 < q_{at} \leq \gamma_2) + \\ & \beta_3 \text{Ln} x_t I(\gamma_2 < q_{at} \leq \gamma_3) + \cdots + \beta_i \text{Ln} x_t I(\gamma_{i-1} < q_{at} \leq \gamma_i) + \\ & \beta_{i+1} \text{Ln} x_t I(q_{at} > \gamma_i) + \theta \text{Ln} X_t + \varepsilon_t \qquad (9-5)\end{aligned}$$

[①] B. E. Hansen, "Threshold Effects in Non-dynamic Panels: Estimation, Testing and Inference," *Journal of Econometrics*, 1999, 93(2): 345-368.

[②] M. Caner, B. E. Hansen, "Instrumental Variable Estimation of a Threshold Model," *Econometric Theory*, 2004(20): 813-843.

[③] S. Kremer, A. Bick, D. Nautz, "Inflation and Growth: New Evidence from a Dynamic Panel Threshold Analysis," *Empirical Economics*, 2013, 44(2): 861-878.

其一,门槛效应的显著性检验。通过 Hansen 提出的似然比检验统计量(式 9-6)确定是否存在门槛效应,令原假设为"$H_0:\beta_1=\beta_2$",表示变量之间不存在门槛效应,呈线性模型。在式 9-6 中,$SSR(\gamma)$ 是在原假设约束条件下的残差平方和,$SSR(\hat{\gamma})$ 则是在无约束条件下的残差平方和,$\delta^2(\hat{\gamma})$ 表示残差方差,且 $SSR(\gamma) \geq SSR(\hat{\gamma})$。如"$SSR(\gamma) - SSR(\hat{\gamma})$"值越大,则拒绝原假设,认为 β_1 与 β_2 存在显著差异,门槛效应显著,呈非线性模型;反之,则门槛效应不显著。

$$LR(\gamma) = \frac{SSR(\gamma) - SSR(\hat{\gamma})}{\delta^2(\hat{\gamma})} \qquad (9-6)$$

其二,门槛估计值的真实性检验。明确存在门槛效应之后,进一步检验门槛估计值的真实性,并计算 γ 的置信区间,令原假设为"$H_0:\gamma=\gamma_0$",表示门槛估计值等于真实值。根据 Hansen 提出的似然比检验统计量(式 9-6)检验门槛估计值的真实性,其中 $SSR(\hat{\gamma})$ 为原假设条件下估计得到的残差平方和,$\delta^2(\hat{\gamma})$ 为原假设条件下估计得到的残差方差,在显著性水平为 a 时,当 $LR(\gamma_0) > -2\mathrm{Ln}(1-\sqrt{1-a})$,拒绝原假设,反之当 $LR(\gamma_0) \leq -2\mathrm{Ln}(1-\sqrt{1-a})$ 时,接受原假设,证明了门槛估计值的真实性,再进一步划分门槛区间。其中,当 $a=95\%$ 时,LR 的临界值为 7.35。

9.2.1.2 变量选取

2002 年 11 月《中国与东盟全面经济合作框架协议》签署,CAFTA 建设正式启动,同期签署《东盟旅游协议》。自此,中国与东盟旅游往来、贸易合作迎来了发展热潮,故本章以 2003 年为时间节点。另外,因数据的可及性,中国—东盟 7 国的数据完整,并且 2003—2018 年上述中国—东盟 7 国贸易额占中国—东盟贸易总额的平均比重为 97.06%,中国—东盟 7 国游客量占中国—东盟游客总量的平均比重为 93.59%,具有代表性。综上所述,本章选取中国—东盟 7 国 2003—2018 年的面板数据。

(1) 被解释变量

借鉴大多数文献的做法，本章采用进出口货物贸易额表示国际贸易。进口或出口贸易额越高，说明中国与东盟国家贸易往来越活跃。

①中国对东盟出口贸易额（x_e）：该指标是以离岸价格计算的中国对东盟各国出口货物的金额，用以衡量中国的对外贸易发展，以及对东盟贸易的比较优势，该值越大，表明中国的货物越具有比较优势，从东盟得到的外汇收入就越多。本章选取2003—2018年中国对东盟7国出口贸易额的面板数据，数据来源于中经网统计数据库。

②中国从东盟进口贸易额（x_i）：该指标是以离岸价格计算的中国从东盟进口货物的金额，用以衡量东盟对外贸易发展，东盟对中国贸易的比较优势。该值越大，表明东盟的货物越具有比较优势，中国的外汇支出越多。本章选取2003—2018年中国对东盟7国进口贸易额的面板数据，数据来源于中经网统计数据库。

(2) 解释变量

①中国出境东盟游客量（y_o）：该指标用以衡量中国旅游消费需求水平、东盟旅游发展程度。该值越大，表明中国居民旅游消费需求提升，东盟旅游外汇收入增加势头向好。本章选取2003—2018年中国出境东盟7国游客量的面板数据，数据来源于ASEAN Stats Data Portal，其中2001年、2006年中国出境印尼游客量的统计数据缺失，课题组用差值法进行修正。

②东盟入境中国游客量（y_i）：该指标用以衡量中国旅游发展程度，该值越大，表明东盟对中国的认知度及好感提升，中国旅游发展向好，中国旅游外汇收入增加。本章选取2003—2018年东盟7国入境中国游客量的面板数据，数据来源于中华人民共和国公安部，因2017年老挝入境中国游客量统计口径不一致，课题组用差值法进行修正。

被解释变量与解释变量两两之间存在关系如下："中国出境东盟旅游→中国对东盟出口贸易""东盟入境中国旅游→中国对东盟出口贸易"

"中国出境东盟旅游→中国从东盟进口贸易""东盟入境中国旅游→中国从东盟进口贸易"。

(3) 门槛变量

基础设施指数（q）：该指标从交通、通信、能源三个层面考量基础设施水平，通过因子分析法进行变量降维，测算得出基础设施指数，本书 8.1.3 节已对此做详细测算。该值越大，表明交通、通信、能源基础设施水平越高，旅游与贸易互动条件越充分。本章选取 2003—2018 年中国、东盟 7 国基础设施指数的面板数据。

(4) 控制变量

①人口规模（X_1）：该类指标在一定程度上影响一国居民的储蓄规模、消费需求，进而影响进出口贸易。蔡兴等（2013）认为，人口总数、人口增长率、年龄结构、预期寿命等会对国际贸易起到正向或负向的作用。① 本章选取 2003—2018 年中国、东盟 7 国总人口数据，数据来源于 World Development Indicators（WDI）数据库。

②国内生产总值（X_2）：该类指标用于衡量一国经济发展水平和消费能力。该值越大，说明经济发展水平越高、消费能力越强，多样性的产品以及优质的消费市场会提升出口贸易规模，同时较强的消费能力也会促进进口贸易。本章选取 2003—2018 年中国、东盟 7 国 GDP 产值（2010 年不变价），数据来源于 WDI 数据库。

③经济自由度指数（X_3）：该指标以法治、规制效率、市场开放为主要标准，通过十项具体指标对各经济体进行评分。已有研究表明，经济自由度提升能够促进贸易便利化，有效降低贸易成本，扩大贸易规模。本章选取 2003—2018 年中国、东盟 7 国经济自由度数据，数据来源于美国传统基金会。

④地理距离（X_4）：该指标用于衡量货物贸易的运输成本。此概念

---

① 蔡兴、刘子兰：《人口因素与东亚贸易顺差——基于人口年龄结构、预期寿命和性别比率等人口因素的实证研究》，《中国软科学》2013 年第 9 期。

最早由 Samuelson（1954）提出①，后由 Krugman（1980）引入国际贸易分析领域，地理距离越远，进出口贸易运输成本越高，进出口贸易额就越小。② 本章选取两国首都之间的地理距离代表国家之间的地理距离，数据来源于 CEPII 数据库。

⑤官方汇率（X_5）：该指标用以衡量贸易收支情况，采用直接标价法，代表一美元所对应的本币量，该值越大，本币贬值，出口货物相对价格下降，进口货物相对价格上升，出口增加，进口减少，外汇储备增加。反之亦然。本章选取 2003—2018 年中国、东盟 7 国官方汇率，数据来源于 WDI 数据库。

⑥外商直接投资净流入（X_6）：已有研究表明，外商直接投资具有贸易创造效应，有助于国际贸易规模的扩大。本章选取 2003—2018 年外商直接投资净流入数据，数据来源于《中国贸易外经统计年鉴》。

⑦通货膨胀率（X_7）：该指标用于衡量一国的物价变化。通货膨胀率的良性增长有助于一国经济发展水平的提高，从而促进国际贸易的发展；通货膨胀的恶性增长则会损害一国经济发展，阻碍国际贸易规模的扩大。本章选取 2003—2018 年中国、东盟 7 国按消费者价格指数衡量的通货膨胀，数据来源于 WDI 数据库。

⑧劳资比率（X_8）：该指标用于衡量资本或劳动的密集程度，以资本额与劳动量的比值表示。一般来说，资本密集型产业劳资比率高，劳动密集型产业劳资比率低，传统贸易理论认为，要素禀赋的偏向型增长虽有利于贸易规模的快速扩张，但也会引发"贫困化增长"问题，恶化贸易条件。本章选取 2003—2018 年中国、东盟 7 国"资本—劳动"比值衡量各国的要素禀赋水平，数据来源于 WDI 数据库。

⑨世界贸易组织（X_9）：加入世界贸易组织能够有效削弱成员之间

---

① P. A. Samuelson, "The Transfer Problem and Transport Costs, II: Analysis of Effects of Trade Impediments," The Economic Journal, 1954, 64 (254): 264-289.

② P. R. Krugman, "Scale Economics, Product Differentiation, and the Pattern of Trade," The American Economic Review, 1980, 70 (5): 950-959.

的贸易壁垒,从而扩大货物的生产与贸易。本章将各国是否为世界贸易组织成员作为虚拟变量,将加入该组织之前年份的虚拟变量取值为 0,将加入之后的虚拟变量取值为 1,数据来源于世界贸易组织官网。

⑩国界接壤(X_{10}):经典贸易引力模型一般选择两国首都作为两国之间的地理距离,忽视了国界接壤对于两国边境贸易的直接促进作用。本章以国界接壤为虚拟变量,在东盟 7 国中,与中国接壤国家取值为 1,非接壤国家取值为 0,数据来源为国家基础地理信息数据库。

表 9 - 9　　　　　　　　　　变量说明

Tab. 9 - 9　　　　　　　　Variable Description

变量	变量选取	数据来源
被解释变量	y_e 中国对东盟出口贸易	中经网统计数据库
	y_i 中国从东盟进口贸易	中经网统计数据库
解释变量	x_o 中国出境东盟旅游	中国贸易外经统计年鉴
	x_i 东盟入境中国旅游	中国贸易外经统计年鉴
门槛变量	q 基础设施指数	WDI 数据库、世界竞争力报告
控制变量	X_1 人口规模	WDI 数据库
	X_2 国内生产总值	WDI 数据库
	X_3 经济自由度指数	美国传统基金会
	X_4 地理距离	CEPII 数据库
	X_5 官方汇率	WDI 数据库
	X_6 外国直接投资净流入	中国贸易外经统计年鉴
	X_7 通货膨胀率	WDI 数据库
	X_8 劳资比率	WDI 数据库
	X_9 世界贸易组织	世界贸易组织官网
	X_{10} 国界接壤	国家基础地理信息数据库

资料来源:课题组经计算整理而得。

9.2.1.3 变量的统计特征

对各变量进行描述性统计,如表9-10所示,本章选取2003—2018年中国—东盟7国的面板数据。就被解释变量而言,中国对东盟出口贸易额大于中国从东盟进口贸易额;就解释变量而言,中国出境东盟游客量的均值明显大于东盟入境中国游客量。另外,被解释变量、解释变量、门槛变量的极差值均较大,表明国别差异明显。

表9-10 变量描述性统计

Tab. 9-10 Variable Descriptive Statistics

变量	样本数	均值	标准差	最大值	最小值	单位
y_e	128	21427	17252	71617	98	百万美元
y_i	128	20360	15606	62137	11	百万美元
x_o	128	1202500	1621500	10535955	21200	人次
x_i	128	71200	483500	2698600	3400	人次
q	128	1755776	1520977	5531483	2036.53	N/A
X_1	128	76303182	76725231	267663435	4114826	人
X_2	128	278633	240274	1090454	4256	百万美元
X_3	128	61.59	12.59	89.40	41	0—100分
X_4	128	3610.75	998.64	5220.88	2316.80	公里
X_5	128	5502.92	7073.28	22602.05	1.25	N/A
X_6	128	13131.43	18432.81	94811.15	-596.92	美元
X_7	128	4.26	3.72	23.12	-0.90	%
X_8	128	4608.67	7656.79	31356.38	-9528.26	美元/人
X_9	128	0.88	0.33	1	0	N/A
X_{10}	128	0.43	0.49	1	0	N/A

说明:"N/A"表示本栏目不适用。

资料来源:课题组经计算整理而得。

9.2.2 旅游对出口贸易的带动效应

本节采用面板门槛模型，以基础设施指数为门槛变量，研究中国—东盟旅游对出口贸易的带动效应，借助计量软件 Stata 15.0 进行分析。① 同时，为降低数据剧烈波动及异方差对于模型的影响，对除 X_6、X_9、X_{10} 外的各变量进行对数化处理，因 X_6（外国直接投资净流入）存在负值的情况，X_9（世界贸易组织）和 X_{10}（国界接壤）的取值包含 0，故不对其进行对数化处理。

9.2.2.1 出口贸易门槛显著性检验

选取中国对东盟出口贸易额为被解释变量，以中国出境东盟游客量、东盟入境中国游客量为解释变量，存在两组关系："出境旅游→出口贸易"即中国出境东盟旅游→中国对东盟出口贸易，"入境旅游→出口贸易"即东盟入境中国旅游→中国对东盟出口贸易。研究在不同基础设施水平下中国—东盟双边旅游对出口贸易的带动作用。由本书 4.3.2 节与 4.3.4 节的分析可知，出入境旅游对出口贸易存在非线性作用，特构建门槛模型，进行门槛显著性检验，检验结果见表 9 – 11 所示。

"出境旅游→出口贸易"存在双门槛效应：如表 9 – 11 所示，单门槛效应在 5% 显著性水平下通过检验，对应的 F 值为 33.18，P 值为 0.03；同样，双门槛效应通过了 5% 显著性水平检验，F 值为 22.15，P 值为 0.0467；而三门槛效应即使在 10% 的显著性水平下也不显著。可见，出境旅游对出口贸易的门槛效应在通过单门槛检验的基础上，进一步通过了双门槛检验，故认为中国出境东盟旅游对中国对东盟出口贸易存在双门槛效应。

---

① Stata 软件是一套为使用者提供数据分析、数据管理以及绘制专业图表的完整及整合性统计软件。该软件具有强大的数据处理能力，为使用者提供数据分析、数据管理以及绘制专业图表等功能，是现今较为流行的统计计量分析软件。Stata 软件基本上可以实现所有的统计与计量分析功能，使得用户可以完成复杂性、综合性较强的各种分析和研究，已被深入应用到经济科学、社会科学等各个学科领域。

表 9 – 11　　　　　　　出口贸易门槛显著性检验

Tab. 9 – 11　　The Significance Test for Threshold Effect of Export Trade

被解释变量	解释变量	模型	F 统计量	P 值	BS 数	临界值 5%
Ln y_e 出口贸易	Ln $x_{o,t}$ 出境旅游	单门槛	33.18	0.0300**	300	30.3880
		双门槛	22.15	0.0467**	300	20.6933
		三门槛	10.69	0.3267	300	22.1415
	Ln $x_{i,t}$ 入境旅游	单门槛	8.42	0.2267	300	23.6332
		双门槛	5.16	0.7971	300	23.9234
		三门槛	6.76	0.4767	300	23.1206

说明：①BS（Bootstrap）指自举抽样方法，抽样次数越多，结果准确性越高。

②*、**、***分别表示10%、5%、1%的显著性水平。

资料来源：课题组经计算整理而得。

"入境旅游→出口贸易"不存在门槛效应：如表9 – 11所示，单门槛、双门槛、三门槛效应的P值均未能通过10%的显著性水平。可见，东盟入境中国旅游对中国对东盟出口贸易不存在门槛效应。

9.2.2.2　出口贸易门槛值估计与真实性检验

根据门槛显著性检验结果，发现中国—东盟"出境旅游→出口贸易"存在双门槛效应，进一步对其门槛值进行估计与真实性检验。

基础设施指数门槛值估计结果及置信区间如表9 – 12所示，中国—东盟"出境旅游→出口贸易"存在双门槛效应，门槛估计值 γ_1 为10.0400，γ_2 为13.9400，对应的置信区间为 [10.0300，10.0500]、[13.9300，13.9500]。

表9-12 "出境旅游→出口贸易"门槛估计值结果及置信区间

Tab. 9-12 The Threshold Estimation Results and Confidence Intervals of Outbound Tourism on Export Trade

被解释变量	解释变量	门槛	门槛估计值	95%的置信区间
$\text{Ln } y_e$ 出口贸易	$\text{Ln} x_{o,t}$ 出境旅游	第一门槛 γ_1	10.0400	[10.0300, 10.0500]
		第二门槛 γ_2	13.9400	[13.9300, 13.9500]

资料来源：课题组经计算整理而得。

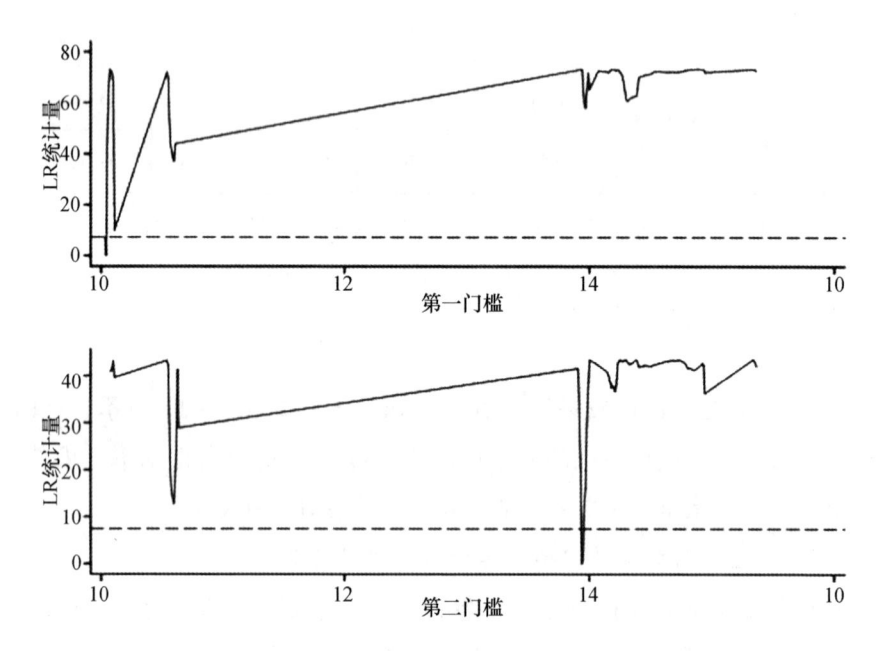

图9-1 "出境旅游→出口贸易"双门槛估计值真实性检验

Fig. 9-1 The Dual Threshold Effect of Outbound Tourism on Export Trade

接下来利用似然比统计量进行门槛估计值的真实性检验。如图9-1所示，虚线$LR = 7.35$以下的部分表示置信区间为95%时，门槛估计值的置信区间，当$LR = 0$时，"出境旅游对出口贸易"相对应的门槛估计值为10.0400、13.9400，门槛估计值均位于相应的置信区间内，故门槛估计值通过了真实值检验。

9.2.2.3 出口贸易门槛回归估计

基于上述两个检验,对"出境旅游→出口贸易"进行双门槛回归估计,具体结果见表9-13。

表9-13　　"出境旅游→出口贸易"门槛回归结果

Tab. 9-13　The Threshold Effect of Outbound Tourism on Export Trade

被解释变量	解释变量	门槛变量	系数	T值	P值
出口贸易	出境旅游	$Lnq \leq 10.0400$	0.2088	2.72	0.014**
		$10.0400 < Lnq \leq 13.9400$	0.2931	2.27	0.026**
		$Lnq > 13.9400$	0.2732	2.94	0.004***

说明:①Lnq为基础设施指数的对数值。

②*、**、***分别表示10%、5%、1%的显著性水平。

资料来源:课题组经计算整理而得。

"出境旅游→出口贸易"的带动作用呈非线性变化,如表9-13所示,表现为先增强后减弱的走势。当 $Lnq \leq 10.0400$ 时,出境旅游正向促进出口贸易,表现为中国出境东盟游客量每增加1%,将会促使中国对东盟出口贸易额提升0.2088%;当 $10.04 < Lnq \leq 13.94$ 时,出境旅游对出口贸易作用效果增强,弹性系数升至0.2931%,即1%的出境游客量的变动,将会引起0.2931%出口贸易额的变化;而当 $Lnq > 13.94$ 时,出境旅游对出口贸易的作用效果减弱,此时中国出境东盟游客量增加1%,可促进中国对东盟出口贸易额增长0.2732%。可见,随着基础设施指数的提升,出境旅游对出口贸易的作用呈现出先增强后减弱的非线性变化。

根据 Lnq 的双重门槛值,将"出境旅游→出口贸易"门槛区间划分为 $(-\infty, 10.0400]$ $(10.0400, 13.9400]$ $(13.9400, +\infty]$,并按东盟7国的基础设施指数进行区间归类。如表9-8所示:①新加坡、马来西亚、泰国、印尼、越南的基础设施指数均位于区间 $(13.9400, +$

∞]，表明随着这 5 国基础设施水平的提升，出境旅游对出口贸易的作用效果稍有减弱，当出境旅游增加 1% 时，出口贸易会随之增加 0.2732%；②菲律宾、老挝的 Lnq 分别为 10.6385，10.1117，处于 (10.0400，13.9400] 区间，表明两国的基础设施处于中等偏下水平，出境旅游对出口贸易的带动作用增强，表现为出境旅游每增加 1%，出口贸易会随之增加 0.2931%。

9.2.3 旅游对进口贸易的带动效应

9.2.3.1 进口贸易门槛显著性检验

选取中国从东盟进口贸易额为被解释变量，中国出境东盟游客量、东盟入境中国游客量为解释变量，存在两组关系："出境旅游→进口贸易"即中国出境东盟旅游→中国从东盟进口贸易，"入境旅游→进口贸易"即东盟入境中国旅游→中国从东盟进口贸易。研究在不同基础设施水平下，中国—东盟旅游对进口贸易是否存在非线性带动作用，检验结果见表 9 - 14 所示。

表 9 - 14　　**进口贸易门槛效应显著性检验**

Tab. 9 - 14　The Significance Test for Threshold Effect of Import Trade

被解释变量	解释变量	模型	F 统计量	P 值	BS 数	临界值 5%
Lny_i 进口贸易	$Lnx_{o,t}$ 出境旅游	单门槛	9.01	0.5267	300	37.4791
		双门槛	34.63	0.0223**	300	28.1780
		三门槛	7.67	0.6800	300	31.5124
	$Lnx_{i,t}$ 入境旅游	单门槛	37.92	0.0213**	300	31.0310
		双门槛	28.07	0.1133	300	32.6422
		三门槛	23.66	0.5267	300	66.0257

说明：①BS（Bootstrap）指自举抽样方法，抽样次数越多，结果准确性越高。

②*、**、*** 分别表示 10%、5%、1% 的显著性水平。

资料来源：课题组经计算整理而得。

第9章 中国—东盟旅游与贸易要素互动

"出境旅游→进口贸易"不存在门槛效应:如表9-14所示,单门槛效应不能通过10%的显著性水平,对应的F值为9.01,P值为0.5267;尽管双门槛效应的P值为0.0223,通过了5%的显著性水平,但单门槛未通过,表明亦不存在双门槛效应;三门槛效应未能通过10%的显著性水平,其F值为7.67,P值为0.68。故认为中国出境东盟旅游对中国从东盟进口贸易不存在门槛效应。

"入境旅游→进口贸易"存在单门槛效应:如表9-14所示,单门槛效应通过1%的显著性水平,对应的F值为37.92,P值为0.0213;双门槛、三门槛效应均不显著,其F值均小于10%的临界值,P值均大于10%。故认为东盟入境中国旅游对中国从东盟进口贸易存在单门槛效应。

9.2.3.2 进口贸易门槛值估计与真实性检验

根据门槛效应显著性检验结果,发现"入境旅游→进口贸易"存在单门槛效应,进一步对其门槛值进行估计与真实性检验。

基础设施指数门槛值估计结果及置信区间如表9-15所示,中国—东盟"入境旅游→进口贸易"存在单门槛效应,门槛估计值 γ_1' 为10.0800,对应的置信区间为 [10.0700,10.0900]。

表9-15 "入境旅游→进口贸易"门槛估计值结果及置信区间

Tab. 9-15 The Threshold Estimation Results and Confidence Intervals of Inbound Tourism on Import Trade

被解释变量	解释变量	门槛	门槛估计值	95%的置信区间
Lny_i 进口贸易	$Lnx_{i,t}$ 入境旅游	第一门槛 γ_1'	10.0800	[10.0700,10.0900]

资料来源:课题组经计算整理而得。

接下来利用似然比统计量进行门槛估计值的真实性检验。如图9-2所示,虚线LR=7.35以下的部分表示置信区间为95%时门槛估计值的置信区间。当 LR = 0 时，"入境旅游→进口贸易" 对应的门槛估计值为 10.0800，门槛估计值均位于相应的置信区间内，故门槛估计值通过真实值检验。

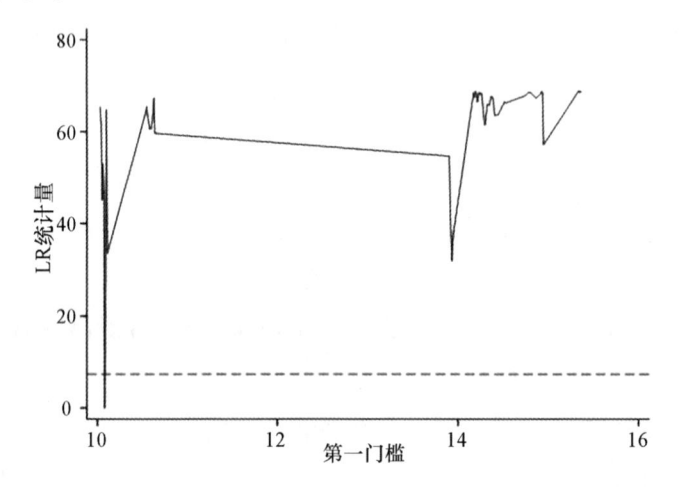

图 9 - 2 "入境旅游→进口贸易" 单门槛估计值真实性检验

Fig. 9 - 2　The Single Threshold Effect of Inbound Tourism on Import Trade

9.2.3.3　进口贸易门槛回归估计

基于前两小节的分析，在基础设施层面对"入境旅游→进口贸易"进行单门槛回归估计，具体结果见表 9 - 16 所示。

表 9 - 16　"入境旅游→进口贸易" 门槛回归估计结果

Tab. 9 - 16　The Threshold Effect of Inbound Tourism on Import Trade

被解释变量	解释变量	门槛变量	系数	T 值	P 值
进口贸易	入境旅游	$Lnq \leq 10.0800$	0.0227	4.50	0.012**
		$Lnq > 10.0800$	0.0520	4.24	0.018**

说明：① Lnq 为基础设施指数的对数值。

　　　②*、**、*** 分别表示 10%、5%、1% 的显著性水平。

资料来源：课题组经计算整理而得。

"入境旅游→进口贸易"的带动作用呈现出阶段性增强的特征,如表 9-16 所示,当 $Lnq \leq 10.0800$ 时,入境旅游正向促进进口贸易,表现为东盟入境中国游客量每增加 1% 时,中国从东盟进口贸易额随之增加 0.0227%;当 $Lnq > 10.0800$ 时,入境旅游对进口贸易的带动作用增强,作用系数增至 0.0520。可见,随着基础设施指数的提升,入境旅游对进口贸易的带动作用表现为阶段性增强。

根据 Lnq 的单门槛值,将入境旅游对进口贸易的门槛区间划分为 $(-\infty, 10.0800]$ $(10.0800, +\infty]$,按东盟 7 国的基础设施指数值进行区间归类。东盟 7 国的基础设施指数均位于区间 $(10.0800, +\infty]$,表明随着 7 国基础设施水平的提升,入境旅游对进口贸易的作用效果增强,当入境旅游每增加 1% 时,进口贸易会随之增加 0.0520%。

9.2.4 稳健性检验

为提高研究结果的可靠性,考虑多重共线性与内生性问题。首先,采用逐步回归法将上述解释变量与控制变量逐个引入普通线性模型,当引入新变量,原模型变化不显著时,则将新变量从中剔除,反复多次进行,最终将经济自由度和通货膨胀率这两个变量剔除;其次,采用最小虚拟变量二乘法(LSDV)进行参数估计,检验中国—东盟旅游对贸易的带动作用。逐步回归法可有效克服多重共线性问题,LSDV 法可有效降低面板数据的测量偏误并控制难以观测的异质性影响,有助于减弱模型内生性问题。同时,为进一步缓解内生性问题,本章分别使用核心解释变量滞后一期、滞后两期数据作为替代变量进行回归,结果如表 9-17、表 9-18 所示。

表 9-17 列(1)和列(2)显示,在"出境旅游→出口贸易"的 LSDV 固定效应和门槛回归模型中,各变量的系数符号一致,显著性有微小差别,如外国直接投资净流入在固定效应模型中不显著。另外,考虑出境旅游滞后一期和滞后二期的情况进行固定效应模型、门槛回归模型估计,表 9-17 列(3)—(6)显示,固定效应和门槛回归各变量

表 9-17　"出境旅游→出口贸易"估计结果

Tab. 9-17　The Estimated Results of Outbound Tourism on Export Trade

变量	当期		滞后一期		滞后两期	
	门槛回归(1)	LSDV 固定效应(2)	门槛模型(3)	LSDV 固定效应(4)	门槛模型(5)	LSDV 固定效应(6)
LnX_1 人口规模	-1.3251*	-0.8421**	-1.2019*	-0.7800*	-1.1081*	0.7620*
LnX_2 国内生产总值	2.8537***	1.3280***	2.5312***	1.2196***	2.3890***	1.1850**
X_3 经济自由度指数	1.2758**	N/A	1.0228**	N/A	0.9850**	N/A
LnX_4 地理距离	-113.475*	N/A	-111.528*	N/A	-109.885*	N/A
LnX_5 官方汇率	0.9600***	0.9412**	0.9366***	0.9200**	0.9021***	0.9164**
X_6 外商直接投资净流入	0.7140**	0.4330	0.6835**	0.3920*	0.6040**	0.3780*
X_7 通货膨胀率	-0.0138*	N/A	-0.0133*	N/A	-0.0132*	N/A
X_8 劳资比率	0.0212*	0.1094*	0.0208*	0.0992*	0.0206*	0.0987*
X_9 WTO	0.2658**	0.3681**	0.2652**	0.3590**	0.2652**	0.3550*
X_{10} 国界接壤	0.1120*	N/A	0.1018*	N/A	0.1018*	N/A
Lnx_o 出境旅游	N/A	0.5890**	N/A	0.5620**	N/A	0.5530**
Lnq 基础设施	N/A	0.2812**	N/A	0.2613**	N/A	0.2591**

续表

变量	当期		滞后一期		滞后两期	
	门槛回归(1)	LSDV 固定效应(2)	门槛模型(3)	LSDV 固定效应(4)	门槛模型(5)	LSDV 固定效应(6)
$Lnx_{o,t-1}$ 出境旅游 ($Lnq \leq 10.0400$)	0.2088 **	N/A	0.1962 **	N/A	0.1828 **	N/A
$Lnx_{o,t-1}$ 出境旅游 ($10.0400 < Lnq \leq 13.9400$)	0.2931 **	N/A	0.2596 **	N/A	0.2533 **	N/A
$Lnx_{o,t-1}$ 出境旅游 ($Lnq > 13.9400$)	0.2732 ***	N/A	0.2138 ***	N/A	0.2061 ***	N/A
C 常数	-957.25 *	33.60 *	-946.77 *	30.90 **	-940.92 *	28.62 *

说明：①"N/A"表示本栏目不适用。
②*、**、*** 分别表示 10%、5%、1% 的显著性水平。

资料来源：课题组经计算整理而得。

表 9-18 "入境旅游→进口贸易"估计结果

Tab. 9-18 The Estimated Results of Inbound Tourism on Import Trade

变量	当期		滞后一期		滞后两期	
	门槛回归(1)	LSDV 固定效应(2)	门槛模型(3)	LSDV 固定效应(4)	门槛模型(5)	LSDV 固定效应(6)
LnX_1 人口规模	1.5748***	1.0122**	1.4812**	1.0018**	1.4022**	0.9380**
LnX_2 国内生产总值	2.6309**	0.8360***	2.5200**	0.7812**	2.3850**	0.6350***
X_3 经济自由度指数	0.7897*	N/A	0.7019*	N/A	0.6873*	N/A
LnX_4 地理距离	-83.0041	N/A	-82.5800*	N/A	-82.4840*	N/A
LnX_5 官方汇率	-0.5596*	0.4833**	-0.5250**	0.4420**	-0.4933*	0.4033**
X_6 外商直接投资净流入	0.1220**	0.2661	0.1091**	0.2366*	0.0848**	0.2055*
X_7 通货膨胀率	-0.0150*	N/A	-0.0144**	N/A	-0.0141*	N/A
X_8 劳资比率	0.4480**	0.1620*	0.4250**	0.1580*	0.4169**	0.1480**
X_9 WTO	0.1951*	0.1455**	0.1794*	0.1420**	0.1720**	0.1421**
X_{10} 国界接壤	N/A	N/A	N/A	N/A	N/A	N/A
Lnx_i 入境旅游	N/A	0.2250**	N/A	0.2100**	N/A	0.2088**
Lnq 基础设施	N/A	0.3194***	N/A	0.3080***	N/A	0.3019***

续表

变量	当期		滞后一期		滞后两期	
	门槛回归(1)	LSDV 固定效应(2)	门槛模型(3)	LSDV 固定效应(4)	门槛模型(5)	LSDV 固定效应(6)
$Lnx_{i,t-1}$ 入境旅游 ($Lnq \leq 10.0800$)	0.0227**	N/A	0.0209**	N/A	0.0193**	N/A
$Lnx_{i,t-1}$ 入境旅游 ($Lnq > 10.0800$)	0.0520**	N/A	0.0491**	N/A	0.0407**	N/A
C 常数	-912.61*	42.63**	-903.88*	40.88**	-892.11*	40.06**

说明：①"N/A"表示本栏目不适用。
②*、**、*** 分别表示10%、5%、1%的显著性水平。

资料来源：课题组经计算整理而得。

的系数符号基本一致。由此可见,"出境旅游→出口贸易"的门槛效应可靠,门槛回归的估计结果通过稳健性检验。

表9-18列(1)和列(2)显示,进行"入境旅游→进口贸易"的LSDV固定效应和门槛回归,参数估计的系数符号基本一致,但地理距离、外国直接投资净流入的系数符号在两个模型中存在差异。另外,将入境旅游滞后一期、滞后二期作为出口贸易当期的替代变量,代入LSDV固定效应和门槛回归模型中,表9-18列(3)—(6)显示,参数估计的系数符号基本一致。由此可知,"入境旅游→进口贸易"的门槛回归估计结果是稳健的,即"入境旅游→进口贸易"的门槛效应相对可靠。

9.3 贸易对旅游的追随效应

旅游与贸易互动机理认为,在旅游与贸易发展初期,由于贸易所需基础设施等要素难以达成,主要是旅游带动贸易发展。随着旅游与贸易向前发展,基础设施等要素储备不断丰富,促进了贸易规模的不断扩张,此时人员的流动更为频繁,以探寻商机、外派驻地工作、探亲访友、休闲观光为代表的各种旅游业态不断丰富,旅游的增长在一定程度上得益于贸易规模的扩张。由此推测,在基础设施视角下,贸易对旅游的追随效应呈现出非线性变化。为此,本节研究中国—东盟贸易对旅游的追随效应,选取基础设施指数为门槛变量,同时考虑经济、政治、旅游要素的作用,定量研究在不同门槛区间贸易对旅游的作用效果,择优选择基础设施投资领域,优化贸易对旅游的作用效果,提振入境旅游,有序发展出境旅游,协调双边旅游发展。

9.3.1 模型构建和变量说明

9.3.1.1 模型构建

从基础设施支撑要素考察中国—东盟贸易对旅游的追随效应,为消除异方差，构建线性对数模型式 9-7。其中，y_t 表示旅游客流量，分别以 $y_{i,at}$ 表示东盟 a 国入境中国游客量，$y_{o,at}$ 表示中国出境东盟 a 国游客量，$x_{i,at}$ 表示中国从东盟 a 国进口贸易额，$x_{e,at}$ 表示中国对东盟 a 国出口贸易额，X_t 表示影响国际旅游的控制变量，如国内生产总值、人均国内生产总值、全球治理指数、地理距离、经济自由度、世界遗产数、国界接壤等，β_0、β_1、θ 是待估参数，ε_t 为误差项。

$$\operatorname{Ln} y_t = \beta_0 + \beta_1 \operatorname{Ln} x_t + \theta \operatorname{Ln} X_t + \varepsilon_t \qquad (9-7)$$

以基础设施指数为外生门槛变量，中国出境东盟游客量、东盟入境中国游客量分别为被解释变量，中国从东盟进口贸易额、中国对东盟出口贸易额分别为解释变量，研究中国—东盟贸易对旅游的追随效应。与上节采用同样的方法构建门槛模型，考虑存在多重门槛的情况，构建多门槛模型，并依次进行门槛显著性检验、门槛值估计与真实性检验、门槛回归估计。

9.3.1.2 变量选取

本节同样选取中国—东盟 7 国 2003—2018 年的面板数据，阐述如下。

（1）被解释变量

①中国出境东盟游客量（y_o）：该指标用以衡量中国旅游消费需求水平、东盟旅游发展。该值越大，表明中国经济发展越好，旅游消费需求增加，同时东盟国家旅游外汇收入增加。本章选取 2003—2018 年中国出境东盟 7 国游客量的面板数据，数据来源于 ASEAN Stats Data Portal，其中 2001 年、2006 年中国出境印尼游客量的统计数据缺失，课题组用差值法进行修正。

②东盟入境中国游客量（y_i）：该指标用以衡量中国旅游发展，东盟入境中国游客越多，表明东盟游客对中国的认知度及好感提升，中国旅游发展向好，中国旅游外汇收入增加。本章选取 2003—2018 年东盟 7 国入境中国游客量的面板数据，数据来源于中华人民共和国公安部，因 2017 年老挝入境中国游客量统计口径不一致，课题组用差值法进行

修正。

(2) 解释变量

①中国对东盟出口贸易额（x_e）：该指标是以离岸价格计算的中国对东盟各国出口货物的金额，用以衡量中国贸易发展，中国对东盟贸易的比较优势，中国从东盟得到的外汇收入。该值越大，表明中国的货物越具有比较优势，从东盟得到的外汇收入就越多。石张宇等（2019）以出口商品贸易额指标代表出口贸易，发现出口贸易对商务入境旅游存在促进作用。① 本章选取2003—2018年中国对东盟7国出口贸易额的面板数据，数据来源于中经网统计数据库。

②中国从东盟进口贸易额（x_i）：该指标是以离岸价格计算的中国从东盟进口货物的金额，用以衡量东盟贸易发展，东盟对中国贸易的比较优势，中国对东盟外汇支出的多寡。该值越大，表明东盟的货物越具有比较优势，中国的外汇支出就越多。石张宇等（2019）以进口商品贸易额指标代表进口贸易，发现进口贸易对商务入境旅游存在促进效应。② 本章选取2003—2018年中国从东盟7国进口贸易额的面板数据，数据来源于中经网统计数据库。

被解释变量与解释变量两两之间所存在的关系如下："中国对东盟出口贸易→中国出境东盟旅游""中国对东盟出口贸易→东盟入境中国旅游""中国从东盟进口贸易→中国出境东盟旅游""中国从东盟进口贸易→东盟入境中国旅游"。

(3) 门槛变量

基础设施指数（q）：该指数从交通、通信、能源三个层面考量了基础设施水平，通过因子分析法进行变量降维，测算得出基础设施指数，本书8.1.3节对此已做详细测算。该值越大，表明交通、通信、能源基

---

① 石张宇、程乾、李海建：《我国国际货物贸易与商务入境旅游间互动关系研究》，《国际商务》（对外经济贸易大学学报）2019年第4期。

② 石张宇、程乾、李海建：《我国国际货物贸易与商务入境旅游间互动关系研究》，《国际商务》（对外经济贸易大学学报）2019年第4期。

础设施水平越高，旅游与贸易互动条件就越充分。部分学者综合考虑交通、通信、能源基础设施，考量其对旅游、贸易的作用。① 本章选取2003—2018年中国、东盟7国基础设施指数的面板数据。

（4）控制变量

①国内生产总值（X_1）：该指标用以衡量国家经济状况和居民消费能力。该值越大，表明经济发展水平越高，居民消费能力越强，居民出境旅游需求越旺盛。隋建利等（2017）认为，旅游人数与宏观经济增长相互作用。② 本章选取2003—2018年中国、东盟7国国内生产总值（2010年不变价美元）的面板数据，数据来源于WDI数据库。

②人均国内生产总值（X_2）：该指标用以衡量居民物质生活水平以及企业投资的劳动力成本。该值越大，表明国内居民物质生活水平越高，居民出境旅游消费能力越强，但企业投资所需花费的劳动力成本也越高，对跨国企业投资设厂吸引力较弱，外派驻地型入境旅游减少。任宏伟等（2011）经实证研究发现，影响旅游业发展的主要因素包括国内生产总值、人均国内生产总值。③ 本章选取2003—2018年中国、东盟7国人均国内生产总值（2010年不变价美元）的面板数据，数据来源于WDI数据库。

③全球治理指数（X_3）：该指标用以衡量政治稳定性，包含公民话语权、社会治安、政府效能、管制质量、法治完善、贪污腐败六个层面，对这六个层面进行加权平均得出全球治理指数。该值越大，表明政治稳定性越高，利好于国际旅游。Ghalia et al.（2019）以全球治理指数衡量

---

① A. Portugal-Perez, J. S. Wilson, "Export Performance and Trade Facilitation Reform: Hard and Soft Infrastructure," *World Development*, 2012, 40（7）：1295 - 1307. S. Bensassi, Laura. Marquez-Ramos, et al., "Relationship between Ogistics Infrastructure and Trade: Evidence from Spanish Regional Exports," *Transportation Research Part A Policy and Practice*, 2015, 72（2）：47 - 61. 徐美娜、彭羽：《ICT基础设施对离岸服务出口的影响——基于美国双边贸易数据的实证研究》，《国际经贸探索》2015年第12期。

② 隋建利、刘碧莹：《中国旅游发展与宏观经济增长的非线性时变因果关系——基于非线性马尔科夫区制转移因果模型》，《经济管理》2017年第8期。

③ 任宏伟、张吉献：《基于灰色系统理论的河南旅游业发展研究》，《地域开发与研究》2011年第3期。

政治稳定,认为政治稳定是促进旅游客流增长的驱动要素。① 本章选取 2003—2018 年中国、东盟 7 国全球治理指数(数值范围:-2.5—2.5)的面板数据,数据来源于 World Governance Indicators(WGI)数据库。

④地理距离(X_4):该指标用以衡量旅游活动的时间成本、交通成本,是选择旅游目的地的关键要素。该值越大,旅游活动所需花费的时间、金钱成本也越高,会对人员、货物往来产生阻力。Lin & Morais(2008)认为,地理距离越远,经济联系越弱,旅游吸引力就会下降。② 本章选取中国与东盟 7 国地理距离的面板数据,数据来源于 CEPII 数据库。

⑤经济自由度指数(X_5):该指标用以衡量政府对经济市场的干涉程度,包括政府对出境与入境旅游的管控。该值越大,表明政府对经济市场的干涉越少,市场越自由,就会越吸引外商投资,减弱货物贸易壁垒,削弱人员通关阻力。Saha et al.(2017)认为,经济自由度较高的区域旅游创收较多。③ 本章选取 2003—2018 年中国、东盟 7 国经济自由度指数(数值范围:0—100)的面板数据,数据来源于美国传统基金会。

⑥世界遗产数(X_6):该指标用以衡量世界性高质量的旅游资源,包括文化遗产、自然遗产。该值越大,表明旅游资源越丰富,吸引外国游客入境旅游,促使本国居民国内旅游,减弱出境旅游需求。林玉虾等(2017)研究发现,世界遗产可以吸引外国游客入境旅游,带动本国居民国内旅游。④ 本章选取 2003—2018 年中国、东盟 7 国世界遗产的面板

---

① T. Ghalia, J. Fidrmuc, N. Samargandi, et al., "Institutional Quality, Political Risk and Tourism," *Tourism Management Perspectives*, 2019, 32(01): 57 – 65.

② C. H. Lin, D. B. Morais, "The Spatial Clustering Effect of Destination Distribution on Cognitive Distance Estimates and Its Impact on Tourists' Destination Choices," *Journal of Travel & Tourism Marketing*, 2008, 25(03): 382 – 397.

③ S. Saha, J. J. Su, N. Campbell, "Does Political and Economic Freedom Matter for Inbound Tourism? A Cross – National Panel Data Estimation," *Journal of Travel Research*, 2017, 56(2): 221 – 234.

④ 林玉虾、林璧属:《世界遗产的旅游效应及其对遗产保护的影响——来自中国旅游人数和旅游收入的经验证据》,《经济管理》2017 年第 9 期。

数据，数据来源于世界遗产名录。

⑦国界接壤（X_7）：该指标用以衡量两国国界是否接壤，一般来说，国界接壤的国家文化相通、语言相近，会积极开展经济合作，人员与货物往来频繁。该指标为虚拟变量，如一国与中国国界不接壤，则该值为0，反之则为1。狄方耀（2016）认为，相邻国家文化合作交流频繁。[①] 本章选取中国与东盟7国国界接壤的面板数据，数据来源于国家基础地理信息数据库。

表9-19 变量说明

Tab. 9-19 Variable Description

变量	变量选取	数据来源
被解释变量	y_o 中国出境东盟游客量	中国贸易外经统计年鉴
	y_i 东盟入境中国游客量	中国贸易外经统计年鉴
解释变量	x_e 中国对东盟出口贸易额	中经网统计数据库
	x_i 中国从东盟进口贸易额	中经网统计数据库
门槛变量	q 基础设施指数	WDI数据库、世界竞争力报告
控制变量	X_1 国内生产总值	WDI数据库
	X_2 人均国内生产总值	WDI数据库
	X_3 全球治理指数	WGI数据库
	X_4 地理距离	CEPII数据库
	X_5 经济自由度	美国传统基金会
	X_6 世界遗产数	世界遗产名录
	X_7 国界接壤	国家基础地理信息数据库

资料来源：课题组经整理而得。

---

① 狄方耀：《试论中国西藏与南亚相邻国家经济文化合作交流的原则与对策》，《西藏大学学报》（社会科学版）2016年第2期。

9.3.1.3 变量的统计特征

对各变量进行描述性统计，如表9-20所示，本章选取2003—2018年中国—东盟7国的面板数据。就被解释变量而言，中国出境东盟游客量的均值明显大于东盟入境中国游客量的均值，并且极差值较大，表明旅游国别差异明显，按游客量由大到小排序，2010—2018年中国出境东盟旅游前三大目的地为泰国、新加坡、越南，东盟入境中国旅游前三大客源国为越南、马来西亚、新加坡，而中国与印尼、菲律宾、老挝三国的游客量排序靠后。

就解释变量而言，中国对东盟出口贸易额大于中国从东盟进口贸易额，并且极差值较大，贸易国别差异仍比较明显。按贸易额由大到小排序，中国对东盟出口贸易前三大对象国为新加坡、越南、马来西亚，中国从东盟进口贸易前三大对象国为马来西亚、泰国、新加坡。可见，东盟7国与中国的旅游合作国别差异明显，并且中国出境东盟旅游主要目的地和中国从东盟进口贸易主要对象国部分重合，东盟入境中国主要客源国和中国对东盟出口贸易主要对象国完全重合。

表9-20　　　　　　　　　　变量描述性统计

Tab. 9-20　　　　　　　Variable Descriptive Statistics

变量	样本数	均值	标准差	最大值	最小值	单位
y_o	128	1202500	1621500	10535955	21200	人次
y_i	128	71200	483500	2698600	3400	人次
x_e	128	21427	17252	71617	98	百万美元
x_i	128	20360	15606	62137	11	百万美元
q	128	1755776	1520977	5531483	2036.53	N/A
X_1	128	278633	240274	1090454	4256	百万美元
X_2	128	125.89	337.13	5.67	0.08	百万美元
X_3	128	-0.10	0.77	1.62	-1.31	-2.5—2.5分
X_4	128	3610.75	998.64	5220.88	2316.80	千米

续表

变量	样本数	均值	标准差	最大值	最小值	单位
X_5	128	61.59	12.59	89.40	41	0—100 分
X_6	128	4.15	2.44	8	0	个
X_7	128	0.43	0.49	1	0	N/A

说明："N/A"表示本栏目不适用。

资料来源：课题组经计算整理而得。

就门槛变量而言，基础设施指数的极差值仍较大，国别差异仍较为明显。其中，新加坡的基础设施指数处于高位，马来西亚、中国、泰国、印尼的基础设施指数处于中等偏上水平，越南、菲律宾、老挝的基础设施指数处于中等偏下水平。值得一提的是，老挝、菲律宾的基础设施指数提升较快，基础设施指数年均增长率较大。可见，基础设施指数高的国家，游客量、贸易额均较大，如新加坡、马来西亚、泰国。

9.3.2 贸易对出境旅游的追随效应

本节基于面板门槛模型，以基础设施这一支撑要素为门槛变量，借助计量软件 Stata 15.0，研究中国—东盟贸易对出境旅游的追随效应。同时，为降低数据剧烈波动及异方差对于模型的影响，本章对除 X_3、X_6、X_7 外的各变量进行对数化处理，因为 X_3（全球治理指数）取值范围为 -2.5—2.5，包含负值，X_6（世界遗产数）和 X_7（国界接壤）的取值包含 0，故不对其进行对数化处理。

9.3.2.1 出境旅游门槛显著性检验

选取中国出境东盟游客量为被解释变量，中国从东盟进口贸易额、出口贸易额为解释变量，存在两组关系："进口贸易→出境旅游"即中国从东盟进口贸易→中国出境东盟旅游，"出口贸易→出境旅游"即中国对东盟出口贸易→中国出境东盟旅游。研究在不同基础设施水平下，中国—东盟贸易对出境旅游是否存在门槛效应，检验结果见表 9 – 21 所示。

"进口贸易→出境旅游"存在双门槛效应：如表9-21所示，单门槛效应在5%显著性水平下通过检验，对应的F值为25.31，P值为0.0333；同样，双门槛效应通过了5%的显著性水平检验，F值为20.91，P值为0.0167；而三门槛效应即使在10%的显著性水平下也不显著。可见，进口贸易对出境旅游的门槛效应在通过单门槛的基础上，进一步通过了双门槛，故认为中国从东盟进口贸易对中国出境东盟旅游存在双门槛效应。

表9-21　　　　　出境旅游门槛效应显著性检验

Tab. 9-21　　The Significance Test for Threshold Effect of Outbound Tourism

被解释变量	解释变量	模型	F统计量	P值	BS数	临界值5%
Ln y_o 出境旅游	Ln $x_{i,t}$ 进口贸易	单门槛	25.31	0.0333**	300	24.7098
		双门槛	20.91	0.0167**	300	17.2050
		三门槛	9.27	0.3933	300	25.9788
	Ln $x_{e,t}$ 出口贸易	单门槛	19.90	0.1567	300	27.0478
		双门槛	22.46	0.0867*	300	29.3874
		三门槛	8.48	0.5233	300	37.7696

说明：①BS（Bootstrap）指自举抽样方法，抽样次数越多，结果准确性越高。

②*、**、***分别表示10%、5%、1%的显著性水平。

资料来源：课题组经计算整理而得。

"出口贸易→出境旅游"不存在门槛效应：如表9-21所示，单门槛效应不能通过10%的显著性水平，对应的F值为19.9，P值为0.1567；尽管双门槛效应的P值为0.0867，通过了10%的显著性水平，但单门槛未通过，表明亦不存在双门槛；三门槛效应未能通过10%的显著性水平，其F值为8.48，P值为0.5233。可见，中国对东盟出口贸易对中国出境东盟旅游不存在门槛效应。

9.3.2.2　出境旅游门槛值估计与真实性检验

根据门槛效应显著性检验结果，发现中国—东盟"进口贸易→出境旅游"存在双门槛效应，进一步对其门槛值进行估计与真实性检验。

基础设施指数门槛值估计结果及置信区间如表9-22所示,中国—东盟"进口贸易→出境旅游"存在双门槛效应,门槛估计值 γ_1 为 14.0389, γ_2 为 15.2035,对应的置信区间为 [13.9564,14.0520] [15.1924,15.2564]。

表9-22 "进口贸易→出境旅游"门槛估计值结果及置信区间

Tab. 9-22 The Threshold Estimation Results and Confidence Intervals of Import Trade on Outbound Tourism

被解释变量	解释变量	门槛	门槛估计值	95%的置信区间
$\text{Ln } y_o$ 出境旅游	$\text{Ln} x_{i,t}$ 进口贸易	第一门槛 γ_1	14.0389	[13.9564,14.0520]
		第二门槛 γ_2	15.2035	[15.1924,15.2564]

资料来源:课题组经计算整理而得。

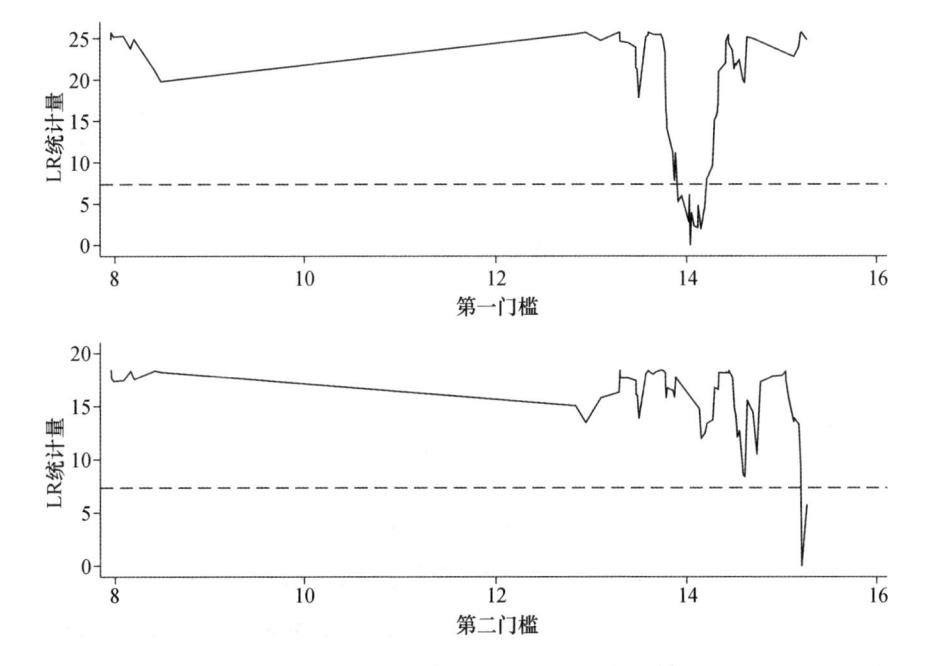

图9-3 "进口贸易→出境旅游"双门槛估计值真实性检验

Fig. 9-3 The Dual Threshold Effect of Import Trade on Outbound Tourism

接下来利用似然比统计量进行门槛估计值的真实性检验。如图 9 - 3 所示，虚线 LR = 7.35 以下的部分表示置信区间为 95% 时，门槛估计值的置信区间。当 LR = 0 时，"进口贸易→出境旅游"对应的门槛估计值为 14.0389、15.2035，因两个门槛估计值都处于相应的置信区间内，故门槛估计值与门槛真实值一致，即中国从东盟进口贸易对中国出境东盟旅游的作用效果受基础设施指数的影响，且基础设施指数通过了双门槛值的真实性检验。

9.3.2.3 出境旅游门槛回归估计

基于上述两个检验，在基础设施层面对"进口贸易→出境旅游"采用双门槛回归模型进行估计，具体结果见表 9 - 23 所示。

表 9 - 23　"进口贸易→出境旅游"门槛回归结果

Tab. 9 - 23　The Threshold Effect of Import Trade on Outbound Tourism

被解释变量	门槛变量	进口贸易		
		系数	T 值	P 值
出境旅游	$Lnq \leq 14.0389$	0.0129	1.91	0.053 *
	$14.0389 < Lnq \leq 15.2035$	0.1097	2.25	0.037 **
	$Lnq > 15.2035$	0.0615	1.95	0.044 **

说明：①Lnq 为基础设施指数的对数值，若 Lnq = 14.0389，则 q = 1250307.40；若 Lnq = 15.2035，则 q = 4006786.07。

②*、** 分别表示 10%、5% 的显著性水平。

资料来源：课题组经计算整理而得。

如表 9 - 23 所示，"进口贸易→出境旅游"的作用强度呈非线性变化，表现为先增强再减弱的阶段性变化。当 $Lnq \leq 14.0389$ 时，进口贸易正向促进出境旅游，表现为中国从东盟进口贸易额每增加 1%，将会促使中国出境东盟游客流量提升 0.0129%；当 $14.0389 < Lnq \leq 15.2035$ 时，进口贸易对出境旅游的作用强度提升，弹性系数增至

0.1097%，即1%的进口额变动，将会引起0.1097%游客流量的变化；而当 Lnq > 15.2035 时，进口贸易对出境旅游的作用不增反降，此时中国从东盟进口贸易额每增加1%，仅可促进中国出境东盟游客流量增加0.0615%，作用效果减弱。可见，随着基础设施指数的提升，进口贸易对出境旅游的作用呈现出先增强后减弱的非线性变化。

根据 Lnq 的双重门槛值，将进口贸易对出境旅游的门槛区间划分为（-∞，14.0389］（14.0389，15.2035］（15.2035，+∞］，并按东盟7国的基础设施指数进行区间归类。如表9-8所示：①新加坡的 Lnq = 15.4872，处于区间（15.2035，+∞］，表明新加坡的基础设施较完善，进口贸易对出境旅游的作用效果减弱，当进口贸易每增加1%时，出境旅游会随之增加0.0615%；②马来西亚、泰国、印尼的 Lnq 分别为14.9234、14.4045、14.2907，均处于（14.0389，15.2035］区间，表明这三国的基础设施处于中等偏上水平，进口贸易对出境旅游的作用效果较强，表现为进口贸易每增加1%，将会带动0.1097%的出境旅游；③越南、菲律宾、老挝的 Lnq 分别为13.9981、10.6385、10.1117，均处于（-∞，14.0389］区间，表明这三国的基础设施处于中等偏下水平，进口贸易对出境旅游的作用效果较弱，表现为进口贸易每增加1%，出境旅游会随之增加0.0129%。

9.3.3 贸易对入境旅游的追随效应

9.3.3.1 入境旅游门槛显著性检验

选取东盟入境中国游客量为被解释变量，中国与东盟进出口贸易额为解释变量，存在两组关系："进口贸易→入境旅游"即中国从东盟进口贸易→东盟入境中国旅游，"出口贸易→入境旅游"即中国对东盟出口贸易→东盟入境中国旅游。研究在不同基础设施水平下，中国—东盟贸易对入境旅游是否存在门槛效应，检验结果见表9-24所示。

"进口贸易→入境旅游"不存在门槛效应：单门槛、双门槛、三门槛均未能通过10%的显著性水平，其P值均大于10%。故认为中国从东盟进口贸易对东盟入境中国旅游不存在门槛效应。

"出口贸易→入境旅游"存在单门槛效应：单门槛效应通过5%的显著性水平，对应的F值为27.64，P值为0.0200；双门槛、三门槛效应均不显著，其F值均小于10%的临界值，P值均大于10%。故认为中国对东盟出口贸易对东盟入境中国旅游存在单门槛效应。

表9-24　　　　　　入境旅游门槛效应显著性检验

Tab. 9-24　The Significance Test for Threshold Effect of Inbound Tourism

被解释变量	解释变量	模型	F统计量	P值	BS数	临界值5%
Lny_i 入境旅游	$Lnx_{i,t}$ 进口贸易	单一门槛	16.27	0.1100	300	23.6962
		双重门槛	8.64	0.5000	300	21.8375
		三重门槛	11.67	0.5833	300	39.0101
	$Lnx_{e,t}$ 出口贸易	单一门槛	27.64	0.0200**	300	22.4298
		双重门槛	10.80	0.3133	300	20.7464
		三重门槛	7.17	0.6600	300	36.0777

说明：①BS（Bootstrap）指自举抽样方法，抽样次数越多，结果准确性越高。
　　　②** 表示5%的显著性水平。
资料来源：课题组经计算整理而得。

9.3.3.2　入境旅游门槛值估计与真实性检验

根据门槛效应显著性检验结果，发现"出口贸易→入境旅游"存在单门槛效应，进一步对其门槛值进行估计与真实性检验。

基础设施指数门槛值估计结果及置信区间如表9-25所示，"出口贸易→入境旅游"存在单门槛效应，门槛估计值γ'_1为12.9388，对应的置信区间为[12.8304，13.0984]。

接下来利用似然比统计量进行门槛估计值的真实性检验。如图9-4所示，虚线LR=7.35以下的部分表示置信区间为95%时，门槛估计值的置信区间，当LR=0时，"出口贸易→入境旅游"对应的门槛估计值为12.9388，该门槛估计值处于相应的置信区间内，故门槛估计值通过真实性检验,即中国对东盟出口贸易对东盟入境中国旅游的作用受基础设施指数的影响,且基础设施指数通过了单门槛值的真实性检验。

表 9-25 "出口贸易→入境旅游"门槛估计值结果及置信区间

Tab. 9-25 The Threshold Estimation Results and Confidence Intervals of Export Trade on Inbound Tourism

被解释变量	解释变量	门槛	门槛估计值	95%的置信区间
Lny_i 入境旅游	$Lnx_{e,t}$ 出口贸易	第一门槛 γ'_1	12.9388	[12.8304, 13.0984]

资料来源:课题组经计算整理而得。

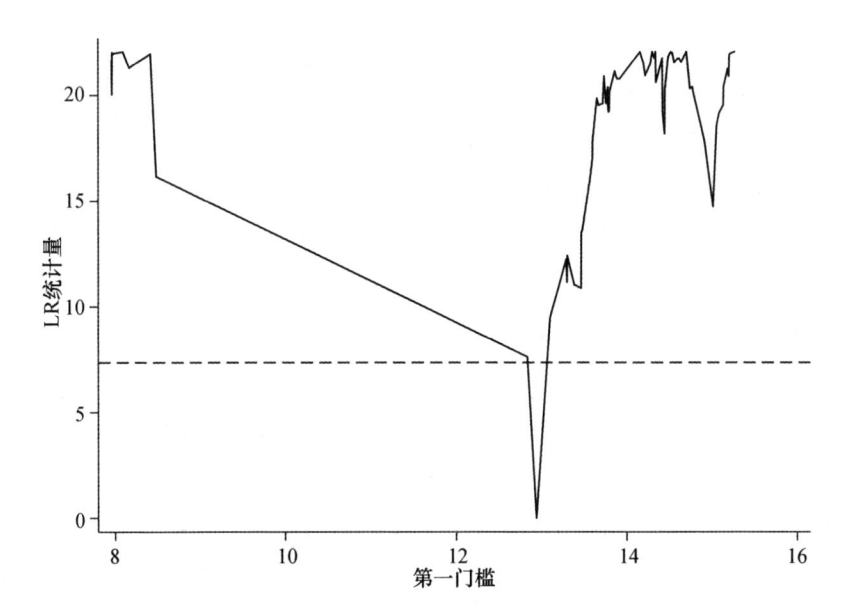

图 9-4 "出口贸易→入境旅游"单门槛估计值真实性检验

Fig. 9-4 The Single Threshold Effect of Export Trade on Inbound Tourism

9.3.3.3 入境旅游门槛回归估计

基于前两小节的分析,对"出口贸易→入境旅游"采用单门槛回归模型进行估计，具体结果见表9-26所示。

表9-26　"出口贸易→入境旅游"门槛回归结果
Tab.9-26　The Threshold Effect of Export Trade on Inbound Tourism

被解释变量	门槛变量	出口贸易		
		系数	T值	P值
入境旅游	Lnq ≤ 12.9388	0.1152	1.79	0.080*
	Lnq > 12.9388	0.1492	2.85	0.033**

说明：① Lnq 为基础设施指数的对数值，若 Lnq = 12.9388，则 q = 416149.56。
　　　② *、** 分别表示10%、5%的显著性水平。
资料来源：课题组经计算整理而得。

如表9-26所示，"出口贸易→入境旅游"的作用强度呈现出非线性变化，表现为前弱后强的阶段性变化。当 Lnq ≤ 12.9388 时，出口贸易正向促进入境旅游，表现为中国对东盟出口贸易额每增加1%，东盟入境中国游客量随之增加0.1152%；当 Lnq > 12.9388 时，出口贸易对入境旅游的作用进一步增强，其弹性系数增至0.1492%。可见，随着基础设施指数的提升，出口贸易对入境旅游的作用呈现出前弱后强的非线性变化。

根据 Lnq 的单门槛值，将出口贸易对入境旅游的门槛区间划分为 ($-\infty$，12.9388]（12.9388，$+\infty$），按东盟7国的基础设施指数值进行区间归类。如表9-8所示：①新加坡、马来西亚、泰国、印尼、越南的 Lnq 分别为15.4872、14.9234、14.4045、14.2907、13.9981，均处于区间（12.9388，$+\infty$），表明这5国现阶段的基础设施基本上能满足入境中国的旅游需求，并且随着基础设施指数的提升，中国对这5国的出口贸易可追随其入境中国旅游，表现为出口贸易每增加1%，将会吸引0.1492%的入境旅游追随；②菲律宾、老挝的 Lnq 分别为10.6385、10.1117，处于区间（$-\infty$，12.9388]，表示这两国的基础设施指数亟待提升，出口贸易对入境旅游的追随效应较弱。

9.3.4 稳健性检验

首先,同 9.2.4 节一样,采用逐步回归法剔除部分变量,并反复多次进行,最终将国内生产总值和经济自由度这两个变量剔除;其次,采用最小虚拟变量二乘法(LSDV)进行参数估计,检验中国—东盟贸易对旅游的作用。逐步回归法和 LSDV 法有助于减弱模型的内生性问题。为进一步缓解内生性问题,本章分别使用核心解释变量滞后一期、滞后两期数据作为替代变量进行回归,回归结果如表 9-27、表 9-28 所示。

如表 9-27 列(1)和列(2)所示,在"进口贸易→出境旅游"的固定效应模型和门槛回归模型中,各变量的系数符号一致,显著性有微小差别,如全球治理指数、世界遗产数在固定效应模型中不显著。另外,考虑进口贸易滞后一期和滞后二期的情况进行固定效应模型、门槛回归模型估计,如表 9-27 列(3)—(6)所示,固定效应和门槛回归各变量的系数符号基本一致。由此可见,"进口贸易→出境旅游"的门槛效应可靠,门槛回归的估计结果通过稳健性检验。

如表 9-28 列(1)和列(2)所示,进行"出口贸易→入境旅游"的 LSDV 固定效应和门槛回归,参数估计的系数符号基本一致,但人均国内生产总值的系数符号在两个模型中存在差异。另外,将出口贸易滞后一期、滞后二期作为出口贸易当期的替代变量,代入 LSDV 固定效应和门槛回归模型中,如表 9-28 列(3)—(6)所示,参数估计的系数符号基本一致。由此可知,"出口贸易→入境旅游"的门槛回归估计结果是稳健的,即"出口贸易→入境旅游"的门槛效应相对可靠。

综上可知,中国—东盟旅游与贸易的互动体现为旅游对贸易的带动效应、贸易对旅游的追随效应,分别对应"出境旅游→出口贸易""入境旅游→进口贸易""出口贸易→入境旅游""进口贸易→出境旅游"四对非线性作用关系。其中"出境旅游→出口贸易""进口贸易→出境旅游"的作用效果先增强后降低;"入境旅游→进口贸易""出口贸易→入境旅游"的作用效果呈现阶段性增强。

表 9-27 "进口贸易→出境旅游"估计结果
Tab. 9-27 The Estimated Results of Import Trade on Outbound Tourism

变量	当期		滞后一期		滞后两期	
	门槛回归(1)	LSDV 固定效应(2)	门槛模型(3)	LSDV 固定效应(4)	门槛模型(5)	LSDV 固定效应(6)
LnX_1 国内生产总值	4.6130**	N/A	4.5322**	N/A	4.5019**	N/A
LnX_2 人均国内生产总值	0.6392**	0.1058**	0.5821**	0.1029**	0.5530**	0.0942**
X_3 全球治理指数	0.4569*	0.0140	0.4833*	0.0132*	0.4920*	0.0124*
LnX_4 地理距离	-121.8960	N/A	-120.2400	N/A	-118.3212	N/A
LnX_5 经济自由度	0.9153*	N/A	0.8530*	N/A	0.8255*	N/A
X_6 世界遗产数	0.1548**	0.1023	0.1181**	0.1089*	0.1029**	0.1341*
X_7 国界接壤	0.0821*	N/A	0.0513*	N/A	0.0329*	N/A
Lnx_i 进口贸易	N/A	0.1062**	N/A	0.1421**	N/A	0.2651**
Lnq 基础设施	N/A	0.0466**	N/A	0.0418**	N/A	0.0401**
$Lnx_{i,t-1}$ 进口贸易 ($Lnq \leq 14.0389$)	0.0129*	N/A	0.0201*	N/A	0.0145*	N/A
$Lnx_{i,t-1}$ 进口贸易 ($14.0389 < Lnq \leq 15.2035$)	0.1097**	N/A	0.0893**	N/A	0.0821**	N/A

续表

变量	当期		滞后一期		滞后两期	
	门槛回归(1)	LSDV 固定效应(2)	门槛模型(3)	LSDV 固定效应(4)	门槛模型(5)	LSDV 固定效应(6)
$Lnx_{i,t-1}$ 进口贸易（$Lnq > 15.2035$）	0.0615**	N/A	0.0412**	N/A	0.0373**	N/A
C 常数	976.3014*	132.9610*	952.2112*	112.3903*	910.5015*	108.5200*

说明：①"N/A"表示本栏目不适用。
②*、**、*** 分别表示 10%、5%、1% 的显著性水平。

资料来源：课题组经计算整理而得。

表9-28　"出口贸易→入境旅游"估计结果

Tab. 9-28　The Estimated Results of Export Trade on Inbound Tourism

变量	当期			滞后一期			滞后两期		
	门槛回归(1)	LSDV 固定效应(2)	门槛模型(3)	LSDV 固定效应(4)	门槛模型(5)	LSDV 固定效应(6)
LnX_1 国内生产总值	0.1288*	N/A	0.1071*	N/A	0.0911*	N/A
LnX_2 人均国内生产总值	-0.0258	0.1229*	-0.0241*	0.1251*	-0.0237	0.1208*
X_3 全球治理指数	0.0289**	0.0812*	0.0277***	0.0658*	0.0271**	0.0421*
LnX_4 地理距离	-176.6521*	N/A	-174.1930*	N/A	-173.2237	N/A
LnX_5 经济自由度	0.1391*	N/A	0.1283*	N/A	0.1121*	N/A
X_6 世界遗产数	-0.0722**	-0.0923**	-0.0652**	-0.0792**	-0.0613*	-0.0681**
X_7 国界接壤	0.0310*	N/A	0.0260*	N/A	0.0197	N/A
Lnx_e 出口贸易	N/A	0.4110**	N/A	0.3730**	N/A	0.2991**
Lnq 基础设施	N/A	0.1153*	N/A	0.1021*	N/A	0.0988*
$Lnx_{e,t-1}$ 出口贸易 ($Lnq \leq 12.9388$)	0.1152*	N/A	0.1082*	N/A	0.0956*	N/A
$Lnx_{e,t-1}$ 出口贸易 ($Lnq > 12.9388$)	0.1492**	N/A	0.1440**	N/A	0.1311**	N/A

续表

变量	当期		滞后一期		滞后两期	
	门槛回归(1)	LSDV 固定效应(2)	门槛模型(3)	LSDV 固定效应(4)	门槛模型(5)	LSDV 固定效应(6)
C 常数	419.1410**	82.9110*	412.2315**	73.1812*	408.5130**	70.2610*

说明：①"N/A"表示本栏目不适用。
②*、**、*** 分别表示10%、5%、1%的显著性水平。
资料来源：课题组经计算整理而得。

9.4 国别差异

在上述分析的基础上进一步对东盟 7 国进行国别差异分析，根据 2018 年东盟 7 国基础设施指数，明确现阶段中国—东盟旅游对贸易的带动效应以及贸易对旅游的追随效应。就旅游对贸易的带动效应而言，需明确"出境旅游→出口贸易""入境旅游→进口贸易"的作用效果；就贸易对旅游的追随效应而言，需明确"进口贸易→出境旅游""出口贸易→入境旅游"的作用效果。

表 9-29　　　　　旅游对贸易带动效应的国别差异

Tab. 9-29　The National Differences in the Driving Effect of Tourism on Trade

研究对象	作用区间	作用系数	国家
出境旅游 ↓ 出口贸易	区间1	带动作用系数：0.2088 $Lnq \leq 10.0400$ 【0 国】	N/A
	区间2	带动作用系数：0.2931 $10.0400 < Lnq \leq 13.9400$ 【2 国】	菲律宾、老挝
	区间3	带动作用系数：0.2732 $Lnq > 13.9400$ 【5 国】	新加坡、马来西亚、泰国、印尼、越南
入境旅游 ↓ 进口贸易	区间1	带动作用系数：0.0227 $Lnq \leq 10.0800$ 【0 国】	N/A
	区间2	带动作用系数：0.0520 $Lnq > 10.0800$ 【7 国】	新加坡、马来西亚、泰国、印尼、越南、菲律宾、老挝

说明："N/A"表示本栏目不适用。

资料来源：课题组经计算整理而得。

就旅游对贸易的带动效应而言，如表9-29所示，"出境旅游→出口贸易"的带动作用呈现出先增强后减弱的趋势，其中，新加坡、马来西亚、泰国、印尼、越南这5个国家，出境旅游对出口贸易的带动作用稍有减弱，而中国出境菲律宾、老挝旅游对出口贸易的带动作用相对较强，借助出境旅游进一步带动出口贸易的潜力相对较大；"入境旅游→进口贸易"的带动作用呈现出阶段性增强趋势，新加坡、马来西亚、泰国、印尼、越南、菲律宾、老挝这7个国家，入境旅游对进口贸易的带动作用均较强，从侧面反映出中国吸引东盟国家入境旅游，旅游创收直接推动经济增长，间接提升进口消费需求。同时，入境旅游带动进口贸易增长也在一定程度上优化了旅游与贸易产业结构，相对协调了现阶段旅游与贸易顺逆差。

表9-30　　　　　　　　**贸易对旅游追随效应的国别差异**

Tab. 9-30　　The National Differences in the Pursuing Effect of Trade on Tourism

研究对象	作用区间	作用系数	国家
进口贸易↓出境旅游	区间1	作用系数：0.0129 基础设施指数的对数 $Lnq \leq 14.0389$ 【3国】	越南、菲律宾、老挝
	区间2	推动作用系数：0.1097 $14.0389 <$ 基础设施指数的对数 $Lnq \leq 15.2035$ 【3国】	马来西亚、泰国、印尼
	区间3	推动作用系数：0.0615 基础设施指数的对数 $Lnq > 15.2035$ 【1国】	新加坡

续表

研究对象	作用区间	作用系数	国家
出口贸易↓入境旅游	区间1	作用系数：0.1152 基础设施指数的对数 $Lnq \leq 12.9388$ 【2国】	菲律宾、老挝
	区间2	推动作用系数：0.1492 基础设施指数的对数 $Lnq > 12.9388$ 【5国】	新加坡、马来西亚、泰国、印尼、越南

资料来源：课题组经计算整理而得。

就贸易对旅游的追随效应而言，如表9-30所示，"进口贸易→出境旅游"的带动作用呈现出先增强后减弱的趋势，其中，新加坡的"进口贸易→出境旅游"作用稍有减弱，马来西亚、泰国、印尼的"进口贸易→出境旅游"处于较优区间，进口贸易对出境旅游的带动作用较强，越南、菲律宾、老挝"进口贸易→出境旅游"作用较弱，进口贸易对出境旅游的带动作用有较大的提升空间；"出口贸易→入境旅游"的带动作用呈现出阶段性增强趋势，其中，新加坡、马来西亚、泰国、印尼、越南这5个国家，处于出口贸易显著带动入境旅游增长的阶段，而中国对菲律宾、老挝出口贸易对入境旅游的带动作用仍需进一步提升。

表9-31　　不同基础设施层面旅游对贸易的带动效应

Tab. 9-31　The Driving Effect of Tourism on Trade Based on Different Perspectives

国别	交通基础设施↑	通信基础设施↑	能源基础设施↑
新加坡	入境旅游→进口贸易↑	入境旅游→进口贸易↑	出境旅游→出口贸易↑
马来西亚	出境旅游→出口贸易↑	出境旅游→出口贸易↑	入境旅游→进口贸易↑

第9章 中国—东盟旅游与贸易要素互动

续表

国别	交通基础设施↑	通信基础设施↑	能源基础设施↑
泰国	出境旅游→出口贸易↑ 入境旅游→进口贸易↑	N/A	N/A
印尼	N/A	出境旅游→出口贸易↑	出境旅游→出口贸易↑ 入境旅游→进口贸易↑
越南	出境旅游→出口贸易↑ 入境旅游→进口贸易↑	入境旅游→进口贸易↑	出境旅游→出口贸易↑ 入境旅游→进口贸易↑
菲律宾	N/A	出境旅游→出口贸易↑ 入境旅游→进口贸易↑	出境旅游→出口贸易↑ 入境旅游→进口贸易↑
老挝	出境旅游→出口贸易↑ 入境旅游→进口贸易↑	出境旅游→出口贸易↑ 入境旅游→进口贸易↑	出境旅游→出口贸易↑ 入境旅游→进口贸易↑

说明：①"↑"表示增强。

②"N/A"表示本栏目不适用。

资料来源：课题组经整理而得。

表9-32　　**不同基础设施层面贸易对旅游的追随效应**

Tab. 9-32　　The Pursuing Effect of Trade on Tourism Based on Different Perspectives

国别	交通基础设施↑	通信基础设施↑	能源基础设施↑
新加坡	出口贸易→入境旅游↑	出口贸易→入境旅游↑	进口贸易→出境旅游↑
马来西亚	出口贸易→入境旅游↑	出口贸易→入境旅游↑	进口贸易→出境旅游↑
泰国	出口贸易→入境旅游↑ 进口贸易→出境旅游↑	进口贸易→出境旅游↑	进口贸易→出境旅游↑
印尼	进口贸易→出境旅游↑	进口贸易→出境旅游↑	出口贸易→入境旅游↑ 进口贸易→出境旅游↑

续表

国别	交通基础设施 ↑	通信基础设施 ↑	能源基础设施 ↑
越南	出口贸易→入境旅游 ↑ 进口贸易→出境旅游 ↑	出口贸易→入境旅游 ↑ 进口贸易→出境旅游 ↑	出口贸易→入境旅游 ↑ 进口贸易→出境旅游 ↑
菲律宾	进口贸易→出境旅游 ↑	出口贸易→入境旅游 ↑ 进口贸易→出境旅游 ↑	进口贸易→出境旅游 ↑
老挝	出口贸易→入境旅游 ↑ 进口贸易→出境旅游 ↑	出口贸易→入境旅游 ↑ 进口贸易→出境旅游 ↑	出口贸易→入境旅游 ↑ 进口贸易→出境旅游 ↑

说明：↑表示增强。

资料来源：课题组经整理而得。

综上所述，从要素层面来看，中国与东盟7国旅游与贸易互动作用表现不同，下面以东盟各国为分析对象，分别基于交通、通信、能源基础设施层面，考察中国与东盟7国旅游对贸易的带动效应、贸易对旅游的追随效应，结果如表9-31和表9-32所示。为直接展示国别差异，特将旅游与贸易的作用趋势线展示在平面上，从不同基础设施层面探讨旅游与贸易的互动效应，引入这三类基础设施指数进行对比，其中趋势线的斜率代表旅游带动贸易或贸易追随旅游的作用效果变化情况，斜率越大，表示作用效果进一步增强；反之，则表示作用效果会因边际效益递减而有所减弱。

9.4.1 新加坡

2018年新加坡的基础设施指数为15.4872，就旅游对贸易的带动效应而言，"出境旅游→出口贸易"的带动作用较强，作用系数为0.2732，其次是"入境旅游→出口贸易"的带动作用，作用系数为0.0520；就贸易对旅游的追随效应而言，"出口贸易→入境旅游"的带动作用较强，作用系数为0.1492，其次是"进口贸易→出境旅游"的带动作用，作用系数为0.0615。可知，"出境旅游→出口贸易"作用效

第9章 中国—东盟旅游与贸易要素互动

果较强,并且中国出境新加坡游客量规模较大,中国可在此基础上加以引导,促使出境旅游带动出口贸易;同时,"出口贸易→入境旅游"的带动作用较强,中国可在出口贸易增势明显的基础上,进一步提振入境旅游,协调双边旅游。

接下来具体分析随着新加坡三类基础设施指数的增长,旅游对贸易的带动效应即"出境旅游→出口贸易""入境旅游→进口贸易"的作用效果。其中,随着交通、通信基础设施水平的提升,"出境旅游→出口贸易"的作用趋势线斜率趋缓,作用效果稍有减弱,而"入境旅游→进口贸易"的趋势线向右上扬且斜率增加,表明作用效果进一步增强,如图9-5、图9-6中的(a)(b)所示;而随着能源基础设施水平的提

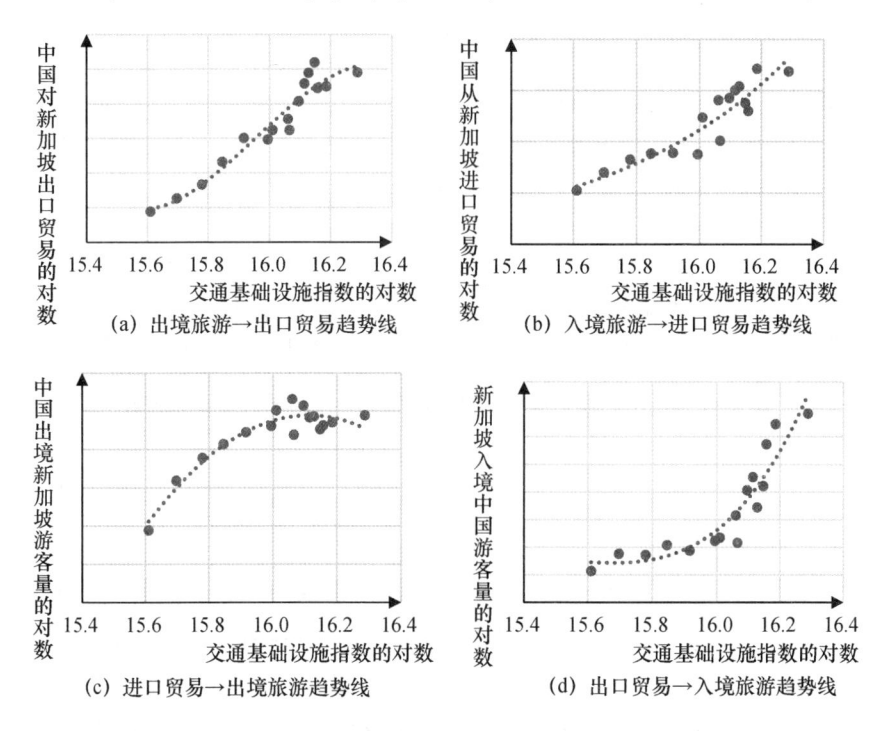

(a) 出境旅游→出口贸易趋势线

(b) 入境旅游→进口贸易趋势线

(c) 进口贸易→出境旅游趋势线

(d) 出口贸易→入境旅游趋势线

图 9-5 中国—新加坡交通基础设施层面旅游与贸易互动趋势

Fig. 9-5 The Interactive Trends between Tourism and Trade at China-Singapore Transportation Infrastructure Level

升,旅游对贸易的带动作用则表现相反,"出境旅游→出口贸易"作用效果增强,"入境旅游→进口贸易"作用效果减弱,如图9-7中的(a)(b)所示。

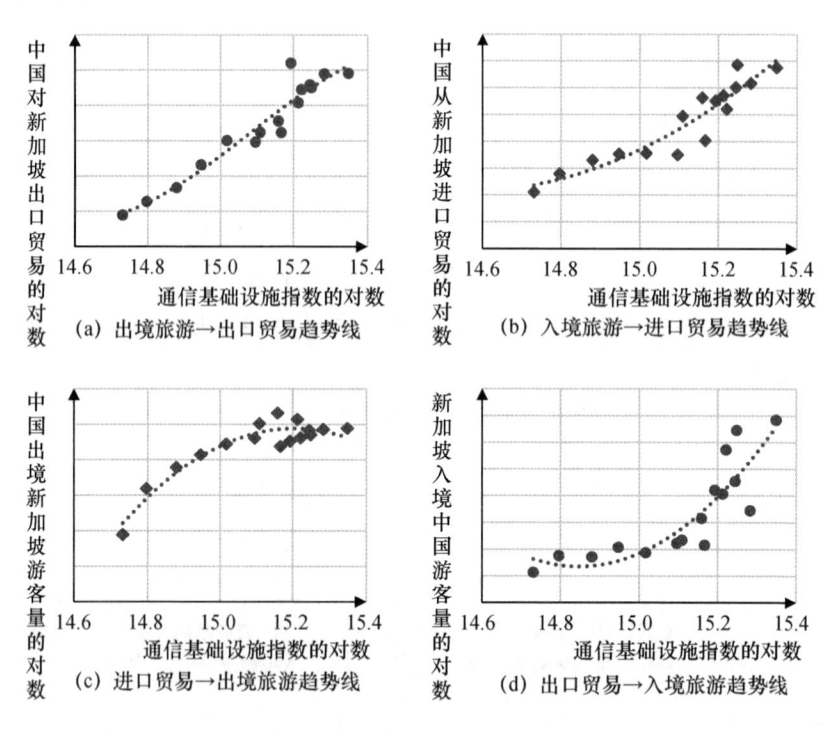

图9-6 中国—新加坡通信基础设施层面旅游与贸易互动趋势

Fig. 9-6 The Interactive Trends between Tourism and Trade at China-Singapore Communication Infrastructure Level

同理可知,随着新加坡这三类基础设施指数的增长,贸易对旅游的追随效应表现为:交通、通信基础设施层面"进口贸易→出境旅游"的趋势如图9-5、图9-6中的(c)所示,向右上扬且斜率减小,表明随着新加坡交通、通信基础设施水平的提升,中国从新加坡进口贸易对中国出境新加坡旅游的作用效果减弱。与此同时,交通、通信基础设施层面"出口贸易→入境旅游"的趋势如图9-5、图9-6中的(d)所示,向右上扬且斜率增大,说明随着新加坡交通、通信基础设施水平的

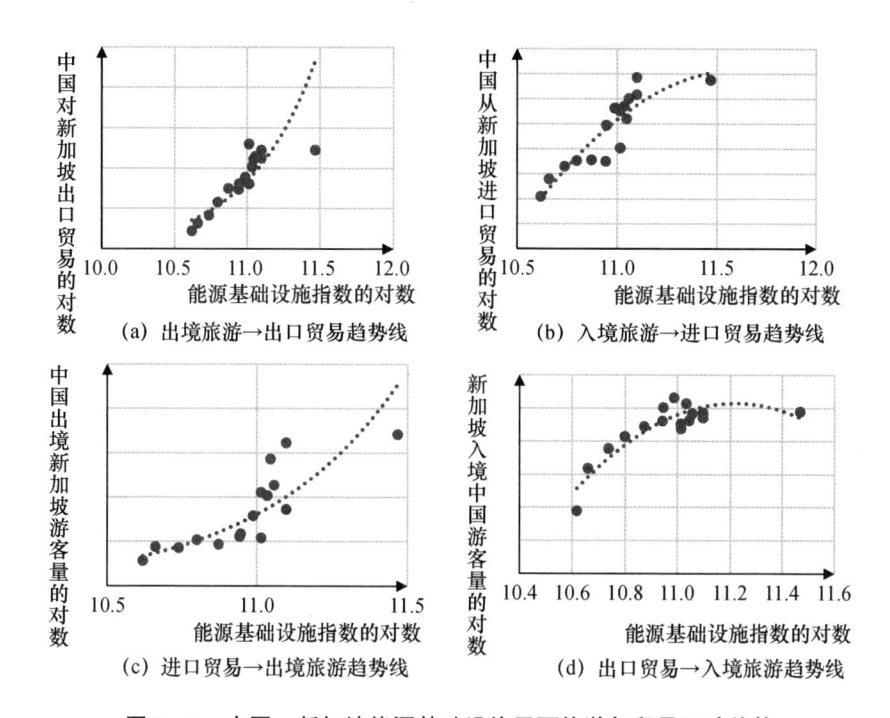

第9章 中国—东盟旅游与贸易要素互动

(a) 出境旅游→出口贸易趋势线

(b) 入境旅游→进口贸易趋势线

(c) 进口贸易→出境旅游趋势线

(d) 出口贸易→入境旅游趋势线

图 9-7 中国—新加坡能源基础设施层面旅游与贸易互动趋势

Fig. 9-7 The Interactive Trends between Tourism and Trade at China-Singapore Hydropower Infrastructure Level

提升,中国对新加坡出口贸易对新加坡入境中国旅游的作用效果增强。可知,新加坡交通、通信基础设施水平的提升,与总体基础设施水平的提升效果一致,均表现为"进口贸易→出境旅游"的作用效果减弱,"出口贸易→入境旅游"的作用效果增强。在能源基础设施层面,"进口贸易→出境旅游""出口贸易→入境旅游"的趋势分别如图9-7中的(c)(d)所示,"进口贸易→出境旅游"的趋势线向右上扬且斜率增加,表明随着新加坡能源基础设施水平的提升,中国从新加坡进口贸易对中国出境新加坡旅游的作用效果增强,而"出口贸易→入境旅游"的趋势线向右弯曲且斜率减少,表明新加坡能源基础设施水平提升,中国对新加坡出口贸易对新加坡入境中国旅游的作用效果减弱。

为协调中新旅游与贸易互动,需进一步明确中国与新加坡基础设施合作方向，通过调控基础设施来优化旅游对贸易的带动效应、贸易对旅游的追随效应。从新加坡角度来看，"入境旅游→进口贸易""进口贸易→出境旅游"作用效果增强，利好于新加坡本国的贸易创汇、旅游创收；从中国角度来看，"出境旅游→出口贸易""出口贸易→入境旅游"作用效果增强，有利于改善现阶段中新旅游逆差的现状，进一步巩固中国出口竞争优势。结合上述不同基础设施层面中国—新加坡旅游与贸易互动效应，在旅游带动贸易发展层面，发现新加坡有动力强化自身交通、通信领域的基础设施建设，而中国则倾向于投资新加坡能源领域的设施建设；在贸易追随旅游发展层面，发现交通、通信基础设施是中国关注的投资领域，而能源基础设施领域则需新加坡本国进一步强化。

9.4.2 马来西亚

2018年马来西亚的基础设施指数为14.9234，就旅游对贸易的带动效应而言，"出境旅游→出口贸易"的带动作用较强，作用系数为0.2732，其次是"入境旅游→出口贸易"的带动作用，作用系数为0.052；就贸易对旅游的追随效应而言，"出口贸易→入境旅游"的带动作用较强，作用系数为0.1097，其次是"进口贸易→出境旅游"的带动作用，作用系数为0.0615。

接下来，具体分析马来西亚不同基础设施指数的增长，旅游对贸易的带动效应即"出境旅游→出口贸易""入境旅游→进口贸易"的作用效果。随着交通、通信基础设施水平的提升，"入境旅游→进口贸易"的趋势线斜率降低，作用效果减弱，而"出境旅游→出口贸易"的趋势线斜率增加，作用效果持续增强，如图9-8、图9-9中的（a）（b）所示。另外，能源基础设施的完善能够有效提升"入境旅游→进口贸易"的作用效果，表现为图9-10中的（b）趋势线斜率增加。

同理可知，随着马来西亚交通、通信、能源三类基础设施指数的增长，贸易对旅游的追随效应表现为：交通、通信基础设施水平的提升，"进口贸易→出境旅游"的趋势线均向右倾斜且斜率降低，如图9-8、

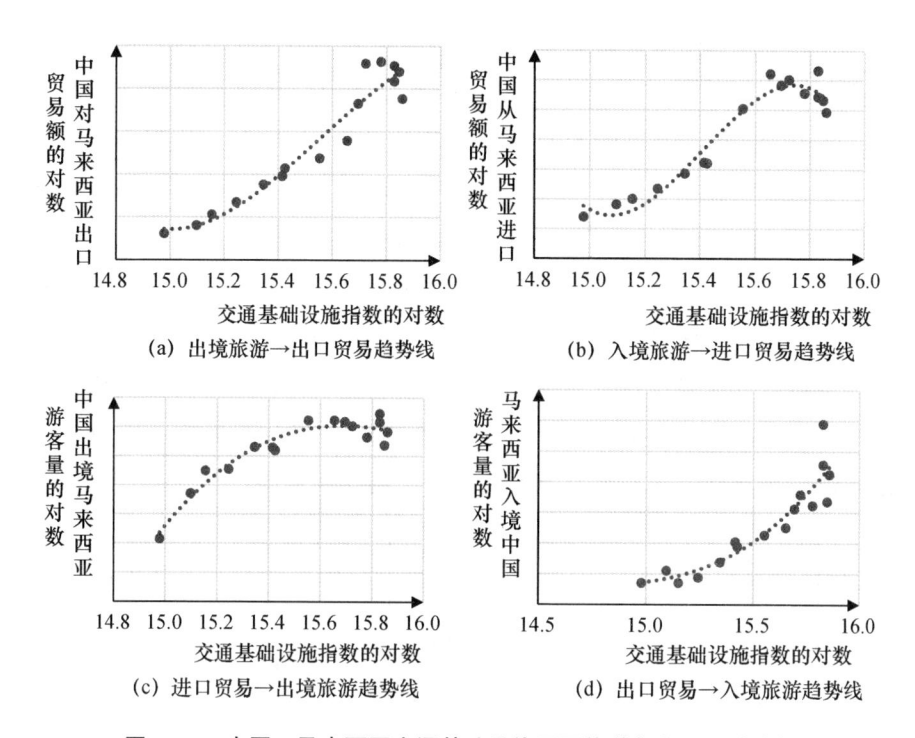

图 9-8 中国—马来西亚交通基础设施层面旅游与贸易互动趋势

Fig. 9-8 The Interactive Trends between Tourism and Trade at China-Malaysia Transportation Infrastructure Level

图 9-9 中的 (c) 所示,而"出口贸易→入境旅游"的趋势线向右上扬且斜率增加,如图 9-8、图 9-9 中的 (d) 所示,即马来西亚交通、通信情况的改善,"出口贸易→入境旅游"的作用效果增强,而"进口贸易→出境旅游"的作用效果减弱。另外,随着马来西亚能源基础设施水平的提升,"进口贸易→出境旅游"的趋势线向右上扬且斜率增加,作用效果增强,而"出口贸易→入境旅游"的趋势线向右弯曲且斜率降低,作用效果减弱,如图 9-10 中的 (c)(d) 所示。

为协调中国与马来西亚旅游与贸易互动,需进一步明确两国基础设施建设合作方向,通过有针对性地投资基础设施来实现旅游与贸易协调互动。同样,马来西亚应瞄准使得"入境旅游→进口贸易""进口贸易→出境旅游"作用效果增强的基础设施建设，中国则应关注使"出境旅游→出口贸易""出口贸易→入境旅游"作用效果增强的基础设施建设，进而找准两国共同的发力点，促进双边旅游与贸易的协同发展。结合上文的国别分析，发现在旅游带动贸易效应层面，马来西亚会加强本国能源领域的设施建设，旨在获取"入境旅游→进口贸易"作用效果增强所引致的贸易福利，而中国则会关注交通、通信领域的基础设施投资方向，以进一步增强"出境旅游→出口贸易"的作用效果，提升中国的出口贸易竞争优势；在贸易对旅游的追随效应层面，马来西亚同样会加强本国能源基础设施建设，而中国则会瞄准交通、通信领域的设施建设，进一步提升"出口贸易→入境旅游"的作用效果。

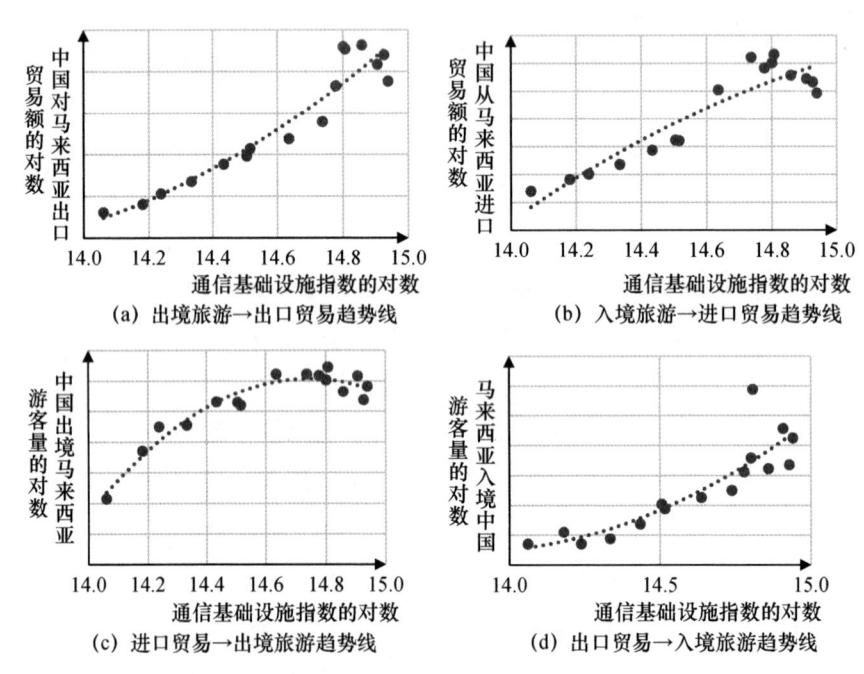

图9-9 中国—马来西亚通信基础设施层面旅游与贸易互动趋势

Fig. 9-9 The Interactive Trends between Tourism and Trade at China-Malaysia Communication Infrastructure Level

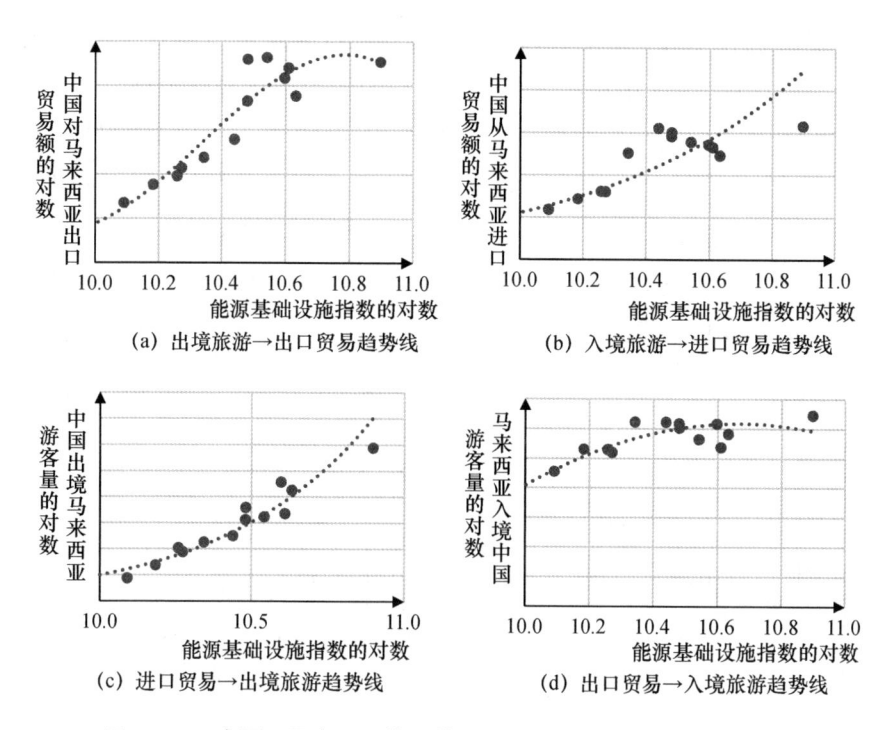

第9章 中国—东盟旅游与贸易要素互动

(a) 出境旅游→出口贸易趋势线

(b) 入境旅游→进口贸易趋势线

(c) 进口贸易→出境旅游趋势线

(d) 出口贸易→入境旅游趋势线

图 9-10 中国—马来西亚能源基础设施层面旅游与贸易互动趋势

Fig. 9-10 The Interactive Trends between Tourism and Trade at China-Malaysia Hydropower Infrastructure Level

9.4.3 泰国

2018年泰国的基础设施指数为14.4045，就旅游对贸易的带动效应而言，首先是"出境旅游→出口贸易"的带动作用较强，作用系数为0.2732；其次是"入境旅游→出口贸易"的带动作用，作用系数为0.0520；就贸易对旅游的追随效应而言，首先是"出口贸易→入境旅游"的带动作用较强，作用系数为0.1097，其次是"进口贸易→出境旅游"的带动作用，作用系数为0.0615。

接下来具体分析随着泰国交通、通信、能源三类基础设施指数的增长，旅游对贸易的带动效应即"出境旅游→出口贸易""入境旅游→进口贸易"的作用效果。随着通信,能源基础设施水平的提升,"出境旅游→出口贸易""入境旅游→进口贸易"的作用效果没有增强,反而有减弱的趋势,分别对应图9-12、图9-13中的(a)(b)作用趋势线斜率均有所下降;而随着交通基础设施水平的提升,"出境旅游→出口贸易""入境旅游→进口贸易"的作用效果增强,表明中泰加强交通领域的设施建设,利好于深化中泰两国贸易合作,表现为图9-11中的(a)(b)作用趋势线斜率小幅上升。

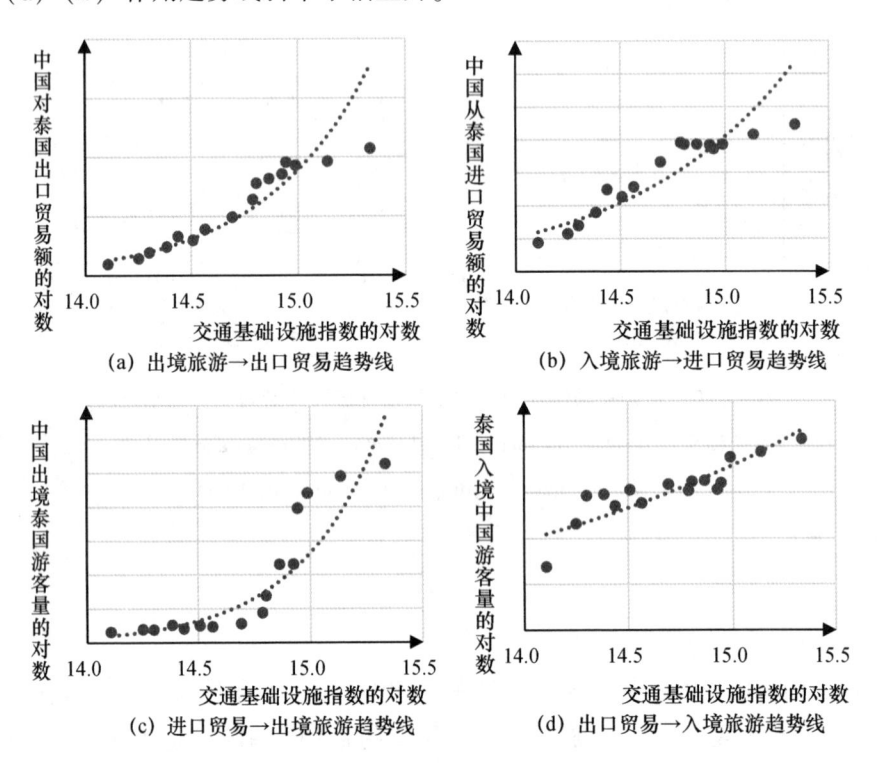

图9-11 中国—泰国交通基础设施层面旅游与贸易互动趋势

Fig. 9-11 The Interactive Trends between Tourism and Trade at China-Thailand Transportation Infrastructure Level

同理可知,随着泰国交通、通信、能源三类基础设施指数的增长,贸易对旅游的追随效应表现为交通、通信、能源基础设施水平的提升,

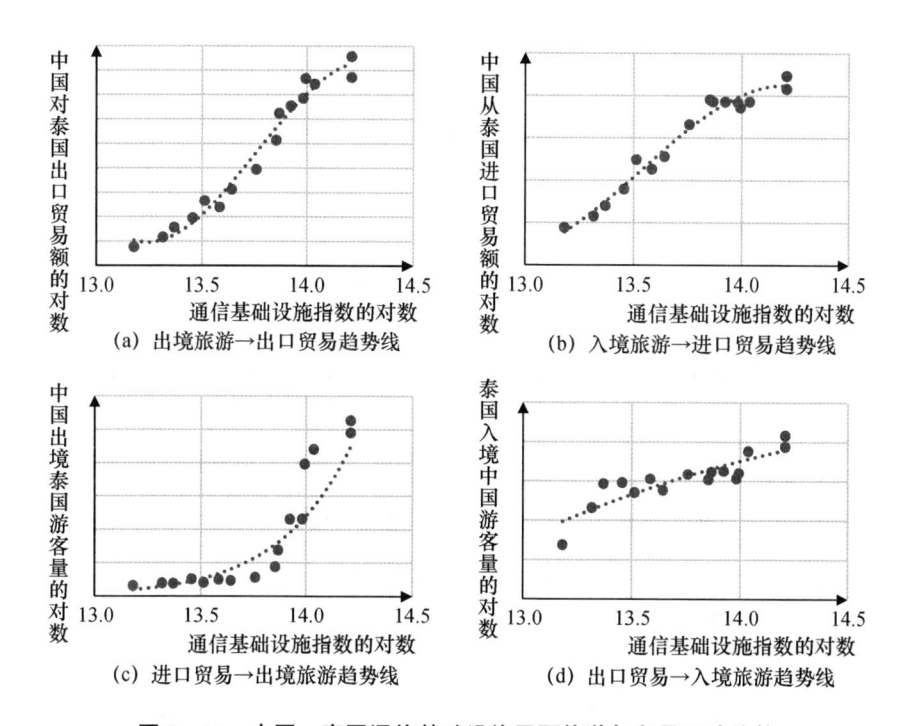

第9章 中国—东盟旅游与贸易要素互动

图 9-12　中国—泰国通信基础设施层面旅游与贸易互动趋势

Fig. 9-12　The Interactive Trends between Tourism and Trade at China-Thailand Communication Infrastructure Level

"进口贸易→出境旅游"的趋势线向右上扬且斜率增大，作用效果增强，分别对应图 9-11、图 9-12、图 9-13 中的（c）。而随着泰国通信、能源基础设施水平的提升，"出口贸易→入境旅游"的趋势线向右弯曲且斜率趋缓，作用效果减弱，如图 9-12、图 9-13 中的（d）所示。

为协调中泰旅游与贸易互动，需进一步明确中国与泰国基础设施合作方向，以实现旅游与贸易协调互动。为此，泰国应关注使得"入境旅游→进口贸易""进口贸易→出境旅游"作用效果增强的基础设施建设，中国则应关注使得"出境旅游→出口贸易""出口贸易→入境旅游"作用效果增强的基础设施建设，其中重合的基础设施类别则为中泰合作领域，利好于中泰两国旅游与贸易发展。结合上文的国别分析可知，中国

(a) 出境旅游→出口贸易趋势线

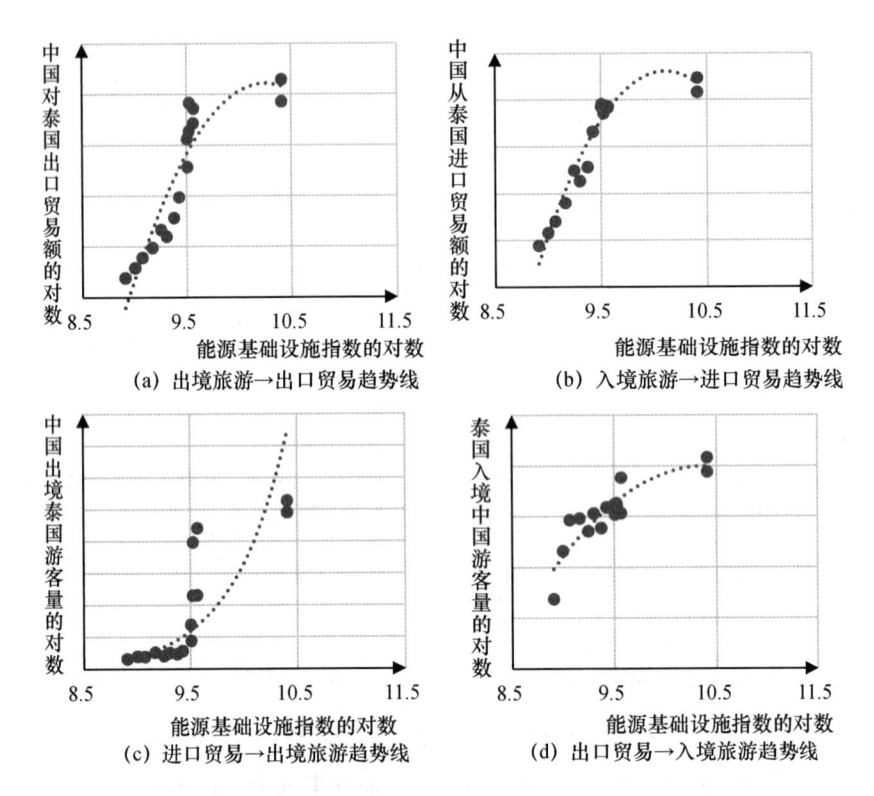

(b) 入境旅游→进口贸易趋势线

(c) 进口贸易→出境旅游趋势线

(d) 出口贸易→入境旅游趋势线

图 9-13　中国—泰国能源基础设施层面旅游与贸易互动趋势

Fig. 9-13　The Interactive Trends between Tourism and Trade at China-Thailand Hydropower Infrastructure Level

与泰国应就交通基础设施建设开展合作，随着交通基础设施水平的提升，泰国可获得"入境旅游→进口贸易""进口贸易→出境旅游"作用效果增强的利好，同时中国也可获得"出境旅游→出口贸易""出口贸易→入境旅游"作用效果增强所带来的福祉，实现两国旅游与贸易相对协调发展。

9.4.4　印尼

2018 年印尼的基础设施指数为 14.2907，就旅游对贸易的带动效应而言，首先是"出境旅游→出口贸易"的带动作用较强，作用系数为

0.2732，其次是"入境旅游→进口贸易"的带动作用，作用系数为0.0520；就贸易对旅游的追随效应而言，首先是"出口贸易→入境旅游"的带动作用较强，作用系数为 0.1097，其次是"进口贸易→出境旅游"的带动作用，作用系数为 0.0615。

(a) 出境旅游→出口贸易趋势线

(b) 入境旅游→进口贸易趋势线

(c) 进口贸易→出境旅游趋势线

(d) 出口贸易→入境旅游趋势线

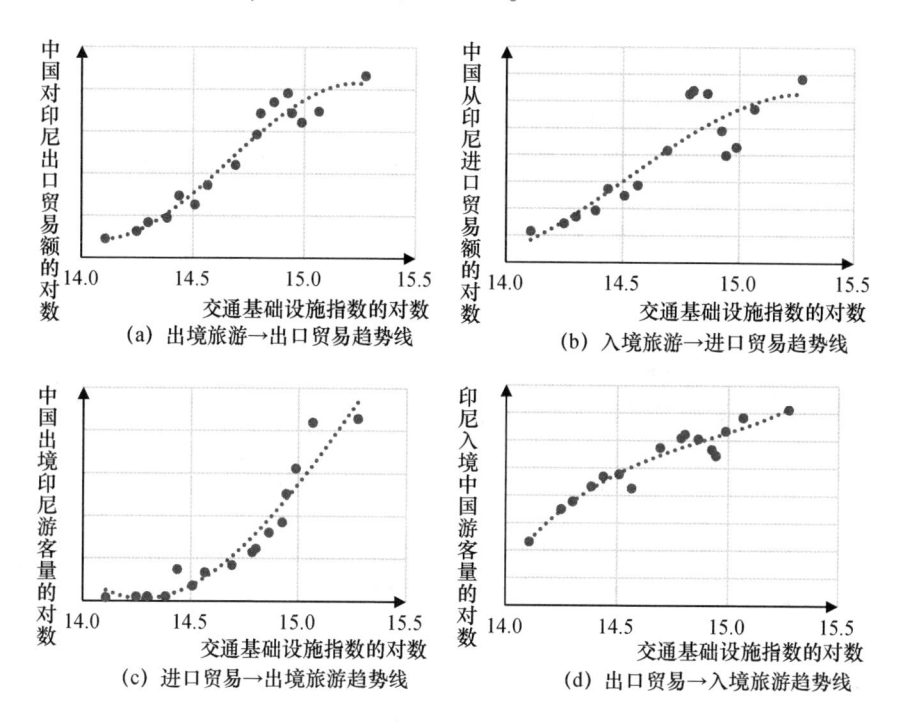

图 9-14 中国—印尼交通基础设施层面旅游与贸易互动趋势

Fig. 9-14 The Interactive Trends between Tourism and Trade at China-Indonesia Transportation Infrastructure Level

接下来具体分析随着印尼交通、通信、能源三类基础设施指数的增长旅游对贸易的带动效应，即"出境旅游→出口贸易""入境旅游→进口贸易"的作用效果。完善交通基础设施，旅游对贸易的带动作用稍有减弱，"出境旅游→出口贸易""入境旅游→进口贸易"的作用趋势斜率均趋缓，如图 9-14 中的（a）（b）所示，其作用效果明显不及完善通信、能源基础设施建设。当改善通信、能源基础设施时，"出境旅游→

(a) 出境旅游→出口贸易趋势线

(b) 入境旅游→进口贸易趋势线

(c) 进口贸易→出境旅游趋势线

(d) 出口贸易→入境旅游趋势线

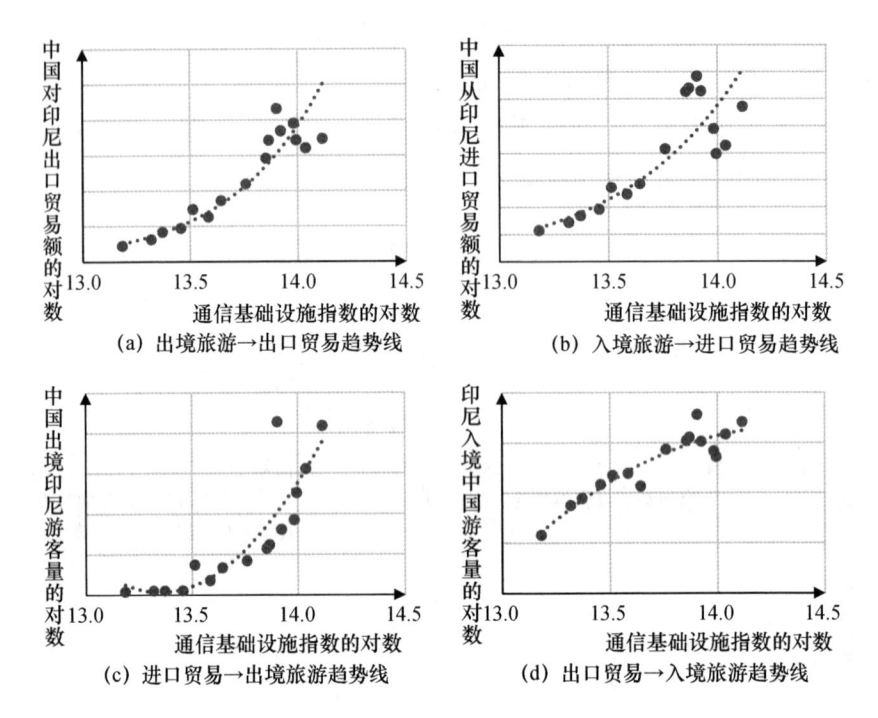

图 9-15　中国—印尼通信基础设施层面旅游与贸易互动趋势

Fig. 9-15　The Interactive Trends between Tourism and Trade at China-Indonesia Communication Infrastructure Level

出口贸易""入境旅游→进口贸易"的作用效果均增强，如图 9-15、图 9-16 中的（a）（b）所示，此时的投资方向正确，中国—印尼旅游合作可有效带动贸易增长。

同理可知，随着印尼交通、通信、能源三类基础设施指数的增长，贸易对旅游的追随效应表现为随着交通、通信、能源基础设施水平的提升，"进口贸易→出境旅游"的趋势线向右上扬，作用效果增强，分别对应图 9-14、图 9-15、图 9-16 中的（c）。另外，印尼交通、通信基础设施层面"出口贸易→入境旅游"的趋势线向右延伸，斜率趋缓，作用效果减弱，如图 9-14、图 9-15 中的（d）所示。而在能源基础设施层面，"出口贸易→入境旅游"趋势线向右上扬且斜率保持稳定，

第9章 中国—东盟旅游与贸易要素互动

(a) 出境旅游→出口贸易趋势线

(b) 入境旅游→进口贸易趋势线

(c) 进口贸易→出境旅游趋势线

(d) 出口贸易→入境旅游趋势线

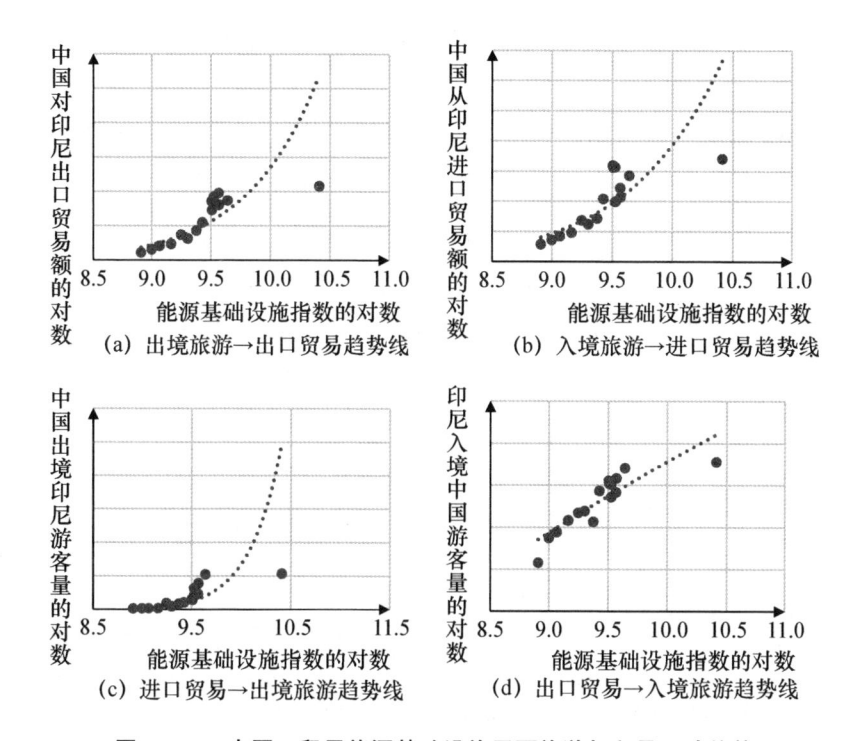

图 9-16 中国—印尼能源基础设施层面旅游与贸易互动趋势

Fig. 9-16 The Interactive Trends between Tourism and Trade at China-Indonesia Hydropower Infrastructure Level

如图9-16中的（d）所示，表示随着印尼能源基础设施水平的提升，"出口贸易→入境旅游"的作用效果增强。

为协调中国—印尼旅游与贸易互动，需进一步明确中国与印尼基础设施合作方向，以推动两国旅游与贸易的协调发展。同样，印尼应优先发展使得"入境旅游→进口贸易""进口贸易→出境旅游"作用效果增强的领域，中国则应投资使得"出境旅游→出口贸易""出口贸易→入境旅游"作用效果增强的领域，当印尼的优先发展目标和中国的投资目标相重合时，两国可就此领域开展积极合作，共同获取旅游与贸易协同发展的福祉。结合上述国别差异分析可知，中国与印尼可就能源基础设施领域开展合作，此时可满足两国旅游与贸易发展的利好条件。

9.4.5 越南

2018 年越南的基础设施指数为 13.9981，就旅游对贸易的带动效应而言，首先是"出境旅游→出口贸易"的带动作用较强，作用系数为 0.2732，其次是"入境旅游→出口贸易"的带动作用，作用系数为 0.0520；就贸易对旅游的追随效应而言，"出口贸易→入境旅游"的带动作用较强，作用系数为 0.1492，其次是"进口贸易→出境旅游"的带动作用，作用系数为 0.0129。

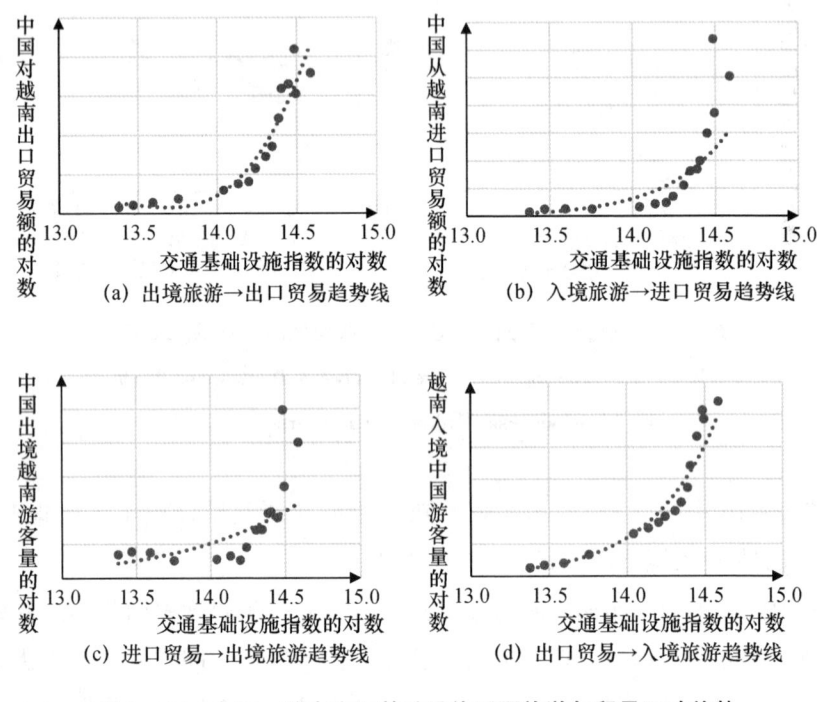

图 9-17 中国—越南交通基础设施层面旅游与贸易互动趋势

Fig. 9-17 The Interactive Trends between Tourism and Trade at China-Vietnam Transportation Infrastructure Level

越南与中国毗邻，人员和货物往来较为频繁，且近年来越南与中国贸易总额与游客总量高速扩张，接下来具体分析随着越南交通、通信、

第9章 中国—东盟旅游与贸易要素互动

(a) 出境旅游→出口贸易趋势线

(b) 入境旅游→进口贸易趋势线

(c) 进口贸易→出境旅游趋势线

(d) 出口贸易→入境旅游趋势线

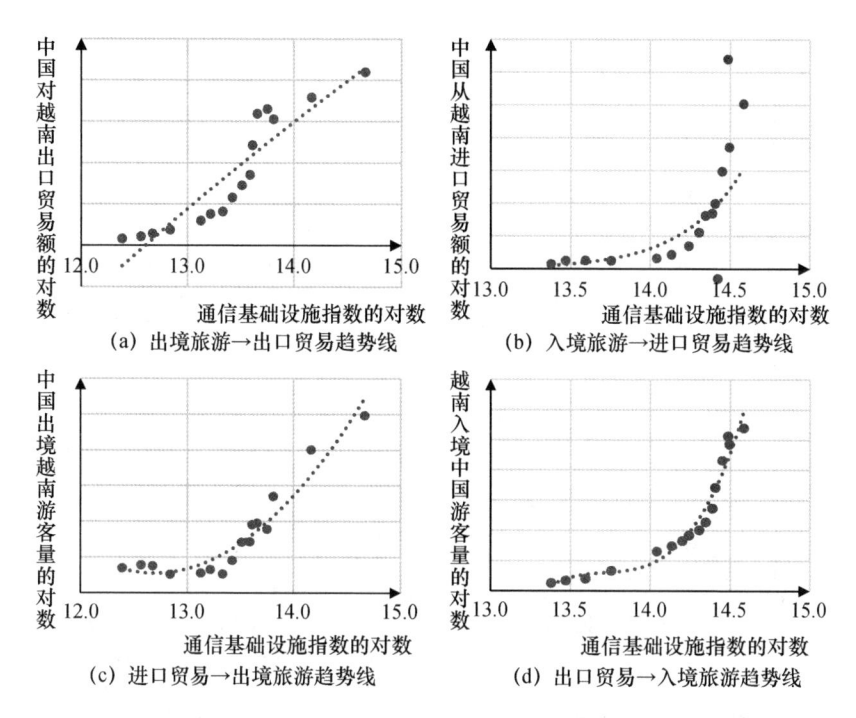

图 9-18 中国—越南通信基础设施层面旅游与贸易互动趋势

Fig. 9-18 The Interactive Trends between Tourism and Trade at China-Vietnam Communication Infrastructure Level

能源三类基础设施指数的增长旅游对贸易的带动效应，即"出境旅游→出口贸易""入境旅游→进口贸易"的作用效果。随着交通、能源基础设施水平的提升，"出境旅游→出口贸易""入境旅游→进口贸易"的作用效果均增强，分别如图9-17、图9-19中的（a）（b）所示。而随着通信基础设施水平的提升，"出境旅游→出口贸易"的作用效果并没有显著增强，如图9-18中的（a）所示，出境旅游对出口贸易作用趋势线的斜率呈下降态势。

同理可知，随着越南交通、通信、能源三类基础设施指数的增长，贸易对旅游的追随效应表现为：如图9-17、图9-18、图9-19中的（c）（d）所示，交通、通信、能源基础设施层面"进口贸易→出境旅

(a) 出境旅游→出口贸易趋势线

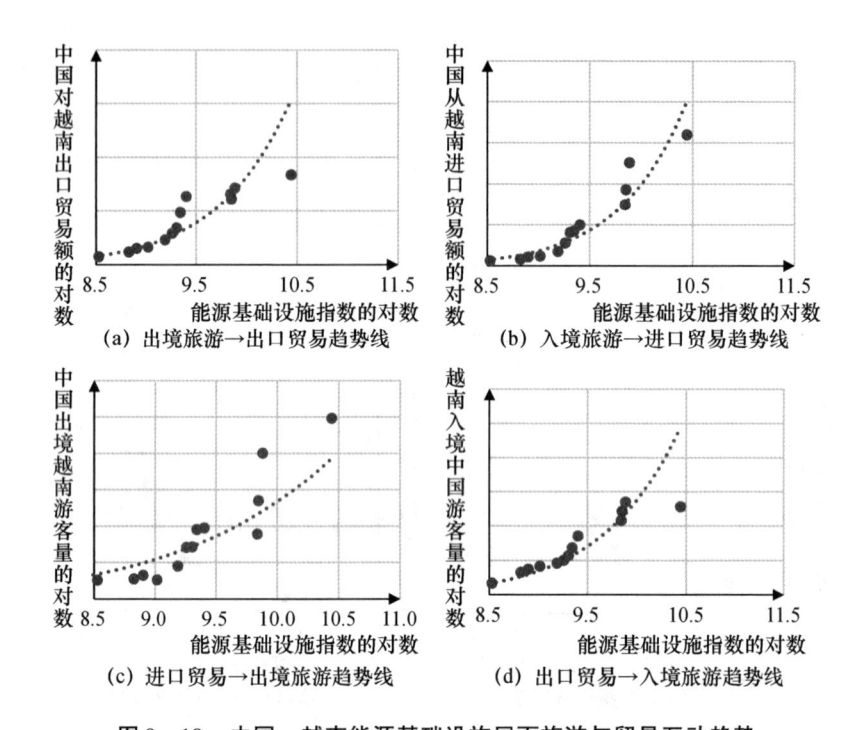

(b) 入境旅游→进口贸易趋势线

(c) 进口贸易→出境旅游趋势线

(d) 出口贸易→入境旅游趋势线

图 9-19　中国—越南能源基础设施层面旅游与贸易互动趋势

Fig. 9-19　The Interactive Trends between Tourism and Trade at China-Vietnam Hydropower Infrastructure Level

游""出口贸易→入境旅游"的趋势线均向右上扬且斜率增大，表明提升越南交通、通信、能源领域的基础设施建设，贸易对旅游的作用效果增强。一方面中国从越南进口贸易带动中国出境越南旅游，促进越南经济增长；另一方面中国对越南出口贸易带动越南入境中国旅游，协调中越旅游逆差。

同样，为协调中越旅游与贸易互动，需进一步明确中国与越南基础设施合作方向，进一步实现两国旅游与贸易协调发展。就旅游对贸易的带动效应而言，中国与越南有动力就交通、能源基础设施建设开展合作，通过旅游带动贸易增长作用效果增强这一趋势，进一步实现两国贸易规模扩张；就贸易对旅游的追随效应而言，中国与越南可针对交通、通信、能源基础设施进行合作，进一步提升贸易对旅游的带动作用，协调中越旅游逆差,优化旅游结构配比。

9.4.6 菲律宾

2018 年菲律宾的基础设施指数为 10.6385,就旅游对贸易的带动效应而言,首先是"出境旅游→出口贸易"的带动作用较强,作用系数为 0.2931,其次是"入境旅游→进口贸易"的带动作用,作用系数为 0.0520;就贸易对旅游的追随效应而言,首先是"出口贸易→入境旅游"的带动作用较强,作用系数为 0.1152,其次是"进口贸易→出境旅游"的带动作用,作用系数为 0.0129。

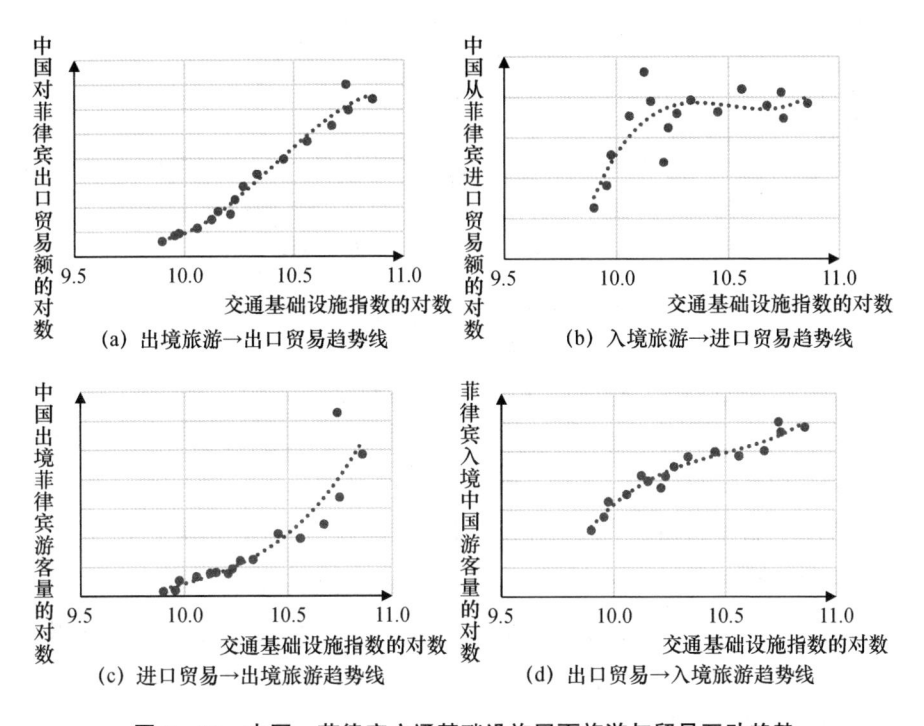

图 9-20 中国—菲律宾交通基础设施层面旅游与贸易互动趋势

Fig. 9-20 The Interactive Trends between Tourism and Trade at China-Philippines Transportation Infrastructure Level

接下来具体分析随着菲律宾交通、通信、能源三类基础设施指数的增

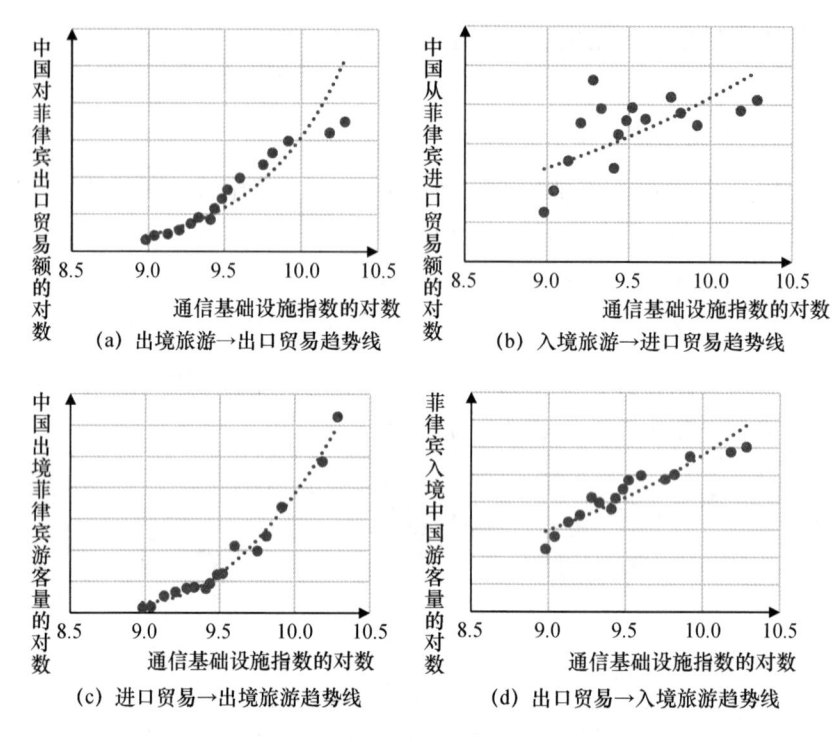

图 9-21　中国—菲律宾通信基础设施层面旅游与贸易互动趋势

Fig. 9-21　The Interactive Trends between Tourism and Trade at China-Philippines Communication Infrastructure Level

长旅游对贸易的带动效应,即"出境旅游→出口贸易""入境旅游→进口贸易"的作用效果。随着交通基础设施水平的提升,"出境旅游→出口贸易""入境旅游→进口贸易"的趋势线向右弯曲且斜率趋缓,作用效果减弱,如图 9-20 中的 (a) (b) 所示;而随着通信、能源基础设施水平的提升,"出境旅游→出口贸易""入境旅游→进口贸易"的趋势线均向右上扬且斜率增加,作用效果增强,分别对应图 9-21、图 9-22 中的 (a) (b)。

同理可知,随着菲律宾交通、通信、能源三类基础设施指数的增长,贸易对旅游的追随效应表现为:随着交通、通信、能源基础设施水平的提升,"进口贸易→出境旅游"的趋势线均向右上扬且斜率增加,作用效果增强,分别对应图 9-20、图 9-21、图 9-22 中的 (c)。随

(a) 出境旅游→出口贸易趋势线

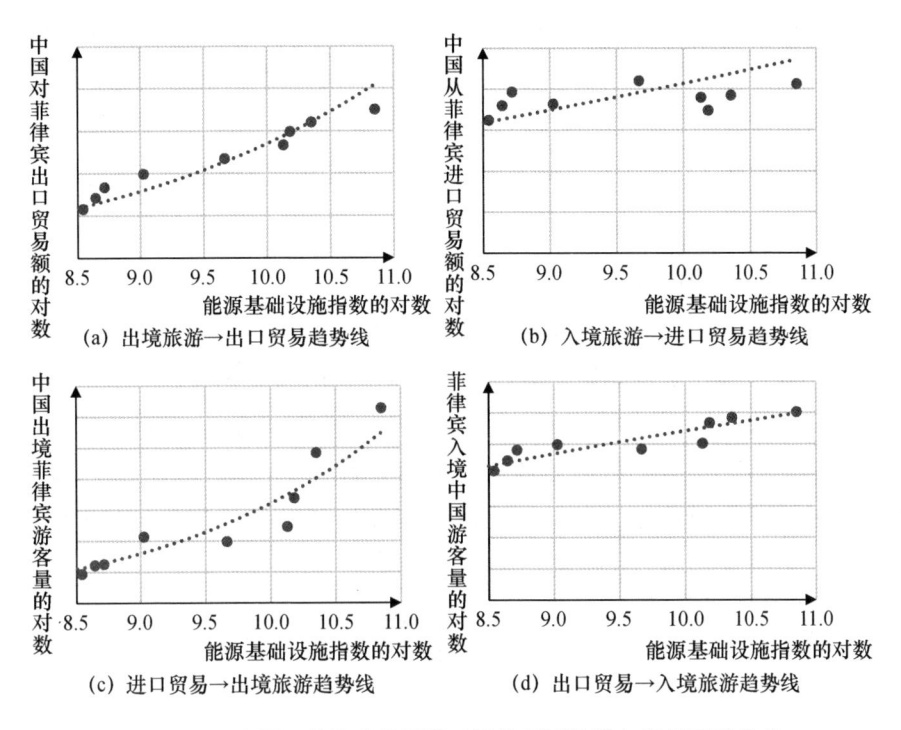

(b) 入境旅游→进口贸易趋势线

(c) 进口贸易→出境旅游趋势线

(d) 出口贸易→入境旅游趋势线

图 9-22 中国—菲律宾能源基础设施层面旅游与贸易互动趋势

Fig. 9-22 The Interactive Trends between Tourism and Trade at China-Philippines Hydropower Infrastructure Level

着菲律宾交通、能源基础设施水平的提升,"出口贸易→入境旅游"的趋势线向右弯曲且斜率趋缓,如图 9-20、图 9-22 中的 (d) 所示,即菲律宾交通、能源情况的改善,"出口贸易→入境旅游"的作用效果并没有显著增强,而随着通信基础设施水平的提升,"出口贸易→入境旅游"的作用效果增强。

为协调中菲旅游与贸易互动,需进一步明确中国与菲律宾基础设施建设合作方向,以推动两国旅游与贸易协调发展。其中,菲律宾应优先发展使得"入境旅游→进口贸易""进口贸易→出境旅游"作用效果增强的领域,中国则应投资使得"出境旅游→出口贸易""出口贸易→入境旅游"作用效果增强的领域,中菲可就重合领域开展合作,共谋旅游与贸易协同发展福祉。就旅游对贸易的带动效应而言，中国与菲律宾有动力就通信、能源基础设施建设开展合作；就贸易对旅游的追随效应而言，中国与越南可针对通信基础设施进行合作，这既符合中国协调旅游逆差、提升出口贸易优势的需求，也可满足菲律宾贸易创汇、旅游创收的经济增长需求。

9.4.7 老挝

2018 年老挝的基础设施指数为 10.1117，就旅游对贸易的带动效应而言，首先是"出境旅游→出口贸易"的带动作用较强，作用系数为 0.2931，其次是"入境旅游→进口贸易"的带动作用，作用系数为 0.0520；就贸易对旅游的追随效应而言，首先是"出口贸易→入境旅游"的带动作用较强，作用系数为 0.1152，其次是"进口贸易→出境旅游"的带动作用，作用系数为 0.0129。

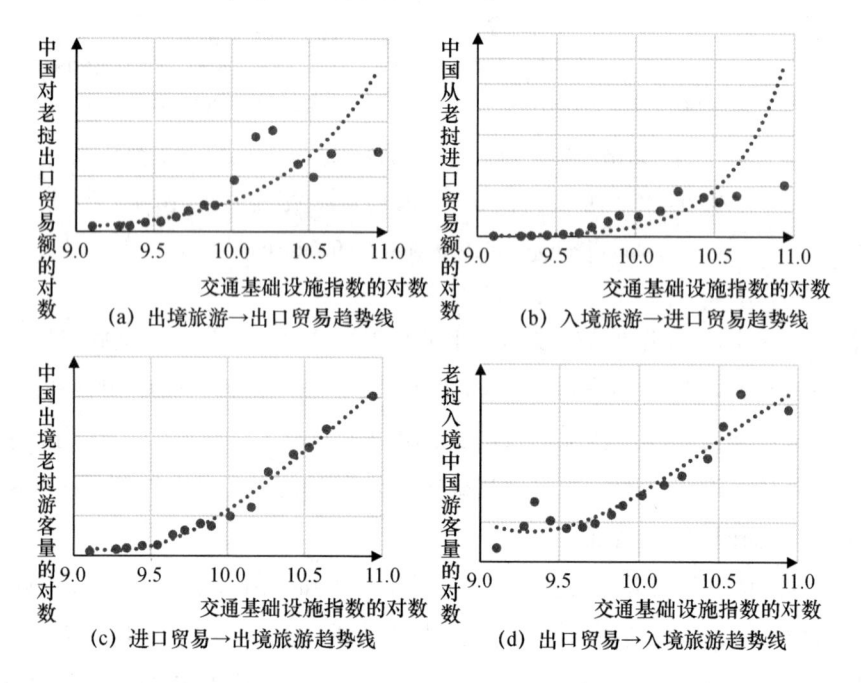

图 9-23　中国—老挝交通基础设施层面旅游与贸易互动趋势

Fig. 9-23　The Interactive Trends between Tourism and Trade at China-Laos Transportation Infrastructure Level

(a) 出境旅游→出口贸易趋势线

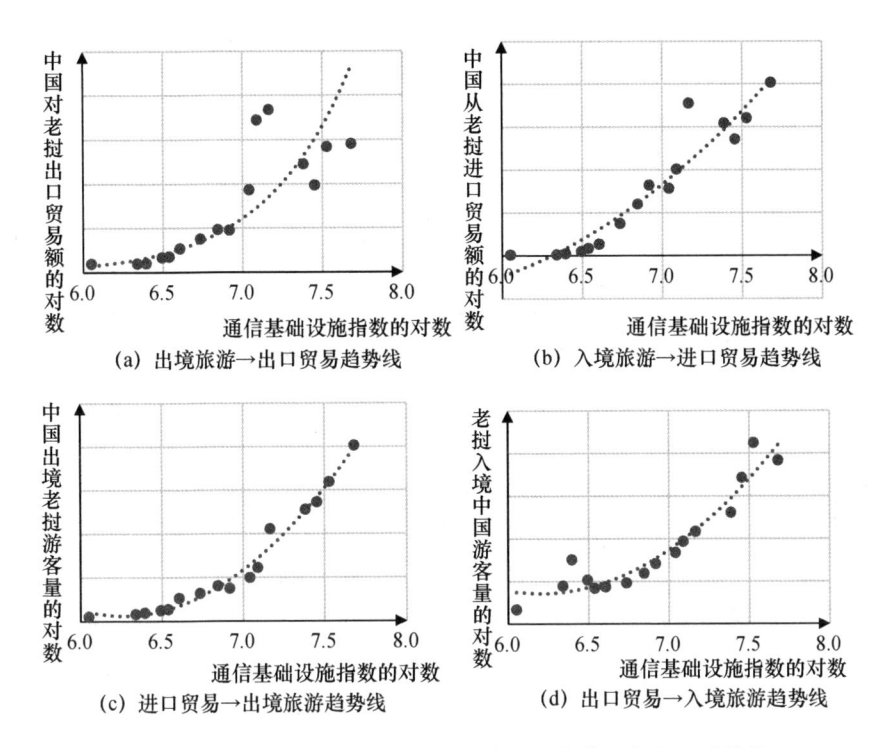

(b) 入境旅游→进口贸易趋势线

(c) 进口贸易→出境旅游趋势线

(d) 出口贸易→入境旅游趋势线

图 9-24　中国—老挝通信基础设施层面旅游与贸易互动趋势

Fig. 9-24　The Interactive Trends between Tourism and Trade at China-Laos Communication Infrastructure Level

接下来具体分析随着老挝交通、通信、能源三类基础设施指数的增长旅游对贸易的带动效应，即"出境旅游→出口贸易""入境旅游→进口贸易"的作用效果。随着交通、通信、能源基础设施水平的提升，"出境旅游→出口贸易""入境旅游→进口贸易"的趋势线均向右上扬且斜率增大，如图 9-23、图 9-24、图 9-25 中的（a）（b）所示，表明提升老挝基础设施建设仍有较大的努力空间，完善老挝交通、通信、能源领域的基础设施建设，"出境旅游→出口贸易""入境旅游→进口贸易"的作用效果均增强。

同理可知，随着老挝三类基础设施指数的增长，贸易对旅游的追随效应表现为：随着交通、通信、能源基础设施水平的提升，"进口贸

图 9-25　中国—老挝能源基础设施层面旅游与贸易互动趋势

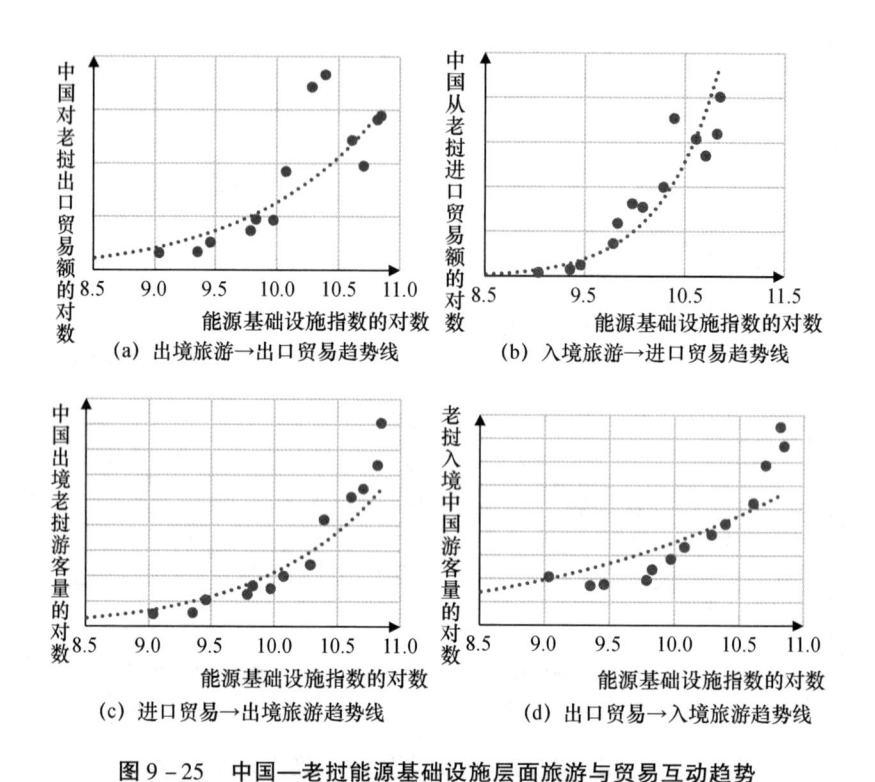

Fig. 9-25　The Interactive Trends between Tourism and Trade at China-Laos Hydropower Infrastructure Level

易→出境旅游""出口贸易→入境旅游"的趋势线均向右上扬且斜率增大,如图 9-23、图 9-24、图 9-25 中的 (c)(d) 所示,表明提升老挝交通、通信、能源领域的基础设施建设,"进口贸易→出境旅游""出口贸易→入境旅游"的作用效果均增强。

老挝基础设施发展指数相对处于低位,随着近年来中老友好合作关系的加深,以及老挝"陆联国"地位的突显,中国与老挝的旅游与贸易合作关系也进一步深化。近年来,中老游客总量、贸易总额的增势明显,旅游与贸易发展潜力显著。因老挝是内陆国,货物运输通过海运无法直接到达,需借助其他国家港口转运,提升老挝的陆上运输方式可有效地带动双边贸易,中国要进一步落实推进中老铁路建设,并考虑延伸中老铁路，与东盟其他国家相连接，助力老挝境内公路网络布局建设，使铁路的节点通过公路对外延伸，打造铁路与公路陆上运输网络体系。同时，中国与老挝可在通信、能源领域开展积极合作，以中国出境老挝旅游带动中国从老挝进口贸易，提升旅游对贸易的带动效应，促进老挝经济增长；以中国对老挝出口贸易带动老挝入境中国旅游，提升贸易对旅游的追随效应，进一步深化中老友好关系。

9.5 本章小结

本章引入基础设施水平作为旅游与贸易互动的支撑要素，建立门槛模型分析旅游与贸易之间的非线性关系，从要素层面揭示旅游与贸易的互动效应。在旅游与贸易发展初期，要素储备较少，以旅游为代表的人员流动所需要的要素条件容易达到，主要体现为"旅游对贸易的带动效应"。随着要素储备的不断丰富，旅游与贸易发展步入中期阶段，贸易发展所需的要素得以补充，贸易规模逐步扩大，此阶段以"贸易对旅游的追随效应"为主。当要素储备日益完善，新国际旅游带动新国际贸易，新国际贸易进一步追随新国际旅游，旅游与贸易实现循环互动发展。

在中国—东盟旅游对贸易的带动效应中，"出境旅游→出口贸易"的作用效果呈现出前弱后强再减弱的趋势，"入境旅游→进口贸易"的作用效果呈现出前弱后强的趋势。在中国—东盟贸易对旅游的追随效应中，"进口贸易→出境旅游"的作用效果呈现出前弱后强再减弱的趋势，"出口贸易→入境旅游"的作用效果呈现出前弱后强的趋势。可知，当基础设施指数过高时，因边际效益递减原则，"进口贸易→出境旅游""出境旅游→出口贸易"的作用效果减弱。

在要素层面，中国—东盟旅游与贸易互动的国别差异表现为：新加坡的基础设施指数处于高位，"入境旅游→进口贸易""出口贸易→入境旅游"的作用效果较强，但中国与新加坡供需存在差异，在基础设施层面合作倾向较弱；马来西亚、泰国、印尼的基础设施指数处于中等偏上水平，"入境旅游→进口贸易""进口贸易→出境旅游""出口贸易→入境旅游"的作用效果均较强，即贸易对旅游的追随效应显著，并且中国与泰国在交通基础设施层面有合作空间，中国与印尼在能源基础设施层面应加强合作；越南的基础设施处于中等水平，"入境旅游→进口贸易""出口贸易→入境旅游"的作用效果较强，中国与越南在交通、能源设施建设领域有动力加强合作；菲律宾、老挝的基础设施指数处于低位，"出境旅游→出口贸易""入境旅游→进口贸易"的作用效果较强，即旅游对贸易的带动效应明显，并且中国应积极与菲律宾开展通信基础设施层面的合作，与老挝在交通、通信、能源基础设施层面的合作亟须进一步增进。

第10章 互动评估与区域创新

本章包括互动评估、区域创新、政策建议三大部分。在第一部分，我们试图对全书内容进行概括、提炼与总结，对中国（省域）—东盟（国别）旅游与贸易发展的空间基本规律、要素互动效应、区域耦合协调进行评估。在第二部分，我们对中国—东盟旅游与贸易区域创新进行一些思考，寻找得出"省域：一核双极两带""国别（区域）：一轴两翼四圈"的有益启示。在第三部分，我们依据研究所得的主要结论有针对性地提出中国—东盟旅游与贸易区域发展战略、省域（国别）策略、互动协调要点，为各级党委和政府提供有效的决策依据，希望能够引起相关部门的足够重视。

10.1 中国—东盟旅游与贸易互动评估

10.1.1 空间基本规律

中国—东盟旅游与贸易互动是"人员"与"货物"在不同空间尺度上聚散交替、相互作用的过程。中国与东盟国家旅游资源与产品服务各异，且具有不可移动性，国际旅游需求的实现需要游客发挥主观能动性，选择符合自身意愿的旅游线路与服务，并在目的地国和客源国之间进行跨境位移。与此同时，由于地理环境、经济基础、资源禀赋的客观差异使得中国与东盟各国进出口贸易产品具有地方特色，并引发人的物质需求，最终推动"人员"与"货物"在中国—东盟区域的流动。

10.1.1.1 空间分布、密度与重心

当前中国出境东盟旅游人数远大于东盟入境中国旅游人数，中国对文莱、柬埔寨、缅甸、菲律宾、新加坡、越南和印尼的出口贸易远大于中国从这些国家的进口贸易，即中国流向东盟的人员与货物的规模远远大于从东盟流向中国的货物的规模。从要素流动视角来看，以旅游（人流）和贸易（货物流）为代表的中国—东盟区域要素流动呈现出"不均衡"特征。课题组在已有研究的基础上，以"空间"作为研究平台，直观地探究中国—东盟区域旅游与贸易两要素自身的空间分布格局、空间密度特征以及空间重心轨迹。研究发现：

（1）东盟（国别）入境中国旅游呈"U"形分布，集中于越南、马来西亚、新加坡和菲律宾。入境旅游重心呈现出"东南→西北"和"西北→东北"两个迁移轨迹，主体区域和高密度区域逐渐从海洋东盟5国向湄公河5国转移。其中，越南入境中国旅游人数的增幅显著，已成为新的高密度中心，是目前中国最大的东盟客源国。

（2）中国出境东盟（国别）旅游主要集中于泰国湾沿岸国家，呈现出北多南少的"C"形国别分布格局，高密度区域以泰国为核心，集聚于湄公河5国。2018年中国出境泰国旅游达1053.60万人次，占中国出境东盟旅游总人数的36.18%，是排名第二的越南的2倍多，处于绝对的核心地位。出境旅游重心呈现出"西北→东南"和"东南→西北"两个迁移轨迹，主体区域逐渐趋北，呈"泰国—马来西亚"两极化分布。

（3）中国—东盟（国别）双边贸易呈"L"形分布，集中于泰国和海洋东盟5国，随着越南与中国贸易的显著增长，高密度区逐渐向北转移并形成"越南—马来西亚"两极化空间密度分布。其中，中国从东盟（国别）进口贸易重心呈现出"西南→东北"和"西部集聚状分布→西北"迁移轨迹，主体范围从海洋东盟5国向湄公河5国转移。中国对东盟（国别）出口贸易重心呈现出"西南集聚→东北集聚"的迁移态势，主体范围先沿"西北—东南"方向内缩后整体向"东北—西北"

方向扩张。

（4）东盟入境中国（省域）旅游以"胡焕庸线"为界，呈现出"东南强、西北弱"的省域分布格局。当前，"粤滇桂"地区接待东盟游客人数远高于"长三角""京津冀"地区，表明入境旅游高密度区域逐渐从"长三角""京津冀"向"粤滇桂"转移。在 CAFTA 建成后，珠三角和西南地区对东盟游客的吸引力不断增强，这使入境旅游重心呈"鄂赣交界处集聚"和"东北→西南"迁移态势，主体逐渐趋南，呈"华东—西南"两极化分布。

（5）中国（省域）—东盟双边贸易，与东盟入境中国（省域）旅游的空间分布规律相似，以"胡焕庸线"为界，呈现出"东南强、西北弱"的分布格局，高密度区域集中于"长三角"和"珠三角"地区。其中，在中国（省域）从东盟进口贸易高密度区域中，广东最高，居第一梯队，江苏、上海位列第二梯队，福建、天津、山东、辽宁为第三梯队。进口贸易重心表现为"西南→东北→西南"的空间迁移态势，主体呈"东北→西南"扩张态势。中国（省域）对东盟出口贸易高密度区域集中于东部沿海省域，广东、上海居第一梯队，江苏、辽宁、福建、天津、河北居第二梯队。出口贸易重心整体上呈现为"西南→东北→西南"的空间迁移态势，主体由东部沿海地区向西扩张。

10.1.1.2 空间聚散关系

课题组运用重心重叠性模型进一步探讨与提示两个要素相互之间的空间聚散关系，认识与把握其形成的区位选择机制、基础设施响应机制、利益驱动机制。研究发现：

（1）东盟（国别）入境中国旅游和中国从东盟（国别）进口贸易（F_1）的重心聚散演变过程呈"V"形，经历"波动下降→快速爬升→保持稳定"三个阶段。1998—2006 年为波动下降阶段，F_1 重心距离持续下降，呈集聚态势；2007—2009 年是快速爬升阶段，表明其重心呈高速扩散态势；2010—2018 年为保持稳定阶段，这一时期 F_1 重心在 350 千米左右徘徊。

(2) 东盟（国别）入境中国旅游与中国对东盟（国别）出口贸易（F_2）的重心聚散关系呈"M"形，经历"波动上升→急剧下降→缓慢上升"三个阶段。1998—2008年为波动上升阶段，F_2重心的波动幅度较大，分别于2003年和2008年出现两个波峰，2008年为最高值。2009—2011年为急剧下降阶段，F_2重心呈快速集聚态势。2012—2018年为缓慢上升阶段，呈扩散态势。

(3) 中国出境东盟（国别）旅游和中国从东盟（国别）进口贸易（F_3）的重心聚散呈"V"形演变态势，且集聚程度持续增强，并于2016年后保持稳定。1998—2009年是快速下降阶段，F_3重心的不断下降表明集聚速度较快；2010—2013年是缓慢爬升阶段，表明F_3重心的分散速度较慢；2014—2018年是缓慢下降阶段，表明F_3重心依然处于相对集聚的状态。

(4) 中国出境东盟（国别）旅游和中国对东盟（国别）出口贸易（F_4）的重心聚散关系呈"V"形持续增强演变态势，且在集聚增强过程中的波动性较弱，并于2013年后保持稳定。1998—2009年是快速下降阶段，F_4重心不断下降的过程表明旅游与贸易重心集聚的速度较快；2010—2014年是缓慢回升阶段，表明F_4重心在此期间趋于分散；2015—2018年是缓慢下降阶段，表明F_4重心正处于相对集聚的状态。

(5) 东盟入境中国（省域）旅游和中国（省域）从东盟进口贸易（F_5）的重心在聚散交替过程中呈现出"先聚后散"的演变特征，2014年以来重心分散趋势明显。F_5重心由"聚"转"散"的年份为2008年，经历了"波动下降→保持平稳→波动上升"三个阶段。1999—2008年F_5重心波动下降，处于集聚状态；2009—2010年F_5重心变化波动不大，处于稳定状态；2011—2017年F_5重心波动上升，增长速度较快，呈快速分散状态。

(6) 东盟入境中国（省域）旅游和中国（省域）对东盟出口贸易（F_6）的重心在聚散交替过程中均呈现出"犬牙交错"的演变特征，仅经历短时间的集聚状态。F_6重心由"聚"转"散"的年份为2003年，经历了"波动下降→急剧上升→波动上升"三个阶段。1999—2003年F_6重心出现波动下降，处于集聚状态；2004—2007年F_6重心快速上升，并于2006—2007年保持稳定，处于快速减弱的状态；2008—2017年F_6重心出现波动上升，分散速度较快，重心的重叠性不断减弱。

综上所述，中国—东盟旅游与贸易空间要素互动受到本身及外部环境的影响，在重心聚散关系中呈现出聚散交替变化，空间分异逐渐显著，主要受到区位选择机制、基础设施响应机制和利益驱动机制的影响。其中，地区差异是中国—东盟旅游与贸易空间分异的根本原因，基础设施水平是中国—东盟旅游与贸易空间分异的外部支撑因素，逐利性是中国—东盟旅游与贸易空间分异的内驱动力。

10.1.1.3 空间分异水平

中国—东盟旅游与贸易空间聚散关系显示，东盟入境中国旅游与双边贸易重心重叠性不断减弱，而中国出境东盟旅游与双边贸易重心重叠性不断增强。运用空间错位指数和空间错位贡献度测度中国与东盟10国旅游与贸易互动的空间分异格局与水平，探究各要素主导国别或省域及其主要贡献度。研究发现：

（1）F_1国别空间分异。中国从东盟进口贸易主导国家为泰国、印尼和马来西亚，东盟入境中国旅游主导国家为缅甸、菲律宾和越南，交替主导国家为新加坡，空间分异主要贡献国家为越南、菲律宾、泰国和马来西亚。整体而言，F_1高度空间分异均值地区呈"U"形国别分布，集中于越南、泰国、菲律宾和马来西亚。

（2）F_2国别空间分异。中国出口贸易主导国家为新加坡和印尼，入境中国旅游主导国家为马来西亚和菲律宾，交替主导国家为泰国、越南和缅甸，空间分异主要贡献国家为新加坡和菲律宾。整体而言，F_2空间分异均值核心国家为菲律宾和新加坡。

（3）F_3国别空间分异。中国进口贸易主导国家为菲律宾、马来西亚和印尼，中国出境旅游主导国家为老挝和柬埔寨，交替主导国家为泰国、越南、新加坡，空间分异主要贡献国家为越南、马来西亚和泰国。

整体而言，F_3高度空间分异均值国家集中于泰国湾沿岸，呈现出"C"形国别分布。

（4）F_4国别空间分异。中国出口贸易主导国家为菲律宾、新加坡和印尼，中国出境旅游主导国家为泰国、老挝和柬埔寨，交替主导国家为马来西亚、越南和缅甸，空间分异主要贡献国家为泰国。整体而言，F_4空间分异均值核心国家为泰国。

（5）F_5省域空间分异。中国从东盟进口贸易主导省域为"津沪苏鲁粤"，东盟入境中国旅游主导省域为"滇桂闽陕湘冀皖"，空间分异主要贡献省域为"沪粤滇"。整体而言，F_5空间分异均值核心地区为"粤滇桂苏沪"。

（6）F_6省域空间分异。出口贸易主导省域为"津辽沪苏鲁粤"，入境旅游主导省域为"滇桂陕湘皖"，交替主导省域为福建，空间分异主要贡献省域为"沪粤滇苏"。整体而言，F_6空间分异均值主要空间分异地区为云南和中国沿海省域。

综上所述，国别与省域空间分异反映出当前中国—东盟区域旅游与贸易两个要素之间的关系，在不同的空间尺度上旅游与贸易的互动作用不尽相同。由于区位条件是要素互动的客观禀赋，中国—东盟区域旅游与贸易更愿意在经济发展水平较高的地区之间流动，如"长三角"和"粤滇桂"地区是长江经济带和西部陆海新通道的重要对外门户，拥有上海、广州、深圳、南京、杭州、昆明、桂林等众多经济发展程度较高或是旅游资源丰富的城市，这两个地区与东盟国家旅游与贸易互动发展程度较中国内陆其他省域更为活跃。并且，"长三角"和"粤滇桂"地区较为发达和完善的交通、金融、通信以及能源等基础设施为中国—东盟旅游与贸易良性互动发展起到了支撑作用。

10.1.2 区域空间耦合

中国—东盟区域旅游与贸易空间耦合是多种因素共同作用的结果。以"区位条件→客观禀赋""基础设施→支撑要素"和"利益驱动→原生动力"为路径，运用耦合协调度、莫兰指数和 LISA 马尔科夫链，从国别和省域等不同区域尺度深入研究中国—东盟旅游与贸易空间耦合关系、空间耦合效应及空间跃迁规律。

10.1.2.1　国别空间耦合

中国—东盟旅游与贸易空间耦合水平国别差异较大，呈现出显著的区位选择特征。海洋东盟 5 国位于太平洋与印度洋的交界处，具有马来西亚巴生港、新加坡港、印尼勿拉湾、菲律宾马尼拉港等优良港口，海洋运输及其便利，经济外向性显著，区位优势明显。因此，海洋东盟 5 国入境中国旅游与进出口贸易发展更为活跃和协调，高耦合水平国家集中于海洋东盟 5 国，低耦合水平国家集中于湄公河 5 国。同时，随着 CAFTA 等相关协议的签署、升级与落实，中国—东盟旅游与贸易区域合作规则逐步完善。CAFTA 作为发展中国家最大的自由贸易区，将中国与东盟两大市场连为一体，拓宽彼此旅游与贸易市场，为中国和东盟更好地分享区域经济一体化带来了利好，并推动东盟入境中国旅游，使进出口贸易空间耦合水平由失调提升至协调。

从空间效应来看，一方面，F_1 空间耦合集聚水平表现出弱化态势，F_2 表现为增强态势，两者呈现出相反的全局空间效应。主要原因在于 CAFTA 建设前（1998—2002 年）和 CAFTA 建设中（2003—2010 年）F_1 空间耦合水平相比 F_2 呈现出更强的资源导向空间集聚状态。在 CAFTA 建成后（2011—2018 年），F_2 空间耦合水平相比 F_1 呈现出更强的市场导向空间集聚状态。其中，在 CAFTA 建设前（1998—2002 年），F_1 空间耦合水平呈"高—高"集聚模式的国家有文莱、印尼、马来西亚和新加坡，是东盟 10 国中空间耦合水平具有溢出效应的关联国家，但这一集聚模式在 CAFTA 建设中（2003—2010 年）和 CAFTA 建成后（2011—2018 年）逐渐变得不显著。F_1 和 F_2 空间耦合水平均呈"高—低"集聚模式的国家仅有泰国，表明泰国入境中国旅游与进口贸易空间耦合水平较高，而邻近的老挝和越南的空间耦合水平相对较低。此外，F_1 和 F_2 空间耦合水平均呈现出"低—低"集聚模式的国家为老挝和越南。

另一方面，F_4空间耦合集聚水平与程度强于F_3，整体上均表现为由弱变强再变弱的全局空间效应。在CAFTA建设前（1998—2002年），F_3空间耦合水平呈"低—高"集聚模式的国家有印尼、菲律宾，2003年之后逐渐摆脱这一集聚模式，与邻近国家一同呈现出不显著态势；F_3空间耦合水平呈"低—低"集聚模式的国家为越南、老挝、泰国；F_4空间耦合水平在东盟国家中均呈现出不显著状态。在CAFTA建设中（2003—2010年），F_3空间耦合水平呈现出"低—低"集聚模式的国家为越南、老挝、泰国、缅甸；F_4空间耦合水平呈现出"低—低"集聚模式的国家有越南、老挝、泰国、缅甸。在CAFTA建成后（2011—2018年），F_3空间耦合水平呈现出"低—低"集聚模式的国家仅为越南。F_4空间耦合水平呈现出"高—低"集聚模式的国家仅有泰国，F_4空间耦合水平呈现出"低—低"集聚模式的国家仅有老挝。

从空间跃迁来看，中国—东盟旅游与贸易国别空间耦合演变的整体性低，其中，东盟（国别）入境中国旅游和中国对东盟（国别）出口贸易、中国出境东盟（国别）旅游和中国从东盟（国别）进口贸易两组关系受邻国的影响较大，空间关联性较强。1998—2018年，在东盟（国别）入境中国旅游和中国从东盟（国别）进口贸易方面，协同增长国家只有新加坡，仅占10%，空间耦合整体性低。东盟10国仅自身跃迁或者仅邻国跃迁的比例为90%，远高于自身与邻国均跃迁的比例，受邻国的影响小。1998—2018年，在东盟（国别）入境中国旅游及中国对东盟（国别）出口贸易方面，协同增长国家有新加坡、柬埔寨，占20%，空间耦合整体性较低。东盟10国自身与邻国均跃迁的比例为60%，高于仅自身跃迁与仅邻国跃迁的比例总和，受邻国影响较大。1998—2018年，在中国出境东盟（国别）旅游及中国从东盟（国别）进口贸易方面，协同增长的国家只有印尼，仅占10%，空间耦合整体性低。东盟10国自身与邻国均跃迁的比例为60%，高于仅自身跃迁与仅邻国跃迁比例的总和，受邻国的影响较大。1998—2018年，在中国出境东盟（国别）旅游及中国对东盟（国别）出口贸易方面，正向协同增长国家有柬埔寨、马来西亚、新加坡、印尼，负向协同增长的国家有菲律宾、文莱，协同增长的国家占60%。东盟10国仅自身跃迁与仅邻国跃迁的比例总和为30%，略大于自身与邻国均跃迁的比例，受邻国的影响小。

10.1.2.2　省域空间耦合

中国—东盟旅游与贸易省域空间耦合水平逐步由失调转向协调，且协调水平趋升。在CAFTA建设前（1998—2002年），中国中部及西南省域F_5和F_6耦合协调度较低，且全国无发展突出地区。在CAFTA建设中（2003—2010年），江苏、广东、上海的F_5空间耦合水平及发展速度明显高于其他省域。与此同时，重庆、甘肃、河北发展缓慢。上海、江苏F_6耦合协调度高于其他省域，在该阶段江苏、上海、天津发展迅速。在CAFTA建成后（2011—2017年），中国—东盟旅游与贸易区域合作规则进一步完善，F_5和F_6空间耦合水平提高，全国绝大多数省域空间耦合发展已经达到了较高的水平。其中广东、上海仍是F_5耦合协调度较高的省域。上海成为F_6耦合协调度最高的省域且远高于其他省域，甘肃、黑龙江、江苏发展缓慢，天津甚至出现了倒退，成为唯一一个出现F_6耦合度下降的省域。

从空间效应来看，由于入境旅游与进出口贸易省域分布出现扩散趋势，且相比进口贸易，出口贸易更容易产生空间溢出效应，1998—2017年F_5和F_6耦合发展全局空间效应均表现为逐渐减弱的正向空间关联关系，且F_6空间耦合关联程度高于F_5。在CAFTA建设前（1998—2002年），F_5空间耦合水平呈"高—高"集聚模式的省域仅有黑龙江，F_6空间耦合水平呈"高—高"集聚模式的省域仅有青海。F_5空间耦合水平呈"高—低"集聚模式的省域为广东。F_6空间耦合水平均呈现"低—低"集聚模式的省域位于我国南部（云南、广西、广东、湖南、江西、福建）。在CAFTA建设中（2003—2010年），F_5空间耦合水平呈"高—高"集聚模式的省域仅有辽宁，F_6空间耦合水平呈"高—高"集聚模式的省域有辽宁、山东、河北、天津。F_6 空间耦合水平呈"高—低"集聚模式的省域仅有广东。在 CAFTA 建成后（2011—2017 年），F_5 空间耦合水平呈"高—高"集聚模式的省域有广东、安徽、江西、湖南、陕西，F_6 空间耦合水平呈"高—高"集聚模式的省域有安徽、江西、福建。在 F_5 空间耦合水平方面属于"低—高"模式的省域为江苏和福建，F_6 空间耦合水平呈"低—高"模式的省域仅为天津。F_6 空间耦合水平呈现"低—低"模式的省域仅为青海。

从空间跃迁来看，中国—东盟旅游与贸易省域空间耦合演变的整体性高，且受邻省溢出效应的影响显著，空间关联性强。其中，正向协同增长的省域主要集中在我国南部（海南、广西、广东、福建、湖南、重庆、云南等），西北省域（甘肃、新疆、青海等）呈现出反向的低速协同增长，与东盟旅游、贸易有待发展。1998—2017 年，在东盟入境中国（省域）旅游及中国（省域）从东盟进口贸易空间耦合方面，协同增长省域占比为 50%，空间整合性较高；自身与邻近省域均跃迁的比例为 50%，高于仅自身跃迁与仅邻近省域跃迁比例的总和，受邻近省域溢出影响较大。其中，正向协同增长的省域有海南、广西、广东、福建、湖南、江西、重庆、安徽、山东、上海，负向协同增长的省域有甘肃、新疆、天津。1998—2017 年，在东盟入境中国（省域）旅游及中国（省域）对东盟出口贸易空间耦合方面，协同增长省域的占比为 47.62%，空间整合性较高；自身与邻近省域均跃迁的比例为 42.86%，高于仅自身跃迁与仅邻近省域跃迁比例的总和，受邻近省域溢出的影响较大。其中，正向协同增长的省域有云南、江西、广西、上海、山西、山东、福建、海南、湖南、重庆、广东，负向协同增长的省域有天津、青海、新疆。

区域创新是由多种资源、多种力量均衡配置的结果，在一定的地理边界内，从国家到区域，创新的实现需要各方的参与，需要多种方式共同配合。跨地理边界旅游与贸易集群的建立，均衡与网络化的区域创新体系，决定着区域创新能力的实现。通过区位优势和空间集聚，以合作、支持、共享激活要素资源创新的扩散积累，使空间配置最优化，从而达到要素均衡循环流动，区域内发展耦合协调，国家间政治经济稳定。

10.1.3 要素互动效应

中国—东盟旅游与贸易发展态势具有明显的阶段性特征，其关系不是简单的线性关系，而是非线性关系。研究表明，在旅游与贸易发展初期，要素储备较少，以旅游为代表的人员流动所需的要素条件容易达到，主要体现为"旅游对贸易的带动效应"。随着要素储备的不断丰富，旅游与贸易发展步入中期阶段，贸易发展所需的要素得以补充，贸易规模逐步扩大，此阶段以"贸易对旅游的追随效应"为主。当要素储备日益完善，新国际旅游带动新国际贸易，新国际贸易进一步追随新国际旅游，旅游与贸易实现循环互动发展，此实证结果与本书2.2.3节的分析相契合。

10.1.3.1 初期：以旅游对贸易的带动效应为主

从旅游对贸易的带动效应来看，"出境旅游→出口贸易"的作用效果先呈现出增强态势，"入境旅游→进口贸易"的作用效果也呈现出走高趋势，即旅游对贸易的带动效应在初期表现为增强。从贸易对旅游的追随效应来看，"进口贸易→出境旅游"的作用效果先是减弱的，"出口贸易→入境旅游"的作用效果处于低位小幅提升中，即使"出口贸易→入境旅游"的作用效果有所提升，但因作用效果处于低位，小幅增势对减弱状态的改变不甚明显，总体上，贸易对旅游的追随效应呈现出减弱态势。在旅游与贸易发展初期，主要表现为旅游带动贸易发展，即旅游对贸易的带动效应呈增强态势，贸易对旅游的追随效应相对较弱，以旅游对贸易的带动效应为主。

10.1.3.2 中期：以贸易对旅游的追随效应为主

从旅游对贸易的带动效应来看，"出境旅游→出口贸易"的作用效果在达到高位后逐步减弱，"入境旅游→进口贸易"的作用效果呈现出阶段性增强，即旅游对贸易的带动效应在中期表现出回落态势。从贸易对旅游的追随效应来看，"进口贸易→出境旅游"作用效果在降至低位后逐步回升，"出口贸易→入境旅游"的作用效果出现阶段性增强，即贸易对旅游的追随效应在中期逐步回升。在旅游与贸易发展中期，主要表现为贸易追随旅游发展，此阶段贸易对旅游的追随效应逐步增强，旅游对贸易的带动效应有所减弱，以贸易对旅游的追随效应为主。

10.1.3.3 后期：表现为新旅游与新贸易的循环互动

从旅游对贸易的带动效应来看，"出境旅游→出口贸易"的作用效果进一步减弱且降幅有所缩减，"入境旅游→进口贸易"的作用效果处于较高水平，旅游对贸易的带动效应在后期表现为增强态势。从贸易对旅游的追随效应来看，"进口贸易→出境旅游"的作用效果呈现出增强趋势，"出口贸易→入境旅游"的作用效果也呈现出增强趋势，即贸易对旅游的追随效应在后期进一步增强。在旅游与贸易发展后期，表现为新旅游与新贸易循环互动发展，即旅游对贸易的带动效应、贸易对旅游的追随效应均有所增强。

10.2 中国省域："一核双极两带"

10.2.1 一核：重庆

"一核"是"两带"的核心交点，拥有良好的交通区位条件，在"一核双极两带"省域布局中，不仅能发挥交通物流枢纽的作用，还能调动"两带"的活力，是把"两带"纳入同一发展框架的关键。

如图10-1所示，重庆位于长江经济带与西部陆海新通道的交汇点，是中国（省域）—东盟旅游与贸易"十字联动"的核心。通过重庆可以将长江经济带与西部陆海新通道联系起来，实现东中西部的网状联通，这不仅增加了内陆省域与东盟贸易往来的路径，降低了运输成本，还缓解了长江经济带的运输压力。当前，首先应加强重庆作为中国

第 10 章 互动评估与区域创新

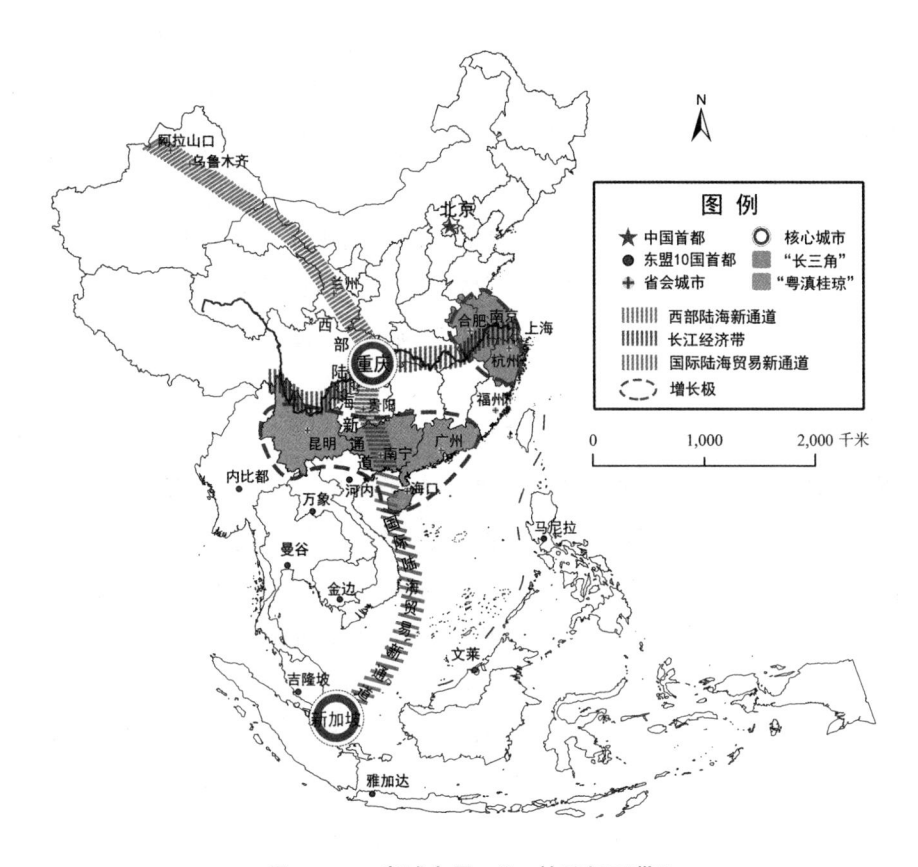

图 10-1 省域布局:"一核双极两带"

Fig. 10-1 Provincial Layout: One Core, Bipolar and Two Belts

说明:该图基于广西壮族自治区自然资源厅标准地图服务网站(http://www.gismap.com.cn/)下载的审图号为 GS(2016)931 号、GS(2016)932 号和桂 S(2016)22 号的标准地图制作,底图无修改。

—东盟贸易核心枢纽的建设,依托中国(重庆)自由贸易试验区①,制定便捷化货物通关手续,提高口岸通关效率;统筹"水陆空"多式联运方式,拓展"陆海联运""陆空联运""江铁联运"等多种联运合作;

---

① 中华人民共和国中央人民政府:《国务院关于印发中国(重庆)自由贸易试验区总体方案的通知》[EB/OL],(2017-03-31)[2020-04-02] http://www.gov.cn/zhengce/content/2013-09/27/content_ 4036.htm。

强化东、西、南、北四个方向的枢纽联结，形成以重庆为中心，以武汉、成都、贵阳、西安为四极的物流网络（见图10-2），建设西部现代化物流核心枢纽。在旅游方面，随着重庆与东盟商品流通、贸易往来的日益频繁，人员交流越来越密切，商务旅游活动将进一步带动东盟入境旅游的发展，试行免签、落地签等旅游便利政策，完善重庆与东盟国家直飞国际航线网络，促成建立"重庆—新加坡"旅游友好城市，打造两个城市之间的"点对点"特色旅游项目。

10.2.2 双极："长三角"和"粤滇桂琼"

"双极"不仅是"两带"对东盟开放的窗口，也是"两带"的发展引擎。凭借区位优势条件获得率先发展，"双极"实现了各种要素的集聚，随后沿着"两带"进行扩散，辐射带动"两带"沿线省域发展，是"一核双极两带"省域布局实现区域创新发展的增长极。

——"长三角"。作为长江经济带对东盟开放的窗口，"长三角"一直都是中国与东盟旅游和贸易合作的热点区域，未来继续发挥增长极作用，辐射带动长江经济带沿岸省域与东盟的合作，依托中国（上海）自由贸易试验区[①]与中国（上海）进出口国际博览会，以及中国（浙江）自由贸易试验区[②]、中国（江苏）自由贸易试验区[③]，聚集资本、管理与人才等优势资源，提升贸易便利化水平，做好与东盟国家贸易规则对接，积极推动中国—东盟贸易发展，同时发挥"扩散效应"，形成沿"上海→'长三角'→长江经济带省域→其他中西部省域"辐射的

[①] 中华人民共和国中央人民政府：《国务院关于印发中国（上海）自由贸易试验区总体方案的通知》[EB/OL]，（2013-09-27）[2020-04-02] http://www.gov.cn/zhengce/content/2013-09/27/content_4036.htm。

[②] 中华人民共和国中央人民政府：《国务院关于印发中国（浙江）自由贸易试验区总体方案的通知》[EB/OL]，（2017-03-31）[2020-04-02] http://www.gov.cn/zhengce/content/2017-03/31/content_5182288.htm。

[③] 中华人民共和国中央人民政府：《国务院印发关于6个新设自由贸易试验区总体方案的通知》[EB/OL]，（2019-08-26）[2020-04-02] http://www.gov.cn/zhengce/content/2019-08/26/content_5424522.htm。

中国—东盟贸易传递机制。同时，大力整合"长三角"区域旅游资源，实现跨"3省1市"的旅游合作网络，打造长江沿岸及中西部省域特色旅游产品，形成与"长三角"配套的旅游路线，促成东盟入境客流的中西向转移，形成"上海国际旅游大都市→'长三角'区域旅游→长江水道沿岸游→中西部民俗风情游"的入境旅游路线，打造省域旅游品牌。

——"粤①滇桂琼"。作为西部陆海新通道对接东盟的窗口，"粤滇桂琼"与东盟海陆交通便利，其中云南与缅甸、老挝、越南陆上相邻，广西与越南水陆相接，广东湛江背靠经济发达的珠三角、拥有优良的海港，海南正在建设国家特色自由贸易港，国际旅游与国际贸易发展前景广阔。目前，"粤滇桂琼"4个省域已全部列入国家自由贸易试验区范围②。以"粤滇桂琼"作为西部陆海新通道的增长极，发挥辐射带动作用，不仅是中国西部省域面向东盟的贸易支点，而且可以在此基础上实现东盟入境中国游客的东北、西北向转移。在贸易方面，进一步推进"粤滇桂琼"地区"海陆空"综合物流枢纽与信息通道建设，整合航运、港口、班列信息，实现铁海联运、跨境公路、铁路运输信息共享；加快沿线中转枢纽的培育，提高物流服务水平和通关效率；通过发展通道经济，带动沿线产业结构优化升级，推动中国—东盟国际供应链合作，形成沿"'粤滇桂琼'→'两带'重合省域→重庆→西部、北部边境省域"辐射的中国—东盟贸易传递机制。在旅游方面，积极整合

---

① "粤"这里仅指广东省湛江市。2019年10月13日，重庆、广西、贵州、甘肃、青海、新疆、云南、宁夏、陕西、四川、内蒙古、西藏等西部地区12省区市联合海南省、广东省湛江市，在重庆签署框架协议，合作共建西部陆海新通道。

② 中华人民共和国中央人民政府：《国务院关于印发中国（广东）自由贸易试验区总体方案的通知》[EB/OL]，(2015 – 04 – 20)[2020 – 04 – 02] http：//www.gov.cn/zhengce/content/2015 – 04/20/content_ 9623.htm。中华人民共和国中央人民政府：《国务院关于印发中国（海南）自由贸易试验区总体方案的通知》[EB/OL]，(2018 – 10 – 16)[2020 – 04 – 02] http：//www.gov.cn/zhengce/content/2018 – 10/16/content_ 5331180.htm。中华人民共和国中央人民政府：《国务院印发关于6个新设自由贸易试验区总体方案的通知》[EB/OL]，(2019 – 08 – 26)[2020 – 04 – 02] http：//www.gov.cn/zhengce/content/2019 – 08/26/content_ 5424522.htm。

"粤滇桂琼"旅游资源,简化旅游签证手续,优先试点和开发西部陆海新通道沿线特色观光旅游路线,创新"通道观光"旅游模式;建立西部旅游跨界合作网络,举办大型商务推介会和民俗文化主题旅游活动,形成"'粤滇桂琼'旅游区→新通道沿线特色观光旅游→西部跨界商务和民俗文化主题旅游"入境旅游路线,打造中国入境旅游创新发展区域。

10.2.3　两带:省域"十字联动"

"两带"是由长江经济带省域和"西部陆海新通道共建省域"①组成的两条带状发展轴,在地理上呈"十"字形分布,形成了互联互通的"十字联动"格局(见图10-2),将"两带"结合起来以实现"1+1>2"的区域创新发展倍增效果,是"一核双极两带"省域布局的主要目标。其中,长江经济带横跨中国东西,是中西部省域与东盟发展旅游和贸易的传统通道。其东部出海口——"长三角"遍布发达的海港和内河港口,以上海港为核心,北接连云港、南接宁波舟山港,西有内陆港——苏州港、南通港、南京港等做承接,继续深入中西部,有芜湖港、九江港、武汉港、岳阳港、重庆港、泸州港一直连接到内陆腹地。"西部陆海新通道共建省域"纵贯中国西南、西北部省域,以"粤滇桂琼"作为面向东盟的窗口,由此向北途经南宁、贵阳、重庆,一路朝西往新疆方向,途径兰州、西宁、乌鲁木齐,到达阿拉山口;一路朝东往陕西、宁夏、内蒙古方向,到达二连浩特,是中国西部省域与东盟国家联系的新通道。

研究表明,长江经济带多个省域与东盟国家旅游、贸易发展水平高、协调度较好,呈现出东盟入境旅游与双边进出口贸易协调度"高—高"集聚模式,空间溢出效应显著。相比较而言,中国西部省域与东盟

---

① "西部陆海新通道共建省域"是指2019年10月13日在重庆签署《合作共建西部陆海新通道框架协议》的14个省、市、自治区,即重庆、广西、贵州、甘肃、青海、新疆、云南、宁夏、陕西、四川、内蒙古、西藏、海南、广东湛江。

旅游、贸易发展水平较低,未来依托"两带",建立跨地理边界旅游联盟、贸易通道、服务体系,通过区位优势和空间集聚,以合作、支持、共享激活中国—东盟旅游与贸易区域创新扩散积累。

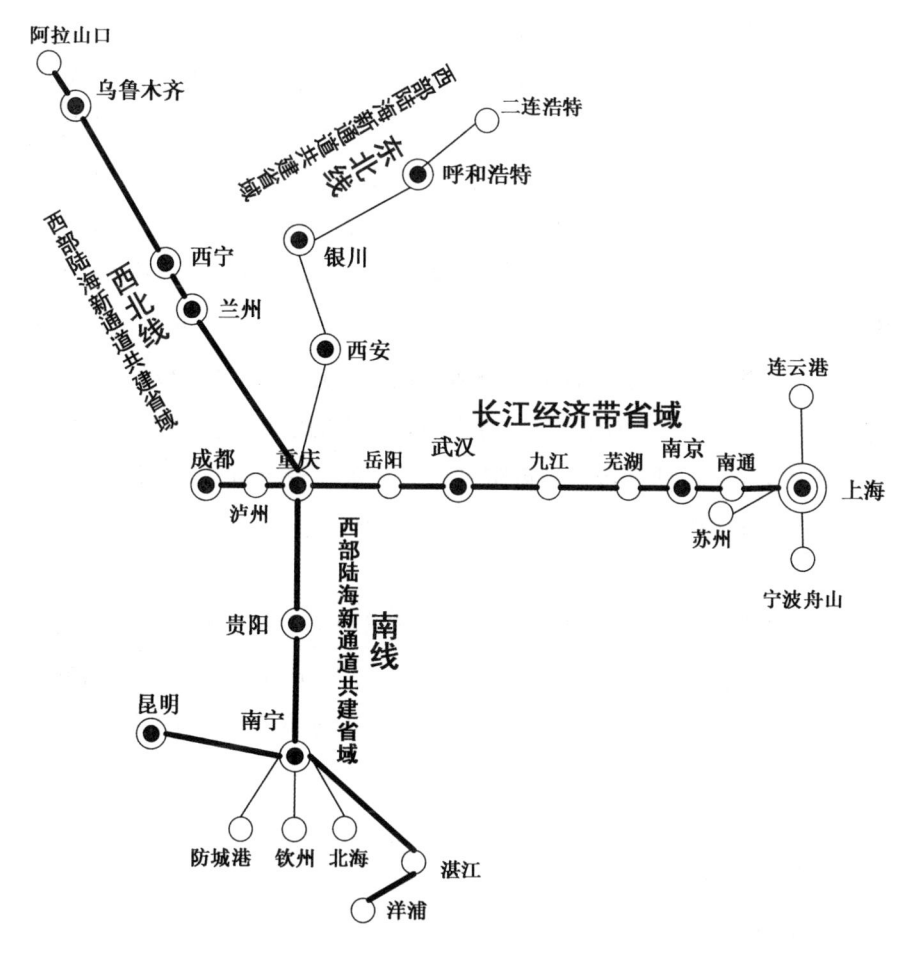

图 10-2 两带:省域"十字联动"格局

Fig. 10-2 Two Belts: Provincial "Cross Linkage" Layout

(1) 面向东盟的省域旅游联盟

研究表明,东盟入境中国旅游空间分布以"胡焕庸线"为界,呈现出"东南强,西北弱"的态势。呈现在图10-2中,即长江经济带全线

"上海→南京→武汉→重庆→成都","西部陆海新通道共建省域"南线"昆明、南宁→贵阳→重庆、成都"接待东盟游客量大,而"西部陆海新通道共建省域"西北线"重庆→兰州→西宁→乌鲁木齐"及东北线"重庆→西安→银川→呼和浩特",接待东盟游客量极低。为了实现中国—东盟旅游省域协调发展,将"两带"结合起来,不仅促进"先发展起来的地区优化合作",而且利用"先发展起来的地区带动后发展的地区",发挥其"十字联动"作用,建立面向东盟的省域旅游联盟。

首先,促进"两带"内部客源流通,以"长三角"和"粤滇桂"为主导,构建东盟客源共享市场。研究表明,东盟入境中国旅游主要集聚于"长三角"和"粤滇桂",与"两极"所在区域基本相符。在地理位置上,"粤滇桂"主要对接湄公河5国,"长三角"主要对接海洋东盟5国,说明了入境中国的东盟游客带有一定的区域性。因此应加强在"两带"内部的互动宣传,打造跨界旅游品牌,开展联合营销、共享客源,实现东盟游客在"两带"之间的扩散流动,扩大双方东盟目标游客的范围。

其次,整合"两带"内部旅游资源,分别以上海、昆明、南宁为接口,打造"两带"特色旅游路线,不仅包括"先发展地区"之间的优化合作,还包括"先发展地区"与"后发展地区"之间的相互联合。具体而言,"两带"南线:"昆明、南宁→贵阳→重庆→武汉→南京→上海"及"上海→南京→武汉→重庆→贵阳→昆明、南宁";"两带"西北线:"上海→南京→武汉→重庆→兰州→西宁→乌鲁木齐";"两带"东北线:"上海→南京→武汉→重庆→西安→银川→呼和浩特";"西部陆海新通道共建省域"南线及西北线:"昆明、南宁→贵阳→重庆→兰州→西宁→乌鲁木齐";"西部陆海新通道共建省域"南线及东北线:"昆明、南宁→贵阳→重庆→西安→银川→呼和浩特"。

(2)面向东盟的省域贸易通道

研究表明,中国(省域)对东盟进出口贸易空间分布以"胡焕庸线"为界,呈现出"东南强,西北弱"的态势,空间密度高的省域也均位于沿海地区，且密度呈由南向北、由东向西递减趋势。由此可见，目前中国各省域与东盟各国贸易往来东西差异态势仍十分严峻，由于区域协调发展战略的进一步深化，中国现有贸易通道与区域协调创新和扩大经济发展的要求不相匹配，因此，打造面向东盟的省域贸易通道迫在眉睫。

如图10-2所示，以兰州为西北省域贸易据点，向上承接新疆、宁夏、青海、甘肃、陕西、内蒙古6省域；运至中枢地区，覆盖四川、贵州、西藏3省域，以重庆作为中转枢纽进行运输分流；向东走水路，以上海为出海端，沿江辐射湖南、湖北、江西、浙江和江苏5省域，进入东海，经台湾海峡后入南海，继而到达东盟各国，此为东线；向南走陆路，以广西北部湾港为出海端，沿线辐射广西、云南、海南、广东4省域，经北部湾直接驶入南海，到达东盟各国，此为西线。该通道贯通中国东西南北，形成了中国省域面向东盟的贸易"十字走廊"，其深入西北、西南腹地，前后连接20个省域，几乎覆盖了中国西部省域。再者，进一步开发一条西部与东盟各国的运输捷径，协同长江经济带，升级沿江通道，实行"双线"并行战略，一方面扩大辐射面积，形成新型区域创新局面；另一方面合理引流，优化运输配置，增扩贸易总量，高速高效地发展双边贸易。

具体而言，①升级东线。进一步完善水运基础设施，强化主航道运输能力，优化多式联运体系，高质量地完成长江经济带贸易通道功能。推进长江口南槽航道治理和岷江航电龙溪口枢纽建设，加快畅通重要航段和运输通道；统筹发展江海直达和江河海联运模式，进一步完善集装箱和大宗干散货铁水联运体系，以便适应长江干线航道治理和江海直达发展的需要；提升物流效率，鼓励实行航运、港口等业务单证电子化服务和统一价格体制；提升信息化水平，对接既有交通运输公共信息平台，建立创新示范多式联运信息平台。

②建设西线。完成陆路主通道交通基础设施和海上门户港口枢纽工程，提升西部陆海新通道的运输作用，紧随东线达成"西货走西线"

的目的。统筹建设各种陆路运输交通，建设大能力主通道，完善一核（重庆）至北部湾港出海口铁路、公路运输网络，提高干线交通能力；加强广西北部湾港和海南洋浦港海上门户功能，升级港口综合服务，承担货物"海—陆"转运任务，积极发挥海陆交汇点作用；依托内地铁路长距离运输的功能，强化主通道与西北地区运输通道的衔接，协调优化组织，提质升级"十字走廊"的辐射联动作用，促进西部省域与东盟各国的要素流动、开放开发。

（3）面向东盟的省域服务体系

首先，构建旅游与贸易交通网络体系。其中，海上交通体系以广东、广西以及东部沿海省域为重点，构建面向东盟的港口码头群，沿北部湾打造与越南对接的游轮旅游码头群。陆上交通体系主要打通中国东中西部经云南进入中南半岛的国际旅游、国际贸易大通道，具体是对外打通云南对接缅甸、老挝的公路、铁路通道，对内打通国内各省域至云南的通道，加快建设成昆高铁、渝昆高铁、京昆高铁、滇藏铁路，将中国公路、铁路网与湄公河国家公路、铁路网有效衔接起来。

其次，打造旅游与贸易信息协作体系。中国与东盟各个国家、城市的经济、社会发展水平不一，文化信仰、宗教观念有所不同，需要建立由各国政府相关部门牵头组织的信息协作体系，就成员之间旅游与贸易信息交流的范围、对象，以及信息共享平台的搭建、网络接口、数据的提供、各方的权利义务等进行磋商，并予以明确并形成制度。同时，对日常信息交流以外的重大事项召集会议互通情况，共同研究解决办法。如旅游业是一个敏感性较强的产业，容易受到政治动荡、恐怖活动、经济危机、自然灾害、公共卫生及其他突发事件的影响。旅游突发事件往往具有较强的波及性和蔓延性，为有效应对重大突发事件对双边旅游的影响，就需要各国政府合作、各相关部门共同协作，加强双边旅游方面的信息共享，采取共同行动，及时妥善处理游客在旅游中出现的问题，提升东盟游客入境中国旅游的满意度。

最后，建设旅游与贸易人才支撑体系。根据目前人才现状及培养情况，围绕深化中国省域与东盟旅游与贸易合作的目标，鼓励旅游或贸易企业与高校建立人才培养和业务合作长效机制，通过科研、兼职等方式，增加师生参与的机会，实现学企双赢。尤其是西部陆海贸易新通道沿线省域高校与东盟国家高校联合成立中国—东盟大学联盟，加强双方在旅游、贸易方面的学术交流、沟通与合作，重点推进西部陆海新通道"互联互通""贸易、物流与电子商务""生态环境"科技创新，为新通道互联互通交通基础设施建设、国际贸易便利化、高水平综合物流信息服务、中国—东盟跨境电子商务、绿色发展和中国—东盟农产品贸易提供持续性人才支撑。

10.3 东盟区域与国别："一轴两翼四圈"

10.3.1 一轴：中国（广西）—新加坡

"一轴"是集地理方位优、综合功能强于一体的中心发展轴，贯通中国—东盟整个区域，凭借其优越的海运能力，缩减要素流动成本，增扩要素流量，带动西部省域与东盟各国要素交换，是西部省域对接东盟的海上主通道。如图10-3所示，以中国（广西）钦州港为起始，经北部湾进入南海，最终到达新加坡，这条连接中国与东盟的海运线路，即"一轴"。该轴与国内西部陆海新通道对接，是打通中国西部省域与东盟各国贸易往来的关键所在。传统的中国西部省域与东盟各国货物运输路线是由长江运至上海，进入东海经台湾海峡，到达东盟各国，全程历时14天；而国际陆海贸易新通道，是将货物由海铁联运班列运至中国（广西）钦州港，沿"一轴"路线直接到达新加坡，全程仅需2天，不论时间还是运输成本都大大缩减。

研究表明，中国（省域）—东盟旅游与贸易的空间分布特征为"东南强，西北弱"，空间密度集聚于"长三角"和"珠三角"，受区位条件和历史发展的影响，中国西部省域不论在经济发展、城市规模和人才分布等方面都与东南地区有着较大的差异，这种"不均衡"不利于资源优

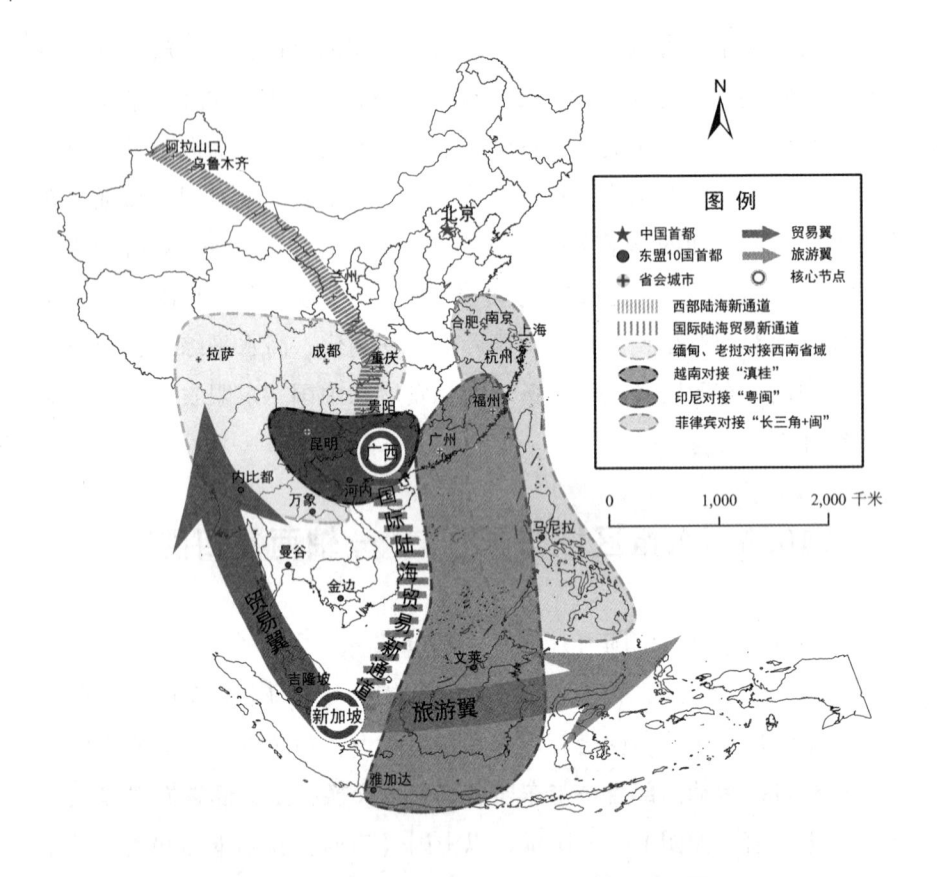

图 10-3 　国别（区域）布局："一轴两翼四圈"

Fig. 10-3　Country (Region) Layout: One Aaxis, Two Wings and Four Circles

说明：该图基于广西壮族自治区自然资源厅标准地图服务网站（http://www.gismap.com.cn/）下载的审图号为 GS（2016）931 号、GS（2016）932 号和桂 S（2016）22 号的标准地图制作，底图无修改。

化、区域发展。而"一轴"就是在为西部省域对接东盟"走捷径"，发挥各自的地域优势，让"西货走西线"，最大限度地促进西部省域与东盟各国开展贸易，减缓我国区域"不均衡"发展。同时，我国西部省域旅游与贸易的耦合协调度普遍低于我国东南部地区，"一轴"不仅可以促进西部省域与东盟各国的贸易往来，还可以开通旅游客轮航运，开发"西部省域—东盟"旅游新路线，大力发展中国西部各省域与东盟各国的旅游与贸易是解决要素流动"不均衡"和"不协调"的重要一环。

10.3.2 两翼：湄公河5国与海洋东盟5国

"两翼"，是以地理位置、发展方向为依据划分成两个具有不同功能的发展翼，高度集中各翼在区位条件、地缘文化、资源禀赋等方面的优势，主要推动弱势要素的流动，促使两翼之间要素循环流动，逐步形成各种要素共同发展。建设"两翼"，并非两个地区各自发展，而是互相带动的循环发展，并非单一要素发展，而是贸易与旅游各有侧重的共同发展。从要素流动的角度上看，"双翼并行"可以更好地协调要素流动的方向，调整流动的大小，使区域间的旅游与贸易更加均衡有序。

从图10-3可以看出，以"一轴"为界，东盟10国各分布在左右两边，左为泰国、越南、柬埔寨、缅甸和老挝，即湄公河5国，为"左翼"；右为新加坡、马来西亚、菲律宾、印尼和文莱，即海洋东盟5国，为"右翼"。研究表明，中国出入境东盟旅游空间密度多集中于湄公河5国，中国对东盟进出口贸易则多集中于海洋东盟5国，其主要原因在于"两翼"因区位条件不同而形成了差异化发展：湄公河5国分布于中南半岛，地域集中，与中国毗邻，赴该地区旅游的时间和经济成本相对较小；而海洋东盟5国位于太平洋与印度洋的交界处，海运交通便利，对外贸易发展较好。

由此看来，东盟各国利用自身利好条件，发展优势经济，使旅游与贸易在"两翼"间造成了要素流动方向与流量大小的不均衡，但只一味地发展优势经济，会使要素流动不均衡现象加重，不利于区域的协调发展。区域创新就是要打破传统区位条件的限制，使不同要素在一定的区域范围内互动融合，形成一种新的区域发展格局。将"左翼"布局成贸易翼，运用陆上邻国优势，主推贸易发展，这主要是因为其总体面积较海洋东盟5国而言，小而集中，且与中国西南部接壤，可以将该地区与西南部对接，大力开发陆上交通和澜沧江—湄公河航道，增加贸易往来。将"右翼"布局成旅游翼，利用交通便利、文化相近等优势，促进旅游发展，东南亚是著名侨乡，以"同根同脉、文化相亲"为旨要，可以形成特色旅游线路，且海洋东盟5国地区人口规模较大，尤其是印尼、菲律宾，其人口均超过1亿人，具有成为东盟入境中国旅游新增长极的潜力。

10.3.3 "四圈"引领

"四圈"即4个发展环，围绕地理位置相近、发展特质相符的国别和省域，形成相对集中的区域，将要素发展具体措施落在圈内，实现以区域特色为核心的要素增长，以"小"及"大"，逐步完成辐射次区域，引领全区域的要素发展。"四圈"是"一轴两翼四圈"国别布局的最终落脚点，也是本书研究的最终对策措施。空间讲究由"点"及"面"，区域的发展也注重由"小"及"大"，将东盟各国与中国各省域精准对接，利用不同"点"与"点"的特征，形成4个增长圈，引领"一轴"联动和"两翼"循环，逐渐形成中国—东盟（国别）"一轴两翼四圈"区域创新布局，高效发展全区域旅游与贸易。

（1）越南对接"滇桂"。依靠云南和广西与东盟陆上接壤的便利，以特色边境旅游为切入点，解决双方政府政策协调机制受限问题，积极沟通、开展合作，简化跨境流程，优化旅游路线，关注跨境公路、铁路的提质升级，加强通关效率，积极发展越南入境中国旅游国内延伸线路："越南—凭祥（东兴）—南宁—桂林—长沙—成都—西宁—乌鲁木齐""越南—红河（河口）—昆明—贵阳—重庆—西安—兰州—银川—二连浩特"等，将边境旅游培育成为东盟入境中国旅游的新增长点。

（2）印尼对接"粤闽"。由于印尼政府在历史上实施了近四十年的反华禁华政策[①]，印尼华人与中华文化的联系几乎被斩断，新生代印尼

[①] 自1966年开始，印尼各地政府出台政策禁止当地华人说华语，出版使用华文书籍、书刊等，1967年颁布法令限制华人文化习俗，并提倡华人改用印尼名字，改信伊斯兰教，并关闭所有华文学校。这一系列政策措施的出台就是为了削弱印尼华人对中国的认同感，直至1994年印尼政府才取消在公共场所禁止说华语的法令，2000年才允许华人公开庆祝本民族的节日与风俗习惯。

华人对于中国文化更是相当陌生。如此这般，我们应重点打造印尼华人赴福建、广东祖籍地的"文化旅游"路线，加强印尼华人赴祖籍地旅游，激励其探亲访友、观光旅游。在加强中印尼文化交流的基础上，进一步将"文化旅游"拓展至投资商贸旅游、休闲养生旅游，以"文化"为纽带打造更紧密的中国—印尼旅游与贸易圈。

（3）菲律宾对接"长三角+闽"。中国与菲律宾的贸易受到"一对一"方案①的影响，在20世纪中后期一直处在停滞甚至萎缩的状态。在CAFTA启动建设后，中菲两国贸易与以前相比虽然有了长足的发展，但与东盟其他主要成员国相比仍显缓慢。中国对菲律宾主推"探亲—商务"旅游，以"探亲访友"为纽带，吸引菲律宾游客以"长三角"地区和福建为基点，由东南沿海向中国腹地省域发展扩大，开发系列深度商务旅游产品，提供各类定制化的考察团队旅游、商务会议、拓展培训、会展会务等，找到更好发展中菲贸易的着力点。

（4）缅甸、老挝对接西南省域。研究表明，中国对缅甸和老挝的出境旅游偏好和贸易依存度极低，这说明两国与中国在旅游与贸易方面还有潜力尚未发掘。中老、中缅铁路建成，意味着中老铁路经济带和中缅"人字形"经济走廊应运而生，可辐射铁路沿线城市，包括缅甸、老挝和中国西南省域，带动双方旅游与贸易共同发展。重量级的贸易往来需要以水路为主，降低成本，而澜沧江—湄公河航道对于矿石、原材料等大宗商品具有巨大优势，因此，在开发陆上交通的同时，也应大力发展水上交通，形成水陆并进互补的旅游与贸易通道，进一步发掘中国—东盟旅游与贸易潜力。

综上所述，"四圈"在实现稳定发展后可辐射周边地区，引领"两翼"区域的旅游与贸易要素循环，以此纠正区域要素流动方向、调整流

---

① "一对一"方案是指菲律宾政府1989年9月单方面实施的具有歧视性的对华贸易"均等"方案。该方案规定，菲律宾进口商在申请从中国进口商品时，必须递交向中国出口等额商品的计划，这项政策的实施在抑制从中国进口的同时，并未促进对中国的出口，直接造成中菲贸易的大幅萎缩。1993年4月，菲律宾总统拉莫斯宣布取消"一对一"方案，1995年5月将中国从菲律宾国际贸易公司管制名单中删除。

量大小，使全区域逐步融合，实现各资源均衡配置。就现实情况来看，东盟各国对接的中国省域以西南边境、沿海省域为主，中西部省域较少，这主要是由于受区位条件和经济发展的影响，此时，"一轴"就起到了联动作用，将东盟各国与中国西部省域联通，使要素流动由南向北、由东向西地延伸到中国腹地，最大限度地促进旅游与贸易的共同发展，在中国—东盟区域创新的同时，也带动中国内部的协调发展。

10.4 未来发展与政策建议

本书的主要设想就是寻求把握中国与东盟各国旅游与贸易发展的必然联系和相对稳定规律，发现中国与东盟国家旅游与贸易互动的机理、机制、效应和变化趋势，进而根据各方的偏好顺序、博弈规则制定适合本地区对外贸易与国际旅游的政策建议，以提升对外贸易水平、升级旅游产业以及促进旅游与贸易要素的均衡流动，最终实现中国—东盟旅游与贸易的区域协调与创新发展。下面，我们将依据研究所得出的主要结论有针对性地提出中国—东盟旅游与贸易区域发展战略、省域（国别）策略、互动协调要点。

10.4.1 区域发展战略

中国—东盟（国别）区域布局"一轴两翼四圈"，以新加坡为据点，依托"国际陆海贸易新通道"形成哑铃效应，推动东盟"海—陆"两翼互动发展。中国（省域）布局"一核双极两带"，优化我国东、中、西部地区的互联互通，以"长三角"和"粤滇桂琼"为双极，辐射带动中西部内陆省域与东盟国家旅游与贸易发展，是课题组思考得出的有益启示。

(1) 将湄公河 5 国布局为"贸易翼"，畅通贸易渠道，主推贸易发展

湄公河 5 国与中国西南部接壤，发挥陆上邻国优势，将湄公河 5 国

布局为"贸易翼"。越南对接"滇桂"。中国的云南、广西与越南陆上接壤，应积极沟通、开展合作，持续发展边境贸易，优化双方政府政策协调机制，简化跨境贸易流程，关注跨境公路、铁路的提质升级，加强通关效率，畅通贸易渠道，主推贸易发展。缅甸、老挝对接西南省域。大力推进中老、中缅铁路建设，辐射铁路沿线城市，打造中老铁路沿线经济带和中缅"人字形"经济走廊，带动双方旅游与贸易的共同发展。水路对矿石、原材料等大宗商品运输有巨大的成本优势，在开发陆上交通的同时，也应大力发展水上交通，开发完善澜沧江—湄公河航道，形成水陆并进互补的贸易通道，进一步发掘中国—东盟贸易潜力。

（2）将海洋东盟5国布局为"旅游翼"，打造特色旅游线路，促进旅游发展

海洋东盟5国人口规模大，尤其是印尼、菲律宾人口均超过1亿人，入境中国旅游市场潜力巨大。利用交通便利、文化相近等优势，将海洋东盟5国布局为"旅游翼"，打造特色旅游线路，促进旅游发展。印尼对接"粤闽"。印尼政府实施的近四十年的反华禁华政策，使得印尼华人与中华文化的联系几乎被斩断，新生代印尼华人对于中国文化缺乏了解。为此应重点打造印尼赴福建、广东祖籍地"文化旅游"路线，鼓励印尼华人赴祖籍地旅游，激励其探亲访友、观光旅游。在加强中印尼文化交流的基础上，进一步将"文化旅游"拓展至投资商贸旅游、休闲养生旅游，以"文化"为纽带打造更紧密的中国—印尼旅游圈。菲律宾对接"长三角+闽"。受菲律宾反华排华政策的影响，菲律宾华人与中华文化的联系也有所减弱。中国对菲律宾主推"探亲—商务"旅游，以"探亲访友"为纽带，吸引菲律宾游客以"长三角"地区和福建为基点，由东南沿海向中国腹地省域发展扩大，开发系列深度商务旅游产品，提供各类定制化的考察团队旅游、商务会议、拓展培训、会展会务等，找到发展中菲旅游更好的着力点。

（3）以新加坡为据点，依托"国际陆海贸易新通道"形成哑铃效应，推动中国—东盟旅游与贸易"海—陆"两翼互动发展

以新加坡为据点，加快构建大能量、高标准、高效率的国际贸易大通道，与中国西部省域形成哑铃效应。发挥新加坡作为转口贸易港的优势，形成"货物集中→贸易成本降低→吸引更多货物"的良性循环。与此同时，以中新（重庆）互联互通示范项目为契机，向越南、菲律宾、印尼和马来西亚等东盟其他国家推广"国际陆海贸易新通道"概念，扩大中国西部省域与东盟其他国家的合作，降低融资成本、物流成本与简化海关流程，推进中国—东盟全方位互联互通。根据"点—轴—网—立体"的发展思路，强化"多平台"陆海统筹，对关键节点强化能力建设、功能完善、效率提升。通过对关键节点的打造，以点带面，推动优质资源向重点区域集聚，为人员流、物流、资金流、信息流的集聚提供便利，实现陆海统筹、相互配合，促进中国—东盟区域旅游与贸易进入良性循环发展的快通道，提升中国—东盟区域经济活力。

（4）依托"长江经济带"，完善沿"上海→'长三角'→长江经济带省域→中西部省域"辐射的旅游与贸易路线，巩固中国—东盟旅游与贸易的传统通道

长江经济带横跨中国东西，是中西部省域与东盟国家发展旅游和贸易的传统通道。其东部出海口——"长三角"遍布发达的海港和内河港口，以上海港为核心，北接连云港、南接宁波舟山港，西有内陆港——苏州港、南通港、南京港等做承接，继续深入中西部，有芜湖港、九江港、武汉港、岳阳港、重庆港、泸州港，一直连接到内陆腹地。在贸易方面，可依托中国（上海）自由贸易区与中国（上海）进出口国际博览会，聚集资本、管理与人才等优势资源，提升贸易便利化水平，做好与东盟国家贸易规则对接，形成沿"上海→'长三角'→长江经济带省域→中西部省域"辐射的中国—东盟贸易传递机制。同时，大力整合"长三角"区域旅游资源，实现跨"3省1市"的旅游合作网络，打造长江沿岸及中西部省域特色旅游产品，形成与"长三角"配套的旅游路线，促成东盟入境客流的中西向转移，形成"上海国际旅游大都市→'长三角'区域旅游→长江水道沿岸游→中西部民俗风情游"的入境旅

游路线，打造省域旅游品牌。

（5）联合"西部陆海新通道共建省域"，打造沿"'粤滇桂琼'→'两带'重合省域→重庆→西部、北部边境省域"辐射的旅游与贸易路线，开创中国—东盟旅游与贸易新通道

"西部陆海新通道共建省域"纵贯中国西南、西北部省域，以"粤滇桂琼"作为面向东盟的窗口，由此向北途经南宁、贵阳、重庆，一路朝西往新疆方向，途经兰州、西宁、乌鲁木齐，到达阿拉山口；一路朝东往陕西、宁夏、内蒙古方向，到达二连浩特，是中国西部省域与东盟国家联系的新通道。在贸易方面，进一步推进"粤滇桂琼"地区"海陆空"综合物流枢纽与信息通道建设，整合航运、港口、班列信息，实现铁海联运、跨境公路、铁路运输信息共享；加快沿线中转枢纽的培育，提高物流服务水平和通关效率；通过发展通道经济，带动沿线产业结构优化升级，推动中国—东盟国际供应链合作，形成沿"'粤滇桂琼'→'两带'重合省域→重庆→西部、北部边境省域"辐射的中国—东盟贸易传递机制。在旅游方面，积极整合"粤滇桂琼"旅游资源，简化旅游签证手续，优先试点和开发西部陆海新通道沿线特色观光旅游路线，创新"通道观光"旅游模式；建立西部旅游跨界合作网络，举办大型商务推介会和民俗文化主题旅游活动，形成"'粤滇桂琼'旅游区→新通道沿线特色观光旅游→西部跨界商务和民俗文化主题旅游"的入境旅游路线，打造中国入境旅游的创新发展区域。在此基础上，整合"长江经济带"与"西部陆海新通道共建省域"，打造互联互通的"十字联动"格局。

（6）以"长三角"和"粤滇桂琼"为双引擎，推动中国中西部内陆省域对接东盟国家旅游与贸易发展

"长三角"一直都是中国与东盟旅游和贸易合作的热点区域，未来将继续发挥增长极作用，辐射带动长江经济带沿岸省域与东盟的合作。"粤滇桂琼"与东盟海陆交通便利，其中云南与缅甸、老挝、越南陆上相邻，广西与越南水陆相接，广东湛江背靠经济发达的珠三角，拥有优

良的海港，海南正在建设国家特色自由贸易港，国际旅游与国际贸易发展前景广阔。以"长三角"和"粤滇桂琼"为双引擎，推动国际供应链合作，实现中国与东盟国家优势互补，形成包括中国中西部地区、粤港澳大湾区、海南自由贸易港与东盟国家的区域联动，促进中国西南、中南地区等内陆省域对接东盟国家旅游与贸易的发展。

10.4.2 省域（国别）策略

"国与国之间以跨境旅游和贸易为主要形式的人员、货物往来，对于塑造友好民意、柔性解决争端、多极化发展有着重要的推动作用。"中国与东盟各国根据自身情况因时制宜、因地制宜地制定提升对外贸易水平、升级旅游产业以及促进旅游与贸易要素均衡流动的发展策略，有助于进一步发掘中国—东盟贸易潜力，开发具有针对性的跨国旅游、文化旅游、商务旅游产品。

（1）以上海和广东为省域核心增长极，辐射带动"长江经济带"和"西部陆海新通道"

上海作为长江经济带对东盟开放的窗口，是中国与东盟旅游和贸易发展的传统热点，将其作为省域核心增长极，依托中国（上海）自由贸易试验区与中国（上海）进出口国际博览会，辅之周边中国（浙江）自由贸易试验区、中国（江苏）自由贸易试验区，辐射"长三角"，打造区域旅游与贸易网络，并进一步拉动长江沿岸省域与东盟的合作。另外，广东是中国最早与东盟展开旅游和贸易合作的省域，将其作为省域核心增长极，凭借其发达的经济基础、便利的海运，依托国家自由贸易试验区平台，辐射带动"滇桂琼"，助力打造"西部陆海新通道"南向开放窗口，搭建西部省域面向东盟的旅游与贸易支点，实现人流与货流的西向、北向转移。

（2）以泰国和新加坡为国别核心增长极，辐射带动湄公河5国和海洋东盟5国

中泰互为重要的贸易伙伴，文旅往来密切。以泰国为湄公河5国核

心增长极，加快中泰、中老、中缅铁路建设，大力发展陆上交通，搭建中国—中南半岛国际通道网络，将中泰间旅游与贸易优势扩散至其他4国，辐射带动湄公河5国共同发展。另外，新加坡依托马六甲海峡，位置优越、港口优良，转口贸易发达。先进的金融、服务业催生入境中国商务旅游的发展，双方人员流动频繁。以新加坡为海洋东盟5国核心增长极，依托国际陆海贸易新通道，加快国际海上大通道建设，辐射带动其他海洋东盟4国，开辟中国—东盟旅游与贸易联系新通道。

（3）越南对接"滇桂"，将边境旅游培育成为新增长点

充分利用中国与越南国界接壤的优势，深化发展边境旅游。目前，已有的边境旅游项目①虽然在一定程度上推动了中国—越南双边旅游和发展，但仍然存在边境旅游专用通行证使用范围有限、跨境自驾游车辆手续办理流程复杂、跨境旅游合作以广西赴越南单向旅游线路为主等问题，这些都会打击越南游客入境中国进行边境旅游的积极性。由于边境旅游极大地受制于政府间的政策协调机制，中国应该与越南积极沟通、开展合作，以广西崇左凭祥口岸、防城东兴口岸和云南红河河口口岸为支点，建立边境海关、边防、交通等信息共享机制，签订中越双边基础设施互联互通与交通合作备忘录，简化流程，建立边境旅游服务中心，实现"一站式"审批，优化边境旅游线路，给予持证旅游团队灵活选择出入境口岸的权利，推动中越双方游客出行半径向各自区域腹地延伸，积极发展越南入境中国旅游国内延伸线路："越南—凭祥（东兴）—南宁—桂林—长沙—成都—西宁—乌鲁木齐""越南—红河（河口）—昆明—贵阳—重庆—西安—兰州—银川—二连浩特"等，将边境旅游培育成为越南入境中国旅游的新增长点。

（4）印尼对接"闽粤"，全力推动文化旅游积极向好发展

印尼是拥有最多华人华侨的东盟国家，但由于历史上印尼多次排华

---

① 如2016年"中国东兴—越南芒街"跨境自驾游、2018年"中国桂林—越南下龙湾"黄金旅游线跨国自驾游、2018年广西防城港设立边境旅游试验区、2019年"中越德天—板约"（跨国）旅游合作区等边境旅游项目。

以及印尼政府实行了将近四十年的禁华反华政策，印尼华人与中华文化的联系、传承几乎被斩断，直接导致印尼的第二、第三代华人基本上不会说汉语，有些甚至连祖籍地的方言都不会了，逐步丧失对中华民族的文化认同感，成为名副其实的"印尼人"。自1990年8月8日两国复交以来，中印关系才逐渐正常化，印尼反华排华政策也逐步取消，双边经贸往来、文化交流日趋频繁。但是，由于印尼政府历史上实施的近四十年的反华禁华政策，如今印尼新生代华人对于中国文化是相当陌生的。

印尼是东南亚面积最大、海岛最多的国家，旅游资源丰富，近年来，随着中印尼关系的正常化与中国出境旅游的蓬勃发展，中国出境印尼旅游越来越多，中国出境印尼旅游占中国出境东盟旅游的比例由1995年的4.76%升至2018年的7.35%。但与此同时，作为拥有东南亚最多人口和最多华人华侨的印尼，其入境中国旅游的旅客却微乎其微，印尼入境中国旅游人数占东盟入境中国旅游人数的比例，1995年为12.26%，2018年为8.58%，这与印尼人口占东盟人口的比例是极其不匹配的。[①] 东盟各国入境中国旅游人数占各国人口总数的比例，印尼是最低的，2018年印尼入境中国旅游人数占印尼总人口的比例仅为0.27%，远远低于东盟的均值1.27%，但也反映出印尼赴中国旅游具有巨大的潜力和增长空间。

2018年印尼入境中国游客"探亲访友"的占比仅为0.86%，远低于新加坡、马来西亚等东盟国家。可见，印尼赴中国"探亲访友"的比例与其庞大的华侨华人基数是不相匹配的。据估算，印尼华人有50%来自于福建闽南地区，35%来自于广东客家、潮汕地区[②]，因此印尼华人祖籍地主要分布在闽粤两省。但2018年印尼入境福建旅游人数仅为11.05万人次，占同年印尼入境中国旅游人数71.19万人次的15.52%，2018年印尼入境广东旅游人数为15.72万人次，占同年印尼

---

① 2018年印尼人口为2.68亿人，东盟总人口为6.54亿人，印尼占比40.98%。
② 庄国土：《东南亚华侨华人数量的新估算》，《厦门大学学报》（哲学社会科学版）2009年第3期。

入境中国旅游人数71.19万人次的22.08%，这与印尼华人祖籍地主要在"闽粤"两省也很不匹配。此外，中国出境印尼旅游与印尼入境中国旅游逆差大，2018年达142.72万人次，中国出境东盟旅游与东盟入境中国旅游自2011年以来也一直为逆差，且有增大的趋势，2018年达2081.50万人次，其中印尼逆差贡献率为6.85%。①

在东盟入境中国旅游与中国出境东盟旅游存在巨额逆差的背景下，印尼将成为改变这种现状的一个突破国家，提振印尼入境中国旅游，发掘印尼入境中国旅游的潜力将会极大地改善中国与东盟各国的旅游逆差状况。因此，未来需进一步加强中国与印尼文化交流，加强双边人员往来，鼓励印尼华人赴中国学习汉语，感受中华文化，将两国文化纽带联系打造得更紧密。重点打造印尼赴福建、广东祖籍地文化旅游，加强印尼主要华人聚居城市雅加达、泗水、棉兰、坤甸②与福建、广东祖籍地之间的交通联系，如重点开通潮汕至雅加达、潮汕至泗水、潮汕至棉兰、潮汕至坤甸、广州至泗水、梅州至坤甸、梅州至棉兰、泉州至泗水、厦门至泗水、厦门至棉兰新航线，加密广州至雅加达、厦门至雅加达、梅州至雅加达航线，加强印尼华人祖籍地在印尼的旅游宣传，对祖籍地是本地的印尼游客实行门票优惠制度等，激励引导印尼华人华侨赴祖籍地探亲访友、观光休闲，全力推动中国"文化旅游"积极向好发展。

（5）菲律宾对接"长三角+闽"，以"探亲—商务"旅游培育中菲贸易着力点

中国与菲律宾贸易受到"一对一"方案的影响，在20世纪中后期

---

① 2018年中国出境印尼旅游人数为213.92万人次，印尼入境中国旅游人数为71.2万人次，逆差为142.72万人次，且中国出境印尼旅游与印尼入境中国旅游自2013年以来一直为逆差，且逆差额逐年递增。2018年中国出境东盟旅游人数为2911.76万人次，东盟入境中国旅游人数为830.26万人次，逆差为2081.5万人次，且中国出境东盟旅游与东盟入境中国旅游自2011年以来一直为逆差，且逆差额逐年递增。

② 雅加达华人华侨祖籍地主要为福建、广东，泗水华人华侨祖籍地主要为福建，棉兰华人华侨祖籍地主要为福建闽南地区，其次为广东客家地区，坤甸华人华侨祖籍地主要为广东客家地区、潮汕地区。

一直处在停滞甚至萎缩的状态。在CAFTA启动建设后，中国与东盟主要成员国的贸易，除了个别年份之外，呈大幅递增态势，中菲两国贸易与以前相比虽然有了长足的发展，但与东盟其他主要成员国相比仍显较慢。研究表明，2017年菲律宾入境中国"长三角"和福建省域旅游的人数为50.43万人次，占菲律宾旅华总人数的59.8%，这种流动是推动中菲贸易发展的直接动力。菲律宾旅华客流的主体一直都是华侨华人，至今，菲律宾华裔大多数已发展到第三、第四代，在当地拥有深厚的社会关系和政商网络，但新生代对家乡故土和祖籍国的情怀日渐生疏淡化。2018年菲律宾入境中国游客为120.50万人次，其中"会议/商务"占比为3.34%、"探亲访友"占比仅为0.3%，所占比例十分低，因此中国对菲律宾主推"探亲—商务"旅游，以"探亲访友"为纽带，吸引菲律宾游客以"长三角"地区和福建为基点，由东南沿海向中国腹地省域发展扩大，开发系列有深度的商务旅游产品，提供各类定制化的考察团队旅游、商务会议、拓展培训、会展会务等，找到发展中菲贸易更好的着力点。

（6）缅甸、老挝对接西南省域①，进一步发掘中国—东盟贸易潜力

当前，西南省域经济发展迅猛，已日渐成为中国经济极具发展潜力的地区之一。截至2019年底，西南省域面积达234.06万平方千米，占中国国土面积的24.38%，人口已突破2亿人，占中国人口的28.57%，GDP达111913亿人民币，占中国GDP的11.29%。其中，西藏、贵州等省域经济增速连续多年位居中国各省域前列，云南与东盟的缅甸、老挝、越南陆上相邻，充分发挥地缘优势打通西南省域连接东盟的通道，可大大提升中国—东盟贸易发展潜力。

中国西南省域对接老挝的陆路通道为中老公路和中老铁路。中老高速公路北起云南磨丁，南至老挝万象，途经老挝琅南塔省、乌多姆赛省、琅勃拉邦省等，全线里程约460千米，平原地区时速为100千米/

---

① 西南省域包括云南省、贵州省、四川省、重庆市、西藏自治区3省1市1自治区。

小时，山地地区为 80 千米/小时，其中万象至万荣段于 2020 年实现通车，万荣至琅勃拉邦段、琅勃拉邦至乌多姆赛段、乌多姆赛至磨丁段已开展选线工作，于 2020 年完成中老高速公路全线路段的可行性研究。①中老高速公路建成后，将向北接入云南昆明高速公路网，进而可延伸至中国整个西南腹地，向南至万象连接老泰友谊大桥，接入泰国高速公路网，进入中南半岛腹地，将成为中国与中南半岛国家交通、旅游、经贸往来的南北大动脉。中老铁路连接云南昆明与老挝万象，为客货混运铁路，时速为 160 千米/小时，中老铁路将于 2021 年底建成通车，届时中老铁路经济带将逐步成形，从中国云南至老挝万象形成"一日交通圈"，中国游客与货物可快速到达老挝腹地，老挝、泰国人员与货物也可经中老铁路由云南进入中国西南腹地，辐射带动中老铁路沿线城市旅游与经贸发展。

中国西南省域对接缅甸的陆路通道为中缅公路和中缅铁路。中缅公路前身为滇缅公路，连接昆明、畹町至缅甸腊戍，在缅甸境内可接入缅甸公路网。目前滇缅公路仍然是云南乃至中国西南省域与缅甸进行贸易的主要通道。中缅铁路北起云南昆明，途经曼德勒，在曼德勒分为两支，往南经内比都至仰光，往西南至皎漂港，联通印度洋。中缅铁路自提出修建起虽历经波折但一直锲而不舍地向前推进着，2018 年 10 月 22 日，中缅铁路木姐—曼德勒路段的可行性研究备忘录签署，2019 年 4 月，中方正式向缅方递交了"木姐—曼德勒铁路项目可行性研究报告（技术部分）"文本，2020 年 1 月 18 日，中方接受了缅甸交通通信部颁发的"木姐—曼德勒铁路可行性研究报告接受证书"，同时向缅方递交了"木姐—曼德勒铁路环评报告"②，目前该项目正在等待环评报告审核，曼德勒至皎漂段铁路的可行性研究工作也在稳步推进中。而中缅铁

---

① 中华人民共和国国家发展和改革委员会：《中老高速公路建设稳步推进》［EB/OL］，(2019 - 12 - 30) ［2020 - 03 - 26］ https：//www. ndrc. gov. cn/fggz/zcssfz/dffz/201912/t20191230_1217301_ ext. html。

② 《中缅木曼铁路完成可研报告和环评报告》，光明日报，(2020 - 01 - 19) ［2020 - 03 - 26］ http：//difang. gmw. cn/sc/2020 - 01/19/content_ 33495129. htm。

路中国境内大理至瑞丽段将于 2022 年底建成通车,可以预见,缅甸境内铁路一旦建成,中缅"人字形"经济走廊将应运而生,届时中缅两国旅游、经贸、投资将大幅增长,中缅两国经贸往来将会更加密切。

中国西南省域对接缅甸、老挝乃至整个中南半岛的水路通道是澜沧江—湄公河,目前中国境内流域、中缅、老缅、老泰界河均可常年通航 300 吨船舶,为 V 级航道。"到 2025 年将建成从中国云南思茅港南得坝至老挝琅勃拉邦 890 公里,通航 500 吨级船舶的国际航道,并在沿岸布设一批客运港口和货运港口"。① 未来,澜沧江—湄公河水线将是云南乃至中国西南省域联通缅甸、老挝距离最短最便捷的水上运输通道。

老挝是东盟国家中唯一的内陆国,其与中国进出口贸易主要依赖陆运,缅甸虽然邻海,但到中国云南乃至中国其他西南省域走海运路程远远大于陆运路程,因此也主要以陆运为主。但老挝、缅甸与中国西南省域进行贸易最便捷、成本最低的是通过澜沧江—湄公河航道。中国进口老挝的商品主要为农产品、矿产、木材等,中国出口老挝的商品主要为机械设备、轻工产品等。中国进口缅甸的主要商品为木材、农产品、水果等,中国出口缅甸的主要商品为机电产品、纺织品、化工产品等。对于矿石、原材料、木材等大宗商品运用水运运输具有运输成本低、运量大等优点,因此澜沧江—湄公河航道对于中缅、中老大宗商品贸易往来具有无可比拟的优势。中、老、缅、泰澜沧江—湄公河货物运输量从 2001 年的 500 吨增长至 2018 年的 70 余万吨,18 年间增长了近 1400 倍。澜沧江—湄公河货物运输主要以农副产品和水果为主,占比达 45%—50%,其余部分为矿产品、木材、集装箱等。2018 年中泰开通关累港至清盛港冻品集装箱航线,每年冻品集装箱贸易配额为 15 万吨。② 随着中老铁路、中缅铁路的陆续建成,澜沧江—湄公河航道的升

---

① 中华人民共和国商务部:《澜沧江—湄公河国际航运发展规划磋商会在昆明召开》,(2014 - 12 - 11)[2020 - 03 - 26] http://www.mofcom.gov.cn/article/resume/n/201412/20141200829072.shtml。

② 《"东方多瑙河"航运短板亟待补齐》,国际海事信息网,(2020 - 07 - 20)[2020 - 03 - 31] http://www.simic.net.cn/news_ show.php? id = 238723。

级，老挝、缅甸的商品将更便捷顺畅地进入中国市场，中国人员与商品也会更便利地进入缅甸与老挝，中国—东盟贸易潜力得到进一步发掘。

10.4.3 互动协调要点

在推进中国—东盟旅游与贸易区域发展战略和省域（国别）策略过程中，关键要做好以下几点：发展地缘旅游，借助旅游交往缓和南海局势；拓展多样化的国际旅游线路，有序引导中国居民多元化的出境旅游行为；以中国—东盟跨境旅游与贸易为窗口推动人民币国际化；形成辐射东盟信息通信网络，发展智慧旅游、数字贸易。

（1）发展地缘旅游，借助旅游交往缓和南海局势

研究表明，东盟入境中国旅游主体区域逐渐趋南，中国出境东盟旅游主体区域逐渐趋北。如中国与缅甸、越南之间的边境旅游合作不断升温，主要在于相互毗邻，在地理距离和旅行成本上有着天然的优势。2018年广西防城港设立边境旅游试验区，2019年中越联手建设跨境旅游合作区，推动了中国—东盟地缘旅游的发展。在此关头，中国应借助旅游外交，与东盟其他陆上邻国（老挝、缅甸、）、海上邻国（菲律宾、马来西亚、文莱、印尼）加强互联互通，深化签证便利化政策，推动旅游交通、旅游公共服务、旅游产品以及旅游消费等领域的合作，大力发展"地缘旅游"，助力民心相通。促进中国与东盟国家人民之间的双向旅游流动，了解彼此的文化，增强亲近感，有助于缓和当前中国与东盟部分国家因南海局势而产生的国际紧张关系。

（2）拓展多样化的国际旅游线路，有序引导中国居民多元化出境旅游行为

当前，东盟经济发展相对落后的缅甸、老挝和柬埔寨等国家，居民可支配收入与消费水平相对较低，其入境中国旅游流无法与中国出境旅游流相比。而经济相对发达的新加坡和马来西亚，虽然其入境中国旅游流增量可观，但由于人口规模等原因，已经步入了"容量限制"阶段，增长空间相对较小。东盟国家人口基数最大的印尼，由于地理距离相对

较远，入境中国旅游流的增长不大。中国出境东盟旅游快速增长的主要原因在于：①我国人口基数庞大，中产家庭规模扩大，居民可支配收入显著提升，出境旅游需求强劲。②不断开放的出境旅游政策对跨境支付、签证办理给予极大便利。③航空、铁路以及航运等交通线路的拓展，降低了国际旅行成本。由此可见，中国与东盟各国出入境旅游规模以及旅行距离、出行能力与需求等方面存在很大差异，中国—东盟旅游流逆差状况在短期内难以改变。为此，中国应拓展南亚、中东以及地中海沿岸国家的多样化国际旅游路线，通过旅游推介会、旅游宣传周、文化旅游年等多种方式，有效提升中国的国际影响力。与此同时，中国可以在这些国家和地区加大基础设施投资，鼓励各国在旅游区增加中文标识、提供中文导游等相关旅游服务，有序引导中国居民多元化出境旅游行为。

(3) 以中国—东盟跨境旅游与贸易为窗口推动人民币国际化

人民币的国际流通，早期伴随着中国出境旅游的发展，出现于新加坡、马来西亚和泰国等东盟国家。近年来，中国—东盟旅游流逆差和贸易顺差规模急剧扩大，东盟已是中国重要的出境旅游市场和国际贸易伙伴。中国游客在东盟国家使用人民币的额度与频度的高速增长，以及中国—东盟双边贸易的活跃往来，提升了东盟国家旅游与贸易相关企业对于人民币的接受能力，为人民币国际化奠定了较好的外部环境基础。中国—东盟跨境旅游与贸易发展可以有效引导人民币输出。随着人民币在东盟的使用范围不断扩大，人民币国际化水平不断提高。2020年东盟成为中国第一大贸易伙伴，可以此为窗口，同时借助呈几何级增长的中国出境旅游人数和中国游客强大的消费能力，推广银联结算通道与移动支付平台，激励东盟国家及相关企业为赢得市场份额，选择与中国银联、微信、支付宝等企业开展合作，为中国游客境外消费或企业开展贸易、投资提供便利。银联结算通道与移动支付的大量布局能够引导人民币在东盟国家的持续输出与大范围流通，为人民币国际化打开局面。

(4) 形成辐射东盟信息通信网络，发展智慧旅游、数字贸易大数据时代的到来,强化了信息基础设施的地位。信息通信、安全互联网的发展,使得旅游与贸易向着现代化方向迈进,智慧旅游、数字贸易成为未来发展的新方向。今后,中国应与东盟各国增进共识,加强信息通信领域经验分享和政策对接,进一步助力东盟国家加强安全互联网设施建设,逐步普及移动电话,有效减弱信息不对称的情况,促成中国的贸易优势、旅游资源信息有效对外输出,在带动中国出口贸易额增加的同时吸引入境中国游客量的增加,具体应做到:①推动中国三大通信公司与东盟各国深化合作,促成通信高速联通,降低通话时延,提升通话质量。②共建信息共享平台,增设经贸、旅游服务,打造区域性通信网络体系和信息服务枢纽,共同为发展智慧旅游、数字贸易营造更好的信息通信政策和市场环境。③加强中国各省域旅游资源与贸易产品在东盟国家的宣传,与东盟国家加强在5G、大数据等方面的合作,创新智慧云端方式,通过直播、VR技术等手段宣传介绍中国与东盟著名的旅游景点、拓展线上商务活动等。

(5) 依托中国—东盟开放合作平台,充分发挥旅游与贸易互动效应

当前,中马"两国双园"、中国—东盟信息港、中越跨境经济合作区、中国(广西)自由贸易试验区、东兴试验区及跨合区、边境旅游试验区、中国—东盟博览会等面向东盟的开放合作平台为旅游与贸易均衡协调发展提供了重要机遇。依托这些开放合作平台,充分发挥旅游与贸易的互动效应:一是发挥边境旅游试验区的政策优势,规划落实中越边关风情旅游区、北部湾滨海休闲度假旅游区以及十万大山森林生态旅游区等功能区,利用特色旅游资源打造面向东盟的边境新型旅游产品,推进"旅游+体育""旅游+文化"和"旅游+金融"等产业的融合发展,提升国际旅游服务水平。二是依托广西、云南等重点沿边地区引导边境地区加工产业集聚,推动边境地区与东盟国家互市商品"落地加工",实现边境贸易转型升级,打造沿边跨境加工产业示范带,借助中国—东盟博览会等平台载体,集中展示中国与东盟各国差异性、互补性强的商品,通过采购会、境外巡展等活动,如2020年中国—东盟博览

会老挝展（主题国展）、越南机电展以及中国—缅甸进出口产品展览会，促进与东盟贸易的发展。随着旅游与贸易要素储备的不断丰富和日益完善，新国际旅游带动新国际贸易，新国际贸易进一步追随新国际旅游，实现新旅游与新贸易的循环互动发展。

附录 I—X

附录 I　1980—2018年东盟(国别)入境中国游客人数

(人次)

年份	文莱	柬埔寨	印尼	老挝	马来西亚	缅甸	菲律宾	新加坡	泰国	越南	东盟
1980	N/A[①]	N/A	12671	N/A	3359	N/A	22850	14740	12620	N/A	66240
1981	N/A	N/A	17391	N/A	5946	N/A	27702	16218	14358	N/A	81615
1982	N/A	N/A	21300	N/A	9600	N/A	33900	22500	20300	N/A	107600
1983	N/A	N/A	22900	N/A	12392[⑧]	N/A	35600	29952[⑨]	22700	N/A	123544
1984	N/A	N/A	23300	N/A	15996[⑨]	N/A	43202	37403	26307	N/A	146208
1985	N/A	N/A	31200	N/A	20649[⑩]	N/A	57868	46543	24581	N/A	180841
1986	N/A	N/A	36276[②]	N/A	26654[⑪]	N/A	53419	48584	39779	N/A	204712
1987	N/A	N/A	42178[③]	N/A	34406[⑫]	N/A	57588	64107	58509	N/A	256788
1988	N/A	N/A	49040[④]	N/A	44413[⑬]	N/A	71421	65413	65846	N/A	296133

续表

年份	文莱	柬埔寨	印尼	老挝	马来西亚⑱	缅甸	菲律宾	新加坡	泰国	越南	东盟
1989	N/A	N/A	57019⑤	N/A	57330⑱	N/A	73354	57860	54915	N/A	300478
1990	N/A	N/A	66296⑥	N/A	74004⑮	N/A	78872	71658	67906	N/A	358736
1991	N/A	N/A	77082⑦	N/A	95528⑯	N/A	104791	98097	88624	N/A	464122
1992	N/A	N/A	89623	N/A	123311	N/A	137944	152830	147219	N/A	650927
1993	N/A	N/A	110478	N/A	168464	N/A	146725	200901	152323	N/A	778891
1994	N/A	N/A	120406	N/A	208653	N/A	184921	231879	163672	N/A	909531
1995	1870	2470	132807	1533	251758	19520	219722	261467	173342	18954	1083443
1996	2507	1915	137767	1813	298451	21310	243727	286316	193287	23586	1210679
1997	2648	4248	147328	1601	361308	31590	276656	316825	168508	31176	1341888
1998	2196	4136	104602	1695	300119	33263	256498	316434	144332	38493	1201768
1999	1857	5282	182904	2037	372870	33280	298285	352479	206424	51894	1507312
2000	2261	6051	220554	2471	441010	40806	363852	399377	241074	82244	1799700
2001	3428	11550	224177	2078	468613	39640	407990	415047	298417	113823	1984763
2002	4671	6513	274717	2715	592447	44396	508572	497149	386328	143499	2461007
2003	3148	4651	231838	3440	430137	44360	457725	378074	275429	130412	1959214
2004	5414	10219	349832	8966	741909	54332	549390	636826	464179	169742	2990809
2005	5353	11577	377622	15132	899643	232861	654000	755883	586267	201106	3739444
2006	6007	14216	433028	10366	910458	86791	704167	827883	591956	333819	3918691
2007	7224	18253	477109	8465	1061965	320419	833009	922021	611615	653932	4914012

续表

年份	文莱	柬埔寨	印尼	老挝	马来西亚	缅甸	菲律宾	新加坡	泰国	越南	东盟
2008	7594	18548	426251	8754	1040494	508995	795255	875826	554275	743521	4979513
2009	7538	20104	469044	9674	1059004	607737	748943	889538	541830	828630	5182042
2010	10051	24265	573409	11927	1245160	493400	828284	1003658	635539	919991	5745684
2011	9449	26534	608675	14186	1245092	191038	894309	1062993	608044	1006468	5666788
2012	9409	29803	621970	16764	1235463	205936	961975	1027745	647597	1137165	5893827
2013	8809	34578	605321	19399	1206535	134671	996672	966605	651654	1365402	5989646
2014	9163	39285	566859	21697	1129568	132787	967925	971379	613081	1709437	6161181
2015	7024	42455	544762	26136	1075451	144373	1004008	905269	641483	2160756	6551717
2016	7338	49916	633671	34325	1165435	157650	1135114	924614	753456	2429654	7291173
2017	7604	61625	683059	42514⑱	1233237	170927⑲	1168512	941210	776692	2698552⑳	7783932
2018㉑	7870	73334	712000	50703	1291000	184204	1205000	978000	833000	2967450	8302561

说明：① "N/A" 表示本栏目不适用，原因为数据缺失。② — ⑦ 1986—1991 年印尼入境中国旅游数据缺失，课题组用平均增长率修正公式 $n_{t+m} = n_t (1 + x\%)^m$ 计算得出。⑧ — ⑯ 1983—1991 年马来西亚入境中国旅游数据缺失，课题组用差值法修正公式 $n_t = \frac{n_{t-1} + n_{t+1}}{2}$ 计算得出。⑰ 1983 年新加坡入境中国数据缺失，6546874 人次，课题组用平均增长率修正公式 $n_{t+m} = n_t (1 + x\%)^m$ 计算得出。⑱⑲⑳ 2017 年老挝、缅甸和越南入境中国旅游人数统计为 235127 人次、9662152 人次、6546874 人次，170927 人次、42514 人次、2698552 人次，课题组未予采用，而是运用差值修正公式 $n_t = n_{t-1} \times 2 - n_{t-2}$ 计算得出，为 42514 人次、170927 人次、2698552 人次（统计口径不一致），课题组运用差值法修正公式 $n_t = 2 \times n_{t-1} - n_{t-2}$ 计算得出。㉑ 截至 2020 年 3 月 31 日，2018 年文莱、老挝、缅甸、菲律宾、柬埔寨、老挝、越南入境中国旅游数据缺失，课题组运用差值法修正公式 $n_t = 2 \times n_{t-1} - n_{t-2}$ 计算得出。

资料来源：中华人民共和国公安部。

附录 II　　　　1995—2018 年中国出境东盟（国别）游客人数　　　　　（人次）

年份	文莱	柬埔寨	印尼	老挝	马来西亚	缅甸	菲律宾	新加坡	泰国	越南	东盟
1995	N/A①	22886	38895	4076	103130	N/A	8606	201965	375564	62640	817762
1996	N/A	22029	21739	16707	135743	2540	15757	226685	456912	377555	1275667
1997	428	17282	34327	17661	158679	6047	19093	235109	439795	405389	1333810
1998	707	18035	24535②	15802	159852	8561	24252	293282	571061	420743	1536830
1999	1044	26805	14742	20269	190851	12148	21220	372881	775626	484102	1919688
2000	6209	30586	28329	28215	425246	14336	14724	434335	704080	626476	2312536
2001	6369	32002	32197③	40644	453246	16788	18937	497380	694886	672846	2465295
2002	6751	27622	19840	21724	557647	17732	27803	670098	763139	724385	2836741
2003	7156	38664	40870	21232	350597	15564	32039	568497	624923	693423	2392965
2004	4505	46325	50856	33019	550241	17890	39581	880188	780050	778431	3181086
2005	4415	59153	52796	39210	352089	19596	107456	857792	761904	752576	3006987
2006	19895	80540	54736④	50317	439294	24893	133585	1037195	1033305	516286	3390046
2007	28252	118417	180800	54920	689293	29551	157601	1113956	1003141	550461	3926392
2008	27652	129626	337082	105852	943787	97650	163689	1078742	937358	650055	4471493
2009	15800	128210	372748	128226	1019756	101932	155019	936727	815708	527610	4201736

续表

年份	文莱	柬埔寨	印尼	老挝	马来西亚	缅甸	菲律宾	新加坡	泰国	越南	东盟
2010	24579	177636	421518	161854	1130261	113672	187446	1171337	1122219	905360	5415882
2011	32853	247197	574179	150791	1250536	62018	243137	1577522	1760564	1416804	7315601
2012	27490	333894	618223	199857	1558785	70805	250883	2033388	2761213	1428693	9283231
2013	39860	463123	807429	245033	1791423	90550	426352	2269873	4609717	1907794	12651154
2014	38820	560335	926750	422440	1613355	809399	394951	1722380	4623806	1947236	13059472
2015	36886	694712	1260700	511436	1677163	822878⑤	490841	2106164	7934791	1780918	17316489
2016	40838	830003	1556771	545493	2124942	909897⑥	675663	2863669	8821148	2696848	21065272
2017	52391	1210782	2093171	639185	2281666	996916	968447	3226934	9806260	4008253	25284005
2018	65563	2024443	2139161	805833	2944133	963190	1255258	3417604	10535955	4966468	29117608

说明：① "N/A"表示本栏目不适用，原因为数据缺失。②③④ 1998 年、2001 年和 2006 年中国出境印尼旅游人数的统计数据缺失，课题组用差值法修正公式 $n_t = \frac{n_{t-1} + n_{t+1}}{2}$ 计算得出。⑤ 2015 年中国出境缅甸旅游人数为 2102677 人次（包含边民）[《中华人民共和国驻缅甸联邦共和国大使馆经济商务参赞处》：《2016 年到缅甸旅游人数仅为 290 万人次》，（2017-02-06）[2019-10-07] http://mm.mofcom.gov.cn/article/jmxw/201702/20170202510975.shtml]，其他年份均不包含边民（统计口径不一致），课题组未采用这一数据，而是采用中华人民共和国驻缅甸联邦共和国大使馆经济商务参赞处《中国赴缅游客人数居第二》，（2017-03-03）[2019-10-07] http://mm.mofcom.gov.cn/article/jmxw/201703/20170302529650.shtml]。⑥ 2016 年中国出境缅甸旅游人数统计为 183886 人次（异常值，课题组用差值法修正公式 $n_t = \frac{n_{t-1} + n_{t+1}}{2}$ 计算得出，为 909897 人次。

资料来源：ASEAN Stats Data Portal，中国国家统计局。

附录Ⅲ 1980—2018年中国从东盟(国别)进口贸易额

(百万美元)

年份	文莱①	柬埔寨	印度尼西亚	老挝	马来西亚	缅甸	菲律宾	新加坡	泰国	越南	东盟
1980	N/A	N/A	N/A	N/A	239.93	34.34	N/A	189.85	N/A	N/A	464.12
1981	N/A	12.97	62.54	8.23	119.44	16.59	116.16	113.35	153.45	N/A	602.73
1982	0.05	2.47	150.01	6.74	156.34	15.02	136.75	103.54	345.21	N/A	916.13
1983	0.002	0.26	150.11	4.63	63.70	15.91	45.05	114.15	135.35	N/A	529.16
1984	0.006②	0.32	229.95	5.50	205.58	15.62	86.05	160.02	183.81	N/A	886.86
1985	0.01	0.62	332.03	9.63	200.32	45.90	98.32	242.51	261.79	N/A	1191.13
1986	0.01	0.32③	324.22	9.77	180.32	57.55	136.50	553.04	286.24	N/A	1547.97
1987	0.77	0.01	591.10	10.68	302.21	95.06	139.69	617.87	404.62	N/A	2162.01
1988	5.88	0.16	681.52	17.84	568.93	137.10	134.89	1018.38	632.46	N/A	3197.16
1989	8.37	1.02	582.34	12.66	692.39	126.06	82.88	1498.90	756.27	N/A	3760.89
1990	3.71	0.18	803.24	6.22	842.28	104.08	85.03	850.58	371.01	3.37	3069.70
1991	2.34	0.48	1403.34	2.22	804.00	105.92	130.48	1062.54	421.66	10.83	3943.81
1992	5.13	0.18	1554.26	3.68	830.18	131.27	155.11	1235.99	424.54	72.71	4413.05
1993	N/A	1.21	1468.56	3.51	1083.64	164.79	212.86	2645.84	601.46	122.63	6304.50
1994	N/A	1.00	1589.04	4.38	1622.04	143.34	272.41	2491.67	864.40	191.32	7179.60

续表

年份	文莱	柬埔寨	印度尼西亚	老挝	马来西亚	缅甸	菲律宾	新加坡	泰国	越南	东盟
1995	0.03	5.72	2052.17	6.45	2070.60	149.53	275.77	3397.83	1610.77	332.06	9900.93
1996	0.02	6.87	2280.42	8.16	2243.57	137.41	372.93	3600.89	1890.36	309.37	10850.00
1997	0.02④	45.01	2673.58	5.82	2495.38	73.41	327.07	4464.51	2014.46	357.10	12456.36
1998	0.01	48.18	2460.86	7.90	2673.85	62.05	514.37	4235.40	2413.99	217.36	12633.97
1999	30.68⑤	55.79	3050.91	9.56	3605.59	101.68	907.53	4061.10	2780.40	354.29	14957.53
2000	61.35	59.49	4401.95	6.42	5480.00	124.82	1677.32	5059.63	4380.79	929.15	22180.92
2001	148.24	34.80	3887.89	7.46	6203.98	134.19	1945.21	5128.28	4713.85	1010.79	23214.69
2002	241.81	24.55	4508.35	9.65	9296.30	136.89	3217.16	7046.56	5599.60	1115.89	31196.76
2003	312.37	26.00	5746.97	11.20	13986.41	169.52	6306.83	10484.85	8826.84	1456.71	47327.70
2004	251.06	29.93	7215.67	12.65	18174.74	206.94	9059.44	13994.47	11540.51	2481.99	62967.40
2005	207.73	27.31	8436.96	25.55	20093.21	274.40	12869.69	16514.60	13991.89	2552.84	74994.18
2006	215.31	35.09	9605.74	49.65	23572.43	252.65	17674.56	17672.62	17962.43	2486.08	89526.56
2007	246.08	51.07	12395.08	85.92	28697.05	378.14	23117.84	17523.68	22664.69	3226.28	108385.83
2008	88.88	38.83	14322.93	134.26	32101.40	647.55	19504.74	20171.26	25656.74	4336.32	117002.91
2009	281.99	36.89	13668.23	374.63	32335.92	646.13	11948.41	17803.93	24905.31	4747.53	106748.97
2010	664.33	93.63	20796.72	601.49	50446.80	966.55	16221.97	24728.75	33195.94	6984.54	154700.72

续表

年份	文莱	柬埔寨	印度尼西亚	老挝	马来西亚	缅甸	菲律宾	新加坡	泰国	越南	东盟
2011	566.82	184.30	31337.38	824.61	62136.71	1679.90	17991.66	28139.92	39039.10	11117.70	193018.10
2012	373.10	215.32	31950.70	786.63	58306.77	1298.23	19644.13	28530.78	38554.66	16231.29	195891.61
2013	89.80	363.64	31424.26	1010.08	60152.79	2856.87	18181.81	30064.52	38522.65	16891.89	199558.31
2014	189.72	482.91	24485.25	1777.88	55652.24	15601.28	20984.13	30828.73	38331.93	19906.40	208240.47
2015	101.16	666.60	19886.19	1547.34	53277.33	5449.30	18965.65	27580.76	37168.75	29831.75	194474.83
2016	221.55	830.51	21414.04	1359.61	49269.64	4097.71	17395.89	26014.25	38532.34	37171.60	196307.14
2017	351.81	1007.58	28574.31	1605.00	54426.14	4526.35	19239.18	34249.62	41596.08	50374.62	235950.69
2018	247.51	1376.66	34149.78	2018.15	63205.05	4684.34	20611.60	33727.77	44629.64	63956.35	268606.85

说明：① "N/A"表明本栏目不适用，原因为数据缺失。②④⑤1984年、1997年和1999年中国与文莱进口贸易数据缺失，课题组用差值法修正公式 $n_t = \frac{n_{t-1} + n_{t+1}}{2}$ 计算得出。③1986年中国与柬埔寨进口贸易数据缺失，课题组用差值法修正公式 $n_t = \frac{n_{t-1} + n_{t+1}}{2}$ 计算得出。

资料来源：国家统计局贸易外经统计司（1980—1997年数据），中经网统计数据库（1998—2018年数据）。

附录Ⅳ 1980—2018年中国对东盟(国别)出口贸易额

(百万美元)

年份	文莱[①]	柬埔寨	印度尼西亚	老挝	马来西亚	缅甸	菲律宾	新加坡	泰国	越南	东盟
1980	N/A	N/A	N/A	N/A	184.47	17.09	N/A	420.91	N/A	N/A	622.47
1981	4.03	0.32	54.31	0.79	191.85	35.04	253.34	662.82	229.47	N/A	1431.97
1982	4.44	0.55	45.66	0.03	180.80	31.44	234.65	631.40	165.98	N/A	1294.95
1983	3.80	0.60	48.65	N/A	186.73	31.73	143.68	569.22	195.36	N/A	1179.77
1984	3.37	0.31[②]	74.49	N/A	205.87	32.31	245.49	1286.65	265.72	N/A	2114.21
1985	2.94	0.02	125.02	N/A	188.02	36.26	315.89	2080.37	117.06	N/A	2865.58
1986	2.76	0.14	142.49	0.03	202.69	37.83	156.93	1206.26	158.84	N/A	1907.97
1987	3.77	0.27	188.12	0.60	254.42	68.66	245.81	1327.47	305.13	N/A	2394.25
1988	3.13	0.43	236.44	2.96	308.20	133.61	269.50	1481.57	509.71	N/A	2945.55
1989	3.55	1.93	222.88	3.64	352.21	187.66	257.14	1692.83	499.89	N/A	3221.73
1990	8.12	3.06	379.02	9.97	340.79	223.54	210.10	1974.66	823.45	3.86	3976.57
1991	10.76	2.17	481.14	11.15	527.89	286.17	253.49	2014.19	847.81	21.40	4456.17
1992	10.27	12.77	471.44	27.85	645.44	259.17	209.56	2030.87	894.81	106.36	4668.54
1993	10.64	20.32	691.72	37.12	704.37	324.66	280.46	2245.32	750.49	274.65	5339.75
1994	16.26	35.27	1051.70	35.97	1117.67	369.11	475.69	2558.06	1159.28	341.54	7160.55

续表

年份	文莱	柬埔寨	印度尼西亚	老挝	马来西亚	缅甸	菲律宾	新加坡	泰国	越南	东盟
1995	34.48	51.62	1438.15	47.77	1280.99	617.82	1030.14	3500.64	1751.75	720.29	10473.65
1996	38.86	63.37	1427.57	26.68	1370.32	521.14	1014.84	3748.79	1254.75	842.15	10308.47
1997	33.31	75.68	1840.61	22.93	1919.93	570.09	1339.11	4319.05	1500.30	1078.54	12699.55
1998	9.14	113.69	1170.17	17.83	1596.39	514.44	1512.05	3943.94	1258.09	1028.31	11164.05
1999	8.10	104.33	1779.07	22.16	1673.75	406.53	1379.28	4502.23	1435.21	863.86	12174.52
2000	13.02	164.06	3061.82	34.42	2564.87	496.44	1464.41	5761.04	2243.25	1537.26	17340.59
2001	17.16	205.65	2835.71	54.41	3221.10	497.35	1619.11	5790.71	2337.11	1797.78	18376.09
2002	21.02	251.56	3426.45	54.31	4974.21	724.75	2042.24	6984.22	2957.35	2148.38	23584.49
2003	33.89	294.65	4481.89	98.24	6140.89	910.22	3092.69	8863.77	3827.91	3182.74	30926.89
2004	47.89	451.77	6256.42	100.88	8086.06	938.44	4268.72	12687.60	5801.58	4260.03	42899.39
2005	53.14	536.03	8350.37	103.38	10606.35	934.85	4687.63	16632.26	7819.30	5643.90	55367.21
2006	99.63	697.76	9449.71	168.72	13537.07	1207.42	5738.13	23185.29	9764.06	7463.36	71311.15
2007	112.68	882.93	12601.33	177.94	17689.27	1699.70	7497.92	29620.30	11973.43	11891.30	94146.80
2008	130.54	1095.54	17193.11	268.11	21455.17	1977.77	9132.23	32305.81	15636.35	15122.13	114316.76
2009	140.44	907.26	14720.53	377.17	19631.78	2253.99	8590.59	30051.94	13285.51	16297.65	106256.86
2010	367.61	1347.34	21953.57	483.62	23802.04	3475.52	11540.26	32347.23	19741.08	23101.54	138159.81

续表

年份	文莱	柬埔寨	印度尼西亚	老挝	马来西亚	缅甸	菲律宾	新加坡	泰国	越南	东盟
2011	744.39	2314.81	29217.24	476.27	27885.98	4821.50	14255.38	35570.14	25694.75	29090.14	170070.60
2012	1252.44	2708.11	34283.38	934.14	36525.28	5673.71	16731.33	40741.87	31196.20	34208.11	204254.57
2013	1703.78	3409.51	36930.49	1722.58	45930.59	7338.69	19868.13	45831.87	32717.90	48586.30	244039.84
2014	1746.81	3274.74	39059.61	1839.48	46353.39	9367.65	23473.58	48911.17	34289.23	63730.01	272045.67
2015	1407.41	3763.39	34341.97	1225.76	43980.39	9650.91	26670.79	51942.44	38290.80	66017.02	277290.88
2016	511.03	3930.16	32126.13	987.10	37671.78	8188.68	29842.67	44511.67	37195.08	61104.13	256068.43
2017	637.59	4783.20	34757.39	1419.35	41712.28	8948.46	32065.93	45019.30	38541.73	71617.25	279502.48
2018	1591.95	6007.52	43191.41	1454.00	45375.99	10547.77	35036.64	49036.63	42878.72	83876.69	318997.32

说明：①"N/A"表示本栏目不适用，原因为数据缺失。② 1984年中国与柬埔寨出口贸易数据缺失，课题组用差值法修正公式 $n_t = \dfrac{n_{t-1} + n_{t+1}}{2}$ 计算得出。

资料来源：国家统计局贸易外经统计司（1980—1997年数据），中经网统计数据库（1998—2018年数据）。

附录 V　1980—2018 年中国—东盟(国别)进出口贸易总额

(百万美元)

年份	文莱[①]	柬埔寨	印尼	老挝	马来西亚	缅甸	菲律宾	新加坡	泰国	越南	东盟
1980	N/A	N/A	N/A	N/A	424.40	51.43	N/A	610.76	N/A	N/A	1086.59
1981	4.03	13.29	116.85	9.02	311.29	51.63	369.50	776.17	382.92	N/A	2034.70
1982	4.49	3.02	195.67	6.77	337.14	46.46	371.40	734.94	511.19	N/A	2211.08
1983	3.80	0.86	198.76	4.63	250.43	47.64	188.73	683.37	330.71	N/A	1708.93
1984	3.38	0.63	304.44	5.50	411.45	47.93	331.54	1446.67	449.53	N/A	3001.07
1985	2.95	0.64	457.05	9.63	388.34	82.16	414.21	2322.88	378.85	N/A	4056.71
1986	2.77	0.46	466.71	9.80	383.01	95.38	293.43	1759.30	445.08	N/A	3455.94
1987	4.54	0.28	779.22	11.28	556.63	163.72	385.50	1945.34	709.75	N/A	4556.26
1988	9.01	0.59	917.96	20.80	877.13	270.71	404.39	2499.95	1142.17	N/A	6142.71
1989	11.92	2.95	805.22	16.30	1044.60	313.72	340.02	3191.73	1256.16	N/A	6982.62
1990	11.83	3.24	1182.26	16.19	1183.07	327.62	295.13	2825.24	1194.46	7.23	7046.27
1991	13.10	2.65	1884.48	13.37	1331.89	392.09	383.97	3076.73	1269.47	32.23	8399.98
1992	15.40	12.95	2025.70	31.53	1475.62	390.44	364.67	3266.86	1319.35	179.07	9081.59
1993	10.64	21.53	2160.28	40.63	1788.01	489.45	493.32	4891.16	1351.95	397.28	11644.25
1994	16.26	36.27	2640.74	40.35	2739.71	512.45	748.10	5049.73	2023.68	532.86	14340.15

续表

年份	文莱	柬埔寨	印尼	老挝	马来西亚	缅甸	菲律宾	新加坡	泰国	越南	东盟
1995	34.51	57.34	3490.32	54.22	3351.59	767.35	1305.91	6898.47	3362.52	1052.35	20374.58
1996	38.88	70.24	3707.99	34.84	3613.89	658.55	1387.77	7349.68	3145.11	1151.52	21158.47
1997	33.33	120.69	4514.19	28.75	4415.31	643.50	1666.18	8783.56	3514.76	1435.64	25155.91
1998	9.15	161.87	3631.03	25.73	4270.24	576.49	2026.42	8179.34	3672.08	1245.67	23798.02
1999	38.78	160.12	4829.98	31.72	5279.34	508.21	2286.81	8563.33	4215.61	1218.15	27132.05
2000	74.37	223.55	7463.77	40.84	8044.87	621.26	3141.73	10820.67	6624.04	2466.41	39521.51
2001	165.40	240.45	6723.60	61.87	9425.08	631.54	3564.32	10918.99	7050.96	2808.57	41590.78
2002	262.83	276.11	7934.80	63.96	14270.51	861.64	5259.40	14030.78	8556.95	3264.27	54781.25
2003	346.26	320.65	10228.86	109.44	20127.30	1079.74	9399.52	19348.62	12654.75	4639.45	78254.59
2004	298.95	481.70	13472.09	113.53	26260.80	1145.38	13328.16	26682.07	17342.09	6742.02	105866.79
2005	260.87	563.34	16787.33	128.93	30699.56	1209.25	17557.32	33146.86	21811.19	8196.74	130361.39
2006	314.94	732.85	19055.45	218.37	37109.50	1460.07	23412.69	40857.91	27726.49	9949.44	160837.71
2007	358.76	934.00	24996.41	263.86	46386.32	2077.84	30615.76	47143.98	34638.12	15117.58	202532.63
2008	219.42	1134.37	31516.04	402.37	53556.57	2625.32	28636.97	52477.07	41293.09	19458.45	231319.67
2009	422.43	944.15	28388.76	751.80	51967.70	2900.12	20539.00	47855.87	38190.82	21045.18	213005.83
2010	1031.94	1440.97	42750.29	1085.11	74248.84	4442.07	27762.23	57075.98	52937.02	30086.08	292860.53

续表

年份	文莱	柬埔寨	印尼	老挝	马来西亚	缅甸	菲律宾	新加坡	泰国	越南	东盟
2011	1311.21	2499.11	60554.62	1300.88	90022.69	6501.40	32247.04	63710.06	64733.85	40207.84	363088.70
2012	1625.54	2923.43	66234.08	1720.77	94832.05	6971.94	36375.46	69272.65	69750.86	50439.40	400146.18
2013	1793.58	3773.15	68354.75	2732.66	106083.38	10195.56	38049.94	75896.39	71240.55	65478.19	443598.15
2014	1936.53	3757.65	63544.86	3617.36	102005.63	24968.93	44457.71	79739.90	72621.16	83636.41	480286.14
2015	1508.57	4429.99	54228.16	2773.10	97257.72	15100.21	45636.44	79523.20	75459.55	95848.77	471765.71
2016	732.58	4760.67	53540.17	2346.71	86941.42	12286.39	47238.56	70525.92	75727.42	98275.73	452375.57
2017	989.40	5790.78	63331.70	3024.35	96138.42	13474.81	51305.11	79268.92	80137.81	121991.87	515453.17
2018	1839.46	7384.18	77341.19	3472.15	108581.04	15232.11	55648.24	82764.40	87508.36	147833.04	587604.17

说明：① "N/A" 表示本栏目不适用，原因为数据缺失。

资料来源：国家统计局外经贸易外经统计司（1980—1997 年数据），中经网统计数据库（1998—2018 年数据）。

附录 Ⅵ　1980—2018 年东盟 10 国进出口贸易总额

(亿美元)

年份	文莱[①]	柬埔寨	印尼	老挝	马来西亚	缅甸	菲律宾	新加坡	泰国	越南	东盟
1980	N/A	N/A	N/A	N/A	235.32	12.28	135.15	418.30	148.01	N/A	949.06
1981	N/A	N/A	398.90	N/A	236.57	14.09	136.68	468.75	158.32	N/A	1413.31
1982	N/A	N/A	376.01	N/A	248.71	13.50	126.88	472.12	144.00	N/A	1381.22
1983	N/A	N/A	364.15	N/A	271.70	11.14	124.92	481.47	154.76	N/A	1408.14
1984	N/A	N/A	358.01	2.06	301.11	9.38	114.61	508.25	165.74	N/A	1459.15
1985	N/A	N/A	312.32	2.47	269.28	8.24	97.40	478.91	154.50	N/A	1323.12
1986	N/A	N/A	263.34	2.41	240.96	9.52	98.86	464.17	172.18	N/A	1251.43
1987	N/A	N/A	297.38	2.81	299.70	6.72	124.57	593.35	236.14	N/A	1560.67
1988	N/A	N/A	333.40	2.07	365.33	5.36	152.33	813.78	336.37	N/A	2008.64
1989	N/A	N/A	392.84	2.57	452.74	5.27	182.40	917.12	425.83	N/A	2378.78
1990	N/A	N/A	482.62	2.64	550.86	7.47	203.92	1109.90	523.72	N/A	2881.13
1991	N/A	N/A	544.69	2.95	670.33	5.50	208.91	1227.76	624.54	N/A	3284.67
1992	N/A	7.08	605.70	3.23	764.95	11.68	243.43	1349.52	683.60	N/A	3669.18
1993	N/A	7.55	649.83	5.02	894.39	18.92	289.72	1584.40	771.01	N/A	4220.83
1994	N/A	12.34	725.45	6.41	1122.17	23.24	348.16	1944.84	927.08	N/A	5109.70

续表

年份	文莱	柬埔寨	印尼	老挝	马来西亚	缅甸	菲律宾	新加坡	泰国	越南	东盟
1995	N/A	20.42	883.75	7.64	1436.38	26.90	438.38	2555.65	1188.61	N/A	6557.72
1996	N/A	17.15	944.28	8.08	1501.22	28.07	524.28	2724.72	1183.05	172.85	7103.70
1997	N/A	18.00	1025.21	6.88	1515.67	30.81	615.83	2748.82	1117.40	196.17	7274.79
1998	N/A	19.68	823.13	6.05	1262.61	35.16	590.20	2243.09	892.68	197.11	6069.70
1999	N/A	27.22	818.40	5.55	1452.78	32.31	444.32	2405.70	995.37	221.08	6402.74
2000	47.26	33.33	1057.73	8.66	1757.60	33.32	518.97	2941.21	1240.87	285.21	7876.88
2001	51.89	36.65	920.33	8.30	1573.16	40.27	470.62	2562.16	1176.21	295.73	7130.70
2002	56.82	41.30	948.17	7.48	1685.37	35.92	505.62	2623.79	1230.60	344.66	7474.80
2003	64.06	47.55	1036.55	7.98	1842.11	39.02	551.57	2980.68	1449.92	428.79	8440.98
2004	76.53	58.58	1127.00	10.76	2258.06	44.19	599.77	3726.03	1791.72	552.57	10232.75
2005	92.15	68.26	1457.54	14.35	2502.24	50.21	624.69	4366.86	2153.22	673.33	11987.24
2006	96.83	84.64	1643.04	19.42	2849.28	62.91	729.28	5088.74	2422.13	824.28	13815.87
2007	135.55	77.64	1880.77	19.87	3149.77	80.56	795.71	5648.45	2758.76	1075.60	15583.97
2008	94.54	85.70	2398.77	24.95	3476.14	88.71	880.03	6670.18	3331.18	1381.53	18472.74
2009	113.68	81.36	1942.45	25.14	2753.85	92.19	721.46	5311.42	2723.25	1217.99	14963.66
2010		104.90	2689.29	38.07	3362.68	111.92	904.03	6856.35	3591.28	1496.10	19268.30

续表

年份	文莱	柬埔寨	印尼	老挝	马来西亚	缅甸	菲律宾	新加坡	泰国	越南	东盟
2011	161.33	131.88	3483.92	42.77	3843.90	151.90	969.81	8219.30	4306.12	1942.62	23253.55
2012	169.98	148.95	3660.14	52.38	3809.47	158.49	1116.95	8271.60	4552.80	2194.75	24135.51
2013	167.47	177.23	3583.45	53.15	3739.93	189.22	1066.87	8371.93	4548.71	2553.51	24451.48
2014	147.79	201.92	3436.03	82.52	3803.60	219.25	1169.78	8145.35	4360.60	2883.08	24449.92
2015	93.41	226.21	2842.00	93.29	3213.18	237.30	1097.03	6998.74	4006.12	3166.60	21973.89
2016	74.70	243.92	2736.22	96.17	3065.06	220.47	1210.18	6579.68	3911.99	3421.20	21559.59
2017	85.46	267.25	3189.51	105.40	3458.56	253.88	1438.43	7303.79	4347.95	4193.92	24644.15
2018	105.77	317.69	3616.78	114.59	3830.77	264.86	1549.43	8170.02	4798.29	4708.54	27476.74

说明：①"N/A"表示本栏目不适用，原因为数据缺失。

资料来源：World Bank(World Development Indicators, WDI)数据库。

附录 Ⅶ（一） 1998—2017年东盟入境中国（省域）游客人数 （人次）

年份	北京	天津	河北	山西	内蒙古	辽宁	吉林	黑龙江	上海	江苏	浙江
1998	177552	42063	74583	9263	1990	15700	4823	6541	138163	115486	90636
1999	235243	8545	90990	8542	1287	14989	5936	9399	166374	168188	112958
2000	230534	8889	103707	9681	2225	17829	6620	5636	176092	190568	105070
2001	169581	7170	1017	5501	2544	10093	5571	4764	184600	175026	70030
2002	121825	17273	32637	9069	1202	17817	3644	3338	106574	132128	118722
2003	115545	39569	39607	6721	1522	30714	7669	5475	236882	250475	185832
2004	182968	38378	104335	22241	7563	34605	93351	26111	282656	379065	267008
2005	225112	16000	106936	8558	7361	34843	14291	4989	378056	436447	394560
2006	223315	16409	118198	30206	7105	52222	15853	9839	377787	459090	395179
2007	246480	22517	120793	38349	7962	62830	17360	12738	439324	497122	443377
2008	223217	161837	102644	39146	8367	88497	18514	19368	485513	469598	459199
2009	289500	197712	102956	44711	7738	99088	18579	21394	492169	441147	471753
2010	360718	242442	111089	52285	6213	111283	19838	19986	705146	578530	554903
2011	377665	37291	135984	84055	11987	148581	21316	25063	589906	597725	595352
2012	405956	39270	146311	144685	8553	176298	39841	19030	573563	682671	619046

续表

年份	北京	天津	河北	山西	内蒙古	辽宁	吉林	黑龙江	上海	江苏	浙江
2013	345060	40387	98946	57500	10132	184371	40808	22121	590520	220145	235022
2014	269926	41292	76073	29576	10612	140617	53811	16287	620895	211858	305146
2015	261276	40096	72437	38379	18682	84581	58430	5553	697324	204960	295251
2016	274550	37427	96160	40765	16942	83225	62222	9018	714823	213650	303383
2017	287285	37682	99168	43249	11617	95433	37499	16090	743535	227266	396985

说明：囿于数据可及性，以东盟4国（马来西亚、菲律宾、新加坡和泰国）入境中国31省域游客人数测度东盟入境中国（省域）旅游情况。

资料来源：中华人民共和国公安部。

附录 VII（二）　　　　　1998—2017 年东盟入境中国（省域）游客人数　　　　　（人次）

年份	安徽	福建	江西	山东	河南	湖北	湖南	广东	广西	海南	重庆
1998	22701	108711	3205	46158	18794	6858	11758	195698	12720	22088	4297
1999	34530	161977	4473	46517	25295	7604	23224	256205	18192	22395	5899
2000	37002	79978	6103	44333	25294	9680	22897	214642	27472	24722	8222
2001	23186	45882	4104	27101	13895	5267	3902	225017	22261	24372	3430
2002	25546	93212	5839	27758	27808	6840	7957	200441	21175	19183	4601
2003	30875	135866	5018	36436	20597	20622	3459	177367	48227	16122	11352
2004	61872	217469	12026	77223	50729	37915	6450	425778	150024	29768	32234
2005	37784	212245	15420	71751	82050	34738	32666	581506	216594	51042	27330
2006	41383	230647	19222	85112	84948	67895	31081	667905	214540	48023	41114
2007	60803	247137	31043	104323	89507	110738	52249	811552	197026	51010	63067
2008	72990	247427	42379	116676	101742	77739	62782	653629	216313	71409	53543
2009	87839	237950	53328	140258	130257	94908	54594	759714	268602	95101	66703
2010	113728	239169	44953	166230	120930	138360	140673	887885	281453	83175	164093
2011	152525	401358	52158	180017	124072	162566	167622	901624	387089	106130	193038
2012	194096	426326	58777	221302	147633	193214	110266	863750	433008	122268	215994

续表

年份	安徽	福建	江西	山东	河南	湖北	湖南	广东	广西	海南	重庆
2013	194282	273191	47169	160575	71943	183114	97600	1075037	386513	79992	140524
2014	156968	339706	51039	162180	78276	170793	118566	977909	356122	87322	155946
2015	218027	365033	66677	154622	88533	189426	100617	844237	576158	69485	203709
2016	217445	756711	67530	162892	98051	207113	185227	961704	576907	103043	221644
2017	249290	920822	88621	215589	137124	246610	266611	1071692	577599	124860	264019

说明：囿于数据可及性，以东盟4国（马来西亚、菲律宾、新加坡和泰国）入境中国31省域游客人数测度东盟入境中国（省域）旅游情况。

资料来源：中华人民共和国公安部。

附录 VII（三） 1998—2017 年东盟入境中国（省域）游客人数 （人次）

年份	四川	贵州	云南	西藏	陕西	甘肃	青海	宁夏	新疆
1998	41402	22019	129789	2453	11504	6694	740	162	5194
1999	64557	22019	206249	2282	13984	6781	875	249	4905
2000	51808	22427	233168	4586	13958	16146	2485	292	9671
2001	27912	20950	144880	925	764	7590	2854	433	10857
2002	76302	18426	129104	3617	16608	12974	2756	246	6461
2003	69151	8503	142057	1446	12423	4433	633	148	3554
2004	167099	14060	174226	4128	44044	16449	863	439	10151
2005	206769	17066	276405	3263	34571	19602	1821	856	7878
2006	220385	20615	259809	10261	31631	19687	5040	1734	8867
2007	196301	28033	348234	27454	38969	24643	3073	863	8863
2008	79703	33372	427322	3439	35238	6451	1561	839	9273
2009	76940	29302	524100	13597	47468	5727	3340	1134	14012
2010	92300	32718	656824	20232	107908	6231	4559	1345	16178
2011	161263	40008	806526	26582	126944	8354	4668	1496	15678
2012	241846	52778	885863	21131	150127	5141	4289	1244	26336

续表

年份	四川	贵州	云南	西藏	陕西	甘肃	青海	宁夏	新疆
2013	256996	47644	557047	22603	116589	7247	3362	2099	29392
2014	276586	42780	521338	20319	163037	5748	5224	1611	16014
2015	333378	39493	1032290	21933	125424	5779	6359	2102	14997
2016	380976	33958	1044791	26480	199091	8994	6213	3224	10078
2017	412871	22661	1125652	30633	253781	11380	6501	5033	11753

说明：囿于数据可及性，以东盟4国（马来西亚、菲律宾、新加坡和泰国）人境中国31省域游客人数测度东盟入境中国（省域）旅游情况。

资料来源：中华人民共和国公安部。

附录 VIII（一） 1998—2017年中国（省域）从东盟进口贸易额

(万美元)

年份	天津	河北	山西	辽宁	黑龙江	上海	江苏	安徽	福建	江西	山东
1998	42325	8980.9	448	11956	1262	217700	131434	2293	49566	665	19744
1999	54245	14952	674	16718	2332	249200	122804	3732	53866	885	29487
2000	71847	15649.9	791	24970	2933	370500	184222	4834	59804	517	44511
2001	67420	18741.5	532	28824	3948	355900	191933	4330	71815	799	55553
2002	88807	23588	811	38801	5231	480600	292915	5831	119464	1140	83154
2003	125202	13667	2138	64158	7074	887400	489130	9180	158928	4656	106410
2004	180334	13449	2183	65905	6583	1264300	707777	10926	186639	3245	148847
2005	266635	11510	3155	60945	7761	1607900	972130	10116	189830	2989	182768
2006	319582	12274	4208	70116	14064	1870500	1227451	16533	203958	4410	261177
2007	277151	16744	11882	76378	17541	2252800	1398132	33237	739880	6681	371819
2008	295504	19307	10817	75513	23328	2161100	1460455	31469	262910	11464	574186
2009	226051	22920	4207	86679	28514	1651200	1524232	24502	244916	13138	509423
2010	313992	29335	5093	125374	66967	2689000	2210819	31454	333915	21344	1727352
2011	391338	47706	4878	150851	31768	3427600	2525342	59529	377461	17994	1165602
2012	447679	37069	6677	169080	11576	3494300	2140303	53593	414627	32239	1099352

续表

年份	天津	河北	山西	辽宁	黑龙江	上海	江苏	安徽	福建	江西	山东
2013	553882	51008	8473	217019	11098	3134800	1921543	94430	474898	27351	1012557
2014	545213	45491	8783	194329	6402	2965200	2070673	140502	508581	40448	1144709
2015	385269	33483	14842	157693	7184	2909900	2025779	155165	459682	65683	1128085
2016	296134	30430	17418	141748	5704	2761600	1885493	115888	421007	53673	839390
2017	339313	33038	8873	165302	10812	3395300	2208904	152703	522763	51128	1171173

说明：鉴于数据可及性，以中国20个省域从东盟4国（马来西亚、菲律宾、新加坡和泰国）进口贸易额测度中国（省域）从东盟进口贸易额。

资料来源：中国20省（市、自治区）统计年鉴。

附录 VIII(二) 1998—2017年中国(省域)从东盟进口贸易额

(万美元)

年份	湖南	广东	广西	海南	重庆	云南	陕西	甘肃	新疆
1998	498	482200	2940	5154	633.5	1429	689	7	314
1999	581	531100	2878	3411	926	2156	1149	37	229
2000	950	771100	4996	5754	504	2055	1219	138	424
2001	1401	898500	3728	4248	1483	1856	1340.5	65	516
2002	2354	1208800	3658	5976	1813	3130	2283	273	1087
2003	3823	1718600	4222	5318	5124	2441	2433	200	3497
2004	4505	2065300	4921	10933	6005	3999	2806	769	4758
2005	3877	2280500	3950	8552	6850	6411	2925	284	2772
2006	4127	2663700	9095	11904	7609	6369	5151	575	1698
2007	3668	3200100	14503	30188	11756	11666	5478	1732	1094
2008	3917	3396400	19986	26594	23439	7578	10078	1909	1376
2009	2726	3229500	25144	31435	24770	18959	23662	1918	1493
2010	5867	4241200	47027	31906	36741	49700	91497	6871	1757
2011	13303	4530000	46306	17062	189001	105200	61180	17321	1889
2012	9455	4239800	74537	38201	432751	115000	63184	10968	3766

续表

年份	湖南	广东	广西	海南	重庆	云南	陕西	甘肃	新疆
2013	9354	4556800	121179	95177.2	587750	124100	86824	2140	2366
2014	12854	4428800	119692	38856	607528	81200	83263	19950	2421
2015	17926	4385800	235161	192712	403460	24800	74660	10812	3221
2016	12728	4579400	316265	83601	435630	17500	40999	12307	4076
2017	19700	4368700	329461	156008	530218	26900	27420	24966	1353

说明：鉴于数据可及性，以中国20个省域从东盟4国（马来西亚、菲律宾、新加坡和泰国）进口贸易额测度中国（省域）从东盟进口贸易额。

资料来源：中国20省（市、自治区）统计年鉴。

附录Ⅸ（一） 1998—2017年中国（省域）对东盟出口贸易额 （万美元）

年份	天津	河北	山西	辽宁	黑龙江	上海	江苏	安徽	福建	江西	山东
1998	32122	31431	4503	50945	3646	208100	77446	6179	44130	1902	9988
1999	33227	31453.6	4463	58435	7234	245500	83693	7070	52273	4673	9021
2000	48800	33329.7	6979	64304	6703	328700	140691	8208	73629	3255	17715
2001	48363	30151.4	10009	73768	4114	365200	162924	9081	72930	3164	10562
2002	83554	44117	8487	79661	3860	475200	255472	10634	98757	12337	77890
2003	112256	20235	8550	83302	4714	655900	426433	11960	109961	8996	86360
2004	228208	34087	12256	127327	5849	1002100	640408	16123	143946	10264	145549
2005	251272	38392	15193	202152	9996	1259300	1010260	22863	180886	13172	191473
2006	390801	55505	10415	205032	22932	1603100	1437371	37180	219447	20217	206196
2007	399569	69009	19579	359391	30411	1970700	1661473	48922	305905	26660	263563
2008	369277	99282	17563	404541	91343	1691025	1833684	66052	381409	50225	353029
2009	211139	68211	10322	393495	59786	1949000	1322529	68225	446477	58042	240239
2010	191688	104475	12716	393825	117655	2584900	1553755	72274	567623	100676	985169
2011	287587	132023	14595	356201	88213	2983100	1838799	109859	765904	131534	547734
2012	356193	171713	43540	479922	93596	3186100	2160099	214343	1192481	226842	588087

续表

年份	天津	河北	山西	辽宁	黑龙江	上海	江苏	安徽	福建	江西	山东
2013	360286	200037	47265	720749	109512	3388600	2145000	243888	1371201	380287	621735
2014	391804	273837	32851	715972	128096	3515800	2108671	181958	1138524	377746	652675
2015	430221	244484	33450	637793	75642	3451700	2116393	233734	1242215	404412	695842
2016	358862	246676	53240	506464	25118	3292000	2049227	180319	1235000	340493	691828
2017	331771	191747	41642	426451	17868	3602500	2202933	159281	1244143	300464	648792

说明：鉴于数据可及性，以中国21个省域对东盟4国（马来西亚、菲律宾、新加坡和泰国）出口贸易额测度中国（省域）对东盟出口贸易额。

资料来源：中国21省（市、自治区）统计年鉴。

附录 Ⅸ(二)

1998—2017 年中国(省域)对东盟出口贸易额

(万美元)

年份	湖南	广东	广西	海南	重庆	云南	陕西	甘肃	青海	新疆
1998	9589	257600	5400	1602	2787	13191	6773	3247	392.86	945
1999	8192	280700	5029	2908	3260	7505	10999	1827	594.58	4035.5
2000	8822	363100	6102	3805	3733	7586	13154	3500	784.91	6556
2001	9362	404100	5510	3981	4604	9498	6635	10550	4777.33	1207
2002	7893	512800	7816	4660	8042	10670	7976	13162	1370.41	2721
2003	8105	596900	8064	7706	9782	14724	10934	5339	1093.28	3802
2004	9381	724400	12844	8806	11574	20694	16639	3015	2426.11	2638
2005	12247	947200	12660	6949	10613	29721	18487.7	6443	1621.96	5900
2006	20345	1170600	16753	10386	16279	60540	21365	5639	5879.93	3791
2007	19688	1586400	23647	48144	18622	58534	22273.7	8198	1754.34	6092
2008	24414	1860500	34257	10759	22859	50087	33557.2	8720	1246.71	8074
2009	21143	2041400	41824	28567	20487	44075	21129.1	5782	921.83	8631
2010	29142	2190100	39450	50220	36494	72600	45935.9	7117.4	1352.14	10740
2011	54646	2531400	46040	14821	129127	82100	26358.4	12299	1352	21311
2012	100152	2684600	43547	38833	327644	79600	73396.5	34669	2566.2	57415

续表

年份	湖南	广东	广西	海南	重庆	云南	陕西	甘肃	青海	新疆
2013	79903	2987700	89762	46533.3	342157	181300	92864	82768	1667	83163
2014	168815	3287800	117379	78859	432679	216400	96434	67093	5882	81970
2015	68541	3928600	131602	74836	549687	296000	120153	79451	8555	53055
2016	102041	4610400	172627	67892	312595	155600	93077	42606	7346	15237
2017	104427	4021900	322038	267313	326191	124300	159954	9927	2691	12421

说明：囿于数据可及性，以中国21个省域对东盟4国（马来西亚、菲律宾、新加坡和泰国）出口贸易额测度中国（省域）对东盟出口贸易额。

资料来源：中国21省（市、自治区）统计年鉴。

附录X　　　　　　　　中国—东盟签证政策

协议国	生效年份	互免签证证件类别	普通护照及其他
文莱 Brunei Darussalam	2005	中方外交、公务护照；文方外交、公务（官员）护照	持普通护照的中国公民赴文莱旅游可在所有入境口岸办理落地签证，停留期14天
柬埔寨 Cambodia	2006	外交、公务护照	中国公民持因私普通护照和公务普通护照到达柬埔寨空港（陆路）国际口岸，可申办1次入境停留期30天的旅游（商务）签证
印尼 Indonesia	2005	外交、公务护照（限临时访问人员）	2005年8月，印尼政府已经允许中国（大陆）公民在印尼机场、港口的开放口岸办理落地签证。2016年4月开始，中国大陆居民，自指定的29个国际机场、88个海港和7个边境检查站入境印尼，可享受免签证政策，停留不超过30天
	2010	持有效外交或公务护照的任一缔约方公民，在缔约另一方入境、停留、过境，自入境之日起不超过三十天者，免办签证	
老挝 Laos	1989	中方外交、公务、公务普通护照 老方外交、公务、加注有效公务签证的普通护照	持因私普通护照的中国公民申请落地签，为一次入境、停留期30天的"B3"旅游签证

续表

协议国	生效年份	互免签证证件类别	普通护照及其他
马来西亚 Malaysia	2011	中方外交、公务护照；马方外交、公务（官员）护照	免签计划（eNTRI）。（1）仅限来马来西亚观光旅游的中国公民，须从中国内地、香港、澳门出发前往马来西亚并且返回中国内地。（2）入出境口岸：吉隆坡国际机场（KLIA & KLIA2）、槟城国际机场、兰卡威国际机场、沙捞越古晋国际机场、沙巴亚庇国际机场 落地签证。（1）须从泰国、新加坡、印尼或文莱抵达的符合资格的中国公民，并持有上述国家的有效签证。（2）须经由吉隆坡国际机场（KLIA & KLIA 2）、槟城国际机场、新山士乃国际机场、沙捞越古晋国际机场、沙巴亚庇国际机场、吉打浮罗交怡机场、吉打黑木山出入境检查站、沙捞越美里国际机场、沙捞越双溪都九出入境检查站、纳闽渡轮码头和雪兰莪疏邦苏丹阿都阿兹沙国际机场等12个口岸入境。（3）签证有效期为15天
缅甸 Myanmar	1998	中方外交、公务护照；缅方外交、公务（官员）护照	持因私普通护照和公务普通护照的中国公民须办理缅甸签证
菲律宾 Philippines	2005	中方外交、公务护照（限临时访问人员）；菲方外交、公务（官员）护照（限临时访问人员）	持中国普通护照及申根、澳大利亚、美国、加拿大或日本任意一种有效签证者，以旅游为目的可免签证进入菲律宾停留7天
新加坡 Singapore	2011	外交、公务、公务普通护照	中国公民持因私普通护照前往新加坡，须办理入境签证

续表

协议国	生效年份	互免签证证件类别	普通护照及其他
泰国 Thailand	2003	中方外交、公务护照；泰方外交、公务（官员）护照	中国游客从第三国赴泰国旅游可以在曼谷国际机场、普吉国际机场、甲米国际机场移民局检查站申请停留期不超过15天的落地签证
越南 Vietnam	1992	外交、公务、公务普通护照	持因私普通护照的中国公民入境、出境或过境越南，须事先办理签证，如符合相关条件可申请落地签证
	2008	互免机组成员签证	

说明：公务护照主要颁发给中华人民共和国各级政府部门副处级以上官员、派驻国外的外交代表机关、领事机关和驻联合国组织系统及其专门机构的工作人员及其随行配偶、未成年子女等。公务普通护照由外交部、驻外使、领馆或者外交部委托的其他驻外机构以及外交部委托的省、自治区、直辖市和设区的市人民政府外事部门颁发给中国各级政府部门副县、处级以下公务员和国有企事业单位因公出国人员等。

资料来源：课题组经整理而得。

参考文献

一 外文文献

【Books】

Combes, P. P., Mayer, T., Thisse, J. F. *Economic Geography: The Integration of Regions and Nations*. Princeton: Princeton University Press, 2008.

Cooper, R. N. *The Economics of Interdependence*. John Wiley & Sons, Ltd., 1968.

Gilbert, S. *International Trade*. Multi-Market Antitrust Economics, 2018.

Goeldner, C., Ritchie, B. *Tourism: Principles, Practices, Philosophies*. NJ: John Wiley, 2006.

Goodwin, N., Harris, J. M., Nelson, J. A., et al. *International Trade and Trade Policy*. Principles of Economics in Context, 2019.

Hengstmengel, J. *International Trade*. Divine Providence in Early Modern Economic Thought, 2019.

Krugman, P. *Geography and Trade*. Leuven: Leuven University Press, 1991.

Krugman, P. R., Obstfeld, M. *International Economics: Theory and Policy: International Edition*. International Gossip: H. Hamilton, 2008.

Mill, R., Morrison, A. *The Tourism System*. Iowa: Kendall Hunt Publishing Company, 2009.

Morrison, A. *Hospitality and Travel Marketing*. NY: Delmar, 2010.

【Conference Papers】

Brahmbhatt, J., Menezes, R. *On the Relation between Tourism and Trade: A Network Experiment*. IEEE Network Science Workshop. IEEE Computer Society, 2013.

Renko, S., Bucar, K. *Environmental Aspect of the Relationship between Tourism and Trade: The Case of Croatia*. Iastem International Conference. 2015.

【Journal Papers】

Alec, C. "Effects of International Trade on East and Southeast Asians' Views of China,"*The Korean Journal of International Studies*, 2019, 17(2): 159 – 187.

Aradhyula, S., Tronstad, R. "Does Tourism Promote Cross-Border Trade?,"*American Journal of Agricultural Economics*, 2003, 85(3): 569 – 579.

Baek, J., Choi, Y. J. "Do Oil Price Changes Really Matter to the Trade Balance? Evidence from Korea-ASEAN Commodity Trade Data,"*Australian Economic Papers*, 2020, 59(3): 250 – 278.

Bahmani-Oskooee, M., Aftab, M. "Asymmetric Effects of Exchange Rate Changes on the Malaysia-China Commodity Trade,"*Economic Systems*, 2018, 42(3): 470 – 486.

Bahmani-Oskooee, M., Harvey, H. "Bilateral Trade Balances of Malaysia with Her 11 Largest Trading Partners: New Evidence from Asymmetry Cointegration,"*Global Economic Review*, 2017, 46(2): 143 – 161.

Belenkiy, M., Riker, D. A. "Face-to-Face Exports: The Role of Business Travel in Trade Promotion,"*Journal of Travel Research*, 2012, 51(5): 632 – 639.

Bensassi, S., Marquez-Ramos., Laura., et al. "Relationship between Ogistics Infrastructure and Trade: Evidence from Spanish Regional Exports,"*Transportation Research Part A Policy and Practice*, 2015, 72(2): 47 – 61.

Bineau, Y. "Real Exchange Rate and Bilateral Trade Balance of Cambodia: A Panel Investigation,"*Economics Bulletin*, 2016, 36(2): 895 – 900.

Binh, N. X. "Main Characteristics of Vietnam-China Trade Relations 2000 – 2015,"*China Report*, 2017, 53(3): 355 – 366.

Bolduc, D., Laferrière, R., Santarossa, G. "Spatial Autoregressive Error Components in Travel Flow Models,"*Regional Science and Urban Economics*, 1992, 22(3): 371 – 385.

Brau, R., Lanzam, A., Pigliaru, F. "How Fast Are the Tourism Countries Growing? The Cross-Country Evidence,"*Working Papers*, 2003.

Brau, R., Maria, Pinna, A. "Movements of People for Movements of Goods?,"*The World Economy*, 2013, 36(10): 1318 – 1332.

Brzoskosermak, A. "Tourism and Trade in Borderlands—an Example of Polish Eastern Borderland,"*Prace Geograficzne*, 2015(141): 43 – 55.

Çalişkan U., Saltik, I. A., Ceylan, R., et al. "Panel Cointegration Analysis of Relationship between International Trade and Tourism: Case of Turkey and Silk Road Countries,"*Tourism Management Perspectives*, 2019, 31: 361 – 369.

Caner, M., Hansen, B. E. "Instrumental Variable Estimation of a Threshold Model,"*Econometric Theory*, 2004(20): 813 – 843.

Chaisumpunsakul, W., Pholphirul, P. "Does International Trade Promote International Tourism Demand? Evidence from Thailand's Trading Partners,"*Kasetsart Journal of Social Sciences*, 2018, 39(3): 393 – 400.

Chan, C. "The Politics of Leisure and Labor Mobilities: Discourses of Tourism and Transnational Migration in Central Java, Indonesia,"*Mobilities*, 2018, 13(3): 325 – 336.

Chen, L., Cuyvers, L., Lombaerde, P. D. E., et al. "An ASEAN-Eu Fta, Regional Production Sharing, and Regional Cohesion. Focus on Cambodia, Laos and Myanmar,"*South African Journal of Economics*, 2011, 79(4): 411 – 427.

Chen, X., Shao, Y. "Trade Policies for a Small Open Economy: The Case of Singapore,"*The World Economy*, 2017, 40(11): 2500 – 2511.

Chirathivat, S. "ASEAN-India Cooperation in Trade and Tourism: Trends and Prospects," *Journal of Asian Economics*, 1996, 7(4): 743 – 757.

Chun, Y., Griffith, D. A. "Modeling Network Autocorrelation in Space-Time Migration Flow Data: An Eigenvector Spatial Filtering Approach," *Annals of the Association of American Geographers*, 2011, 101(3): 523 – 536.

Clifton, J., Hampton, M. P., Jeyacheya, J. "Opening the Box? Tourism Planning and Development in Myanmar: Capitalism, Communities and Change," *Asia Pacific Viewpoint*, 2018, 59(3): 323 – 337.

Collins, D., Tisdell, C. "Outbound Business Travel Depends on Business Returns: Australian Evidence," *Australian Economic Papers*, 2004, 43(2): 192 – 207.

Cororaton, C. B., Cockburn, J. "Trade Reform and Poverty—Lessons from the Philippines: A CGE-Microsimulation Analysis," *Journal of Policy Modeling*, 2007, 29(1): 141 – 163.

Deakin, R. B. B., M. "International Travel-International Trade. by H. P. Gray," *The Economic Journal*, 1972, 82(326): 746 – 748.

Devadason, E. S., Chandran, V. G. R. "Unlocking the Trade Potential in China-ASEAN Relations," *Journal of Southeast Asian Economies*, 2019, 36(3): 380 – 399.

Dharmowijoyo, D. B. E., Susilo, Y. O., Karlström, A. "Analysing the Complexity of Day-to-Day Individual Activity—Travel Patterns Using a Multidimensional Sequence Alignment Model: A Case Study in the Bandung Metropolitan Area, Indonesia," *Journal of Transport Geography*, 2017, 64: 1 – 12.

Dharmowijoyo, D. B. E., Susilo, Y. O., Karlström, A. "Relationships among Discretionary Activity Duration, Its Travel Time Spent and Activity Space Indices in the Jakarta Metropolitan Area, Indonesia," *Journal of Transport Geography*, 2016, 54: 148 – 160.

Easton, S. T. "Is Tourism Just Another Commodity? Links between Commodity

Trade and Tourism, "*Journal of Economic Integration*, 1998, 13(3): 522 – 543.

Eilat, Y., Einav, L. "Determinants of International Tourism: A Three-Dimensional Panel Data Analysis,"*Applied Economics*, 2004, 36(12): 1315 – 1327.

Elien, V. D. V., Derudder, B., Witlox, F. "Exploring Causality in Trade and Air Passenger Travel Relationships: The Case of Asia-Pacific, 1980 – 2010,"*Journal of Transport Geography*, 2014, 34: 142 – 150.

Elsing. "Navigating Small-Scale Trade across Thai-Lao Border Checkpoints: Legitimacy, Social Relations and Money,"*Journal of Contemporary Asia*, 2019, 49(2): 216 – 232.

Eryiğit, M., Kotil, E., Eryiğit, R. "Factors Affecting International Tourism Flows to Turkey: A Gravity Model Approach,"*Tourism Economics*, 2010, 16(3): 585 – 595.

Eugenio-Martin, J. L., Martín, Morales, N., Scarpa, R. "Tourism and Economic Growth in Latin American Countries: A Panel Data Approach,"*Social Science Electronic Publishing*, 2004.

Fernandes, E., Pacheco, R. R., Fernandes, V. A. "Tourism Openness, Trade Openness, and Currency-Purchasing Power in Brazil: A Causality Analysis,"*International Journal of Tourism Research*, 2019, 21(2): 197 – 205.

Fischer, C., Gil-Alana, L. A. "The Nature of the Relationship between International Tourism and International Trade: The Case of German Imports of Spanish Wine,"*Applied Economics*, 2009, 41(11): 1345 – 1359.

Frechtling, D. C. "Tourism, Trade, and National Welfare,"*Annals of Tourism Research*, 2006, 33(4): 1169 – 1170.

Fry, D., Saayman, A., Saayman, M. "The Relationship between Tourism and Trade in South Africa,"*South African Journal of Economics*, 2010, 78(3): 20.

Gawande, K., Maloney, W., Montes-Rojas, G. "Foreign Informational Lobbying can Enhance Tourism: Evidence from the Caribbean, "*Journal of Development Economics*, 2009, 90(2): 267 – 275.

Gearing, C. E. "Establishing a Measure of Touristic Attractiveness, "*Journal of Travel Research*, 1974, 12(4): 1 – 8.

Ghalia, T., Fidrmuc, J., Samargandi, N., et al. "Institutional Quality, Political Risk and Tourism, "*Tourism Management Perspectives*, 2019, 32(01): 57 – 65.

Gil-Alana, L. A., Fischer, C. "International Travelling and Trade: Further Evidence for the Case of Spanish Wine Based on Fractional Vector Autoregressive Specifications, "*Applied Economic*, 2010, 42(19): 2417 – 2434.

Hansen, B. E. "Threshold Effects in Non-dynamic Panels: Estimation, Testing and Inference, "*Journal of Econometrics*, 1999, 93(2): 345 – 368.

Han, Y. S., Mah, J. S. "Preferential Trade Treatment and Industrial Development: The Case of Cambodia's Garment Industry, "*South East Asia Research*, 2015, 23(1): 121 – 135.

Idei, R., Kato, H. "Medical-Purposed Travel Behaviors in Rural Areas in Developing Countries: A Case Study in Rural Cambodia, "*Transportation*, 2020, 47(3): 1415 – 1438.

Jadhav, V., Raman, S., Patwa, N., et al. "Impact of Facebook on Leisure Travel Behavior of Singapore Residents, "*International Journal of Tourism Cities*, 2018, 4(2): 157 – 178.

Jayasuriya, M. P. F., Guoping, C. "Factors Which Strategically Explain the Competitiveness of a Tourism Destination: Evidence from Singapore and Sri Lanka, "*Journal on Innovation and Sustainability RISUS*, 2017, 8(1): 55 – 68.

Kadir, N., Jusoff, K. "The Cointegration and Causality Tests for Tourism and Trade in Malaysia, "*International Journal of Economics & Finance*, 2010, 2 (1): 126 – 135.

Katircioglu, S. , Katircioglu, S. , Altun, O. "The Moderating Role of Oil Price Changes in the Effects of Service Trade and Tourism on Growth: The Case of Turkey," *Environmental Science and Pollution Research*, 2018, 25 (35): 35266 – 35275.

Katircioglu, S. "The Bounds Test to the Level Relationship and Causality between Foreign Direct Investment and International Tourism: The Case of Turkey," *E & M Ekonomie A Management*, 2011, 14(1): 6 – 13.

Katircioglu, S. "Tourism, Trade and Growth: The Case of Cyprus," *Applied Economics*, 2009, 41(21): 2741 – 2750.

Kattiyapornpong, U. , Miller, K. E. "Social Structure and Psychographic Explanations of Destination Preference of Australians' Travel to South-East Asia," *Asia Pacific Journal of Tourism Research*, 2011, 16(1): 39 – 56.

Kaul, R. N. "*Dynamics of Tourism: A Trilogy.*" New Delhi: Sterling Publishers, 1985.

Keith, B. "Sparking Development or Consuming the Countryside? Lao Charcoal Commodity Networks in the Mekong Region," *Asia Pacific Viewpoint*, 2016, 57(2): 194 – 206.

Keum, K. "International Tourism and Trade Flows: A Causality Analysis Using Panel Data," *Tourism Economics*, 2011, 17(5): 949 – 962.

Keum, K. "Tourism Flows and Trade Theory: A Panel Data Analysis with the Gravity Model," *Annals of Regional Science*, 2010, 44(3): 541 – 557.

Khadaroo, J. , Seetanah, B. "The Role of Transport Infrastructure in International Tourism Development: A Gravity Model Approach," *Tourism Management*, 2008, 29(5): 831 – 840.

Khadaroo, J. , Seetanah, B. "Transport Infrastructure and Tourism Development," *Annals of Tourism Research*, 2007, 34(4): 1021 – 1032.

Khalid, H. A. , Qudair, A. I. "The Causal Relationship between Tourism and International Trade in Some Islamic Countries," *Economics Studies*, 2004, 5

(5):45-56.

Khan, H., Toh, R. S., Chua, L. "Tourism and Trade: Cointegration and Granger Causality Tests,"*Journal of Travel Research*,2005,44(2):171-176.

Kremer, S., Bick, A., Nautz, D. "Inflation and Growth: New Evidence from a Dynamic Panel Threshold,"*Analysis Empirical Economics*,2013(4),861-878.

Krugman, P. R. "Increasing Returns, Monopolistic Competition, and Internation Trade,"*Journal of International Economics*,1979(9):469-479.

Krugman, P. R. "Scale Economics, Product Differentiation, and the Pattern of Trade,"*The American Economic Review*,1980(5):950-959.

Ku, B. D. "The Prohibition of China(Guang Xi) -Vietnam Border Trade during the Tay Son Rebellion: Rhetoric in Political Gain,"*Jebat-Malaysian Journal of History Politics and Strategic Studies*,2015,45(2):23-52.

Kulendran, N., Wilson, K. "Is There a Relationship between International Trade and International Travel?,"*Applied Economics*,2000,32(8):1001-1009.

Kumar, M., Prashar, S., Jana, R. K., et al. "Does International Tourism Spur International Trade and Output? Evidence from Wavelet Analysis,"*Tourism Economics*,2019,25(1):22-33.

Laccarino, U. "Chinese Trade Revolving around the Philippines: Interregional Networks and Transnational Connections at the End of the Ming Era(16th -17th Centuries),"*Vegueta-Anuario De La Facultad De Geografia E Historia*,2020,20:217-238.

La, Mata, T. D., Llano, C. "Social Networks and Trade of Services: Modelling Interregional Flows with Spatial and Network Autocorrelation Effects,"*Journal of Geographical Systems*,2013,15(3):319-367.

Latip, N. A., Rasoolimanesh, S. M., Jaafar, M., et al. "Indigenous Participation in Conservation and Tourism Development: A Case of Native People of

Sabah, Malaysia," *International Journal of Tourism Research*, 2018, 20(3): 400 – 409.

Lee, Ging, C. "Tourism, Trade, and Income: Evidence from Singapore," *Anatolia*, 2012, 23(3): 348 – 358.

Leittão, N. C. "Does Trade Help to Explain Tourism Demand? The Case of Portugal," *Theoretical and Applied Economics*, 2010: 63 – 74.

Lim, C., Zhu, L., Koo, T. T. R. "Urban Redevelopment and Tourism Growth: Relationship between Tourism Infrastructure and International Visitor Flows," *International Journal of Tourism Research*, 2019, 21(2): 187 – 196.

Lin, B. W., Lee, J. H. "The Study of the Malaysia's Tourism Arrivals: An ARDL Approach," *Austrian Journal of Statistics*, 2020, 49(3): 48 – 56.

Lin, S. "Cashing in across the Golden Triangle: Thailand's Northern Border Trade with China, Laos, and Myanmar," *Singapore Journal of Tropical Geography*, 2014, 35(1): 152 – 154.

Lin, C. H., Morais, D. B. "The Spatial Clustering Effect of Destination Distribution on Cognitive Distance Estimates and Its Impact on Tourists' Destination Choices," *Journal of Travel & Tourism Marketing*, 2008, 25(03): 382 – 397.

Luzzi, G. F., Flückiger, Y. "Tourism and International Trade: Introduction," *Pacific Economic Review*, 2010, 8(3): 239 – 243.

Madaleno, A., Eusébio, C., Varum, C. "Exports and Tourism: Testing the Causality," *International Journal of Hospitality & Tourism Administration*, 2017, 18(4): 444 – 458.

Madaleno, A., Eusébio, C., Varum, C. "International Tourism and Exports of Agro-Food Products: A Causality Analysis," *Anatolia*, 2015(2): 1 – 11.

Manuela, Jr. W. S., de Vera, M. J. "The Impact of Government Failure on Tourism in the Philippines," *Transport Policy*, 2015, 43(SI): 11 – 22.

María, S. G., Francisco, L. R., et al. "International Trade and Tourism Flows:

An Extension of the Gravity Model,"*Economic Modelling*, 2016, 52(15): 1026 – 1033.

María, S. G., Francisco, L. R., Jorge, V. P. R. "Tourism and Trade in Small Island Regions: The Case of the Canary Islands,"*Tourism Economics*, 2011, 17(1): 107 – 125.

María, S. G., Francisco, L. R., Jorge, V. P. R. "Tourism and Trade in OECD Countries. A Dynamic Heterogeneous Panel Data Analysis,"*Empirical Economics*, 2011, 41(2): 533 – 554.

Massidda, C., Etzo, I. "The Determinants of Italian Domestic Tourism: A Panel Data Analysis,"*Tourism Management*, 2012, 33(3): 603 – 610.

Massidda, C., Mattana, P. "A SVECM Analysis of the Relationship between International Tourism Arrivals, GDP and Trade in Italy,"*Journal of Travel Research*, 2013, 19(1): 93 – 105.

Mathavee, K., Huang, P. "The Impacts of Chinese Direct Investment in Thailand on the Sino-Thai Bilateral Trade,"*Journal of Chinese Economic and Foreign Trade Studies*, 2016, 9(1): 24 – 39.

McKercher, B., Koh, E. "Do Attractions 'Attract' Tourists? The Case of Singapore,"*International Journal of Tourism Research*, 2017, 19(6): 661 – 671.

Minoo, A. "Why do Farmers not Choose Fair Trade Cooperatives?: A Consideration Based on the Livelihood Strategy of Coffee Farmers in Lao PDR,"*Human Organization*, 2017, 76(2): 131 – 140.

Mohamed, A. "US-China Trade Disputes and Its Impact on ASEAN,"*Transnational Corporations Review*, 2019, 11(4): 332 – 345.

Mohd Hafiz, M. H., Mohd Fauzi, M. H., Jamaluddin, M. R. "Bilateral Trade and Tourism Demand,"*World Applied Sciences Journal*, 2010, 10: 110 – 114.

Mohsen, B. O., Tatchawan, K. "Asymmetric Effects of Exchange Rate Changes on Thailand-China Commodity Trade: Evidence From 45 Industries,"*The Chinese Economy*, 2019, 52(3): 203 – 231.

Mohsen, B. O. , Tatchawan, K. "Thailand's Trade Balance with Each of Her 15 Largest Partners: An Asymmetry Analysis, " *Journal of Economic Studies*, 2018, 45(3): 660 – 672.

Muhammad, S. , Benkraiem, R. , Miloudi, A. , et al. "Tourism-Induced Financial Development in Malaysia: New Evidence from the Tourism Development Index, " *Tourism Economics*, 2019, 25(5): 757 – 778.

Muntaner, A. P. "Trade in the Philippines at the Turn of the 18th Century: The Commercial Policy of China, " *Vegueta-Anuario De La Facultad De Geografia E Historia*, 2020, 20: 253 – 272.

Nawi, N. C. , Mamun, A. A. , Nasir A. , et al. "Brand Image and Consumer Satisfaction towards Islamic Travel Packages: A Study on Tourism Entrepreneurship in Malaysia, " *Asia Pacific Journal of Innovation and Entrepreneurship*, 2019, 13(2): 188 – 202.

Neumayer, E. "Visa Restrictions and Bilateral Travel, " *Professional Geographer*, 2010, 62(2): 171 – 181.

Nguyen, D. X. "Trade Liberalization and Export Sophistication in Vietnam, " *The Journal of International Trade & Economic Development*, 2016, 25(8): 1071 – 1089.

Nguyen, H. M. , Quan, B. Q. M. , Le, H. V. , et al. "Determinants of Intra-Industry Trade between Vietnam and Countries in TPP, " *Journal of Asian Finance Economics and Business*, 2020, 7(1): 123 – 129.

Nijkamp, P. "Infrastructure and Regional Development: A Multidimensional Policy Analysis, " *Empirical Economics*, 1986, 11(1): 1 – 21.

Notorio, P. A. C. , Lubang, J. A. "Planning a Dark Tourism Experience: A Case of the Province of Cavite, Philippines, " *Advanced Science Letters*, 2018, 24(12): 9331 – 9335.

Nowak, J. J. , Petit, S. , Sahli, M. "Tourism and Globalization: The International Division of Tourism Production, " *Journal of Travel Research*, 2010,

49(2):228-245.

Nowak, J., Sahli, M., Cortés-Jiménez, I. "Tourism, Capital Good Imports and Economic Growth: Theory and Evidence for Spain," *Tourism Economics*, 2007, 13(4):515-536.

Nyunt, H. H. K., Kim, H. D. "Alternatives for Activating the Myanmar-China Border Trade," *The E-Business Studies*, 2018, 19(5):187-200.

Ozcan, C. C. "International Trade and Tourism for Mediterranean Countries: A Panel Causality Analysis," *Theoretical & Applied Economics*, 2016, 23(1):203-212.

Ozer, Balli H., Balli, F., Tsui, W. H. K. "International Tourism Demand, Number of Airline Seats and Trade Triangle: Evidence from New Zealand Partners," *Tourism Economics*, 2019, 25(1):132-144.

Pangestu, M. E., Ing, L. Y. "Comments on US-China Trade Tensions on Indonesia's Trade and Investment," *Asian Economic Papers*, 2016, 15(2):44-60.

Parinduri, R. A., Thangavelu, S. M. "Trade Liberalization, Free Trade Agreements, and the Value of Firms: Stock Market Evidence from Singapore," *The Journal of International Trade & Economic Development*, 2013, 22(6):924-941.

Pearce, D. G. "Tourism Today: A Geographical Analysis," *Tourism Today A Geographical Analysis*, 1995.

Phouphet, K., Muhammad, S., Ijaz, U. R., et al. "Investigating the Relationship between Trade Balance and the Exchange Rate: The Case of Laos' Trade with Thailand," *Global Business Review*, 2018, 19(3):590-603.

Phouphet Kyophilavong, Michael C. S. Wong, Somchith Souksavath, et al. "Impacts of Trade Liberalization with China and Chinese FDI on Laos: Evidence from the CGE Model," *Journal of Chinese Economic and Business Studies*, 2017, 15(3):215-228.

Portugal-Perez, A., Wilson, J. S. "Export Performance and Trade Facilitation

Reform: Hard and Soft Infrastructure," *World Development*, 2012, 40(7): 1295 – 1307.

Prideaux, B. "Factors Affecting Bilateral Tourism Flows," *Annals of Tourism Research*, 2005, 32(3): 780 – 801.

Prideaux, B. "The Role of the Transport System in Destination Development," *Tourism Management*, 2000, 21(1): 53 – 63.

Prideaux, B. "Bilateral Tourism Imbalance—Is there a Cause for Concern: The Case of Australia and Korea," *Tourism Management*, 1999, 20(4): 523 – 531.

Rasoulinezhad, E., Taghizadeh-Hesary, F., Yoshino, N. "Assessment of the Trade Integration Pattern between the Russian Federation and East/Southeast Asian Economies Using the Panel Gravity Framework," *Asian Economic Papers*, 2020, 19(1): 1 – 14.

Rattanaphinanchai, Rittichainuwat. "Film-Induced Tourism in Thailand: An Influence of International Tourists' Intention to Visit Film Shooting Location," *International Journal of Tourism Sciences*, 2018, 18(4): 325 – 332.

Raweewan, P. "Orphan Volunteer Tourism in Thailand: Volunteer Tourists' Motivations and On-Site Experiences," *Journal of Hospitality & Tourism Research*, 2017, 1(5): 560 – 584.

Saha, S., Su, J. J., Campbell, N. "Does Political and Economic Freedom Matter for Inbound Tourism? A Cross-National Panel Data Estimation," *Journal of Travel Research*, 2017, 56(2): 221 – 234.

Samuelson, P. A. "The Transfer Problem and Transport Costs, II: Analysis of Effects of Trade Impediments." *The Economic Journal*, 1954, 64(254): 264 – 289.

Santana-Gallego, M., Ledesma-Rodríguez, F. J., Pérez-Rodríguez, J. V. "International Trade and Tourism Flows: An Extension of the Gravity Model," *Economic Modelling*, 2016, 52(15): 1026 – 1033.

Sarmidi, T., Salleh, N. H. "Dynamic Inter-Relationship between Trade, Economic Growth and Tourism in Malaysia," *International Journal of Economics and Management*, 2011, 5(1).

Sastre, R. P., Phakdee-Auksorn, P. "Examining Tourists' Push and Pull Travel Motivations and Behavioral Intentions: The Case of British Outbound Tourists to Phuket, Thailand," *Journal of Quality Assurance in Hospitality & Tourism*, 2017, 18(4): 437 – 464.

Satheesh, A., Russell, T. "Does Tourism Remote Cross-Border Trade," *American Journal of Agricultural Economics*, 2003, 85(3): 569 – 579.

Shahbaz, M., Kumar, R. R., Ivanov, S., Loganathan, N. "The Nexus between Tourism Demand and Output Per Capita with the Relative Importance of Trade Openness and Financial Development: A Study of Malaysia," *Tourism Economics*, 23(1): 168 – 186.

Shan, J., Wilson, K. "Causality between Trade and Tourism: Empirical Evidence from China," *Applied Economics Letters*, 2001, 8(4): 279 – 283.

Sithanonxay, S., Hsiao, C. T., Alisa, D. "Assessing the Trade Impacts of the ASEAN + 6 FTA for Lao PDR," *Asian-Pacific Economic Literature*, 2016, 30(2): 72 – 89.

Sugiyarto, G., Blake, A., Sinclair, M. T. "Tourism and Globalization: Economic Impact in Indonesia," *Annals of Tourism Research*, 2003, 30(3): 683 – 701.

Supattra, S., Rodney, W. C., Neil, C. "Visitor and Non-Visitor Images of Thailand as a Backpacking Destination: An Australian Perspective," *Anatolia*, 2018, 29(2): 278 – 281.

Suresh, K. G., Tiwari, A. K. "Does International Tourism Affect International Trade and Economic Growth? The Indian Experience," *Empirical Economics*, 2018, 54(3): 945 – 957.

Suresh, K. G., Tiwari, A. K., Uddin, G. S., et al. "Tourism, Trade, and Economic Growth in India: A Frequency-Domain Analysis of Causality," *Anatolia-International Journal of Tourism and Hospitality Research*, 2017, 29(3):

319 – 325.

Tanjung, A. F., Thien, F. T., Puah, C. H., et al. "Macroeconomic Determinants of Indonesian Tourism Demand in Malaysia," *Advanced Science Letters*, 2017, 23(4): 3159 – 3162.

Tham, S. Y., Goh, K. S., Wong, K. N., et al. "Bilateral Export Trade, Outward and Inward FDI: A Dynamic Gravity Model Approach Using Sectoral Data from Malaysia," *Emerging Markets Finance and Trade*, 2018, 54(12): 2718 – 2735.

Thong, A. T., Diana, S. "Laos' Hydropower Development and Cross-Border Power Trade in the Lower Mekong Basin: A Discourse Analysis," *Asia Pacific Viewpoint*, 2020, 61(2): 219 – 235.

Thunt, H. O., Sunghoon, J. "A Study on the Interrelationships among Trade, Foreign Direct Investment, Human Capital, Financial Development and Economic Growth in Myanmar," *The Journal of International Trade & Commerce*, 2018, 14(4): 63 – 84.

Thunt, H. O., Lee, K. H. "A Study on the Interrelationship of Trade, Investment and Economic Growth in Myanmar: Policy Implications from South Korea's Economic Growth," *Social Ence Electronic Publishing*, 2020, 24(1): 146 – 170.

Tomohara, A. "How Does Immigration Affect Modes of Foreign Market Access: Trade and FDI?," *Applied Economics Letters*, 2017, 24(18): 1 – 5.

Tsui, W. H. K., Fung, M. K. Y. "Causality between Business Travel and Trade Volumes: Empirical Evidence from Hong Kong," *Tourism Management*, 2016, 52: 395 – 404.

Tsui, W. H. K., Fung, M. K. Y. "Causality between Business Travel and Trade Volumes: Empirical Evidence from Hong Kong," *Tourism Management*, 2016, 52: 395 – 404.

Untari, D., Hardjanto, H., Nugroho, B., et al. "Patterns and Trends of Croco-

dile Trade from Tanah Papua, Indonesia,"*Forest and Society*, 2020, 4(1):
209 – 224.

Van, H. T., Hieu, V. M. "Travel Branding in Tourism 4.0: Case Study Vietnam Travel,"*Journal of Asian and African Studies*, 2020, 55(6): 896 – 909.

Vernon, R. "International Investment and International Trade in the Product Cycle,"*International Executive*, 1966, (84): 16 – 16.

Viljoen, A. H., Saayman. A., Saayman, M. "Examining Intra-African Tourism: A Trade Theory Perspective,"*South African Journal of Economic and Management Sciences*, 2019, 22(1): 1 – 10.

Vogt, M. G. "Determinants of the Demand for US Exports and Imports of Tourism,"*Applied Economics*, 2008, 40(6): 667 – 672.

Wackermann, G. "Transport, Trade, Tourism and the World Economic System,"*International Social Science Journal*, 2010, 49(151): 23 – 39.

Walanchalee, W., Markus, S. "Reviewing Thailand's Master Plans and Policies: Implications for Creative Tourism?,"*Current Issues in Tourism*, 2014, 19(10): 1045 – 1070.

Wong, K. N., Tang, T. C. "Tourism and Openness to Trade in Singapore: Evidence Using Aggregate and Country-Level Data,"*Tourism Economics*, 2010, 16(4): 965 – 980.

Yan, S., Lin, T. S. "Comments on US-China Trade War: Potential Trade and Investment Spillovers into Malaysia,"*Asian Economic Papers*, 2019, 18(3): 136 – 138.

Zhang, J., Jensen. C. "Comparative Advantage: Explaining Tourism Flows,"*Annals of Tourism Research*, 2007, 34(1): 223 – 243.

【Report】

Matley, J. M. "The Geography of International Tourism,"*Association of American Geographers*, 1976.

二 中文文献

【学位论文】

安景梅:《内蒙古与蒙古国出入境旅游与进出口贸易互动关系研究》,陕西师范大学,2015年。

郎勐:《中美国际旅游与国际贸易相关性研究》,湘潭大学,2016年。

刘璐:《不对称政策下台海两岸旅游与贸易的互动关系研究》,陕西师范大学,2012年。

宋建林:《中国—东盟旅游与贸易空间错位研究》,广西大学,2019年。

谭岳坤:《泰中旅游贸易中的零团费问题研究》,对外经济贸易大学,2007年。

唐澜:《中国入境商务旅游市场研究》,陕西师范大学,2014年。

瓦斯里耶娃·尤利娅(Vasilyeva Yulia):《中俄旅游经济双边发展与进出口贸易互动关系的应用研究》,辽宁大学,2016年。

王富强:《中国赴东盟旅游流重心轨迹演变研究》,广西大学,2016年。

义旭东:《论区域要素流动》,四川大学,2005年。

于燕:《中国制造业进口贸易增长的溢出效应与竞争效应研究》,对外经济贸易大学,2015年。

张琳:《中国东盟自由贸易区框架下贸易增长的二元边际分析》,南开大学,2010年。

赵多平:《欧洲七国入境中国旅游与进出口贸易的关系研究》,陕西师范大学,2013年。

甄海生:《地缘政治视角下的中缅关系研究——以2010年缅甸大选后的中缅关系为例》,河北师范大学,2015年。

【期刊论文】

包富华、陈瑛:《我国入境旅游与进出口贸易重心的时空耦合演变特征与驱动机制》,《旅游学刊》2019年第11期。

包富华、陈瑛:《中国大陆外商直接投资与入境商务旅游的空间错位研究》,《浙江大学学报》(理学版) 2016 年第 4 期。

包富华:《多维视角下我国入境旅游与进出口贸易的时空耦合关系研究》,《价格月刊》2019 年第 6 期。

保继刚、陈健昌:《旅游者的行为研究及其意义》,《地理研究》1988 年第 9 期。

蔡兴、刘子兰:《人口因素与东亚贸易顺差——基于人口年龄结构、预期寿命和性别比率等人口因素的实证研究》,《中国软科学》2013 年第 9 期。

陈汉林、涂艳:《中国—东盟自由贸易区下中国的静态贸易效应——基于引力模型的实证分析》,《国际贸易问题》2007 年第 5 期。

陈忠义:《互联互通视角下中国—东盟基础设施与国际旅游协调发展研究》,《河海大学学报》(哲学社会科学版) 2017 年第 1 期。

戴维·沃费尔、马宁:《1985 年：菲律宾政治决定性的一年》,《东南亚研究资料》1986 年第 1 期。

邓寿鹏:《中国交通/通信产业发展走向与国际经济技术合作》,《管理世界》1994 年第 6 期。

邓祖涛、尹贻梅:《我国旅游资源、区位和入境旅游收入的空间错位分析》,《旅游科学》2009 年第 3 期。

狄方耀:《试论中国西藏与南亚相邻国家经济文化合作交流的原则与对策》,《西藏大学学报》(社会科学版) 2016 年第 2 期。

杜美龄、孙根年:《30 年来国际"贸易—交通—旅游"(3T) 互动的统计分析》,《人文地理》2015 年第 2 期。

方世巧、马耀峰、李天顺:《中国边境省份的邻国入境旅游与进出口贸易关系实证分析——以广西—越南为例》,《广西社会科学》2012 年第 10 期。

高楠、马耀峰、李天顺等:《1993—2010 年中国入境旅游与进口贸易耦合关系时空分异研究》,《经济地理》2012 年第 11 期。

公峰涛:《中国—东盟贸易结构研究》,《南开经济研究》2003 年第

3 期。

广西社会科学院东南亚研究所课题组:《建立中国—东盟自由贸易区的影响》,《东南亚纵横》2003 年第 10 期。

郭勇、潘玉:《欧洲主权债务危机及其对中国—东盟金融合作的启示》,《东南亚纵横》2010 年第 11 期。

韩晶玉、李苗苗:《分析国际货物贸易与入境旅游的关系及其溢出效应》,《现代商业》2017 年第 2 期。

韩亚芬、孙根年:《中国主要客源地进出口贸易与入境旅游发展关系的研究》,《资源开发与市场》2011 年第 8 期。

何敏、郭宏宇、竺彩华:《基础设施互联互通对中国东盟贸易的影响——基于引力模型和边界效应模型的研究》,《国际经济合作》2015 年第 9 期。

雷凯、黄硕康、方俊杰等:《智能生态网络:知识驱动的未来价值互联网基础设施》,《应用科学学报》2020 年第 1 期。

雷平、施祖麟:《出境旅游、服务贸易与经济发展水平关系的国际比较》,《旅游学刊》2008 年第 7 期。

李伯华、罗琴、刘沛林、张家其:《基于 Citespace 的中国传统村落研究知识图谱分析》,《经济地理》2017 年第 9 期。

李芬英、陈瑛、刘二虎:《中国—澳大利亚旅游与贸易互动关系研究》,《资源开发与市场》2017 年第 6 期。

李馨:《中国—东盟自由贸易区旅游合作探析》,《经济纵横》2012 年第 4 期。

李志勇、徐红宇:《基于欧盟经验的中国—东盟旅游一体化建设研究》,《广西社会科学》2016 年第 7 期。

林岚、许志晖、丁登山:《旅游者空间行为及其国内外研究综述》,《地理科学》2007 年第 3 期。

林龙飞、易可:《入境旅游与对外贸易动态关系研究》,《北京第二外国语学院学报》2014 年第 3 期。

林轶、段艳:《东盟 5 国入境中国旅游与进出口货物贸易关系的研究》,《东南亚纵横》2017 年第 5 期。

林玉虾、林璧属:《世界遗产的旅游效应及其对遗产保护的影响——来自中国旅游人数和旅游收入的经验证据》,《经济管理》2017 年第 9 期。

刘宏鲲、张效莉、曹崴等:《中国城市航空网络航线连接机制分析》,《中国科学》2009 年第 7 期。

刘靖、卢伟:《中英国际航空客运市场分析》,《综合运输》2012 年第 9 期。

刘祥艳、蒋依依、李玉婷:《内地—香港出入境旅游与进出口货物贸易之间的相互影响——基于 VECM 模型的实证分析》,《商业研究》2016 年第 2 期。

刘晓佳、朱晓辉、张施伟:《云南省入境旅游与进出口贸易互动关系研究》,《云南农业大学学报》(社会科学版) 2018 年第 3 期。

刘玉萍、郭郡郡:《入境旅游与对外贸易的关系——基于中国 2001—2008 年月度数据的实证分析》,《经济地理》2011 年第 4 期。

柳长生、刘仲直、杜慧芳:《当前西方经济形势和对我国 1983 年对外贸易的看法》,《天津金融研究》1983 年第 3 期。

柳剑平、陆凯:《中国入境旅游对货物出口的拉动效应——基于扩展贸易引力模型的实证研究》,《产业组织评论》2018 年第 2 期。

罗明义:《旅游业的民生功能探讨》,《旅游学刊》2010 年第 7 期。

马超、张青磊:《"一带一路"与中国—东盟旅游安全合作——基于亚洲新安全观的视角》,《云南社会科学》2016 年第 4 期。

马红红、孙根年:《1980—2012 年中国香港国际交通—旅游—贸易 (3T) 互动的统计分析》,《陕西师范大学学报》(自然科学版) 2016 年第 3 期。

马丽君、郭留留、龙茂兴等:《1994 年以来中国入境旅游与对外贸易重心演变及其相关分析》,《经济地理》2015 年第 11 期。

马丽君、江恋、孙根年：《菲律宾入境中国旅游与贸易对重大事件的响应及相关关系》，《华中师范大学学报》（自然科学版）2015年第4期。

马丽君、孙根年、王洁洁等：《15年来中日出入境旅游对双边贸易的影响》，《经济地理》2010年第4期。

马耀峰、李永军：《中国入境后旅游流的空间分布研究》，《人文地理》2001年第6期。

牛海树、金凤君、刘毅：《中国电力基础设施水平与经济发展关系研究》，《华北电力技术》2005年第4期。

潘祖永：《浅析新加坡经济衰退的原因及其对策》，《世界经济研究》1986年第5期。

任宏伟、张吉献：《基于灰色系统理论的河南旅游业发展研究》，《地域开发与研究》2011年第3期。

阮文奇、张舒宁、李勇泉、郑向敏：《中国赴泰旅游需求时空分异及其影响因素》，《旅游学刊》2019年第5期。

石张宇、程乾、李海建：《我国国际货物贸易与商务入境旅游间互动关系研究》，《国际商务》（对外经济贸易大学学报）2019年第4期。

石张宇、徐虹、沈惊宏：《中俄双边旅游与进出口贸易互动关系的实证研究》，《人文地理》2015年第2期。

石张宇、周葆华、沈惊宏等：《亚洲九国入境中国旅游与进出口贸易互动关系研究》，《资源科学》2015年第9期。

苏建军、徐璋勇、赵多平：《国际货物贸易与入境旅游的关系及其溢出效应》，《旅游学刊》2013年第5期。

隋建利、刘碧莹：《中国旅游发展与宏观经济增长的非线性时变因果关系——基于非线性马尔科夫区制转移因果模型》，《经济管理》2017年第8期。

孙根年、安景梅：《中国内蒙古与蒙古国出入境旅游与进出口贸易互动关系分析》，《干旱区资源与环境》2014年第8期。

孙根年：《国家铁路网密度与人口密度、人均 GNP 关系的统计分析》，《陕西师范大学学报》（自然科学版）2000 年第 4 期。

孙根年、周露：《日韩东盟 8 国入境我国旅游与进出口贸易关系的研究》，《人文地理》2012 年第 6 期。

田晖、王静：《"一带一路"国家交通基础设施质量与我国机械制造业出口研究——基于随机效应模型的实证分析》，《工业技术经济》2020 年第 2 期。

屠年松、朱光亚：《中国及东盟国家全球价值链分工地位的影响因素分析》，《昆明理工大学学报》（社会科学版）2019 年第 1 期。

万咸涛：《浅析国内外水资源质量状况》，《水利发展研究》2005 年第 12 期。

王锋正、郭晓川：《能源矿产开发、环境规制与西部地区经济增长研究》，《资源与产业》2015 年第 3 期。

王公为、乌铁红：《内蒙古入境旅游与进出口贸易关系的区域差异——基于 12 个盟市面板数据的实证检验》，《干旱区资源与环境》2017 年第 2 期。

王洁洁：《入境旅游与进出口贸易关系的实证分析》，《经济问题》2012 年第 11 期。

王洁洁、孙根年、黄柳芳：《香港—大陆旅游流与贸易流的互动关系分析——基于 1990—2009 年数据》，《经济问题》2010 年第 12 期。

王洁洁、孙根年、马丽君等：《中韩出入境旅游对进出口贸易推动作用的实证分析》，《软科学》2010 年第 8 期。

王娟、刘赛：《中国与"海上丝绸之路"沿线国家入境旅游增长的投资追随效应》，《地域研究与开发》2019 年第 1 期。

王鹏飞：《"一带一路"引领下中国—东盟贸易结构演进及发展策略》，《商业经济研究》2019 年第 6 期。

王永进、盛丹、施炳展等：《基础设施如何提升了出口技术复杂度？》，《经济研究》2010 年第 7 期。

吴辉航、白玉：《"南南合作式"国际援助的有效性研究——兼论通信基础设施对受援国经济增长的影响》，《湖南科技大学学报》（社会科学版）2018年第3期。

夏建国、魏晓明：《中国公民出境旅游回顾与分析》，《广州大学学报》（社会科学版）2009年第12期。

徐步：《中国—东盟合作：机制、成果与前景》，《亚太安全与海洋研究》2017年第3期。

徐美娜、彭羽：《ICT基础设施对离岸服务出口的影响——基于美国双边贸易数据的实证研究》，《国际经贸探索》2015年第12期。

薛莹：《对区域旅游合作研究中几个基本问题的认识》，《桂林旅游高等专科学校学报》2001年第2期。

杨忍、孙根年、吴晋峰等：《基于重心模型的国内旅游地域结构演变分析》，《陕西师范大学学报》（自然科学版）2008年第6期。

姚梦汝、陈焱明、周桢津、傅腾宇、李满春：《中国—东盟旅游流网络结构特征与重心轨迹演变》，《经济地理》2018年第7期。

叶莉、陈修谦：《基于旅游竞争力评价的中国与东盟国家旅游贸易互动分析》，《经济地理》2013年第12期。

张建中：《后危机时代中国与东盟的外贸发展趋势及贸易政策选择》，《国际贸易问题》2011年第5期。

张晓燕、孙乾坤：《"一带一路"建设背景下的中国与东盟地区的贸易往来》，《改革》2017年第9期。

张晓英：《中国出境旅游对国际贸易的带动效应及作用机制——以中美国际旅游为例》，《价格月刊》2018年第5期。

张支南、巫俊：《贸易伙伴国交通基础设施建设与中国对外贸易发展——基于中国与亚投行56个意向创始成员国的实证分析》，《经济学报》2019年第3期。

赵安周、白凯、卫海燕：《中国入境旅游重心演变与省域空间分异规律》，《陕西师范大学学报》（自然科学版）2011年第4期。

赵多平、曹兰州、高楠：《阿拉伯国家至宁夏入境旅游和进出口贸易耦合关系》，《经济地理》2017年第12期。

赵多平、孙根年：《基于文化关联的旅游与贸易互动路径及机理研究——以宁夏与阿拉伯国家为例》，《地理科学》2017年第12期。

赵多平、孙根年、马丽君等：《中国对俄口岸城市出入境旅游与进出口贸易互动关系的研究——1993—2009年满洲里市的实证分析》，《经济地理》2011年第10期。

赵多平、孙根年、苏建军：《欧洲七国入境中国旅游与进出口贸易的关系——1985—2009年的协整分析和Granger因果关系检验》，《世界地理研究》2011年第4期。

赵多平、王翠婷、曹兰州：《宁夏赴阿拉伯国家出境商务旅游影响因素及机理研究》，《人文地理》2017年第6期。

赵磊、毛润泽：《旅游发展、门槛效应与经济增长——来自中国的经验证据》，《山西财经大学学报》2013年第12期。

郑鹏、马耀峰、王洁洁等：《基于"推—拉"理论的美国旅游者旅华流动影响因素研究》，《人文地理》2010年第5期。

庄国土：《东南亚华侨华人数量的新估算》，《厦门大学学报》（哲学社会科学版）2009年第3期。

【书籍】

[美]伊·菲·赫克歇尔、戈特哈德·贝蒂·俄林：《赫克歇尔—俄林贸易理论》，商务印书馆2018年版。

[英]李嘉图：《政治经济学及赋税原理》，北京联合出版公司2013年版。

[英]亚当·斯密：《国民财富的性质和原因的研究》，商务印书馆2011年版。

保继刚、楚义芳：《旅游地理学》，高等教育出版社1999年版。

德村志成：《中国国际旅游发展战略研究》，中国旅游出版社2002年版。

马耀峰、李天顺、刘新平：《旅华游客流动模式系统研究》，高等教育出版社 2001 年版。

唐代剑：《旅游规划原理》，浙江大学出版社 2005 年版。

赵多平：《旅游与贸易的互动关系研究：验证、效应与机理》，科学出版社 2015 年版。

中国旅游大事记编辑部：《中国旅游大事记 1995—2005》，中国旅游出版社 2005 年版。

最新世界地名录工作室：《最新世界地名录》，学苑出版社 1997 年版。

三　网站及数据库

ASEANStats Data Portal，https：//data. aseanstats. org/.

Association of Southeast Asian Nations（ASEAN），https：//asean. org.

Heritage Foundation，http：//www. heritage. org/.

Le Centre d'études prospectives et d' informations internationales（CEPII），http：//www. cepii. fr/.

World Bank Open Data，https：//data. worldbank. org. cn/.

World Development Indicators Database，https：//databank. shihang. org/source/world-development-indicators.

World Economic Forum，https：//www. weforum. org/.

World Governance Indicators Database，http：//info. worldbank. org/governance/wgi/.

World Tourism Organization，https：//www. e-unwto. org/toc/unwtotfb/current.

中国科学院资源环境科学数据中心，http：//www. resdc. cn/Default. aspx。

中国领事服务网，http：//cs. mfa. gov. cn/。

中华人民共和国国家统计局，http：//data. stats. gov. cn/。

中华人民共和国海关总署，http：//www. customs. gov. cn/。

中华人民共和国商务部，http：//www. mofcom. gov. cn/。

中华人民共和国条约数据库,http://treaty.mfa.gov.cn/Treaty/web/index.jsp。

中华人民共和国外交部,https://www.fmprc.gov.cn/web/。

中华人民共和国文化和旅游部,https://www.mct.gov.cn/。

中华人民共和国中央人民政府,http://www.gov.cn/。

中华人民共和国驻东盟使团,http://asean.chinamission.org.cn/。

中经网统计数据库,http://db.cei.cn/。

后 记

本书是国家社科基金重点项目"中国—东盟旅游与贸易互动关系研究"(项目编号：15AJY015)的完成稿。课题组在历时四年多的研究中，在对选题所涉及的研究领域进行文献梳理和理解的基础上，围绕核心问题及重点难点问题竭尽全力进行全面扫描。中国—东盟旅游与贸易研究和国际关系、国际贸易、区域经济、旅游管理、经济地理等众多学科有关，不仅需要跨学科的视角和方法，而且需要较深的理论素养和学术积累。本课题组成员主体为青年教师和(博)硕士研究生，其理论深度、研究经验难免不足，因而研究得出的结论有待实践检验，也期待得到更多读者和专家的认同与指正。

"中国—东盟旅游与贸易互动关系研究"项目的主要设想就是发现中国与东盟旅游与贸易互动的机理、机制、效应和变化趋势，进而预见中国与东盟国家旅游与贸易互动进程中各方的偏好顺序、应对策略及博弈规则。2018年11月14日，中国和东盟在新加坡通过《中国—东盟战略伙伴关系2030年愿景》，决定深化在贸易、互联互通、旅游等领域的合作，如何遵从该愿景加快推进中国—东盟基础设施互联互通建设，将中国—东盟旅游与贸易关系提升至新水平？针对此背景下出现的新形势、新情况、新问题，我们要有新要求、新思路、新作为，需要在现有研究的基础上开展持续深入的研究，使其更具实效性，发挥更好的指导作用。

本课题研究所涉及的国际贸易和国际旅游等公开数据可以通过相关国

际组织官网和数据库获得，但中国—东盟旅游与贸易涉及国际关系、国家政策、政治等隐性因素，研究所需要的数据的获取非常困难，只能利用所能获得的显性数据进行研究和分析。囿于数据的可及性，本书在省域视角仅能选取中国 21 个省（市、自治区）和东盟 4 国出入境旅游与进出口贸易数据，虽然能够在一定程度上反映中国（省域）与东盟国家旅游与贸易空间分异特征，但只有依据完整、翔实和可靠的省域数据才能全面深入地展现中国—东盟旅游与贸易空间分异规律，才能有助于中国从省域角度高效而有针对性地开展与东盟国家的旅游与贸易合作。

中国—东盟旅游与贸易互动发展的影响要素众多，本书主要研究了人口规模、国内生产总值、人均国内生产总值、经济自由度指数、地理距离、官方汇率、外商直接投资净流入、通货膨胀率、劳资比率、世界贸易组织、国界接壤、全球治理指数、地理距离、经济自由度、世界遗产数等要素，其他如重大事件、酒店数量、语言相似性、留学生数量、教育卫生普及度等如何影响"旅游对贸易的带动效应""贸易对旅游的追随效应"，以及如何优化某些要素以促进旅游与贸易互动发展这些方面则未予探讨。此外，课题组未能就贸易产品类别、旅游类别进行细化研究，以进一步分析"要素层面中国—东盟旅游与贸易互动效应"。由于"旅游对贸易的带动效应""贸易对旅游的追随效应"的作用效果可能与贸易产品类别、旅游类别存在联系，如再加工类产品贸易需要引进人才，吸纳劳动力，会带动外派驻地型旅游，农产品贸易会带动商务会展型旅游，因此，全面深入的研究和更加直接客观的调查数据是下一步需要着重解决的问题。

作为导师，我要感谢我的硕士研究生周泽奇、李雪、鲁建琪、刘雅馨、洪铠邦、宋建林、田芮凡的共同努力！本项目使他们完成了硕士学位论文，其中田芮凡荣获 2017 年硕士研究生国家奖学金，宋建林荣获 2018 年硕士研究生国家奖学金，周泽奇荣获 2019 年硕士研究生国家奖学金，其硕士学位论文获评 2020 届校级优秀学位论文。另外，李雪荣获 2020 年"广西大学校长奖学金"，成为 2020 届校级优秀毕业生，鲁建琪的硕士学位论文获评 2021 届校级优秀学位论文。尽管我们尽力了，但是不足之处在所难免，真诚希望读者在阅读本书后，能给我们提供宝贵的批评和建议，在此深表感谢！

程 成

2020 年 6 月